張大可
韓兆琦 等 注譯

新譯資治通鑑（九）

漢紀五十—五十七

三民書局 印行

國家圖書館出版品預行編目資料

新譯資治通鑑(九) / 張大可,韓兆琦等注譯. -- 初版一刷. -- 臺北市: 三民, 2017
冊; 公分. -- (古籍今注新譯叢書)
ISBN 978-957-14-6227-1 (平裝)
1. 資治通鑑 2. 注釋

610.23 105022866

© 新譯資治通鑑(九)

注譯者	張大可 韓兆琦等
責任編輯	陳榮華
美術設計	李唯綸
發行人	劉振強
著作財產權人	三民書局股份有限公司
發行所	三民書局股份有限公司
	地址 臺北市復興北路386號
	電話 (02)25006600
	郵撥帳號 0009998-5
門市部	(復北店) 臺北市復興北路386號
	(重南店) 臺北市重慶南路一段61號
出版日期	初版一刷 2017年1月
編號	S 034110

行政院新聞局登記證局版臺業字第〇二〇〇號

ISBN 978-957-14-6227-1 (平裝)

http://www.sanmin.com.tw 三民網路書店

新譯資治通鑑 目次

第九冊

卷第五十八

漢紀五十

起重光作噩（辛酉 西元一八一年），盡強圉單閼（丁卯 西元一八七年），凡七年。

【題解】本卷記事起西元一八一年，迄西元一八七年，凡七年。當漢靈帝光和四年至中平四年，是靈帝執政的後期。這一時期的最大事件是東漢末黃巾大起義。漢靈帝解除黨禁，朝士大夫一致鎮壓起義。皇甫嵩、朱儁、傅燮、盧植等人，建立殊勳。黃巾大起義，很快被撲滅，但邊境事變方興未艾。叛賊邊章、韓遂、馬騰、張純等，勾結羌人、烏桓，禍亂西北雍涼和北疆幽并，官軍征討乏力，久不建功。昏暴貪殘的漢靈帝，沒有一絲悔悟，亂政的十常侍不但毫髮未損，反而封侯拜爵，立功將士遭斥逐，鯁正大臣遭誅殺，呂強、張鈞、劉陶、陳耽蒙冤屈死，漢家氣數，不可復振。最大弊政，皇帝登上前臺，公然賣官鬻爵。如此的貪婪皇帝，能夠久長嗎！

孝靈皇帝中

光和四年（辛酉 西元一八一年）

春，正月，初置騄驥❶廄丞❷，領受❸郡國調馬❹。豪右辜榷❺，馬一匹至二百萬。

夏，四月庚子❻，赦天下。

交趾❼烏滸蠻久為亂，牧守❽不能禁。交趾人梁龍等復反，攻破郡縣。詔拜❾蘭陵令會稽朱儁❿為交趾刺史⓫，擊斬梁龍，降者數萬人，旬月⓬盡定。以功封都亭侯⓭，徵為諫議大夫⓮。

六月庚辰⓯，雨雹如雞子⓰。

秋，九月庚寅朔⓱，日有食之。○太尉⓲劉寬⓳免，衛尉⓴許馘為太尉。

閏月辛酉㉑，北宮東掖庭永巷署災㉒。○司徒㉓楊賜㉔罷。冬，十月，太常陳耽㉕為司徒。

鮮卑㉖寇幽、并二州㉗。檀石槐㉘死，子和連代立。和連才力不及父而貪淫，後出攻北地㉙，北地人射殺之。其子騫曼尚幼，兄子魁頭立。後騫曼長大，與魁頭爭國，眾遂離散。魁頭死，弟步度根立。

是歲，帝作列肆㉚於後宮，使諸采女㉛販賣，更相盜竊爭鬭。帝著商賈服㉜，從之飲宴為樂。又於西園弄狗，著進賢冠㉝，帶綬㉞。又駕四驢，帝躬自操轡㉟，驅馳周旋。京師轉相倣效，驢價遂與馬齊。

帝好為私稸(36)，收天下之珍貨，每郡國貢獻，先輸中署(37)，名為「導行費」。中常侍(38)呂強(39)上疏諫曰：「天下之財，莫不生之陰陽，歸之陛下，豈有公私！而今中尚方(40)斂諸郡之寶，中御府(41)積天下之繒(42)，西園引司農(43)之藏，中廄(44)聚太僕(45)之馬。而所輸之府，輒有導行之財，調廣民困，費多獻少。姦吏因其利，百姓受其敝。又，阿媚之臣，好獻其私，容諂姑息，自此而進。舊典選舉委任三府(46)，尚書受奏御而已(47)。受試任用，責以成功，功無可察，然後付之尚書舉劾，請下廷尉(48)覆按(49)虛實，行其罪罰。於是三公每有所選，參議掾屬(50)，咨其行狀(51)，度其器能。然猶有曠職廢官，荒穢不治。今但任尚書，或有詔用(52)，如是，三公得免選舉之負(53)，尚書亦復不坐(54)，責賞無歸，豈肯空自勞苦乎！」書奏，不省(55)。

何皇后性彊忌，後宮王美人生皇子協，后酖(56)殺美人。帝大怒，欲廢后。諸中官(57)固請，得止。

大長秋(58)華容侯曹節(59)卒，中常侍趙忠(60)代領大長秋。

【章旨】以上為第一段，寫朱儁嶄露頭角，平亂入京任諫大夫。漢靈帝聚斂財貨珍寶。

【注釋】❶騄驥　千里馬之美稱。❷廄丞　皇家養馬機構的副職長官。廄，馬圈。❸領受　接受。❹調馬　徵調馬匹。❺辜榷　獨佔；壟斷買賣權。❻庚子　四月癸亥朔，無庚子日，史文有誤。❼交趾　或作交阯。郡名，東漢治所龍編，在今越南河內東北。❽牧守　州郡長官。州稱牧，郡稱守。❾拜　授官。❿朱儁　（?—西元一九五年）字公偉，會稽上虞（今屬浙江）人，因鎮壓黃巾軍有功，官至太尉。傳見《後漢書》卷七十一。⓫刺史　漢獻帝以前，交趾未置州，但設置刺史，以重其地。刺史，一州之長，軍事重鎮的州，刺史稱州牧。⓬旬月　滿月；一個月。⓭都亭侯　東漢封爵之一，低於都鄉侯，高於關內侯。⓮諫議大夫　官名，屬光祿勳，掌議論。⓯庚辰　六月十九日。⓰雨雹如雞子　落下的冰雹像雞蛋一般大。雨，動詞，降落。⓱庚寅朔　九月初一日。初一為朔。⓲太尉　官名，東漢三公之一，掌全國軍事。⓳劉寬　（西元一三〇—一九五年）字文饒，弘農華陰（今屬陝西）人，官至太尉，封逯鄉侯。傳見《後漢書》卷二十五。⓴衛尉　官名，掌宮門警衛禁軍，九卿之一。㉑辛酉　閏九月初二日。㉒永巷署災　宮中管宮婢侍使的官署稱永巷署。災，發生火災。㉓司徒　官名，東漢三公之一，掌民政。㉔楊賜　（?—西元一八五年）字伯獻，弘農華陰人，歷任司空、司徒，封臨晉侯。傳見《後漢書》卷五十四。㉕陳耽　（?—西元一八五年）字漢公，東海郡（治郯縣，在今山東郯城西北）人，歷任三公。事附見《後漢書》卷五十七〈劉陶傳〉。㉖鮮卑　古民族名，古代東胡的一支。㉗幽并二州　幽州治所薊縣，在今北京城西南。并州治所晉陽，在今山西太原西南。㉘檀石槐　（約西元一三七—一八一年）鮮卑部落聯盟首領，於二世紀中葉統一了蒙古草原的東部、中部和西部。事見《後漢書》卷九十〈鮮卑傳〉。㉙北地　郡名，東漢後期為羌族所據，後徙寄治所於左馮翊祋祤，在今陝西耀縣東。㉚列肆　成列的店鋪。㉛采女　宮女。㉜商賈服　商人衣服。㉝進賢冠　東漢文官戴的帽。前高七寸，後高三寸，長八寸。㉞綬　古代用以繫印或裝飾品的絲帶。㉟轡　駕御牲畜的韁繩。㊱稸　同「蓄」。㊲中署　宮內官署。㊳中常侍　官名，東漢以宦官擔任，掌傳達詔令、管理文書。㊴呂強　字漢盛，河南成皋（在今河南滎陽境）人，是宦官中的正直者。傳見《後漢書》卷七十八。㊵中尚方　宮中官署名，屬少府，主造皇室兵器及玩好器物。㊶中御府　宮中官署名，屬少府，主管皇室衣物的製作及浣洗。㊷繒　絲織物的總稱。㊸司農　官名，即大司農，九卿之一，掌租稅錢穀及財政收支。㊹中廄　國君的養馬舍。㊺太僕　官名，九卿之一，掌皇帝之車馬及馬政。㊻三府　即三公府，太尉、司徒、司空的府署。㊼尚書受奏御而已　謂三府負責官員選舉，尚書受其奏加以管理而已。尚書，官名，東漢分六曹尚書，助理皇帝處理政務。㊽廷尉　官名，九卿之一，掌刑獄。㊾覆按　覆查；審核。㊿掾屬　漢代長官自己任命的下屬官吏。51行狀　人的品行業績。52詔用　謂不由三公、尚書，直接以詔書任用。53負　責任。54坐　獲罪。55省　看視。56酖　毒酒。57中官　宦官。58大長秋　官名，皇后的近侍宦官，負責傳達皇后旨意，管理宮中事務。59曹節　字漢豐，南陽新野（今河南新野）人，宦官。傳見《後漢書》卷七十八。60趙忠　安平（今河北安平）人，宦官。傳見《後漢書》卷七十八。

【語　譯】孝靈皇帝中

光和四年（辛酉　西元一八一年）

春，正月，初次設置騄驥廄丞，接受郡國徵撥的馬匹。由於豪強的壟斷，馬價一匹達到二百萬錢。

夏，四月庚子日，大赦天下。

交阯烏滸蠻夷長期作亂，州牧郡守不能制止。交阯人梁龍等人再次反叛，攻破郡縣。下詔任命蘭陵縣令會稽人朱儁擔任交阯刺史，朱儁擊殺了梁龍，歸降的蠻夷有數萬人，一月之間徹底平定了暴亂。朱儁因功被封為都亭侯，徵召為諫議大夫。

六月十九日庚辰，天降冰雹，大如雞蛋。

秋，九月初一日庚寅，發生日蝕。〇太尉劉寬被免職，衛尉許馘擔任太尉。

閏九月初二日辛酉，北宮東廂房永巷署發生火災。〇司徒楊賜被罷免。冬，十月，太常陳耽擔任司徒。

鮮卑進犯幽、并兩州。鮮卑首領檀石槐死了，檀石槐的兒子和連繼位。和連的才能不如父親，卻又貪婪荒淫，後來出兵進攻北地，北地人射死了他。他的兒子騫曼尚幼，哥哥的兒子魁頭繼位。後來騫曼長大了，和魁頭爭奪王位，部眾便離散了。魁頭死後，弟弟步度根繼位。

這一年，靈帝在後宮修建成排的店鋪，讓宮女買賣貨物，宮女們相互盜竊爭鬥。靈帝身穿商人的衣服，跟她們飲酒作樂。靈帝又在西園玩狗，頭戴進賢冠，佩戴印綬。還駕著四驢車，靈帝親自操控韁繩，驅車來回奔跑。京師中輾轉相互仿效，驢的價格於是與馬相同。

靈帝喜好個人收藏，搜羅天下的珍奇寶物，郡國每有貢獻，要先賄賂宮內官署，名叫「導行費」。中常侍呂強上表勸諫說：「天下的財物，無不是陰陽二氣所生，全都屬於陛下，哪還有公私的分別！但現在宮內尚方署收斂各郡國的珍寶，中御府聚積天下的絲織品，西園徵取大司農的庫藏，中廄聚集太僕的馬匹。而那些收受貢品的府署，往往有「導行」之費，徵調太多造成百姓貧困，耗費大國庫收入就少。奸詐的官吏由此而中飽私囊，百姓蒙受禍害。再有，阿諛奉承的臣子，喜歡進獻他們的私藏；諂媚取容的小人，因此得到晉升。按照舊的制度，選舉官員的大事交給三公衙署，尚書只是接受三公府的安排並加以管理罷了。官員的任用需接受考核才能正式委任，還要責成他做出功績，若果沒有功績，就交給尚書糾舉彈劾，並送至廷尉覆審核實，然後實施懲罰。於是三公每次選用人才，三公僚屬也參與評議，三公諮詢所選人才的為人行事，量才使用。即使這樣，還有不稱職充數的官吏，荒廢了這一職務。現今只委任尚書選官，甚至有的直接下詔書任用，這樣，三公免去了選官的責任，尚書也不會有失職之罪，懲罰與獎賞都沒有了具體責任人，這樣誰還肯辛勤勞苦呢！」諫書上奏後，靈帝沒有理會。

何皇后生性倔強妒忌，後宮王美人生下皇子劉協，皇后用毒酒殺死了王美人。靈帝大怒，要廢掉何皇后。宦官苦苦求情，才得免於被廢。

大長秋華容侯曹節去世，中常侍趙忠代理大長秋。

五年（壬戌　西元一八二年）

春，正月辛未❶，赦天下。

詔公卿以謠言❷舉刺史、二千石❸為民蠹害者。太尉許馘、司空❹張濟❺承望內官❻，受取貨賂，其宦者子弟、賓客❼，雖貪汙穢濁，皆不敢問，而虛糾❽邊遠小郡清修有惠化者二十六人，吏民詣闕❾陳訴。司徒陳耽上言：「公卿所舉，率黨其私，所謂放鴟梟⑩而囚鸞鳳⑪。」帝以讓⑫緘、濟。由是諸坐謠言徵者，悉拜議郎。

二月，大疫。

三月，司徒陳耽免。

夏，四月，旱。○以太常袁隗⑬為司徒。

五月庚申⑭，永樂宮署災。

秋，七月，有星孛于太微⑮。

板楯蠻⑯寇亂巴郡⑰，連年討之，不能克。帝欲大發兵，以問益州⑱計吏⑲漢中程包，對曰：「板楯七姓⑳，自秦世立功，復㉑其租賦。其人勇猛善戰。昔永初中，羌入漢川㉒，郡縣破壞，得板楯救之，羌死敗殆盡，羌人號為神兵，傳語種輩，勿復南行。至建和二年㉓，羌復大入，實賴板楯連摧破之。前車騎將軍㉔馮緄㉕南征武陵㉖，亦倚板楯以成其功。近益州郡㉗亂，太守李顒亦以板楯討而平之。忠功如此，本無惡心。長吏㉘鄉亭更賦㉙至重，僕役箠楚㉚，過於奴虜。亦有嫁妻賣子，或乃至自剄割。雖陳冤州郡，而牧守不為通理。闕庭㉛悠遠，不能自聞，含怨呼天，無所叩愬㉜。故邑落㉝相聚，以致[1]叛戾㉞，非有謀主僭號㉟以圖不軌。今但選明能牧守，自然安集，不煩征伐也。」帝從其言，選用太守曹謙，遣②宣詔赦之，即時皆降。

八月，起四百尺觀於阿亭道。

冬，十月，太尉許馘罷，以太常楊賜為太尉。

帝校獵㊱上林苑㊲，歷函谷關㊳，遂狩于廣成苑。十二月，還，幸太學。

桓典㊴為侍御史㊵，宦官畏之。典常乘驄馬㊶，京師為之語曰：「行行㊷且止，避驄馬御史。」典，焉㊸之孫也。

【章旨】以上為第二段，寫宦官庇護貪吏。巴郡板楯蠻民變，亦由貪吏激起，廉吏到任，民變平定。

【注釋】❶辛未　正月十四日。❷謠言　民間議論時政的歌謠諺語。❸二千石　漢代郡守的俸祿為二千石，故成為郡守的通稱。❹司空　官名，東漢三公之一，掌土木營建和水利工程等。❺張濟　字元江，汝南細陽（今安徽太和東）人。事附見《後漢書》卷四十五〈張酺傳〉。❻內官　宦官。❼賓客　依附豪強的人。❽虛糾　捏造事實揭發，毫無根據告刁狀。❾詣闕　赴皇宮。❿鴟梟　猛禽，喻指邪惡之人。⓫鸞鳳　善鳥，喻指善良之人。⓬讓　責備。⓭袁隗　（？—西元一九一年）字次陽，汝南汝陽（今河南商水縣西北）人，官至太傅。事附見《後漢書》卷四十五〈袁安傳〉。⓮庚申　五月初五日。⓯太微　天穹星區名，即三垣之上垣，位於北斗之南，軫、翼、角、亢之北，由二十顆星組成。⓰板楯蠻　古代居於巴郡的一支少數民族，主要分布於今四川渠江與嘉陵江流域一帶，因其作戰時以木板為盾牌，故名。又因他們向統治者繳納的賦叫賨，所以又稱他們為巴賨或賨民。⓱巴郡　治所江州，在今重慶市南岸區。⓲益州　州名，治所雒縣，在今四川廣漢北。⓳計吏　即又稱上計吏，郡國守相的高級屬吏之一。按期將本地戶口、墾地、錢穀、盜賊等載入上計簿，到京城上報。⓴板楯七姓　即羅、朴、督、鄂、度、夕、龔七姓。㉑復　免除。㉒漢川　漢中地區。㉓建和二年　西元一四八年。㉔車騎將軍　官名，位次於驃騎將軍，掌京師兵衛與邊防屯警。㉕馮緄（？—西元一六八年）字皇卿，巴郡宕渠（今四川渠縣東北）人，漢桓帝時為車騎將軍，後為廷尉。傳見《後漢書》卷三十八。㉖武陵　郡名，治所臨沅，在今湖南常德。㉗益州郡　治所滇池，在今雲南晉寧東。㉘長吏　指縣令、長及丞、尉。漢代稱秩在六百石以上的官吏為長吏；又稱各縣丞、尉秩在四百石至二百石者為長吏。漢代縣、令長之秩在千石至三百石之間，故此，「長吏」指縣令、長及丞、尉。㉙更賦　漢代以錢代服兵役和戍邊的賦稅。㉚箠楚　以棍棒捶打。㉛闕庭　皇宮朝廷。㉜叩愬　同「叩訴」。申訴。㉝邑落　村落。㉞叛戾　反叛。㉟僭號　謂與統治王朝對立而擅自稱王稱帝。㊱校獵　設木欄圍野獸而後獵取。㊲上林苑　京郊的御用花園和圍獵場所。㊳函谷關　在今河南新安東。㊴桓典　（？—西元二〇一年）沛郡龍亢（今安徽懷遠西）人，官至御史中丞、光祿勳。傳見《後漢書》卷三十七。㊵侍御史　官名，掌察舉非法，接受公卿群吏奏事，舉劾違失者。㊶驄馬　青白雜色之馬。㊷行行　躑躅不前的樣子。㊸焉　桓焉，漢順帝初為太傅。傳見《後漢書》卷三十七。

【校記】①致　原無此字。據章鈺校，甲十一行本、乙十一行本皆有此字，張瑛《通鑑校勘記》同，今據補。②遣　原無此字。據章鈺校，甲十一行本、乙十一行本皆有此字，今據補。

【語譯】五年（壬戌　西元一八二年）

春，正月十四日辛未，全國大赦。

下詔公卿依據民間流傳的歌謠諺語，調查刺史、二千石高官中禍害百姓的官吏。太尉許馘、司空張濟諂媚宦官，收取賄賂，這些宦官們的子弟、賓客，雖然汙跡斑斑，都不敢過問，反而虛擬罪名逮捕了邊遠小郡中清廉有德政的官吏二十六人，當地官民到京師陳情申訴。司徒陳耽上奏說：「公卿所揭發的，大都為了洩私憤，這正是所謂放飛了鴟梟而因禁了鸞鳳。」靈帝以此責備許馘、張濟。那些因歌謠諺語而被徵調入京的官員，全都被任命為議郎。

二月，發生大規模瘟疫。

三月，司徒陳耽被免職。

夏，四月，發生旱災。〇任命太常袁隗為司徒。

五月初五日庚申，永樂宮署發生火災。

秋，七月，太微星區出現彗星。

板楯蠻侵擾巴郡，官軍連年討伐，沒能平定。靈帝想大規模出兵，便詢問益州計吏漢中人程包，程包回答說：「板楯有七個大姓，從秦朝起建立了功業，免除了當地租賦。板楯蠻人勇猛善戰。從前永初年間，羌人侵入漢川，郡縣遭到破壞，得到板楯蠻的援救，羌人死傷殆盡，羌人稱他們是神兵，傳話給自己的部族，不要再南犯。到建和二年，羌人再次大舉入侵，仍然依靠板楯蠻接連擊敗了羌人。以前車騎將軍馮緄征伐南方的武陵，也依靠板楯蠻才大功告成。近來益州郡叛亂，太守李顒也依靠板楯蠻來平定了叛亂。板楯蠻忠誠有功，本無壞心。只是那些郡縣長吏、鄉長亭長的更賦太重，還把他們當做奴役使用，隨意鞭打，殘暴的程度甚至超過了對待奴隸和俘虜。有的板楯人嫁妻賣子，以至於刎頸自殺。雖然向州郡申訴冤情，而州牧郡守卻不予受理。天高皇帝遠，他們的冤情不能上達，含冤呼號，無處申訴，所以村邑聚落相聚，以致叛亂，其實他們並不想僭號稱王，圖謀不軌。如今只要選用賢明能幹的州牧郡守，自然會平安和諧，不需征討。」靈帝採納了程包的建言，選用太守曹謙，派他頒布詔書赦免板楯蠻，他們很快都歸降了。

八月，在阿亭道修建了四百尺高的觀臺。

冬，十月，太尉許馘被免職，任太常楊賜為太尉。

靈帝在上林苑圍獵，經過函谷關，於是到廣成苑狩獵。十二月，回到京師，視察太學。

桓典任職侍御史，宦官們很畏懼。桓典經常騎一匹雜有白色的青馬，京城人為此編了一句歌謠：「邊走邊停，迴避騎著雜花馬的御史。」桓典，是桓焉的孫子。

六年（癸亥　西元一八三年）

春，三月辛未❶，赦天下。

夏，大旱。○爵號皇后母為舞陽君。

秋，金城❷河水溢出二十餘里。○五原❸山岸崩。

初，鉅鹿❹張角❺奉事黃、老❻，以妖術教授，號「太平道」，呪❼符水❽以療病，令病者跪拜首過❾。或時病愈，眾共神而信之。角分遣弟子周行四方❿，轉相誑誘，十餘年間，徒眾數十萬，自青、徐、幽、冀、荊、揚、兗、豫八州⓫之人，莫不畢應。或棄賣財產，流移奔赴，填塞道路，未至病死者亦以萬數。郡縣不解其意，反言角以善道教化，為民所歸。

太尉楊賜時為司徒，上書言：「角誑曜⓬[1]百姓，遭赦不悔⓭，稍益⓮滋蔓⓯。今若下州郡捕討，恐更騷擾，速成其患。宜切敕⓰刺史、二千石，簡別⓱流民，各護歸本郡，以孤弱⓲其黨；然後誅其渠帥⓳，可不勞而定。」會賜去位，事遂留中⓴。司徒掾㉑劉陶㉒復上疏申賜前議，言：「角等陰謀益甚，四方私言，云角等竊入京師，覘視㉓朝政。鳥聲獸心，私共鳴呼。州郡忌諱，不欲聞之，但更相告語，莫肯公文。宜下明詔，重募㉔角等，賞以國土㉕，有敢回避㉖，與之同罪。」帝殊不為意，方詔陶次第㉗春秋條例。

角遂置三十六方。方，猶將軍也。大方萬餘人，小方六七千，各立渠帥。訛言㉘：「蒼天㉙已死，黃天㉚當立，歲在甲子，天下大吉。」以白土書京城寺門㉛及州郡官府，皆作「甲子」字。大方馬元義等先收㉜荊、揚數萬人，期會㉝發於鄴㉞。元義數往來京師，以中常侍封諝、徐奉等為內應，約以三月五日內外俱起。

【章　旨】以上為第三段，寫黃巾領袖張角用太平道組織民眾起義。

【注　釋】❶辛未　三月二十一日。❷金城　郡名，治所允吾，在今甘肅永靖北。❸五原　郡名，治所九原，在今內蒙古包頭西北。❹鉅鹿　郡名，治所廮陶，在今河北寧晉西南。❺張角　（？—西元一八四年）東漢末黃巾軍首領。其事散見《後漢書》卷七十一〈皇甫嵩傳〉等。❻黃老　黃帝與老子，為太平道所宗奉。❼呪　舊時僧、道用來驅鬼降妖的口訣。❽符水　溶有符籙燒成灰的水。❾首過　自己陳述過失。❿周行四方　周遊佈道，行走於四方。⓫青徐幽冀荊揚兗豫八州　八個州的治所為：青州治所臨淄，在今山東淄博東北。徐州治所郯縣，在今山東郯城西北。幽州治所薊縣，在今北京市西南。冀州治所高邑，在今河北柏鄉北。荊州治所漢壽，在今湖南常德東北。揚州治所歷陽，在今安徽和縣。兗州治所昌邑，在今山東金鄉西北。豫州治所譙縣，在今安徽亳州。⓬誑曜　欺騙迷惑。⓭遭赦不悔　蒙受赦免，仍不悔改。遭，遇到；受過。⓮稍益　漸漸增加。⓯滋蔓　滋長蔓延。⓰切敕　限期完成的命令，即嚴厲的命令。⓱簡別　選擇區分。⓲孤弱　使之孤立削弱。⓳渠帥　頭領。⓴留中　指楊賜的上書被留在宮中，不交議也不批答。㉑司徒掾　司徒之屬吏。㉒劉陶　（？—西元一八五年）字子奇，潁川潁陰（今河南許昌）人，官至尚書令、侍中，封中陵鄉侯。傳見《後漢書》卷五十七。㉓覘視　暗中偷看。㉔重募　謂重賞招募。㉕賞以國土　謂封給爵邑。㉖回避　袒護；隱藏。㉗次第　整理編排。㉘訛言　流言；謠言。㉙蒼天　指漢王朝。㉚黃天　指黃巾軍。㉛寺門　官府之門。㉜先收　首先搜羅。㉝期會　約定日期。㉞鄴　縣名，縣治在今河北臨漳西南。

【校　記】①曜　據章鈺校，甲十一行本、乙十一行本皆作「燿」，熊羅宿《胡刻資治通鑑校字記》同。按，二字同。

【語　譯】六年（癸亥　西元一八三年）

春，三月二十一日辛未，大赦天下。

夏，大旱。○封何皇后之母爵號為舞陽君。

秋，金城段黃河水暴漲，溢出二十餘里。○五原郡發生山體滑坡。

當初，鉅鹿郡人張角信奉黃老道，用妖術教授道徒，號稱「太平道」。用咒語和符水治病，讓病人跪拜懺悔自己的罪過。有的病人還真的被治好了，因而大家都把張角當做神來信奉。張角分派信徒周遊四方，輾轉誑騙引誘，十多年間，信徒有幾十萬，青、徐、幽、冀、荊、揚、兗、豫八州的百姓，無不響應入道。有的人變賣了家產，不遠千里投奔張角，行人塞滿道路。沒有趕到而病死在半路的也數以萬計。郡縣官吏不瞭解張角的意圖，反而說張角用道教教化百姓，為民心所向。

太尉楊賜當時為司徒，上書說：「張角煽惑百姓，受到赦免而不思悔改，逐漸擴充影響。現在如果下詔書命州郡進行追捕，恐怕會引起更大的騷亂，加速釀成禍害。應該嚴責刺史、二千石級的地方官吏，要檢查區分流民，護送他們各歸本郡，以此來削弱他們的勢力；然後誅殺他們的首領，便可以不費力而平定禍亂。」適逢楊賜去職，所奏之事便滯留宮中。司徒掾劉陶又上疏申述楊賜免職前的建議，說：「張角等人的陰謀活動日益嚴重，四方傳言，張角等已經祕密進入京師，窺探朝廷政局。他們像鳥獸一樣，彼此聲心呼應。州郡官吏忌諱此事，不想上奏朝廷，只是相互轉告，沒有誰願行文上奏。朝廷應下明確的詔書，用重金招募抓捕張角等人，賞賜爵位國土，有誰敢迴護，與張角同罪。」靈帝仍不把此事放在心上，這時正詔令劉陶編撰《春秋條例》。

張角於是把信徒編制成三十六方。方的首領相當於將軍。大方一萬多人，小方六七千人，各方設置首領。他們散布謠言說：「蒼天已死，黃天當立，歲在甲子，天下大吉。」用白色土在京城各衙門和州郡官署的門上書寫「甲子」二字。大方馬元義等先搜羅荊、揚兩州的幾萬信徒，約定日期在鄴地發難。馬元義多次來往京師，利用中常侍封諝、徐奉等作為內應，定在次年的三月五日內外共同起事。

中平元年（甲子　西元一八四年）

春，角弟子濟南唐周上書告之。於是收馬元義，車裂❶於雒陽❷。詔三公、司隸❸按驗❹宮省直衛❺及百姓有事角道者，誅殺千餘人，下❻冀州逐捕角等。角等知事已露，晨夜馳敕諸方，一時俱起，皆著黃巾以為標幟，故時人謂之「黃巾賊」。

二月，角自稱天公將軍，角弟寶稱地公將軍，寶弟梁稱人公將軍，所在燔燒官府，劫略聚邑。州郡失據，長吏多逃亡。旬月之間，天下響應，京師震動。安平、甘陵❼人各執其王應賊。

三月戊申❽，以河南尹❾何進❿為大將軍⓫，封慎侯，率左右羽林⓬、五營⓭營士屯都亭⓮，修理器械，以鎮京師。置函谷、太谷、廣成、伊闕、轘轅、旋門、孟津、小平津八關都尉⓯。

帝召羣臣會議。北地太守皇甫嵩⓰以為「宜解黨禁，益出中藏錢⓱、西園廄馬⓲，以班⓳軍士。」嵩，規之兄子也。

上問計於中常侍呂強，對曰：「黨錮久積，人情怨憤，若不赦宥，輕與張角合謀，為變滋大，悔之無救。今請先誅左右貪濁者，大赦黨人，料簡刺史、二千石能否，則盜無不平矣。」帝懼而從之。壬子⑳，赦天下黨人，還諸徙者㉑，唯張角不赦。發天下精兵，遣北中郎將㉒盧植㉓討張角，左中郎將皇甫嵩、右中郎將朱儁討潁川㉔黃巾。

【章旨】以上為第四段，寫西元一八四年黃巾大起義，黨人蒙赦。

【注釋】❶車裂　古代酷刑，以馬車撕裂人體。❷雒陽　縣名，東漢京都，在今河南洛陽白馬寺東。❸司隸　即司隸校尉，官名，掌糾察京都百官違法者，並治所轄各郡，相當於州刺史。❹按驗　審查。❺直衛　禁衛。直，通「值」。❻下　下令。此指下詔書。❼安平甘陵　均王國名。安平國，治所信都，在今河北冀州。當時劉續為王。甘陵國，治所甘陵縣，在今山東臨清東。當時劉忠為王。❽戊申　三月初三。❾河南尹　京師最高行政長官稱尹。河南尹，京師洛陽市長。❿何進　（？—西元一八九年）字遂高，南陽宛縣（今河南南陽）人，其妹為漢靈帝皇后。靈帝死，立少帝，專斷朝政。後與袁紹謀誅宦官，事洩被殺。傳見《後漢書》卷六十九。⑪大將軍　官名，為將軍的最高稱號，掌統兵征伐。東漢時位在三公上，為中央政府執政者，但不常設。⑫左右羽林　護衛皇帝的禁衛軍，置羽林中郎將統領。其下又有羽林左監統羽林左騎，羽林右監統羽林右騎。⑬五營　大將軍直屬的五部軍營，每部置校尉一人統領。⑭都亭　郡縣治所城邊的亭稱都亭。此指洛陽的都亭。⑮置函谷太谷廣成句　在京師洛陽四周，設立郡都尉級的八個軍鎮關口。函谷關在今洛陽西。太谷關在今洛陽東南。廣成關在今伊川縣西南。伊闕關在今洛陽西南。轘轅關在今偃師東南。旋門關在今滎陽西北。孟津關在今孟州南。小平津關在今孟津東北。都尉，官名，東漢在邊郡或關塞之地置都尉，職如太守。⑯皇甫嵩　（？—西元一九五年）字義真，安定朝那（今甘肅平涼西北）人，鎮壓黃巾軍的主將，封槐里侯。傳見《後漢書》卷七十一。⑰中藏錢　宮內中藏府所儲的錢財。漢代又稱之為「禁錢」。⑱西園廄馬　即騄驥廄馬。⑲班　同「頒」。分發。⑳壬子　三月初七。㉑還諸徙者　指赦免黨人妻子徙邊者回到各自的家鄉。㉒北中郎將　官名。漢代置五官、左、右三署中郎將，統領皇帝侍衛軍。北中郎將則置於此時。㉓盧植　（？—西元一九二年）字子幹，涿郡涿縣（今河北涿州）人，官至尚書。傳見《後漢書》卷六十四。㉔潁川　郡名，治所陽翟，在今河南禹州。

【語譯】中平元年（甲子　西元一八四年）

春，張角弟子濟南人唐周上書告密。於是收捕了馬元義，在洛陽車裂示眾。詔令三公、司隸校尉審查宮中宿衛及百姓信奉張角太平教的人，殺了一千多人，下令冀州追捕張角等人。張角等知道起義的事情已洩露，便派人不分晝夜飛告各方，同時一起提前起事，徒眾都頭戴黃巾作標誌，因而當時人稱他們為「黃巾賊」。二月，張角自稱天公將軍，張角的弟弟張寶稱地公將軍，張寶的弟弟張梁稱人公將軍，他們所到之處，焚燒官府，搶掠城鄉。州郡失陷，長官大多逃走。不到一月的時間，全國響應，京城震動。安平、甘陵兩個侯國的人，抓了各自侯王響應賊寇。

三月初三日戊申，任命河南尹何進為大將軍，封慎侯，率領左右羽林軍和五營的士兵屯駐都亭，修造攻防器械，鎮守京城。設立函谷、太谷、廣成、伊闕、轘轅、旋門、孟津、小平津八關都尉。

靈帝召集群臣商議對策。北地郡太守皇甫嵩認為「應解除對黨人的禁錮，調撥中藏府所貯錢帛、西園廄中的馬匹，分發給士兵。」皇甫嵩，是皇甫規哥哥的兒子。

靈帝向中常侍呂強問計，呂強回答說：「黨錮之禍積怨已久，人心憤恨，如果不赦免，黨人很容易與張角合流同謀，那危害就更大了，到時後悔就沒救了。現在請皇上先殺掉身邊的貪官，大赦黨人，選調賢能的刺史、二千石任職，那麼盜賊沒有不平息的。」靈帝很害怕，聽從了呂強的建議。三月初七日壬子，赦免全國的黨人，招還被流放的人，只有張角不予赦免。徵調全國的精銳部隊，派北中郎將盧植征討張角，左中郎將皇甫嵩、右中郎將朱儁征討潁川的黃巾賊。

是時中常侍趙忠、張讓、夏惲、郭勝、段珪、宋典等❶皆封侯貴寵。上常言：「張常侍是我公❷，趙常侍是我母。」由是宦官無所憚畏，並起第宅，擬則❸宮室。上嘗欲登永安候臺❹，宦官恐望見其居處，乃使中大人❺尚但諫曰：「天子不當登高，登高則百姓虛散❻。」上自是不敢復升臺榭❼。及封諝、徐奉事發❽，上詰責❾諸常侍曰：「汝曹常言黨人欲為不軌，皆令禁錮，或有伏誅者。今黨人更為國用，汝曹反與張角通，為可斬未❿？」皆叩頭曰：「此王甫、侯覽⓫所為也。」於是諸常侍人人求退，各自徵還宗親、子弟在州郡者。

趙忠、夏惲等遂共譖呂強，云與黨人共議朝廷⓬，數讀霍光傳⓭。強兄弟所在，並皆貪穢。帝使中黃門⓮持兵⓯召強。強聞帝召，怒曰：「吾死，亂起矣！丈夫欲盡忠國家⓰，豈能對獄吏乎！」遂自殺。忠、惲復譖⓱曰：「強見召，未知所問而就外自屏⓲，有姦明審。」遂收捕其宗親，沒入財產。

侍中⓳河內向栩⓴上便宜㉑，譏刺左右㉒。張讓誣栩與張角同心，欲為內應，收送黃門北寺獄㉓，殺之。郎中㉔中山張鈞上書曰：「竊惟張角所以能興兵作亂，萬民所以樂附之者，其源皆由十常侍㉕多放父兄、子弟、婚親、賓客典據州郡，辜榷財利，侵掠百姓；百姓之冤，無所告訴，故謀議不軌，聚為盜賊。宜斬十常侍，縣㉖頭南郊，以謝百姓，遣使者布告天下，可不須師旅而大寇自消。」帝以鈞章示諸常侍，皆免冠徒跣㉗頓首㉘，乞自致雒陽詔獄㉙，並出家財以助軍費。有詔，皆冠履視事如故。帝怒鈞曰：「此真狂子也！十常侍固當有一人善者不㉚？」御史㉛承旨㉜，遂誣奏鈞學黃巾道，收掠，死獄中。

【章旨】以上為第五段，寫漢靈帝尊寵宦官，導致十常侍亂政，顛倒黑白，陷害忠良，黃巾亂起，靈帝仍執迷不悟。

【注釋】❶趙忠張讓夏惲郭勝段珪宋典等　指趙忠、夏惲等十常侍宦官。事見《後漢書》卷七十八〈宦者傳〉。❷公　父親。❸擬則　仿照。❹永安候臺　洛陽永安宮在北宮東北，宮中有候臺。候臺，瞭望臺。❺中大人　老資格的宦官。❻虛散　逃散。此喻離心離德。❼榭　建築在臺上的房屋。❽封諝徐奉事發　指封諝、徐奉等人勾結黃巾的事情敗露。事發，事件被揭發、敗露。❾詰責　質問斥責。❿未　義同「否」。⓫王甫侯覽　漢桓、靈二帝時的宦官，皆貪殘不法，大量奪人田產房屋，放縱宗親僕從侵陵百姓。熹平元年侯覽事發自殺，光和二年王甫被告死於獄中。事見《後漢書》卷七十八〈宦者傳〉。⓬朝廷　指皇帝。⓭霍光傳　指《漢書》卷六十八〈霍光傳〉。言呂強等欲效霍光行廢立事。⓮中黃門　官名，宦官充任，在宮中侍候皇帝。⓯持兵　帶著兵器。⓰國家　指皇帝。⓱譖　說壞話；打小報告。⓲自屏　自殺。⓳侍中　官名，職在侍從皇帝，應對顧問。⓴向栩　（？—西元一八四年）字甫興，河內朝歌（今河南淇縣）人，官至侍中。傳見《後漢書》卷八十一。㉑便宜　謂有利國家而應辦的事。㉒左右　指皇帝左右的宦官。㉓黃門北寺獄　漢末黨事起，於宮內之北設北寺獄殘害黨人，因屬黃門署，故稱黃門北寺獄。㉔郎中　官名。屬光祿勳，除宿衛諸殿門外，還內充侍衛，外從作戰。㉕十常侍　據《後漢書》卷七十八〈宦者傳〉，張讓、趙忠、夏惲、郭勝、孫璋、畢嵐、栗嵩、段珪、高望、張恭、韓悝、宋典十二人為中常侍。史言十常侍，是舉其整數。㉖縣　「懸」本字。㉗徒跣　赤腳步行。㉘頓首　頭叩地而拜。㉙詔獄　奉皇帝詔令拘禁罪犯的監獄。㉚不　同「否」。㉛御史　官名，即侍御史，掌察舉非法，受公卿群吏奏事，有違失者則舉劾。㉜承旨　奉承皇帝旨意。

【語譯】這時中常侍趙忠、張讓、夏惲、郭勝、段珪、宋典等都被封為列侯，尊貴得寵。皇上常說：「張常侍就是我的父親，趙常侍就是我的母親。」因此宦官便肆無忌憚，一齊建造住宅，規制模仿宮殿。皇上曾想登上永安宮的瞭望臺，宦官們害怕皇上看見他們的住宅，就讓老宦官尚但勸諫皇上說：「天子不應登高，天子登高老百姓會離心離德。」皇上從此不敢再登臺榭。直到封諝、徐奉叛亂事件發生，皇上責問眾常侍說：「你們經常說黨人圖謀不軌，要把黨人全都禁錮，有的還被誅殺，如今黨人卻為國家出力，而你們反與張角勾結，是不是應該殺頭？」趙忠等一起磕頭說：「這是王甫、侯覽他們幹的。」於是眾常侍人人求退自保，招回在州郡任職的親屬和子弟。

於是趙忠、夏惲等一起誣陷呂強，說他與黨人一起非議朝政，〈霍光傳〉讀了多遍。呂強的兄弟在哪裡任職，個個貪汙受賄。靈帝派中黃門手執兵器宣召呂強。呂強聽到皇帝傳召，氣憤地說：「我死後，就會引發禍亂！大丈夫只想為國家盡忠，怎麼能面對獄吏呢！」於是就自殺了。趙忠、夏惲又誣陷說：「呂強被召，不知道要問他什麼就在外自裁了，明擺著他胸懷奸詐。」於是逮捕了呂強同宗的親屬，沒收了他們的財產。

侍中河內人向栩上書建言國家應辦的事宜，書中譏諷了皇帝左右的人。張讓便誣陷向栩和張角同心，要做內應，於是逮捕向栩押送到黃門北寺監獄，並殺了他。郎中中山人張鈞上書說：「我以為張角所以能興兵作亂，成千上萬的百姓樂於追隨他，根源就是十常侍大量安排他們的父兄、子弟、姻親、賓客把持州郡，壟斷財路，侵奪百姓的利益；百姓的冤屈卻無處申訴，所以才圖謀不軌，相聚為盜賊。應當殺掉十常侍，將他們的頭懸掛南郊示眾，向百姓道歉，再派使者布告全國，這樣可以不動用軍隊而巨賊自然會消除。」靈帝把張鈞的奏章拿給眾常侍看，他們人人摘下帽子，脫掉鞋襪向皇帝磕頭謝罪，請求自投洛陽詔獄，並願拿出家財來資助軍費。靈帝下詔，命他們戴上帽子，穿上鞋襪，官復原職。對張鈞發怒說：「這真是個瘋狂小子！十常侍中難道一個好人也沒有嗎？」御史稟承皇上旨意，於是誣奏張鈞學習黃巾道，將他逮捕拷打，死在獄中。

庚子❶，南陽❷黃巾張曼成攻殺太守褚貢。

帝問太尉楊賜以黃巾事，賜所對切直，帝不悅。夏，四月，賜坐寇賊免，以太僕弘農鄧盛為太尉。已而帝閱錄故事，得賜與劉陶所上張角奏，乃封賜為臨晉侯，陶為中陵鄉侯。○司空張濟罷，以大司農張溫為司空。

皇甫嵩、朱儁合將四萬餘人共討潁川[1]，嵩、儁各統一軍。儁與賊波才戰，敗。嵩進保長社❸。

汝南❹黃巾敗太守趙謙於邵陵❺。廣陽❻黃巾殺幽州刺史郭勳及太守劉衛。

波才圍皇甫嵩於長社。嵩兵少，軍中皆恐。賊依草結營，會大風，嵩約敕軍士皆束苣❼乘城❽，使銳士間出圍外，縱火大呼，城上舉燎❾應之。嵩從城中鼓譟而出，奔擊賊陳❿，賊驚亂犇[2]走。會騎都尉⓫沛國曹操⓬將兵適至，五月，嵩、操與朱儁合軍，更與賊戰，大破之，斬首數萬級。封嵩都鄉侯⓭。

操父嵩，為中常侍曹騰⓮養子，不能審其生出本末，或云夏侯氏子也。操少機警，有權數⓯，而任俠放蕩，不治行業⓰，世人未之奇也，唯太尉橋玄⓱及南陽何顒⓲異焉。玄謂操曰：「天下將亂，非命世之才⓳，不能濟⓴也。能安之者，其在君乎！」顒見操，歎曰：「漢家將亡，安天下者，必此人也！」玄謂操曰：「君未有名，可交許子將。」子將者，訓之從子劭㉑也。好人倫㉒，多所賞識，與從兄靖㉓俱有高名，好共覈論鄉黨㉔人物，每月輒更其品題㉕，故汝南俗有月旦評焉。

嘗為郡功曹㉖，府中聞之，莫不改操飾行。曹操往造劭而問之曰：「我何如人？」劭鄙其為人，不答。操乃劫㉗之，劭曰：「子，治世之能臣，亂世之姦雄㉘。」操大喜而去。

朱儁之擊黃巾也，其護軍司馬㉙北地傅燮㉚上疏曰：「臣聞天下之禍不由於外，皆興於內。是故虞舜先除四凶㉛，然後用十六相㉜，明惡人不去，則善人無由進也。今張角起於趙、魏㉝，黃巾亂於六州，此皆釁發蕭牆㉞，而禍延四海者也。臣受戎任，奉辭伐罪，始到潁川，戰無不尅，黃巾雖盛，不足為廟堂㉟憂也。臣之所懼，在於治水不自其源，末流彌增其廣耳。陛下仁德寬容，多所不忍，故閹豎㊱弄權，忠臣不進。誠使張角梟夷㊲，黃巾變服㊳，臣之所憂，甫㊴益深耳。何者？夫邪正之人不宜共國，亦猶冰炭不可同器。彼知正人之功顯，而危亡之兆見，皆將巧辭飾說，共長虛偽。夫孝子疑於屢至㊵，市虎成於三夫㊶，若不詳察真偽，忠臣將復有杜郵之戮㊷矣！陛下宜思虞舜四罪之舉，速行讒佞之誅，則善人思進，姦凶自息。」趙忠見其疏而惡之。燮擊黃巾，功多當封，忠譖訴之。帝識燮言，得不加罪，竟亦不封。

張曼成屯宛下百餘日，六月，南陽太守秦頡擊曼成，斬之。

交阯土多珍貨，前後刺史多無清行，財計盈給㊸，輒求遷代。故吏民怨叛，執刺史及合浦㊹太守來達，自稱柱天將軍。三府選京令東郡賈琮㊺為交阯刺史。琮到部，訊其反狀，咸言：「賦斂過重，百姓莫不空單㊻。京師遙遠，告寃無所，民不聊生㊼，故聚為盜賊。」琮即移書告示，各使安其資業，招撫荒散，蠲復㊽徭役，誅斬渠帥為大害者，簡選良吏試守㊾諸縣，歲間蕩定㊿，百姓以安。巷路為之歌曰：「賈父來晚，使我先反。今見清平，吏不敢飯(51)。」

皇甫嵩、朱儁乘勝進討汝南、陳國(52)黃巾，追波才於陽翟，擊彭脫於西華(53)，並破之，餘賊降散，三郡悉平。嵩乃上言其狀，以功歸儁。於是進封儁西鄉侯，遷鎮賊中郎將(54)。詔嵩討東郡(55)，儁討南陽。

北中郎將盧植連戰破張角，斬獲萬餘人，角等走保廣宗(56)。植築圍鑿塹(57)，造作雲梯(58)，垂(59)當拔之。帝遣小黃門(60)左豐視軍，或勸植以賂送豐，植不肯。豐還，言於帝曰：「廣宗賊易破耳，盧中郎固壘息軍，以待天誅。」帝怒，檻車(61)徵植，減死一等，遣東中郎將(62)隴西董卓(63)代之。

巴郡張脩以妖術為人療病，其法略與張角同，令病家出五斗米，號「五斗米師」。秋，七月，脩聚眾反，寇郡縣，時人謂之「米賊」。

八月，皇甫嵩與黃巾戰於蒼亭[64]，獲其帥卜巳。董卓攻張角無功，抵罪。乙巳[65]，詔嵩討角。

九月，安平王續[66]坐不道，誅，國除。○初，續為黃巾所虜，國人贖之得還，朝廷議復其國。議郎李燮[67]曰：「續守藩不稱，損辱聖朝，不宜復國。」朝廷不從。燮坐謗毀宗室，輸作左校[68]。未滿歲，王坐誅，乃復拜議郎。京師為之語曰：「父不肯立帝[69]，子不肯立王。」

冬，十月，皇甫嵩與張角弟梁戰於廣宗，梁眾精勇，嵩不能剋。明日，乃閉營休士，以觀其變。知賊意稍懈，乃潛夜勒兵[70]，雞鳴[71]，馳赴其陳，戰至晡時[72]，大破之，斬梁，獲首三萬級，赴河死者五萬許人。角先已病死，剖棺戮屍，傳首京師。

十一月，嵩復攻角弟寶於下曲陽[73]，斬之，斬獲十餘萬人。即拜嵩為左車騎將軍[74]，領[75]冀州牧，封槐里侯。嵩能溫卹[76]士卒，每軍行頓止，須營幔[77]修立，然後就舍，軍士皆食，爾[78]乃嘗飯[79]，故所嚮有功。

【章旨】以上為第六段，寫皇甫嵩、朱儁等將領平定了黃巾起義。

【注釋】❶庚子　三月丙午朔，無庚子。❷南陽　郡名，治所宛縣，在今河南南陽。❸長社　縣名，在今河南長葛東。❹汝南　郡名，治所平輿，在今河南平輿北。❺邵陵　縣名，縣治在今河南漯河市東北。❻廣陽　郡名，治所薊縣，在今北京市城西南。❼束苣　用葦稈紮成的火炬。❽乘城　登城。❾燎　火炬。❿陳　通「陣」。⓫騎都尉　官名，職責是統率皇帝的羽林騎兵。⓬曹操　（西元一五五－二二〇年）字孟德，沛國譙縣（今安徽亳州）人，在漢末鎮壓黃巾軍中，逐漸擴大力量。後迎漢獻帝都許（今河南許昌東），遂「挾天子以令諸侯」，統一了北方。官至丞相，封魏公、魏王。其子曹丕建立魏朝後，追尊他為武皇帝。事詳見《三國志》卷一〈魏書·武帝紀〉。⓭都鄉侯　漢代的封爵名。其級在列侯下，關內侯上，有封地。⓮曹騰　漢安帝、順帝、沖帝、質帝、桓帝時均為宦官，忠慎廉潔，受到時人好評。其養子曹嵩官至太尉。傳見《後漢書》卷七十八。⓯權數　權謀智數。⓰行業　生計職業。⓱橋玄　（西元一〇九－一八三年）字公祖，梁國睢陽（今河南商丘南）人，官歷三公。傳見《後漢書》卷五十一。⓲何顒　字伯求，南陽襄鄉（今湖北棗陽東北）人。傳見《後漢書》卷六十七。⓳命世之才　經邦濟世之才。⓴濟　拯救。㉑劭　許劭（西元一五〇－一九五年），字子將，汝南平輿（在今河南平輿西北）人，與從兄靖有名當世，以品評人物著稱。傳見《後漢書》卷六十八。其從叔許訓，字季師。漢靈帝初為司徒、司空、太尉等職。㉒人倫　指各類人物。㉓靖　許靖（？－西元二二二年），字文休。後入蜀，為蜀漢太傅。傳見《三國志》卷三十八。㉔鄉黨　鄉里。㉕品題　評論人物，定其高下。㉖功曹　官名，即功曹史，為郡守之主要佐吏，除分掌人事外，還參與全郡政務。㉗劫　脅迫。㉘治世之能臣二句　意謂天下治則可盡其才能成為治國之能臣，天下亂則能發揮其機變智能成為當世之奸雄。㉙護軍司馬　監護一軍之司馬。司馬，為軍府之官，職為綜理府事，並參與軍事謀劃。㉚傅燮　（？－西元一八七年）字南容，北地靈州（今寧夏靈武北）人，參與鎮壓黃巾有功，但直言忤犯宦官，未得封賞。傳見《後漢書》卷五十八。㉛除四凶　指虞舜流放共工至幽州，驅逐驩兜到崇山，趕跑三苗至三危，處死鯀於羽山。見《尚書·舜典》。㉜用十六相　傳說虞舜時高陽氏有才子蒼舒、隤敳、檮戭、大臨、尨降、庭堅、仲容、叔達八人，世稱為八元；高辛氏也有才子伯奮、仲堪、叔獻、季仲、伯虎、仲熊、叔豹、季貍八人，世稱為八愷。虞舜任用八元八愷，是為十六相。見《左傳》文公十八年。㉝趙魏　東漢的冀、兗二州是戰國趙、魏之地。㉞蕭牆　本為古代分隔宮室內外的小牆，後世常用以喻指內部。㉟廟堂　指朝廷。㊱閹豎　對宦官的蔑稱。㊲梟夷　梟斬誅滅。㊳變服　脫去黃巾之服而穿常人之服。謂黃巾歸順。㊴甫　始；方始。㊵孝子疑於屢至　曾參甚孝，有與曾參同名者殺人，旁人告曾母曾參殺人，曾母不信，後又連續有人告之，曾母遂信以為真。見《戰國策·秦策三》。㊶市虎成於三夫　此為戰國時龐恭向魏王所作的比喻。大意是一二人說市上有虎，魏王皆不信，而三人亦說有虎，魏王卻信而無疑。意思是說一件虛有之事，只要多人言說，亦能使人信以為真。見《韓非子・內儲說》。㊷杜郵之戮　戰國時白起有功於秦，而范雎嫉妒他，進讒言於秦王，秦王便賜死白起於咸陽城西的杜郵。見《史記》卷七十三〈白起王翦列傳〉。㊸盈給　滿足。㊹合浦　郡名，治所合浦縣，在今廣西合浦東北。㊺賈琮　字孟堅，東郡聊城（今山東聊城北）人，後為冀州刺史、度遼將軍。傳見《後漢書》卷三十一。㊻空單　空盡；空無所有。單，通「殫」。盡。㊼聊生　賴以維持生活。㊽蠲復　免除。㊾試守　試用。㊿蕩定　掃蕩平定。51吏不敢飯　謂吏不敢在民眾家白吃飯。52陳國　郡名，治所陳縣，在今河南淮陽。53西華　縣名，縣治在今河南西華南。54鎮賊中郎將　官名，是東漢政府專門針對黃巾軍設置的高級武官。55東郡　治所濮陽，在今河南濮陽西南。56廣宗　縣名，縣治在今河北威縣東。57塹　護城壕溝。58雲梯　攻城用的長梯。59垂即將。60小黃門　官名，由宦官充任，職在侍候皇帝，受尚書奏事，並聯絡內外。61檻車　囚車。62東中郎將　官名，東漢位次於將軍的統兵將領稱中郎將。前盧植已為北中郎將，董卓又為東中郎將，均為新置。63董卓（？—西元一九二年）字仲穎，隴西臨洮（今甘肅岷縣）人，漢少帝立，率兵入洛陽，廢少帝立獻帝，遷都長安，自為太師，後被王允、呂布所殺。傳見《後漢書》卷七十二、《三國志》卷六。64蒼亭　在范縣界，即在今河南范縣東南。65乙巳　八月初三。66安平王續　安帝延光元年（西元一二二年），改樂成國為安平，以孝王得繼封。續為得之子。67李燮　字德公，漢中南鄭（今陝西漢中）人，官至河南尹。其父李固歷仕漢順帝、沖帝、質帝、桓帝四朝，以忠正著稱。燮傳見《後漢書》卷六十三。68左校　官署名，由左校令統管，掌左工徒。官員等犯罪者常送此作苦役。69父不肯立帝　指李燮父李固在漢沖帝與質帝死後，分別執意請立年長有德的清河王劉蒜，不肯立年幼的質帝與較疏的桓帝。70潛夜勒兵　暗自在夜間部署軍隊。71雞鳴　指夜間第一次雞鳴，古人謂為丑時，即午夜一至三點。72晡時　申時，即下午三至五點。73下曲陽　縣名，縣治在今河北晉州西。74左車騎將軍　官名，車騎將軍位次於驃騎將軍。掌京師兵衛與邊防屯警。此時因鎮壓黃巾軍，故置左、右車騎將軍。75領　兼任。76溫卹　體貼撫慰。77營幔　行軍帳幕。78爾　如此。79嘗飯　吃飯。嘗，通「嚐」。

【校　記】1潁川　張敦仁《通鑑刊本識誤》認為此下脫「黃巾」二字。2犇　原無此字。據章鈺校，甲十一行本、乙十一行本皆有此字，張敦仁《通鑑刊本識誤》同，今據補。

【語　譯】庚子日，南陽黃巾張曼成攻城殺了太守褚貢。

靈帝向太尉楊賜詢問黃巾變亂的事情，楊賜直接了當地加以回答，靈帝很不高興。夏，四月，因盜賊起事，楊賜被免職，任命太僕弘農人鄧盛為太尉。不久，靈帝翻閱先前的文書，獲得楊賜與劉陶所上張角的奏章，於是就封楊賜為臨晉侯，劉陶為中陵鄉侯。〇司空張濟被罷免，任命大司農張溫為司空。

皇甫嵩、朱儁聯合率領四萬多名將士，一起征討潁川，皇甫嵩與朱儁各自統領一軍。朱儁與黃巾賊波才交戰，失敗。皇甫嵩進兵保衛長社縣。

汝南黃巾在邵陵擊敗太守趙謙。廣陽黃巾斬殺幽州刺史郭勳和郡太守劉衛。

波才在長社包圍了皇甫嵩。皇甫嵩兵少，軍中將士都很恐懼。盜賊背靠草埰紮營，適遇大風，皇甫嵩命令士兵都手持葦草紮成的火炬，登上城樓，派精銳的戰士祕密地潛出包圍圈，放火大喊，城樓上的士兵舉起火炬響應。皇甫嵩率兵從城裡擊鼓吶喊殺出，奔襲賊軍陣地，賊軍驚恐混亂，四處逃走。適逢騎都尉沛國人曹操率兵趕到。五月，皇甫嵩、曹操與朱儁兵合一處，再與賊軍交戰，大敗賊軍，殺了幾萬人。於是封皇甫嵩為都鄉侯。

曹操的父親曹嵩，是中常侍曹騰的養子，不清楚他的出生根底，有人說他是夏侯氏的血脈。曹操從小機敏，有權謀，而且俠義放蕩，不治產業，當時的人不看重他，只有太尉橋玄和南陽人何顒認為他是非常之人。橋玄對曹操說：「天下將要大亂，非曠世奇才，不能拯救。能安定天下的，大概就是你曹操了！」何顒見到曹操，感歎地說：「漢室將要滅亡，安定天下的，一定是這個人！」橋玄對曹操說：「你還沒有名氣，可以和許子將結交。」許子將，是許訓的姪子許劭。他喜歡交友，善於鑑別人物，很多人被他賞識，他和堂兄許靖都名聲很高，他們喜歡一起評品鄉里人物，每月兩人總要輪換品評，因此汝南形成了每月初一品評人物的風氣。許子將曾任汝南郡功曹，郡府的官吏聽到他的事跡，沒人不改變自己的操守。曹操去拜訪許劭，詢問他：「我是一個什麼樣的人？」許劭鄙視曹操的為人，不作回答。曹操就逼迫他回答，許劭說：「太平盛世你能成為能幹的臣子，生逢亂世你會成為奸雄。」於是曹操非常高興地離去。

在朱儁進擊黃巾軍時，他的護軍司馬北地人傅燮上奏說：「我聽說天下的禍亂不是由於外因，都是由於內因。所以虞舜首先除掉身邊的四凶，然後起用十六位賢助手，這說明惡人不除掉，好人就無路進用。如今張角在趙、魏之地起事，黃巾軍在六個州叛亂，這都是內部釀成禍患而流毒全國。臣受任軍務，奉命征伐叛逆，剛到潁川，戰無不勝，黃巾軍雖然強大，還不足以成為國家的憂患。我擔心的是，治水不從它的源頭開始，那麼下游則更加氾濫。陛下仁德寬容，常懷不忍之心，所以宦官專權，致使忠臣得不到進用。即便把張角梟首，黃巾軍順服，而臣所擔憂的，反而更加深遠。為什麼呢？大凡奸邪小人與正人君子不應共同治理國家，就像冰炭不能同爐一樣。那些小人知道，正人君子的功績顯赫，就是他們危亡的先兆，所以都會花言巧語，以掩飾自己的虛偽。連曾參那樣的孝子也會因謊言受到懷疑；連續三個人都說市面上有虎，人們就會相信。如果不細緻的識別真偽，忠臣將再次發生白起在杜郵自殺的悲劇！陛下應當思考虞舜驅逐四凶的舉措，迅速誅滅進讒言的奸佞小人，那麼賢人才會願意為朝廷效命，惡人就會自然消亡。」趙忠看到傅燮的奏疏非常痛恨。傅燮攻打黃巾軍，多次立功，應受到封賞，趙忠卻詆毀他。靈帝尚還記得傅燮的奏疏內容，因而沒有加罪於他，但始終也沒有封賞他。

張曼成屯兵宛城一百多天，六月，南陽太守秦頡攻擊張曼成，並殺了他。

交趾的土地盛產珍寶，前後刺史大多不清廉，他們估算搜刮足了財物，就要求調離。所以官民怨恨反叛，抓了刺史與合浦太守來達，首領自稱為柱天將軍；三府選派京縣令東郡人賈琮為交趾刺史。賈琮到任，調查吏民反叛的原因，都說：「賦稅太重，百姓都被搜刮一空。京城遙遠，百姓無處申冤，民不聊生，因此聚而為盜賊。」賈琮就向各地貼出告示，讓百姓各安其業，招撫安置逃荒在外的流民，免去傜役，誅殺罪大惡極的盜賊頭目，挑選一批良吏試用各縣。一年之內就平定了動亂，百姓得以安居。大街小巷可以聽到讚頌賈琮的歌謠：「賈父來晚了，逼得我們先反。如今太平了，官吏不敢強吃強佔。」

皇甫嵩、朱儁乘勝進軍征討汝南郡和陳國的黃巾軍，在陽翟追趕波才，在西華攻打彭脫，把他們一起打敗了，殘餘的黃巾，降的降散的散，潁川、汝南、陳國三郡國全部平定。皇甫嵩上書報告戰況，將戰功歸於朱儁。於是進封朱儁為西鄉侯，提拔為鎮賊中郎將。詔令皇甫嵩進軍征討東郡的黃巾軍，朱儁征討南陽的黃巾軍。

北中郎將盧植連續擊敗張角，斬殺俘獲一萬多人，張角等退保廣宗。盧植築圍牆，挖壕溝，製作雲梯，即將攻破廣宗城。靈帝派小黃門左豐來視察軍隊，有人勸盧植賄賂左豐，盧植不肯。左豐回到京師，向靈帝報告說：「廣宗的黃巾賊容易攻破，盧中郎將卻堅守營壘休整軍隊，等待黃巾賊自行消亡。」靈帝很生氣，用囚車把盧植押解回京，減罪一等，免去死刑，派東中郎將隴西人董卓取代盧植。

巴郡人張脩用妖術給人治病，他的方法與張角大致相同，讓病家出五斗米，因此號稱「五斗米師」。秋，七月，張脩聚眾造反，寇掠郡縣，當時人稱他們為「米賊」。

八月，皇甫嵩與黃巾軍在蒼亭交戰，俘獲黃巾軍頭領卜巳。董卓進攻張角沒有戰功，受到懲罰。初三日乙巳，詔令皇甫嵩征討張角。

九月，安平王劉續因犯大逆不道之罪，被殺，封國廢除。〇當初，劉續被黃巾軍俘虜，國人把他贖回，朝廷商議恢復他的封國。議郎李燮說：「劉續守衛藩國不稱職，損害了聖朝的聲譽，不應恢復封國。」朝廷沒有聽從。李燮反而被判處誹謗宗室之罪，被送到左校官署做苦工。不到一年，劉續因罪被殺，於是李燮官復原職。京城人為此編了一首順口溜，說：「父親不肯擁立皇帝，兒子不肯擁立藩王。」

冬，十月，皇甫嵩和張角的弟弟張梁在廣宗交戰，張梁的部眾精銳勇敢，皇甫嵩無力取勝。第二天，就閉營休整，靜觀敵情。發現敵寇稍稍有些鬆懈，於是祕密連夜部署兵馬，雞叫時，奔赴敵陣，一直戰鬥到黃昏時分，大破敵軍，殺了張梁，斬獲三萬首級，敵人跳河淹死的有五萬多人。張角在這之前已病死，被開棺碎屍，首級被傳送到京師。

十一月，皇甫嵩又在下曲陽攻擊張角的弟弟張寶，殺了張寶，斬殺俘虜十多萬人。皇甫嵩因功升為左車騎將軍，兼任冀州牧，封為槐里侯。皇甫嵩能體貼士兵，每次行軍宿營時，一定要等到士兵的營帳紮好，才回到自己的住處，士兵們全都吃上了飯，自己才吃飯，因此所到之處都能建立戰功。

北地先零羌❶及枹罕❷、河關❸羣盜反，共立湟中❹義從胡❺北宮伯玉、李文侯為將軍，殺護羌校尉❻泠徵。金城❼人邊章❽、韓遂❾素著名西州❿，羣盜誘而劫之，使專任軍政，殺金城太守陳懿，攻燒州郡。

初，武威⓫太守倚恃權貴，恣行⓬貪暴，涼州從事⓭武都蘇正和案致其罪。刺史梁鵠懼，欲殺正和以免其負⓮，訪於漢陽⓯長史⓰敦煌蓋勳⓱。勳素與正和有仇，或勸勳因此報之。勳曰：「謀事殺良，非忠也；乘人之危，非仁也。」乃諫鵠曰：「夫紲食⓲鷹隼⓳，欲其鷙⓴也；鷙而亨㉑之，將何用哉！」鵠乃止。正和詣勳求謝，勳不見，曰：「吾為梁使君㉒謀，不為蘇正和也。」怨之如初。

後刺史左昌盜軍穀數萬，勳諫之。昌怒，使勳與從事辛曾、孔常別屯阿陽㉓以拒賊，欲因軍事罪之，而勳數有戰功。及北宮伯玉之攻金城也，勳勸昌救之，昌不從。陳懿既死，邊章等進圍昌於冀㉔，昌召勳等自救，辛曾等疑不肯赴，勳怒曰：「昔莊賈後期，穰苴奮劍㉕。今之從事豈重於古之監軍乎！」曾等懼而從之。勳至冀，誚讓㉖章等以背叛之罪，皆曰：「左使君若早從君言，以兵臨我㉗，庶可自改。今罪已重，不得降也。」乃解圍去。

叛羌圍校尉㉘夏育於畜官㉙，勳與州郡合兵救育。至狐槃㉚，為羌所敗。勳餘眾不及百人，身被三創㉛，堅坐不動，指木表㉜曰：「尸我於此！」句就㉝種羌滇吾㉞以兵扞眾㉟曰：「蓋長史賢人，汝曹殺之者為負天㊱。」勳仰罵曰：「死反虜！汝何知，促㊲來殺我！」眾相視而驚。滇吾下馬與勳，勳不肯上，遂為羌所執。羌服其義勇，不敢加害，送還漢陽。後刺史楊雍表㊳勳領漢陽太守。

【章旨】以上為第七段，寫雍涼邊事，表彰蓋勳的忠勇節義。

【注釋】❶先零羌　羌族之一支。❷枹罕　縣名，縣治在今甘肅臨夏東北。❸河關　縣名，縣治在今甘肅臨夏西北。❹湟中　地區名，相當於今青海東北部湟水流域地區。❺義從胡　自願順從的少數民族。❻護羌校尉　官名，漢代置護羌校尉一人，管理西羌事。❼金城　郡名，故治在今甘肅蘭州西南。❽邊章　東漢末官吏。金城人，一名允，任督軍從事。漢末亂起，邊章與韓遂共為領袖，殺刺史、郡守，天下震動。不久邊章病死。❾韓遂　字文約，金城人，與同郡人邊章俱著名西州。受羌人、氐民愛戴。韓遂與邊章共同起事，邊章死後，韓遂與馬騰合作，割據涼州三十餘年。曹操西征，擊敗韓遂，不久韓遂為部將所殺。❿西州　西部州郡，此代指涼州。故地在今河西走廊至玉門關一帶。⓫武威　郡名，治所姑臧，在今甘肅武威。⓬恣行　放縱行為。⓭從事　漢代州牧刺史的佐吏，有別駕從事史、治中從事史、兵曹從事史、部從事史等，均可簡稱為從事。⓮負　責任。⓯漢陽　郡名，治所冀縣，在今甘肅甘谷縣東南。⓰長史　郡太守下置丞一人，為太守之佐。與少數民族鄰接之郡的太守則置長史，輔助太守，掌一郡兵馬。⓱蓋勳　字元固，敦煌廣至（今甘肅敦煌西）人，後任越騎校尉等職。傳見《後漢書》卷五十八。⓲紲食　豢養。紲，拴；縛。食，給食；餵養。⓳隼　猛禽。⓴鷙　兇猛。㉑亨　通「烹」。㉒使君　漢代人稱州、郡長官為使君。㉓阿陽　縣名，縣治在今甘肅靜寧西南。㉔冀　縣名，縣治在今甘肅甘谷縣東。㉕莊賈後期二句　春秋齊景公時，燕國、晉國侵齊，景公命司馬穰苴為將，統軍前往抵抗；又命寵臣莊賈為監軍；穰苴便與莊賈約定，明日中午會於軍門，而莊賈一貫傲慢，至日落時方至，穰苴遂按軍法斬莊賈。事見《史記》卷六十四〈司馬穰苴列傳〉。㉖誚讓　譴責。㉗以兵臨我　對我用兵。㉘校尉　指護羌校尉。㉙畜官　指官府牧場。㉚狐槃　地名，在冀縣，即在今甘肅甘谷縣東南。㉛創　創傷。㉜木表　木製標記。㉝句就　羌人之一種。㉞滇吾　羌人名。其父滇良，二人皆為羌人酋長。滇良、滇吾時，種落勢力漸強。事見《後漢書》卷八十七〈西羌傳〉。㉟以兵扞眾　用兵器攔阻眾人。兵，兵器。扞，遮擋；攔阻。㊱負天　違背天命；違背天意。㊲促　速；盡快。㊳表　上表推薦。

【語　譯】北地郡的先零羌和枹罕、河關的群盜造反，共同擁立湟中歸服漢朝的羌人首領北宮伯玉、李文侯為將軍，殺死護羌校尉泠徵。金城人邊章、韓遂在西州一向很有名望，群盜引誘劫持了邊章、韓遂，逼迫他們兩人主管軍政事務，殺死金城太守陳懿，焚燒州郡。

當初武威太守投靠權貴，專橫跋扈，貪贓殘暴，涼州從事武都人蘇正和追查太守的罪行。刺史梁鵠很恐懼，想殺死蘇正和來免除自己的責任，就去諮詢漢陽郡長史敦煌人蓋勳。蓋勳一向與蘇正和有仇，有人勸蓋勳乘機報復。蓋勳說：「替人謀事卻殺害好人，算不得忠誠；乘人之危，也非仁義之道。」於是勸告梁鵠說：「大凡人們豢養獵鷹，是想讓牠捕獲獵物；捕獲了獵物就將牠烹殺，那麼養牠還有什麼用呢！」梁鵠於是作罷。蘇正和到蓋勳那裡面謝，蓋勳卻不見他，說：「我是為梁使君謀事，不是幫助蘇正和。」一如既往地仇恨蘇正和。

後來涼州刺史左昌盜竊軍糧幾萬石，蓋勳勸阻他。左昌發怒，派蓋勳和從事辛曾、孔常出外駐守阿陽以抗拒叛賊，企圖用軍事上的失誤來懲罰蓋勳，可是蓋勳屢建戰功。等到北宮伯玉攻打金城時，蓋勳勸左昌救援金城，左昌不聽。陳懿死後，邊章等進軍冀縣包圍了左昌，左昌徵召蓋勳等來救援自己，辛曾等遲疑不肯救援，蓋勳憤怒地說：「古代的莊賈貽誤軍期，司馬穰苴揮劍斬了他。現今的從事難道比古代的監軍還重要嗎！」辛曾等很害怕便接受了。蓋勳到了冀縣，斥責邊章等人的背叛罪行，邊章等人都說：「左使君如果早聽從你的建議，率兵來攻打我們，也許我們還有機會改過。如今罪惡已經深重，無法歸降了。」於是解圍離去。

叛亂的羌人在畜牧場包圍了護羌校尉夏育，蓋勳與州郡合兵救援夏育。行至狐槃，被羌人打敗。蓋勳的殘部不到百人，身受三處創傷，但堅坐不動，指著路邊的木牌標記說：「把我的屍體停放在這裡！」句就種羌人首領滇吾用兵器攔截眾人說：「蓋長史是個賢人，你們若殺了他，就會違背天意。」蓋勳昂頭罵道：「該死的反賊！你知道什麼，快來殺我！」羌眾吃驚地面面相覷。滇吾下馬讓給蓋勳，蓋勳不肯上馬，於是被羌人抓獲。羌人敬佩他的節義和勇氣，不敢殺害他，就送他回漢陽。後任涼州刺史楊雍上表推舉蓋勳兼任漢陽太守。

張曼成餘黨更以趙弘為帥，眾復盛，至十餘萬，據宛城。朱儁與荊州刺史徐璆❶等合兵圍之，自六月至八月不拔，有司❷奏徵儁。司空張溫上疏曰：「昔秦用白起❸，燕任樂毅❹，皆曠年歷載，乃能尅敵。儁討潁川已有功效，引師南指，方略已設，臨軍易將，兵家所忌。宜假❺日月❻，責其成功。」帝乃止。儁擊弘，斬之。

賊帥韓忠復據宛拒儁，儁鳴鼓攻其西南，賊悉眾赴之。儁自將精卒掩其東北，乘城而入。忠乃退保小城，惶懼乞降。諸將皆欲聽之，儁曰：「兵固有形同而勢異者，昔秦、項之際❼，民無定主，故賞附以勸❽來耳。今海內一統，唯黃巾造逆，納降無以勸善，討之足以懲惡。今若受之，更開逆意，賊利則進戰，鈍則乞降，縱敵長寇，非良計也。」因急攻，連戰不尅。儁登土山望之，顧謂司馬❾張超曰：「吾知之矣。賊今外圍周固❿，內營逼急，乞降不受，欲出不得，所以死戰也。萬人一心，猶不可當，況十萬乎！不如徹⑪圍，并兵入城，忠見圍解，勢必自出，自出則意散，易[1]破之道也。」既而解圍，忠果出戰，儁因擊，大破之，斬首萬餘級。

南陽太守秦頡殺忠，餘眾復奉孫夏為帥，還屯宛。儁急攻之，司馬孫堅⑫率眾先登。癸巳⑬，拔宛城。孫夏走，儁追至西鄂⑭精山⑮，復破之，斬萬餘級。於是黃巾破散，其餘州郡所誅，一郡數千人。

十二月己巳⑯，赦天下，改元⑰。

豫州刺史太原王允⑱破黃巾，得張讓賓客書，與黃巾交通，上之。上責怒讓，讓叩頭陳謝，竟亦不能罪也。讓由是以事中⑲允，遂傳⑳下獄。會赦，還為刺史。旬日㉑間，復以他罪被捕。楊賜不欲使更㉒楚辱㉓，遣客謝㉔之曰：「君以張讓之事，故一月再徵，凶慝㉕難量，幸㉖為深計㉗！」諸從事好氣㉘決㉙者，共流涕奉藥㉚而進之。允厲聲曰：「吾為人臣，獲罪於君，當伏㉛大辟㉜，以謝天下，豈有乳㉝藥求死乎！」投杯而起，出就檻車。既至廷尉[2]，大將軍進與楊賜、袁隗共上疏請之，得減死論。

【章旨】以上為第八段，寫黃巾餘黨覆滅，豫州刺史王允揭露宦官而蒙冤。

【注釋】❶徐璆　字孟玉，廣陵海西（今江蘇灌南東南）人，漢獻帝曾授以上公之位，卒於太常任上。傳見《後漢書》卷四十八。❷有司　官吏之泛稱，也指主管部門。❸白起　戰國秦將。秦昭王時為大良造，統兵攻魏，拔六十一城；後五年攻趙，拔光狼城；後七年攻楚，拔鄢、鄧五城；次年又拔郢，燒夷陵，遂東至竟陵。傳見《史記》卷七十三。❹樂毅　戰國燕將。燕昭王時為上將軍。統兵攻齊，入臨淄，徇城略地五年，攻下齊國七十餘城。傳見《史記》卷八十。❺假　給予。❻日月　指時間。❼秦項之際　秦末項羽起兵之時。❽勸　獎勵。❾司馬　官名，統兵將領之屬官，綜理軍府事，並參與軍事謀劃。❿周固　堅固。⓫徹　通「撤」。撤去。⓬孫堅　（西元一五五—一九一年）字文臺，吳郡富春（今浙江富陽）人，參與鎮壓黃巾軍，又西討邊章、韓遂，以功封烏程侯。後與袁術聯合攻董卓，術表薦為破虜將軍、豫州刺史。次子孫權建立吳國稱帝後，追尊為武烈皇帝。傳見《三國志》卷四十六。⓭癸巳　十一月二十二日。⓮西鄂　縣名，縣治在今河南南陽北。⓯精山　山名，在西鄂縣南。⓰己巳　十二月二十九日。⓱改元　改年號。十二月二十九日前當時仍稱光和七年，改元後便可通稱中平元年。⓲王允　（西元一三七—一九二年）字子師，太原祁縣（今山西祁縣東南）人，漢獻帝初為司徒，與呂布誅殺董卓，又被卓部將李傕、郭汜所殺。傳見《後漢書》卷六十六。⓳中　中傷。⓴傳　逮捕。㉑旬日　十日。㉒更　經受。㉓楚辱　拷打受羞辱。㉔謝　謝罪。㉕凶慝　凶險。㉖幸　希望。㉗深計　謂自殺。㉘好氣　謂崇尚氣節。㉙決　告別。㉚藥　指毒藥。㉛伏　承受。㉜大辟　死刑。㉝乳　飲。

【校記】①易　原無此字。據章鈺校，甲十一行本、乙十一行本、孔天胤本皆有此字，今據補。②廷尉　原無此二字。據章鈺校，甲十一行本、乙十一行本、孔天胤本皆有此二字，張敦仁《通鑑刊本識誤》同，今據補。

【語譯】張曼成的餘黨又擁立趙弘為首領，賊眾又強盛起來，達十幾萬人，佔領了宛城。朱儁和荊州刺史徐璆等合兵包圍宛城，從六月到八月沒有攻取，有關部門上奏徵召朱儁回京。司空張溫上奏說：「過去秦國任用白起，燕國任用樂毅，都是經過長年累月，才能克敵制勝。朱儁討伐潁川的黃巾賊已有成效，率師南下，戰略戰術已擬定，臨陣換將，兵家大忌。應當給予時間，責令他取得成功。」靈帝才作罷。朱儁攻打趙弘，殺死了他。

叛賊首領韓忠又佔據宛城抗拒朱儁，朱儁擂起戰鼓進攻宛城西南角，叛賊全部奔向西南。朱儁親自率領精兵突襲城東北角，攀城而入。韓忠於是退守小城，驚恐求降。官軍將領都想接受韓忠的請求，朱儁說：「用兵本來就有形式相同而實質各異的，從前秦末、項羽之時，民眾沒有固定的君主，所以獎勵歸附者用以鼓勵敵人來歸服。如今海內統一，只有黃巾為逆，接受賊寇歸降就無法鼓勵守法的好人，討伐他們才足以懲惡。現在倘若接受歸降，會更加助長賊膽，賊人有利就進攻開戰，不利就求降，放縱敵人就等於助長賊寇的氣焰，這不是好對策。」朱儁趁機急攻猛打，接連攻戰仍不能破城。朱儁登上土山觀察敵情，回頭對司馬張超說：「我知道破城的方法了。賊軍現在外圍堅固，軍營內部吃緊，求降不被接受，想逃出又不能，所以拼死作戰。萬人一心，尚且勢不可擋，何況十萬人呢！不如撤除包圍，合兵攻城，韓忠見包圍解除，勢必親自出戰，親自出戰就會鬥志渙散，這是容易破城的方法。」隨即解除包圍，韓忠果然出城作戰，朱儁趁機進攻，大破叛賊，殺了一萬多人。

南陽太守秦頡殺了韓忠，殘餘賊眾又擁立孫夏為首領，回軍駐守宛城。朱儁猛攻宛城，司馬孫堅率領突擊士兵首先登城。十一月二十二日癸巳，官軍攻佔宛城。孫夏逃走，朱儁追擊到西鄂縣的精山，又擊敗孫夏，殺死一萬多人。於是黃巾軍被擊敗逃散，殘餘叛賊被州郡收捕誅殺，每一個郡誅殺了幾千人。

十二月二十九日己巳，大赦天下，更改年號。

豫州刺史太原人王允擊破黃巾軍，獲得張讓的門客與黃巾交往的書信，呈報皇上。皇上憤怒地譴責張讓，張讓磕頭謝罪，竟然沒被治罪。張讓借用事由中傷王允，於是將王允收捕下獄。適逢大赦，王允回到豫州復任刺史。不到十天的時間，又因其他罪名被捕。楊賜不想讓王允再受屈辱，派人去勸他說：「你因為揭發張讓，所以在一月之中兩次入獄，凶險難測，希望你好好想一想做出決定！」王允那些崇尚氣節的從事們，都流著淚捧著毒藥送給他。王允厲聲道：「我身為人臣，得罪了君主，應當受到朝廷處決，謝罪天下，哪有服毒自殺的道理！」摔掉杯子，奮然起身，出去登上囚車。到了廷尉那裡，大將軍何進與楊賜、袁隗共同上奏求情，王允才得以減去死罪。

二年（乙丑　西元一八五年）

春，正月，大疫。

二月己酉❶，南宮雲臺災。庚戌❷，樂城門❸災。

中常侍張讓、趙忠說❹帝斂❺天下田，畝❻十錢，以修宮室，鑄銅人。樂安❼太守陸康❽上疏諫曰：「昔魯宣稅畝而蝝❾災自生，哀公增賦而孔子非之❿，豈有聚奪民物，以營無用之銅人，捐捨聖戒，自蹈亡王之法⓫哉！」內侍⓬譖康援引亡國以譬聖明，大不敬，檻車徵詣廷尉。侍御史劉岱表陳解釋，得免歸田里。康，續⓭之孫也。

又詔發州郡材木文石⓮，部⓯送京師。黃門常侍輒令譴呵不中者⓰，因強折⓱賤買，僅得本賈⓲十分之一，因復貨⓳之，宦官[1]復不為即受，材木遂至腐積，宮室連年不成。刺史、太守復增私調，百姓呼嗟。又令西園騶⓴分道督趣㉑，恐動州郡，多受賕賂㉒。刺史、二千石及茂才、孝廉㉓遷除㉔，皆責㉕助軍、修宮錢，大郡至二三千萬，餘各有差。當之官㉖者，皆先至西園諧價㉗，然後得去。其守清㉘者乞不之官，皆迫遣之。時鉅鹿太守河內司馬直新除，以有清名，減責三百萬。直被詔，悵然曰：「為民父母而反割剝百姓以稱㉙時求，吾不忍也。」辭疾，不聽。行至孟津㉚，上書極陳當世之失，即吞藥自殺。書奏，帝為暫絕修宮錢。

以朱儁為右車騎將軍。

自張角之亂，所在盜賊並起，博陵㉛張牛角、常山㉜褚飛燕及黃龍、左校、于氐根、張白騎、劉石、左髭丈八[2]、平漢、大計、司隸、緣城、雷公㉝、浮雲、白雀、楊鳳、于毒、五鹿、李大目、白繞、眭固[3]、苦蝤之徒，不可勝數，大者二三萬，小者六七千人。

張牛角、褚飛燕合軍攻癭陶㉞，牛角中流矢，且死，令其眾奉飛燕為帥，改姓張。飛燕名燕，輕勇趫捷㉟，故軍中號曰「飛燕」。山谷寇賊多附之，部眾寖㊱廣，殆至百萬，號黑山㊲賊，河北諸郡縣並被其害，朝廷不能討。燕乃遣使至京師，奏書乞降。遂拜燕平難中郎將㊳，使領河北諸山谷事，歲得舉孝廉、計吏。

司徒袁隗免。三月，以廷尉崔烈㊴為司徒。烈，寔之從兄也。

是時，三公往往因常侍、阿保㊵入錢西園而得之，段熲㊶、張溫等雖有功勤㊷名譽，然皆先輸貨財，乃登公位。烈因傅母㊸入錢五百萬，故得為司徒。及拜日，天子臨軒㊹，百僚畢會，帝顧謂親幸者曰：「悔不少[4]靳㊺，可至千萬。」程夫人於傍應曰：「崔公，冀州名士，豈肯買官！賴我得是，反不知姝㊻邪！」烈由是聲譽頓衰。

北宮伯玉等寇三輔[47]，詔左車騎將軍皇甫嵩鎮長安以討之。

時涼州[48]兵亂不解[5]，徵發天下役賦無已。崔烈以為宜棄涼州，詔會公卿百官議之。議郎傅燮厲言曰：「斬司徒，天下乃安！」尚書奏燮廷辱大臣。帝以問燮，對曰：「樊噲以冒頓悖逆，憤激思奮，未失人臣之節，季布猶曰『噲可斬也[49]』。今涼州天下要衝，國家藩衛。高祖初興，使酈商別定隴右[50]；世宗[51]拓境，列置四郡[52]，議者以為斷匈奴右臂。今牧御[53]失和，使一州叛逆。烈為宰相，不念為國思所以弭[54]之之策，乃欲割棄一方萬里之土，臣竊惑之。若使左衽[55]之虜得居此地，士勁甲堅，因以為亂，此天下之至慮，社稷之深憂也。若烈不知，是極蔽也；知而故言，是不忠也。」帝善而從之。

夏，四月庚戌[56]，大雨雹。

五月，太尉鄧盛罷，以太僕河南張延為太尉。

六月，以討張角功，封中常侍張讓等十二人為列侯。

秋，七月，三輔螟[57]。

皇甫嵩之討張角也，過鄴[58]，見中常侍趙忠舍宅踰制[59]，奏沒入[60]之。又中常侍張讓私求錢五千萬，嵩不與。二人由是奏嵩連戰無功，所費者多，徵嵩還，收左車騎將軍印綬，削戶六千。八月，以司空張溫為車騎將軍，執金吾[61]袁滂為副，以討北宮伯玉。拜中郎將董卓為破虜將軍[62]，與盪寇將軍[63]周慎並統於溫。

九月，以特進[64]楊賜為司空。

冬，十月庚寅[65]，臨晉文烈侯楊賜薨。以光祿大夫[66]許相為司空。相，訓之子也。

諫議大夫劉陶上言：「天下前遇張角之亂，後遭邊章之寇，今西羌逆類已攻河東[67]，恐遂轉盛，豕突[68]上京[69]。民有百走退死之心，而無一前鬬生之計。西寇浸[70]前，車騎[71]孤危，假令失利，其敗不救。臣自知言數見厭，而言不自裁者，以為國安則臣蒙其慶，國危則臣亦先亡也。謹復陳當今要急八事。」大較[72]言天下大亂，皆由宦官。宦官共讒陶曰：「前張角事發，詔書示以威恩。自此以來，各各改悔。今者四方安靜，而陶疾害聖政，專言妖孽。州郡不上，陶何緣知？疑陶與賊通情。」於是收陶下黃門北寺獄，掠按日急。陶謂使者曰：「臣恨不與伊、呂[73]同疇[74]，而以三仁[75]為輩。今上殺忠謇[76]之臣，下有憔悴之民，亦在不久，後悔何及！」遂閉氣而死。前司徒陳耽為人忠正，宦官怨之，亦誣陷，死獄中。

張溫將諸郡兵步騎十餘萬屯美陽[77]，邊章、韓遂亦進兵美陽，溫與戰，輒不利。十一月，董卓與右扶風鮑鴻等并兵攻章、遂，大破之，章、遂走榆中[78]。溫遣周慎將三萬人追之。參軍事[79]孫堅說慎曰：「賊城中無穀，當外轉糧食，堅願得萬人斷其運道，將軍以大兵繼後，賊必困乏而不敢戰，走入羌中，并力討之，則涼州可定也。」慎不從，引軍圍榆中城。而章、遂分屯葵園峽[80]，反斷慎運道。慎懼，棄車重[81]而退。

溫又使董卓將兵三萬討先零羌，羌、胡圍卓於望垣[82]北，糧食乏絕，乃於所渡水中立偽[6]隁[83]以捕魚，而潛從隁下過軍。比賊追之，決水已深，不得度，遂還屯扶風[84]。

張溫以詔書召卓，卓良久乃詣溫，溫責讓[85]卓，卓應對不順。孫堅前耳語[86]謂溫曰：「卓不怖罪而鴟張[87]大語，宜以召不時至，陳軍法斬之。」溫曰：「卓素著威名於河、隴之間，今日殺之，西行無依。」堅曰：「明公親率王師，威震天下，何賴於卓！觀卓所言，不假[88]明公，輕上無禮，一罪也；章、遂跋扈經年，當以時進討，而卓云未可，沮[89]軍疑眾，二罪也；卓受任無功，應召稽留，而軒昂[90]自高，三罪也。古之名將仗鉞[91]臨眾，未有不斷斬以成功者也。今明公垂意[92]

於卓，不即加誅，虧損威刑，於是在矣！」溫不忍發，乃曰：「君且還，卓將疑人。」堅遂出。

是歲，帝造萬金堂於西園，引司農金錢、繒帛牣積㊸堂中，復藏寄小黃門、常侍家錢各數千萬，又於河間㊹買田宅，起第觀。

【章旨】以上為第九段，寫黃巾失敗，國家稍稍安寧，而邊患未靖，靈帝又故態復萌，聚斂無度，寵幸宦官，殺害忠良。

【注釋】❶己酉　二月初十。❷庚戌　二月十一日。❸樂城門　當作「樂成門」，為南宮中門。❹說　勸說。❺斂　稅取。❻晦　古「畝」字。❼樂安　郡名，治所臨濟，在今山東高青西北。❽陸康　字季寧，吳郡吳縣（今江蘇蘇州）人，歷任廬江等郡太守，漢獻帝時加忠義將軍。傳見《後漢書》卷三十一。❾蝝　未生翅的幼蝗蟲。魯宣公十五年實行按田畝收稅之制。同年冬，魯國又發生蝝災。事見《左傳》宣公十五年。❿哀公增賦而孔子非之　魯哀公十一年，執政季孫氏欲增加田賦，使冉有訪問孔子，孔子對冉有說：不遵守禮，貪冒無厭，雖增田賦，也不會富足。又說：如果循法而行，有周公之制在那裡；如果苟且而行，又何必詢問我。事見《左傳》哀公十一年。⓫亡王之法　指秦始皇鑄十二銅人而導致秦亡。⓬內倖　宮內倖臣。指張讓、趙忠等。⓭續　陸續，字智初，曾為州郡吏。傳見《後漢書》卷八十一。⓮文石　有花紋之石。⓯部　統；總。⓰不中者　不合格者。⓱折　調折價。⓲賈　通「價」。⓳貨　賣出。⓴騶　騎士。㉑趣　通「促」。㉒賕賂　賄賂。㉓茂才孝廉　漢代舉用人才的兩種科目。茂才，即秀才，指才華優秀者，東漢避光武帝劉秀諱，改稱茂才。孝廉，名義上須孝順父母，行為清廉。㉔遷除　調授官職。㉕責　求；索取。㉖之官　上任。㉗諧價　議定價錢。㉘清　謂清廉。㉙稱　適合；符合。㉚孟津　關名，在今河南孟州南。㉛博陵　郡名，治所博陵縣，在今河北蠡縣南。㉜常山　王國名，治所元氏，在今河北元氏西北。㉝雷公　聲音如雷，故名。隨張角起事的諸頭領多以自身某一特徵而得名，如身體輕便者稱飛燕，大眼者稱大目，騎白馬者稱張白騎。㉞癭陶　縣名，縣治在今河北寧晉西南。癭，當作「廮」。㉟遒捷　輕便敏捷。㊱寖　逐漸。㊲黑

山　山名，在今河南浚縣西北。(38)平難中郎將　官名，東漢統兵將領多授中郎將之職。平難中郎將此時新置。(39)崔烈　博陵安平（今河北安平）人，官至司徒、太尉。事附見《後漢書》卷五十二〈崔寔傳〉。(40)阿保　指皇帝的保姆。(41)段熲　字紀明，武威姑臧（今甘肅武威）人，為破羌將軍，數與羌人戰有功。後為司隸校尉、太尉等。傳見《後漢書》卷六十五。(42)功勤　功勞。(43)傅母　保姆。(44)臨軒　皇帝在殿前平臺上接見臣屬稱臨軒。(45)靳　吝惜。(46)姝　美好。(47)三輔　地區名，漢代稱京兆尹、左馮翊、右扶風為三輔，相當於以今西安為中心的陝西中部地區。(48)涼州　治所原在隴縣，在今甘肅張家川回族自治縣。漢靈帝中平以後至獻帝建安末，治所在冀縣，在今甘肅甘谷縣南。(49)噲可斬也　漢惠帝時，匈奴冒頓單于作書輕慢呂后，呂后大怒，樊噲即說：「臣願得兵十萬，橫行匈奴中。」季布卻認為高帝率四十萬眾擊匈奴，尚被匈奴圍困於平城，樊噲此言是當面欺上，故說「樊噲可斬也」。事見《史記》卷一百〈季布欒布列傳〉。(50)使酈商別定隴右　指劉邦以酈商為隴西都尉平定北地郡、上郡事。見《史記》卷九十五〈酈商列傳〉。隴右，地區名，指隴山以西地區，約相當於今甘肅六盤山以西，黃河以東一帶。(51)世宗　漢武帝的廟號。(52)四郡　指漢武帝新置的河西四郡，即酒泉、張掖、武威、敦煌四郡。(53)牧御　州牧之統治。(54)弭　安定。(55)左衽　衽，衣襟。古代少數民族衣服之前襟向左，故稱左衽。(56)庚戌　四月十二日。(57)螟　食禾稼的害蟲。(58)鄴　縣名，縣治在今河北臨漳西南。(59)踰制　謂超過人臣宅第的規制。(60)沒入　謂沒收入官。(61)執金吾　官名，掌督巡宮外，維護皇宮周圍及京都的治安，皇帝出行時，則充護衛及儀仗隊。(62)破虜將軍　官名，雜號將軍之一，主帶兵征伐。(63)盪寇將軍　官名，雜號將軍之一。(64)特進　凡列侯功德優盛，朝廷所敬異者，授特進，位在三公下，無具體職掌。(65)庚寅　十月丙申朔，無庚寅。(66)光祿大夫　官名，屬光祿勳，掌顧問應對。(67)河東　郡名，治所安邑，在今山西夏縣西北。(68)豕突　豬豕奔突。比喻橫衝直撞，流竄侵擾。(69)上京　指京都洛陽。(70)浸　漸漸。(71)車騎　指車騎將軍張溫。(72)大較　大概；大略。(73)伊呂　指商初賢相伊尹，周初太師呂尚。(74)同疇　同輩。疇，通「儔」。(75)三仁　指商末被紂王疏遠、懲罰、處死的微子、箕子、比干三賢。(76)忠謇　忠心正直。(77)美陽　縣名，縣治在今陝西武功西北。(78)榆中　縣名，縣治在今甘肅蘭州東。(79)參軍事　官名，軍中參謀軍事之官，位任頗重。(80)葵園峽　黃河津渡，在榆中東，今稱桑園子峽。(81)車重　輜重車；載軍用物資之車。(82)望垣　縣名，縣治在今甘肅天水市西北。(83)隁　「堰」的異體字。(84)扶風　即右扶風，漢代三輔之一。東漢治所在槐里，在今陝西興平東南。(85)責讓　責備。(86)耳語　附耳低語。(87)鴟張　鴟鳥張翼，比喻猖狂、囂張。(88)假藉；依恃。(89)沮　阻止。(90)軒昂　倨傲；高傲。(91)仗鉞　執鉞。鉞，大斧。國君命將出征授以鉞，表示授予專殺之權。(92)垂意　留意；關照。(93)牣積　堆滿。牣，滿。(94)河間　王國名，治所樂成，在今河北獻縣東南。按，漢靈帝為河間孝王劉開之玄孫，其祖父又封為解瀆亭侯，亦在河間。

【校　記】①宦官　張敦仁《通鑑刊本識誤》作「中者」。②丈八　原誤作「文八」。張敦仁《通鑑刊本識誤》作「丈八」，當是。按，《後漢書》卷七十一〈朱儁傳〉、卷七十四上〈袁紹傳〉皆作「丈八」。本書卷六十獻帝初平四年六月載袁紹軍斬左髭丈八，「丈」字尚不誤。丈八，言其身軀高大。③眭固　原誤作「眭固」。據章鈺校，甲十一行本、乙十一行本、孔天胤本皆作「眭固」，熊羅宿《胡刻資治通鑑校字記》同，今據校正。④少　據章鈺校，甲十一行本、乙十一行本皆作「小」。⑤解　原作「止」。據章鈺校，甲十一行本、乙十一行本、孔天胤本皆作「解」，張敦仁《通鑑刊本識誤》、熊羅宿《胡刻資治通鑑校字記》同，今從改。⑥偽　原無此字。據章鈺校，甲十一行本、乙十一行本皆有此字，今據補。

【語　譯】二年（乙丑　西元一八五年）

春，正月，發生大瘟疫。

二月初十日己酉，南宮中的雲臺發生火災。十一日庚戌，樂城門發生火災。

中常侍張讓、趙忠勸說靈帝加徵天下田稅，每畝十錢，用來修造宮室，鑄造銅人。樂安太守陸康上疏勸諫說：「從前魯宣公按畝徵稅引起了蝗災，魯哀公增加賦稅受到孔子的非議，怎麼可以搜刮民財，用來鑄造無用的銅人，拋棄聖人的訓誡，自己甘心重蹈亡國之君的覆轍！」宦官們抓住陸康援引亡國君主用來影射聖明的皇上，說陸康犯了大不敬之罪，用囚車把陸康押送到京城交廷尉治罪。侍御史劉岱上表為陸康開釋，才得免死回鄉。陸康，是陸續的孫子。

又下詔徵發州郡的木材和紋理美觀的石料，全部送至京城。黃門常侍總是呵斥不合格，乘機強迫折價賤賣，僅為原價的十分之一。於是宦官便把已收買的木石再回賣給州郡官吏。州郡官吏又拿這些木石交納時，宦官們故意刁難不馬上接受，導致木材積久而腐朽，宮室連年建不成。刺史、太守又擅自加碼徵調，百姓叫苦連天，又令西園的皇家騎士分道督促，驚動州郡，勒索了許多賄賂。刺史、二千石官吏以及茂才、孝廉升遷任命時，都要責成交納一筆助軍或修建宮室的費用，大郡達到二三千萬錢，其餘各郡多少不等。即將上任的官吏，都要先到西園商議赴任的價錢，然後才能去上任。那些操守清廉之士請求辭職不赴任，則被強迫遣送上任。當時鉅鹿太守河內人司馬直被升任新職，因為有清廉美名，減去三百萬的應交數額。司馬直得到任命詔書，慨然歎道：「作為百姓的父母官，卻反而剝奪百姓來滿足時弊的勒索，我不忍心這樣做。」於是藉口生病辭職，未獲批准。赴任途中，行至孟津時，上書痛批時政的失誤，就服毒自殺了。奏書呈上，靈帝因此暫停徵收修造宮室費。

任命朱儁為右車騎將軍。

自從張角反亂之後，各地盜賊同時興起，博陵人張牛角、常山人褚飛燕以及黃龍、左校、于氐根、張白騎、劉石、左髭丈八、平漢、大計、司隸、緣城、雷公、浮雲、白雀、楊鳳、于毒、五鹿、李大目、白繞、眭固、苦蝤等之流，不可勝數，勢力大的達到二三萬人，勢力小的有六七千人。

張牛角、褚飛燕聯合攻打癭陶，張牛角被流箭射中，臨死時，命令他的部眾擁立褚飛燕為首領，讓褚飛燕改姓張。飛燕原名燕，身輕驍勇，矯捷如飛，所以軍中稱為「飛燕」。山谷中的賊寇大多歸附他，部眾逐漸增多，將近百萬，被稱為「黑山賊」，黃河以北各郡縣都受到黑山賊的侵害，朝廷無力討伐。張飛燕派使者到京師，上書求降。於是朝廷任命張飛燕為平難中郎將，統領黃河以北各山寨的事務，每年可向朝廷推舉孝廉、派出上計吏。

司徒袁隗被免職。三月，任命廷尉崔烈為司徒。崔烈，是崔寔的堂兄。

這時，三公的職位常常是通過中常侍和靈帝乳母送錢給西園而獲取。段熲、張溫等雖有功勞聲譽，但也要先進獻財物，才能登上三公的職位。崔烈通過靈帝乳母送了五百萬錢，所以才取得司徒的職位。到了任命那天，天子親至殿前的平臺，百官們都來參加典禮。靈帝回頭對親信說：「真後悔沒有摳得緊一些，不然可以得到一千萬錢。」程夫人在一旁應聲而說：「崔公是冀州的名士，怎麼肯用錢買官！是靠我出錢才有這樣的結果，你反而不覺得很好！」崔烈的聲譽由此一落千丈。

北宮伯玉等侵擾三輔地區，詔令左車騎將軍皇甫嵩鎮守長安以討伐賊寇。

此時涼州不斷發生兵變，朝廷無休止地徵調天下的徭役和賦稅。崔烈認為應該放棄涼州，靈帝詔令公卿百官商議這事。議郎傅燮聲色俱厲地說：「只有殺掉司徒崔烈，天下才能安定！」尚書劾奏傅燮在朝廷上侮辱大臣。靈帝問傅燮，傅燮回答說：「樊噲因為匈奴單于冒頓悖逆，出於一時義憤，請求出兵，尚未失去人臣的氣節，季布還說『樊噲可殺』。如今涼州是天下的要塞，捍衛國家的屏障。高祖初興之時，派酈商分兵去平定隴右；武帝開拓疆域，設立了河西四郡，謀議的人認為此舉切斷了匈奴的右臂。現在因州郡地方官管理不當，導致一州叛亂。崔烈身為宰相，不考慮為國家制定平定叛亂的方略，反而想丟棄這一塊方圓萬里的國土，我真是感到疑惑不解。如果讓夷狄佔據了這塊土地，他們兵強馬壯，鎧甲堅牢，乘機作亂，這是天下最為憂慮的事，也是國家的大患。如果崔烈不懂得這些，真是愚蠢到極點；如果他知道卻故意說出這種話，就是不忠。」靈帝認為傅燮的話很有道理，聽從了他的意見。

夏，四月十二日庚戌，下大雨和冰雹。

五月，太尉鄧盛被罷免。任命太僕河南人張延為太尉。

六月，因為征討張角有功，冊封中常侍張讓等十二人為列侯。

秋，七月，三輔地區發生蝗災。

皇甫嵩征討張角時，路經鄴城，發現中常侍趙忠的宅第超過制度規定，奏請沒收宅第。再者，中常侍張讓私下向皇甫嵩索求五千萬錢，皇甫嵩不給。於是趙忠、張讓兩人上奏誣陷皇甫嵩久戰無功，耗費太大，靈帝召回皇甫嵩，收回左車騎將軍的印綬，並削減封邑六千戶。八月，任命司空張溫為車騎將軍，執金吾袁滂為副職，討伐北宮伯玉。封拜中郎將董卓為破虜將軍，與盪寇將軍周慎一同受張溫指揮。

九月，任命特進楊賜為司空。

冬，十月庚寅日，臨晉文烈侯楊賜去世。任命光祿大夫許相為司空。許相，是許訓的兒子。

諫議大夫劉陶上奏說：「國家前遇張角之亂，後遭邊章為寇，如今西羌匪類已在進攻河東，我擔心事態還可能進一步擴大，衝擊京師。百姓懷有四處逃亡而死的悲觀情緒，卻無一絲一毫的向前拼命求生的想法。西邊寇賊漸漸前侵，車騎將軍張溫危難孤立，假如失利，敗局則不可扭轉。我自知說多了令人討厭，但不能控制自己不說話。因為我認為國家安寧，臣子才能蒙受福祉，國家危急，臣子就會先行滅亡。所以我現在再次陳述當今緊急的八件事務。」大意是說，天下大亂都是宦官造成的。宦官們一起誣陷劉陶，說：「先前張角叛亂剛發生之時，朝廷下詔恩威兼施。自此以後，叛賊各自改悔。現在四方平靜安寧，而劉陶忌毀聖明的朝政，專說那些妖孽作祟的怪事。再說州郡沒有上報這些事情，劉陶是怎麼知道的？我們懷疑劉陶與叛賊勾通。」於是逮捕劉陶，囚禁在黃門北寺監獄，一日緊於一日地拷打審訊。劉陶對皇上的使者說：「我遺憾不能和伊尹、呂尚同類，幸而與古代三位賢人為伍。如今國家在上殺害忠誠正直的臣子，在下有苦難貧困的百姓，這樣的局面也不會維持多久，到時後悔都來不及了！」於是自己閉氣而死。前司徒陳耽為人忠誠正直，宦官怨恨他，也遭誣陷，死在獄中。

張溫率領各郡的步兵騎兵十幾萬駐守美陽，邊章、韓遂也來進攻美陽，張溫與賊作戰總是失敗。十一月，董卓和右扶風人鮑鴻等合兵攻打邊章、韓遂，大敗賊兵，邊章、韓遂逃往榆中縣。

張溫派周慎率領三萬人追擊邊章、韓遂，參軍事孫堅勸周慎說：「叛賊所據的城中沒有糧食，一定會從外面轉運，我希望率領一萬人截斷賊人的運糧通道，將軍率大軍緊隨其後，叛賊一定困乏而不敢交戰，只能逃入羌人居住區，我們再合力征討他們，涼州就可以平定了。」周慎不聽，率軍包圍榆中城。而邊章、韓遂分兵屯駐葵園峽，反而斷絕了官兵的補給通道。周慎驚慌恐懼，丟棄車輛輜重撤退。

張溫又派董卓率兵三萬討伐先零羌，羌人、胡人在望垣縣的北面包圍了董卓，董卓軍中糧盡。於是董卓命人在渡河的地方假裝築起堤堰，用來捕魚，而祕密從堤背面撤退。等到叛賊追來時，堤堰的決口水已很深，賊兵無法渡河。董卓於是回師屯駐扶風。

張溫以皇帝詔書的名義召見董卓，董卓過了很久才來見張溫，張溫責備董卓，董卓回答時態度不恭。孫堅向前對張溫耳語說：「董卓對自己的罪行非但不畏懼，反而氣焰囂張地出言不遜，應以奉召遲慢的罪名，按軍法斬首。」張溫說：「董卓在黃河、隴山一帶頗有威名，現在殺了他，西征就沒有依靠了。」孫堅說：「明公您親率皇家大軍，威震天下，為何要依靠董卓呢！分析董卓剛才所講的話，不把您放在眼裡，輕蔑上級，沒有禮貌，這是第一條罪狀；邊章、韓遂跋扈多年，應當及時征討，但董卓說時機尚不成熟，阻止進兵，惑亂軍心，這是第二條罪狀；董卓受命無功，應召遲緩，且自高傲慢，這是第三條罪狀。古代的名將受命統軍，沒有不果斷誅殺而獲得成功的。現在您關照董卓，不立刻誅殺，有損軍法的威嚴，董卓能如此，原因就在這裡！」張溫不忍心處死董卓，便說：「你暫且回去，董卓將疑心我們。」孫堅便走出去了。

這一年，靈帝在西園建造萬金堂，調撥司農的金錢、絲帛堆積在堂裡，又把錢寄放在小黃門、常侍的家中，每家寄存了幾千萬，還在河間買田買房，建造宅第樓閣。

三年（丙寅　西元一八六年）

春，二月，江夏❶兵趙慈反，殺南陽太守秦頡。○庚戌❷，赦天下。

太尉張延罷，遣使者持節❸就長安拜張溫為太尉。三公在外始於溫。

以中常侍趙忠為車騎將軍。帝使忠論討黃巾之功，執金吾甄舉謂忠曰：「傅南容❹前在東軍❺，有功不侯，天下失望。今將軍親當重任，宜進賢理屈❻，以副眾心。」忠納其言，遣弟城門校尉❼延致殷勤❽於傅燮。延謂燮曰：「南容少答❾我常侍，萬戶侯不足得也。」燮正色拒之曰：「有功不論，命也。傅燮豈求私賞哉！」忠愈懷恨，然憚其名，不敢害，出為漢陽太守。

帝使鉤盾令❿宋典繕[1]脩南宮玉堂⓫，又使掖庭令⓬畢嵐鑄四銅人，又鑄四鐘，皆受二千斛⑬。又鑄天祿⑭、蝦蟆吐水於平門外橋東，轉水入宮。又作翻車⑮、渴烏⑯施於橋西，用灑南北郊路，以為可省百姓灑道之費。

五月壬辰晦⑰，日有食之。

六月，荊州刺史王敏討趙慈，斬之。○車騎將軍趙忠罷。

冬，十月，武陵蠻反，郡兵討破之。○前太尉張延為宦官所譖，下獄死。

十二月，鮮卑寇幽、并二州。○徵張溫還京師。

【章旨】以上為第十段，寫鯁直朝官傅燮拒絕與宦官同流合汙。

【注釋】❶江夏　郡名，治所安陸，在今湖北安陸北。❷庚戌　二月十六日。❸節　符節，皇帝授命的信物。❹傅南容　傅燮字南容。傳見《後漢書》卷五十八。❺東軍　指朱儁鎮壓潁川黃巾的官軍。❻理屈　平反冤獄。理，審理。屈，委曲；冤獄。❼城門校尉　官名，掌京都城門的屯兵。❽殷勤　表示親切。❾少荅　稍微報答。❿鉤盾令　官名，宦官充任，主管宮廷近處苑囿及遊觀地。⓫玉堂　東漢洛陽宮殿名，有前殿和後殿。前殿為皇帝處理朝政之所，後殿為寢宮。故址在今河南洛陽東白馬寺一帶。⓬掖庭令　官名，宦官擔任，掌後宮貴人、采女事。⓭斛　量器名，漢代十斗為一斛。⓮天祿　傳說中之獸名，形似獅。⓯翻車　引水車。⓰渴烏　吸水用的鳥形虹吸筒。⓱壬辰晦　五月三十日。

【校記】1繕　原無此字。據章鈺校，甲十一行本、乙十一行本、孔天胤本皆有此字，張敦仁《通鑑刊本識誤》同，今據補。

【語譯】三年（丙寅　西元一八六年）

春，二月，江夏官兵趙慈反叛，殺死南陽太守秦頡。○十六日庚戌，大赦天下。

太尉張延被免職，朝廷派使者持節赴長安任命張溫為太尉。三公在京師外被委任，從張溫開始。

任命中常侍趙忠為車騎將軍。靈帝委派趙忠評定討伐黃巾軍的戰功，執金吾甄舉對趙忠說：「傅燮先前在東征的戰事中，立下功勞沒有被封侯，天下人失望。現在將軍身當重任，應該舉薦賢才，平反冤屈，以符合民心。」趙忠採納了甄舉的意見，派遣弟弟城門校尉趙延向傅燮獻殷勤。趙延對傅燮說：「只要你對我哥哥趙常侍略有表示，萬戶侯不在話下。」傅燮神色嚴肅地回答說：「有功不賞，這是命。我傅燮豈肯通過私人關係乞求賞賜呢！」趙忠更加懷恨傅燮，但顧忌到他的聲望，不敢加害，便調他外出做漢陽太守。

靈帝派鉤盾令宋典修繕南宮的玉堂殿，又派掖庭令畢嵐督鑄四個銅人，又鑄造四口銅鐘，容量都為二千斛。又鑄造避邪的天祿獸、蝦蟆吐水的銅器放置在平門外的橋東，通過獸口噴水轉流入宮。又製作翻車、渴烏安置在橋西，用來噴灑南北大路，認為可以節省百姓清水灑街的費用。

五月最後一天三十日壬辰，發生日蝕。

六月，荊州刺史王敏討伐趙慈，把他殺了。〇車騎將軍趙忠被罷免。

冬，十月，武陵蠻反叛，郡兵討伐，打敗了叛軍。〇前太尉張延遭到宦官的誣陷，卜獄而死。

十二月，鮮卑侵犯幽、并兩州。〇靈帝下詔，徵召張溫回到京師。

四年（丁卯　西元一八七年）

春，正月己卯❶，赦天下。

二月，滎陽❷賊殺中牟❸令。三月，河南尹何苗❹討滎陽賊，破之，拜苗為車騎將軍。

韓遂殺邊章及北宮伯玉、李文侯，擁兵十餘萬，進圍隴西❺。太守李相如叛，與遂連和。

涼州刺史耿鄙率六郡兵討遂。鄙任治中❻程球，球通姦利，士民怨之。漢陽太守傅燮謂鄙曰：「使君❼統政日淺❽，民未知教。賊聞大軍將至，必萬人一心，邊兵多勇，其鋒難當。而新合之眾，上下未和[1]，萬一內變，雖悔無及。不若息軍養德，明賞必罰。賊得寬挺❾，必謂我怯，羣惡爭勢，其離可必。然後率已教之民，討成離之賊，其功可坐而待也。」鄙不從。夏，四月，鄙行至狄道，州別駕❿反應賊，先殺程球，次害鄙，賊遂進圍漢陽⓫。城中兵少糧盡，燮猶固守。

時北地胡騎數千隨賊攻郡，皆夙懷燮恩，共於城外叩頭，求送燮歸鄉里。燮子幹，年十三，言於燮曰：「國家昏亂，遂令大人不容於朝。今兵不足以自守，宜聽羌、胡之請，還鄉里，徐俟有道而輔之。」言未終，燮慨然歎曰：「汝知吾必死邪？聖達節⓬，次守節。殷紂暴虐，伯夷不食周粟而死⓭。吾遭世亂，不能養浩然之志⓮，食祿，又欲避其難乎！吾行何之？必死於此！汝有才智，勉之勉之！主簿⓯楊會，吾之程嬰⓰也。」

狄道⓱人王國使故酒泉⓲太守黃衍說燮曰：「天下已非復漢有，府君寧有意為吾屬帥乎？」燮按劍叱衍曰：「若剖符之臣⓳，反為賊說邪！」遂麾左右進兵，臨陳戰歿。耿鄙司馬扶風馬騰⑳亦擁兵反，與韓遂合，共推王國為主，寇掠三輔。

太尉張溫以寇賊未平，免，以司徒崔烈為太尉。五月，以司空許相為司徒；光祿勳㉑沛國丁宮為司空。

初，張溫發幽州烏桓㉒突騎三千以討涼州，故中山㉓相㉔漁陽張純請將之。溫不聽，而使涿㉕令遼西公孫瓚將之。軍到薊㉖中，烏桓以牢稟㉗逋縣㉘，多叛還本國。張純忿不得將，乃與同郡故泰山㉙太守張舉及烏桓大人㉚丘力居等連盟，劫略薊中，殺護烏桓校尉㉛公綦稠、右北平㉜太守劉政、遼東㉝太守陽終等，眾至十餘萬，屯肥如㉞。舉稱天子，純稱彌天將軍、安定王，移書州郡，云舉當代漢，告天子避位，敕公卿奉迎。

冬，十月，長沙㉟賊區星自稱將軍，眾萬餘人。詔以議郎孫堅為長沙太守，討擊平之，封堅烏程侯。

十一月，太尉崔烈罷，以大司農曹嵩㊱為太尉。

十二月，屠各胡㊲反。

是歲，賣關內侯，直㊳五百萬錢。

前太丘㊴長陳寔㊵卒，海內赴弔者三萬餘人。寔在鄉閭，平心率物㊶，其有爭訟，輒求判正㊷，曉譬曲直，退無怨者，至乃歎曰：「寧為刑罰所加，不為陳君所短㊸！」楊賜、陳耽，每拜公卿，羣僚畢賀，輒歎寔大位未登，愧於先之。

【章旨】以上為第十一段，寫忠臣傅燮赴義而死，名士陳寔大志不伸，黯然凋謝。

【注釋】❶己卯　正月二十一日。❷滎陽　縣名，縣治在今河南滎陽東北。❸中牟　縣名，縣治在今河南中牟。❹何苗　何進之弟。事附見《後漢書》卷六十九〈何進傳〉。❺隴西　郡名，治所狄道，在今甘肅臨洮。❻治中　官名，即治中從事史，州刺史的主要佐吏，職責是居中治事，主眾曹文書。❼使君　漢代人稱郡太守為使君。❽日淺　時間不長。❾寬挺　寬緩。❿別駕　官名，即別駕從事史，州牧刺史的主要佐吏，主領眾事。州牧、刺史巡行各地時，別駕乘傳車從行，故名別駕。⓫漢陽　郡名，治所冀縣，在今甘肅甘谷縣東南。⓬達節　對節操通達權變。⓭伯夷不食周粟而死　殷商末年，紂王暴虐無道，周武王起兵滅紂而有天下。殷商故諸侯孤竹國之伯夷、叔齊卻以為周武王不義，逃隱於首陽山，不食周粟而死。事見《史記》卷六十一〈伯夷列傳〉。⓮浩然之志　正大剛直之志。⓯主簿　官名，漢代中央及郡縣官署皆置主簿，以典領文書，辦理事務。⓰程嬰　春秋時人。晉景公三年，趙朔被大夫屠岸賈所殺，並滅其族，趙朔妻有遺腹子，程嬰與趙朔客公孫杵臼不惜身死，保住了趙氏遺腹子，並撫養成人，恢復了趙氏封土。事見《史記》卷四十三〈趙世家〉。⓱狄道　縣名，縣治在今甘肅臨洮。⓲酒泉　郡名，治所祿福，在今甘肅酒泉。⓳剖符之臣　執符的大臣。此指郡太守。符，符信，君臣各執一半，合符示信。⓴馬騰　字壽成，扶風茂陵（今陝西興平東北）人，曾為征西將軍。事附見《三國志》卷三十六〈蜀書・馬超傳〉。㉑光祿勳　官名，漢九卿之一，掌領宿衛侍從之官。㉒烏桓　又寫作「烏丸」。少數民族名，東胡之一支。活動於今山海關外東北及內蒙古地區。㉓中山　王國名，王都盧奴，在今河北定州。㉔相　官名，朝廷委派的執掌王國行政大權的長官，相當於郡太守。㉕涿　縣名，縣治在今河北涿州。㉖薊　縣名，縣治在今北京市城西南。㉗牢稟　軍糧。㉘逋縣　拖欠。縣，「懸」本字。㉙泰山　郡名，治所奉高，在今山東泰安東北。㉚烏桓大人　烏桓部族首領。㉛護烏桓校尉　官名，東漢沿西漢所置，以管轄各地烏桓。㉜右北平　郡名，治所土垠，在今河北豐潤東。㉝遼東　郡名，治所襄平，在今遼寧遼陽。㉞肥如　縣名，縣治在今河北盧龍北。㉟長沙　郡名，治所臨湘，在今湖南長沙。㊱曹嵩　字巨高，沛國譙縣（今安徽亳州）人，曹操之父，官至太尉，後被陶謙部下所殺。事附見《三國志》卷一〈魏書・武帝紀〉。㊲屠各胡　匈奴之一支。㊳直　通「值」。價值。㊴太丘　縣名，縣治在今河南永城西北。㊵陳寔　（西元一〇四—一八七年）字仲弓，潁川許縣（今河南許昌東）人，為太丘長，公正清廉，為世所稱。黨錮禍起，被牽連，不逃，自請囚禁。黨禁解，朝廷多次徵召，皆不從命。卒於家，諡為文範先生。傳見《後漢書》卷六十二。㊶率物　作人的表率。㊷判正　斷定是非曲直。㊸短　批評。

【校　記】①上下未和　此下原空四字位置。據章鈺校，甲十一行本、乙十一行本、孔天胤本皆無空格，今從改。

【語　譯】四年（丁卯　西元一八七年）

春，正月二十一日己卯，大赦天下。

二月，滎陽的叛賊殺死中牟縣令。三月，河南尹何苗討伐滎陽叛賊，擊敗叛賊，任命何苗為車騎將軍。

韓遂殺死邊章及北宮伯玉、李文侯，擁眾十餘萬，進兵包圍隴西郡城。太守李相如叛變，與韓遂聯合。

涼州刺史耿鄙率領六郡的兵眾討伐韓遂，耿鄙信任治中程球，而程球貪汙腐敗，官民痛恨。漢陽太守傅燮對耿鄙說：「使君你為政時間短，民眾還沒有受到你的教化。叛賊聽到大軍即將到達，一定萬眾一心，邊疆的士兵大多勇猛，其鋒銳不可擋。而剛剛從各郡調集的官軍，上下尚未磨合，萬一內部有變，雖然後悔也來不及。不如休兵，蓄養正氣，嚴明賞罰。叛賊得到喘氣的機會，一定認為官兵膽怯，各個首領就會爭奪先機，必然離心離德。然後使君率領已接受教化的軍民，討伐離心離德的叛賊，這樣大功可靜坐而得。」耿鄙不聽。夏，四月，耿鄙進兵到狄道，涼州別駕反叛響應叛賊，先殺死程球，後殺死耿鄙，於是叛兵乘勢進圍漢陽郡城。城中兵少糧盡，傅燮仍堅守城池。

當時北地郡的幾千名胡人騎兵追隨叛賊攻擊漢陽郡，這些胡人都懷念傅燮的舊恩，一起在城外磕頭，請求送傅燮回鄉。傅燮的兒子傅幹才十三歲，向傅燮進言道：「國家政治昏亂，便使父親大人不容於朝。如今官軍的力量不足於防守，應答應羌人、胡人的請求，回到故鄉，等有道的明君出世後再去輔佐他。」傅幹的話還沒講完，傅燮慨歎說：「你知道我必須死的原因嗎？聖人對節操通達權變，次等的堅守節操。商紂王暴虐，忠臣伯夷不吃周粟而死。我遭逢亂世，不能修養出崇高的志向和節操，既然已經領了國家的俸祿，又想逃避危難嗎！我走，走往哪裡？我一定要死在這裡！你有才學，好自為之吧！主簿楊會就是我的程嬰。」

狄道人王國派原酒泉太守黃衍勸說傅燮：「天下已不再是漢朝的天下，府君您有意當我們的首領嗎？」傅燮手握劍柄斥責黃衍說：「你是漢朝的臣子，怎麼反而替叛賊遊說呢！」於是指揮左右進軍，臨陣戰死。耿鄙的司馬扶風人馬騰也擁兵反叛，與韓遂聯合，共同推舉王國為首領，侵擾三輔一帶。

太尉張溫因為沒有平定叛賊，被罷免，任命司徒崔烈為太尉。五月，任命司空許相為司徒，光祿勳沛國人丁宮為司空。

當初，張溫徵調幽州烏桓的三千突騎兵討伐涼州叛賊，原中山相漁陽人張純請求率領突騎。張溫不答應，而派涿縣令遼西人公孫瓚去統率。這支軍隊到達薊城時，由於糧餉拖欠，烏桓騎兵大多叛逃回本國。張純怨恨沒有得到統帥職位，就和同郡人原泰山太守張舉及烏桓酋長丘力居等聯盟，搶掠薊縣，殺死護烏桓校尉公綦稠、右北平太守劉政、遼東太守陽終等，部眾達到十幾萬，屯駐在肥如縣。張舉自稱天子，張純稱彌天將軍、安定王，向各州郡發布文告，說張舉將取代漢帝，宣告天子已退位，敕令公卿來迎接張舉。

冬，十月，長沙叛賊區星自稱將軍，部眾一萬多人。朝廷下詔派議郎孫堅出任長沙太守，討伐平定叛賊，封孫堅為烏程侯。

十一月，太尉崔烈被罷官，任命大司農曹嵩為太尉。

十二月，屠各胡反叛。

這一年，朝廷拍賣關內侯爵位，價值五百萬錢。

前太丘縣長陳寔去世，全國來弔喪的有三萬多人。陳寔在鄉間時處事公正，表率鄉里，鄉親們有了爭執，總是請求他評判，他把是非曲直講得明明白白，事後沒有人抱怨，甚至人們感歎說：「寧可遭受刑罰，也不願受陳君批評！」楊賜、陳耽每次被任命為公卿，百官們都來祝賀，二人總是為陳寔沒有登上高位而歎惜，而為自己先任要職感到慚愧。

【研 析】本卷著重研討黃巾大起義與東漢王朝的關係。黃巾大起義是借助宗教形式發動的。東漢統治者為了加強對人民的思想控制，極力宣揚讖緯迷信思想，以火德自命，用來表示天命所在。農民群眾深受讖緯迷信的束縛，反過來以其人之道還治其人之身。順帝時，琅邪人于吉造了一部《太平清領書》，後稱之為《太平經》。東漢末年，《太平經》廣泛流傳於民間，《太平經》中宣揚的平均平等，以及變革天命的思想為困苦的農民群眾所接受，在傳經布道中分為幾個流派，其中最主要的是「太平道」和「五斗米道」。

太平道的教主是鉅鹿人張角。他自稱「大賢良師」，通過用符水給人治病傳播太平道，在冀州吸引了許多徒眾，十餘年間，信徒達到十多萬人，遍於青、徐、幽、冀、荊、揚、豫等州。張角把信徒組織起來，按地區分為三十六方，大方一萬多人，小方六七千人，各立首領，由他統一指揮。張角利用宗教把他的觸角深入到統治集團的最高中樞，吸納皇宮中的宦官入道。經過周密準備，決定在中平元年（西元一八四年）發動起義。事先向各地道徒傳播「蒼天已死，黃天當立，歲在甲子，天下大吉。」這是一道讖語，張角用做發動起義的口號，並在各地官府牆壁上用隱語寫上「甲子」二字，作為一致起事的時間。張角要從京師心臟地區發動起義，宦官封諝、徐奉等願作內應。由於叛徒唐周告密，計畫洩漏，張角被迫通知各方提前在二月起義。波才在潁川，張曼成、趙弘、韓忠、孫夏等人在南陽，彭脫等人在汝南陳國，張角、張寶、張梁兄弟在鉅鹿，殺逐太守，攻佔城池，形成了幾支強大的黃巾軍。黃巾軍人數極多，遍布大江南北，聲勢浩大，京師震動。

靈帝以諸侯入繼大統，他與太后爭權，依靠宦官，寵信張讓、趙忠、封諝、段珪、曹節、侯覽、蹇碩、程曠、夏惲、郭勝等十常侍。十常侍假借皇權，排斥外戚，打壓朝官和士大夫，黨羽子弟遍布州郡，殘暴百姓，侵奪民宅。十常侍朋比為奸，蠱惑聖心，靈帝竟然稱「張常侍是我公，趙常侍是我母」。宦官專權的黑暗政治是激發黃巾大起義的重要原因，而宦官卻在「黃天當立」的讖語威脅下倒戈助黃巾。漢靈帝感到士大夫有用，於是質問十常侍說，你們說黨人要造反，殺的殺，禁錮的禁錮，而今倒是你們勾結黃巾造朝廷的反，該不該殺呢？十常侍一起磕頭請罪，靈帝信任如故。但靈帝還是採納了中常侍呂強的諫言，大赦黨人，解除黨禁。

於是各地豪強地主紛紛起兵，配合朝廷所遣中郎將皇甫嵩、朱儁、盧植、董卓等率領的大軍，分路鎮壓黃巾軍，到十一月，各路黃巾軍均被打敗。張角病死，張寶、張梁被殺害。但黃巾餘部堅持戰鬥了近二十年。青徐黃巾軍和冀州黑山軍，一度部眾達一百萬。最終青徐黃巾軍被曹操收編為青州兵，冀州黑山軍被袁紹擊敗，此時已是軍閥大混戰，東漢已經名存實亡。

波瀾壯闊的黃巾軍如同暴風驟雨，突然興起，而短短九個月就遭敗績，根本原因是東漢末年地主與農民兩大對立階級的矛盾還未到你死我活的地步，農民群眾還未到不能生活的地步，黃巾大起義前夕沒有重大的天災人禍，黃巾是靠宗教形式組織起來的，又計畫洩漏，匆匆而起，黃巾是烏合之眾，而官軍與地方豪強，則是訓練有素，且統治階級一致對抗黃巾，所以黃巾軍很快失敗了。東漢末年的腐敗政治，表現是統治階級上層集團的尖銳鬥爭，宦官專政，製造黨錮冤獄，士大夫得到人民的同情。而黨錮解禁，士大夫一致起來鎮壓黃巾起義，宦官一時收斂，人心還向著朝廷。一方面是黃巾基礎不牢固，另方面是漢家旗幟有士大夫的一致擁護而為人心所望。不過黃巾雖然失敗，卻沉重地打擊了東漢政權，而黃巾餘眾的繼續反抗，導致豪強集團興起，為軍閥混戰打下了基礎。由於黃巾軍的過快失敗，靈帝依然故我，宦官勢力立即抬頭，宦官集團反攻倒算，殺逐正直士大夫，還殺了呂強。靈帝比宦官還要貪婪，公然設立西園賣官所，朝官郡守均標價拍賣。於是天下人心失望，諸侯打起了廢立的主意，東漢的覆亡不可避免。但以怎樣的形式改朝換代，那要看時局怎樣發展了。總之，黃巾的沉重一擊，註定了東漢政權一蹶不振。黃巾軍雖然失敗了，卻扮演了改朝換代清道夫的角色。

卷第五十九

漢紀五十一

起著雍執徐（戊辰　西元一八八年），盡上章敦牂（庚午　西元一九〇年），凡三年。

【題　解】本卷記事起西元一八八年，迄西元一九〇年，凡三年。當漢靈帝中平五年到漢獻帝初平元年。三年間，東漢王朝發生劇烈震盪，影響歷史的重大事件連續不斷發生。主要有五大事件：一、靈帝英年早逝；二、朝士大夫誅滅宦官；三、董卓入京擅廢立；四、關東諸侯起兵討董卓；五、董卓挾帝西遷長安。這一系列大事件，導致東漢王朝在靈帝死後兩年間換了兩個皇帝，發生了兩次宮廷政變，年號換了四個，政局動盪，權臣竊國，天子蒙塵，京都播遷，東漢由治世轉入亂世，軍閥形成，東漢名存實亡。

東漢政治，長期形成三大勢力並存：宦官、外戚、朝士大夫。東漢新皇帝繼位，年幼的居多，有五任皇帝是諸侯入繼大統。桓靈二帝相繼以諸侯入繼大統，桓帝十五歲即位，靈帝十二歲即位。少年登基，外戚得勢，皇帝長成，依靠宦官抗衡外戚。宦官、外戚分羹，朝士大夫不滿。於是宦官、外戚、朝士大夫，三大勢力既相爭又共存，是東漢政權的三大支柱。靈帝在位，雖然昏暴，正在英年，三大勢力尚能維持平衡。靈帝三十四歲，突然病逝，皇子年幼，長子劉辯十五歲，加之智力平庸，無法掌控政權，皇權出現真空。所以靈帝一死，失去皇權掩蔽的三大勢力，立即由明爭暗鬥轉為公開的白熱化鬥爭，宦官與朝士大夫勢不兩立，水火不容。此時外戚代表皇權，卻又內部分裂。劉辯即位，史稱少帝。少帝母何太后臨朝，太后之兄大將軍何進掌控朝政。何進倒向朝士大夫，謀誅宦官，而何氏是借助宦官勢力登上政治舞臺的，因此何太后庇護宦官，何進之弟何苗也袒護宦官。何進本人優柔寡斷，執政能力不強。於是外戚夾在宦官、朝士大夫兩股勢力中間左右搖擺。何進沒有決斷力，也就是朝廷失去了制衡能力。何進宣召董卓等諸侯帶兵入洛，想借用外力挾制太后，誅滅宦官。結果宦官先下手為強，殺了何進，袁紹藉機，興兵入宮，盡殺宦官，一場浩劫，宦官、外戚兩股勢力均被消滅。三大勢力，只剩下朝士大夫一股力量，獨木難支，朝政大權落入董卓之手。董卓為了進一步削弱朝士大夫，擅自廢立，少帝劉辯被廢殺，何太后亦死，九歲的陳留王劉協被立為帝，史稱獻帝。反對廢立的袁紹、曹操等人被逼出京。

如果說袁紹誅宦官是第一次宮廷政變，董卓廢少帝、立獻帝則是第二次宮廷政變。兩次宮廷政變，發生在一年之內，年號換了四個：光熹、昭寧、永漢、初平，表明政權激烈動盪。兩次宮廷政變，皇權遭踐踏，統治集團大洗牌。西元一九〇年，關東兵起，董卓西遷，東漢洛陽二百年帝京，董卓一把火把它化作了瓦礫場。隨即，關東諸侯罷兵，各歸州郡，互相征伐，形成了軍閥混戰，東漢也就名存實亡了。

孝靈皇帝下

中平五年（戊辰　西元一八八年）

春，正月丁酉❶，赦天下。

二月，有星孛❷于紫宮❸。○黃巾餘賊郭大等起於西河❹[1]白波谷❺，寇太原❻、河東❼。

三月，屠各胡⑧攻殺并州⑨刺史張懿⑩。太常⑪江夏劉焉⑫見王室多故，建議以為：「四方兵寇，由刺史威輕，既不能禁，且用非其人，以致離叛。宜改置牧伯⑬，選清名重臣以居其任。」焉內欲⑭求交趾⑮牧。侍中⑯廣漢董扶⑰私謂焉曰：「京師將亂，益州⑱分野⑲有天子氣⑳。」焉乃更求益州。會益州刺史郤儉㉑賦斂煩擾㉒，謠言㉓遠聞，而耿鄙㉔、張懿皆為盜所殺，朝廷遂從焉議，選列卿、尚書為州牧，各以本秩㉕居任。以焉為益州牧，太僕㉖黃琬㉗為豫州㉘牧，宗正㉙東海劉虞㉚為幽州㉛牧。州任之重，自此而始。焉，魯恭王㉜之後。虞，東海恭王㉝之五世孫也。虞嘗為幽州刺史，民夷懷其恩信，故用之。董扶及太倉令㉞趙韙皆棄官，隨焉入蜀。

詔發南匈奴㉟兵配劉虞討張純，單于羌渠㊱遣左賢王㊲將騎詣幽州。國人恐發兵無已，於是右部醯落㊳反，與屠各胡合，凡十餘萬人，攻殺羌渠，國人立其子右賢王㊴於扶羅為持至尸逐侯單于。

夏，四月，太尉曹嵩罷。

五月，以永樂少府㊵南陽樊陵為太尉。六月，罷。

益州賊馬相、趙祇等起兵緜竹㊶，自號黃巾，殺刺史郤儉，進擊巴郡㊷、犍為㊸。旬月之間，破壞三郡㊹，有眾數萬，相②自稱天子。州從事賈龍率吏民攻相等，數日破走，州界清靜。龍乃選吏卒迎劉焉。焉徙治緜竹㊺，撫納離叛，務行寬惠，以收人心。

郡國七大水。

【章旨】以上為第一段，寫東漢末初置州牧，劉焉入蜀任益州牧。

【注釋】❶丁酉　正月十五日。❷孛　星芒四射之狀，因以為彗星的別稱。❸紫宮　天區名，即三垣中之中垣，又稱紫微垣，共由三十七顆星組成，位於北斗星之東北，環拱極星成屏藩狀，以象天子之宮，故稱紫宮。❹西河　郡名，治所離石，在今山西離石。❺白波谷　邑聚名，一名白波，在今山西襄汾西南永固鎮。❻太原　郡名，治所晉陽，在今山西太原西南。❼河東　郡名，治所安邑，在今山西夏縣西北。❽屠各胡　東漢至西晉時匈奴部落之一。❾并州　州名，州治晉陽，在今山西太原。❿張懿　并州刺史。事附見《三國志》卷三十一〈蜀書·劉焉傳〉，作「張壹」。⓫太常　官名，漢九卿之一，掌宗廟禮儀，兼選試博士。⓬劉焉　（？—西元一九四年）字君郎，江夏（今湖北潛江縣西北）人，漢宗親，後為益州牧，病卒。傳見《後漢書》卷七十五、《三國志》卷三十一〈蜀書·劉焉傳〉。⓭改置牧伯　牧伯即州牧。漢代自武帝置十三部刺史後，長官名稱，屢有改動。有時稱刺史，有時稱州牧。此時劉焉又建議復稱州牧。刺史只有監察權，由六百石中級官吏充任，州牧則為地方最高一級行政長官，秩二千石。州牧之重，自此始。⓮內欲　內心的欲望。⓯交趾　州名，故治廣信（今廣西梧州），尋改番禺，在今廣東廣州。⓰侍中　官名，職在侍從皇帝，應對顧問。⓱董扶　字茂安，善圖讖，靈帝時徵拜為侍中。事附見《三國志》卷三十一〈蜀書·劉焉傳〉。⓲益州　州名，治所雒縣，在今四川廣漢北。⓳分野　古天文學說將十二星辰的位置與地上州郡的位置相對應，稱為分野。⓴天子氣　古人的一種迷信說法，認為真龍天子所在的地方，天空出現一種五色祥雲，稱天子氣。㉑郤儉　河南偃師（今河南偃師）人，後為益州黃巾軍所殺。事附見《三國志》卷四十二〈蜀書·郤正傳〉。㉒煩擾　冗雜繁亂。㉓謠言　歌謠諺語。㉔耿鄙　當時為涼州刺史。㉕本秩　原先官職的俸祿。列卿秩中二千石，尚書秩六百石。㉖太僕　官名，漢九卿之一，掌皇帝之車馬及馬政。㉗黃琬　字子琰。為地方官，有政績。傳見《後漢書》卷六十一。㉘豫州　州名，東漢治所在譙縣，今安徽亳州。㉙宗正　官名，漢九卿之一，由皇族中人擔任，掌宗室及外戚之有關事務。㉚劉虞　字伯安，東海郯縣（今山東郯城西北）人，漢宗室，為幽州牧，有政績，後徵為太傅，未得通，被公孫瓚所殺。傳見《後漢書》卷七十三。㉛幽州　州名，治所在薊縣，今北京市西南。㉜魯恭王　即劉餘，漢景帝之子，封為魯王。傳見《漢書》卷五十三。㉝東海恭王　即劉強，漢光武帝之子，封於東海，兼食魯郡。傳見《後漢書》卷四十二。㉞太倉令　官名，屬大司農，主管郡國上繳之糧食。㉟南匈奴　部族名。東漢初，匈奴分裂為兩大部，南下附漢的稱為南匈奴，屯聚朔方、五原、雲中一帶，即今內蒙古河套地區一帶。㊱單于羌渠　匈奴稱君長為單于。羌渠，匈奴單于之名。㊲左賢王　匈奴諸王稱號之一，地位最高，在諸王上。㊳醢落　南匈奴之部落名，漢光武帝時，匈奴右薁鞬日逐王依附於漢，稱醢落尸逐鞮單于。醢落即其後代之分支，因居於右部，故稱右部醢落。㊴右賢王　匈奴諸王稱號之一，位次於左賢王。㊵永樂少府　官名，由宦官擔任，主管永樂宮中諸官。當時永樂宮為漢靈帝母孝仁皇后所居。㊶緜竹　縣名，縣治在今四川德陽北黃許鎮。㊷巴郡　治所江州，在今重慶市南岸區。㊸犍為　郡名，治所武陽，在今四川彭山縣東北。㊹破壞三郡　《三國志》卷三十一〈蜀書・劉焉傳〉謂馬相、趙祗等起兵於緜竹，殺緜竹令李升，「便前破雒縣，攻益州殺儉，又到蜀郡、犍為，旬月之間，破壞三郡。」《後漢書》卷七十五〈劉焉傳〉亦同，故李賢注三郡說：「綿竹及雒屬廣漢郡，并蜀郡、犍為郡。」是三郡指廣漢郡、蜀郡及犍為郡。《通鑑》此謂進擊巴郡，恐誤。㊺徙治緜竹　原益州刺史之治所在雒縣，劉焉始遷徙於緜竹。

【校　記】①西河　原作「河西」。據章鈺校，孔天胤本作「西河」。按，《後漢書》卷八〈靈帝紀〉亦作「西河」，與孔天胤本合，今據改。②相　原無此字。據章鈺校，甲十一行本、乙十一行本皆有此字，張敦仁《通鑑刊本識誤》同，今據補。

【語　譯】孝靈皇帝下

中平五年（戊辰　西元一八八年）

春，正月十五日丁酉，大赦天下。

二月，孛星出現在紫宮。〇黃巾的殘部郭大等人在西河白波谷起兵，寇擾太原郡、河東郡。

三月，屠各胡攻殺了并州刺史張懿。

太常江夏人劉焉看到王室多難，向朝廷建議：「四方兵亂，原因是刺史的權威太輕，他們既不能禁亂，又用人不當，以致叛變。朝廷應當改設州級軍政長官為州牧、州伯，選擇有清名的重臣擔任。」劉焉內心想得到交趾牧一職。侍中廣漢人董扶私下對劉焉說：「京師將發生變亂，益州地區有天子氣。」劉焉便改求益州牧。適逢益州刺史郤儉賦斂繁重，擾亂百姓，譏諷他的民謠遠近流傳，耿鄙、張懿又都被盜賊殺死，於是朝廷接受了劉焉的建議，選任列卿、尚書出任州牧，各人以原有的品級上任。任命劉焉為益州牧，太僕黃琬為豫州牧，宗正東海人劉虞為幽州牧。州牧位高權重自此開始。劉焉，是魯恭王的後裔。劉虞，是東海恭王的五世孫。劉虞曾擔任幽州刺史，漢民夷狄都懷念他的恩德和信義，所以才任用他。董扶和太倉令趙韙都自動棄官，追隨劉焉進蜀。

詔令徵發南匈奴兵配合劉虞討伐張純，匈奴單于羌渠派左賢王率領騎兵到達幽州。南匈奴人擔心沒完沒了的徵發，於是右部醢落反叛，與屠各胡聯合，總計十多萬人，進擊並殺死羌渠單于，南匈奴人擁立羌渠的兒子右賢王於扶羅為持至尸逐侯單于。

夏，四月，太尉曹嵩被免職。

五月，任命永樂少府南陽人樊陵為太尉。六月，樊陵被免職。

益州賊寇馬相、趙祗等人在緜竹起兵，自稱黃巾軍，殺死刺史郤儉，進兵攻打巴郡、犍為。個把月的時間，攻破三郡，有徒眾數萬，馬相自稱天子。益州從事賈龍率領官吏百姓攻擊馬相等人，幾天內馬相等人兵敗逃走，益州境內得以清靜安寧。於是賈龍選派官兵去迎接劉焉。劉焉把益州治所從雒縣遷到緜竹，安撫招納叛離的民眾，一心推行寬大恩惠的政策，以收取人心。

七個郡國發生嚴重水災。

故太傅❶陳蕃❷子逸與術士襄楷會於冀州刺史王芬坐，楷曰：「天文不利宦者❸，黃門、常侍❹真族滅矣。」逸喜。芬曰：「若然者，芬願驅除。」因與豪傑轉相招合，上書言黑山賊攻劫郡縣，欲因以起兵。會帝欲北巡河間舊宅❺，芬等謀以兵徼❻劫，誅諸常侍、黃門，因廢帝，立合肥侯❼，以其謀告議郎曹操。操曰：「夫廢立之事，天下之至不祥也。古人有權成敗❽、計輕重❾而行之者，伊、霍❿是也。伊、霍皆懷至忠之誠，據宰輔之勢，因秉政之重⓫，同眾人之欲⓬，故能計從事立。今諸君徒見曩者⓭之易，未覩當今之難，而造作非常⓮，欲望必克⓯，不亦[1]危乎！」芬又呼平原華歆⓰、陶丘洪⓱共定計。洪欲行，歆止之曰：「夫廢立大事，伊、霍之所難。芬性疏⓲而不武⓳，此必無成。」洪乃止。會北方夜半有赤氣，東西竟天。太史⓴上言：「北方有陰謀，不宜北行。」帝乃止。敕芬罷兵，俄而㉑徵之。芬懼，解印綬亡走，至平原，自殺。

秋，七月，以射聲校尉㉒馬日磾㉓為太尉。日磾，融之族孫也。

八月，初置西園八校尉㉔，以小黃門㉕蹇碩㉖為上軍校尉，虎賁中郎將㉗袁紹㉘為中軍校尉，屯騎校尉㉙鮑鴻為下軍校尉，議郎曹操為典軍校尉，趙融為助軍左校尉，馮芳為助軍右校尉，諫議大夫㉚夏牟為左校尉，淳于瓊為右校尉，皆統於蹇碩。帝自黃巾之起，留心戎事，碩壯健有武略，帝親任之，雖大將軍㉛亦領屬焉。

九月，司徒㉜許相罷，以司空㉝丁宮為司徒，光祿勳㉞南陽劉弘為司空。○以衛尉㉟條侯董重為票騎將軍㊱。重，永樂太后㊲兄子也。

冬，十月，青、徐㊳黃巾復起，寇郡縣。

望氣者㊴以為京師當有大兵，兩宮㊵流血。帝欲厭㊶之，乃大發四方兵，講武㊷於平樂觀下，起大壇，上建十二重華蓋㊸，蓋高十丈。壇東北為小壇，復建九重華蓋，高九丈。列步騎數萬人，結營為陳。甲子㊹，帝親出臨軍㊺，駐大華蓋下，大將軍進駐小華蓋下。帝躬擐甲㊻、介馬㊼，稱「無上將軍」，行陳三帀㊽而還，以兵授進。帝問討虜校尉蓋勳㊾曰：「吾講武如是，何如？」對曰：「臣聞先王曜德不觀兵。今寇在遠而設近陳，不足以昭果毅㊿，祇黷武(51)耳。」帝曰：「善！恨見君晚，羣臣初無(52)是言也。」勳謂袁紹曰：「上甚聰明，但蔽於左右耳。」與紹謀共誅嬖倖(53)。蹇碩懼，出(54)勳為京兆尹(55)。

十一月，王國圍陳倉(56)。詔復拜皇甫嵩為左將軍(57)，督前將軍董卓，合兵四萬人以拒之。

張純與丘力居鈔略(58)青、徐、幽、冀(59)四州，詔騎都尉(60)公孫瓚(61)討之。瓚與戰於屬國(62)石門(63)，純等大敗，棄妻子，踰塞走，悉得所略男女。瓚深入無繼，反為丘力居等所圍於遼西[64]管子城二百餘日，糧盡眾潰，士卒死者什五六。

董卓謂皇甫嵩曰：「陳倉危急，請速救之！」嵩曰：「不然，百戰百勝，不如不戰而屈人兵。陳倉雖小，城守固備，未易可拔。王國雖強，攻陳倉不下，其眾必疲；疲而擊之，全勝之道也，將何救焉！」國攻陳倉八十餘日，不拔。

【章旨】以上為第二段，寫王芬議廢立，雖然胎死腹中，卻標誌漢室天命已搖搖欲墜。靈帝講武，設置新軍西園八校尉，無補於政局穩定。

【注釋】❶太傅　官名，位在三公上，為上公，無職事，多為大官之加號。❷陳蕃　（？—西元一六八年）字仲舉，汝南平輿（今河南平輿北）人，漢桓帝時為太尉，反對宦官專權，有高名。為太學生所敬重。漢靈帝初為太傅，與外戚竇武謀誅宦官，事敗被殺。傳見《後漢書》卷六十六。❸天文不利宦者　古代術士認為，天象之變化反映人間的變化，從觀察天象可預知人間之事。❹黃門常侍　皆宦官官名。黃門即給事黃門侍郎，給事於宮門之內，侍從皇帝，顧問應對。常侍即中常侍，侍奉皇帝左右，為宦者要職。❺河間舊宅　漢靈帝即帝位前為解瀆亭侯。解瀆亭在河間，故河間有其舊宅。河間，國名，治所樂成，在今河北獻縣東南。❻徼　通「邀」。攔截。❼合肥侯　指幽州牧劉虞，封合肥侯。❽權成敗　權衡成功與失敗的可能性。❾計輕重　估量付出的代價，值與不值。輕重，指結果的輕重。❿伊霍　指伊尹、霍光。伊尹助湯建立商朝，湯死後，輔佐外丙（即卜丙）、仲壬二王，仲壬死後，太甲繼位，太甲暴虐亂德，伊尹將他放逐到桐宮。居三年，太甲悔過從善，伊尹又將他迎歸，復為商王。事見《史記》卷三〈殷本紀〉。霍光受漢武帝遺命輔佐昭帝。昭帝卒，無子，霍光迎立昌邑王劉賀。而劉賀淫亂無道，霍光又將他廢掉，另立宣帝。事見《漢書》卷六十八〈霍光傳〉。⓫因秉政之重　憑藉執掌政權的重位。因，憑藉；依靠。⓬眾人之欲　眾人的心願。眾人，指朝中皇親貴戚及朝野士大夫。⓭曩者　從前。⓮造作非常　指發動政變，行廢立之事。⓯克　成功。⓰華歆　字子魚，平原高唐（今山東禹城西南）人，後為尚書令。曹魏時為司徒、太尉。傳見《三國志》卷十三〈魏書・華歆傳〉。⓱陶丘洪　人名，複姓陶丘，名洪。⓲性疏　性情粗疏，思慮不周。⓳不武　不果斷剛強。武，剛強。⑳太史　官名，即太史令，屬太常，掌天文曆算。㉑俄而　一會兒，指時間短暫。㉒射聲校尉　官名，東漢北軍五校尉之一，掌宿衛兵。㉓馬日磾　字翁叔，東漢大經學家馬融之族孫，後為太傅。事附見《後漢書》卷六十上〈馬融傳〉。㉔西園八校尉　西園，即上林苑，在洛陽城西，故別稱西園。漢靈帝懾於黃巾軍，遂以西園為名新置八校尉，以加強京都宿衛。㉕小黃門　官名，由宦官充任，職任侍奉皇帝，受尚書奏事，並聯絡內外。㉖蹇碩　漢靈帝最寵信的宦官，十常侍之一。㉗虎賁中郎將　官名，屬光祿勳，掌虎賁宿衛。㉘袁紹　（？—西元二〇二年）字本初，汝南汝陽（今河南商水縣西南）人，初為司隸校尉，與何進謀誅宦官，事洩，進被殺，紹盡誅宦官。董卓入京，紹逃奔冀州，起兵討卓。後據有冀、青、幽、并四州，為當時地廣兵強的大軍閥。西元二〇〇年在官渡與曹操決戰，被曹操打敗，全軍覆沒，不久病死。傳見《後漢書》卷七十四、《三國志》卷六。㉙屯騎校尉　官名，東漢北軍五校尉之一，掌宿衛兵。㉚諫議大夫　官名，光祿勳屬官，掌顧問應對。㉛大將軍　漢武帝初置以尊寵衛青，位在三公之上。東漢不常置，秩位或在三公之上，或等同三公，或在三公之下。故靈帝以大將軍隸屬蹇碩，在三公之下。靈帝死，何進為大將軍，秉政，位在三公之上。㉜司徒　三公之一。東漢以太尉、司徒、司空為三公。司徒掌民政。㉝司空　三公之一。掌宮殿、陵寢土木建築。㉞光祿勳　官名，九卿之一，掌禁軍，宿衛宮殿。㉟衛尉　官名，漢九卿之一，掌宮門警衛及宮中巡邏。㊱票騎將軍　「票」又寫作「驃」，將軍名號。位在大將軍之後。㊲永樂太后　漢靈帝母董太后，時居永樂宮，故稱永樂太后。㊳青徐　即青州和徐州。青州治臨淄，即今山東淄博臨淄北。徐州治郯縣，即今山東郯城。㊴望氣者　即觀天象者。㊵兩宮　指漢靈帝之宮與董太后之宮。㊶厭　通「壓」。鎮壓；抑制。㊷講武　軍事演習。㊸華蓋　皇帝或貴官所用的傘蓋。㊹甲子　十月十六日。㊺臨軍　檢閱軍隊。㊻擐甲　穿上鎧甲。㊼介馬　給馬披上鎧甲。㊽行陳三帀　巡視軍陣三周。㊾蓋勳　（西元一四〇—一九一年）字元固，敦煌廣至縣（今甘肅安西縣南）人，歷官漢陽長史、討虜校尉、京兆尹等職。董卓入洛，蓋勳屢欲討之，力不從心，憂鬱疽發背而死。傳見《後漢書》卷五十八。㊿昭果毅　顯示果斷堅強。(51)黷武　濫用兵；用兵無節制。(52)初無　全無。(53)嬖倖　寵愛之人。此指漢靈帝左右之宦官。(54)出　外放。指解除蓋勳執掌禁軍討虜校尉的軍職，外任為京師行政長官。京兆尹雖駐京師，但它是地方官，並非朝官，故而稱外任。(55)京兆尹　官名，京師的長官，稱京兆尹，位高於郡太守，位列九卿。(56)陳倉　縣名，縣治在今陝西寶雞東。(57)左將軍　官名，位次上卿，與前、後、右將軍掌京都兵衛和邊防屯警。(58)鈔略　侵擾掠奪。(59)冀　州名，東漢治所在高邑，即今河北柏鄉北，末期移治鄴縣，今河北臨漳西南。(60)騎都尉　官名，掌羽林騎兵。(61)公孫瓚　（？—西元一九九年）字伯珪，遼西令支（今河北遷安西）人，後割據幽州，敗亡於袁紹。傳見《後漢書》卷七十三、《三國志》卷八。(62)屬

國　指遼東屬國，治所昌黎，在今遼寧義縣。㊸石門　山名，在今遼寧朝陽西南。㊹遼西　郡名，治所陽樂，在今遼寧義縣西。

【校記】①亦　原作「以」。據章鈺校，甲十一行本、乙十一行本、孔天胤本皆作「亦」，張瑛《通鑑校勘記》同，今據改。

【語譯】原太傅陳蕃的兒子陳逸和術士襄楷在冀州刺史王芬的客坐上相見。襄楷說：「天象不利於宦官，黃門、常侍真的要被滅族了。」陳逸十分高興。王芬說：「如果這樣的話，我願意驅除他們。」於是轉相招引交結豪傑，上奏疏說黑山賊攻打搶劫郡縣，想藉此機會舉兵。適逢靈帝打算去北方巡視河間的舊居，王芬等陰謀用兵攔截，殺死那些常侍、黃門，趁機廢黜靈帝，迎立合肥侯劉虞，王芬把他的計畫告訴了議郎曹操。曹操說：「廢立皇帝，是天下最不吉祥的事。古代有權衡成敗、估量輕重之後才行動的人，伊尹、霍光便是。伊尹、霍光都懷著最大的忠誠，依靠宰相的勢力，憑藉把持的重權，順從眾人的意願，所以能順利實現計畫成就大事。現在各位只看到過去的容易，沒看到現在的困難，而要做非常之舉，並想必定成功，不是很危險嗎！」王芬又邀請平原人華歆、陶丘洪共同商定計畫，陶丘洪打算前去，華歆阻止他說：「廢立皇帝的大事，連伊尹、霍光都很為難。王芬生性粗忽又不威武，這事一定不會成功。」陶丘洪便沒有去。恰巧北方的空中半夜裡有股赤氣，從東至西橫貫天際。太史上書說：「北方有陰謀活動，不宜北行。」於是靈帝止步未行。詔令王芬收兵，不久朝廷徵召王芬。王芬懼怕，解下印綬逃走，逃到平原自殺了。

秋，七月，任命射聲校尉馬日磾為太尉。馬日磾，是馬融的同族孫輩。

八月，初設西園八校尉，任小黃門蹇碩為上軍校尉，虎賁中郎將袁紹為中軍校尉，屯騎校尉鮑鴻為下軍校尉，議郎曹操為典軍校尉，趙融為助軍左校尉，馮芳為助軍右校尉，諫議大夫夏牟為左校尉，淳于瓊為右校尉，袁紹等七人都受蹇碩節制。靈帝從黃巾軍起事後，關心軍事，蹇碩身體強健又武勇有韜略，靈帝親近信任他，即使是大將軍何進也要從屬於他。

九月，司徒許相被罷官，任命司空丁宮為司徒，光祿勳南陽人劉弘為司空。○任命衛尉條侯董重為票騎將軍。董重，是永樂太后哥哥的兒子。

冬，十月，青州、徐州的黃巾重新起事，寇掠郡縣。

觀察天文的術士認為京城將發生大的兵亂，兩宮會出現流血事件。靈帝想鎮懾這種事件的發生，於是大舉徵調四方兵力，在平樂觀下演習武事，築起一個大壇，壇上樹立起十二層彩色傘蓋，蓋高十丈。大壇的東北面修建一個小壇，壇上也樹起九層彩色傘蓋，高九丈。排列步騎兵數萬人，結營布陣。十月十六日甲子，靈帝親自臨壇檢閱軍隊，站立在大壇傘蓋下，大將軍何進站立在小壇傘蓋下。靈帝親自披上甲冑，跨上披有鎧甲的戰馬，自稱「無上將軍」，巡行軍陣三圈回到壇上，將兵權授給何進。靈帝問討虜校尉蓋勳說：「朕如此演習武事，怎麼樣？」蓋勳回答說：「臣聽說先王只宣耀德政，不閱兵。現在寇賊在遠方而皇上卻在這裡布陣，這不足以顯示果敢和堅強，只是濫用武力罷了。」靈帝說：「好！只恨見你太晚了，以前群臣沒有這樣的言論。」蓋勳對袁紹說：「皇上很聰明，只是被身邊的人蒙蔽了。」蓋勳和袁紹密謀共同誅殺皇帝左右的親信宦官。蹇碩很害怕，把蓋勳外放為京兆尹。

十一月，王國圍攻陳倉。詔令重新起用皇甫嵩為左將軍，督率前將軍董卓，合兵四萬人抵禦王國。

張純和丘力居搶掠青、徐、幽、冀四州，詔令騎都尉公孫瓚討伐他們。公孫瓚在遼東屬國石門山與張純等交戰，張純等大敗，丟棄妻子兒女，越過邊塞逃走，被擄掠的男女全部被官兵救回。公孫瓚深入敵後沒有後援，反而被丘力居等圍困於遼西管子城二百多天，公孫瓚糧盡而兵眾潰散，士兵死了十分之五、六。

董卓對皇甫嵩說：「陳倉危急，請趕快救援！」皇甫嵩說：「不是這樣，百戰百勝，不如不戰而勝，陳倉雖小，但城池堅固，守衛完備，不易被攻破。王國雖然兵強，若攻不下陳倉，他的部眾一定疲困不堪；待他疲困後再進攻他，這是大獲全勝的策略，何必去救援呢！」王國圍攻陳倉八十多天，沒能攻下。

六年（己巳　西元一八九年）

春，二月，國眾疲敝，解圍去，皇甫嵩進兵擊之。董卓曰：「不可！兵法，窮寇勿迫，歸眾勿追❶。」嵩曰：「不然。前吾不擊，避其銳也；今而擊之，待其衰也；所擊疲師，非歸眾也；國眾且走❷，莫有鬬志，以整擊亂，非窮寇也。」遂獨進擊之，使卓為後拒。連戰，大破之，斬首萬餘級。卓大慚恨，由是與嵩有隙❸。

韓遂等共廢王國，而劫❹故信都❺令漢陽閻忠使督統諸部。忠病死，遂等稍爭權利，更相❻殺害，由是寖衰❼。

幽州牧劉虞到部，遣使至鮮卑中，告以利害，責使送張舉、張純首，厚加購賞❽。丘力居等聞虞至，喜，各遣譯❾自歸❿。舉、純走出塞，餘皆降散。虞上⓫罷諸屯兵，但留降虜校尉⓬公孫瓚，將步騎萬人屯右北平⓭。三月，張純客王政殺純，送首詣虞。公孫瓚志欲掃滅烏桓，而虞欲以恩信招降，由是與瓚有隙。

夏，四月丙子朔⓮，日有食之。◯太尉馬日磾免，遣使即拜幽州牧劉虞為太尉，封容丘侯。

蹇碩忌大將軍進，與諸常侍共說帝遣進西擊韓遂，帝從之。進陰知其謀，奏遣袁紹收徐、兗二州兵，須紹還而西，以稽⓯行期。

初，帝數失皇子，何皇后生子辯，養於道人⑯史子眇家，號曰史侯。王美人生子協，董太后自養之，號曰董侯。群臣請立太子，帝以辯輕佻⑰無威儀⑱，欲立協，猶豫未決。會疾篤⑲，屬⑳協於蹇碩。丙辰㉑，帝崩㉒于嘉德殿。碩時在內，欲先誅何進而立協，使人迎進，欲與計事，進即駕往。碩司馬㉓潘隱與進早舊㉔，迎而目之㉕。進驚，馳㉖從儳道㉗歸營，引兵入屯百郡邸㉘，因稱疾不入。

【章旨】以上為第三段，寫幽州公孫瓚與劉虞因政見不同而有隙。靈帝崩於嘉德殿。

【注釋】❶窮寇勿迫二句　《後漢書》卷七十一〈皇甫嵩傳〉注謂《司馬兵法》之言。《孫子兵法．軍事篇》此二語作「歸師勿遏，窮寇勿迫。」❷且走　將要逃走。❸隙　間隙；矛盾。❹劫　脅迫。❺信都　縣名，治今河北冀縣。❻更相　互相。❼寖衰　漸衰。❽購賞　懸賞。❾譯　譯使；翻譯。❿自歸　主動歸順。⓫上　謂上奏朝廷。⓬降虜校尉　官名，帶兵之中級將領。公孫瓚於石門有功，自騎都尉升為降虜校尉。⓭右北平　郡名，治所土垠，在今河北豐潤東南。⓮丙子朔　中平六年四月朔日不是丙子，當從《後漢書》卷八〈靈帝紀〉作「丙午」。⓯稽　延遲。⓰道人　有道德的賢人。⓱輕佻　輕薄；不莊重嚴肅。⓲威儀　莊重嚴肅的容貌舉止。⓳疾篤　病情沉重。⓴屬　通「囑」。託付。㉑丙辰　四月十一日。㉒帝崩　漢靈帝病逝。按，漢靈帝死時三十四歲。㉓司馬　官名，領兵將領之屬官，總理軍府事。㉔早舊　謂早有交情。舊，舊交。㉕目之　給何進遞眼色。㉖馳　急速。㉗儳道　捷徑。㉘百郡邸　地方各郡國在京都的總館所。

【語譯】六年（己巳　西元一八九年）

春，二月，王國部眾疲敝，解陳倉之圍離去，皇甫嵩進兵追擊。董卓說：「不可！兵法上說，窮途末路的賊寇不要再逼迫，已退走的兵眾不要再追趕。」皇甫嵩說：「不對。以前我不進擊，是為了避開敵人的銳氣；現在我要出擊，正是我等待的敵人士氣衰弱；我們所進攻的是一支疲憊的軍隊，不是退走之兵；王國的兵眾一心逃命，沒有鬥志，我們以整飭的部隊去攻擊潰逃的兵眾，而不是窮途末路的賊寇。」於是皇甫嵩單獨進擊，讓董卓斷後。連續作戰，大敗王國，殺敵一萬多。董卓非常羞愧惱怒，因此和皇甫嵩結下仇怨。

韓遂等共同廢除王國，而劫持脅迫原信都令漢陽人閻忠統領各部。閻忠病死，韓遂等開始爭權奪利，相互殘殺，因此日漸衰弱。

幽州牧劉虞到任，派使者到鮮卑部落，曉以利害，責令鮮卑送上張舉、張純的人頭，厚加賞賜。丘力居等人聽說劉虞到任，很高興，各派譯員來聯絡主動歸順。張舉、張純逃往塞外，餘部或降或散。劉虞上奏朝廷請求裁撤各處的屯兵，只留下降虜校尉公孫瓚，率領步兵騎兵一萬人屯守右北平。三月，張純的門客王政殺掉張純，把首級送給劉虞。公孫瓚立志要消滅烏桓，而劉虞想用恩德和信義來招降，因此與公孫瓚結下怨仇。

夏，四月丙子朔，發生日蝕。○太尉馬日磾被免職，朝廷派使者到幽州任命幽州牧劉虞為太尉，封容丘侯。

蹇碩忌恨大將軍何進，便與眾常侍一起勸說靈帝派何進西征韓遂，靈帝聽從了。何進暗中打探到他們的陰謀，便上奏請求委派袁紹搜集徐、兗兩州的官兵，等到袁紹回來再西征，以此來拖延行期。

先前，靈帝多次失去皇子，何皇后生下兒子劉辯，把他寄養在有道賢人史子眇家，稱為史侯。王美人生下兒子劉協，由董太后親自撫養，稱為董侯。群臣請求確立太子，靈帝認為劉辯輕浮沒有威嚴，想立劉協，猶豫不決。恰逢靈帝病重，就把劉協託付給蹇碩。四月十一日丙辰，靈帝在嘉德殿去世。當時蹇碩在宮內，打算先殺死何進然後立劉協為帝，派人去迎請何進，說要與他商議事情，何進立刻駕車前往。蹇碩的司馬潘隱和何進是舊交，潘隱出宮迎接何進，用眼神進行暗示。何進大驚失色，趕緊從捷徑飛馳回營，率兵進駐百郡邸，於是稱病不肯入宮。

戊午❶，皇子辯即皇帝位，年十四，尊皇后曰皇太后。太后臨朝❷，赦天下，改元為光熹。封皇弟協為勃海王，協年九歲。以後將軍袁隗為太傅，與大將軍何進參錄尚書事❸。

進既秉朝政，忿蹇碩圖❹己，陰規❺誅之。袁紹因進親客張津，勸進悉誅諸宦官。進以袁氏累世貴寵❻，而紹與從弟虎賁中郎將術❼皆為豪桀所歸，信而用之。復博徵智謀之士何顒❽、荀攸❾及河南鄭泰❿等二十餘人，以顒為北軍中候⓫，攸為黃門侍郎⓬，泰為尚書，與同腹心。攸，爽⓭之從孫也。

蹇碩疑不自安，與中常侍趙忠、宋典等書曰：「大將軍兄弟秉國專朝，今與天下黨人謀誅先帝左右，埽滅我曹，但以碩典禁兵，故且沈吟⓮。今宜共閉上閤⓯，急捕誅之。」中常侍郭勝，進同郡人也，太后及進之貴幸，勝有力焉，故親信何氏。與趙忠等議，不從碩計，而以其書示進。庚午⓰，進使黃門令⓱收碩，誅之，因悉領其屯兵。

票騎將軍董重與何進權勢相害⓲，中官⓳挾⓴重以為黨助㉑。董太后每欲參干㉒政事，何太后輒相禁塞㉓，董后忿恚㉔，詈㉕曰：「汝今輈張㉖，怙㉗汝兄㉘耶！吾敕票騎斷何進頭如反手耳！」何太后聞之以告進。五月，進與三公共奏：「孝仁皇后使故中常侍夏惲等交通州郡，辜較㉙財利，悉入西省㉚。故事㉛，蕃后㉜不得留京師，請遷宮本國㉝。」奏可。辛巳㉞，進舉兵圍票騎府，收董重，免官，自殺。六月辛亥㉟，董太后憂怖㊱，暴崩㊲。民間由是不附何氏。

辛酉㊳，葬孝靈皇帝于文陵㊴。何進懲㊵蹇碩之謀，稱疾，不入陪喪，又不送山陵。○大水。

秋，七月，徙勃海王協為陳留王。○司徒丁宮罷。

袁紹復說何進曰：「前竇武欲誅內寵而反為所害者，但坐㊶言語漏泄。五營兵士㊷皆畏服中人，而竇氏反用之㊸，自取禍滅。今將軍兄弟㊹並領勁兵，部曲㊺將吏皆英俊名士，樂盡力命㊻，事在掌握，此天贊㊼之時也。將軍宜一㊽為天下除患，以垂名後世，不可失也。」進乃白太后，請盡罷中常侍以下，以三署郎㊾補其處。太后不聽，曰：「中官統領禁省，自古及今，漢家故事，不可廢也。且先帝新棄天下，我奈何楚楚㊿與士人共對事(51)乎！」進難違太后意，且欲誅其放縱者(52)。紹以為中官親近至尊，出納號令，今不悉廢，後必為患。而太后母舞陽君及何苗數受諸宦官賂遺(53)，知進欲誅之，數白太后為其障蔽。又言「大將軍專殺左右，擅權以弱社稷。」太后疑以為然。進新貴，素敬憚中官，雖外慕大名而內不能斷，故事久不決。

紹等又為畫策，多召四方猛將及諸豪傑，使並引兵向京城，以脅太后，進然之。主簿[54]廣陵陳琳[55]諫曰：「諺稱『掩目捕雀』，夫微物尚不可欺以得志，況國之大事，其可以詐立乎！今將軍總皇威[56]，握兵要[57]，龍驤虎步[58]，高下在心[59]，此猶鼓洪爐燎毛髮[60]耳。但當速發雷霆[61]，行權立斷[62]，則天人順之。而反委釋[63]利器[64]，更徵外助，大兵聚會，彊者為雄，所謂倒持干戈，授人以柄，功必不成，祇為亂階耳。」進不聽。典軍校尉曹操聞而笑曰：「宦者之官，古今宜有，但世主不當假[65]之權寵，使至於此。既治其罪，當誅元惡[66]，一獄吏足矣，何至紛紛召外兵乎！欲盡誅之，事必宣露，吾見其敗也。」

初，靈帝徵董卓為少府[67]，卓上書言：「所將湟中[68]義從[69]及秦、胡兵皆詣臣言：『牢直[70]不畢[71]，稟賜斷絕，妻子飢凍。』牽挽臣車，使不得行。羌、胡憋腸[72]狗態，臣不能禁止，輒將順[73]安慰。增異復上[74]。」朝廷不能制。及帝寢疾，璽書拜卓并州牧，令以兵屬皇甫嵩。卓復上書言：「臣誤蒙天恩，掌戎十年，士卒大小，相狎[75]彌久，戀臣畜養之恩，為臣奮一旦之命，乞將之[76]北州[77]，效力邊垂[78]。」嵩從子酈說嵩曰：「天下兵柄，在大人與董卓耳。今怨隙已結，勢不俱存。卓被詔委兵(79)而上書自請，此逆命(80)也；彼度京師政亂，故敢躊躇(81)不進，此懷姦也。此[1]二者(82)刑所不赦。且其凶戾無親，將士不附。大人今為元帥(83)，杖國威以討之，上顯忠義，下除凶害，無不濟也。」嵩曰：「違命雖罪，專誅(84)亦有責也。不如顯奏其事，使朝廷裁之。」乃上書以聞。帝以讓(85)卓，卓亦不奉詔，駐兵河東以觀時變。

何進召卓使將兵詣京師。侍御史(86)鄭泰諫曰：「董卓彊忍(87)寡義，志欲無厭(88)，若借之朝政，授以大事，將恣(89)凶欲，必危朝廷。明公以親德之重，據阿衡(90)之權，秉意獨斷，誅除有罪，誠不宜假卓以為資援也。且事留變生，殷鑒不遠(91)，宜在速決。」尚書盧植亦言不宜召卓，進皆不從。泰乃棄官去，謂荀攸曰：「何公未易輔也。」

進府掾(92)王匡、騎都尉鮑信皆泰山(93)人，進使還鄉里募兵；并召東郡太守橋瑁屯成皋(94)，使武猛都尉(95)丁原將數千人寇河內(96)，燒孟津(97)，火照城中，皆以誅宦官為言。

董卓聞召，即時就道，并上書曰：「中常侍張讓等竊倖承寵，濁亂(98)海內。臣聞揚湯止沸(99)，莫若去薪(100)；潰癰(101)雖痛，勝於內食(102)。昔趙鞅興晉陽之甲以逐君側之惡(103)，今臣輒鳴鍾鼓(104)如(105)雒陽，請收讓等以清姦穢！」太后猶不從。何苗謂進曰：「始共從南陽來，俱以貧賤依省內以致富貴(106)，國家之事，亦何容易。覆水不收(107)，宜深思之，且與省內和也。」卓至澠池(108)，而進更狐疑(109)，使諫議大夫种邵(110)宣詔止之。卓不受詔，遂前至河南(111)。邵迎勞之，因譬令(112)還軍。卓疑有變，使其軍士以兵脅邵。邵怒，稱詔叱之，軍士皆披(113)，遂前質責卓。卓辭屈，乃還軍夕陽亭(114)。邵，暠之孫也。

【章旨】以上為第四段，寫少帝劉辯即位，大將軍何進與袁紹謀誅宦官，召董卓入京。

【注釋】❶戊午　四月十三日。❷臨朝　太后垂簾，當朝處理政事。❸錄尚書事　錄為總領之意。東漢以來政歸尚書，錄尚書事即總攬朝政。❹圖　謂謀害。❺陰規　密謀。❻袁氏累世貴寵　指袁氏自袁安起，四代人皆為三公高官。❼術　指袁術（?—西元一九九年），字公路，汝南汝陽（今河南商水縣西南）人，董卓專權時逃奔南陽，據有淮南。後一度稱帝，被曹操擊破。傳見《後漢書》卷七十五、《三國志》卷六。❽何顒　字伯求，南陽襄鄉（今湖北棗陽）人，東漢末名士，與太傅陳蕃、司隸校尉李膺等齊名。黨錮禍起，亡匿汝南，與袁紹等豪俊交遊。黨錮禁解，辟司空府，與黃門侍郎荀攸、越騎校尉任瓊等共謀誅董卓，事覺被董卓所捕，憂鬱而死。❾荀攸　字公達，潁川潁陰（今河南許昌）人，後為曹操謀士，任中軍師，魏國尚書令。傳見《三國志》卷十。❿鄭泰　《後漢書》作「鄭太」，係范曄避家諱所改。字公業，河南開封（今河南開封南）人，東漢大經學家鄭眾之曾孫。傳見《後漢書》卷七十。⓫北軍中候　官名，東漢以屯騎、越騎、步兵、長水、射聲等五校尉典領禁衛軍，稱為北軍。北軍中候即監北軍五營。⓬黃門侍郎　又稱給事黃門侍郎，官名，職為侍從皇帝，傳達詔命。⓭爽　即荀爽，字慈明，漢獻帝時為司空。傳見《後漢書》卷六十二。⓮沈吟　猶言遲疑，沒有行動。⓯上閤　即尚書臺閤，在宮禁中。⓰庚午　四月二十五日。⓱黃門令　官名，由宦官擔任，主管宮中諸宦官。⓲相害　互相妒忌。⓳中官　宦官。⓴挾依恃。(21)黨助　同黨相助，即為黨援。(22)參干　參與。(23)禁塞　阻止。(24)忿恚　忿怒。(25)詈　罵。(26)輈張　強橫跋扈。(27)怙仗恃。(28)兄　指何進。(29)辜較　同「辜榷」。壟斷；獨霸。(30)西省　官署名，即董太后所居之永樂宮司署。(31)故事　先例，謂舊有的制度。(32)蕃后　指漢平帝母衛姬。王莽攝政時，恐衛姬專權，便下令不得留京師。(33)遷宮本國　指把董太后遷回原本的侯國，即遷居解瀆亭侯國。(34)辛巳　五月初六。(35)辛亥　六月初七。(36)憂怖　怖愁驚恐。(37)暴崩　突然死亡。(38)辛酉六月十七日。(39)文陵　故址在今河南洛陽東北。(40)懲　警戒；接受教訓。(41)坐　遭受；因為。(42)五營兵士　指北軍五營兵士。(43)竇氏反用之　漢靈帝初，竇武與陳蕃謀誅宦官，武報告太后，太后猶豫未忍。後謀洩，宦官遂挾靈帝起兵捕武。竇武拒捕，馳入步兵營，召北軍五營士與宦官戰。五營士素畏宦官，不肯戰，竇武遂兵敗自殺。事見《後漢書》卷六十九〈竇武傳〉。(44)將軍兄弟　指何進及弟何苗。(45)部曲　部屬。部曲原指軍隊的兩級編制。大將軍營五部，部有校尉一人，部下有曲，曲有軍候一人。(46)力命　盡力效命。(47)贊　幫助。(48)一　全心全意，橫下一條心。謂果決，果敢。(49)三署郎　光祿勳下屬的五官、左、右三署中郎將所統的郎官。(50)楚楚　鮮明貌。此謂拋頭露面。(51)對事　同論政事。(52)放縱者　指飛揚跋扈的宦官。放縱，肆無忌憚。(53)賂遺　賂贈；賄賂。(54)主簿　官名，漢代中央及郡縣官署皆置此官，以典領文書，辦理事務。(55)陳琳　（？—西元二一七年）字孔璋，廣陵（治所廣陵，在今江蘇揚州）人，後依袁紹，紹敗，歸曹操。有文才，為建安七子之一。曹操之軍國書檄，多出其手。事附見《三國志》卷二十一〈魏書．王粲傳〉。(56)總皇威　總握皇帝之威權。時少帝年幼，何進以元舅輔政，為大將軍、錄尚書事，軍政大權皆由其掌握。(57)兵要　兵權。(58)龍驤虎步　比喻氣勢威武。驤，高舉。(59)高下在心謂隨心所欲。(60)鼓洪爐燎毛髮　比喻成事極易。(61)雷霆　謂威勢。(62)行權立斷　行使權力要當機立斷。(63)委釋　放棄。(64)利器　指兵權。(65)假　給予。(66)元惡　元兇；首惡。(67)少府　官名，漢九卿之一。東漢時掌宮中御衣、寶貨、珍膳等。(68)湟中地區名，相當於今青海東北部湟水流域一帶。(69)義從　自願順從者。(70)牢直　軍糧錢。(71)不畢　不全；欠差。(72)懸腸　心腸險惡。(73)將順　順從。(74)增異復上　有不同於此者再次上奏。(75)狎　親近。(76)之　往。(77)北州　指并州。(78)垂　通「陲」。邊境。(79)委兵　放棄軍隊。(80)逆命　違犯詔令。(81)躊躇　徘徊不前。(82)二者　指董卓抗旨、拖延兩大罪過。(83)元帥　全軍的首領。皇甫嵩以左將軍督董卓討王國，是為全軍之元帥。(84)專誅　擅自誅殺。(85)讓　責備。(86)侍御史　官名，御史大夫屬官，給事殿中，職掌監察，秩六百石。(87)彊忍　極殘忍。(88)厭　通「饜」。滿足。(89)恣　放肆；肆意而為。(90)阿衡　本商初官名，伊尹任此職。後引申為輔導帝王，主持國政之意。(91)殷鑒不遠　指竇武謀誅宦官而猶豫不決，反被宦官所殺事。(92)府掾　此指大將軍府之佐吏。(93)泰山　郡名，初治博，在今山東泰安東南，後治奉高，在今泰安東。(94)成皋　縣名，縣治在今河南滎陽汜水鎮西。(95)武猛都尉　官名，東漢於邊郡關塞之地設，職如太守，兼領軍事。(96)河內　郡名，治所懷縣，在今河南武陟西南。(97)孟津　關名，在今河南孟州南。(98)濁亂　擾亂。(99)揚湯止沸　謂用勺舀沸水再傾下，使之散熱而停止沸騰。(100)薪柴火。(101)潰癰　使癰穿破。癰，人身上的一種毒瘡。(102)內食　謂癰毒在人體內浸蝕肌體。(103)趙鞅興晉陽之甲以逐君側之惡春秋晉定公時，趙鞅起晉陽之兵驅逐荀寅與士吉射，謂為除君側之惡人。事見《公羊傳》定公十三年。(104)鳴鍾鼓　鳴鼓而攻之，謂討伐罪人。(105)如　往；進入。(106)依省內以致富貴　省內，宮禁之內，指宦官。何太后依靠宦官而得入宮，何進兄弟也因此而得貴幸。(107)覆水不收　即潑水難收。(108)澠池　縣名，縣治在今河南澠池縣西。(109)狐疑　猶豫不決。(110)种邵　字申甫，河南洛陽（今河南洛陽東）人，後為侍中。其祖种暠，字景伯。漢順帝與桓帝時，曾為益州刺史，治績卓著，後為司徒。傳見《後漢書》卷五十六。(111)河南　縣名，縣治在今河南洛陽。(112)譬令　曉諭勸說。(113)披　退散。(114)夕陽亭　鄉亭名，一名河亭，故址在今洛陽城西。

【校　記】 1此　原無此字。據章鈺校，孔天胤本有此字，張敦仁《通鑑刊本識誤》同，今據補。

【語　譯】 四月十三日戊午，皇子劉辯即皇帝位，年僅十四歲，尊皇后為皇太后。太后臨朝聽政，大赦天下，改年號為光熹。封皇帝的弟弟劉協為勃海王，劉協當時只有九歲。任命後將軍袁隗為太傅，與大將軍何進共同管理尚書事務。

何進執掌朝政後，忿恨蹇碩謀害自己，暗中策劃誅殺他。袁紹通過何進的親信門客張津，勸說何進消滅所有宦官。何進認為袁氏歷代顯貴寵幸，並且袁紹和他的堂弟虎賁中郎將袁術都是豪傑歸附的人物，便十分信任重用袁氏兄弟。何進又多方徵用智謀之士何顒、荀攸以及河南人鄭泰等二十多人，委任何顒為北軍中候，荀攸為黃門侍郎，鄭泰為尚書，把他們作為自己的心腹。荀攸，是荀爽的堂孫。

蹇碩疑懼不安，他寫信給中常侍趙忠、宋典等說：「大將軍兄弟倆專斷朝政，現在正與天下黨人圖謀誅殺先帝身邊的人，打算消滅我輩，只是因為我掌管了禁軍，所以猶豫未決。現在應當一起關閉宮門，急速捕殺何進。」中常侍郭勝與何進是同郡人，太后和何進得以顯貴寵幸，也有郭勝一臂之力，所以依附何氏。於是郭勝和趙忠等商議，不聽從蹇碩的策劃，反而把蹇碩的書信拿給何進看。四月二十五日庚午，何進派黃門令收捕蹇碩，殺了他，趁勢統領了屯守京師的全部兵權。

票騎將軍董重與何進為爭權勢互相傾軋，宦官則依仗董重以為黨援。董太后每次要干預政事，何太后就要加以阻撓，董太后很憤恨，罵道：「你現在這樣猖狂，還不是仗著你哥哥！我下令票騎將軍斬下何進的頭顱易如反掌！」何太后聽到這話就告訴了何進。五月，何進和三公一起上奏：「孝仁皇后派原中常侍夏惲等勾結州郡官員，壟斷財路，所得全部上交西省。依據舊制，藩國的王后不得留居京城，請把董太后遷回本國。」奏章得到准許。初六日辛巳，何進起兵包圍了票騎將軍府，逮捕董重，罷免他的官職，董重自殺。六月初七日辛亥，董太后憂慮害怕，突然死去。從此民心不歸順何氏。

六月十七日辛酉，安葬孝靈皇帝於文陵。何進吸收了蹇碩陰謀事件的教訓，稱病不出，既不入宮守靈，也不到山陵送葬。○發生嚴重水災。

秋，七月，改封勃海王劉協為陳留王。○司徒丁宮被免職。

袁紹又勸何進說：「以前竇武企圖誅殺宦官，結果反被宦官所害，原因在於言語洩漏。北軍的五營士兵都由於畏懼而服從宦官，而竇武卻反要利用他們，這是自取滅亡。現在將軍兄弟倆共同統領精銳部隊，部下將領都是英雄豪傑，樂於盡力效命，此事全在您的掌握之中，這可是天賜良機啊。將軍應當徹底地為天下除害，留名後世，不可錯失這個機會。」何進於是稟報太后，請求罷免所有中常侍以下的宦官，用三署中的郎官補其缺。太后不允許，說：「宦官統領皇宮事務，既是從古到今的制度，也是漢家的傳統，不能廢除。況且先帝剛剛去世，我怎能去拋頭露面和群臣相處共事呢！」何進難以違抗太后的旨意，於是就想只殺掉那些飛揚跋扈的宦官。袁紹認為宦官親近皇帝，詔書敕令全經他們傳遞，如果現在不徹底除去，以後必定成為禍害。但太后的母親舞陽君與何苗多次接受眾宦官的賄賂，得知何進要誅殺他們，多次稟白太后作他們的保護傘。又說「大將軍一心要殺害您身邊的人，目的是專擅朝政削弱朝廷。」太后起了疑心，認為此話有理。何進剛剛顯貴，一向敬畏宦官，雖然外表仰慕盛名，內心卻下不了決心誅殺宦官，所以此事長久定不下來。

袁紹等又為何進出謀劃策，大量招募四方猛將和眾豪傑，要他們都帶兵向京城進發，以此脅迫太后，何進同意了。主簿廣陵人陳琳勸諫說：「諺語說『掩目捕雀』，即使是微不足道的小事尚且不能用欺騙的手段來達到目的，何況是國家大事，怎麼可以用欺騙的手段取得成功呢！現在將軍您集皇家威權於一身，手握軍權，龍行虎步，上下隨意，消滅宦官就像鼓動爐火燒掉毛髮一樣容易。但要如雷霆般迅速出手，行使權力要堅決果斷，那麼天意民心都會順從。但您卻想放棄手中兵權，轉而徵求外援，外來大軍一旦聚集，強者就會稱雄，這就像把刀把子交給他人一樣，一定不會成功，只能釀成禍亂。」何進不聽從。典軍校尉曹操聽到後大笑說：「宦官這種職業，古今都應當有，只是天子不應給予權勢寵幸，以致形成現在的局面。既然要治他們的罪，就應誅殺首惡，辦這事一個獄吏就足夠了，何至於紛紛去徵召外地的軍隊呢！要想完全誅滅宦官，事情一定會洩露，我看這事一定會失敗。」

當初，靈帝徵召董卓任少府，董卓上奏說：「臣所率領的湟中義從羌兵和秦、胡士兵都對臣說：『軍餉沒有給足，賞賜也斷絕了，妻子兒女飢寒交迫。』他們拉住臣的車子，使臣不能前行。羌人、胡人心腸險惡，又是狗脾氣，臣無法禁止，只好順情安慰。將來情況若有變化，再行上奏。」朝廷對他也沒辦法。等到靈帝臥病在床，下詔書任命董卓為并州牧，要他把軍隊交給皇甫嵩。董卓又上奏說：「臣蒙皇帝的錯愛，掌管軍事十年，官兵上下，長期共事，產生情感，他們眷戀臣培育的恩惠，樂意為臣效命，臣請求率領他們去北部州郡，為國家的邊防效力。」皇甫嵩的姪子皇甫酈勸告皇甫嵩說：「天下兵權握在您和董卓的手中。如今仇怨已結，其勢無法共存。董卓被詔令交出兵權，卻上奏自請率兵北上，這是違抗詔命；他想京城的政治混亂，所以才敢拖延不進，這明明是胸懷奸詐。抗旨、拖延兩種行為都是刑律不能赦免的。況且他兇殘暴虐沒人親近，將士不依附。大人現為元帥，憑仗國家的威嚴去討伐他，上而對朝廷表示忠義，下而為社會消除禍害，沒有不成功的。」皇甫嵩說：「違抗詔命雖然有罪，但擅自誅殺也有罪責。不如堂堂正正地奏報此事，讓朝廷來裁決。」於是上書呈報靈帝。靈帝以此斥責董卓，董卓仍不肯接受詔書，駐兵河東以觀望時局變化。

何進召董卓率兵到京城。侍御史鄭泰進諫說：「董卓強暴殘忍缺少仁義，欲望無邊，倘若交給他朝政，授權處理國家大事，那會助長他的兇殘和奢望，必定危害朝廷。明公您憑著皇親國戚和德高望重，手握國家大權，可按心意獨斷專行，徵除罪犯，真不該借重董卓為援手。再說事情遲疑會生變故，竇武的教訓可引以為鑑，應盡快決斷。」尚書盧植也認為不應徵召董卓，何進全都不聽從。於是鄭泰辭職離去，對荀攸說：「何公是個難以輔佐的人。」

何進的府掾王匡、騎都尉鮑信都是泰山郡人，何進派他們回故鄉去招募兵士；同時徵召東郡太守橋瑁屯兵成皋，派武猛都尉丁原率領數千人騷擾河內，火燒孟津，火光映照到洛陽城中。這些行動都打著誅除宦官的名義。

董卓接到徵召令，立即上路，同時上書說：「中常侍張讓等人依靠皇帝的寵幸，擾亂天下。臣聽說揚湯止沸，不如釜底抽薪；挑破膿包，雖然疼痛，但勝過它向內腐蝕肌體。過去趙鞅動用晉陽之兵驅除國君身邊的惡人，如今臣鳴鐘擊鼓進兵洛陽，請求收捕張讓等掃清奸惡！」太后仍然不聽從。何苗對何進說：「當初我們一起從南陽來京，都因為出身貧賤，才依靠宦官獲得富貴，處理國家大事，談何容易。潑出去的水難以收回，你應當深思熟慮，還是和宦官們和解吧。」董卓到了澠池，何進卻更加猶豫，便派諫議大夫种劭宣布詔書阻止董卓前進。董卓不接受詔令，竟進軍到河南。种劭出迎慰勞軍隊，趁機曉以利害令其回兵。董卓懷疑有變故，令他的部下用兵刃脅迫种劭。种劭大怒，以皇帝詔旨的名義呵斥士兵，士兵們都被嚇退，於是种劭向前斥責董卓。董卓理屈辭窮，只好撤軍至夕陽亭。种劭，是种暠的孫子。

袁紹懼進變計，因脅之曰：「交構❶已成，形勢❷已露，將軍復欲何待而不早決之乎？事久變生，復為竇氏❸矣！」進於是以紹為司隸校尉❹，假節❺，專命擊斷，從事中郎❻王允為河南尹❼。紹使雒陽方略武吏❽司察❾宦者，而促董卓等使馳驛上奏，欲進兵平樂觀❿。太后乃恐，悉罷中常侍、小黃門使還里舍，唯留素[1]進所私人以守省中⑪。諸常侍、小黃門皆詣進謝罪，唯所措置⑫。進謂曰：「天下匈匈⑬，正患諸君耳。今董卓垂至⑭，諸君何不早各就國⑮！」袁紹勸進便於此決之⑯，至于再三，進不許。紹又為書告諸州郡，詐宣進意，使捕按⑰中官親屬。

進謀積日，頗泄，中官懼而思變。張讓子婦，太后之妹也，讓向子婦叩頭曰：「老臣得罪，當與新婦俱歸私門。唯⑱受恩累世⑲，今當遠離宮殿，情懷戀戀，願復一入直⑳，得暫奉望太后、陛下顏色，然後退就溝壑㉑，死不恨矣！」子婦言於舞陽君㉒，入白太后；乃詔諸常侍皆復入直。

八月戊辰㉓，進入長樂宮，白太后，請盡誅諸常侍。中常侍張讓、段珪相謂曰：「大將軍稱疾，不臨喪，不送葬，今欻㉔入省，此意何為？竇氏事㉕竟復起邪？」使潛聽，具聞其語，乃率其黨數十人持兵竊自㉖側闥㉗入，伏省戶㉘下。進出，因詐以太后詔召進，入坐省閣。讓等詰㉙進曰：「天下憒憒㉚，亦非獨我曹罪也。先帝嘗與太后不快㉛，幾至成敗㉜，我曹涕泣救解，各出家財千萬為禮，和悅上意，但欲託卿門戶耳。今乃欲滅我曹種族，不亦太[2]甚乎！」於是尚方監㉝渠穆拔劍斬進於嘉德殿㉞前。讓、珪等為詔，以故太尉樊陵為司隸校尉，少府許相為河南尹。尚書得詔版，疑之，曰：「請大將軍出共議。」中黃門以進頭擲與尚書，曰：「何進謀反，已伏誅矣！」

進部曲將㉟吳匡、張璋在外，聞進被害，欲引兵入宮，宮門閉。虎賁中郎將袁術與匡共斫攻之，中黃門持兵守閤。會日暮，術因燒南宮青瑣門㊱，欲以脅出讓等。讓等入白太后，言大將軍兵反，燒宮，攻尚書闥㊲，因將㊳太后、少帝及陳留王，劫省內官屬，從複道㊴走北宮。尚書盧植執戈於閤道窗下，仰數㊵段珪。珪懼，乃釋太后。太后投閤，乃[3]免。袁紹與叔父隗矯詔召樊陵、許相，斬之。紹及何苗引兵屯朱雀闕㊶下，捕得趙忠等，斬之。吳匡等素怨苗不與進同心，而又疑其與宦官通謀，乃令軍中曰：「殺大將軍者[4]，即車騎㊷也，吏士能為報讎乎？」皆流涕曰：「願致死！」匡遂引兵與董卓弟奉車都尉㊸旻攻殺苗，棄其屍於苑中。紹遂閉北宮門，勒兵㊹捕諸宦者，無少長皆殺之，凡二千餘人，或有無須而誤死者。紹因進兵排宮㊺，或上端門㊻屋，以攻省內。

庚午㊼，張讓、段珪等困迫，遂將帝與陳留王數十人步出穀門㊽，夜，至小平津㊾。六璽㊿不自隨，公卿無得從者，唯尚書盧植、河南中部掾(51)閔貢夜至河上。貢厲聲質責讓等，且曰：「今不速死，吾將殺汝！」因手劍斬數人。讓等惶怖，叉手再拜，叩頭向帝辭曰：「臣等死，陛下自愛！」遂投河而死。

貢扶帝與陳留王夜步逐螢光南行，欲還宮，行數里，得民家露車[52]，共乘之，至雒舍[53]止。辛未[54]，帝獨乘一馬，陳留王與貢共乘一馬，從雒舍南行，公卿稍有至者。董卓至顯陽苑[55]，遠見火起，知有變，引兵急進。未明，到城西，聞帝在北，因與公卿往奉迎於北芒阪[56]下。帝見卓將兵卒[57]至，恐怖涕泣。羣公謂卓曰：「有詔卻兵。」卓曰：「公諸人為國大臣，不能匡正王室，至使國家[58]播蕩[59]，何卻兵之有！」卓與帝語，語不可了[60]。乃更與陳留王語，問禍亂由起，王答，自初至終，無所遺失。卓大喜，以王為賢，且為董太后所養，卓自以與太后同族，遂有廢立之意。

是日，帝還宮，赦天下，改光熹為昭寧。失傳國璽，餘璽皆得之。以丁原為執金吾[61]。騎都尉鮑信自泰山募兵適至[62]，說袁紹曰：「董卓擁強兵，將有異志，今不早圖，必為所制。及其新至疲勞，襲之，可禽也。」紹畏卓，不敢發。信乃引兵還泰山。

【章旨】以上為第五段，寫大將軍何進優柔寡斷，為宦官所害。袁紹趁機清宮殺滅宦官，實質是一場震動京師的宮廷政變。

【注釋】❶交構　謂結下怨仇。❷形勢　情況；情勢。❸竇氏　指竇武。❹司隸校尉　官名，掌糾察京都百官違法者，並治所轄各郡，相當於州刺史。❺假節　假，借，此為授予之意。節，代表皇帝使命的憑證。假節即有行使皇帝使命的權力。漢司隸校尉本持節，漢元帝時始去節，現又假節，在於加重其權力。❻從事中郎　官名，此指大將軍府之屬官，職參謀議。❼河南尹　東漢初改河南郡為河南尹，亦以為官名。故治洛陽，即今洛陽東北。❽方略武吏　有謀略的武官。❾司察　監督。❿平樂觀　宮觀名，作為閱兵之地。故址在今河南洛陽東白馬寺一帶。⓫省中　宮中。⓬唯所措置　聽從處置。⓭匈匈　同「洶洶」。動亂；紛擾。⓮垂至　將到。⓯就國　回到封地。⓰決之　謂決計誅滅宦官。⓱捕按　逮捕審訊。⓲唯　通「惟」。思念。⓳累世　連續幾代。⓴入直　入宮侍值。㉑退就溝壑　退而去死。㉒舞陽君　何太后之母的封爵。㉓戊辰　八月二十五日。㉔欻　忽然。㉕竇氏事　指竇武謀誅宦官事。㉖竊自　暗自。㉗側闥　側門。㉘省戶　宮門。㉙詰　責問。㉚憒憒　紛亂。㉛先帝嘗與太后不快　指何后毒死王美人，漢靈帝怒而欲廢何后，諸宦官固請得止。事詳《後漢書》卷十下〈皇后紀下〉。㉜成敗　偏義複詞，即失敗。此指靈帝欲廢何皇后事。㉝尚方監　官名，漢代尚方署屬少府，主造皇室所用刀劍兵器及諸玩好器物，設有令、丞主管，由宦官擔任。尚方監大概新置於此時。㉞嘉德殿　宮殿名，在今河南洛陽東郊東漢都城洛陽南宮內。㉟部曲將　漢代將軍統兵，都有部曲，每部有校尉一人，部下有曲，每曲有軍候一人。㊱青瑣門　宮門名，東漢時洛陽南宮的東門。在今河南洛陽東。㊲尚書闥　尚書官署之門。㊳將　挾持。㊴複道　樓閣間有上下兩重通道，架空者稱複道，又稱天橋。㊵仰數　仰面責斥。㊶朱雀闕　宮門名，即東漢都城洛陽宮城北宮南門名。㊷車騎　指何苗。當時何苗為車騎將軍。㊸奉車都尉　官名，掌皇帝車輿。㊹勒兵　部署軍隊。㊺排宮　指攻打南宮。㊻端門　洛陽北宮南面的正門。㊼庚午　八月二十七日。㊽轂門　當時洛陽北宮的正北門。㊾小平津　黃河渡口名，在今河南孟津東北。㊿六璽　漢代皇帝的印璽有六種，用處各異，其文也不同，分別為：「皇帝行璽」、「皇帝之璽」、「皇帝信璽」、「天子行璽」、「天子之璽」、「天子信璽」。(51)河南中部掾　官名，河南尹置四部督郵監察屬縣，中部為掾。(52)露車　無車蓋圍欄的車。(53)雒舍　地名，洛陽縣北有芒山。雒舍又在芒山之北。(54)辛未　八月二十八日。(55)顯陽苑　在當時洛陽之西。(56)北芒阪　即芒山，在洛陽之北。(57)卒　同「猝」。突然。(58)國家　指皇帝。(59)播蕩　流亡；流離失所。(60)了　瞭解。(61)執金吾　官名，掌督巡宮外，維護皇宮周圍及京都之治安，皇帝出行時，則充任護衛及儀仗隊。(62)適至　正好到。

【校　記】 [1]素　原無此字。據章鈺校，甲十一行本、乙十一行本、孔天胤本皆有此字，今據補。[2]太　原作「大」。據章鈺校，乙十一行本、孔天胤本皆作「太」，熊羅宿《胡刻資治通鑑校字記》同，今從改。[3]乃　據章鈺校，甲十一行本、乙十一行本、孔天胤本皆作「得」。④者 原無此字。據章鈺校，甲十一行本、乙十一行本、孔天胤本皆有此字，張敦仁《通鑑刊本識誤》同，今據補。

【語譯】袁紹害怕何進改變計畫，因而威脅他說：「仇怨已經結下，情勢已經顯露，將軍還要等待什麼而不早做決斷？事情拖久了就會發生變故，還要成為竇武嗎！」何進於是委任袁紹為司隸校尉，持節，專門負責封鎖京城，委任從事中郎王允為河南尹。袁紹派洛陽有韜略的武吏觀察宦官的動靜，又督促董卓等飛馬上奏章，說打算進兵平樂觀。太后這才驚恐，罷免所有的中常侍、小黃門，讓他們返回自己的住所，只留下平常何進親信的人守衛在宮中。眾常侍、小黃門都到何進那裡請罪，任憑處置。何進說：「天下之所以紛亂不安，禍根就是你們這些人。現在董卓就要來了，諸位為何不早點回到自己的封地！」袁紹勸何進趁此機會除掉他們，一而再再而三地勸說，何進就是不同意。袁紹又發出公文到各州郡，假稱是何進的意見，要他們抓捕審訊宦官的親屬。

何進的計畫久拖不決，多所洩露，宦官們因恐懼而想發動政變。張讓的兒媳，是太后的妹妹，張讓向兒媳磕頭說：「老臣有罪，應和兒媳一起返回故里。只是蒙受幾代的皇恩，如今要遠離宮殿，情懷留戀，希望能再一次進宮值宿，暫時侍奉一下太后、皇帝，然後退歸鄉野，死而無憾！」兒媳把這話轉告舞陽君，舞陽君入宮稟報何太后；何太后詔令眾常侍都重新入宮值宿。

八月二十五日戊辰，何進進入長樂宮，報告太后，請求誅殺眾常侍。中常侍張讓、段珪互相商議說：「此前大將軍稱病，不為先帝守喪，不去送葬，現在突然進宮，他想幹什麼？難道要重演竇氏的故伎嗎？」於是派人去竊聽，聽到全部談話內容，於是率領他們的同黨幾十人手持兵刃偷偷地從側門進去，埋伏在宮門兩邊。何進出來，趁機詐稱太后徵召何進，何進又入宮坐定，張讓等斥責何進說：「天下混亂，也不單單是我們的罪過。先帝曾與太后不和，幾至崩裂，我們流著淚挽救和解，各自拿出家財千萬作為禮物，取悅皇帝，我們只是想依托在你們何家門下罷了。現在你卻想族滅我們，不也太過分了嗎！」於是尚方監渠穆拔劍在嘉德殿前殺了何進。張讓、段珪等起草詔書，任命前太尉樊陵為司隸校尉，少府許相為河南尹。尚書得到詔書，覺得可疑，說：「請大將軍出來共同議事。」中黃門把何進的人頭扔給尚書，說：「何進謀反，已被誅殺！」

何進部將吳匡、張璋在宮外，聽到何進被害，想率兵衝入宮內，但宮門已經關閉。虎賁中郎將袁術和吳匡一起刀劈宮門，中黃門手持兵器守護在宮門樓上。適逢天色已晚，袁術趁機火燒南宮青瑣門，想以此逼迫張讓等出宮。張讓等入後宮稟報太后，說大將軍的軍隊造反，火燒皇宮，攻打尚書門，張讓等趁機挾持太后、少帝和陳留王以及宮內的其他官屬，從複道逃往北宮。尚書盧植手持長戈在複道的窗下，仰面數落段珪的罪狀。段珪害怕，於是釋放太后。太后從閣道窗口跳下，才幸免於禍。袁紹和叔父袁隗假傳聖旨徵召樊陵、許相，殺死他們。袁紹與何苗率兵駐守朱雀闕下，抓獲趙忠等人，全部殺掉。吳匡等一向怨恨何苗不與何進同心，而且又疑心他與宦官同謀，於是命令軍中說：「殺死大將軍的人，就是車騎將軍何苗，將士們能為大將軍報仇嗎？」官兵們都滿面流淚說：「我們願意拼命而死！」吳匡率兵和董卓的弟弟奉車都尉董旻進擊並殺死了何苗，把他的屍體丟棄在宮苑中。於是袁紹關閉北宮門，率兵捕捉眾宦官，無論長幼統統殺掉，總計二千多人，有些是沒有鬍鬚而被誤殺的。袁紹乘勢進兵宮禁，有的士兵爬上端門城樓，衝進宮內。

八月二十七日庚午，張讓、段珪等處境危急，於是劫持少帝和陳留王幾十人徒步出了穀門，夜晚，來到小平津。御用的六璽沒有帶在身邊，沒一位公卿跟隨，只有尚書盧植、河南中部掾閔貢夜裡追趕到黃河邊。閔貢一邊厲聲斥責張讓等，一邊說：「你們若不趕快自殺，我就要殺死你們！」於是揮劍殺了幾個人。張讓等驚懼，拱手一再作揖，向少帝磕頭告別說：「臣等死後，請陛下自己保重！」於是投河而死。

閔貢攙扶少帝和陳留王連夜藉著螢光向南步行，想返回南宮，走了幾里，得到百姓一輛敞篷車，一起乘車到雒舍歇息。八月二十八日辛未，少帝獨騎一匹馬，陳留王和閔貢同騎一匹馬，從雒舍向南走，逐漸有公卿趕來。董卓來到顯陽苑，遠遠看見火光亮起，知道發生了變故，率兵急進。天還未亮，董卓到達洛陽城西，聽說少帝在北面，就與公卿們趕往北芒阪下迎接。少帝看見董卓率兵突然趕到，驚恐哭泣。大臣們對董卓說：「皇上有詔，命你退兵。」董卓說：「諸位身為國家大臣，不能輔正王室，導致皇上流離失所，哪有退兵這一說！」董卓和少帝交談，少帝不懂董卓的話。於是董卓回頭和陳留王交談，問起禍亂原由，陳留王一一回答，事件的自始至終，沒有遺漏任何細節。董卓十分高興，認為陳留王賢能，又是董太后養大，董卓自認為與太后同宗，於是產生了廢立的念頭。

這一天，少帝回宮，大赦天下，改年號光熹為昭寧。只丟了傳國玉璽，其餘的玉璽都找到了。任命丁原為執金吾。騎都尉鮑信從泰山郡招募兵士剛好趕到，勸袁紹說：「董卓手握強兵，將有二心，現在若不早點除掉，將來一定受制於他。趁他剛來還很疲憊，襲擊他，可以活捉他。」袁紹畏懼董卓，不敢行動。鮑信便率兵返回泰山郡。

董卓之入也，步騎不過三千，自嫌兵少，恐不為遠近所服，率四五日輒夜潛出軍近營，明旦，乃大陳旌鼓而還，以為西兵復至，雒中無知者。俄而進及弟苗部曲❶皆歸於卓，卓又陰使丁原部曲司馬❷五原呂布❸殺原而并其眾，卓兵於是大盛。乃諷朝廷，以久雨策免司空劉弘而代之。

初，蔡邕❹徙朔方❺，會赦得還。五原太守王智，甫❻之弟也，奏邕謗訕❼朝廷。邕遂亡命江海，積十二年。董卓聞其名而辟之，稱疾不就。卓怒，詈曰：「我能族❽人！」邕懼而應命，到，署❾祭酒❿，甚見敬重，舉高第⓫，三日之間，周歷三臺⓬，遷為侍中。

董卓謂袁紹曰：「天下之主，宜得賢明，每念靈帝，令人憤毒⓭！董侯⓮似可，今欲立之，為能勝史侯⑮否？人有小智大癡，亦知復何如為當；且爾⑯，劉氏種不足復遺⑰！」紹曰：「漢家君天下四百許年⑱，恩澤深渥⑲，兆民戴之。今上富於春秋⑳，未有不善宣於天下。公欲廢嫡立庶，恐眾不從公議也。」卓按劍叱紹曰：「豎子敢然㉑！天下之事，豈不在我！我欲為之，誰敢不從！爾謂董卓刀為不利乎！」紹勃然㉒曰：「天下健者㉓，豈惟董公！」引佩刀，橫揖，徑出。卓以新至，見紹大家，故不敢害。紹縣㉔節㉕於上東門㉖，逃奔冀州。

九月癸酉㉗，卓大會百僚，奮首㉘而言曰：「皇帝闇弱㉙，不可以奉宗廟㉚，為天下主。今欲依伊尹、霍光故事㉛，更立陳留王，何如？」公卿以下皆惶恐，莫敢對。卓又抗言㉜曰：「昔霍光定策，延年按劍㉝。有敢沮㉞大議，皆以軍法從事！」坐者震動。尚書盧植獨曰：「昔太甲既立不明，昌邑罪過千餘，故有廢立之事。今上富於春秋，行無失德，非前事之比也。」卓大怒，罷坐。將殺植，蔡邕為之請，議郎彭伯亦諫卓曰：「盧尚書海內大儒，人之望也。今先害之，天下震怖。」卓乃止，但免植官，植遂逃隱於上谷㉟。卓以廢立議示太傅袁隗，隗報如議。

甲戌㊱，卓復會羣僚於崇德前殿，遂脅太后策㊲廢少帝，曰：「皇帝在喪，無人子之心，威儀不類人君，今廢為弘農王，立陳留王協為帝。」袁隗解帝璽綬㊳，以奉陳留王，扶弘農王下殿，北面稱臣㊴。太后鯁涕㊵，羣臣含悲，莫敢言者。卓又議：「太后踧迫㊶永樂宮㊷，至令憂死，逆婦姑㊸之禮。」乃遷太后於永安宮。赦天下，改昭寧為永漢。丙子㊹，卓酖殺㊺何太后。公卿以下不布服，會葬，素衣而已。卓又發何苗棺，出其尸，支解節斷，棄於道邊；殺苗母舞陽君，棄尸於苑枳落㊻中。

詔除㊼公卿以下子弟為郎㊽，以補宦官之職，侍於殿上。○乙酉㊾，以太尉劉虞為大司馬㊿，封襄賁侯。董卓自為太尉，領(51)前將軍(52)事，加節傳(53)、斧鉞(54)、虎賁(55)，更封郿侯。○丙戌(56)，以太中大夫(57)楊彪(58)為司空。

【章　旨】以上為第六段，寫董卓大權獨攬，擅自廢立。

【注　釋】❶部曲　此指軍隊。❷部曲司馬　即軍司馬，官名，為統兵將領之屬官，綜理軍府事，並參與軍事謀劃。❸呂布（？—西元一九八年）字奉先，五原九原（今內蒙古包頭西北）人，武藝高強。初隨丁原，繼而殺原歸董卓。後又與王允合謀殺卓，逃據徐州，為曹操所殺。傳見《後漢書》卷七十五、《三國志》卷七。❹蔡邕　字伯喈，陳留圉縣（今河南杞縣）人，博學，善辭章、天文、術數，尤精書法。漢靈帝初為郎中。熹平中奏定六經文字，並自書於碑，刻立於太學門外，以供後學取正，史稱「熹平石經」。後得罪宦官，被流徙朔方，遇赦得還。漢獻帝初，為司空、侍中、中郎將。董卓被誅後，他受牽連入獄，死於獄中。著作有《獨斷》、《蔡中郎集》等。傳見《後漢書》卷六十下。❺朔方　郡名，治所臨戎，在今內蒙古磴口北之黃河東岸。❻甫　即王甫。靈帝時為黃門令，謀誅陳蕃、竇武，升中常侍，又封冠軍侯。陽球奏劾入獄而死。❼謗訕毀謗。❽族　族誅；滅族。❾署　代理或暫任官職稱「署」。❿祭酒　官名，為五經博士之首。⓫高第　高品第。⓬三臺　東漢稱尚書為中臺，御史為憲臺，謁者為外臺，合稱三臺。而蔡邕只為侍御史、治書御史及尚書，未為謁者，稱周歷三臺，為誇張之言。⓭憤毒　憤恨。⓮董侯　指陳留王劉協，因為董太后所養，號董侯。⓯史侯　指少帝劉辯，因養於史道人家，號為史侯。⓰且爾　暫且如此。董卓言此，其欲廢漢自立之心，昭然若揭。⓱劉氏種不足復遺　指漢家天下不值得延續。劉氏種，劉家的血脈。⓲君天下四百許年　為君統治天下約四百年。⓳深渥　深厚。⓴富於春秋　謂年紀輕。㉑豎子敢然　小子竟敢如此。㉒勃然　發怒變色的樣子。㉓健者　強者。㉔縣　「懸」本字。㉕節　指所假司隸校尉之節。㉖上東門　當時洛陽城東面靠北之門。㉗癸酉　九月甲戌朔，無癸酉。㉘奮首　昂首；仰著頭。㉙闇弱　愚昧柔弱。㉚奉宗廟　侍奉祖廟。此指繼承大統為皇帝。㉛伊尹霍光故事　伊尹，商初大臣，輔佐帝太甲，太甲暴虐，伊尹流放太甲守商湯陵墓，太甲改過，伊尹迎他復為商王。霍光，西漢輔佐昭帝的大臣，昭帝死，霍光迎立昌邑王劉賀為帝，劉賀昏暴，為霍光所廢。董卓引此兩人故事為自己行廢立事辯護。㉜抗言　高聲。㉝延年按劍　當霍光決計廢昌邑王後，在未央宮召集群臣會議，群臣皆不敢言，田延年遂按劍而起說：「群臣後應者，臣請劍斬之。」群臣遂贊同，事見《漢書》卷六十八〈霍光傳〉。㉞沮　阻止。㉟上谷　郡名，治所沮陽，在今河北懷來東南。㊱甲戌　九月初一。㊲策　下策書。㊳綬　繫印的絲帶。㊴北面稱臣　古時帝王坐北面南，臣子北面而朝。㊵鯁涕　哽咽流淚。㊶蹴迫　緊迫；逼迫。蹴，通「蹙」。㊷永樂宮　指漢靈帝母董太后。㊸婦姑　古代稱兒子之妻為婦，丈夫之母為姑，今稱婆媳。㊹丙子　九月初三。㊺酖殺　用鴆酒毒死。㊻枳落　猶言灌木叢。枳為長刺的灌木。㊼除　任命。㊽郎　皇帝侍從官之通稱。兩漢光祿勳之屬官議郎、侍郎等總稱為郎。東漢時政歸臺閣，於尚書臺置尚書郎，亦稱為郎。㊾乙酉　九月十二日。㊿大司馬　官名，漢武帝置大司馬代替太尉。東漢光武帝又罷大司馬置太尉。漢靈帝末年又並置大司馬與太尉。(51)領　兼任。(52)前將軍　官名，位次於上卿，與後將軍及左、右將軍掌京師兵衛和邊防屯警。(53)節傳　行使皇帝使命的憑證。(54)斧鉞　兩種兵器，為皇帝專用的儀仗。(55)虎賁　皇帝之儀衛武士。(56)丙戌　九月十三日。(57)太中大夫　官名，屬光祿勳，掌議論。(58)楊彪　（西元一四二—二二五年）字文先，弘農華陰（今陝西華陰東）人，漢獻帝時為三公。傳見《後漢書》卷五十四。

【語　譯】董卓進入京城的時候，步兵騎兵不過三千人，自己也嫌兵力太少，擔心不能使遠近懾服，於是他大約每隔四五日就在夜裡悄悄地派兵行至軍營附近，第二天早晨，就大張旗鼓地開回來，讓人以為西軍又來了，這一情況洛陽城中沒人知曉。不久何進及弟弟何苗的部隊都歸屬董卓，董卓又暗中派丁原的部下司馬五原人呂布殺死丁原，吞併了他的部隊，董卓的兵力空前強盛。他暗示朝廷，以久雨不晴為藉口，下詔罷免司空劉弘而以自己取代。

當初，蔡邕被流放到朔方，遇到大赦得以返回。五原太守王智，是王甫的弟弟，劾奏蔡邕誹謗朝廷。於是蔡邕逃亡江湖，時間加起來有十二年。董卓聞知蔡邕的名聲而徵辟他，蔡邕裝病不應徵。董卓很生氣，罵道：「我可以滅人家族！」蔡邕害怕，從命應召，到了洛陽，被任命為祭酒，很受敬重，對策評為高第，三日之內，歷遍三臺的官職，後升為侍中。

董卓對袁紹說：「天下的君主，應由賢明的人來充任，每每想到靈帝，令人憤恨！董侯似乎可以，現在我打算擁立他，不知他是否能勝過史侯？有的人小事聰明大事糊塗，也不知他將來又會怎樣；現在只好暫且如此，劉氏的血脈不值得延續！」袁紹說：「漢家君臨天下約四百年了，恩澤深厚，萬民擁戴。現在皇上年輕，沒有什麼不良的行為顯露天下。您想廢嫡立庶，恐怕眾人不會順從您的意見。」董卓按劍呵斥袁紹說：「你小子膽敢如此！天下的事情，難道不是我說了算！我想做的，誰敢不服從！你認為我董卓的刀不夠銳利嗎！」袁紹勃然大怒說：「天下的強人，難道只有你董公！」他抽出佩刀，橫向作個揖，逕直走出。董卓剛到京師，得知袁紹出身於大族，所以不敢加害他。袁紹把司隸校尉的符節懸掛在上東門，逃往冀州。

九月癸酉日，董卓會集百官，昂首挺胸說道：「皇帝愚昧軟弱，不足以承續大位，做天下的君主，現今我想仿效伊尹、霍光的做法，改立陳留王，怎麼樣？」公卿以下的大臣都很驚懼，沒有誰敢回答。董卓又高聲說：「從前霍光決定廢立大計時，田延年手握劍柄。有敢阻止大事的，就按軍法論處！」在座的人震駭騷動。只有尚書盧植說：「從前太甲繼位後昏庸不明，昌邑王劉賀罪過一千餘條，所以才有廢立的事情。現今皇上年輕，沒有失德的行為，不能和前面的事情相提並論。」董卓大怒，離席而去，將要誅殺盧植，蔡邕為盧植求情，議郎彭伯也諫勸董卓說：「盧尚書是海內大儒，人們仰望。現在先殺了他，天下人會感到恐怖。」董卓這才罷手，但免去了盧植的官職，盧植便逃走隱居於上谷郡。董卓把廢立的計畫告訴太傅袁隗，袁隗回覆同意。

九月初一日甲戌，董卓又在崇德前殿召集群臣會議，於是威逼太后下詔廢除少帝，詔令說：「皇帝在守喪期間，沒有孝子之心，威儀不像國君的樣子，現廢為弘農王，立陳留王劉協為皇帝。」袁隗解下皇帝的玉璽印綬，呈獻給陳留王，扶持弘農王下殿，面北稱臣。太后哽咽流涕，群臣悲痛，沒有敢說話的人。

董卓又提議：「太后曾威逼董太后，使她憂鬱而死，違反了婆媳關係的禮數。」於是把何太后貶至永安宮。大赦天下，改年號昭寧為永漢。九月初三日丙子，董卓毒死何太后。公卿以下大臣都不許穿喪服，會葬那一天，也只許穿白色的衣服。董卓又發掘何苗的棺材，拖出屍體，分裂截斷，丟棄到路邊；殺死何苗的母親舞陽君，將其屍體扔在苑囿裡灌木叢中。

下詔令錄用公卿以下百官的子弟為郎官，用來彌補宦官被誅殺後的職缺，在殿上侍奉。○九月十二日乙酉，任命太尉劉虞為大司馬，封襄賁侯。董卓自任太尉，兼理前將軍事，加賜節傳、斧鉞、虎賁，改封為郿侯。○十三日丙戌，任命太中大夫楊彪為司空。

甲午❶，以豫州❷牧黃琬❸為司徒❹。○董卓率諸公上書，追理陳蕃、竇武及諸黨人，悉復其爵位，遣使弔祠，擢用❺其子孫。

自六月雨至于是月。

冬，十月乙巳❻，葬靈思皇后❼。○白波賊❽寇河東，董卓遣其將牛輔擊之。

初，南單于於扶羅既立，國人殺其父者遂叛，共立須卜骨都侯❾為單于。於扶羅詣闕自訟。會靈帝崩，天下大亂，於扶羅將數千騎與白波賊合兵寇郡縣。時民皆保聚⑩，鈔掠無利，而兵遂挫傷。復欲歸國，國人不受，乃止河東平陽⑪。

須卜骨都侯為單于一年而死，南庭遂虛其位，以老王行國事。

十一月，以董卓為相國⑫，贊拜⑬不名⑭，入朝不趨⑮，劍履上殿⑯。

十二月戊戌⑰，以司徒黃琬為太尉，司空楊彪⑱為司徒，光祿勳荀爽⑲為司空。

初，尚書武威周毖⑳、城門校尉㉑汝南伍瓊㉒說董卓矯㉓桓、靈之政，擢用天下名士，以收眾望。卓從之，命毖、瓊與尚書鄭泰、長史何顒等沙汰㉔穢惡㉕，顯拔幽滯㉖。於是徵處士㉗荀爽、陳紀㉘、韓融㉙、申屠蟠㉚。復就拜爽平原㉛相㉜，行至宛陵㉝，遷㉞光祿勳，視事三日，進拜司空，自被徵命及登台司㉟，凡九十三日。又以紀為五官中郎將㊱，融為大鴻臚㊲。紀，寔㊳之子。融，韶㊴之子也。爽等皆畏卓之暴，無敢不至。獨申屠蟠得徵書，人勸之行，蟠笑而不答，卓終不能屈，年七十餘，以壽終。卓又以尚書韓馥㊵為冀州牧，侍中劉岱㊶為兗州刺史，陳留孔伷㊷為豫州刺史，東平張邈㊸為陳留太守，潁川張咨㊹為南陽太守。卓所親愛，並不處顯職，但將校㊺而已。

詔除光熹、昭寧、永漢三號㊻。

董卓性殘忍，一旦專政，據有國家甲兵、珍寶，威震天下，所願無極，語賓客曰：「我相[47]，貴無上[48]也！」侍御史擾龍宗詣卓白事，不解劍，立檛殺[49]之。是時，雒中貴戚，室第相望，金帛財產，家家充積。卓縱放兵士，突[50]其廬舍，剽虜[51]資物，妻略婦女[52]，不避貴賤[1]，人情崩恐，不保朝夕。

卓購求[53]袁紹急，周毖、伍瓊說卓曰：「夫廢立大事，非常人所及。袁紹不達大體，恐懼出奔，非有它志。今急購之，勢必為變。袁氏樹恩四世[54]，門生[55]故吏徧於天下，若收豪桀以聚徒眾，英雄因之而起，則山東[56]非公之有也。不如赦之，拜一郡守。紹喜於免罪，必無患矣。」卓以為然，乃即拜紹勃海[57]太守，封邟鄉侯；又以袁術為後將軍[58]，曹操為驍騎校尉[59]。

術畏卓，出奔南陽。操變易姓名，間行[60]東歸。過中牟[61]，為亭長[62]所疑，執詣縣。時縣已被卓書，唯功曹[63]心知是操，以世方亂，不宜拘天下雄儁，因白令釋之。操至陳留，散家財，合兵得五千人。

是時豪傑多欲起兵討卓者，袁紹在勃海，冀州牧韓馥遣數部從事[64]守之，不得動搖[65]。東郡太守橋瑁[66]詐作京師三公[67]移書[68]與州郡，陳卓罪惡，云「見逼迫，無以自救，企望[69]義兵，解國患難。」馥得移，請諸從事問曰：「今當助袁氏邪，助董氏邪？」治中從事劉子惠曰：「今興兵為國，何謂袁、董！」馥有慚色。子惠復言：「兵者凶事，不可為首。今宜往視他州，有發動者，然後和(70)之。冀州於他州不為弱也，他人功未有在冀州之右(71)者也。」馥然之。馥乃作書與紹，道卓之惡，聽(72)其舉兵。

【章旨】以上為第七段，寫董卓平反黨人冤獄，徵用名士，外示寬柔，而放縱部屬肆意搶掠皇親國戚和大戶，野心勃勃，覬覦神器。

【注釋】❶甲午　九月二十一日。❷豫州　州名，治所譙縣，在今安徽亳州。❸黃琬　（西元一四一—一九二年）字子琰，江夏安陸（今屬湖北）人，東漢末名士、大臣，歷官議郎、將作大匠、少府、太僕，又為右扶風、豫州牧。董卓西遷，官拜司隸校尉，與王允共謀誅董卓，尋為卓將李傕所害。傳附《後漢書》卷六十一〈黃瓊傳〉。❹司徒　官名，東漢三公之一，掌民政。❺擢用　提拔任用。❻乙巳　十月初三。❼靈思皇后　即漢靈帝何皇后，思為諡號。❽白波賊　因起事地在西河白波谷（今山西侯馬北），故稱之為白波軍。❾須卜骨都侯　須卜，南匈奴異姓貴族之一姓。骨都侯，官名，是異姓大臣中的最高官位。❿保聚　修築塢壁聚眾自保。保，通「堡」。用磚石修建的防禦工事，又稱塢壁。⓫平陽　縣名，縣治在今山西臨汾西南。⓬相國　西漢初年曾置相國，為輔佐皇帝、綜理全國政務的最高長官。後改稱丞相，東漢時稱為司徒，現又增置。⓭贊拜　古時臣下朝拜天子，司儀者在旁唱禮，唱禮時直呼朝拜者的姓名。⓮不名　不直呼姓名，只稱官職。⓯趨　小步快走，以示恭敬。⓰劍履上殿　帶劍穿鞋上殿。古時臣子不能穿鞋帶兵器上殿。⓱戊戌　十二月癸卯朔，無戊戌。⓲楊彪　字文先，弘農華陰（今屬陝西）人，東漢名臣楊震之曾孫。彪為漢末名士，歷官議郎、侍中、京兆尹、司空、太尉。建安年間，彪見漢祚將終，稱疾退隱。傳附《後漢書》卷五十四〈楊震傳〉。⓳荀爽　一名諝，字慈明，穎川潁陰（今河南許昌）人，東漢末大臣，官至司空。傳附《後漢書》卷六十二〈荀淑傳〉。⓴周毖　《後漢書》卷七十二〈董卓傳〉作「周珌」。字仲遠，武威（今屬甘肅）人，東漢末大臣，董卓時任尚書，多薦名士任職，護佑漢室，為董卓所害。其事略見《三國志》卷六〈魏書・董卓傳〉及裴松之注引《英雄記》。㉑城門校尉　官名，掌京師城門屯兵，秩比二千石，第四品。㉒伍瓊　字德瑜，汝南（治今河南平輿北）人，董卓時任城門校尉，與周毖同心，薦袁紹為勃海太守，為董卓所害。其事散見《後漢書》卷七十二、《三國志》卷六〈魏書・董卓傳〉及裴松之注引謝承《後漢書》。㉓矯　糾正。㉔沙汰　淘汰。㉕穢惡　指貪官汙吏。㉖顯拔幽滯　顯揚提拔失意不得仕進的人。㉗處士　未做官的士人。㉘陳紀　字元方，陳寔之子，潁川許昌（今河南許昌）人，東漢末名士，著書《陳子》。歷官平原相、侍中、大鴻臚。傳見《後漢書》卷六十二。㉙韓融　字元長，潁川舞陽（今屬河南）人，東漢末名士，官至太僕。其事散見《後漢書》卷七十二〈董卓傳〉等。㉚申屠蟠　字子龍，陳留外黃（今河南民權）人，東漢末名士，官府屢徵不就，年七十四，卒於家。傳見《後漢書》卷五十三。㉛平原　王國名，治所平原縣，在今山東平原縣西南。㉜相　官名，中央政府委派的執掌王國行政大權的長官，相當於郡太守。㉝宛陵　縣名，縣治在今河南新鄭東北。㉞遷　調任。㉟台司　謂三公府。㊱五官中郎將　官名，漢於光祿勳下置五官、左、右三署中郎將，統領皇帝侍衛軍。㊲大鴻臚　官名，漢九卿之一，掌賓禮。凡附屬的少數民族及諸侯王之入朝、迎送、朝會、封授等皆歸屬大鴻臚掌管。㊳寔　即陳寔，字仲弓，潁川人。東漢名士。何進、袁隗欲擢寔高位，寔輒拒之。卒後謚文範先生。傳見《後漢書》卷六十二。㊴韶　即韓韶，東漢舞陽人。曾為嬴長，為政有聲，賊相戒不入嬴境。開倉賑濟百姓。傳見《後漢書》卷六十二。㊵韓馥　字文節，潁川（治今河南禹州）人，官至冀州牧。關東諸侯討董卓，袁紹為盟主，脅迫韓馥讓出冀州，馥失勢自殺。其事散見《後漢書》卷七十四上〈袁紹傳〉等。㊶劉岱　字公山，東萊牟平（今屬山東）人，東漢末兗州刺史，為關東起兵討董卓的諸侯之一。初平三年為黃巾軍所殺。其事散見《後漢書》卷七十四上〈袁紹傳〉等。㊷孔伷　字公緒，東漢末陳留（今河南開封）人，豫州刺史，為關東起兵討董卓的諸侯之一。其事散見《後漢書》卷七十四上〈袁紹傳〉等。㊸張邈　字孟卓，東漢末年壽張縣（今山東東平）人，陳留太守，為關東起兵討董卓的諸侯之一。張邈與曹操友善，後兩人反目成仇，邈依附呂布與曹操爭兗州。呂布兵敗，邈詣袁術求救，為其部下所殺。事附見《三國志》卷七〈魏書・呂布傳〉。㊹張咨　字子議，潁川人，東漢末為南陽太守，被長沙太守孫堅所殺。其事散見《後漢書》卷七十五〈袁術傳〉及李賢注引《英雄記》、《吳曆》等。㊺將校　謂中郎將及校尉，為中級領兵官。㊻除光熹昭寧永漢三號　謂廢除上述三個年號，復稱中平六年。㊼相　長相；相貌。㊽貴無上　意謂當做皇帝。㊾檛殺　以杖擊死。㊿突　衝闖。(51)剽虜　搶奪。(52)妻略婦女　強掠婦女為妻。(53)購求　懸賞捕捉。(54)四世　指袁安、袁湯、袁逢等至袁紹四代。(55)門生　本指門下受業的生徒，但在東漢後期，投身豪門的依附者亦稱門生。(56)山東　戰國秦漢間人稱「山東」，一般指崤山以東之地。此處「山東」，應指太行山以東地區。(57)勃海　郡名，治所南皮，在今河北南皮北。(58)後將軍　官名，位次上卿，與前、左、右將軍掌京師兵衛和邊防屯警。(59)驍騎校尉　官名，為北軍五校尉之一。漢光武帝初，本改屯騎校尉為驍騎校尉，後又復稱屯騎校尉，此時又再稱驍騎校尉。(60)間行　走小路。(61)中牟　縣名，故治在今河南中牟東五里。62亭長　鄉官名，漢代鄉間十里設一亭，置亭長一人，掌地方治安，巡捕盜賊。63功曹　官名，漢代縣令下亦設功曹史，為縣令之佐吏。64部從事　官名，即部從事史，州牧刺史之佐使，每郡置一人，主察非法。65不得動搖　謂防止袁紹起兵。66橋瑁　字元偉，睢陽（今河南商丘）人，東漢末為東郡太守，關東諸侯討董卓的發難者。後因與劉岱不和，為劉岱所殺。67三公　東漢以太尉、司徒、司空為三公。68移書　移送文書。69企望　盼望。70和　附和。71右上。72聽　聽任。

【校　記】[1]賤　原作「戚」。據章鈺校，甲十一行本、乙十一行本、孔天胤本皆作「賤」，張敦仁《通鑑刊本識誤》同，今據改。

【語　譯】九月二十一日甲午，任命豫州牧黃琬為司徒。○董卓領銜諸大臣上奏，請求重新審理陳蕃、竇武以及所有黨人的案件，全部恢復他們的爵位，派出使者弔唁祭祀，提拔錄用他們的子孫。

從六月下雨不停，直到本月。

冬，十月初三日乙巳，安葬靈思何皇后。○白波賊徒侵擾河東郡，董卓派他的部將牛輔征剿。

當初，南單于於扶羅即位後，殺死他父親的南匈奴人反叛，共同擁立須卜骨都侯為單于。於扶羅到京師申訴。適逢靈帝去世，天下大亂，於是於扶羅率領幾千名騎兵和白波賊合兵侵擾郡縣。當時百姓都組織起來修築塢壁聚眾自保，於扶羅單于搶不到什麼東西，反而傷亡不少兵士。於扶羅又想回國，國人不接受，便停留在河東平陽。須卜骨都侯做了一年的單于就死了，南匈奴空下單于的位置，由老王代行國事。

十一月，任命董卓為相國，朝拜皇帝時不稱名，上朝時也不必趨步快行，可以佩劍穿鞋上殿。

十二月戊戌日，任命司徒黃琬為太尉，司空楊彪為司徒，光祿勳荀爽為司空。

當初，尚書武威人周毖、城門校尉汝南人伍瓊勸說董卓矯正桓帝、靈帝的政治，提拔任用天下名士，以收拾民心。董卓聽從了，便命令周毖、伍瓊和尚書鄭泰、長史何顒等淘汰貪官汙吏，顯著地提拔被壓抑的人才。於是徵用未任職的名士荀爽、陳紀、韓融、申屠蟠。又就地委任荀爽為平原相，荀爽赴任行至宛陵時，又升遷為光祿勳，上任才三天，進而升為司空，自從他被徵召任命到登上三公之位，總共才九十三日。又任命陳紀為五官中郎將，韓融為大鴻臚。陳紀，是陳寔的兒子。韓融，是韓韶的兒子。荀爽等都害怕董卓的殘暴，沒有誰敢不來。只有申屠蟠得到徵召令時，別人勸他赴任，申屠蟠卻笑而不答，董卓始終沒能使他屈服，他活了七十多歲，以長壽而終。董卓又委任尚書韓馥為冀州牧，侍中劉岱為兗州刺史，陳留人孔伷為豫州刺史，東平人張邈為陳留太守，潁川人張咨為南陽太守。董卓所親近的人都沒有擔任要職，只是將校而已。下詔令廢除光熹、昭寧、永漢三個年號。

董卓生性殘忍，一旦大權在握，控制了國家的軍隊、珍寶，威震天下，欲望更加沒有止境，他對賓客們說：「我的相貌，尊貴無比！」侍御史擾龍宗到董卓那裡稟報政務，沒有解下佩劍，立即被打死。當時，洛陽城中的豪門貴戚，宅第相望，金銀財寶，家家充盈。董卓放縱士兵，衝入他們的住宅，掠奪財寶，姦汙搶掠婦女，不避貴賤，人人自危，朝不保夕。

董卓懸賞緊急捉拿袁紹，周毖、伍瓊勸諫董卓說：「廢立大事，不是常人所能理解的。袁紹不識大體，由恐懼而出逃，並沒有其他想法。現今急速懸賞捉拿，勢必促成他叛變。袁氏四代樹立恩信，門生故吏遍布天下，如果他收攬豪傑，聚集徒眾，英雄人物乘時興起，那麼山東之地就不屬於您了。不如赦免他，任命他為一個郡守。袁紹高興被免罪，一定沒有後患。」董卓認為有道理，即刻任命袁紹為勃海太守，封邟鄉侯；又任命袁術為後將軍，曹操為驍騎校尉。

袁術畏懼董卓，逃往南陽。曹操改名換姓，抄小路東歸。經過中牟縣時，被亭長懷疑，把他扭送到縣衙。當時縣裡已接到董卓的文書，只有功曹心知他是曹操，認為天下正亂，不應拘捕天下的英雄俊傑，因此請示縣令釋放了他。曹操到陳留，散發家財，招聚兵士五千人。

當時豪強大多想起兵征討董卓，袁紹在勃海郡，冀州牧韓馥派出幾個州部從事監管他，使他不得行動。東郡太守橋瑁，假託京師三公的名義向州郡發布聲討董卓的文書，列舉董卓罪惡，說「皇上被逼迫，無法自救，盼望地方興起義兵，解除國家的患難。」韓馥得到文書，請來從事們商量，韓馥問大家：「現在應幫助袁氏還是董氏？」治中從事劉子惠說：「現在起兵是為了國家，說不上是為袁紹還是為董卓！」韓馥面有愧色。劉子惠又說：「戰爭是凶事，不能帶這個頭。現在應當派人打探其他各州的動靜，有起兵的，我們再響應。冀州不比其他州弱，建立功名，其他州沒有哪個能超過冀州的。」韓馥認為有理。韓馥於是寫信給袁紹，列舉董卓的罪惡，聽任袁紹起兵。

孝獻皇帝❶甲

初平元年（庚午　西元一九〇年）

春，正月，關東❷州郡皆起兵以討董卓，推勃海太守袁紹為盟主。紹自號車騎將軍，諸將皆板授❸官號。紹與河內❹太守王匡屯河內，冀州牧韓馥留鄴❺，給其軍糧。豫州刺史孔伷屯潁川，兗州刺史劉岱、陳留太守張邈、邈弟廣陵❻太守超、東郡❼太守橋瑁、山陽❽太守袁遺、濟北❾相鮑信與曹操俱屯酸棗❿，後將軍袁術屯魯陽⓫，眾各數萬。豪桀多歸心袁紹者，鮑信獨謂曹操曰：「夫略不世出⓬，能撥亂反正者，君也。苟非其人，雖彊必斃。君殆天之所啓乎！」

辛亥⓭，赦天下。○癸酉⓮，董卓使郎中令⓯李儒酖殺弘農王辯。

卓議大發兵以討山東，尚書鄭泰曰：「夫政在德，不在眾也。」卓不悅，曰：「如卿此言，兵為無用邪！」泰曰：「非謂其然也，以為山東不足加大兵耳。明公出自西州⓰，少為將帥，閑習⓱軍事。袁本初⓲公卿子弟，生處京師，張孟卓⓳

東平長者⑳，坐不闚堂㉑，孔公緒㉒清談高論㉓，噓枯吹生㉔，並無軍旅㉕之才，臨鋒決敵㉖，非公之儔㉗也。況王爵不加㉘，尊卑無序，若恃眾怙力㉙，將各棊峙㉚以觀成敗，不肯同心共膽，與齊進退也。且山東承平日久，民不習戰。關西㉛頃遭羌寇，婦女皆能挾弓而鬬，天下所畏者，無若并、涼之人與羌、胡義從㉜。而明公擁之以為爪牙，譬猶驅虎兕㉝以赴犬羊，鼓烈風以掃枯葉，誰敢御之！無事徵兵以驚天下，使患役之民相聚為非，棄德恃眾，自虧威重也。」卓乃悅。

【章　旨】以上為第八段，寫關東諸侯起兵討董卓。

【注　釋】❶孝獻皇帝　（西元一八一—二三四年）名協，字伯和，東漢最末之皇帝，西元一八九—二二〇年在位。但即帝位時，東漢已名存實亡，故在位期間皆為傀儡。西元二二〇年被曹丕取代，廢為山陽公。《謚法》：聰明睿智曰獻。事詳《後漢書》卷九〈獻帝紀〉及《三國志》卷一〈魏書・武帝紀〉。❷關東　泛指函谷關以東之地。❸板授　未經詔命之臨時授官。❹河內　郡名，故治懷縣，在今河南武陟西南。❺鄴　鄴城。東漢末為冀州、相州治所。故址在今河北臨漳鄴鎮東。❻廣陵　郡名，故治廣陵，在今江蘇揚州西北。❼東郡　郡名，故治濮陽，在今河南濮陽西南。❽山陽　郡名，故治昌邑，在今山東金鄉西北。❾濟北　王國名，東漢和帝永元二年分泰山郡置。故治盧縣，在今山東長青東南。❿酸棗　縣名，縣治在今河南延津西南。⓫魯陽　縣名，縣治在今河南魯山縣。⓬略不世出　謂謀略高出於世人。⓭辛亥　正月初十。⓮癸酉　正月壬寅朔，無癸酉。⓯郎中令　王國官名，掌王國大夫、郎中，負責宿衛，如朝廷之光祿勳。⓰西州　指涼州。⓱閑習　熟練。⓲袁本初　袁紹字本初。⓳張孟卓　張邈字孟卓。⓴長者　端莊忠厚者。㉑坐不闚堂　謂坐在堂內也不隨便亂看，謂目不斜視。㉒孔公緒　孔伷字公緒。㉓清談高論　謂善於空談闊論。㉔噓枯吹生　枯的能吹之使生。㉕軍旅　軍隊、軍事。㉖臨鋒決敵　謂衝鋒陷陣與敵決勝負。㉗儔　同輩；同類。㉘王爵不加　指袁紹等人的官職不是由朝廷任命。㉙怙力　倚仗力量。㉚棊峙謂如棋子之對峙，互不相下。㉛關西　泛指函谷關以西之地。㉜羌胡義從　羌族及胡人之自願歸順者，即歸降者。㉝兕　犀牛。古籍中，兕與虎經常並提，為猛獸之代表。

【語　譯】孝獻皇帝甲

初平元年（庚午　西元一九〇年）

春，正月，關東各州郡全都起兵征討董卓，推舉勃海太守袁紹為盟主。袁紹自稱車騎將軍，各將領都臨時授予官號。袁紹與河內太守王匡駐屯河內，冀州牧韓馥留守鄴城，供給袁、王軍糧。豫州刺史孔伷駐屯潁川，兗州刺史劉岱、陳留太守張邈、張邈的弟弟廣陵太守張超、東郡太守橋瑁、山陽太守袁遺、濟北相鮑信和曹操都駐屯酸棗，後將軍袁術駐屯魯陽，部眾各有數萬人。豪傑大多心向袁紹，只有鮑信對曹操說：「謀略蓋世，能撥亂反正的人，就是您啊。如果不是這樣的人，即使他現在強大也必定會敗亡。您大概就是上天派來的吧！」

正月初十日辛亥，大赦天下。○癸酉日，董卓派郎中令李儒毒死弘農王劉辯。

董卓提議大規模發兵征討山東，尚書鄭泰說：「政事在於推行恩德，不在於軍隊眾多。」董卓很不高興，說：「按您的說法，軍隊沒有用了！」鄭泰說：「我不是這個意思，只是認為山東不值得用大軍征討罷了。明公您來自西州，年輕時就擔任將帥，通曉軍事。袁本初是公卿子弟，生長在京城，張孟卓是東平的忠厚長者，目不斜視，孔公緒高談闊論，能把死的說成活的，他們都沒有軍事才能，臨陣打仗，他們不是明公您的對手。況且沒有朝廷的封爵，沒有上下尊卑次序，如果他們依靠人多勢眾，就會互相對峙坐觀成敗，不肯同心協力，共同進退。況且山東長期太平，人民不熟習戰事。關西剛遭羌人侵擾，婦女都能持弓戰鬥，天下所畏懼的，沒有超過并州、涼州的人以及羌、胡義從。而明公您卻擁有這些人作為自己的爪牙，猶如驅趕老虎犀牛撲向犬羊，起動狂風橫掃枯葉一樣，誰敢抵抗！沒有必要徵召兵馬來驚動天下，反而會把害怕當兵的人聚集起來為非做歹，拋棄德政倚仗兵眾，這是自損威望。」董卓聽完才高興起來。

董卓以山東兵盛，欲遷都以避之，公卿皆不欲而莫敢言。卓表❶河南尹朱儁為太僕，以為己副。使者召拜❷，儁辭，不肯受，因曰：「國家西遷，必孤❸天下之望，以成山東之釁❹，臣不知其可也。」使者曰：「召君受拜而君拒之，不問徙事而君陳之，何也？」儁曰：「副相國，非臣所堪也。遷都非計，事所急也。辭所不堪，言其所急，臣之宜也。」由是止不為副。

卓大會公卿議，曰：「高祖都關中，十有一世，光武宮雒陽，於今亦十一世矣。按石包讖❺，宜徙都長安，以應天人之意。」百官皆默然。司徒楊彪曰：「移都改制，天下大事，故盤庚遷亳❻，殷民胥怨❼。昔關中遭王莽殘破，故光武更都雒邑，歷年已久，百姓安樂。今無故捐❽宗廟，棄園陵，恐百姓驚動，必有糜沸❾之亂。石包讖，妖邪之書，豈可信用！」卓曰：「關中肥饒，故秦得并吞六國。且隴右材木自出，杜陵❿有武帝陶竈⓫，并功營之，可使一朝而辦。百姓何足與議！若有前卻⓬，我以大兵驅之，可令詣滄海⓭。」彪曰：「天下動之至易，安之甚難，惟明公慮焉。」卓作色⓮曰：「公欲沮國計邪？」太尉黃琬曰：「此國之大事，楊公之言，得無⓯可思！」卓不答。司空荀爽見卓意壯，恐害彪等，因從容言曰：「相國豈樂此邪！山東兵起，非一日可禁，故當遷以圖之，此秦、漢之勢⑯也。」卓意小解。琬退，又為駁議。二月乙亥⑰，卓以災異奏免琬、彪等，以光祿勳趙謙為太尉，太僕王允⑱為司徒。城門校尉伍瓊、督軍校尉⑲周毖固諫遷都，卓大怒曰：「卓初入朝，二君勸用善士，故卓相從。而諸君到官，舉兵相圖，此二君賣卓，卓何用相負⑳！」庚辰㉑，收瓊、毖，斬之。楊彪、黃琬恐懼，詣卓謝，卓亦悔殺瓊、毖，乃復表彪、琬為光祿大夫。

卓徵京兆尹蓋勳為議郎。時左將軍皇甫嵩將兵三萬屯扶風㉒，勳密與嵩謀討卓。會卓亦徵嵩為城門校尉，嵩長史㉓梁衍說嵩曰：「董卓寇掠京邑，廢立從意，今徵將軍，大則危禍，小則困辱。今及卓在雒陽，天子來西，以將軍之眾迎接至尊，奉令討逆，徵兵羣帥，袁氏㉔逼其東，將軍迫其西，此成禽也。」嵩不從，遂就徵。勳以眾弱不能獨立，亦還京師。卓以勳為越騎校尉㉕。河南尹朱儁為卓陳軍事，卓折㉖儁曰：「我百戰百勝，決之於心，卿勿妄說，且汙我刀！」蓋勳曰：「昔武丁之明，猶求箴諫㉗，況如卿者，而欲杜人之口乎！」卓乃謝之。

卓遣軍至陽城㉘，值民會於社下㉙，悉就斬之，駕其車重㉚，載其婦女，以頭繫車轅㉛，歌呼還雒，云攻賊大獲。卓焚燒其頭，以婦女與甲兵㉜為婢妾。

丁亥㉝，車駕西遷。董卓收㉞諸富室，以罪惡誅之，沒入其財物，死者不可勝計。悉驅徙其餘民數百萬口於長安，步騎驅蹙㉟，更相蹈藉㊱，飢餓寇掠，積尸盈路。卓自留屯畢圭苑㊲中，悉燒宮廟㊳、官府、居家，二百里內，室屋蕩盡，無復雞犬。又使呂布發諸帝陵及公卿以下冢墓，收其珍寶。卓獲山東兵，以豬膏塗布十餘匹，用纏其身，然後燒之，先從足起。

三月乙巳㊴，車駕入長安，居京兆府舍，後乃稍葺㊵宮室而居之。時董卓未至，朝政大小皆委之王允。允外相彌縫，內謀王室㊶，甚有大臣之度，自天子及朝中皆倚允。允屈意承㊷卓，卓亦雅信焉。

【章　旨】以上為第九段，寫董卓脅迫獻帝西遷長安，火燒洛陽，東漢二百年帝京，成了一片廢墟。

【注　釋】❶表　上表舉薦。❷召拜　詔命宣召授官。❸孤　辜負。❹釁　罪孽；災禍。❺石包讖　當時的一種讖緯書。❻盤庚遷亳　盤庚，殷商國王，湯之第九代孫。即位後，曾將國都從河北遷到河南之亳，今河南偃師西。❼胥怨　皆怨。❽捐遺棄。❾糜沸　粥在鍋中沸騰。用以比喻動亂紛擾。❿杜陵　縣名，縣治在今陝西西安東南。因漢宣帝築杜陵於此，故名。⓫陶竈　燒製陶器的窯灶。⓬前卻　擋在前面阻止。⓭可令詣滄海　可以使他們赴湯蹈海，謂暴力可使百姓不敢避險難。這裡指把百姓趕下海。⓮作色　變臉色。⓯得無　能不。⓰秦漢之勢　指秦、漢建都關中，即因山河形勢以制天下。⓱乙亥　二月初五。⓲王允　字子節，太原祁縣（今屬山西）人，官至司徒。初平三年，與士孫瑞、呂布密謀誅殺了董卓。隨後為卓將李傕等所害。⓳督軍校尉　統兵之中級將領。⓴何用相負　猶言有什麼對不起你們的地方。㉑庚辰　二月初十。㉒扶風　即右扶風，漢代三輔之一。東漢時治所在槐里，在今陝西興平東南。㉓長史　官名，為將軍之屬官，職責是總理將軍幕府事。㉔袁氏　指袁紹。㉕越騎校尉　官名，東漢北軍五校尉之一，掌宿衛兵。㉖折　屈服。㉗武丁之明二句　胡三省注謂「武丁」為「武公」傳寫之誤。武公指春秋時衛武公。衛武公已九十五歲，還向國人徵求警戒之言。事見《國語・楚語上》。㉘陽城縣名，縣治在今河南登封東南。㉙社下　祭祀土地神的處所。社，土地神。㉚車重　裝有貨物的車。㉛轅　車前駕牲畜的直木。㉜甲兵　穿甲冑的士兵。㉝丁亥　二月十七日。㉞收　收捕。㉟驅蹙　驅趕逼迫。㊱蹈藉　踐踏。㊲畢圭苑　東漢皇家苑林之一。故址在今河南洛陽東。㊳宮廟　宮室宗廟。㊴乙巳　三月初五。㊵葺　修補房屋。㊶外相彌縫二句　謂王允表面上對董卓敷衍搪塞，暗中卻為王室謀劃。㊷承　奉承。

【語譯】董卓認為山東兵力強盛，想遷都避其鋒芒，公卿大臣們都不願意而沒人敢說話。董卓上表推舉河南尹朱儁為太僕，作為自己的副手。使者宣詔任命，朱儁推辭不肯接受，並趁機說：「國都西遷，勢必辜負天下人的希望，而且會促成山東的禍患，我不認為是可行的。」使者說：「召您接受任命您卻拒絕，沒有詢問您遷都的事您卻加以陳述，這是為什麼？」朱儁說：「做相國的副手，不是我能勝任的。遷都不是好主意，這是當務之急。我辭掉自己不能勝任的，陳述當前之所急，是我作為臣子的本分。」因此董卓作罷，不再讓朱儁做自己的副手。

董卓召集公卿大臣商議，說：「高祖建都關中傳世十一代，光武帝建都洛陽，至今也有十一代了。按照《石包讖》的說法，應遷都長安來應合天意民心。」百官全都默然無語。司徒楊彪說：「遷都改制是國家大事，所以盤庚遷都亳邑，殷代的百姓都抱怨。此前關中地區遭到王莽的毀壞，所以光武帝改都雒邑，歷時已久，百姓安居樂業。如今無故拋棄宗廟，拋棄先帝陵園，恐怕百姓驚駭騷動，勢必引起天下混亂。《石包讖》是妖邪之書，怎麼能採信！」董卓說：「關中土地肥沃，所以秦國能吞併六國。況且隴右出產木材，杜陵有武帝時燒陶器的窯灶，加力經營，很快就能見成效。老百姓的議論不值得考慮！如果誰敢前來阻止，我用大兵驅趕，可以把他們趕進大海。」楊彪說：「要天下動盪很容易，要天下安定很難，希望明公三思。」董卓臉色變了，說：「你要敗壞國家大計嗎？」太尉黃琬說：「這是國家大事，楊公的話，還是值得考慮！」董卓不回答。司空荀爽見董卓肝火正旺，恐怕他殺害楊彪等，因而和顏悅色地勸道：「相國哪裡樂意這樣呢！只是山東兵起，不是一天兩天能夠平息的，所以應該遷都來對付他們，這和秦、漢建都關中的形勢一樣。」董卓的怒氣稍微消退。黃琬退朝後，又上書反對。二月初五日乙亥，董卓用災異為藉口上奏罷免黃琬、楊彪等，任命光祿勳趙謙為太尉，太僕王允為司徒。城門校尉伍瓊、督軍校尉周毖堅決諫阻遷都，董卓大怒說：「我當初入朝，二位勸我任用賢良的名士，所以我聽從了。而這些人到任後，卻起兵反對我，你們二位出賣我，我董卓沒有什麼對不起你們的地方！」初十日庚辰，董卓逮捕伍瓊、周毖，殺了他們。楊彪、黃琬很害怕，到董卓那裡謝罪，董卓也後悔殺死伍瓊、周毖，才又上表任用楊彪、黃琬為光祿大夫。

董卓徵召京兆尹蓋勳為議郎。當時左將軍皇甫嵩率領三萬兵眾屯駐扶風，蓋勳祕密和皇甫嵩謀劃征討董卓。恰好董卓也正在徵召皇甫嵩為城門校尉，皇甫嵩的長史梁衍勸皇甫嵩說：「董卓搶劫京師，隨意廢立皇帝，現在徵召將軍，大則有禍，小則受辱。現在趁董卓還在洛陽，天子將西來，用將軍的大軍迎接天子，奉天子之命討伐逆賊，徵調各路統帥的兵馬，袁氏從東面進攻董卓，將軍您從西面進逼，這樣一定能抓獲董卓。」皇甫嵩不聽，於是接受徵召。蓋勳因兵弱勢孤，不能獨自行動，也返回京師。董卓任命蓋勳為越騎校尉。河南尹朱儁向董卓陳說軍事，董卓駁斥朱儁說：「我百戰百勝，內心已經決定，你不要胡說，免得你的血玷汙了我的刀！」蓋勳說：「從前武丁那樣聖明，還徵求別人的意見，何況像您這樣的人，反而要堵塞別人的口！」董卓於是向他道歉。

董卓派軍隊到陽城，正值百姓在社下進行祭祀，就把他們全殺掉，駕著他們的車輛輜重，裝上搶掠的婦女，把被殺人的頭顱綁在車轅上，歌唱呼喊著返回洛陽，揚言攻打叛賊大獲全勝。董卓焚燒這些頭顱，把婦女配給兵士做婢妾。

二月十七日丁亥，天子西遷。董卓收捕眾富豪，假借罪名殺了他們，沒收他們的財產，死的人不計其數。董卓驅趕剩餘的幾百萬人全都遷往長安，步兵騎兵裹脅逼迫，人馬互相踐踏，加上飢餓和搶奪，屍體堆滿道路。董卓自己留屯畢圭苑中，焚燒所有的宮殿、陵廟、官府、民房，洛陽方圓二百里內，屋室盡毀，雞犬不留。又派呂布挖掘各皇帝的陵墓和公卿大臣以下的墳墓，搜集墓中珍寶。董卓擒獲山東的士兵，用豬油塗在十幾匹布上，把它裹在俘虜的身上，然後從腳下點火，活活燒死他們。

三月初五日乙巳，天子進入長安，暫住在京兆尹的府衙，後來把宮室稍加修整後才遷入。此時董卓還沒有到長安，朝政大小事都由王允處置。王允對外協調各方，對內為王室謀劃，頗有大臣風度，從天子到百官都依靠他。王允屈意奉承董卓，董卓也很信任他。

董卓以袁紹之故，戊午❶，殺太傅袁隗❷、太僕袁基❸，及其家尺口❹以上五十餘人。

初，荊州刺史王叡與長沙太守孫堅共擊零、桂❺賊，以堅武官，言頗輕之。及州郡舉兵討董卓，叡與堅亦皆起兵。叡素與武陵太守曹寅不相能❻，揚言當先殺寅。寅懼，詐作按行使者❼檄❽移堅，說叡罪過，令收，行刑訖，以狀上❾。堅承檄，即勒兵襲叡。叡聞兵至，登樓望之，遣問「欲何為？」堅前部答曰：「兵久戰勞苦，欲詣使君❿求資直⓫耳。」叡見堅，驚曰：「兵自求賞，孫府君⓬何以在其中？」堅曰：「被使者檄誅君！」叡曰：「我何罪？」堅曰：「坐⓭無所知！」叡窮迫，刮金飲之而死。堅前至南陽⓮，眾已數萬人。南陽太守張咨不肯給軍糧，堅誘而斬之，郡中震慄⓯，無求不獲。前到魯陽⓰，與袁術合兵。術由是得據南陽，表堅行破虜將軍、領豫州刺史。

詔以北軍中候⓱劉表⓲為荊州刺史。時寇賊縱橫，道路梗塞，表單馬入宜城⓳，請南郡⑳名士蒯良、蒯越㉑，與之謀曰：「今江南宗賊㉒甚盛，各擁眾不附。若袁術因之，禍必至矣。吾欲徵兵，恐不能集，其策焉出？」蒯良曰：「眾不附者，仁不足也；附而不治者，義不足也。苟仁義之道行，百姓歸之如水之趣下，何患徵兵之不集乎！」蒯越曰：「袁術驕而無謀，宗賊帥多貪暴，為下所患。若使人示之以利，必以眾來。使君誅其無道，撫而用之，一州之人有樂存之心，聞君威德，必襁負㉓而至矣。兵集眾附，南據江陵㉔，北守襄陽㉕，荊州八郡㉖可傳檄而定，公路㉗雖至，無能為也。」表曰：「善！」乃使越誘宗賊帥，至者共十五人，皆斬之而取其眾。遂徙治襄陽㉘，鎮撫郡縣，江南悉平。

董卓在雒陽，袁紹等諸軍皆畏其彊，莫敢先進。曹操曰：「舉義兵以誅暴亂，大眾已合，諸君何疑！向使㉙董卓倚王室，據舊京，東向以臨天下，雖以無道行之，猶足為患。今焚燒宮室，劫遷天子，海內震動，不知所歸，此天亡之時也，一戰而天下定矣！」遂引兵西，將據成皋㉚，張邈遣將衛茲分兵隨之。進至滎陽㉛汴水㉜，遇卓將玄菟徐榮，與戰，操兵敗，為流矢所中，所乘馬被創㉝。從弟洪以馬與操，操不受。洪曰：「天下可無洪，不可無君。」遂步從操，夜遁去。榮見操所將兵少，力戰盡日，謂酸棗未易攻也，亦引兵還。

操到酸棗，諸軍十餘萬，日置酒高會，不圖進取。操責讓[34]之，因為謀曰：「諸君能聽吾計，使勃海[35]引河內之眾臨孟津[36]，酸棗諸將守成皋，據敖倉[37]，塞轘轅、太谷[38]，全制其險，使袁將軍[39]率南陽之軍軍丹、析[40]，入武關[41]，以震三輔[42]，皆高壘深壁，勿與戰，益[43]為疑兵[44]，示天下形勢，以順誅逆，可立定也。今兵以義動，持疑不進，失天下望，竊為諸君恥之。」邈等不能用。操乃與司馬[45]沛國夏侯惇[46]等詣揚州[47]募兵，得千餘人，還屯河內。

頃之，酸棗諸軍食盡，眾散。劉岱與橋瑁相惡，岱殺瑁，以王肱領東郡太守。青州刺史焦和亦起兵討董卓，務及諸將[48]西行，不為民人保障。兵始濟河[49]，黃巾已入其境。青州素殷實，甲兵甚盛。和每望寇奔北[50]，未嘗接風塵，交旗鼓[51]也。性好卜筮[52]，信鬼神，入見其人，清談干雲[53]，出觀其政，賞罰淆亂，州遂蕭條，悉為丘墟。頃之，和病卒，袁紹使廣陵臧洪[54]領[55]青州以撫之。

夏，四月，以幽州牧劉虞為太傅，道路壅塞，信命[56]竟不得通。先是，幽部應接[57]荒外[58]，資費甚廣，歲常割青、冀賦調[59]二億有餘[60]以足之。時處處斷絕，委輸[61]不至，而虞敝衣繩屨[62]，食無兼肉，務存寬政，勸督農桑，開上谷胡市[63]之利，通漁陽[64]鹽鐵之饒，民悅年登，穀石[65]三十[66]，青、徐士庶避難歸虞者百餘萬口，虞皆收視[67]溫卹[68]，為安立生業，流民皆忘其遷徙焉。

五月，司空荀爽薨。六月辛丑[69]，以光祿大夫种拂[70]為司空。拂，邵之父也。

董卓遣大鴻臚韓融、少府陰脩、執金吾胡母班、將作大匠[71]吳脩、越騎校尉王瓌安集關東，解譬[72]袁紹等。胡母班、吳脩、王瓌至河內，袁紹使王匡悉收繫[1]殺之。袁術亦殺陰脩，惟韓融以名德免。

董卓壞五銖錢[73]，更鑄小錢，悉取雒陽及長安銅人[74]、鐘虡[75]、飛廉[76]、銅馬之屬以鑄之，由是貨賤[77]物貴，穀石至數萬錢。

冬，孫堅與官屬會飲於魯陽城東，董卓步騎數萬猝至。堅方行酒，談笑，整頓部曲[78]，無得妄動。後騎漸益，堅徐罷坐，導引入城，乃曰：「向堅所以不即起者，恐兵相蹈藉，諸君不得入耳。」卓兵見其整，不敢攻而還。

王匡屯河陽津[79]，董卓襲擊，大破之。

左中郎將[80]蔡邕[81]議：「孝和以下廟號稱宗者，皆宜省去，以遵先典。」從之。

中郎將徐榮薦同郡故冀州刺史公孫度[82]於董卓，卓以為遼東太守。度到官，以法誅滅郡中名豪大姓百餘家，郡中震慄。乃東伐高句驪[83]，西擊烏桓，語所親吏柳毅、陽儀等曰：「漢祚將絕，當與諸卿圖王②耳。」於是分遼東為遼西、中遼郡，各置太守，越海收東萊[84]諸縣，置營州刺史。自立為遼東侯、平州[85]牧，立漢二祖[86]廟，承制[87]郊祀天地[88]，藉田[89]，乘鸞路[90]，設旄頭[91]、羽騎[92]。

【章　旨】以上為第十段，寫董卓西遷後，關東諸侯散歸各自領屬的州郡，互相征伐，初步形成軍閥混戰的態勢。

【注　釋】❶戊午　三月十八日。❷袁隗　字次陽，袁紹叔父，獻帝初任太傅。由於袁紹、袁術起兵討董卓，卓於是誅殺袁隗及在京袁氏家族。其事散見《後漢書》卷六十九〈何進傳〉、《三國志》卷六〈魏書‧袁紹傳〉等。❸袁基　袁術之兄。其事散見《後漢書》卷四十五〈袁京傳〉等。❹尺口　指嬰兒。❺零桂　指零陵、桂陽二郡。零陵郡治所泉陵，在今湖南零陵。桂陽郡治所郴縣，在今湖南郴州。❻不相能　不相容。❼按行使者　中央臨時派到地方巡察的官員。❽檄　古代官文書之一種。❾以狀上　指曹寅要孫堅把誅殺王叡的情況向朝廷奏報。上，上奏。❿使君　漢代人稱州、郡長官為使君。⓫資直　衣食之值。指生活費用。⓬府君　漢代人稱郡守為府君。⓭坐　獲罪。⓮南陽　郡名，故治宛縣，在今河南南陽。⓯震慄　恐懼而顫抖。⓰魯陽　縣名，故治在今河南魯山。⓱北軍中候　官名，職責是監督北軍五營。⓲劉表　（西元一四二—二〇八年）字景升，東漢皇族之遠支，後據有荊州。病死後子琮降於曹操。傳見《三國志》卷六、《後漢書》卷七十四下。⓳宜城　縣名，縣治在今湖北宜城南。⓴南郡　治所江陵，在今湖北江陵。㉑蒯良蒯越　東漢末，兩人為荊州牧劉表謀士。良字子柔，中廬（今湖北南漳）人。越字異度，助劉表平定荊州。曹操平定荊州，以越為光祿勳，並封侯。㉒宗賊　指強宗豪族率領土著的依附農民與政府對抗的武裝集團。㉓襁負　謂用襁褓背負小兒。㉔江陵　縣名，故治在今湖北江陵。㉕襄陽　縣名，屬南郡，縣治在今湖北襄樊。㉖荊州八郡　即南陽、南郡、江夏、零陵、桂陽、長沙、武陵、章陵八郡。㉗公路　袁術字公路。㉘徙治襄陽　荊州治所此前在武陵之漢壽（今湖南常德西），劉表始徙於襄陽。㉙向使　假使。㉚成皋　縣名，故治在今河南滎陽西北。㉛滎陽　縣名，縣治在今河南滎陽東北。㉜汴水　流經滎陽縣。㉝被創　受傷。㉞責讓　責備。㉟勃海　指袁紹。袁紹當時為勃海太守。㊱孟津　古黃河渡口名，東漢在此置關。在今河南孟州南。㊲敖倉　地名，在滎陽西北山上，臨黃河，有大倉，名敖倉。(38)轘轅太谷　均關名，在洛陽東南險要之地。轘轅關在今河南偃師東南，太谷關在今洛陽東南。(39)袁將軍　指袁術。此時袁術為後將軍。(40)丹析　即丹水縣與析縣。丹水縣治所在今河南淅川縣西，析縣治所在今河南西陝縣。(41)武關　在今陝西商縣東，北接高山，南臨絕澗，自古以來為兵家必爭之地。(42)三輔　地區名，西漢稱京兆尹、左馮翊、右扶風為三輔，相當於以今西安為中心的陝西中部地區。東漢雖建都洛陽，而以三輔陵廟所在，不改其名，仍稱三輔。(43)益　增加。(44)疑兵　用以迷惑敵人的軍隊。(45)司馬　官名，統兵將領之屬官，綜理軍府事，並參與軍事謀劃。(46)夏侯惇　字子讓，沛國譙縣（今安徽亳州）人，曹操之主要將領，官至大將軍。傳見《三國志》卷九。(47)揚州　州名，漢武帝置十三部州之一。東漢治所歷陽，在今安徽合肥西，末年移治壽春，在今安徽壽縣。三國時魏、吳各置揚州。魏揚州治壽春，吳揚州治建業，在今江蘇南京。此時州治在歷陽。(48)務及諸將　謂力求趕上在酸棗的諸將領。(49)河　黃河。(50)奔北　敗逃。(51)接風塵二句　指與對方接觸交戰。(52)卜筮　古代用龜甲和著草占卜以預測吉凶的方法。用龜甲稱卜，用著草稱筮。(53)清談干雲　謂極善高談闊論。(54)臧洪　字子源，以義氣著稱。東漢末，洪為廣陵太守張超功曹，勸張超征討董卓，關東諸侯定盟，洪為司儀，宣讀誓詞慷慨激昂。後為袁紹定青州，轉東郡太守。曹操圍攻張超，洪向袁紹請兵救超，紹不允，洪於是反叛袁紹，被袁紹所殺。紹失臧洪，自毀長城。傳見《三國志》卷七、《後漢書》卷五十八。(55)領　兼任。(56)信命　信使傳達之王命。(57)應接　照應；照顧。(58)荒外　謂八荒之外，亦即邊遠之地。(59)賦調　賦稅。(60)二億有餘　二億多錢。(61)委輸　運送。以物置於車船上稱委，再轉運到他處交卸稱輸。(62)緉屨　粗製鞋。(63)胡市　與少數民族交易之市。(64)漁陽　郡名，故治在今北京市密雲西南。(65)石　漢代容量名，十斗為一石，與斛同。(66)三十　指三十枚五銖錢。(67)收視　收容照顧。(68)溫卹　體貼撫慰。(69)辛丑　六月己巳朔，無辛丑。(70)种拂　字潁伯。傳見《後漢書》卷五十六。(71)將作大匠　官名，掌宮室、宗廟、陵墓及其他土木營建。(72)解譬　勸解曉諭。(73)五銖錢　漢代自武帝後長期使用的錢幣，重五銖，故名。銖，漢重量單位，二十四銖為一兩。(74)銅人　指秦始皇所鑄之銅人。(75)鐘虡　鐘和鐘架，架上多以猛獸為裝飾，皆為銅製。(76)飛廉　古代傳說中的神禽，多以銅鑄，作為擺設或裝飾物。(77)貨賤　貨幣貶值。(78)部曲　部隊。(79)河陽津　即孟津。(80)中郎將　官名，東漢位次於將軍的統兵將領。(81)蔡邕　字伯喈，陳郡圉縣（今河南杞縣）人，東漢末著名文學家、書法家。靈帝時為議郎，校書東觀。董卓入京，重其才，舉高第。王允誅卓，以邕為卓黨被捕，死於獄中。傳見《後漢書》卷六十下。(82)公孫度　字升濟。傳見《三國志》卷八。(83)高句驪　朝鮮古國名，亦作「高句麗」、「高麗」、「高驪」。(84)東萊　郡名，治所黃縣，在今山東龍口東。(85)平州　平州及上述遼西、中遼郡，皆公孫度自置，均在遼東郡內。(86)二祖　指高祖劉邦及世祖劉秀。(87)承制　秉承皇帝命令，打皇帝旗號。(88)郊

祀天地　古代帝王在郊外祭祀天地的大典。❽❾藉田　古代天子、諸侯徵用民力所耕之田。而每年春天，天子、諸侯例至田中親耕，以示重視農業。❾⓪鑾路　即鑾輅。為天子所乘之車。路，通「輅」。❾①旄頭　皇帝出行時，羽林騎兵披髮先驅，稱為旄頭。❾②羽騎　即羽林騎兵。

【校　記】①繫　原作「擊」。據章鈺校，甲十一行本、乙十一行本皆作「繫」，張瑛《通鑑校勘記》同，今據改。②王　原作「正」。據章鈺校，甲十一行本、乙十一行本、孔天胤本皆作「王」，熊羅宿《胡刻資治通鑑校字記》同，今據改。

【語　譯】董卓因為袁紹起兵，三月十八日戊午，殺了太傅袁隗、太僕袁基及其家中嬰孩以上五十多人。

當初，荊州刺史王叡與長沙太守孫堅一起攻打零陵、桂陽的賊黨，王叡認為孫堅是一介武夫，話語中十分輕蔑他。到了各州郡起兵討伐董卓時，王叡與孫堅也都起兵。王叡一向與武陵太守曹寅不和，揚言要首先殺死曹寅。曹寅很害怕，偽造一份按行使者的檄文給孫堅，列述王叡的罪過，令孫堅逮捕王叡，先斬後奏。孫堅接到檄文，立刻率兵襲擊王叡。王叡聽到孫堅的軍隊到達，登上城樓察看，派人詢問「想要幹什麼？」孫堅的前鋒部隊回答說：「士兵們長久作戰非常辛苦，想來見您使君討生活費用。」王叡看到孫堅，驚訝地說：「士兵們自己來求賞，孫府君為何在當中？」孫堅說：「受使者的檄文來誅殺你！」王叡說：「我犯了什麼罪？」孫堅說：「犯了無知之罪！」王叡陷於窮途末路，只好刮下金屑吞飲而死。孫堅前進到南陽，部眾已有幾萬人。南陽太守張咨不肯供給軍糧，孫堅把張咨誘出殺死，郡中驚恐，沒有要求不能滿足的。孫堅又前進到魯陽，與袁術兵合一處。因此袁術得據南陽，上表舉薦孫堅為破虜將軍，兼豫州刺史。

朝廷詔令北軍中候劉表為荊州刺史。此時寇賊橫行，道路不通。劉表單騎進入宜城，邀請南郡的名士蒯良、蒯越，與他們謀劃，劉表說：「現今江南宗族賊黨，勢力強盛，各自擁兵不歸附。如果袁術利用他們，必然大禍臨頭。我想徵召兵馬，擔心召集不來，有什麼辦法呢？」蒯良說：「民眾不歸附，是因為仁德不足；歸附後不能治理，是因為恩義不足。如果推行仁義之道，百姓歸順就如同水往下流，怎麼還怕徵召不到兵員呢！」蒯越說：「袁術驕橫而無謀略，宗族賊帥大多貪婪殘暴，成為部下的禍害。如果派人以利來引誘他們，一定會率眾前來。使君你誅殺其中的無道惡徒，安撫後加以任用，州內百姓都想安居生存，聽說使君你的威望德行，一定背負子女來投奔。兵馬聚集民眾歸附，南據江陵，北守襄陽，這樣荊州境內的八郡只要一紙檄文便可平定，袁術即使趕來，他也無能為力了。」劉表說：「好！」於是派蒯越引誘宗族賊首領，共來了十五人，劉表把他們全部殺掉，並收編了他們的部眾。於是將荊州治所遷到襄陽，鎮壓各郡縣的叛亂，安撫百姓，江南全部平定。

董卓在洛陽，袁紹等各軍都畏懼他的強大，沒有人敢先進兵。曹操說：「興起義兵，誅除暴亂，大軍已聯合，諸位還遲疑什麼！假如當初董卓倚仗王室，據守舊京，東向進兵來控制天下，儘管他行政無道，仍然會成為一大禍害。如今他焚燒宮殿房屋，劫持天子西遷，天下震動，百姓不知所從，這是上天要滅絕董卓的時機，一戰就可以平定天下了！」於是曹操率兵西進，打算佔領成皋，張邈派衛茲率兵跟隨。進軍到滎陽汴水，遭遇了董卓部將玄菟人徐榮，和他交戰，曹操兵敗，被流箭射中，他騎的馬也受了傷。堂弟曹洪把自己的乘馬給曹操，曹操不接受。曹洪說：「天下可以沒有曹洪，但不能沒有你。」曹洪於是步行跟隨曹操，趁夜逃走。徐榮見曹操所率領的兵很少，卻苦戰了一整天，認為酸棗不容易攻取，也就率兵撤退。

曹操回到酸棗，見各路軍隊十多萬人，天天置酒宴會，不思進取。曹操便責備他們，同時獻計說：「諸位若能聽從我的計謀，請勃海太守袁紹率領河內之軍前進到孟津，酸棗各將據守成皋，佔領敖倉，封鎖轘轅、太谷關口，控制全部險要之地，讓袁術將軍率領南陽之軍駐屯丹水、析縣，進攻武關，用以威懾三輔地區，各軍都高築壁壘，不與董卓交戰，廣設疑兵，向他們曉以天下形勢，以順天應人之師討伐叛逆，這樣很快就可以平定了。如今我們因道義而起兵，卻遲疑不前，使天下失望，我為諸位感到羞恥。」張邈等不採納。曹操於是和司馬沛國人夏侯惇等到揚州招募兵馬，獲得一千多人，返回駐守河內。

不久，酸棗各軍糧盡四散。劉岱和橋瑁交惡，劉岱殺了橋瑁，命王肱兼領東郡太守。青州刺史焦和也起兵征討董卓，他急於進軍想趕上酸棗的各路將領一起西征，不保障青州百姓的安全。青州軍剛剛渡過黃河，黃巾軍就進入青州境內。青州一向富庶，軍力強大。可是焦和一見到賊寇就逃跑，從不與對方交戰。他生性喜歡占卜，迷信鬼神，內觀其人，喜歡高談闊論，外察其政，賞罰混亂，致使青州蕭條衰落，全境成為廢墟。

不久，焦和病死，袁紹派廣陵人臧洪兼治青州以安撫百姓。

夏，四月，朝廷任命幽州牧劉虞為太傅，由於道路阻斷，使者和詔令竟不能到達。先前，幽州要照應接濟邊遠地區，所需費用很多，每年都要從青、冀二州的賦稅中撥出二億多來補充幽州的不足。此時處處隔絕，財物運送不進來，甚至劉虞本人也穿破衣草鞋，吃飯也只有一道肉食，卻仍然盡力於推行寬厚的政治，鼓勵百姓從事農桑，開放上谷的關市與胡人做生意，發展漁陽郡的鹽、鐵生產，百姓歡悅，糧食豐收，每石穀價只有三十錢，青、徐二州為避戰亂投奔劉虞的難民有一百多萬人，劉虞全部收容照顧，體貼撫慰，使他們安家立業，流民都忘記了自己是逃亡在外的難民。

五月，司空荀爽去世。六月辛丑日，任命光祿大夫种拂為司空。种拂，是种劭的父親。

董卓派大鴻臚韓融、少府陰脩、執金吾胡母班、將作大匠吳脩、越騎校尉王瓌安撫關東、曉諭袁紹等。胡母班、吳脩、王瓌到了河內，袁紹派王匡把他們全部收捕殺掉。袁術也殺了陰脩，只有韓融因德高望重得免。

董卓毀廢五銖錢，改鑄小錢，全部收繳洛陽和長安的銅人、鐘架、飛廉、銅馬之類的器物來改鑄，因此貨幣貶值，物價騰貴，每石穀價高達數萬錢。

冬，孫堅正與部屬在魯陽城東飲酒聚會，董卓的幾萬步兵騎兵突然來到。孫堅正在巡迴敬酒，仍談笑風生，同時整飭部隊，不許輕舉妄動。後來敵騎逐漸增加，孫堅才慢慢離開座位，引導部隊進城，這時才說：「剛才我之所以不立即起身的原因，是恐怕士兵因驚慌而互相踐踏，諸位進不了城。」董卓的部隊看到孫堅部隊軍容整齊，不敢進攻就撤退了。

王匡駐守河陽津，董卓來襲擊，大敗王匡。

左中郎將蔡邕建議：「從孝和帝以後廟號稱宗的，都應省去，以遵守先賢的典制。」獻帝同意了。

中郎將徐榮把同郡人前冀州刺史公孫度推薦給董卓，董卓委任他為遼東太守。公孫度上任後，依法誅殺了郡中名豪大姓一百多家，全郡震驚。然後東征高句驪，西擊烏桓，對他親信的官吏柳毅、陽儀等說：「漢朝將亡，我應和諸位圖謀王業了。」於是分遼東為遼西、中遼郡，各設立太守，又跨海佔領東萊各縣，設置營州刺史。公孫度自立為遼東侯、平州牧，建立漢高祖、漢世祖的宗廟，假借皇帝的名義在郊外祭祀天地，舉行藉田禮，乘坐鸞車，設立旄頭、羽林騎等儀仗。

【研　析】本卷研討東漢末大軍閥董卓竊國亂政，禍害兩京帶給人們的歷史思考。

董卓字仲穎，隴西郡臨洮縣（今甘肅岷縣）人。臨洮為隴西郡南部都尉治，在西漢時是一個防禦羌人的邊陲重鎮。這一帶地理形勢，山高水險，本是羌中之地。這裡的人民，與羌人交接，騎馬彎弓，養成了勇武剽悍的習性。董卓就是在這樣的地理環境和社會習俗中成長起來的一個雄略人物。

董卓出生於一個武官家族。他父親董君雅是潁川綸氏縣尉。縣尉領縣兵，維持地方治安。董卓生來力大體壯，有一副好身軀，粗猛有謀。史稱他「膂力過人，雙帶兩鞬，左右馳射，為羌胡所畏」（《後漢書·董卓傳》）。他青年時遊歷羌中，盡與羌豪相結，精通羌胡事，被羌胡人視為豪俠好漢。董卓成為大軍閥，他的基幹隊伍就是以羌胡為主體的涼州兵。西元一八四年黃巾大起義，董卓被起用為東中郎將，與北中郎將盧植並擊河北、山東黃巾。西元一八五年董卓被任為破虜將軍，受司空張溫節制西征韓遂。漢軍六路征討，五路皆敗，董卓獨全眾而返，屯駐扶風，拜為前將軍。西元一八九年，靈帝徵董卓為少府，要他交出兵權，董卓抗旨不就。靈帝無奈，只好調派他做并州刺史，而董卓仍不交出涼州兵，以前將軍頭銜擁眾駐屯河東觀變。當年四月靈帝死，太子劉辯即位，年十七，史稱少帝，朝廷大權旁落外戚何進手中。何進任大將軍，與袁紹謀誅宦官，而何進無能，擅召董卓入京相助，實際上是引狼入室，給早就懷有異心的董卓創造了千載難逢的好時機。宦官聞訊董卓入京，搶先下手殺了何進，袁紹兵圍皇宮，盡誅宦官。董卓身經百戰，當時東漢朝廷裡，沒有一個將軍是他的對手，因鎮壓黃巾而負有盛名的兩個中郎將，皇甫嵩和朱儁都十分害怕董卓，聽任擺布，於是董卓不把任何朝官放在眼裡。

董卓入洛，步騎不過三千。當時京師官兵甚盛，司隸校尉袁紹擁有西園八校尉禁軍的指揮權，當時曹操是八校尉之一，任典軍校尉。大將軍何進被宦官殺了以後，何氏部曲為後將軍袁術所控制。濟北相鮑信又募來一支山東兵，執金吾丁原有驍將呂布。這些力量合起來十倍於董卓而有餘。董卓覺察自己勢單力弱，他隔四五天就將部眾在夜裡暗地派出軍營，天明又大張旌鼓而還，造成援軍不斷入京的假象。董卓這一手竟鎮住了一時人傑袁紹、袁術、曹操等人，紛紛逃出京師，禁軍及何進部曲統歸於卓。曹操欲刺殺董卓，卓防範嚴密，不得下手，董卓又離間丁原部曲，收買呂布，使呂布殺丁原而併其眾，於是董卓勢力大盛。

董卓的政治手腕也不凡，且雄略過人。他進兵洛陽，冠冕堂皇發表清君側誅討宦官的表章，爭取輿論，但是未等董卓入京，二袁已誅除了宦官，少帝派公卿去阻止董卓入京，董卓趁此威迫公卿大臣，堂而皇之施以強權。他對公卿大臣說：「諸公大人不能匡正王室，致使國家傾危，有什麼資格來阻止我進京！」俗話說：來者不善。董卓入洛，他辦的第一件事就是廢了少帝，更立少帝弟陳留王劉協為獻帝，控制皇權。當時獻帝只有九歲，成為董卓任意擺弄的傀儡。他毫不手軟地殺害何太后，拔掉了朝官和名士所憑藉的旗幟。與之同時，董卓外示寬柔，起用黨人名士做朝官，外放大臣為牧伯太守，平反黨人冤獄，「以從人望」（《後漢書・董卓傳》）。董卓自為太尉，統掌兵權，以朱儁為副，但不讓他掌握一兵一卒。

關西是董卓的根本。董卓挾天子以令諸侯，招撫了涼州的馬騰、韓遂，又徵召了關中潛在的政敵皇甫嵩和京兆尹蓋勳。左將軍皇甫嵩屯駐扶風，有雄兵三萬。蓋勳鼓動皇甫嵩起兵響應關東軍夾擊董卓。本來皇甫嵩的兵謀比董卓還高一籌。但皇甫嵩雄略不足以駕御董卓，他乖乖地交出了兵權，到洛陽去做城門校尉。董卓為了屈服皇甫嵩，先給了他一個下馬威，逮捕皇甫嵩入獄，然後放出來用為御史中丞。蓋勳孤掌難鳴，也只好接受徵召，到洛陽去任越騎校尉。這樣董卓就有了一個安定的後院。西元一九〇年，關東諸侯起兵討董卓，於是董卓挾持獻帝，遷都到長安。

董卓完成廢帝更立後，大權在握，自為相國，入朝時可以帶劍穿鞋上殿，朝見皇帝也可以大搖大擺慢步行進。東漢兩百年承平，京師貴戚宅地相望，金帛財物，家家殷實。董卓放縱士兵剽擄，隨意抄沒，淫掠婦女，叫做「搜牢」，意思是牢固封藏的財物也要搜索出來。何太后合葬靈帝文陵，董卓趁機掠取陵中隨葬珍寶，又「姦亂公主，妻略宮人」，嚴刑脅眾，公報私仇，國家法紀全被踐踏。董卓公開宣言，「我的面相，無比尊貴」（〈董卓傳〉裴注引《魏書》）。由於關東兵起，才未能篡逆。

董卓退出洛陽，挾帝西遷，更加暴露了他的兇殘本性。他發掘了諸帝陵寢及公卿冢墓，收其珍寶。董卓是中國歷史上最大的一個盜墓賊。董卓還把洛陽及其周圍二百里內幾百萬居民驅趕入關中，將房屋燒光，雞犬殺盡。被驅趕的人民，沿途缺糧，更遭野蠻的涼州兵的踐踏和搶掠，死亡無算，積屍滿路，史稱「舊京空虛，數百里中無煙火」（〈孫堅傳〉裴注引《江表傳》）。東漢兩百年政治、經濟、文化中心的巍峨帝京，成了一片瓦礫場。接著，董卓又把關中弄得殘破不堪，他大肆搜刮，敲剝黎民，築塢於郿縣，高厚七丈，與長安城等，號曰「萬歲塢」，積屯了三十年的軍糧，珍藏黃金二三萬斤，銀八九萬斤，綾錦綢緞堆積如山。董卓得意洋洋地聲稱：「事成，雄居天下；不成，守此足以畢老。」（《漢書‧董卓傳》）足以看出，董卓把個人的榮辱，完全建立在千百萬人的屍骨上。

董卓為了滿足他無止境的貪欲，他還椎破了秦時所鑄的銅人，又毀壞了漢時流行的五銖錢，更鑄小錢，造成物價飛漲，米穀一斛數十萬。平民百姓又蒙受了一層災害。

西元一九二年四月，司徒王允利用呂布與董卓的矛盾，謀殺了董卓，長安士女出賣衣裝首飾，沽酒相慶，士卒皆呼萬歲，百姓歌舞於道。董卓肥大的屍體被暴露在街頭示眾，守屍的士兵，用草繩盤結在卓屍肚臍上，點燃作燈，光明達旦，一直到整個屍體成了一堆灰燼。一代窮凶極惡的禍國大盜，終於被釘在歷史的恥辱柱上而遺臭萬年。

董卓之出現於歷史舞臺，是一個慘重的歷史教訓。它説明了如果人民革命沒有能夠推翻極度腐朽的專制政權，那就必然要產生像董卓這樣窮凶極惡的軍閥來割據操縱政權。這樣生靈遭塗炭，也就是在劫難逃了。證之以古今中外的軍人政變、軍閥割據，無一不是產生在極度腐朽的專制政權之下。君權專制制度不除，董卓不死。中國兩千年的封建社會，不知產生了幾多董卓。因此，解剖董卓，不只是研究三國史，而且也是解剖中國封建專制制度弊病的一個典型事例，是很有意義的。

卷第六十

漢紀五十二

起重光協洽（辛未　西元一九一年），盡昭陽作噩（癸酉　西元一九三年），凡三年。

【題解】本卷記事起西元一九一年，迄西元一九三年，凡三年。當漢獻帝初平二年到初平四年。三年間時局大亂。竊國大盜董卓被關東軍驅逐出洛陽，西走長安，為王允所誅滅。涼州兵團殘餘李傕、郭汜兵入長安殺王允，西京又遭浩劫。兩漢四百年帝京長安、洛陽，慘遭涼州兵團荼毒，成了一片廢墟。隨著天子西遷，朝綱墜地，關東諸侯互相殘殺兼併，中原大混戰方興未艾。河南河北，江淮徐揚，四處烽煙。三年混戰，袁紹據冀州，陶謙據徐州，曹操據兗州，袁術據淮南，公孫度據遼東，劉焉據益州，公孫瓚火併劉虞得幽州。孫堅死，劉表穩坐荊州。漢末軍閥割據，初具格局。

孝獻皇帝乙

初平二年（辛未　西元一九一年）

春，正月辛丑❶，赦天下。

關東諸將議：以朝廷❷幼沖❸，迫[1]於董卓，遠隔關塞❹，不知存否。幽州牧劉虞，宗室賢儁，欲共立為主。曹操曰：「吾等所以舉兵而遠近莫不嚮應者，以義動❺故也。今幼主微弱，制於姦臣，非有昌邑❻亡國之釁❼，而一旦改易，天下其孰安之！諸君北面❽，我自西向❾。」韓馥、袁紹以書與袁術曰：「帝非孝靈子，欲依絳、灌❿誅廢少主、迎立代王故事，奉大司馬虞為帝。」術陰有不臣之心，不利國家有長君，乃外託公義以拒之。紹復與術書曰：「今西名有幼君，無血脈之屬⓫。公卿以下皆媚事卓，安可復信！但當⓬使兵往屯關要，皆自蹙死⓭；東立聖君，太平可冀⓮，如何有疑！又室家見戮⓯，不念子胥⓰，可復北面⓱乎？」術答曰：「聖主聰叡，有周成⓲之質。賊卓因危亂之際，威服百寮，此乃漢家小厄之會⓳，乃云今上『無血脈之屬』，豈不誣乎！又曰『室家見戮，可復北面』，此卓所為，豈國家⓴哉！慺慺㉑赤心，志在滅卓，不識其他。」馥、紹竟遣故樂浪㉒太守張岐等齎議㉓上虞尊號。虞見岐等，厲色叱之曰：「今天下崩亂，主上蒙塵㉔，吾被重恩，未能清雪國恥。諸君各據州郡，宜共勠力㉕盡心王室，而反造逆謀以相垢汙㉖邪！」固拒之。馥等又請虞領尚書事，承制封拜㉗，復不聽，欲奔匈奴以自絕，紹等乃止。

二月丁丑[28]，以董卓為太師[29]，位在諸侯王上。

孫堅移屯梁[30]東，為卓將徐榮[31]所敗，復收散卒進屯陽人[32]。卓遣東郡太守胡軫督步騎五千擊之，以呂布為騎督[33]。軫與布不相得[34]，堅出擊，大破之，梟其都督[35]華雄[36]。

或謂袁術曰：「堅若得雒，不可復制，此為除狼而得虎也。」術疑之，不運軍糧。堅夜馳見術，畫地計校曰：「所以出身不顧者，上為國家討賊，下慰將軍家門之私讎。堅與卓非有骨肉之怨也，而將軍受浸潤之言[37]，還相嫌疑，何也？」術踧踖[38]，即調發軍糧。

堅還屯，卓遣將軍李傕[39]說堅，欲與和親，令堅疏子弟任刺史、郡守者，許表用之。堅曰：「卓逆天無道，今不夷汝三族，縣[40]示四海，則吾死不瞑目，豈將與乃[41]和親邪！」復進軍大谷[42]，距雒九十里。卓自出，與堅戰於諸陵間。卓敗走，卻[43]屯澠池[44]，聚兵於陜[45]。堅進至雒陽，擊呂布，復破走。堅乃埽除宗廟，祠以太牢[46]，得傳國璽於城南甄官井[47]中。分兵出新安[48]、澠池間以要卓[49]。

卓謂長史劉艾曰：「關東軍敗數矣，皆畏孫，無能為也。惟孫堅小戇[50]，頗能用人，當語諸將，使知忌之。孤昔與周慎西征邊、韓[51]於金城，孤語張溫，求引所將兵為慎作後駐，溫不聽。溫又使孤討先零叛羌，孤知其不克而不得止，遂行，留別部司馬(52)劉靖將步騎四千屯安定(53)，以為聲勢。叛羌欲截(54)歸道，孤小擊輒開，畏安定有兵故也。虜謂安定當數萬人，不知但靖也。而孫堅隨周慎行，謂慎求先將萬兵造金城，使慎以二萬作後駐。邊、韓畏慎大兵，不敢輕與堅戰，而堅兵足以斷其運道。兒曹(55)用其言，涼州或能定也。溫既不能用孤，慎又不能用堅，卒用敗走(56)。堅以佐軍司馬所見略與人同，固自為可(57)。但無故從諸袁兒，終亦死耳。」乃使東中郎將董越屯澠池，中郎將段煨屯華陰(58)，中郎將牛輔屯安邑(59)，其餘諸將布在諸縣，以禦山東。輔，卓之壻也。卓引還長安。孫堅修塞諸陵，引軍還魯陽(60)。

【章旨】以上為第一段，寫孫堅奮勇擊賊，逼迫董卓退出洛陽，龜縮關中。關東諸侯討卓，孫堅建功為諸侯之冠，為孫氏崛起江東伏筆。

【注釋】❶辛丑　正月初六。❷朝廷　指皇帝。❸幼沖　幼小。❹關塞　指函谷關、桃林塞。❺義動　依道義行動。指關東起兵討董卓是正義的行動。❻昌邑　指昌邑王劉賀。漢昭帝死後無子，霍光立劉賀為帝。而劉賀荒淫無道，又為霍光所廢。❼釁　暇隙；破綻。❽北面　指向北面幽州的劉虞稱臣。❾西向　指仍臣服於西邊長安的漢獻帝。❿絳灌　指西漢初年的絳侯周勃與大將軍灌嬰。漢惠帝死後無子，呂太后立後宮美人之幼子為少帝。呂后死後，諸呂企圖篡權，周勃、灌嬰等即起而誅除諸呂，廢殺少帝；又迎代王劉恆，立為文帝，事見《漢書》卷三〈高后紀〉。⓫無血脈之屬　謂少帝劉辯非靈帝子。⓬但

當　只要。⓭噬死　緊迫而死。⓮冀　希望。⓯室家見戮　指袁隗被殺之事。⓰子胥　即伍子胥。春秋時，伍子胥之父伍奢、兄伍尚，被楚平王冤殺。伍子胥逃到吳國，助吳攻楚，入郢都，掘楚平王墓，鞭其屍以報父兄之仇。事見《史記》卷六十六〈伍子胥列傳〉。⓱北面　此指向漢獻帝稱臣。袁紹的意思是說：漢獻帝殺了袁隗等人，哪能不報此仇而再尊他為君？按，殺袁隗者，乃董卓，卓以獻帝名義殺之，獻帝乃傀儡，袁紹欲立另一傀儡皇帝取代獻帝，故爾違心說是獻帝殺袁隗。⓲周成　周成王。⓳小厄之會　小的危難遭遇。⓴國家　指皇帝。㉑慺慺　恭謹。㉒樂浪　郡名，治所在今朝鮮平壤西南。㉓齎議　謂帶著袁紹等人之議。㉔蒙塵　謂皇帝蒙難出奔在外。㉕勠力　併力。㉖垢汙　汙穢。㉗承制封拜　秉承皇帝之意旨封爵授官。㉘丁丑　二月十二日。㉙太師　官名，位在太傅上，漢代不常置，西漢僅平帝時置，東漢唯獻帝初董卓充任。㉚梁　縣名，縣治在今河南汝州西。㉛徐榮　董卓部將。遼東襄平（今遼寧遼陽）人，董卓西遷，徐榮斷後，曾在汴水擊敗曹操，此又擊敗孫堅。㉜陽人　聚邑名，在當時梁縣之西。㉝騎督　統率騎兵的將領。㉞不相得　不相和，有矛盾。㉟都督　統兵官。㊱華雄　董卓驍將。㊲浸潤之言　指讒毀之言。㊳踧踖　局促不安的樣子。㊴李傕　東漢末董卓部將。董卓被殺後，李傕等攻破京師，劫持獻帝。復與郭汜互相攻殺，建安三年被殺。傳見《三國志》卷六。㊵縣　「懸」本字。㊶乃　你。㊷大谷　即太谷關，為漢靈帝所置八關之一，在今河南洛陽東南。㊸卻　退卻。㊹澠池　縣名，在今河南澠池縣西。㊺陜　縣名，縣治在今河南陜縣。㊻太牢　古代祭祀時牛、羊、豕三牲並用稱太牢。㊼甄官井　甄官署之井。甄官，官名，職掌供應宮廷磚瓦之事。㊽新安　縣名，縣治在今河南澠池縣東。㊾要卓　攔截董卓。要，攔截；伏擊。㊿戇　剛直而愚蠢。(51)邊韓　即邊章、韓遂。(52)別部司馬　官名，大將軍領營五部，部有校尉一人，軍司馬一人，其別營領屬為別部司馬。此時董卓雖未為大將軍，也置別部司馬。(53)安定　郡名，治所臨涇，在今甘肅鎮原東南。(54)𢧵　即「截」字。(55)兒曹　兒輩；小子們。(56)卒用敗走　終於因此而敗走。(57)固自為可　謂孫堅之才幹可用。(58)華陰　縣名，縣治在今陝西華陰東。(59)安邑　縣名，縣治在今山西夏縣西北。(60)魯陽　縣名，孫堅討董卓建行營於此。縣治在今河南魯山縣。

【校　記】①迫　據章鈺校，甲十一行本、乙十一行本皆作「逼」。

【語　譯】孝獻皇帝乙

初平二年（辛未　西元一九一年）

春，正月初六日辛丑，大赦天下。

關東地區的諸位將領商議，認為天子年幼，受到董卓脅迫，被關塞遠隔，不知生死。幽州牧劉虞，是宗室裡賢明俊逸之士，眾將領打算共同擁立他為天子。曹操說：「我們之所以起兵而遠近沒有不起來響應的，是以道義行動的緣故。如今幼主柔弱，受制於奸臣，並沒有犯下昌邑王劉賀那樣亡國的過錯，而一旦改立君主，天下人誰能心安呢！諸位向北迎立劉虞，我自向西侍奉天子。」韓馥、袁紹寫信給袁術說：「皇帝不是孝靈帝的兒子，想按照絳侯周勃和灌嬰廢除少主迎立代王的先例，擁戴大司馬劉虞為皇帝。」袁術暗懷稱帝的野心，國家有了年長的皇帝對自己不利，表面上以君臣大義拒絕了韓馥和袁紹的建議。袁紹再次寫信給袁術說：「現今西邊名義上有個年幼君主，卻不是靈帝的血脈。公卿以下都諂媚董卓，怎能再相信他們呢！只要派兵去守住關塞要地，他們會全部自困而死；在東邊擁立一個聖明的君主，天下太平就有了希望，為何還要遲疑！再說我們袁氏全家遭屠殺，你難道不想學伍子胥為父兄報仇嗎，怎能再向這樣的皇帝北面稱臣呢？」袁術回信說：「天子聰明，有周成王的品質。奸賊董卓趁國家危亂之際，用暴力壓服百官，這不過是漢家小小的厄運，你卻說當今皇上『不是靈帝的血脈』，豈不是汙蔑嗎！又說『家室遭屠殺，怎能再向這樣的皇帝北面稱臣』，這是董卓所為，哪裡是皇帝的本意！我忠心耿耿，志在消滅董卓，不知其他。」韓馥、袁紹最終還是派前樂浪太守張岐等帶著議案到幽州，向劉虞奉上天子的尊號。劉虞見到張岐等人，聲色俱厲地呵斥說：「現今天下混亂，天子蒙難，我受國家厚恩，不能洗雪國恥。諸位各據州郡，應該齊心合力為王室效勞，為何反而策劃叛逆的陰謀來玷汙我呢！」他堅決拒絕了。韓馥等又請求劉虞兼管尚書事務，稟承皇帝旨意封爵任官，劉虞還是不聽從，他想逃往匈奴自行了斷此事，袁紹等才作罷。

二月十二日丁丑，任命董卓為太師，地位在諸侯王之上。

孫堅移軍駐守在梁縣東面，被董卓部將徐榮打敗，孫堅又收羅散兵進駐梁縣西邊的陽人聚。董卓派東郡太守胡軫率領步兵、騎兵五千人攻打孫堅，用呂布為騎兵都督。胡軫與呂布不和，孫堅出擊，大敗胡軫，砍下了他的步兵都督華雄的頭顱示眾。

有人對袁術說：「孫堅如果得到洛陽，就不能再加控制，這就叫除掉狼卻招來了虎。」袁術懷疑孫堅，便不給孫堅運送軍糧。孫堅連夜馳馬來見袁術，在地上指劃著向他論理，說：「我之所以奮不顧身，上為國家討征逆賊，下報你將軍家的私仇。我和董卓沒有個人仇怨，而你卻聽信讒言，反倒猜疑我，這是為什麼？」袁術窘迫不安，立刻調發軍糧。

孫堅回到駐地，董卓派將軍李傕勸說孫堅，想和孫堅結為親家，並要孫堅開列兒子兄弟可做刺史、郡守的名單，答應上表舉任他們。孫堅對李傕說：「董卓背天無道，現在不誅滅他三族，懸首昭示天下，我死不瞑目，怎會與他結親呢！」孫堅又進軍大谷，距洛陽九十里。董卓親自率軍出擊，與孫堅在諸陵園間交戰。董卓兵敗逃走，退守澠池，在陝縣聚集軍隊。孫堅進兵到洛陽，攻打呂布，呂布又敗走。於是孫堅打掃皇帝宗廟，用牛、羊、豬三牲祭祀，在城南甄官署的井中得到了傳國玉璽。又分兵前往新安、澠池之間截擊董卓。

董卓對長史劉艾說：「關東的軍隊屢屢失利，他們都害怕我，不可能有什麼作為。只有孫堅有點戇愚，很善於用人，應當告知諸位將領，讓他們有所顧忌。我從前與周慎在金城西征邊章、韓遂，我告訴張溫，讓我率領我的軍隊作周慎的後援，張溫不聽。張溫又派我征伐先零叛亂的羌人，我知道不能打贏，但又不能作罷，於是出發，留下別部司馬劉靖率領步兵、騎兵四千人駐守安定，以為聲援。叛亂的羌人想截斷我的歸路，我稍微出擊便衝出了攔截，這是羌人害怕安定有兵的緣故。羌人認為安定應有幾萬人，不知道只有劉靖一支人馬。而孫堅隨從周慎行進，他向周慎請求先率一萬人抵達金城，讓周慎用兩萬人駐後為援。邊章、韓遂畏懼周慎的後援大軍，不敢輕易和孫堅開戰，而孫堅的軍隊足以截斷他們的運輸通道。周慎、張溫這些小子如果採用了孫堅的計謀，涼州或許能夠平定。張溫既不能聽從我，周慎又不能聽從孫堅，最終戰敗撤退。孫堅這個佐軍司馬，見解卻大致和我相同，固然是個可用之才。只是無故追隨袁家小子，終究難免一死。」於是派東中郎將董越駐守澠池，中郎將段煨屯駐華陰，中郎將牛輔駐守安邑，其餘各將分布在各縣，用來抵禦山東的軍隊。牛輔，是董卓的女婿。董卓率軍返回長安。孫堅修整各處陵園，帶兵返回魯陽。

夏，四月，董卓至長安，公卿皆迎拜車下。卓抵手❶謂御史中丞皇甫嵩曰：「義真❷，怖未乎？」嵩曰：「明公以德輔朝廷，大慶方至，何怖之有！若淫刑❸以逞❹，將天下皆懼，豈獨嵩乎！」

卓黨欲尊卓比太公❺，稱尚父❻。卓以問蔡邕❼，邕曰：「明公威德，誠為巍巍。然比之太公，愚意以為未可。宜須關東平定，車駕還反舊京，然後議之。」卓乃止。

卓使司隸校尉劉囂籍❽吏民有為子不孝、為臣不忠、為吏不清、為弟不順者，皆身誅，財物沒官❾。於是更相誣引，冤死者以千數。百姓囂囂❿，道路以目⓫。

六月丙戌⓬，地震。

秋，七月，司空种拂免，以光祿大夫濟南淳于嘉為司空。太尉趙謙罷，以太常馬日磾為太尉。

初，何進遣雲中張楊還并州募兵，會進敗，楊留上黨⓭，有眾數千人。袁紹在河內，楊往歸之，與南單于於扶羅屯漳水⓮。韓馥以豪傑多歸心袁紹，忌之，陰貶節⓯其軍糧，欲使其眾離散。會馥將麴義⓰叛，馥與戰而敗，紹因與義相結。紹客逢紀謂紹曰：「將軍舉大事而仰⓱人資給，不據一州，無以自全。」紹曰：「冀州兵強，吾士飢乏，設⑱不能辦，無所容立。」紀曰：「韓馥庸才，可密要⑲公孫瓚使取冀州，馥必駭懼，因遣辯士為陳禍福，馥迫於倉卒⑳，必肯遜讓。」紹然之，即以書與瓚。瓚遂引兵而至，外託討董卓而陰謀襲馥，馥與戰不利。會董卓入關㉑，紹還軍延津㉒，使外甥陳留高幹㉓及馥所親潁川辛評、荀諶、郭圖㉔等說馥曰：「公孫瓚將燕、代之卒乘勝來南，而諸郡應之，其鋒不可當。袁車騎㉕引軍東向㉖，其意未可量也，竊為將軍危之。」馥懼，曰：「然則為之柰何？」諶曰：「君自料寬仁容眾，為天下所附，孰與袁氏？」馥曰：「不如也。」「臨危吐決㉗，智勇過人，又孰與袁氏？」馥曰：「不如也。」「世布恩德，天下家受其惠，又孰與袁氏？」馥曰：「不如也。」諶曰：「袁氏一時之傑，將軍資㉘三不如之勢，久處其上，彼必不為將軍下也。夫冀州，天下之重資㉙也，彼若與公孫瓚并力取之，危亡可立而待也。夫袁氏，將軍之舊，且為同盟㉚，當今之計，若舉冀州以讓袁氏，彼必厚德將軍，瓚亦不能與之爭矣。是將軍有讓賢之名，而身安於泰山也。」馥性恇怯㉛，因然其計。馥長史耿武、別駕閔純、治中李歷聞而諫曰：「冀州帶甲百萬，穀支十年。袁紹孤客窮軍，仰我鼻息㉜，譬如嬰兒在股掌之上㉝，絕其哺乳，立可餓殺，柰何欲以州與之！」馥曰：「吾袁氏故吏，且才不如本初，度[34]德而讓，古人所貴，諸君獨何病[35]焉！」先是，馥從事[36]趙浮、程渙將強弩萬張屯孟津[37]，聞之，率兵馳還。時紹在朝歌[38]清水[39]，浮等從後來，船數百艘，眾萬餘人，整兵鼓，夜過紹營，紹甚惡之。浮等到，謂馥曰：「袁本初軍無斗糧，各已離散，雖有張楊、於扶羅新附，未肯為用，不足敵也。小從事等請自〔1〕以見[40]兵拒之，旬日之間，必土崩瓦解，明將軍但當開閤高枕，何憂何懼！」馥又不聽，乃避位，出居中常侍趙忠故舍，遣子送印綬以讓紹。紹將至，從事十人爭棄馥去，獨耿武、閔純杖刀拒之，不能禁，乃止。紹皆殺之。紹遂領冀州牧，承制以馥為奮威將軍[41]，而無所將御[42]，亦無官屬。紹以廣平沮授為奮武將軍[43]，使監護諸將，寵遇甚厚。魏郡審配、鉅鹿田豐[44]並以正直不得志於韓馥，紹以豐為別駕，配為治中，及南陽許攸、逢紀、潁川荀諶皆為謀主。

紹以河內朱漢為都官從事[45]。漢先為韓馥所不禮，且欲徼迎[46]紹意，擅發兵圍守馥第[47]，拔刃登屋。馥走上樓，收得馥大兒，槌折[48]兩腳。紹立收漢，殺之。馥猶憂怖，從紹索去[49]，往依張邈。後紹遣使詣邈，有所計議，與邈耳語[50]。馥在坐上，謂為見圖[51]，無何[52]，起至溷[53]，以書刀[54]自殺。

【章　旨】以上為第二段，寫關東軍盟主袁紹以詐術奪取冀州，開啟了軍閥混戰。

【注　釋】❶抵手　拍手。❷義真　皇甫嵩字義真。❸淫刑　濫用刑罰。❹逞　快意。❺太公　即周初助武王滅商之呂尚。❻尚父　周人尊呂尚為尚父。❼蔡邕　字伯喈，陳留圉（今河南杞縣）人。博學多才，任河平長、郎中、議郎。曾寫經於碑，世稱熹平石經。因遭誣流放朔方，流亡江湖十餘年。董卓被殺後，受牽連，死獄中。傳見《後漢書》卷六十下。❽籍　查辦。❾沒官　沒收於官府。❿囂囂　《三國志》作「嗷嗷」，象聲詞，愁歎聲。⓫道路以目　謂路上行人不敢說話，僅以眼神交流。形容敢怒而不敢言。⓬丙戌　六月二十三。⓭上黨　郡名，治所本在長子（今山西長子西），東漢末移至壺關（今山西長治北）。⓮漳水　指濁漳水，源出長子縣。⓯貶節　減少。⓰麴義　冀州牧韓馥部將，叛投袁紹，替袁紹打敗公孫瓚，於是居功自傲，為紹所殺。⓱仰　依賴。⓲設　假使。⓳要　邀約。⓴倉卒　同「倉猝」。匆忙。㉑關　指函谷關。㉒延津　渡口名，是當時黃河的重要渡口，在今河南新鄉東南。㉓高幹　字元才，袁紹外甥，陳留圉縣（今河南杞縣西南）人，袁紹委以并州牧。曹操滅袁氏，高幹降，後叛離曹操，兵敗，逃往荊州，被上洛都尉捕斬。㉔辛評荀諶郭圖　皆袁紹謀士。㉕袁車騎　指袁紹。時袁紹自號車騎將軍。㉖東向　袁紹自河內往東至延津，是為東向。㉗吐決　作出決策。㉘資　憑藉。㉙重資　最重要的資本；最重要的憑藉。喻冀州地理位置之重要。㉚同盟　指同盟討董卓。㉛恇怯　膽小懦弱。㉜仰我鼻息　猶言靠我生存。鼻息，鼻呼吸之氣息。㉝在股掌之上　猶言在掌握之中。㉞度　比量。㉟病　責難。㊱從事　官名，東漢州牧刺史的佐吏，有別駕從事史、治中從事史、兵曹從事史、部從事史等，均可簡稱從事。㊲孟津　津渡名，故址在今河南孟津東北，孟州西南的黃河岸上。相傳周武王會盟八百諸侯於此，原稱盟津，後訛作孟津。㊳朝歌　縣名，縣治在今河南淇縣。㊴清水　即淇水，俗稱淇水為清水，流經朝歌。據《三國志》卷六〈袁紹傳〉注引《九州春秋》，當時袁紹在朝歌清水口。清水口，即淇口，南岸即延津。㊵見　「現」本字。㊶奮威將軍　官名，漢雜號將軍之一。㊷將御　統率。㊸奮武將軍　官名，亦漢代雜號將軍之一。㊹魏郡審配鉅鹿田豐　兩人投袁紹後，皆為紹重要謀士。㊺都官從事　官名，漢代司隸校尉下設有都官從事史，主察舉百官犯法者。此時袁紹置都官從事，則還兼領司隸校尉之職。㊻徼迎　討好迎合。徼，通「邀」。㊼第　宅第。㊽槌折　打斷。槌，通「搥」、「捶」。㊾索去　要求離去。㊿耳語　附耳低語。(51)見圖　被謀害。(52)無何　不久。(53)溷　廁所。(54)書刀　用以削治竹簡，作為書寫材料。

【校　記】[1]自　原無此字。據章鈺校，甲十一行本、乙十一行本、孔天胤本皆有此字，今據補。

【語　譯】夏，四月，董卓到達長安，大臣們都到他的車下迎接參拜。董卓拍手對御史中丞皇甫嵩說：「義真，怕不怕？」皇甫嵩說：「明公您用德行輔佐朝廷，大的喜慶剛來，有何可怕的！如果濫施刑罰，將使天下人都害怕，又豈只是我皇甫嵩！」

董卓的黨羽想比擬姜太公的地位尊崇董卓，稱為尚父。董卓就此詢問蔡邕，蔡邕說：「明公您的威望道德，確實是偉大。但與太公相比，我認為還不可以。應等到關東平定，天子返回舊京洛陽，然後商討這事。」董卓於是作罷。

董卓派司隸校尉劉囂查辦官民中有做兒子不孝、做臣子不忠、做官吏不廉、做弟弟不順從的人，一律處死，財產沒收入官。於是相互誣告牽引，含冤而死的人數以千計。百姓恐怖，在路上相遇，只敢用眼神交流。

六月二十三日丙戌，發生地震。

秋，七月，司空种拂被免職，任命光祿大夫濟南人淳于嘉為司空。太尉趙謙被免職，任命太常馬日磾為太尉。

當初，何進派雲中人張楊回并州招募兵士，恰好何進敗死，張楊就留在上黨，有部眾幾千人。袁紹在河內，張楊前去歸附他，與南單于於扶羅一起駐守漳水。韓馥因豪傑大多心向袁紹，心裡妒恨，暗中減少供給袁紹的軍糧，想讓袁紹的部眾離散。正好此時韓馥的部將麴義叛亂，韓馥與麴義交戰失敗，袁紹趁機與麴義相聯合。

袁紹的門客逢紀對袁紹說：「將軍舉大事卻依靠別人供給，如不佔據一州，就無法保全自己。」袁紹說：「冀州兵強，我的士兵飢餓疲憊，假如不能得到冀州，就沒有立足之地了。」逢紀說：「韓馥才能平庸，您可以祕密聯絡公孫瓚，讓他去攻取冀州，韓馥一定驚恐，您趁機派一個能言善辯的人替他分析禍福利害，韓馥迫於這一突發事件，一定會讓位。」袁紹同意這一看法，立即寫信給公孫瓚。於是公孫瓚率兵而來，對外聲稱征討董卓，而陰謀偷襲韓馥，韓馥與公孫瓚交戰失利。正遇董卓進入關中，袁紹便率兵回到延津，派外甥陳留人高幹和韓馥的親信潁川人辛評、荀諶、郭圖等勸韓馥說：「公孫瓚率領燕、代兩地的軍隊乘勝南來，而各郡響應，勢不可擋。袁紹率兵東去，他的意向不可捉摸，我們深深地替將軍擔心。」韓馥畏懼，說：「那我該怎麼辦呢？」荀諶說：「你自己估量一下，寬厚仁愛有容眾之量，能為天下百姓所歸附，跟袁紹比怎麼樣？」韓馥說：「我不如袁紹。」荀諶又說：「臨危決策，智勇過人，跟袁紹比又怎麼樣？」韓馥說：「我不如袁紹。」荀諶繼續說：「累世廣布恩德，使天下的人家家受惠，跟袁紹比又怎麼樣？」韓馥說：「我不如袁紹。」荀諶說：「袁紹是一代豪傑，將軍憑藉三個方面都不如袁氏的劣勢，卻長期位居其上，他一定不甘心居將軍之下。冀州是天下的戰略重地，他如果與公孫瓚合力攻取，將軍的危亡時刻立即到來。袁紹是你的舊交，而且是討伐董卓的同盟者，現今的策略，如果把冀州讓給袁紹，他一定會感激將軍的厚德，公孫瓚也不能與袁紹相爭了。這樣將軍有讓賢的美名，而自身可以安如泰山。」韓馥生性膽小懦弱，因而接受了這個建議。韓馥長史耿武、別駕閔純、治中李歷聽到後勸諫說：「冀州有甲兵百萬，穀物可支持十年。袁紹是孤單窮困的客軍，要仰承我們的鼻息，他好像是掌中的嬰兒，只要給他斷奶，立刻就會餓死，怎麼可以把冀州讓給他！」韓馥說：「我是袁氏的老部下，何況才幹又不如袁紹，估量德行而讓賢，這是古人所看重的，諸位為何要責難呢！」先前，韓馥的從事趙浮、程渙率一萬名弓弩手駐紮孟津，聽到這個消息，率軍急速回到冀州。這時袁紹在朝歌清水，趙浮等從後面趕來，戰船幾百艘，士兵一萬多，整飭軍容旗鼓，連夜通過袁紹的營地，袁紹很憎惡。趙浮等到達冀州，對韓馥說：「袁紹軍中無斗糧，已各自離散，雖然有張楊、於扶羅最近歸附，但不肯為他所用，不足為敵。我們這些小從事請求自己率領現有的軍隊抵抗他，不出十日，袁軍一定土崩瓦解，將軍您只管敞門高臥，有什麼可憂懼的！」韓馥還是不聽從，就離開職位，搬出官府住在中常侍趙忠的舊居，派兒子把印綬送給袁紹。袁紹將要到達冀州的時候，韓馥的十個從事爭相拋棄韓馥而離去，只有耿武、閔純揮刀阻攔，不能禁止，只好作罷。袁紹把他們都殺了。袁紹便兼任冀州牧，以皇帝的名義任命韓馥為奮威將軍，但既無兵可統，也無官屬。袁紹任命廣平人沮授為奮武將軍，派他監護所有將領，對他十分寵信待遇優厚。魏郡人審配、鉅鹿人田豐都因為品格正直而在韓馥手下不得志，袁紹任命田豐為別駕，審配為治中，以及南陽人許攸、逄紀、潁川人荀諶都成為他的主要謀士。

袁紹任命河內人朱漢為都官從事。朱漢先前沒有受到韓馥的禮遇，又想迎合袁紹的心意，就擅自出兵包圍韓馥的住宅，拔出戰刀登上屋頂。韓馥躲藏到樓上，朱漢抓獲韓馥的大兒子，打斷了他的雙腿。袁紹馬上收捕朱漢，殺了他。韓馥還是害怕，於是向袁紹請求離去，投奔張邈。後來袁紹派使者去見張邈，有事商議，與張邈耳語。韓馥當時在座，認為他們是要謀害自己，不一會兒，起身入廁，用削竹簡的書刀自殺了。

鮑信謂曹操曰：「袁紹為盟主，因權專利，將自生亂，是復有一卓也。若抑之，則力不能制，祇以遘難❶。且可規大河之南，以待其變。」操善之。會黑山❷、于毒❸、白繞❹、眭固❺等十餘萬眾略東郡，王肱不能禦。曹操引兵入東郡，擊白繞於濮陽，破之。袁紹因表操為東郡太守，治東武陽❻。

南單于劫張楊❼以叛袁紹，屯於黎陽❽。董卓以楊為建義將軍❾、河內太守。

太史❿望氣⓫，言當有大臣戮死者。董卓使人誣衛尉張溫與袁術交通，冬，十月壬戌⓬，笞殺⓭溫於市以應之。

青州黃巾寇勃海，眾三十萬，欲與黑山合。公孫瓚率步騎二萬人逆擊⓮於東光⓯南，大破之，斬首三萬餘級。賊棄其輜重，奔走度河⓰。瓚因其半濟薄⓱之，賊復大破，死者數萬，流血丹水⓲，收得生口七萬餘人，車甲財物不可勝筭，威名大震。

劉虞子和為侍中，帝思東歸，使和偽逃董卓，潛出武關詣虞，令將兵來迎。和至南陽⑲，袁術利虞為援，留和不遣，許兵至俱西，令和為書與虞。虞得書，遣數千騎詣和。公孫瓚知術有異志，止之，虞不聽。瓚恐術聞而怨之，亦遣其從弟越將千騎詣術，而陰教術執和，奪其兵，由是虞、瓚有隙⑳。和逃術來北，復為袁紹所留。

是時關東州、郡務相兼并，以自彊大，袁紹、袁術亦自相[1]離貳㉑。術遣孫堅擊董卓未返，紹以會稽周昂為豫州刺史，襲奪堅陽城㉒。堅歎曰：「同舉義兵，將救社稷㉓，逆賊垂破㉔而各若此，吾當誰與戮力㉕乎！」引兵擊昂，走之。袁術遣公孫越㉖助堅攻昂，越為流矢所中死。公孫瓚怒曰：「余弟死，禍起於紹。」遂出軍屯磐河㉗，上書數㉘紹罪惡，進兵攻紹。冀州諸城多叛紹從瓚，紹懼，以所佩勃海太守印綬授瓚從弟範，遣之郡。而範遂背紹，領勃海兵以助瓚。瓚乃自署㉙其將帥嚴綱為冀州刺史，田楷為青州刺史，單經為兗州刺史，又悉改置郡、縣守、令。

初，涿郡劉備㉚，中山靖王之後也，少孤貧，與母以販履為業，長七尺五寸㉛，垂手下膝㉜，顧自見其耳。有大志，少語言，喜怒不形於色。嘗與公孫瓚同師事盧植，由是往依瓚。瓚使備與田楷徇㉝青州有功，因以為平原㉞相㉟。備少與河東關羽㊱、涿郡張飛㊲相友善，以羽、飛為別部司馬，分統部曲㊳。備與二人寢則同牀，恩若兄弟，而稠人廣坐，侍立終日，隨備周旋㊴，不避艱險。常山趙雲㊵為本郡將吏兵詣公孫瓚，瓚曰：「聞貴州人皆願㊶袁氏，君何獨迷而能反乎？」雲曰：「天下詾詾㊷，未知孰是，民有倒縣㊸之厄，鄙州論議，從仁政所在，不為忽㊹袁公，私㊺明將軍也。」劉備見而奇之，深加接納。雲遂從備至平原，為備主騎兵。

【章旨】以上為第三段，寫軍閥逐鹿方興。曹操據有東郡，公孫瓚破黃巾於河北，南聯袁術，北戰袁紹，於是二袁交惡。劉備投公孫瓚，為逐鹿河南伏筆。

【注釋】❶遘難　造成禍難。遘，通「構」。❷黑山　黃巾起事後，冀州一帶（今河北中南部）農民起而響應。首領為張牛角、張飛燕等，稱黑山軍。❸于毒　東漢末農民軍領袖之一。後為袁紹擊敗，被殺。❹白繞　東漢末農民軍領袖之一。❺眭固　東漢末河北響應黃巾軍的一支農民軍首領。❻東武陽　縣名，縣治在今山東莘縣南。❼張楊　字雅叔，雲中（今內蒙古呼和浩特西南）人，張楊與呂布友善。曹操攻圍呂布，時張楊為河內太守，為呂布聲援。曹操策反張楊部將楊醜殺張楊，操盡收其部眾。❽黎陽　縣名，縣治在今河南浚縣東。❾建義將軍　官名，漢代雜號將軍之一。❿太史　官名，即太史令，屬太常，掌天文曆算。⓫望氣　即觀天象。⓬壬戌　十月初一。⓭笞殺　用杖打死。⓮逆擊　迎擊。⓯東光　縣名，縣治在今河北東光東。⓰河　大河；黃河。⓱薄　逼近攻擊。⓲丹水　水被染紅。⓳南陽　郡名，治所宛縣，在今河南南陽。⓴隙　間隙；矛盾。㉑離貳　謂有異心。㉒陽城　縣名，縣治在今河南登封東南。㉓社稷　土穀之神，指代國家。㉔垂破　即將破敗。㉕戮力　奮力；盡力。㉖公孫越　公孫瓚之弟。㉗磐河　在今山東陵縣東。河已枯沒。㉘數　數說；責備。㉙署　署置，任用官吏。㉚劉備　（西元一六一—二二三年）字玄德，涿郡涿縣（今河北涿州）人，漢景帝之子中山靖王劉勝後裔之支屬。漢末起兵，參與鎮壓黃巾軍及軍閥混戰。後聯合孫權大敗曹操於赤壁，佔有荊州，後又奪取益州。於西元二二一年稱帝，國號漢，史稱蜀漢。死後謚為昭烈帝。傳見《三國志》卷三十二。㉛長七尺五寸　指身高七尺五寸，相當於今一·七二五公尺。漢一尺約為二十三公分。㉜⿰桼阝　同「滕」。滕蓋。㉝徇　攻取。㉞平原　王國名，治所平原縣，在今山東平原縣西南。㉟相　官名，王國的相，由中央直接委派，執掌王國行政大權，相當於郡太守。㊱關羽　（？—西元二一九年）字雲長，河東解縣（今山西臨猗西南）人，漢末隨劉備起兵，為劉備大將。後鎮守荊州，被孫權派兵襲殺。傳見《三國志》卷三十六。㊲張飛　（？—西元二二一年）字益德，涿郡（治今河北涿州）人，漢末隨劉備起兵，為劉備大將，後為部下刺殺。傳見《三國志》卷三十六。㊳部曲　軍隊。㊴周旋　追逐。㊵趙雲　（？—西元二二九年）字子龍，常山真定（今河北正定南）人，初隨公孫瓚，後歸劉備，為劉備大將。傳見《三國志》卷三十六。㊶顧　胡三省注謂「顧」下當有「從」字。㊷詾詾　喧譁紛擾貌。㊸縣　「懸」本字。㊹忽　忽略；輕視。㊺私　偏護之意。

【校　記】①相　原無此字。據章鈺校，甲十一行本、乙十一行本、孔天胤本皆有此字，今據補。

【語　譯】鮑信對曹操說：「袁紹作為盟主，利用權勢壟斷財利，將自生禍亂，這等於又出了一個董卓。如果抑制他，我們的力量不能制服，只會招來禍害。我們可以暫且圖謀黃河以南之地，等待局勢變化。」曹操十分贊同。適逢黑山、于毒、白繞、眭固等十多萬人侵犯東郡，王肱無力抵抗。曹操率兵進入東郡，在濮陽攻擊白繞，打敗敵人。袁紹於是上表推舉曹操為東郡太守，治所設在東武陽。

南單于劫持張楊背叛袁紹，駐軍黎陽。董卓委任張楊為建義將軍、河內太守。

太史觀察天象，說大臣中將有人被處死。董卓使人誣陷衛尉張溫與袁術勾結，冬，十月初一日壬戌，在鬧市區棒死張溫，以此應合天意。

青州黃巾軍侵掠勃海郡，部眾有三十萬，想與黑山軍會合。公孫瓚率領步騎兩萬人在東光縣以南迎擊，大敗黃巾軍，殺死三萬多人。賊眾拋棄輜重，狼狽渡河。公孫瓚趁他們渡到一半時發動攻擊，又大破黃巾軍，殺死幾萬人，流血染紅了河水，俘獲七萬多人，車輛、甲冑、財物不可勝計，公孫瓚威名大震。

劉虞的兒子劉和任侍中，獻帝想東歸洛陽，派劉和假裝逃離董卓，暗中出武關前往劉虞那裡，命令劉虞率兵來迎駕。劉和行至南陽，袁術想利用劉虞作外援，便扣留了劉和，不讓劉和北上。袁術向劉和承諾，只要劉虞兵到來，一起西征，讓劉和寫信給劉虞。劉虞收到劉和的信，派遣幾千騎兵到劉和那裡。公孫瓚知道袁術有野心，勸止劉虞發兵，劉虞不聽從。公孫瓚恐怕袁術知道後怨恨他，也派遣他的堂弟公孫越率領一千騎兵到袁術那裡，而暗中唆使袁術逮捕劉和，奪取他的兵馬。因此，劉虞與公孫瓚結下了仇怨。劉和逃離袁術來到北方，又被袁紹扣留。

這時關東各州郡互相兼併，用以壯大自己。袁紹、袁術也自相背離。袁術派孫堅攻擊董卓還沒有返回，袁紹便任會稽人周昂為豫州刺史，偷襲攻佔了孫堅所屬的陽城。孫堅歎息說：「共同興舉義兵，為的是拯救國家，現在叛賊即將被攻破而各路諸侯卻如此相攻，我將和誰一起奮鬥啊！」於是領兵攻打周昂，趕走了他。袁術派公孫越幫助孫堅攻打周昂，公孫越被流矢射中而死。公孫瓚生氣地說：「我弟弟的死，禍根起於袁紹。」於是出兵到磐河，上奏朝廷，列舉袁紹罪惡，並進兵攻打袁紹。冀州所屬各城大都背叛袁紹追隨公孫瓚。袁紹很害怕，把自己所佩的勃海太守印綬交給公孫瓚的堂弟公孫範，派他上任。而公孫範卻背叛了袁紹，率領勃海郡的兵馬幫助公孫瓚。公孫瓚就自行任命他的部將嚴綱為冀州刺史，田楷為青州刺史，單經為兗州刺史，又全部改任了所屬各州的郡守、縣令。

當初，涿郡人劉備是西漢中山靖王的後代，年少喪父家貧，與母親一起靠販鞋為生，身高七尺五寸，雙手下垂過膝，眼睛側視可以看到自己的耳朵。有大志，沉默寡言，喜怒不形於色。曾經與公孫瓚共同拜盧植為師，因此劉備前往依附公孫瓚。公孫瓚派劉備和田楷奪取青州有功，於是任命他為平原國相。劉備年輕時與河東關羽、涿郡張飛交好，任命關羽、張飛為別部司馬，分別統領部眾。劉備與關、張二人睡則同床，親如兄弟，但在大庭廣眾之中，關、張二人整天侍立在劉備身邊，跟隨劉備征戰，不避艱險。常山人趙雲率領本郡的兵馬投奔公孫瓚。公孫瓚對趙雲說：「聽說你們州的人都願追隨袁紹，你為何獨能迷途知返？」趙雲說：「天下紛擾大亂，不知誰是誰非，百姓有倒懸之苦，本州人議論，誰施仁政就追隨誰，並不是忽視袁紹，偏愛將軍你。」劉備見到趙雲很驚奇，便與他深交。於是趙雲跟隨劉備到平原，為劉備統領騎兵。

初，袁術之得南陽，戶口數百萬。而術奢淫肆欲，徵斂無度，百姓苦之，稍稍❶離散。既與袁紹有隙，各立黨援❷，以相圖謀。術結公孫瓚而紹連劉表，豪傑多附於紹。術怒曰：「羣豎❸不吾從而從吾家奴❹乎！」又與公孫瓚書曰：「紹非袁氏子。」紹聞大怒。

術使孫堅擊劉表，表遣其將黃祖逆戰於樊❺、鄧❻之間。堅擊破之，遂圍襄陽。表夜遣黃祖潛出發兵，祖將兵欲還，堅逆與戰，祖敗走，竄峴山❼中。堅乘勝夜追祖，祖部曲[1]兵從竹木間暗射堅，殺之。堅所舉孝廉長沙桓階❽詣表請堅喪，表義而許之。堅兄子賁❾率其士眾就袁術，術復表賁為豫州刺史。術由是不能勝表。

初，董卓入關，留朱儁守雒陽。而儁潛與山東諸將通謀，懼為卓所襲，出奔荊州。卓以弘農楊懿為河南尹，儁復引兵還雒，擊懿，走之。儁以河南殘破無所資，乃東屯中牟，移書州郡，請師討卓。徐州❿刺史陶謙⓫上儁行⓬車騎將軍，遣精兵三千助之，餘州郡亦有所給。謙，丹陽人。朝廷以黃巾寇亂徐州，用謙為刺史。謙至，擊黃巾，大破走之，州境晏然。

劉焉在益州陰圖異計。沛人張魯⑬，自祖父陵以來，世為五斗米道⑭，客居于蜀⑮。魯母以鬼道⑯常往來焉家，焉乃以魯為督義司馬⑰，以張脩為別部司馬，與合兵掩殺漢中⑱太守蘇固，斷絕斜谷閣⑲，殺害漢使。焉上書言「米賊斷道，不得復通」。又託他事殺州中豪強王咸、李權等十餘人，以立威刑。犍為太守任岐及校尉賈龍由此起兵攻焉，焉擊殺岐、龍⑳。焉意漸盛，作乘輿㉑車具千餘乘，劉表上「焉有似子夏在西河疑聖人㉒」之論。時焉子範為左中郎將，誕為治書御史㉓，璋為奉車都尉㉔，皆從帝在長安，惟小子別部司馬瑁素隨焉。帝使璋曉喻㉕焉，焉留璋不遣。

公孫度威行海外，中國人士避亂者多歸之，北海管寧、邴原、王烈㉖皆往依焉。寧少時與華歆為友，嘗與歆共鋤菜，見地有金，寧揮鋤不顧，與瓦石無異，歆捉而擲之，人以是知其優劣。邴原遠行遊學，八九年而歸，師友以原不飲酒，會㉗米肉送之。原曰：「本能飲酒，但以荒思廢業，故斷之耳。今當遠別，可一飲燕㉘。」於是共坐飲酒，終日不醉。寧、原俱以操尚稱，度虛館以候之㉙。寧既見度，乃廬於山谷㉚。時避難者多居郡南，而寧獨居北，示無還志。後漸來從之，旬月㉛而成邑㉜。寧每見度，語唯經典，不及世事。還山，專講詩、書，習俎豆㉝，非學者無見也。由是度安其賢，民化其德。邴原性剛直，清議以格物㉞，度以下心不安之。寧謂原曰：「潛龍以不見成德㉟。言非其時，皆招禍之道也。」密遣原逃歸。度聞之，亦不復追也。王烈器業㊱過人，少時名聞㊲在原、寧之右㊳。善於教誘，鄉里有盜牛者，主得之，盜請罪，曰：「刑戮是甘，乞不使王彥方知也。」烈聞而使人謝之，遺㊴布一端㊵。或問其故，烈曰：「盜懼吾聞其過，是有恥惡之心。既知恥惡，則善心將生，故與布以勸㊶為善也。」後有老父遺㊷劍於路，行道一人見而守之。至暮，老父還，尋得劍，怪之，以事告烈。烈使推求㊸，乃先盜牛者也。諸有爭訟曲直將質之於烈㊹，或至塗㊺而反，或望廬而還，皆相推㊻以直㊼，不敢使烈聞之。度欲以為長史，烈辭之，為商賈以自穢㊽，乃免。

【章　旨】以上為第四段，寫劉表挫敗袁術，站穩荊州，陶謙據徐州，劉焉據西州，公孫度據遼東。

【注　釋】❶稍稍　逐漸。❷黨援　結黨相助。❸豎　小子。❹家奴　指袁紹。袁紹為袁逢之庶子，袁術之異母兄，又過繼給伯父袁成為子，故袁術斥之為家奴。❺樊　即樊城，在襄陽北，與襄陽隔漢水相望，今湖北襄樊。❻鄧　即鄧城，在襄陽東北，今湖北襄樊。❼峴山　距當時襄陽城十里。❽桓階　字伯緒，後為曹魏大臣。傳見《三國志》卷二十二。❾賁　孫賁，字伯陽，後為豫章太守、征虜將軍。傳見《三國志》卷五十一。❿徐州　治所本在郯縣（今山東郯城西北），東漢末移至下邳（今江蘇睢寧西北）。⓫陶謙　（西元一三二—一九四年）字恭祖，後為徐州牧，被曹操所敗，不久病死。傳見《三國志》卷

八、《後漢書》卷七十三。⑫行　代理。⑬張魯　字公祺，沛國豐縣（今江蘇豐縣）人，漢末據漢中傳五斗米道，後歸降曹操，為鎮南將軍，封閬中侯。傳見《三國志》卷八。⑭五斗米道　因學道者需出五斗米，故名五斗米道。後世稱為天師道。⑮蜀　郡名，治所成都，在今四川成都中心。⑯鬼道　奉鬼的宗教，即五斗米道。⑰督義司馬　官名，劉焉在益州所自置。⑱漢中　郡名，治所南鄭，在今陝西漢中。⑲斜谷閣　指斜谷及閣道。斜谷在今陝西眉縣西南，為古褒斜道之北口。閣道即棧道。⑳岐龍　任岐、賈龍，皆蜀中大姓，土著豪強首領，不服外來的劉焉統治而反叛。劉焉擊殺二人，在蜀郡站穩腳跟。㉑乘輿　天子所乘之車。㉒子夏在西河疑聖人　疑，通「擬」。比擬。孔子死後，子夏居於魏國西河（今河南安陽）教授，西河人將子夏比擬於孔子（見《禮記・檀弓》）。劉表此言在於說明劉焉在蜀圖謀不軌，使蜀人比擬他為天子。㉓治書御史　即治書侍御史，官名，掌以法律評判疑獄是非。㉔奉車都尉　官名，掌皇帝乘輿。㉕曉喻　明白開導。㉖管寧邴原王烈　管寧字幼安，邴原字根矩，王烈字彥方，皆為當時之名士。後均歸曹操，但王烈未至而死。邴原曾為曹操丞相徵事，管寧位至曹魏三公。傳均見《三國志》卷十一。㉗會　籌集。㉘燕　通「宴」。㉙虛館以候之　空出館舍等候他們來。㉚廬於山谷　在山谷中建房舍。㉛旬月　一個來月。㉜邑　聚落。㉝習俎豆　俎與豆皆古時禮器。習俎豆，猶言習禮節。㉞清議以格物　意謂用評論人物之方式以糾正人們之不善。㉟潛龍以不見成德　《易・乾》有「潛龍勿用」之語，用以比喻聖人君子在未遇有道之時，就應潛隱而不顯露。㊱器業　謂器質道德。㊲名聞　名譽聲望。㊳右　上。㊴遺　贈與。㊵端　古布帛長度名，布六丈為一端。㊶勸勉　勵。㊷遺　丟失。㊸推求　分析尋找。㊹質之於烈　謂請王烈評定是非。㊺塗　通「途」。道路。㊻推　推讓。㊼直　有理。㊽為商賈以自穢　漢代制度，商人不得為官吏。故王烈為逃避做公孫度之官，就為商人以自穢。

【校　記】①曲　據章鈺校，甲十一行本、乙十一行本皆無此字。

【語　譯】起初，袁術得到南陽，戶口有幾百萬。但袁術驕奢淫逸放肆縱欲，徵稅沒完沒了，百姓痛苦不堪，逐漸流離。他和袁紹結怨，各自結黨相援，互相算計。袁術和公孫瓚勾結而袁紹與劉表聯手，豪傑大多歸附袁紹。袁術憤怒地說：「這幫小子不跟隨我卻去追隨我的家奴！」又寫信給公孫瓚說：「袁紹不是袁家的後代。」袁紹聽到後大為憤怒。

袁術派孫堅攻打劉表，劉表派部將黃祖在樊城、鄧縣一帶迎戰。孫堅擊敗黃祖，於是包圍了襄陽。劉表乘夜派黃祖偷偷出城去調集援軍，黃祖率兵想要返回，遭到孫堅迎頭阻擊，黃祖戰敗逃走，竄入峴山中。孫堅乘勝連夜追擊黃祖，黃祖部下的士兵躲在竹木叢林中用暗箭射擊孫堅，殺死了孫堅。孫堅所舉薦的孝廉長沙人桓階來見劉表，請收孫堅的屍體，劉表讚賞桓階有義氣就答應了。孫堅哥哥的兒子孫賁率領孫堅的部眾投奔袁術，袁術再次上表推薦孫賁為豫州刺史。袁術從此不能戰勝劉表。

當初，董卓進入關中，留下朱儁守衛洛陽。而朱儁暗中與山東各將領通謀，害怕被董卓襲擊，出逃到荊州。董卓任命弘農人楊懿為河南尹，朱儁又率兵返回洛陽，攻打楊懿，把他趕走。朱儁認為河南郡殘破沒有資源可依憑，便向東進駐中牟，發文告給各個州郡，請求出兵征討董卓。徐州刺史陶謙上表推薦朱儁代理車騎將軍，派三千精兵幫助他，其餘各州郡也都有所供給。陶謙，是丹陽人。朝廷因黃巾軍侵掠徐州，任用陶謙為刺史。陶謙到了徐州，攻擊黃巾軍，大敗黃巾軍將其趕走，於是徐州境內安然平靜。

劉焉在益州暗暗策劃割據之計。沛國人張魯從祖父張陵以來，世代信奉五斗米道，客居在蜀地。張魯的母親因通鬼神之道經常來往於劉焉家，劉焉就任張魯為督義司馬，任張脩為別部司馬，要他們聯兵襲殺漢中太守蘇固，切斷斜谷閣棧道，殺掉漢朝的使臣。劉焉上書說：「米賊斷絕道路，不能再與朝廷聯絡。」又藉他事殺了益州的豪強王咸、李權等十幾人，用以樹立刑法威嚴。犍為太守任岐和校尉賈龍因此起兵攻打劉焉，劉焉迎擊並殺死任岐、賈龍。劉焉的野心越來越大，便打造天子的乘車車輛一千多輛。劉表上表有「劉焉在蜀地就像子夏在西河一樣模擬聖人」的說法。當時劉焉的兒子劉範任左中郎將，劉誕任治書御史，劉璋任奉車都尉，都跟隨獻帝在長安，只有小兒子別部司馬劉瑁一直跟在劉焉身邊。獻帝派劉璋去明確指出劉焉的錯誤行徑，劉焉趁機扣留劉璋，不放他回朝廷。

公孫度在海外享有威名，中原人士為避戰亂，大多投奔公孫度。北海人管寧、邴原、王烈也都投靠了公孫度。管寧小時候和華歆是朋友，曾和華歆一起為菜地除草鬆土，發現土裡有一塊金子，管寧照舊揮鋤不看它一眼，視同瓦礫無異，華歆撿起來又扔掉，人們從這件小事看出了他們兩人的優劣。邴原曾到遠方去遊學，八九年後才回家，老師和學友們以為他不喝酒，便籌集米肉送給他。邴原說：「我本來能喝酒，只因怕飲酒後影響思慮荒廢學業，所以戒掉了。今天要遠別，可以破例喝一次。」於是同眾人坐在一起喝酒，喝了一天也沒有醉。管寧、邴原都以操行高尚著稱，公孫度空出客房來等候他們。管寧拜見公孫度後，便到山谷裡搭建房屋。當時避難的人大多居住郡治以南，而管寧獨居郡治以北，以表示不回鄉的決心。後來逐漸來了些追隨者，一個月的時間這裡就成了城鎮。管寧每次拜見公孫度，只談聖人經典，不涉時事。回到山裡，專門講授《詩經》、《尚書》，演習禮儀，不是求學的人他不會見。因此公孫度對他的賢德甚為欣慰，民間也受到他道德的感化。邴原生性剛烈耿直，喜歡議論時政褒貶人物，公孫度以下的各級官吏，都感到不安。管寧對邴原說：「潛在水下的龍，以不為人所見才修煉成德。說話不合時宜是招惹災禍的根源。」讓他祕密逃回中原。公孫度得知後，也不再追趕。王烈的器度學業超過一般的人，年輕時的名望在管寧、邴原之上。善於教誨誘導，鄉里有個偷牛的人，被牛的主人抓獲，這個偷牛的人表示認罪，說：「我甘心接受刑法懲處，請求不要讓王彥方知道。」王烈聽到這件事，派人向偷牛的人致謝，送給他一端布。有人詢問王烈為何送布，王烈說：「這個小偷害怕我聽到他的罪過，這表明他還有羞恥之心。既然他知道羞恥，將會萌發善心，所以送布鼓勵他為善。」後來有一個老先生把劍丟失在路上，一個過路人看到了，就一直守在劍旁。直到天黑，老先生返回找到了劍，很是驚訝，把這件事告訴了王烈。王烈派人去尋找，守劍者原來就是那個偷牛的人。凡是爭論是非曲直的人都去找王烈評定，有的走到半路又折回去了，有的看到了王烈的房舍就往回走，都互相推讓對方正確，不敢讓王烈知道。公孫度想讓王烈做長史，王烈推辭，就去經商來玷汙自己，公孫度這才作罷。

三年（壬申　西元一九二年）

春，正月丁丑❶，赦天下。

董卓遣牛輔將兵屯陝，輔分遣校尉北地李傕、張掖郭汜❷、武威張濟將步騎數萬擊破朱儁於中牟，因掠陳留、潁川諸縣，所過殺虜無遺。

初，荀淑有孫曰彧❸，少有才名。何顒見而異之，曰：「王佐才也！」及天下亂，彧謂父老曰：「潁川四戰之地❹，宜亟❺避之。」鄉人多懷土不能去，彧獨率宗族去依韓馥。會袁紹已奪馥位，待彧以上賓之禮。彧度❻紹終不能定大業，聞曹操有雄略，乃去紹從操。操與語，大悅，曰：「吾子房❼也！」以為奮武司馬❽。其鄉人留者，多為傕、汜等所殺。

袁紹自出拒公孫瓚，與瓚戰於界橋❾南二十里。瓚兵三萬，其鋒甚銳。紹令麴義領精兵八百先登，強弩千張夾承❿之。瓚輕其兵少，縱騎騰⓫之。義兵伏楯下不動，未至十數步，一時同發，讙呼⓬動地，瓚軍大敗。斬其所置冀州刺史嚴綱，獲甲首⓭千餘級。追至界橋，瓚斂兵還戰，義復破之。遂到瓚營，拔其牙門⓮，餘眾皆走。

初，兗州刺史劉岱與紹、瓚連和，紹令妻子居岱所，瓚亦遣從事范方將騎助岱。及瓚擊破紹軍，語岱令遣紹妻子，別敕范方：「若岱不遣紹家，將騎還。吾定紹，將加兵於岱。」岱與官屬議，連日不決。聞東郡程昱⓯有智謀，召而問之。昱曰：「若棄紹近援而求瓚遠助，此假人於越以救溺子之說⓰也。夫公孫瓚非袁紹之敵也，今雖壞紹軍，然終為紹所禽。」岱從之。范方將其騎歸，未至而瓚敗。

曹操軍頓丘⑰，于毒等攻東武陽⑱。操引兵西入山，攻毒等本屯⑲。諸將皆請救武陽。操曰：「使賊聞我西而還，武陽自解也，不還，我能敗其本屯，虜不能拔武陽必矣。」遂行。毒聞之，棄武陽還。操遂擊眭固及匈奴於扶羅於內黃⑳，皆大破之。

董卓以其弟旻為左將軍，兄子璜為中軍校尉㉑，皆典㉒兵事，宗族內外並列朝廷。卓侍妾懷抱中子皆封侯，弄以金紫㉓。卓車服僭擬天子，召呼三臺㉔，尚書以下皆自詣卓府啟事。又築塢㉕於郿㉖，高厚皆七丈，積穀為三十年儲，自云「事成，雄據天下；不成，守此足以畢老。」

卓忍㉗於誅殺，諸將言語有蹉跌㉘者，便戮於前，人不聊生。司徒[1]王允與司隸校尉黃琬、僕射㉙士孫瑞、尚書楊瓚密謀誅卓。中郎將呂布便㉚弓馬，膂力㉛過人。卓自以遇人無禮，行止常以布自衛，甚愛信之，誓為父子。然卓性剛褊㉜，嘗小失卓意，卓拔手戟㉝擲布。布拳捷㉞，避之，而改容顧謝，卓意亦解。布由是陰怨於卓。卓又使布守中閤㉟，而私㊱於傅婢㊲，益不自安。王允素善待布，布見允，自陳卓幾見殺之狀㊳，允因以誅卓之謀告布，使為內應。布曰：「如父子何？」曰：「君自姓呂，本非骨肉。今憂死不暇，何謂父子！擲戟之時，豈有父子情邪！」布遂許之。

夏，四月丁巳㊴，帝有疾新愈，大會未央殿。卓朝服乘車而入，陳兵夾道，自營至宮，左步右騎，屯衛周帀㊵，令呂布等扞衛前後。王允使士孫瑞自書詔以授布，布令同郡騎都尉李肅與勇士秦誼、陳衛等十餘人偽著衛士服，守北掖門㊶內以待卓。卓入門，肅以戟刺之。卓衷甲㊷，不入，傷臂，墮車，顧大呼曰：「呂布何在？」布曰：「有詔討賊臣！」卓大罵曰：「庸狗㊸，敢如是邪！」布應聲持矛刺卓，趣㊹兵斬之。主簿㊺田儀及卓倉頭㊻前赴其尸，布又殺之，凡所殺三人。布即出懷中詔版㊼以令吏士曰：「詔討卓耳，餘皆不問！」吏士皆正立不動，大稱萬歲。百姓歌舞於道，長安中士女賣其珠玉衣裝市酒肉相慶者，填滿街肆㊽。弟旻、璜等及宗族老弱在郿，皆為其羣下所斫射死。暴卓尸於市，天時始熱，卓素充肥㊾，脂流於地，守尸吏為大炷㊿，置卓臍中然(51)之，光明達曙，如是積日。諸袁門生聚董氏之尸，焚灰揚之於路。塢中有金二三萬斤，銀八九萬斤，錦綺奇玩積如丘山。以王允錄尚書事(52)，呂布為奮威將軍、假節、儀比三司(53)，封溫侯，共秉朝政。

卓之死也，左中郎將高陽侯蔡邕在王允坐，聞之驚歎。允勃然(54)叱之曰：「董卓國之大賊，幾亡漢室。君為王臣，所宜同疾。而懷其私遇，反相傷痛，豈不共為逆哉！」即收付廷尉[55]。邕謝曰：「身雖不忠，古今大義，耳所厭[56]聞，口所常玩，豈當背國而嚮卓也！願黥首[57]刖足[58]，繼成漢史。」士大夫多矜[59]救之，不能得。太尉馬日磾謂允曰：「伯喈[60]曠世逸才[61]，多識漢事，當續成後史，為一代大典。而所坐[62]至微，誅之，無乃失人望乎！」允曰：「昔武帝不殺司馬遷，使作謗書[63]流於後世。方今國祚[64]中衰，戎馬在郊，不可令佞臣執筆在幼主左右，既無益聖德，復使吾黨蒙其訕議[65]。」日磾退而告人曰：「王公其無後乎！善人，國之紀[66]也；制作，國之典也；滅紀廢典，其能久乎！」邕遂死獄中。

初，黃門侍郎荀攸與尚書鄭泰、侍中种輯等謀曰：「董卓驕忍無親，雖資彊兵，實一匹夫耳，可直刺殺也。」事垂就而覺，收攸繫獄，泰逃奔袁術。攸言語飲食自若，會卓死，得免。

【章旨】以上為第五段，寫王允誅除董卓，罪及無辜蔡邕，為王允濫殺而敗伏筆。

【注釋】❶丁丑　正月庚寅朔，無丁丑。❷北地李傕張掖郭汜　皆董卓部將，董卓被殺後，攻入長安。後二人發生矛盾，互相攻擊，長安大亂，致使三輔地區遭到毀滅性的破壞。其事附見《三國志》卷六〈魏書・董卓傳〉、《後漢書》卷七十二〈董卓傳〉。❸彧　荀彧（西元一六三—二一二年），字文若，潁川潁陰（今河南許昌）人，初依袁紹，後歸曹操。為曹操重要謀士，任漢侍中兼尚書令，後因反對曹操稱魏公，被迫自殺。傳見《三國志》卷十、《後漢書》卷七十。❹潁川四戰之地　謂潁川郡周圍無險阻，四面均能遭受攻擊。❺亟　急速。❻度　揣度；推測。❼子房　張良字子房，漢高祖劉邦的重要謀臣，佐劉邦定天下，建漢朝。❽奮武司馬　官名，當時曹操為奮武將軍，以荀彧為司馬綜理軍府事，並參與軍事謀劃，故稱奮武司馬。❾界橋　橋名，在今河北威縣東北原漳河上。❿承　繼。⓫騰　奔馳。⓬讙呼　喧囂呼喊。⓭甲首　甲士首級。⓮牙門　古時行軍，軍前有大旗，稱為牙旗。紮營時，將牙旗立於營門，稱為牙門。⓯程昱　字仲德，東郡東阿（今山東陽穀北）人，後投曹操，為尚書、奮武將軍，曹魏初為衛尉。傳見《三國志》卷十四。⓰假人於越以救溺子之說　意謂南方之越人習水，北方有人之子被溺，而求救於越人，顯然來不及。這大概是當時的成語。⓱頓丘　縣名，縣治在今河南清豐西南。⓲東武陽　縣名，置於武水之北。縣治在今山東陽穀西南。⓳屯　營寨。⓴內黃　縣名，縣治在今河南內黃西北。㉑中軍校尉　官名，為漢靈帝所置西園八校尉之一。㉒典　主管。㉓金紫　指金章紫綬，為侯者所用。㉔三臺　指尚書臺、御史臺、謁者臺。㉕塢　土堡；小城。㉖郿　縣名，縣治在今陝西眉縣東北。㉗忍　敢殺；殘酷。㉘蹉跌　失足。此為失誤之意。㉙僕射　即尚書僕射，官名，東漢尚書令的副手。㉚便　熟習。㉛膂力　體力。㉜剛褊　剛愎狹隘。㉝手戟　便於擊刺的小戟。㉞拳捷　勇武迅捷。㉟中閤　內室。㊱私　私通。㊲傅婢　親幸的侍女。㊳自陳卓幾見殺之狀　自述說幾乎被董卓所殺的狀況。㊴丁巳　四月己未朔，無丁巳，當從《後漢書》卷九〈獻帝紀〉作「辛巳」。辛巳，四月二十三日。㊵周帀　周圍。㊶北掖門　宮門名，即宮城北面的旁門。此指長安未央宮北面的旁門。㊷衷甲　謂內穿鎧甲外套衣服。㊸庸狗　罵人的話，猶言蠢狗。㊹趣　催促。㊺主簿　官名，掌文書簿籍及印章。漢制御史臺及郡縣皆置主簿。曹魏三公府亦置主簿，七品。此時董卓任相國，已置主簿，田儀任其職。㊻倉頭　奴僕。㊼詔版　寫於木牘上的詔令。㊽肆　集市貿易之處。㊾充肥　豐滿肥胖。㊿炷　燈芯。(51)然　「燃」本字。(52)錄尚書事　錄，總領之意。東漢以來，政歸尚書，錄尚書事即總攬朝政。(53)儀比三司　又稱儀同三司。即官非三公而給以三公同等的禮遇。(54)勃然　發怒變色貌。(55)廷尉　官名，漢九卿之一，掌刑獄。(56)厭　通「饜」。飽；滿。(57)黥首　古代面部刺字之刑。(58)刖足　古代砍掉腳之酷刑。(59)矜　憐惜。(60)伯喈　蔡邕字伯喈。(61)曠世逸才　謂舉世無雙之超眾人才。(62)坐　獲罪。(63)謗書　誹謗不實的書。此指《史記》。(64)國祚　國家命運。(65)訕議　毀謗之議論。(66)紀　綱紀；準則。

【校　記】 ①司徒　原誤刻為「司走」，顯係誤字，今逕校正。

【語　譯】 三年（壬申　西元一九二年）

春，正月丁丑日，大赦天下。

董卓派牛輔率兵屯守陝縣，牛輔分別派出校尉北地人李傕、張掖人郭汜、武威人張濟率領幾萬步兵、騎兵在中牟擊敗朱儁，趁勢搶掠陳留、潁川兩郡所屬各縣，所過之處燒殺擄掠無所遺留。

當初，荀淑有個孫子叫荀彧，從小就因有才華而出名。何顒見到後很驚奇，說：「真是個輔佐君王的人才！」等到天下大亂，荀彧對父老鄉親們說：「潁川是四面受敵的地方，應當趕快逃避。」鄉里人大多留戀故土不願離去，荀彧獨自率領他的家族去投靠韓馥。正趕上袁紹已奪取了韓馥的職位，袁紹用貴賓的禮節接待了荀彧。荀彧估量袁紹最終不能成就大業，聽說曹操有雄才大略，於是離開袁紹追隨曹操。曹操與荀彧交談，十分高興，說：「你就是我的張良！」任命他為奮武司馬。那些留在潁川的鄉親，大多被李傕、郭汜等殺害。

袁紹親自率兵抵抗公孫瓚，與公孫瓚在界橋以南二十里的地方交戰。公孫瓚的兵眾有三萬，鋒芒十分銳利。袁紹派麴義率精兵八百為前鋒，強弩手一千夾道緊隨其後。公孫瓚輕視麴義兵少，放縱騎兵衝擊。麴義的士兵伏在楯牌下不動，等對方行至不到十步距離時，同時齊發，喧呼聲驚天動地，公孫瓚的軍隊大敗。殺死公孫瓚所任命的冀州刺史嚴綱，獲得甲士的首級一千多。追趕到界橋，公孫瓚聚兵還擊，麴義再次擊敗了公孫瓚的軍隊。於是到達了公孫瓚的大本營，拔掉他的牙門旗，公孫瓚的殘兵全部逃走。

起初，兗州刺史劉岱和袁紹、公孫瓚聯合，袁紹讓妻子兒女寄居在劉岱處，公孫瓚也派從事范方率騎兵協助劉岱。等到公孫瓚擊敗袁紹的軍隊，就通告劉岱要他把袁紹的妻子兒女交出來，另外命令范方說：「如果劉岱不交出袁紹家屬，你就率領騎兵返回。等我平定了袁紹，再用兵劉岱。」劉岱和部下商量，一連幾天下不了決斷。聽說東郡人程昱有智謀，就叫來詢問他，程昱說：「如果放棄袁紹這一近援，而求公孫瓚的遠助，這就好比兒子溺水卻遠請越地的水手救助一樣。公孫瓚不是袁紹的對手，現在雖擊敗了袁軍，但他終將被袁紹擒獲。」劉岱聽從了他的話。范方率領他的騎兵返回，還沒到達而公孫瓚已經失敗。

曹操的軍隊駐守在頓丘，于毒等黃巾軍攻打東武陽。曹操率兵西行入山，進攻于毒的大本營。諸位將領都請求救援東武陽。曹操說：「如果叛賊聽說我西行而回師救援，東武陽之圍固然可以解除，如果我不回師，就能搗毀叛賊的大本營，叛賊不能攻佔東武陽是肯定的。」於是西進。于毒聽說，放棄東武陽返回。曹操便趁勢在內黃進攻眭固和南匈奴單于於扶羅，把他們打得大敗。

董卓任他的弟弟董旻為左將軍，哥哥的兒子董璜為中軍校尉，都掌管兵權。董卓的宗族及其親屬都在朝做官，連董卓侍妾懷中吃奶的兒子也封了侯，把金印紫綬當做玩具。董卓的車乘和服飾越制模仿皇帝，對三臺官召來呼去，尚書以下的朝官都要親自到董府去請示彙報。董卓在郿縣修建城堡，高厚都是七丈，積存了可以支持三十年的穀物儲備，自我誇耀說「事成，我可以雄據天下；不成，守住這裡也足以終老。」

董卓殘暴嗜殺，將領們言語稍有差錯，便當場處死，弄得人不自保。司徒王允和司隸校尉黃琬、僕射士孫瑞、尚書楊瓚密謀誅除董卓。中郎將呂布擅長騎射，臂力過人，董卓知道自己待人無禮，一切行動都常常把呂布作為自己的侍衛，非常寵信他，兩人立誓成為父子。然而董卓生性剛愎褊急，呂布曾稍稍違背董卓心意，董卓便拔出手戟投向呂布。呂布身手矯健，敏捷地避開了，並和顏悅色地向董卓道歉，董卓的怒意才消解。從此呂布暗中怨恨董卓。董卓又讓呂布侍衛於內室，呂布卻和董卓的貼身侍女私通，心裡更加感到不安。王允一向對呂布很好，呂布見到王允，主動述說差點被董卓殺死的情況，王允趁機將誅除董卓的密謀告訴呂布，讓他做內應。呂布說：「我們是父子關係，怎麼行呢？」王允說：「你自姓呂，與董卓本不是骨肉。現在你生死都顧不了，還談什麼父子關係！他在投戟的時候，難道還有父子之情嗎！」呂布於是答應了。

夏，四月丁巳日，獻帝有病初癒，便在未央殿大會文武百官。董卓穿著朝服乘車入宮，道路兩旁布滿衛兵，從他的大本營一直到皇宮，左面是步兵，右面是騎兵，守衛周密，命呂布等前後護衛。王允命士孫瑞親自寫詔書交給呂布，呂布命同郡人騎都尉李肅和勇士秦誼、陳衛等十多人穿著衛士服裝，守在北掖門內等待董卓。董卓入門，李肅用戟刺殺他。董卓內穿鎧甲，戟刺不進，只傷及臂膀，從車上跌下，回頭大喊：「呂布在哪裡？」呂布說：「有詔令誅討賊臣！」董卓大罵：「蠢狗，你膽敢如此！」呂布應聲手持長矛直刺，並催促士兵砍下董卓的頭。主簿田儀和董卓的奴僕上前撲向董卓的屍體，呂布又殺死他們，總共殺了三人。

呂布隨即從懷中拿出詔書對官兵說：「詔令只誅討董卓，其餘的都不追究！」官兵們立正不動，高呼萬歲。老百姓在路上唱歌跳舞，長安城中士女變賣珠寶玉器服飾來打酒割肉互相慶賀，人群填滿了街道。董卓弟弟董旻、董璜及其宗族老少住在郿縣，都被他們的部下砍殺射死。董卓的屍體暴露在街頭示眾，這時天氣開始熱起來，董卓一向肥胖，曬出的油脂流到了地上，看守屍體的小吏做了一個大燈芯，插入董卓的肚臍裡點燃，從晚上一直燒到天亮，連續燒了好些天。袁氏各家的門生搜集董氏家人的屍體，焚燒成灰，撒在路上。城堡中有黃金二三萬斤，白銀八九萬斤，綾羅綢緞珍寶奇玩堆積如山。朝廷任命王允為錄尚書事，呂布為奮威將軍，假節、禮儀等待遇與三公相同，封為溫侯，和王允共同主持朝政。

董卓死時，左中郎將高陽侯蔡邕在王允家作客，聽到這個消息大為驚歎。王允勃然大怒，斥責他說：「董卓是個竊國大盜，幾乎亡了漢家天下。你身為漢家的臣子，應當同仇敵愾。而你念念不忘私恩，為他悲傷，豈不是共同為逆嗎！」當即收捕了蔡邕交給廷尉治罪。蔡邕謝罪說：「我雖然不忠，但古今君臣的大義，耳熟能詳，口裡常常習誦，怎麼會背叛國家而心向董卓呢！我甘願受刑，不管是臉上刺字，或砍去雙腳，使我繼續完成漢史。」士大夫們大都同情蔡邕設法營救，但沒能成功。太尉馬日磾對王允說：「蔡邕是曠世奇才，熟悉漢代的史事，應該讓他續成後漢史，成就一代大典。再說只因輕微的罪過就殺了他，豈不使天下人失望嗎！」王允說：「從前武帝不殺司馬遷，讓他寫了誹謗的書流傳後世。現在國運中衰，兵馬在野外作戰，不可讓奸臣在幼主身邊掌握筆墨，這既無益於聖德的養成，又會使我們這些人遭受他的譏諷。」馬日磾退出後對人說：「王公大概要絕後了！善人是國家的綱紀，著作是國家的經典，毀滅綱紀廢除經典，他能長久嗎！」蔡邕終於死在獄中。

起初，黃門侍郎荀攸與尚書鄭泰、侍中种輯等密謀說：「董卓驕橫殘忍沒有親近的人，雖然擁有強兵，其實只不過是一介匹夫罷了，可逕直刺殺他。」事情即將成功卻被發覺，荀攸被捕入獄，鄭泰逃奔袁術。荀攸言談飲食如常，恰逢董卓被殺，得以幸免。

青州黃巾寇兗州，劉岱欲擊之，濟北❶相鮑信諫曰：「今賊眾百萬，百姓皆震恐，士卒無鬬志，不可敵也。然賊軍無輜重❷，唯以鈔略為資❸。今不若畜❹士眾之力，先為固守，彼欲戰不得，攻又不能，其勢必離散，然後選精銳，據要害，擊之可破也。」岱不從，遂與戰，果為所殺。

曹操部將東郡陳宮謂操曰：「州今無主，而王命斷絕。宮請說州中綱紀❺，明府❻尋往牧之❼，資之以收天下，此霸王之業也。」宮因往說別駕、治中曰：「今天下分裂而州無主，曹東郡，命世之才❽也，若迎以牧州，必寧生民。」鮑信等亦以為然，乃與州吏萬潛等至東郡，迎操領兗州刺史。操遂進兵擊黃巾於壽張❾東，不利。賊眾精悍，操兵寡弱，操撫循❿激勵，明設賞罰，承間⓫設奇，晝夜會戰，戰輒禽獲，賊遂退走。鮑信戰死，操購求⓬其喪⓭不得，乃刻木如信狀，祭而哭焉。詔以京兆金尚為兗州刺史，將之部，操逆擊之，尚奔袁術。

五月，以征西將軍⓮皇甫嵩為車騎將軍。

初，呂布勸王允盡殺董卓部曲⓯，允曰：「此輩無罪，不可。」布欲以卓財物班賜⓰公卿、將校，允又不從。允素以劍客遇布，布負其功勞，多自誇伐⓱，既失意望，漸不相平。允性剛棱⓲疾惡，初懼董卓，故折節⓳下之。卓既殲滅，自謂無復患難，頗自驕傲，以是羣下不甚附之。

允始與士孫瑞議，特下詔赦卓部曲，既而疑曰：「部曲從其主耳，今若名之惡逆而赦之，恐適⑳使深自疑，非所以安之也。」乃止。又議悉罷其軍，或㉑說允曰：「涼州人素憚袁氏而畏關東㉒，今若一旦解兵開關，必人人自危。可以皇甫義真㉓為將軍，就領其眾，因使留陝以安撫之。」允曰：「不然。關東舉義兵者，皆吾徒也。今若距險屯陝，雖安涼州㉔，而疑關東之心，不可也。」

時百姓訛言㉕當悉誅涼州人，卓故將校遂轉相恐動，皆擁兵自守，更相謂曰：「蔡伯喈但以董公親厚尚從坐，今既不赦我曹，而欲使解兵㉖，今日解兵，明日當復為魚肉㉗矣！」呂布使李肅㉘至陝，以詔命誅牛輔。輔等逆與肅戰，肅敗，走弘農㉙，布誅殺之。輔恇怯㉚失守，會營中無故自驚，輔欲走，為左右所殺。李傕等還㉛，輔已死，傕等無所依，遣使詣長安求赦。王允曰：「一歲不可再赦。」不許。傕等益懼，不知所為，欲各解散，間行㉜歸鄉里，討虜校尉武威賈詡㉝曰：「諸君若棄軍單行，則一亭長㉞能束君矣。不如相率而西，以攻長安，為董公報仇。事濟，奉國家㉟以正天下，若其不合㊱，走未晚[1]也。」傕等然之，乃相與結盟，率軍數千，晨夜西行。王允以胡文才、楊整脩皆涼州大人㊲，召使東，解釋之㊳，不假借以溫顏㊴，謂曰：「關東鼠子㊵，欲何為邪？卿往呼之！」於是二人往，實召兵而還。

傕隨道收兵，比至㊶長安，已十餘萬，與卓故部曲樊稠、李蒙等合圍長安城，城峻不可攻，守之八日。呂布軍有叟㊷兵內反。六月戊午㊸，引傕眾入城，放兵虜掠。布與戰城中，不勝，將數百騎以卓頭繫馬鞍出走，駐馬青瑣門外，招王允同去。允曰：「若蒙社稷之靈，上安國家，吾之願也。如其不獲，則奉身以死之。朝廷㊹幼少，恃我而已，臨難苟免，吾不忍也。努力謝㊺關東諸公㊻，勤以國家為念！」太常㊼种拂曰：「為國大臣，不能禁暴禦侮，使白刃向宮，去將安之！」遂戰而死。

傕、汜屯南宮掖門，殺太僕㊽魯馗㊾、大鴻臚周奐、城門校尉崔烈、越騎校尉王頎，吏民死者萬餘人，狼籍㊿滿道。王允扶帝上宣平門避兵，傕等於城門下伏地叩頭。帝謂傕等曰：「卿等放兵縱橫，欲何為乎？」傕等曰：「董卓忠於陛下，而無故為呂布所殺，臣等為卓報讎，非敢為逆也，請事畢詣廷尉受罪。」傕等圍門樓，共表請司徒王允出，問太師何罪。允窮蹙，乃下見之。己未(51)，赦天下，以李傕為揚武將軍(52)，郭汜為揚烈將軍(53)，樊稠等皆為中郎將。傕等收司隸校尉黃琬，下獄[2]，殺之。

初，王允以同郡宋翼為左馮翊[54]，王宏為右扶風[55]。傕等欲殺允，恐二郡為患，乃先徵翼、宏。宏遣使謂翼曰：「郭汜、李傕以我二人在外，故未危[56]王公。今日就徵，明日俱族，計將安出？」翼曰：「雖禍福難量，然王命所不得避也！」宏曰：「關東義兵鼎沸，欲誅董卓。今卓已死，其黨與易制耳。若舉兵共討傕等，與山東相應，此轉禍為福之計也。」翼不從。宏不能獨立，遂俱就徵。甲子[57]，傕收允及翼、宏，并殺之，允妻子皆死。宏臨命[58]詬[59]曰：「宋翼豎儒，不足議大計！」傕尸王允於市，莫敢收者，故吏平陵令京兆趙戩棄官收而葬之。始，允自專[60]討卓之勞[61]，士孫瑞歸功不侯[62]，故得免於難。

臣光曰：「易稱『勞謙君子有終吉[63]』，士孫瑞有功不伐[64]，以保其身，可不謂之智乎！」

傕等以賈詡為左馮翊，欲侯之，詡曰：「此救命之計，何功之有！」固辭不受。又以為尚書僕射，詡曰：「尚書僕射，官之師長，天下所望。詡名不素重，非所以服人也。」乃以為尚書。

【章 旨】以上為第六段，寫涼州將李傕、郭汜為董卓報仇，誅殺王允。

【注 釋】❶濟北 王國名，治所盧縣，在今山東長清南。❷輜重 軍用器械、糧草等物資。❸唯以鈔略為資 單靠掠取物資作為給養。❹畜 同「蓄」。❺綱紀 州別駕及治中從事等皆可稱綱紀。❻明府 漢代人稱郡太守為府君，亦稱明府君，簡稱明府。曹操時為東郡太守，而陳宮為東郡人，故稱曹操為明府。❼牧之 謂為兗州牧。❽命世之才 經邦濟世之人才。❾壽張 縣名，縣治在今山東東平西南。❿撫循 安撫。⓫承間 找機會。此指尋求戰機。⓬購求 懸賞尋求。⓭喪 指屍體。⓮征西將軍 官名，東漢雜號將軍之一，掌統兵征伐。⓯部曲 軍隊。此指軍隊的中下級軍官。⓰班賜 頒賜；分發賞賜。⓱誇伐 誇耀自矜。伐，自矜其功。⓲剛稜 剛直嚴正。⓳折節 降低身分，屈從於人。⓴適 正好。㉑或 有人。㉒關東 地區名。泛指函谷關以東中原地區。此指袁紹等人之關東軍。㉓皇甫義真 皇甫嵩字義真。㉔涼州 指董卓之涼州軍隊。㉕訛言 流言；謠言。㉖解兵 放下武器，即解散軍隊。㉗為魚肉 比喻己為魚肉，任人宰割。㉘李肅 東漢末將領。獻帝初為騎都尉，與呂布同心，誅殺董卓。其事跡附見《後漢書》卷七十二〈董卓傳〉。㉙弘農 郡名，治所弘農縣，在今河南靈寶北。㉚恇怯 恐懼畏縮。㉛李傕等還 指李傕等從陳留、潁川還陝縣。㉜間行 走小路。㉝賈詡 字文和，武威姑臧（今甘肅武威）人，初為董卓部下，後歸曹操，為謀士。曹魏時官至太尉。傳見《三國志》卷十。㉞亭長 秦漢時最低層的行政長吏。城市中十里設一亭，有亭長；鄉村有鄉亭，亦設亭長。其職務為管理訴訟、治安等事。㉟國家 指皇帝。㊱不合 謂不合本來之計謀。㊲大人 指大家豪右。㊳召使東二句 謂召胡文才、楊整脩使之東去解散李傕、郭汜等人的軍隊。㊴溫顏 和顏悅色。㊵關東鼠子 辱罵李傕、郭汜等人，時諸人皆在潼關之東。㊶比至 及至。㊷叟 漢代稱西南地區氐羌系的部分少數民族為「叟」。㊸戊午 六月初一。㊹朝廷 指皇帝。㊺謝 告訴。㊻關東諸公 指袁紹等人。㊼太常 官名，九卿之一，掌宗廟祭祀禮儀，兼選試博士。㊽太僕 官名，九卿之一，掌皇帝車馬及馬政，秩中二千石。㊾馗 古「逵」字。㊿狼籍 縱橫散亂。(51)己未 六月初二。(52)揚武將軍 官名，東漢雜號將軍之一。(53)揚烈將軍 官名，東漢雜號將軍之一，此時始置。(54)左馮翊 官名，左馮翊的長官，相當於郡太守。左馮翊本政區名，為漢代三輔之一，東漢時治所在高陵（今陝西高陵西南）。而左馮翊的長官也稱左馮翊，官名與政區名相同。(55)右扶風 官名，右扶風的長官，相當於郡太守。右扶風亦本政區名，漢代三輔之一，東漢時治所在槐里（今陝西興平東南）。右扶風的長官也稱右扶風，官名與政區名相同。(56)危 指殺害。(57)甲子 六月初七。(58)臨命 將死之時。(59)詬 怒罵。(60)專 獨佔。(61)勞 功勞。(62)不侯 不封侯。(63)勞謙君子有終吉 《易・

謙・九三》之辭，意思是說有功勞而又謙遜的君子最後必然吉祥。64伐 誇耀；自矜其功。

【校 記】1晚 據章鈺校，甲十一行本、乙十一行本皆作「後」。2下獄 原無此二字。據章鈺校，甲十一行本、乙十一行本皆有此二字，今據補。

【語 譯】青州黃巾軍寇掠兗州，劉岱準備出兵攻打它。濟北相鮑信勸諫說：「現今叛賊有百萬之眾，百姓震動驚恐，官兵沒有鬥志，抵抗不了敵人。然而黃巾沒有輜重物資，只靠搶掠來補給。現在不如讓將士養精蓄銳，首先是固守，黃巾求戰不得，攻城不下，它的氣勢一定會消失，然後我方挑選精銳士卒，控制要害之地，再行攻擊，就可打敗敵軍。」劉岱不聽從，於是與黃巾交戰，果然被黃巾殺害。

曹操部將東郡人陳宮對曹操說：「兗州現今沒有主人，而朝廷的政令又斷絕。我請求去勸說州中的主事官員，府君你隨後去就任州牧，以兗州為依托來收取天下，這是霸王的功業。」陳宮便前往兗州遊說別駕、治中。陳宮說：「如今天下分裂而兗州沒有主人，東郡太守曹操，是治國安邦的大才，如果迎接他來做州牧，一定能使百姓安寧。」鮑信等也認為是這樣，便與州吏萬潛等人到東郡，迎請曹操代理兗州刺史。曹操於是進兵，在壽張縣東攻擊黃巾，初戰不利。黃巾兵眾精悍，曹操兵少且弱，曹操對兵士安撫激勵，定出明確的賞罰條例，找機會巧設奇計，日夜交戰，每戰必有擒獲，賊軍終於退走。鮑信戰死，曹操懸賞尋求他的屍體，沒有找到，於是刻了一尊鮑信木像，曹操親自祭奠痛哭。詔書任命京兆人金尚為兗州刺史，金尚將到兗州赴任，遭曹操迎擊，金尚逃奔袁術。

五月，任命征西將軍皇甫嵩為車騎將軍。

當初，呂布勸說王允殺盡董卓部眾，王允說：「這些人無罪，不能殺。」呂布想把董卓的財物賞賜給公卿、將校，王允又不同意。王允一向只把呂布當做游俠劍客來對待，呂布自恃有功，經常自我誇耀，既然有許多事使他失望，自然就漸漸心生不平。王允性情剛直方正，嫉惡如仇，原先因害怕董卓，所以不得不對呂布屈尊謙下。董卓既已滅除，他認為再也沒有患難了，便驕傲起來，因此他的部下也就不怎麼親附他了。

王允最初和士孫瑞商量，特別下詔赦免董卓的部下，隨即又感疑惑，說：「部下只是追隨主人而已，現在如果認定他們是惡逆之人而赦免，恐怕反而加深他們的疑慮，這不是安撫他們的好辦法。」於是作罷。又商量遣散董卓所有的軍隊，有人勸王允說：「涼州人一向害怕袁紹而畏懼關東大軍，現在如果一旦遣散軍隊，打開函谷關，一定會人人自危。可以任命皇甫嵩為將軍，統領董卓的部眾，趁機讓他們留在陝縣加以安撫。」王允說：「不對。關東興舉義兵的人，都是我們的同盟軍。現今如果據守險要，屯守陝縣，雖然安撫了涼州人，卻讓關東將領起疑心，不行啊。」

當時百姓訛傳要殺盡涼州人，董卓先前的將校相互轉告，非常恐懼，都擁兵自守，還互相傳言說：「蔡邕僅因董公的親近厚待尚且治罪，現在既不赦免我們，還想遣散我們的軍隊，今天遣散了軍隊，明天我們就要成為任人宰割的魚肉了！」呂布派李肅到陝縣，宣布詔命要殺牛輔。牛輔等迎擊李肅，李肅戰敗，逃至弘農，被呂布殺死。牛輔因驚恐而失態，恰又遇上軍營中自我驚亂，牛輔想逃跑，被部下殺死。李傕等人回來，牛輔已死，李傕等人無所依靠，便派使者到長安請求朝廷赦免。王允說：「一年之中不能兩次赦免。」沒有答應。李傕等人更加恐懼，不知所措，想各自散去，悄悄從小路逃回家鄉，討虜校尉武威人賈詡說：「諸位如果丟下軍隊隻身單行，那麼一個小小的亭長就能把你們抓起來。不如互相率兵向西，進攻長安，替董公報仇。事成，則擁戴天子來匡正天下，如果不成，再逃也不晚。」李傕等十分贊同，於是結成同盟，率領幾千兵馬，日夜兼程西進。王允認為胡文才、楊整脩都是涼州名人，便召見他們，要他們東去向李傕等人解釋，可是王允在會見他們時不給好臉色，對他們說：「關東那幫鼠輩，想要幹什麼？你們去叫他們來！」於是二人前往，實則是把大軍召往長安。

李傕沿途收攏兵馬，等到進至長安，已擁有十多萬人，與董卓舊部樊稠、李蒙等合圍長安城，長安城高不能攻下，圍守了八天。呂布軍中有西南夷兵在城內叛亂。六月初一日戊午，叛軍引導李傕的軍隊進城，李傕縱兵搶劫掠奪。呂布與李傕在城中交戰不勝，率領幾百名騎兵，把董卓的頭繫在馬鞍上往城外逃跑，到青瑣門外停下馬，招呼王允一起走。王允說：「如果受到社稷神靈的保護，上使國家安定，這是我的願望。如果不能實現，就獻身而死。皇帝年幼，只能依賴我，遇到危難逃跑偷生，我不忍心。你務必告訴關東諸位將領，勸他們要以天子為重！」太常种拂說：「我身為國家大臣，不能禁止暴力抵拒外侮，致使刀槍逼向皇宮，能逃往哪裡去呢！」於是奮戰而死。

李傕、郭汜駐守南宮掖門，殺死太僕魯馗、大鴻臚周奐、城門校尉崔烈、越騎校尉王頎，被殺死的官民一萬多人，屍首橫七豎八鋪滿街道。王允扶持獻帝登上宣平門樓躲避兵亂，李傕等在城門下伏地磕頭。獻帝對李傕等說：「你們放縱士兵橫衝直闖，想要幹什麼？」李傕等說：「董卓忠於陛下，而無故被呂布殺死，臣等是為董卓報仇，哪敢叛亂，臣等請求事畢後到廷尉領罪。」李傕等包圍門樓，一齊上表請求司徒王允出面，問太師有什麼罪。王允辭窮而窘迫，只好下來接見他們。六月初二日己未，赦免天下，任命李傕為揚武將軍，郭汜為揚烈將軍，樊稠等都任中郎將。李傕等逮捕司隸校尉黃琬，下獄，殺死了他。

起初，王允任命同郡人宋翼為左馮翊，王宏為右扶風。李傕等要殺王允，害怕這兩郡起兵發難，於是先徵召宋翼、王宏。王宏派使者對宋翼說：「郭汜、李傕因為有我們兩人領兵在外，所以才沒有危害王公。今日如果我們接受徵召，明日都被滅族，你有什麼對策嗎？」宋翼說：「雖然福禍難以預測，然而朝廷的命令是不能違抗的！」王宏說：「關東義兵聲勢洶湧，要殺董卓。現在董卓已死，他的黨羽很容易對付。如果我們舉兵共同征討李傕等，與山東義兵相呼應，這是轉禍為福的策略。」宋翼不聽從。王宏難以單獨行事，於是一起接受徵召。六月初七日甲子，李傕逮捕王允及宋翼、王宏，把他們都殺掉，王允的妻子兒女全被殺害。王宏臨刑時罵道：「宋翼，你這個鄙賤的儒生，不值得和你商量大計！」李傕把王允的屍體棄置在街頭，沒有人敢去收殮，王允以前的屬吏平陵令京兆人趙戩，拋棄官職，收葬了王允。起初，王允把征討董卓的功勞全部歸於自己，士孫瑞推讓功勞未能封侯，所以幸免於難。

司馬光說：「《易經》說『有功而又謙讓的君子，最終必有吉祥』，士孫瑞有功不自誇，保全了身家性命，能不說他是智者嗎！」

李傕等任賈詡為左馮翊，想給他封侯，賈詡說：「這只是救命之計，有什麼功勞！」堅決推辭不受。又任命他為尚書僕射，賈詡說：「尚書僕射是百官的師表，為天下所仰望。我的名聲一向不高，不能使人信服。」於是任命他為尚書。

呂布自武關❶奔南陽，袁術待之甚厚。布自恃有功於袁氏❷，恣❸兵鈔掠。術患之，布不自安，去從張楊於河內。李傕等購求❹布急，布又逃歸袁紹。

丙子❺，以前將軍趙謙❻為司徒。

秋，七月庚子❼，以太尉馬日磾為太傅，錄尚書事。八月，以車騎將軍皇甫嵩為太尉。◯詔太傅馬日磾、太僕趙岐❽杖節❾鎮撫關東。

九月，以李傕為車騎將軍、領司隸校尉、假節，郭汜為後將軍，樊稠為右將軍，張濟為驃騎將軍，皆封侯。傕、汜、稠筦❿朝政，濟出屯弘農。

司徒趙謙罷。甲申⓫，以司空淳于嘉⓬為司徒，光祿大夫楊彪⓭為司空，錄尚書事。

初，董卓入關⓮，說韓遂、馬騰與共圖山東⓯，遂、騰率眾詣長安。會卓死，李傕等以遂為鎮西將軍⓰，遣還金城⓱，騰為征西將軍，遣屯郿。

冬，十月，荊州刺史劉表遣使貢獻。以表為鎮南將軍、荊州牧，封成武侯。

十二月，太尉皇甫嵩免，以光祿大夫周忠⑱為太尉，參錄尚書事。

曹操追黃巾至濟北，悉降之，得戎卒三十餘萬，男女百餘萬口，收其精銳者，號青州兵⑲。

操辟陳留毛玠⑳為治中從事㉑。玠言於操曰：「今天下分崩，乘輿㉒播蕩㉓，生民廢業，饑饉流亡，公家無經歲之儲，百姓無安固之志，難以持久。夫兵義者勝，守位以財，宜奉天子以令不臣㉔，脩耕植以畜㉕軍資，如此，則霸王之業可成也。」操納其言，遣使詣河內太守張楊，欲假塗西至長安，楊不聽。

定陶董昭㉖說楊曰：「袁、曹雖為一家，勢不久羣。曹今雖弱，然實天下之英雄也，當故結之㉗。況今有緣，宜通其上事㉘，并表薦之。若事有成，永為深分㉙。」楊於是通操上事，仍表薦操。昭為操作書與李傕、郭汜等，各隨輕重致殷勤。

傕、汜見操使，以為關東欲自立天子，今曹操雖有使命，非其誠實，議留操使。黃門侍郎㉚鍾繇㉛說傕、汜曰：「方今英雄並起，各矯命專制，唯曹兗州乃心王室㉜，而逆其忠款㉝，非所以副將來之望也。」傕、汜乃厚加報答。繇，皓㉞之曾孫也。

徐州刺史陶謙㉟與諸守相共奏記㊱，推朱儁為太師，因移檄牧伯㊲，欲以同討李傕等，奉迎天子。會李傕用太尉周忠、尚書賈詡策，徵儁入朝，儁乃辭謙議而就徵，復為太僕。

公孫瓚復遣兵擊袁紹，至龍湊㊳，紹擊破之。瓚遂還幽州，不敢復出。

楊州刺史汝南陳溫㊴卒，袁紹使袁遺領楊州。袁術擊破之，遺走至沛㊵，為兵所殺。術以下邳陳瑀㊶為楊州刺史。

【章　旨】以上為第七段，寫涼州將李傕、郭汜共掌朝政，曹操奉正朔以蓄積政治資本，大敗山東黃巾，收編為青州軍，勢力漸大。

【注　釋】❶武關　關名，在今陝西商縣東。❷有功於袁氏　指殺董卓為袁氏報仇。❸恣　放任。❹購求　懸賞捕捉。❺丙子　六月十九日。❻趙謙　東漢末大臣，字彥信，蜀郡成都人。靈帝時為汝南太守，獻帝初為太尉。後任司隸校尉、前將軍，封郫侯。初平三年（西元一九二年）為司徒，病免，拜尚書令，卒。傳見《後漢書》卷二十七。❼庚子　七月十三日。❽趙岐　字邠卿，原名趙嘉，字臺卿。京兆長安（今陝西咸陽東北）人，東漢經學家，有《孟子章句》行於世。歷仕桓、靈、獻帝三朝。此時為太僕。❾杖節　執持符節。大臣出使，皇帝授予符節作為憑證。❿筦　同「管」。⓫甲申　九月二十九日。⓬淳于嘉　東漢末大臣，濟南（今山東章丘西北）人。初為光祿大夫，獻帝初平二年（西元一九一年）遷司空，三年任司徒。興平元年（西元一九四年）罷。其事跡散見於《後漢書》卷九〈獻帝紀〉。⓭楊彪　東漢末大臣。字文先，弘農華陰（今陝西華陰東南）人。歷任中外高官，最高至太尉。經歷董卓之亂、曹操專權。曹丕立，欲以為太尉，不就，病卒。傳見《後漢書》卷五十四〈楊震傳〉附。⓮關　指函谷關，在今河南新安東。⓯山東　泛指崤山以東地區。⓰鎮西將軍　官名。東漢雜號將軍之一。⓱金城　郡名，治所允吾，在今甘肅永靖北。⓲周忠　東漢末大臣。字嘉謀，廬江舒（今安徽廬江西南）人。曾任光祿大夫。獻帝初平三年（西元一九二年）為太尉，錄尚書事。次年以災異免，復為衛尉。傳見《後漢書》卷四十五。⑲青州兵　因所改編的軍隊是青州黃巾軍，故號青州兵。⑳毛玠　字孝先，陳留平丘（今河南長垣西南）人，為曹操東曹掾，典選舉，清正廉直。傳見《三國志》卷十二。㉑治中從事　官名，為州牧刺史的主要佐吏，主管眾曹文書。㉒乘輿　指代皇帝。㉓播蕩　流亡在外。㉔不臣　不臣服的人。㉕畜　通「蓄」。㉖董昭　字公仁，濟陰定陶（今山東定陶西北）人，初投袁紹為參軍事，後歸曹操為重要謀士之一。曹丕稱帝，任大鴻臚，封右鄉侯。魏明帝即位，進爵樂平侯，轉衛尉，遷司徒。傳見《三國志》卷十四。㉗當故結之　當因事與他結交。㉘上事　上疏奏事。㉙深分　深厚的情誼。㉚黃門侍郎　官名，職為侍從皇帝，傳達詔命。㉛鍾繇　（西元一五一—二三〇年）字元常，潁川長社（今河南長葛東）人，曹操執政時為司隸校尉，經營關中。曹魏時為廷尉、太尉、太傅。傳見《三國志》卷十三。㉜乃心王室　汝心在於王室。謂忠於朝廷。《尚書・康誥》：「雖爾身在外，乃心罔不在王室。」㉝忠款　忠誠。㉞皓　鍾皓，字季明。為郡著姓，有高名，不仕高官，居家教授，為士大夫所歸慕。傳見《後漢書》卷六十二。㉟陶謙　字恭祖，丹陽（今安徽宣城）人，獻帝初，謙為安東將軍、徐州牧，封溧陽侯。曹操因謙部下殺其父曹嵩而兵征徐州，陶謙兵敗，於興平元年（西元一九四年）憂死，以州牧讓劉備。傳見《後漢書》卷七十三、《三國志》卷八。㊱奏記　上奏朝廷的表章。㊲牧伯　此指州牧、郡守。㊳龍湊　地名，在平原縣內。平原縣治在今山東平原縣西南。㊴陳溫　東漢末大臣。獻帝時任楊州刺史，初平四年，被袁術所殺。其事附見《三國志》卷六〈袁術傳〉。㊵沛　縣名，縣治在今江蘇沛縣。㊶陳瑀　字公瑋，下邳淮浦（今江蘇漣水縣西）人，原任吳郡太守，遭孫策攻擊，袁術任為楊州刺史。

【語　譯】呂布從武關逃往南陽，袁術待他十分優厚。呂布自恃對袁氏有功，縱兵搶掠。袁術十分憂慮，呂布也心感不安，離開袁術到河內投奔張楊。李傕等緊急懸賞捉拿呂布，呂布又逃歸袁紹。

六月十九日丙子，任命前將軍趙謙為司徒。

秋，七月十三日庚子，任命太尉馬日磾為太傅，錄尚書事。八月，任命車騎將軍皇甫嵩為太尉。〇皇帝詔令太尉馬日磾、太僕趙岐持節鎮撫關東諸侯。

九月，任命李傕為車騎將軍、兼司隸校尉、假節，郭汜為後將軍，樊稠為右將軍，張濟為驃騎將軍，全都封侯。李傕、郭汜、樊稠掌管朝政，張濟出外屯守弘農。

司徒趙謙被罷官。九月二十九日甲申，任命司空淳于嘉為司徒，光祿大夫楊彪為司空，錄尚書事。

當初，董卓入關後，遊說韓遂、馬騰與他一起對付山東諸侯，韓遂、馬騰率領部眾到達長安。正趕上董卓被誅殺，李傕等任命韓遂為鎮西將軍，派他返回金城，任命馬騰為征西將軍，派他屯駐郿縣。

冬，十月，荊州刺史劉表派使者進獻貢品。任劉表為鎮南將軍、荊州牧，封成武侯。

十二月，太尉皇甫嵩被免職，任命光祿大夫周忠為太尉，參錄尚書事。

曹操追擊黃巾軍到濟北，黃巾軍全部歸降，獲得兵眾三十多萬，百姓一百多萬人，收編其中精銳的士兵，號稱青州兵。

曹操徵用陳留人毛玠為治中從事。毛玠向曹操進言說：「現在天下分裂，天子流亡在外，百姓荒廢生計，飢餓逃亡，官府沒有一年的儲備，百姓沒有安心堅守生計的想法，這種局面難以持久。以道義用兵才能取勝，守住地位要依靠財富，應當擁戴天子來號令不臣服的人，發展農桑來積蓄軍需，這樣，霸王之業就可以成功。」曹操採納了他的建議，派使者見河內太守張楊，想借道西上長安，張楊不答應。

定陶人董昭勸張楊說：「袁紹、曹操雖然是一家，隨著形勢的發展，一定不會長期合作。曹操現在的勢力雖然弱小，但他確實是天下的英雄，應當尋找機緣與他交結。何況現在就有機會，應該為他上書言事提供通道，並上表舉薦他。如果事成，可永結深交。」於是張楊讓曹操的使者通過，並上表舉薦曹操。董昭還為曹操寫信給李傕、郭汜等，按照他們地位高低分別致意。

李傕、郭汜接見曹操使者，認為關東諸將想自己擁立皇帝，現在曹操雖然派使者來京，但並非真心實意，打算扣留曹操的使者。黃門侍郎鍾繇勸諫李傕、郭汜說：「現今英雄四起，各自借天子的名義專權，只有兗州刺史曹操還忠於王室，如果拒絕他的忠心，這不符合未來的期望。」於是李傕、郭汜對曹操厚加報答。鍾繇，是鍾皓的曾孫。

徐州刺史陶謙和各郡國的太守國互相聯合上奏章，推薦朱儁為太師，趁機傳檄各州郡的長官，打算共同討伐李傕等，迎接天子。恰好李傕採用太尉周忠、尚書賈詡的策略，徵召朱儁入朝，於是朱儁拒絕陶謙等人的奏議而接受徵召，再次被任命為太僕。

公孫瓚又派兵攻打袁紹，進軍到龍湊，被袁紹打敗。於是公孫瓚返回幽州，不敢再出兵。

楊州刺史汝南人陳溫死了，袁紹任命袁遺兼楊州刺史。袁術打敗袁遺，袁遺逃至沛縣，被兵卒殺死。袁術任命下邳人陳瑀為楊州刺史。

四年（癸酉　西元一九三年）

春，正月甲寅朔，日有食之。○丁卯❶，赦天下。

曹操軍❷鄄城❸[1]。袁術為劉表所逼，引兵屯封丘❹，黑山❺別部及匈奴於扶羅皆附之。曹操擊破術軍，遂圍封丘。術走襄邑❻，又走寧陵❼。操追擊，連破之。術走九江❽，楊州❾刺史陳瑀拒術不納。術退保陰陵❿，集兵於淮北，復進向壽春。瑀懼，走歸下邳⓫，術遂領其州，兼稱徐州伯⓬。李傕欲結術為援，以術為左將軍，封陽翟侯，假節。

袁紹與公孫瓚所置青州刺史田楷連戰二年，士卒疲困，糧食並盡，互掠百姓，野無青草。紹以其子譚為青州刺史，楷與戰，不勝。會趙岐來和解關東，瓚乃與紹和親，各引兵去。

三月，袁紹在薄落津⓭。魏郡⓮兵反，與黑山賊于毒等數萬人共覆鄴城⓯，殺其太守。紹還屯斥丘⑯。

夏，曹操還軍定陶⑰。

徐州治中東海王朗及別駕琅邪趙昱說刺史陶謙曰：「求諸侯莫如勤王⑱，今天子越⑲在西京⑳，宜遣使奉貢。」謙乃遣昱奉章至長安。詔拜謙徐州牧，加安東將軍㉑，封溧陽侯；以昱為廣陵㉒太守，朗為會稽㉓太守。

是時，徐方㉔百姓殷盛，穀實差[2]豐㉕，流民多歸之。而謙信用讒邪，疏遠忠直，刑政不治，由是徐州漸亂。許劭避地㉖廣陵，謙禮之甚厚。劭告其徒曰：「陶恭祖㉗外慕聲名，內非真正，待吾雖厚，其勢必薄。」遂去之。後謙果捕諸寓士㉘，人乃服其先識。

六月，扶風大雨雹㉙。○華山崩裂。○太尉周忠免，以太僕朱儁為太尉，錄尚書事。○下邳闕宣聚眾數千人，自稱天子，陶謙擊殺之。○大雨，晝夜二十餘日，漂沒民居。

袁紹出軍入朝歌鹿腸山㉚，討于毒，圍攻五日，破之，斬毒及其眾萬餘級。紹遂尋山北行，進擊諸賊左髭丈八等，皆斬之。又擊劉石、青牛角、黃龍、左校、郭大賢、李大目、于氏根等，復斬數萬級，皆屠其屯壁㉛，遂與黑山賊張燕及四營屠各[32]、鴈門烏桓[33]戰於常山[34]。燕精兵數萬，騎數千匹。紹與呂布共擊燕，連戰十餘日，燕兵死傷雖多，紹軍亦疲，遂俱退。

呂布將士多暴橫，紹患之，布因求還雒陽。紹承制以布領司隸校尉，遣壯士送布，而陰圖之。布使人鼓箏[35]於帳中，密亡去[36]。送者夜起，斫帳被皆壞。明旦，紹聞布尚在，懼，閉城自守。布引軍復歸張楊。

前太尉曹嵩避難在琅邪[37]，其子操令泰山太守應劭[38]迎之。嵩輜重百餘兩，陶謙別將守陰平[39]，士卒利嵩財寶，掩襲嵩於華[40]、費[41]間，殺之，并少子德。秋，操引兵擊謙，攻拔十餘城，至彭城[42]，大戰，謙兵敗，走保郯[43]。

初，京雒[44]遭董卓之亂，民流移東出，多依徐土。遇操至，坑殺男女數十萬口於泗水，水為不流。

操攻郯不能克，乃去。攻取慮[45]、睢陵[46]、夏丘[47]，皆屠之，雞犬亦盡，墟邑無復行人。

冬，十月辛丑[48]，京師地震。○有星孛于天市[49]。○司空楊彪免。丙午，以太常趙溫為司空，錄尚書事。

【章 旨】以上為第八段，寫中原大混戰，河南、河北、江淮徐揚，四處烽煙。袁紹與公孫瓚爭奪青州。呂布遭袁氏兄弟驅逐，歸依河內張楊。曹操得兗州，驅袁術入淮南，又大破徐州牧陶謙。

【注 釋】❶丁卯 正月十四日。❷軍 駐軍。❸鄄城 縣名，縣治在今山東鄄城西北，是當時黃河邊上軍事重地。《水經注》說它是「河上之邑，最為峻固」。兗州刺史本治昌邑，曹操為兗州牧，移治鄄城。❹封丘 縣名，縣治在今河南封丘。❺黑山 指黑山軍。❻襄邑 縣名，縣治在今河南睢縣。❼寧陵 縣名，縣治在今河南寧陵南。❽九江 郡名，西漢時治所在壽春，東漢時遷至陰陵，東漢末又遷壽春。壽春縣治在今安徽壽縣。❾楊州 東漢末，楊州刺史治所在壽春。❿陰陵 縣名，縣治在今安徽定遠西北。⓫下邳 縣名，縣治在今江蘇睢寧西北。⓬徐州伯 即徐州牧。本來牧伯連稱，而一般只單稱牧，袁術卻又單稱伯。⓭薄落津 渡口名，東漢屬安平國經縣，在今河北巨鹿東南的漳河上。⓮魏郡 郡名，治所鄴縣，在今河北臨漳西。⓯鄴城 鄴縣之城。鄴縣，春秋時齊邑，漢置縣。袁紹為冀州牧治鄴，後為曹操封邑，魏置為鄴都。故城在今河北臨漳西。⓰斥丘 縣名，縣治在今河北曲周東南。⓱定陶 縣名，縣治在今山東定陶西北。⓲求諸侯莫如勤王 此為《左傳》僖公二十五年狐偃對晉文公之言，意思是說，要求被封為諸侯的最好辦法莫過於出兵救援王室。⓳越 遠。⓴西京 指長安。㉑安東將軍 官名，東漢雜號將軍之一。㉒廣陵 郡名，治所廣陵縣，在今江蘇揚州。㉓會稽 郡名，治所山陰，在今浙江紹興。㉔徐方 即徐州。古語多稱州為方。㉕差豐 比較豐富。㉖避地 避難之地。㉗陶恭祖 陶謙字恭祖。㉘寓士 指寄居於徐州的他方人士。㉙大雨雹 大落冰雹。㉚朝歌鹿陽山 朝歌，縣名，屬河內郡，治所在今河南淇縣。鹿陽山，山名，在今河南淇縣西南。㉛屯壁 營壘。㉜屠各 部族名，為匈奴族的一個分支。㉝烏桓 為當時生活在東北的部族。㉞常山 郡名，治所在今河北元氏。原名恆山，因避漢文帝劉恆諱改。㉟箏 古時之一種絃樂器。㊱密亡去 暗中逃走。㊲琅邪 王國名，治所開陽，在今山東臨沂北。㊳應劭 東漢官吏、學者。字仲遠，汝南南頓（今河南項城西）人。任泰山太守，後任袁紹軍謀校尉。曾刪定律令《漢儀》二百五十篇，又著《漢官禮儀故事》、《狀人記》、《中漢輯序》、《風俗通》、《漢書集釋》等。傳見《後漢書》卷四十八。㊴陰平 縣名，縣治在今江蘇沭陽西北。㊵華 縣名，縣治在今山東費縣東北。㊶費 縣名，縣治在今山東費縣西北。㊷彭城 縣名，縣治在今江蘇徐州。㊸郯 縣名，縣治在今山東郯城西北。為當時徐州刺史之治所。㊹京雒 猶言京都洛陽。㊺取慮 縣名，縣治在今江蘇睢寧西南。㊻睢陵 縣名，縣治在今江蘇睢寧。㊼夏丘 縣名，縣治在今安徽泗縣。㊽辛丑 十月二十二日。㊾天市 天區名，即天市垣，為三垣之下垣，位於房心東北，有十九星座。

【校記】①鄄城 原作「甄城」。據章鈺校，甲十一行本、乙十一行本皆作「鄄城」，張敦仁《通鑑刊本識誤》同，胡三省注云蜀本亦作「鄄城」，今據改。按，《三國志》卷一〈武帝紀〉云初平四年春，曹操「軍鄄城」，「鄄」字亦不誤。②差 據章鈺校，孔天胤本作「甚」，張敦仁《通鑑刊本識誤》同。

【語譯】四年（癸酉 西元一九三年）

春，正月初一日甲寅，發生日蝕。〇十四日丁卯，大赦天下。

曹操駐軍鄄城。袁術遭劉表逼迫，率兵駐守封丘，黑山軍的別支與南匈奴單于於扶羅都歸附袁術。曹操打敗袁術的軍隊，便包圍了封丘。袁術逃到襄邑，又逃到寧陵。曹操追擊，連續打敗袁術。袁術逃到九江，楊州刺史陳瑀拒不接納。袁術退保陰陵，在淮北集結兵力，又向壽春進軍。陳瑀很害怕，逃歸下邳，袁術於是兼領楊州，兼稱徐州伯。李傕想結交袁術作為外援，任命袁術為左將軍，封陽翟侯，假節。

袁紹與公孫瓚所任命的青州刺史田楷連續交戰兩年，雙方將士疲憊不堪，糧食也都吃光了，交相掠奪百姓，田野的青草也被吃光了。袁紹派兒子袁譚做青州刺史，田楷與袁譚交戰，不能取勝。恰逢趙岐來山東和解諸將領，公孫瓚便與袁紹結親，各自引兵離去。

三月，袁紹駐軍薄落津。魏郡的士兵叛亂，和黑山賊于毒等數萬人共同攻佔鄴城，殺死郡太守。袁紹率軍返回斥丘。

夏，曹操回師屯駐定陶。

徐州治中東海人王朗和別駕琅邪人趙昱勸說刺史陶謙：「有求於諸侯，不如盡心於朝廷，現在天子遠在西京長安，你應派使者前去進貢。」於是陶謙派趙昱帶著奏章到長安。朝廷下詔任命陶謙為徐州牧，加安東將軍銜，封溧陽侯；任命趙昱為廣陵太守，王朗為會稽太守。

這時，徐州百姓富裕，糧食豐足，流民多來歸附。而陶謙信任奸邪小人，疏遠忠直之士，刑法政事沒有得到治理，因此徐州逐漸陷於混亂。許劭避難來到廣陵，陶謙待他禮遇甚厚。許劭告誡他的門徒說：「陶謙追求外在的名聲，實際上心地並不正直，現在待我雖然優厚，以後必然會變得刻薄。」於是離開了陶謙。後來陶謙果然逮捕了避居在徐州的士人，人們這才佩服許劭有先見之明。

六月，扶風大量降下冰雹。〇華山崩裂。〇太尉周忠被免職，任命太僕朱儁為太尉，錄尚書事。〇下邳人闕宣聚集了幾千徒眾，自稱天子，被陶謙擊殺。〇大雨晝夜不停連續下了二十多天，沖毀淹沒了民居。

袁紹出軍入朝歌的鹿腸山，征討于毒，圍攻五天，打敗了于毒，殺于毒及其部眾一萬多人。於是袁紹乘勝沿山麓北行，進攻各路賊人左髭丈八等，全部殺了他們。又進擊劉石、青牛角、黃龍左校、郭大賢、李大目、于氐根等，又斬殺了幾萬人，各處賊人的營壘都被屠滅，於是與黑山軍張燕以及匈奴的四營屠各部落、雁門的烏桓部落在常山交戰。張燕擁有精兵數萬、騎兵數千。袁紹和呂布一起進攻張燕，連續交戰十幾天。張燕兵死傷眾多，袁紹軍隊也疲乏不堪，於是各自撤退。

呂布的將士大多兇殘蠻橫，袁紹深為憂慮，呂布因此要求返回洛陽。袁紹以皇帝的名義命呂布兼任司隸校尉，派勇壯之士護送呂布，而暗中謀害他。呂布找一個替身在營帳中彈箏，自己悄悄逃走。護送的人夜裡動手，把營帳床被全部砍壞。天亮時，袁紹得知呂布還活著，非常恐懼，關閉城門自守。呂布率軍又歸附張楊。

前太尉曹嵩在琅邪避難，他的兒子曹操命泰山太守應劭迎接，曹嵩輜重車一百多輛，陶謙別部將領把守在陰平，守軍將士貪求曹嵩的財寶，在華縣、費縣之間突襲殺死了曹嵩，以及曹嵩的小兒子曹德。秋，曹操率兵攻擊陶謙，攻佔了十幾座城池，進兵到彭城，雙方大戰，陶謙失敗，退保郯縣。

起初，京都洛陽一帶遭受董卓之亂，百姓向東流移，大多依附徐州一帶。直到曹操到達，男女幾十萬人被坑殺，致使泗水不流。

曹操沒能攻下郯縣，就率兵離去。又攻取慮、睢陵、夏丘，三縣都遭屠滅，雞犬不留，廢墟中的城邑不再有行人。

冬，十月二十二日辛丑，京師發生地震。〇天市垣出現孛星。〇司空楊彪被免職。二十七日丙午，任命太常趙溫為司空，錄尚書事。

劉虞與公孫瓚積不相能❶，瓚數與袁紹相攻，虞禁之，不可，而稍節其稟假❷。瓚怒，屢違節度，又復侵犯百姓。虞不能制，乃遣驛使❸奉章陳其暴掠之罪，瓚亦上❹虞稟糧不周。二奏交馳，互相非毀，朝廷依違❺而已。瓚乃築小城於薊❻城東南以居之。虞數請會，瓚輒稱病不應。虞恐其終為亂，乃率所部兵合十萬人以討之。時瓚部曲放散在外，倉卒掘東城欲走。虞兵無部伍❼，不習戰；又愛民廬舍，敕不聽焚燒，戒軍士曰：「無傷餘人，殺一伯珪❽而已。」攻圍不下。瓚乃簡募❾銳士數百人，因風縱火，直衝突之，虞眾大潰。虞與官屬北奔居庸❿，瓚追攻之，三日，城陷，執虞并妻子還薊，猶使領州文書。會詔遣使者段訓增虞封邑，督六州事，拜瓚前將軍，封易侯。瓚乃誣虞前與袁紹等謀稱尊號，脅訓斬虞及妻子於薊市。故常山相孫瑾、掾⓫張逸、張瓚等相與就虞，罵瓚極口，然後同死。瓚傳虞首於京師，故吏尾敦⓬於路劫虞首，歸葬之。虞以恩厚得眾心，北州⓭百姓流舊⓮莫不痛惜。

初，虞欲遣使奉章詣長安，而難其人⓯。眾咸曰：「右北平田疇⓰，年二十二，年雖少，然有奇材。」虞乃備禮，請以為掾。具⓱車騎將行，疇曰：「今道路阻絕，寇虜縱橫，稱官奉使，為眾所指。願以私行，期於得達而已。」虞從之。

疇乃自選家客⑱二十騎，俱上西關⑲，出塞⑳，傍㉑北山㉒，直趣㉓朔方㉔，循間道㉕至長安致命。

詔拜疇為騎都尉㉖。疇以天子方蒙塵㉗未安，不可以荷佩㉘榮寵，固辭不受。得報㉙，馳還，比至㉚，虞已死。疇謁祭㉛虞墓，陳發章表㉜，哭泣而去。公孫瓚怒，購求㉝獲疇，謂曰：「汝不送章報我，何也？」疇曰：「漢室衰頹，人懷異心，唯劉公不失忠節。章報所言，於將軍未美，恐非所樂聞，故不進也。且將軍既滅無罪之君㉞，又讎守義之臣，疇恐燕、趙㉟之士皆將蹈東海而死，莫有從將軍者也。」瓚乃釋之。

疇北歸無終，率宗族及他附從者數百人，掃地而盟曰：「君仇不報，吾不可以立於世！」遂入徐無山㊱中，營深險平敞地而居，躬耕以養父母，百姓歸之，數年間至五千餘家。疇謂其父老曰：「今眾成都邑，而莫相統一，又無法制以治之，恐非久安之道。疇有愚計，願與諸君共施之，可乎？」皆曰：「可！」疇乃為約束，相殺傷、犯盜、諍訟㊲者，隨輕重抵罪，重者至死，凡一十餘條。又制為婚姻嫁娶之禮，興[1]學校講授之業，班㊳行於眾，眾皆便之，至道不拾遺。北邊翕然㊴服其威信，烏桓、鮮卑各遣使致饋。疇悉撫納，令不為寇。

十二月辛丑㊵，地震。○司空趙溫免。乙巳㊶，以衛尉張喜㊷為司空。

【章　旨】以上為第九段，寫公孫瓚火併劉虞割據幽州。

【注　釋】❶積不相能　久不和睦，矛盾很深。❷稍節其稟假　謂漸漸減少對公孫瓚的供給和借貸。❸驛使　驛站傳送文書之吏。❹上　上奏。❺朝廷依違　謂劉虞上奏則依劉虞而違公孫瓚，公孫瓚上奏又依公孫瓚而違劉虞，朝廷沒有一定的是非標準。❻薊　縣名，縣治在今北京城西南，為幽州牧的治所。❼部伍　隊伍，指有組織的編隊。❽伯珪　公孫瓚字伯珪。❾簡募　選拔募集。❿居庸　縣名，縣治在今北京市延慶。⓫掾　漢代長官自任用的佐治官吏。⓬尾敦　人名，劉虞的下屬官吏。⓭北州　指幽州。⓮流舊　流，指他州流入幽州之人。舊，指幽州的土著。⓯難其人　謂難找到合適的人。⓰田疇　字子泰，右北平無終（今天津薊縣）人，後應曹操召辟，助征烏桓有功，但終不受封爵。傳見《三國志》卷十一。⓱具　備辦。⓲家客　依附豪強之人。⓳西關　即居庸關，在今北京市昌平西北。⓴塞　邊界險要地。㉑傍　靠近。這裡是謂沿著。㉒北山　即陰山。㉓趣　趨赴。㉔朔方　郡名，治所朔臺，在今內蒙古杭錦旗北。㉕間道　小路。㉖騎都尉　官名，掌羽林騎兵。㉗蒙塵　皇帝流亡在外稱「蒙塵」。㉘荷佩　承受、接受之意。㉙報　回答。㉚比至　及至。㉛謁祭　拜祭。㉜章表　當依下文作「章報」，即回答的文書。㉝購求　懸賞捉拿。㉞君　古代下級官吏可稱上級長官為君，自己稱為臣。㉟燕趙　大體指當時幽、冀二州而言。㊱徐無山　右北平郡徐無縣有徐無山。徐無縣治在今河北遵化東。㊲諍訟　猶言訴訟。㊳班　頒布。㊴翕然　和順貌。㊵辛丑　十二月二十三日。㊶乙巳　十二月二十七日。㊷張喜　東漢末大臣。汝南細陽（今安徽太和東南）人。獻帝時自衛尉升為司空。李傕、郭汜相攻，張喜從中調解，被郭汜扣留。後隨曹操入許昌。建安元年（西元一九六年），曹操罷喜以自代。其事散見《後漢書》卷九〈孝獻帝紀〉。

【校　記】①興　原作「與」。據章鈺校，孔天胤本作「興」，今據改。

【語　譯】劉虞和公孫瓚有積怨互相不和，公孫瓚屢次與袁紹互相攻打，劉虞加以制止，但沒起作用，便稍微減少對公孫瓚的後勤供給。公孫瓚很生氣，屢屢違反劉虞的指令，又一再侵奪百姓。劉虞無法控制，於是派驛使奉上奏章陳述公孫瓚殘暴掠奪的罪狀，公孫瓚也上奏劉虞剋扣軍糧。兩人的奏章交替呈上，相互詆毀，朝廷只是應付而已。於是公孫瓚便在薊城東南建造小城居住。劉虞多次要會見他，公孫瓚都稱病不答應。劉虞擔心他終將叛亂，於是率其所屬兵馬共十萬人征討公孫瓚。這時公孫瓚的部下分散在外地，倉促之際挖開東城牆想逃走。劉虞的部隊沒有上下統屬系統，不熟悉戰事；劉虞又珍惜百姓的房屋，下令不許焚燒，告誡部下說：「不要傷害其他人，只殺公孫瓚一人而已。」一時圍攻不下。於是公孫瓚挑選募集勇士幾百人，趁風向縱火，逕直衝擊劉虞的部隊，劉虞的兵眾潰敗。劉虞和他的官屬向北逃到居庸縣，公孫瓚追擊，圍攻居庸城三日，城池陷落，俘獲了劉虞及其妻子兒女返回薊城，仍讓劉虞主管州府的文書。恰逢詔令派使者段訓來增擴劉虞的封邑，讓他總管六州的事務，任命公孫瓚為前將軍，封易侯。公孫瓚趁機誣陷劉虞先前與袁紹等共謀自立為天子，脅迫段訓在薊城街頭殺死劉虞及其妻子兒女。前常山國相孫瑾、常山掾張逸、張瓚等一起陪伴劉虞，破口大罵公孫瓚，然後一起被處死。公孫瓚把劉虞的首級傳送京城，劉虞以前的屬吏尾敦在路上劫奪了首級，送回安葬。劉虞因仁恩厚義深得民心，北部州郡的百姓不論是本地土著還是流亡來的，無不痛惜。

當初，劉虞想派使者送奏章到長安，卻難找到合適的人。大家都說：「右北平人田疇，二十二歲，雖然年輕，然而有奇才。」劉虞於是備上禮物，請他做自己的掾屬。備好車馬將要出發，田疇說：「現今道路阻塞不通，寇盜橫行，稱為官方的使者，容易引起眾人注目。我願以私人的身分上路，只要能到達長安就行了。」劉虞接受了他的建議。田疇從自己的門客中挑選了二十名騎士，一起去西關，出了關塞，沿著北山而行，直奔朔方，順著小路到長安，完成了使命。

詔令任田疇為騎都尉。田疇認為天子正在流亡還未安定，自己不能享有這種榮寵，堅辭不受。田疇得到朝廷回覆的章報，立即奔馳而回，等回到幽州，劉虞已死。田疇拜祭劉虞墓，並擺上天子回覆的章報，灑淚離去。公孫瓚大怒，懸賞抓獲了田疇，對田疇說：「你不把章報送給我，為什麼？」田疇回答：「漢室衰敗，人人都懷有二心，只有劉公不失忠貞之節。章報的內容，對將軍來說沒有什麼稱美之詞，恐怕不是你喜歡聽到的，所以沒有呈送給你。而且將軍既殺害了無罪的上司，又仇恨他守節義的僚屬，我擔心燕、趙的士人都寧可跳東海而死，沒有誰願追隨你。」於是公孫瓚釋放了田疇。

田疇北行回到了無終縣，率領宗族及其附從者幾百人，掃地而盟誓說：「君主之仇不報，我就不能立足世上！」於是進入徐無山中，在深山險要的地方尋找一塊平地居住下來，親自耕作來奉養父母，百姓前來歸附，幾年的時間增至五千多家。田疇對他們的父老說：「現在聚集成城鎮，但沒有統一的領導，又沒有法制來管理，恐怕不是長久之計。我有一個計畫，願意和諸位一起來實行，可以嗎？」大家都說：「可以！」田疇於是制定約束的條文，凡相互殺傷、偷盜、因爭執而訴訟的人，按情節輕重定罪，最重的處死，總計十多條。又制定了婚姻嫁娶的禮節，興辦學校講授課程，在群眾中頒布實行，大家都覺得很方便，致使路不拾遺。北部邊境的百姓欣然敬服田疇的威信，烏桓、鮮卑各派使者來饋贈禮物。田疇都一律接受並加安撫，要他們不要侵擾搶掠。

十二月二十三日辛丑，發生地震。〇司空趙溫被免職。二十七日乙巳，任命衛尉張喜為司空。

【研析】本卷重點研析兩大問題：一、涼州兵團的終結；二、東漢末軍閥混戰格局的形成。分別來談。

涼州兵團的終結。董卓西遷被王允謀殺，但禍患未已，因為董卓的部曲涼州兵團未受損傷。所謂涼州兵團，是一支漢羌混合的隊伍。這支軍隊是董卓長期對西羌作戰中精心培植起來的部曲武裝，它的基幹是湟中義從羌和關中秦胡，有三萬餘人，擴充的部隊為漢人有十餘萬。董卓倚重的是涼州將、羌胡兵。董卓死後，擾亂長安的四大將李傕、郭汜、張濟、樊稠都是涼州人。董卓挾漢獻帝西遷，涼州主力部署在潼關以東防範關東諸侯。董卓死後，涼州將以李傕、郭汜為首，打著為董卓報仇的旗子殺向長安。西元一九二年六月，涼州兵攻破長安，殺王允等公卿百官及長安民眾一萬餘人。西元一九四年，馬騰、韓遂攻長安，又適值天旱大饑荒，穀一斗五十萬，豆麥一斗二十萬，人相食，白骨委積道路。西元一九五年，李傕、郭汜爭權，連月相攻，死者數萬。關中戶有數十萬，經過這場浩劫，「二三年間，關中無復人跡」。富庶的關中，遭涼州兵擾亂，一片荒殘。從西元一八九年八月董卓入洛，到西元一九八年四月李傕在長安覆滅，涼州兵在東漢末的歷史舞臺上活躍了整整十年，給古代的神州大地帶來了極大的破壞。關中和中原的經濟遭到極大的摧殘，人口死亡數百萬。「白骨露於野，千里無雞鳴」（曹操詩〈蒿里行〉）。這就是涼州兵在西漢四百年繁華的東西兩京製造的人間悲劇！當時傳播文化的書籍是用手寫的簡策帛書，傳播不廣，京師所藏，極為珍貴。不讀書的涼州兵，把珍貴的簡冊帛書毀壞，把縑帛文書製成帷囊，造成了無法彌補的損失。李傕、郭汜和他的主子董卓一樣，愈是兇殘，愈是加速自身的滅亡。他們在自相火併中殘殺。樊稠為李傕所殺，郭汜為其部將所殺，張濟出關攻戰死於穰縣。西元一九八年，曹操以天子名義命駐屯華陰的涼州將段煨討滅李傕，並夷其三族。伴隨李傕之死，涼州兵也就隨之消亡。

東漢末軍閥混戰格局的形成。東漢末年的軍閥混戰，從西元一九〇至一九九年（漢獻帝初平元年至建安四年），是十年大混戰時期，爭戰異常激烈，黃河兩岸，淮河之南，整個中原大地化為戰場，城邑村落變成廢墟。

東漢軍閥混戰的形成，有其遠因、近因和導火線三大原因。先說遠因。軍閥混戰是豪強地主集團割據性的一種表現。東漢豪強集團的興起是軍閥混戰的遠因。兩漢四百年的統一，地主經濟得到了高度發展。東漢開國者劉秀就出身貴族官僚地主家庭。他是漢高祖劉邦的九世孫。東漢開國的功臣，雲臺二十八將、三十二功臣、三百六十五功臣，大多出身「世吏二千石」，或為「鄉閭著姓」，是一個以南陽豪強為基幹的豪強集團。因此，東漢政權一建立，就顯示出嚴重的兼併性和割據性。它維護豪強地主的利益，造成土地高度集中。如貴族地主濟南王劉康，有田八百頃，奴婢多至一千四百多人。官僚地主鄭泰，有田四百頃。東漢政論家仲長統對東漢豪強地主經濟勢力的膨脹有著生動的描繪。他說：「漢朝中興以來，豪強富人，居住著幾百間富麗堂皇的深宅大院，佔據了大片肥沃的土地，役使著成千的奴婢和上萬的長工，妖童美妾充滿了內庭，女樂倡優排列於深堂。有的兼營商業，車船周遊各地，囤積居奇，貨物充滿都邑。他們的奇物寶貨堆滿了巨室，馬牛豬羊布滿了山谷。」（《後漢書·仲長統傳》）豪強地主不僅佔有巨大的財富，而且在地方上有很大的勢力，大都擁有自己的武裝，有的多達二三萬。有一官半職的豪強，倚勢作威作福，沒有官職的劣紳也武斷於鄉曲。

豪強們的榮耀逸樂不亞於王侯，他們的勢力顯赫與郡守縣令相匹敵。如果中央政權穩固，能夠有效地控制豪強地主，地方經濟愈發達，國家愈強大。反過來，如是中央政權削弱，國家對豪強控制失御，地方經濟愈發達，愈要與中央鬧獨立。東漢末年就是這一情況。

東漢軍閥混戰的近因，是黃巾大起義動搖東漢根基，加深加速了封建割據性。漢靈帝為了加強對黃巾的鎮壓，在西元一八八年採納劉焉的建議，改刺史為州牧。漢承秦制，地方行政為郡縣兩級，漢武帝加強對地方的控制，劃分全國為十三個部，每部即一州，設置十三個州刺史。州不是一級地方行政機構，刺史只起監察作用，由六百石的中級官充任。州刺史改為州牧，成為地方最高一級行政機構，有領兵治民之權，由二千石高官領牧。朝廷派劉焉為益州刺史，劉虞為幽州刺史，黃琬為豫州刺史。起初這三大州牧的設置，目的是加強對益州、豫州農民軍的鎮壓，以及對幽州張純叛亂的鎮壓。很快，州牧增設，各州牧便成了事實上各霸一方的土皇帝。各郡國守相，也趁機擴張勢力。因此，州牧的設置，加速了地方割據勢力的發展，軍閥混戰只差一根導火線來點燃了。

何進召軍閥董卓入京，點燃軍閥混戰的導火線被製造了出來。董卓擅廢立，點燃了導火線。西元一九〇年正月，東郡太守橋瑁，發起討伐董卓的戰爭，他假傳京師三公的手諭，草擬討卓檄文，列數罪惡，布告各州郡牧守，同時起兵。後將軍南陽太守袁術，冀州牧韓馥，豫州刺史孔伷，兗州刺史劉岱，河內太守王匡，勃海太守袁紹，陳留太守張邈，東郡太守橋瑁，山陽太守袁遺，濟北相鮑信，共十路諸侯起兵，各有數萬兵馬，一致推舉袁紹為盟主。十路諸侯都在關東中原，所以史稱關東軍，又稱關東兵起。此外，長沙太守孫堅，率軍北上討董卓。曹操起兵陳留，與諸侯會合，稱奮武將軍。

關東軍盟主袁紹與王匡屯駐河內，張邈、劉岱、鮑信、橋瑁、袁遺、曹操屯駐酸棗，袁術、孫堅屯駐南陽，孔伷屯駐潁州，韓馥屯駐鄴城，為袁紹後援。關東軍從北、東、南三面擺開了對京師洛陽夾擊的態勢。關東軍十倍於董卓，又高舉堂皇正大之旗，討滅董卓易如反掌。但各路諸侯，同床異夢，每天飲酒宴會，不圖進取。曹操孤軍深入攻向滎陽，在汴水遭到董卓將徐榮阻擊，曹操寡不敵眾，大敗而歸。曹操到酸棗，指陳形勢，獻計說：「袁紹引河內之軍，攻佔孟津，在洛陽背後切斷董卓向西的退路，酸棗諸軍，攻取成皋、敖倉，控制轘轅、太谷的險要，深溝高壘，不與董卓決戰。袁術率南陽之軍，西入武關，據長安。這樣一來，董卓就會困死洛陽，一戰而定天下。」曹操當時尚有規復漢室之心，所以提出如此建議，並親冒矢石，奮勇先進。當時能左右局勢的袁紹、袁術兄弟，卻心懷貳志，只作攻擊姿態，逼使董卓西遷，不但不去挽救朝廷的敗沒，而且企圖藉董卓之手掃蕩漢天子朝廷勢力。袁氏兄弟，假討董卓之名，行割據之實，各路諸侯也坐觀形勢，擴充勢力。董卓從容撤出洛陽，浩劫兩京。漢獻帝西遷，中原無主，各路諸侯立即展開了火併。首先，劉岱殺橋瑁，奪了東郡。袁紹用計，引誘幽州公孫瓚南下攻擊冀州，逼使韓馥讓出冀州，袁紹自領冀州牧。作為盟主的袁紹，搶奪別人的地盤，關東軍聯盟不復存在，中原大地，軍閥混戰就這樣形成了。

卷第六十一

漢紀五十三 起閼逢閹茂（甲戌 西元一九四年），盡旃蒙大淵獻（乙亥 西元一九五年），凡二年。

【題解】本卷記事起西元一九四年，迄西元一九五年，凡二年。當漢獻帝興平元年至二年。兩年間軍閥大混鬥，烽煙遍及全國主要地區，主戰場有六處：河南、徐州、關中、淮南、江東、河北。袁紹與曹操聯手，袁紹戰河北，曹操戰河南，兩個背靠背互無後顧之憂。曹操戰河南，兩線作戰，一是屠徐州，打敗陶謙，陶謙困危憂死，讓州牧給劉備。二是曹操與呂布爭兗州，呂布不敵，敗投劉備，曹操穩固地保有兗州，在河南立足，成為顯赫大軍閥。袁紹戰河北與公孫瓚交戰，由於逼反臧洪，袁紹掉頭滅臧洪，自毀長城，公孫瓚趁機經營幽州。袁術經營淮南，孫策興起於江東。關中戰場主要是涼州兵團李傕與郭汜內訌，長安遭屠，獻帝趁機擺脫涼州兵團控制東歸，駐蹕河東。曹孫劉三家興起，孫劉兩家也已初見曙光。

孝獻皇帝丙

興平元年（甲戌 西元一九四年）

春，正月辛酉❶，赦天下。○甲子❷，帝加元服❸。二月戊寅❹，有司❺奏立長秋宮❻。詔曰：「皇妣❼宅兆❽未卜，何忍言後宮之選乎！」壬午❾，三公❿奏改葬皇妣王夫人，追上尊號曰靈懷皇后。

陶謙告急於田楷，楷與平原⓫相⓬劉備救之。備自有兵數千人，謙益以丹陽⓭兵四千，備遂去楷歸謙，謙表為豫州刺史，屯小沛⓮。曹操軍食亦盡，引兵還。

馬騰私有求於李傕，不獲而怒，欲舉兵相攻。帝遣使者和解之，不從。韓遂率眾來和騰、傕，既而復與騰合。諫議大夫⓯种邵⓰、侍中⓱馬宇、左中郎將⓲劉範謀使騰襲長安，己為內應，以誅傕等。壬申⓳，騰、遂勒兵屯長平觀⓴。邵等謀泄，出奔槐里㉑。傕使樊稠、郭汜及兄子利擊之，騰、遂敗走，還涼州。又攻槐里，邵等皆死。庚申㉒，詔赦騰等。夏，四月，以騰為安狄將軍㉓，遂為安降將軍。

曹操使司馬荀彧、壽張㉔令程昱㉕守鄄[1]城，復往攻陶謙，遂略地至琅邪、東海㉖，所過殘滅㉗。還，擊破劉備於郯東。謙恐，欲走歸丹陽。會陳留太守張邈叛操迎呂布，操乃引軍還。

初，張邈少時好游俠，袁紹、曹操皆與之善。及紹為盟主㉘，有驕色。邈正議責紹，紹怒，使操殺之。操不聽，曰：「孟卓㉙，親友也，是非當容之。今天下未定，奈何自相危也！」操之前攻陶謙，志在必死，敕家曰：「我若不還，往依孟卓。」後還見邈，垂泣相對。

陳留高柔㉚謂鄉人曰：「曹將軍雖據兗州，本有四方之圖，未得安坐守也。而張府君㉛恃陳留之資，將乘閒㉜為變。欲與諸君避之，何如？」眾人皆以曹、張相親，柔又年少，不然其言。柔從兄幹㉝自河北呼柔，柔舉宗從之。

呂布之捨袁紹從張楊也，過邈，臨別，把手共誓。紹聞之，大恨。邈畏操終為紹殺己也，心不自安。前九江太守陳留邊讓㉞嘗譏議操，操聞而殺之，并其妻子。讓素有才名，由是兗州士大夫皆恐懼。陳宮性剛直壯烈㉟，內亦自疑，乃與從事中郎㊱許汜、王楷及邈弟超共謀叛操。宮說邈曰：「今天下分崩，雄傑並起，君以千里之眾，當四戰之地㊲，撫劍顧眄[2]，亦足以為人豪，而反受制於人，不亦鄙乎！今州軍東征㊳，其處空虛，呂布壯士，善戰無前，若權㊴迎之，共牧兗州，觀天下形勢，俟時事之變，此亦縱橫㊵之一時也。」邈從之。

時操使宮將兵留屯東郡㊶，遂以其眾潛迎布為兗州牧。布至，邈乃使其黨劉翊告荀彧曰：「呂將軍來助曹使君㊷擊陶謙，宜亟㊸供其軍食。」眾疑惑。彧知邈為亂，即勒兵設備，急召東郡太守夏侯惇[44]於濮陽。惇來，布遂據濮陽。時操悉軍攻陶謙，留守兵少，而督將[45]、大吏[46]多與邈、宮通謀。惇至，其夜，誅謀叛者數十人，眾乃定。

豫州刺史郭貢率眾數萬來至城下，或言與呂布同謀，眾甚懼。貢求見荀彧，彧將往，惇等曰：「君一州鎮[47]也，往必危，不可。」彧曰：「貢與邈等，分非素結[48]也，今來速，計必未定；及其未定說之，縱不為用[49]，可使中立。若先疑之，彼將怒而成計。」貢見彧無懼意，謂鄄城未易攻，遂引兵去。

是時，兗州郡縣皆應布，唯鄄城、范、東阿不動。布軍降者言：「陳宮欲自將兵取東阿，又使氾嶷取范[50]。」吏民皆恐。程昱本東阿[51]人，彧謂昱曰：「今舉州皆叛，唯有此三城，宮等以重兵臨之，非有以深結其心，三城必動。君，民之望也，宜往撫之。」昱乃歸過范，說其令靳允曰：「聞呂布執君母、弟、妻子，孝子誠不可為心[52]。今天下大亂，英雄並起，必有命世[53]能息天下之亂者，此智者所宜詳擇也。得主者昌，失主者亡。陳宮叛迎呂布而百城皆應，似能有為，然以君觀之，布何如人哉？夫布麤中[54]少親，剛而無禮，匹夫之雄耳。宮等以勢假合，不能相君[55]也，兵雖眾，終必無成。曹使君智略不世出[56]，殆天所授。君必固范，我守東阿，則田單57之功可立也。孰與違忠從惡而母子俱亡乎？唯58君詳慮之！」允流涕曰：「不敢有貳心。」時氾嶷已在縣，允乃見嶷，伏兵刺殺之，歸，勒兵自守。

徐眾59評曰：「允於曹公未成君臣，母至親也，於義應去。衛公子開方60仕齊，積年不返，管仲以為不懷其親，安能愛君。是以求忠臣必於孝子之門。允宜先救至親。徐庶61母為曹公所得，劉備遣庶歸北，欲為天下者恕62人子之情也。曹公亦宜遣允。」

昱又遣別騎絕倉亭津63，陳宮至，不得渡。昱至東阿，東阿令穎川棗祗64已率厲65吏民拒城堅守，卒完66三城以待操。操還，執昱手曰：「微子之力67，吾無所歸矣！」表昱為東平68相，屯范。呂布攻鄄城不能下，西屯濮陽69。曹操曰：「布一旦得一州，不能據東平，斷亢父70、泰山之道，乘險要71我，而乃屯濮陽，吾知其無能為也。」乃進攻之。

【章旨】以上為第一段，寫曹操征徐州，暴虐殘民，被呂布抄了後路，丟失兗州。幸虧荀彧、程昱應變有方，才保留了三城的根據地。

【注釋】❶辛酉　正月十三日。❷甲子　正月十六日。❸元服　冠；帽。❹戊寅　二月初一。❺有司　主管部門。古代設官分職，各有專司，故主管官吏亦稱為有司。❻長秋宮　漢代皇后所居有長秋宮，臣下以長秋宮代指皇后。❼皇妣　指漢獻帝死去的母親王夫人。❽宅兆　墓地的界址。❾壬午　二月初五日。❿三公　東漢以太尉、司徒、司空為三公。⓫平原　王國名，治所平原，在今山東平原縣西南。⓬相　官名，中央政府委派的執掌王國行政大權的長官，相當於郡太守。⓭丹陽　郡名，治所宛陵，在今安徽宣城。按，丹陽郡與丹陽縣之「陽」，均應從木，作「楊」，因丹楊縣中多赤柳，故名「丹楊」。後來書籍中多作「丹陽」，嚴格說來是不正確的。說見姚鼐《惜抱軒筆記》卷六。⓮小沛　沛為縣名，縣治在今江蘇沛縣。因當時沛縣屬沛國，故時人稱之為小沛。又按，豫州刺史的治所本在譙縣（今安徽亳州），而陶謙表劉備為豫州刺史，卻駐屯小沛，當時又有豫州刺史郭貢，可見朝命不行，各地私自委任官吏。⓯諫議大夫　官名，屬光祿勳，掌議論。⓰种邵　字申甫，中平末為諫議大夫。⓱侍中　官名，職在侍從皇帝，應對顧問。⓲左中郎將　官名，漢代於光祿勳下置左、右、五官三署中郎將，統領皇帝侍衛軍。⓳壬申　二月戊寅朔，無壬申。⓴長平觀　鄉亭名，又名長平坂、長平阪。故址在今陝西涇陽南，去長安五十里。㉑槐里　縣名，縣治在今陝西興平東南。㉒庚申　二月戊寅朔，無庚申。按《後漢書》卷九〈獻帝紀〉，馬騰、韓遂與郭汜、樊稠戰於長平觀在興平元年三月，則此戰後之赦詔也必在三月，《通鑑》於「庚申」前漏書「三月」二字。三月庚申為三月十三日。㉓安狄將軍　安狄將軍與下文安降將軍均為此時暫置之雜號將軍，後世不復再置。㉔壽張　縣名，縣治在今山東東平西南。㉕程昱　字仲德，東郡東阿（今山東陽穀東北）人，曹操為兗州牧，始受命為官。漢獻帝遷許都後，為尚書。曹魏初為衛尉。傳見《三國志》卷十四。㉖東海　郡名，治所郯縣，在今山東郯城西北。㉗殘滅　《三國志》卷一〈武帝紀〉作「殘戮」。㉘盟主　指關東起兵討董卓之盟主。㉙孟卓　張邈字孟卓。㉚高柔　字文惠，陳留圉縣（今河南杞縣南）人，曹操平河北後始為官。曹魏初為廷尉。魏明帝時多所匡正，後為三公。傳見《三國志》卷二十四。㉛張府君　指張邈。漢代人稱郡太守為府君。㉜乘間　乘間隙；遇機會。㉝幹　高幹，袁紹外甥，時從袁紹在河北，後被紹委為并州牧。㉞邊讓　字文禮，陳留浚儀（今河南開封）人，善辭章，有才名，為孔融、王朗、蔡邕等名士所推崇。初為大將軍何進所召辟，後為九江太守。初平中去官歸家。曾有輕侮曹操之言，曹操因使郡太守殺之。傳見《後漢書》卷八十下。㉟壯烈　勇敢有氣節。㊱從事中郎　官名，為將軍之屬官，職責是參謀議論。此處指奮武將軍曹操之從事中郎。㊲四戰之地　謂四面平坦，無險可守，四面容易受攻擊之地。㊳州軍東征　指曹操帶兗州軍征徐州。㊴權　姑且；暫且。㊵縱橫　謂任意馳騁發展。㊶東郡　郡名，治所濮陽，在今河南濮陽西南。㊷使君　東漢人對州牧郡守之尊稱。時曹操領兗州牧，劉翊遂稱他為曹使君。㊸亟　急速。㊹夏侯惇　字元讓，沛國譙縣（今安徽亳州）人，隨曹操起兵，為曹操之主要將領。建安中為河南尹、伏波將軍、前將軍、大將軍等職。傳見《三國志》卷九。㊺督將　指領兵的將領。㊻大吏　指掌管州郡事的官吏。㊼鎮　鎮守者。㊽分非素結　本來平素之間就無結交。㊾縱不為用　即使不為我所用。㊿范　縣名，縣治在今河南范縣東南。(51)東阿　縣名，縣治在今山東陽穀東北。(52)孝子誠不可為心　意謂孝子真不能忍心如此。(53)命世　謂經邦濟世之人。(54)麤中　粗暴。「麤中少親」一語，見《韓非子・十過》。(55)不能相君　謂陳宮、呂布等人之間不能相互確定君臣關係。(56)不世出　謂非世所常有。(57)田單　戰國時齊將。齊湣王時，燕昭王使樂毅攻破齊國，連下七十餘城，齊湣王出奔。田單固守即墨（今山東平度東南）以拒燕。燕昭王死後，子惠王立，田單遂施反間計，燕惠王果罷樂毅而用騎劫，田單遂用火牛陣擊敗燕軍，一舉收復七十餘城。齊國即以田單為相國，封安平君。事見《史記》卷八十二〈田單列傳〉。(58)唯　表示希望。(59)徐眾　東晉人，撰有《三國志評》三卷。(60)開方　春秋時衛國公子，至齊國，為齊桓公寵臣。管仲臨死前，齊桓公問誰可為相，管仲說：「知臣莫如君。」齊桓公說：「開方如何？」管仲說：「倍（即背）親以適君，非人情，難近。」後來開方與易牙、豎刁果然亂齊。事見《史記》卷三十二〈齊太公世家〉。(61)徐庶　字元直，潁川（治所陽翟，在今河南禹州）人，初平中避難至荊州，與諸葛亮、崔州平、石廣元等友善，後向劉備推薦諸葛亮。曹操破荊州，擄獲其母，遂辭劉備投曹操。事附見《三國志》卷三十五〈諸葛亮傳〉。(62)恕　寬容。(63)倉亭津　渡口名，為當時的黃河渡口，在范縣界，距東阿六十里。(64)棗祗　潁川人，從曹操起兵，為東阿令、陳留太守，後又為羽林監、屯田都尉。建安元年（西元一九六年）建議曹操實行屯田，解決了當時軍糧匱乏的難題，為曹操統一北方奠定了物質基礎。事附見《三國志》卷十六〈任峻傳〉。(65)厲　同「勵」。勉勵。(66)卒完　終於完全保住。(67)微子之力　無你之力。(68)東平　王國名，治所無鹽，在今山東東平東。此時程昱暫屯范縣。(69)濮陽　縣名，縣治在今河南濮陽西南。(70)亢父　縣名，縣治在今山東濟寧南。亢父之道很險要，戰國時蘇秦曾說：「亢父之險，車不得方軌（兩車並行叫方軌），騎不得比行（即並行）。」（見《戰國策・齊策一》）曹操從徐州歸兗州要經過此道。(71)要　通「邀」。中途攔截。

【校　記】[1]鄄　原誤作「甄」。胡三省注云：「『甄』當作『鄄』。」可參閱上卷「鄄城」校記。[2]盼　據章鈺校，甲十一行本、乙十一行本皆作「眪」。

【語　譯】孝獻皇帝丙

興平元年（甲戌　西元一九四年）

春，正月十三日辛酉，大赦天下。〇十六日甲子，獻帝舉行加冠禮。

二月初一日戊寅，主管部門奏請冊立皇后。獻帝下詔說：「皇母的墓地還沒有選定，怎麼忍心談論選立皇后的事呢！」初五日壬午，三公上奏改葬皇母王夫人，追加尊號為靈懷皇后。

陶謙向田楷告急，田楷與平原相劉備救援陶謙。劉備自有數千人馬，陶謙增給他四千名丹陽兵，劉備於是離開田楷歸附陶謙，陶謙表奏劉備為豫州刺史，駐屯小沛。曹操軍糧也耗盡了，領兵退回。

馬騰因私事有求於李傕，沒有獲得應允而憤怒，想發兵進攻李傕。獻帝派使者從中和解，都不肯聽從。韓遂領兵來和解馬騰、李傕，既而又和馬騰聯合。諫議大夫种卲、侍中馬宇、左中郎將劉範策劃唆使馬騰偷襲長安，自己為內應，以誅殺李傕等人。二月壬申日，馬騰、韓遂領兵屯駐長平觀。种卲等人密謀洩漏，出逃到槐里。李傕派樊稠、郭汜及兄子郭利攻擊馬騰、韓遂，馬、韓戰敗，退回涼州。樊稠等又進攻槐里，种卲等人都被殺。庚申日，詔令赦免馬騰等。夏，四月，任命馬騰為安狄將軍，韓遂為安降將軍。

曹操派司馬荀彧、壽張縣令程昱守衛鄄城，自己率軍再次攻打陶謙，於是攻掠琅邪、東海，所過之地殘破毀滅。曹操回軍，在郯縣東打敗劉備。陶謙驚恐，想逃歸丹陽。恰逢陳留太守張邈背叛曹操迎接呂布，曹操於是率軍返回。

起初，張邈年輕時喜歡仗義行俠，袁紹、曹操都和張邈友善。等到袁紹成為關東軍盟主，有了驕傲的神色。張邈以正義之道責備袁紹，袁紹大怒，派曹操去殺張邈。曹操不聽命，說：「張孟卓是我親密的朋友，即使生些是非，也應當寬容。如今天下尚未安定，怎麼可以自相殘殺呢！」曹操在此之前進攻陶謙時，決心以死相拼，於是叮囑家人說：「我如果不能生還，你們去投靠張孟卓。」事後，曹操回來見了張邈，兩人相對流淚。

陳留人高柔對鄉親們說：「曹將軍雖然據有兗州，但他本來就有圖謀四方的大志，不可能安然坐守兗州。而張邈太守依恃陳留為資本，必將乘機發動變亂。我想和各位一起逃避，怎麼樣？」大家都認為曹、張兩人關係親密，高柔又年輕，因此不相信高柔的話。高柔的堂兄高幹在河北招喚高柔，高柔帶著全族的人去追隨高幹。

呂布背棄袁紹追隨張楊的時候，拜訪張邈，臨別，兩人攜手一同發誓。袁紹聽說此事，十分惱怒。張邈畏懼曹操終會為袁紹殺害自己，心不自安。原九江太守陳留郡人邊讓，曾經譏諷過曹操，曹操聽到後殺了邊讓，還殺了他的妻兒。邊讓一向很有才名，因此兗州的士大夫都很恐懼。陳宮性格剛烈正直，內心也產生疑懼，於是與從事中郎許汜、王楷，以及張邈的弟弟張超，共同謀議背叛曹操。陳宮勸張邈說：「如今天下分崩離析，豪傑並起，你擁有千里區域的民眾，處於四戰之地，按劍環視，也足以成為人中豪傑，卻反而受人控制，不是太卑屈了嗎！現在兗州大軍東征，後方空虛，呂布是個壯士，英勇善戰無人可擋，如果姑且迎他前來，共同治理兗州，觀察天下的形勢，等待時局的變化，這是縱橫天下的一個好時機。」張邈聽從了。

當時曹操派陳宮領兵留守東郡，於是率這支人馬悄悄迎接呂布為兗州牧。呂布到來，張邈便派他的同黨劉翊告訴荀彧說：「呂將軍前來幫助曹使君征討陶謙，應當趕快供給他軍糧。」大家疑惑不解。荀彧知道張邈將叛亂，立即部署兵力設置防衛，緊急叫留守濮陽的東郡太守夏侯惇趕來。夏侯惇前來，呂布隨即佔據了濮陽。當時曹操以全部兵力攻打陶謙，留守的兵很少，而軍中的將領、行政長官很多與張邈、陳宮通謀。夏侯惇趕到鄄城的當天夜裡，殺死了幾十個陰謀叛亂的人，人們才安定下來。

豫州刺史郭貢率領幾萬兵眾來到鄄城之外，有人說郭貢與呂布同謀，眾人非常恐懼。郭貢請求與荀彧見面，荀彧將要前往，夏侯惇等人說：「您是一州的鎮守重臣，前去一定很危險，不可以去。」荀彧說：「郭貢與張邈等人，平時並無結交，現在又來得這麼快，計謀一定還沒有酌定；趁他計謀還沒定之時去勸說他，即使不能為我所用，也可使他中立。如果我們先懷疑他，他將會在一怒之下而促成其謀。」郭貢看到荀彧沒有絲毫的懼意，認為鄄城不容易攻破，於是領兵退走。

這時，兗州各郡縣都響應呂布，只有鄄城、范縣、東阿縣沒有動搖。呂布軍中歸降的人說：「陳宮想親自領兵攻取東阿，另派氾嶷奪取范縣。」官民都很恐懼。程昱本是東阿人，荀彧對程昱說：「如今全兗州都背叛了，只剩下這三個城池，陳宮等人派大軍壓境，如果我們沒辦法深深凝聚軍民的心，這三座城一定會動搖。您程昱是東阿百姓敬仰的人，應當前去安撫他們。」程昱於是回返，途經范縣，勸導縣令靳允說：「聽說呂布拘捕了你的母親、弟弟、妻子兒女，您作為一個孝子，實在不能忍心。現今天下大亂，英雄並起，一定會有命世大才能夠平息天下大亂的人，這是智者應當認真選擇的啊。得到好主公就能昌盛，失去好主公就會滅亡。陳宮叛變迎接呂布，得到百城的響應，似乎要有所作為，但是據你觀察，呂布是一個什麼樣的人呢？我以為呂布是個粗暴而缺少親信的人，剛烈而無禮，只是個匹夫中的梟雄罷了。陳宮等人迫於形勢而權宜聯合，他們之間不能確立君臣關係，兵眾雖然多，最終必定一事無成。曹使君的智慧謀略世間少有，大概是上天所授。你一定要固守范縣，我程昱守住東阿，就可以建立田單那樣的功勞。這與背叛忠正追隨惡人而母子都遭滅亡相比，哪條路好呢？希望你認真考慮！」靳允涕淚俱下地說：「不敢有二心。」這時氾嶷已在范縣，靳允於是會見氾嶷，埋伏士兵刺死他，靳允回到縣城，部署軍隊防守。

徐眾評論說：「靳允與曹操之間並未確立君臣關係，而母親卻是至親，按道義靳允應該離開曹操。從前衛國公子開方在齊國做官，多年不回，管仲認為一個不懷念親人的人，哪能愛他的君主。因此，尋求忠臣，一定要到孝子之家。靳允應該先去拯救母親。徐庶的母親被曹操抓獲，劉備就派徐庶回北方救母，想要取得天下的人體諒人子之情。曹操也應該派靳允去救他的母親。」

程昱又派出一支騎兵斷絕倉亭津，陳宮到達，不能渡河。程昱到了東阿，東阿縣令潁川人棗祗已經率領並鼓動官民堅守城池，終於完好地保住了東阿、范縣、鄄城三座城池等待曹操。曹操返回後，緊握程昱的手說：「若沒有您的努力，我就無處可歸了！」曹操上表推舉程昱為東平相，屯駐范縣。呂布進攻鄄城未能攻下，於是西進駐守濮陽。曹操說：「呂布一天就得到了一個州，他不知道佔領東平，切斷亢父、泰山之間的通道，扼守險要來攔擊我，卻竟然屯駐濮陽，我就斷定他不會有什麼作為。」於是進兵攻打呂布。

五月，以揚武將軍郭汜為後將軍❶，安集將軍❷樊稠為右將軍，並開府❸如三公，合為六府❹，皆參選舉。李傕等各欲用其所舉，若一違之，便忿憤喜怒❺，主者❻患之，乃以次第用其所舉。先從傕起，汜次之，稠次之，三公所舉，終不見用。

河西❼四郡❽以去涼州治遠，隔以河寇，上書求別置州。六月丙子❾，詔以陳留邯鄲商為雍州❿刺史，典治之。

丁丑⓫，京師地震。戊寅⓬，又震。○乙酉晦⓭，日有食之。

秋，七月壬子⓮，太尉朱儁免。○戊午⓯，以太常楊彪為太尉，錄尚書事⓰。○甲子⓱，以鎮南將軍⓲楊定為安西將軍，開府如三公。

自四月不雨至于是月，穀一斛直⓳錢五十萬，長安中人相食。帝令侍御史⓴侯汶出太倉㉑米豆為貧人作糜㉒，餓死者如故。帝疑稟賦㉓不實，取米豆各五升於御前作糜，得二盆。乃杖汶五十，於是悉得全濟。

八月，馮翊羌㉔寇屬縣，郭汜、樊稠等率眾破之。

呂布有別屯㉕在濮陽西，曹操夜襲破之。未及還，會布至，身自搏戰，自旦至日昳㉖數十合，相持㉗甚急。操募人陷陳，司馬陳留典韋㉘將應募者進當㉙之。布弓弩亂發，矢至如雨。韋不視，謂等人㉚曰：「虜來十步，乃白之。」等人曰：「十步矣。」又曰：「五步乃白。」等人懼，疾言：「虜至矣！」韋持戟大呼而起，所抵無不應手倒者，布眾退。會日暮，操乃得引去。拜韋都尉㉛，令常將親兵數百人，繞大帳左右。

濮陽大姓田氏為反間，操得入城，燒其東門，示無反意。及戰，軍敗，布騎得操而不識，問曰：「曹操何在？」操曰：「乘黃馬走者是也。」布騎乃釋操而追黃馬者。操突火而出，至營，自力㉜勞軍㉝，令軍中促㉞為攻具，進，復攻之，與布相守百餘日。蝗蟲起，百姓大餓，布糧食亦盡，各引去。九月，操還鄄城。布到乘氏㉟，為其縣人李進所破，東屯山陽㊱。

冬，十月，操至東阿。袁紹使人說操，欲使操遣家居鄴。操新失兗州，軍食盡，將許之。程昱曰：「意者㊲將軍殆臨事而懼，不然，何慮之不深也！夫袁紹有并天下之心，而智不能濟也，將軍自度㊳能為之下乎？將軍以龍虎之威，可為之韓、彭㊴邪！今兗州雖殘，尚有三城，能戰之士，不下萬人，以將軍之神武㊵，與文若㊶、昱等收而用之，霸王之業可成也，願將軍更慮之。」操乃止。

十二月，司徒淳于嘉罷，以衛尉趙溫為司徒，錄尚書事。

馬騰之攻李傕也，劉焉二子範、誕皆死。議郎㊷河南龐羲素與焉善，乃募㊸將㊹焉諸孫入蜀。會天火燒城㊺，焉徙治成都㊻，疽㊼發背而卒。州大吏㊽趙韙等貪焉子璋溫仁(49)，共上璋為益州刺史，詔拜潁川扈瑁為刺史。璋將沈彌、婁發、甘寧(50)反，擊璋，不勝，走入荊州，詔乃以璋為益州牧。璋以趙韙為征東中郎將(51)，率眾擊劉表，屯朐䏰(52)。

徐州牧陶謙疾篤，謂別駕(53)東海(54)糜竺(55)曰：「非劉備不能安此州也。」謙卒，竺率州人迎備。備未敢當，曰：「袁公路(56)近在壽春(57)，君可以州與之。」典農校尉(58)下邳(59)陳登(60)曰：「公路驕豪，非治亂之主。今欲為使君(61)合步騎十萬，上可以匡主濟民，下可以割地守境。若使君不見聽許，登亦未敢聽使君也。」北海(62)相孔融(63)謂備曰：「袁公路豈憂國忘家者邪！冢(64)中枯骨，何足介意(65)！今日之事，百姓與能(66)，天與不取，悔不可追。」備遂領徐州。

【章旨】以上為第二段，寫呂布與曹操激戰爭兗州，劉備漁翁得利，陶謙臨終讓州牧，劉備第一次得徐州。

【注釋】❶後將軍　官名，位次於上卿，與前將軍、左將軍、右將軍掌京師兵衛和邊防屯警。❷安集將軍　官名，此時暫置的雜號將軍。❸開府　開建府署，辟置僚屬。漢制，惟三公可開府，而至東漢末，將軍亦可開府。❹六府　當時李傕為車騎將軍開府，再加郭汜、樊稠二府及三公之三府，共為六府。❺喜怒　好怒；易怒。❻主者　指主管人事之尚書。❼河西　地區名，指今甘肅、青海兩省黃河以西之地，亦即河西走廊與湟水流域地區。❽四郡　指武威、張掖、酒泉、敦煌等四郡。❾丙子　六月初一日。❿雍州　州名，漢武帝置十三部刺史時無雍州，東漢光武帝初，始在關中置雍州，後撤銷，復置司隸校尉，漢獻帝又於此時分涼州置雍州。雍州治所長安，即今陝西西安。涼州治所在武威姑臧，即今甘肅武威。⑪丁丑　六月初二日。⑫戊寅　六月初三日。⑬乙酉晦　六月丙子朔，晦日不是乙酉，《後漢書》卷九〈獻帝紀〉作「乙巳晦」，當是。乙巳，六月三十日。⑭壬子　七月初七日。⑮戊午　七月十三日。⑯錄尚書事　錄，總領之意。東漢以來，政歸尚書，錄尚書事即總攬朝政。⑰甲子　七月十九日。⑱鎮南將軍　與下文之安西將軍均為東漢之雜號將軍。⑲直　通「值」。價值。⑳侍御史　官名，掌察舉非法，受公卿百官奏事，有違失者則舉劾。㉑太倉　京城儲糧的大倉。㉒糜　粥。㉓稟賦　給與糧食。稟，通「廩」。㉔馮翊羌　部族名，東漢時分布在左馮翊的羌人部落。在今陝西北部一帶。㉕屯　營寨。㉖日昳　午後日偏斜之時。㉗相持　謂相持不下，勢均力敵。㉘典韋　陳留己吾（今河南寧陵西南）人，形貌魁梧，勇力過人，曹操之猛將。事見《三國志》卷十八〈典韋傳〉。㉙當　抵擋；抵敵。㉚等人　立等級招募人，夠等級者稱為等人。㉛都尉　官名，東漢於邊郡關塞之地設都尉，職如太守。其他都尉為臨時設置的一級領兵將領。此都尉亦是一級領兵將領。㉜自力　強自支持。㉝勞軍　慰問軍隊。㉞促　急速。㉟乘氏　侯國名，國治在今山東巨野西南。㊱山陽　郡名，治所昌邑，在今山東金鄉西北。㊲意者　料想。㊳度　忖度；意測。㊴韓彭　指秦末漢初之韓信、彭越。韓信初屬項羽，後歸劉邦，善將兵，為大將，助劉邦滅項羽。漢朝建立後，封為楚王，最後為呂后所殺。事見《史記》卷九十二〈淮陰侯列傳〉。彭越於秦末聚眾起兵，楚漢戰爭時將兵歸劉邦，助劉邦滅項羽。漢朝建立後，封為梁王。最後為劉邦所殺。事見《史記》卷九十〈魏豹彭越列傳〉。㊵神武　神明威武。㊶文若　荀彧字文若。㊷議郎　官名，郎官之一種，屬光祿勳，但不入值宿衛，得參與朝政議論。㊸募　招尋。㊹將　帶領；護送。㊺城　指緜竹縣城，在今四川德陽北黃許鎮。劉焉初為益州牧，治於此。㊻成都　縣名，縣治在今四川成都。㊼疽　人身上的一種毒瘡。㊽州大吏　統管州事之官吏。據《華陽國志》，當時趙韙為州帳下司馬。㊾溫仁　溫和仁慈。㊿甘寧　字興霸，巴郡臨江（今重慶市忠縣）人，後投關為晉名大將。(51)征東中郎將　官名，東漢位次於將軍的統兵將領稱中郎將。征東為其加號。(52)朐䏰　縣名，縣治在今四川雲陽西。(53)別駕　官名，即別駕從事史，州牧刺史的主要佐吏，主領眾事。州牧刺史巡行各地時，別乘傳車從行，故名別駕。(54)東海　郡名，郡治郯縣，在今山東郯城西北。(55)糜竺　字子仲，東海朐縣（今江蘇海州）人，竺為陶謙別駕，劉備領徐州牧，竺嫁妹於備。入蜀拜安漢將軍。(56)袁公路　袁術字公路。(57)壽春　縣名，縣治在今安徽壽縣。(58)典農校尉　官名，曹操於建安中推行屯田制，在屯田區設有典農校尉，職如太守。而在建安前陳登已為典農校尉，則此官在建安前已有，曹操係沿用舊稱，增其品秩。建安前之典農校尉管理州之農事。(59)下邳　縣名，治所在今江蘇睢寧西北。漢、魏歷為徐州、下邳國、下邳郡治所。(60)陳登　字元龍。初從陶謙為典農校尉，後從曹操為廣陵、東城太守，伏波將軍。事附見《三國志》卷七〈呂布傳〉。㉛使君　東漢人對州牧郡守之尊稱。時劉備為豫州刺史，故陳登稱他為使君。㉜北海　王國名，治所劇縣，在今山東昌樂西。㉝孔融　（西元一五三－二〇八年）字文舉，魯國（治所在今山東曲阜）人，孔子二十世孫。少即有重名，善為文，為建安七子之一。初為公府所辟，為司空掾、中軍候、虎賁中郎將。董卓專權，出為北海相。漢獻帝遷許後，為將作大匠、少府等。因多次譏諷反對曹操，為曹操所殺。傳見《後漢書》卷七十。㉞冢　墳墓。㉟介意　放在心上。㊱百姓與能　謂百姓擁護有能力的人。

【語　譯】五月，任命揚武將軍郭汜為後將軍，安集將軍樊稠為右將軍，都與三公一樣開設府署，與三公一起合稱為六府，參與選舉。李傕等人要任用自己所舉薦的人，如果一有違背，就非常惱怒，大發脾氣，主管選舉的尚書十分頭疼。於是按次序來任用他們選舉的人。先任用李傕的人，郭汜次之，樊稠再次之，三公舉薦的人，始終不被任用。

河西四郡因距涼州的治所太遠，又被黃河寇盜隔絕，所以上書請求另設州府。六月初一日丙子，詔書任用陳留人邯鄲商為雍州刺史，掌管河西四郡的治理。

六月初二日丁丑，京師地震。初三日戊寅，京師又一次地震。〇最後一天乙酉日，發生日蝕。

秋，七月初七日壬子，太尉朱儁被免職。〇十三日戊午，任命太常楊彪為太尉，錄尚書事。〇十九日甲子，任命鎮南將軍楊定為安西將軍，設置府署如三公。

從四月以來未下雨，一直到七月。穀一斛售價高達五十萬錢，長安城中人相食。皇帝詔令侍御史侯汶調出太倉的米、豆為貧民熬粥，可是餓死的人依然如故。皇帝懷疑賑濟的糧食數量不實，於是取出米、豆各五升，在御案前熬粥，熬得粥二盆。於是侯汶被杖打了五十棍，貧民才都得到了救濟。

八月，馮翊的羌人侵擾所屬各縣，郭汜、樊稠等率軍擊敗了羌人。

呂布另一支部隊駐在濮陽西面，曹操趁夜偷襲擊敗了它。還沒來得及撤回，恰巧呂布趕到，呂布親自上陣格鬥，從早晨一直打到日頭偏西，戰了幾十個回合，相持不下，十分危急。曹操招募人衝鋒陷陣，司馬陳留人典韋帶領應募的人上前抵擋呂布。呂布軍中弓弩亂發，箭如雨下。典韋看都不看，對應募的人說：「賊人距我們十步，才報告我。」應募的人說：「已經十步了。」又說：「五步時才報告。」應募的人很害怕，趕緊喊：「賊人到了！」典韋手持戰戟大喊一聲躍起，所到之處，敵人無不應手倒下，呂布的兵眾後退。直到黃昏，曹操才得以率兵撤離。於是任命典韋為都尉，讓他經常率領幾百名親兵，環繞在自己的大帳周圍。濮陽的大姓田氏為曹操反間，曹操才得以進入濮陽城，隨後燒毀了城的東門，表示絕不後退的意思。等到交戰，曹操兵敗，呂布的騎兵擒獲曹操卻不認識，問道：「曹操在哪裡？」曹操回答說：「那個騎黃馬逃走的人就是。」呂布的騎兵便放了曹操去追趕那個騎黃馬的人。曹操衝出火圍逃走，到了營地，親自慰問部眾，命令軍中趕快製造攻城的器械，軍隊前進，再次攻打濮陽城，與呂布相持了一百多天。這時發生蝗災，百姓極為飢餓，呂布的軍糧也用完，於是各自率兵離去。九月，曹操回到鄄城，呂布兵至乘氏縣，被本縣人李進打敗，向東屯駐山陽縣。

冬，十月，曹操到達東阿縣。袁紹派人勸說曹操，想讓曹操把家屬遷居鄴城。曹操因剛丟掉兗州，軍糧用盡，準備同意袁紹的建議。程昱說：「我料想將軍您大概因面臨當前的艱難局面而憂懼，不然的話，為什麼會考慮得這麼不深啊！袁紹有吞併天下的野心，但他的智力達不到，將軍您捫心自問，能處在他的下面嗎？將軍您有龍虎之威，難道可以做他的韓信、彭越嗎！今日兗州雖然殘破，但還有三城，能作戰的士兵不下萬人，憑著將軍的神武，加之荀彧和我程昱等人被您收用，可以成就霸王的功業，希望將軍重新考慮。」曹操這才擱置了袁紹的建議。

十二月，司徒淳于嘉被免職，任命衛尉趙溫為司徒，錄尚書事。

在馬騰攻擊李傕時，劉焉的兩個兒子劉範、劉誕都被殺死。議郎河南人龐羲一向跟劉焉友善，於是募人護送劉焉的幾個孫子進入蜀郡。正逢雷火燒了緜竹城，劉焉把治所遷到成都，不久因背生毒瘡而死。州中主事的官員趙韙等貪圖劉焉兒子劉璋溫厚仁愛，共同上疏舉薦劉璋為益州刺史，詔書卻任命潁川人扈瑁為益州刺史。劉璋的部將沈彌、婁發、甘寧反叛，攻打劉璋，沒有獲勝，逃入荊州，朝廷這才任命劉璋為益州牧。劉璋任命趙韙為征東中郎將，率軍攻打劉表，駐守在朐䏰縣。

徐州牧陶謙病重，對別駕東海人麋竺說：「除非劉備，沒有誰能安定這個州。」陶謙去世，麋竺率領徐州百姓迎接劉備。劉備不敢承當，說：「袁術近在壽春，你可以把徐州交給他。」典農校尉下邳人陳登說：「袁術驕橫，不是治理亂世的英主。現今我們打算為您收聚步兵、騎兵十萬，這樣上可以輔佐君主救濟萬民，下可以割據一方自守。如果使君您不答應我的要求，我也不敢聽命於使君。」北海相孔融對劉備說：「袁術哪是憂國忘家的人啊！他不過是墳墓中的枯骨，不值得放在心上！現在這種局面，是百姓擁護賢能的人，上天賜予而不取，後悔莫及。」劉備這才領有徐州。

初，太傅馬日磾與趙岐俱奉使至壽春，岐守志不橈❶，袁術憚之。日磾頗有求於術，術侵侮之，從日磾借節❷視之，因奪不還，條❸軍中十餘人，使促辟❹之。日磾從術求去，術留不遣，又欲逼為軍師❺。日磾病❻其失節，嘔血而死。

初，孫堅娶錢唐吳氏，生四男策、權、翊、匡及一女❼。堅從軍於外，留家壽春。策年十餘歲，已交結知名。舒❽人周瑜❾與策同年，亦英達❿夙成⓫。聞策聲問，自舒來造焉，便推結分好⓬，勸策徙居舒，策從之。瑜乃推⓭道旁[1]大宅與策，升堂拜母⓮，有無通共。及堅死，策年十七，還葬曲阿⓯，已乃渡江⓰，居江都⓱，結納豪俊，有復讎之志。

丹陽太守會稽周昕與袁術相惡，術上策舅吳景領丹陽太守，攻昕，奪其郡，以策從兄賁為丹陽都尉⑱。策以母弟託廣陵張紘，徑到壽春見袁術，涕泣言曰：「亡父昔從長沙入討董卓，與明使君⑲會於南陽，同盟結好，不幸遇難，勳業不終。策感惟先人舊恩，欲自憑結，願明使君垂察其誠！」術甚奇之，然未肯還其父兵，謂策曰：「孤用貴舅為丹陽太守，賢從伯陽⑳為都尉，彼精兵之地，可還依召募。」策遂與汝南呂範㉑及族人孫河迎其母詣曲阿，依舅氏，因緣召募，得數百人。而為涇縣㉒大帥㉓祖郎所襲，幾至危殆㉔，於是復往見術。術以堅餘兵千餘人還策，表拜懷義校尉㉕。策騎士有罪，逃入術營，隱於內廄。策指使人就斬之，訖，詣術謝㉖。術曰：「兵人好叛，當共疾之，何為謝也！」由是軍中益畏憚之。術初許以策為九江太守，已而更用丹陽陳紀。後術欲攻徐州，從廬江㉗太守陸康求米三萬斛，康不與。術大怒，遣策攻康，謂曰：「前錯用陳紀，每恨本意不遂㉘。今若得康，廬江真卿㉙有也。」策攻康，拔之，術復用其故吏劉勳為太守，策益失望。

侍御史劉繇㉚，岱之弟也，素有盛名，詔書用為揚州刺史。州舊治壽春，術已據之，繇欲南渡江，吳景、孫賁迎置曲阿。及策攻廬江，繇聞之，以景、賁本術所置，懼為袁、孫所并，遂構嫌隙㉛，迫逐景、賁。景、賁退屯歷陽㉜，繇遣將樊能、于糜屯橫江㉝，張英屯當利口㉞以拒之。術乃自用故吏惠衢為揚州刺史，以景為督軍中郎將㉟，與賁共將兵擊英等。

【章　旨】以上為第三段，寫袁術經營淮南，孫堅之子孫策年少建功，嶄露頭角，為孫氏割據江東伏筆。

【注　釋】❶橈　屈從。❷節　皇帝給與使臣的憑證。❸條　一一開列。❹促辟　急促任用。❺軍師　官名，軍隊之高級參謀。❻病　痛恨。❼生四男策權翊匡及一女　孫策、孫權、孫翊、孫匡，為孫堅所生四子。孫策草創，平定江南，與其父孫堅同傳，見《三國志》卷四十六。孫權（西元一八二—二五二年），字仲謀。孫策死後，繼領其眾，仍據有江東六郡。建安十三年（西元二〇八年）與劉備聯合，大敗曹操於赤壁，奠定了三國鼎立的基礎。西元二二九年稱帝，國號吳，建都建業（今江蘇南京）。西元二二九—二五二年在位，死後謚為大皇帝。傳見《三國志》卷四十七。孫翊、孫匡二人均二十多歲卒。傳見《三國志》卷五十一。孫堅一女，史未載其名，民間傳說名孫尚香。❽舒　縣名，本春秋舒國，西漢置縣，東漢因之。治所在今安徽廬江縣西南。❾周瑜（西元一七五—二一〇年）字公瑾，廬江舒縣（今安徽廬江縣西南）人，少與孫策為友，後助孫策創立江東孫氏政權。孫策死後，與張昭同輔孫權，建安十三年率軍大破曹操於赤壁。後病卒。傳見《三國志》卷五十四。❿英達　英俊通達。⓫夙成　成熟得早。⓬推結分好　推分結好，互道身世，結為友好。⓭推　讓出。⓮升堂拜母　古時情誼深厚之友相訪時，往往進入後堂拜望友人之母，稱為升堂拜母。⓯曲阿　縣名，縣治在今江蘇丹陽。⓰江　長江。⓱江都　縣名，縣治在今江蘇江都西南。⓲都尉　官名，西漢時輔佐郡守並掌全郡軍事之官，東漢初廢除，僅在邊郡關塞之地置都尉，職如太守。袁術於此時以吳景為太守，孫賁為都尉，蓋仿西漢之制，仍以都尉輔助郡守並掌全郡軍事。⓳明使君　英明的使君。使君，亦東漢人對州牧郡守之尊稱。時袁術自為揚州刺史，故孫策稱他為明使君。⓴賢從伯陽　您的堂兄孫伯陽。從，指從兄。伯陽，孫賁字伯陽。㉑呂範　字子衡，汝南細陽（今安徽太和東）人，歸孫策後，屢立戰功。孫權時，為平南將軍、揚州牧等，又封南昌侯。傳見《三國志》卷六十五。㉒涇縣　縣名，縣治在今安徽涇縣西。㉓大帥　地方武裝豪強之頭領。㉔危殆　危險。㉕懷義校尉　官名，校尉為統兵之中級武官，懷義為其名號。㉖謝　謝罪。指入袁術營擅自殺騎士之事。㉗廬江　郡名，治所舒縣，在今安徽廬江縣西南。㉘遂　順，猶言如意。㉙卿　你。㉚劉繇　字正禮，東萊牟平（今山東蓬萊東南）人，後詔書又命為揚州牧、振武將軍，仍未能赴治所，不久病卒。傳見《三國志》卷四十九。㉛嫌隙　由猜疑而形成的仇怨。㉜歷陽　侯國名，王都在今安徽和縣。㉝橫江　渡口名，即橫江渡，在今安徽和縣之長江邊，正對馬鞍山市之采石。㉞當利口　在今安徽和縣東十二里。㉟督軍中郎將　官名，中郎將為東漢位次於將軍的統兵將軍，督軍為其稱號。

【校記】①旁　據章鈺校，甲十一行本、乙十一行本皆作「南」。

【語譯】當初，太傅馬日磾與趙岐一起奉天子的使命到壽春，趙岐堅守氣節，不肯屈服，袁術害怕他。馬日磾有求於袁術，遭到袁術的陵辱。袁術向馬日磾借符節觀賞，乘機奪走不還，並開列出軍中十幾人的名單，迫使馬日磾立即任用他們。馬日磾向袁術請求離開，袁術扣留他不放行，又想逼迫他做軍師。馬日磾為自己的失節而痛心，吐血而死。

起初，孫堅娶錢唐人吳氏，生了四個男孩，孫策、孫權、孫翊、孫匡，以及一個女兒。孫堅從軍在外，家眷留在壽春。孫策十幾歲時，已經和知名人士結交。舒縣人周瑜和孫策同歲，也英俊通達，很早成才。聞聽孫策的名聲，從舒縣前來拜訪，兩人互道身世結為好友。周瑜勸孫策遷居舒縣，孫策聽從了。周瑜讓出路邊的一處大宅給孫策，並親登後堂拜見孫策的母親，兩家互通有無。到孫堅死時，孫策年十七歲，他送父喪回曲阿縣安葬，然後才過長江，住在江都，結交豪傑，有為父報仇之志。

丹陽太守會稽人周昕與袁術交惡，袁術上表推薦孫策的舅舅吳景代理丹陽太守，進攻周昕，奪取丹陽郡，任命孫策堂兄孫賁為丹陽都尉。孫策把母親和弟弟們託付給廣陵人張紘，自己逕直往壽春拜見袁術，流著淚說：「亡父以前從長沙入中原討伐董卓，與英明的使君您在南陽相會，結成友好同盟，不幸遇難，功業未成。我孫策感念您與先人的舊恩，想歸附於您，望您明察我的誠意！」袁術對孫策的言行甚為驚奇，但不肯歸還他父親的部屬，對孫策說：「我任用你的舅父為丹陽太守，你的堂兄孫伯陽為都尉，丹陽是有精兵的地方，你可以回去依靠他們召募軍隊。」孫策於是和汝南人呂範以及孫氏同族人孫河到曲阿去迎接母親，依靠舅父，隨機召募兵馬，得到了幾百人。可是遭到涇縣本地武裝頭目祖郎的襲擊，幾乎陷於危急境地，於是再次去拜見袁術。袁術把孫堅餘部一千多人還給孫策，並表薦孫策為懷義校尉。孫策的騎士犯了罪，逃入袁術的軍營，藏身營中馬圈裡。孫策派人當場殺了這個騎士，事後，孫策到袁術那裡請罪。袁術說：「當兵的好背叛，這是我們共同痛恨的行為，還請什麼罪呢！」從此軍中更加畏懼孫策。袁術起初許諾任命孫策為九江太守，過後卻改用丹陽人陳紀。後來袁術想攻打徐州，向廬江太守陸康求三萬斛米，陸康不給。袁術大怒，派孫策攻打陸康，對孫策說：「以前錯用了陳紀，常常悔恨沒有實現本來的意願。現在如果你打敗了陸康，廬江就一定歸你所有。」孫策攻打陸康，攻下廬江，袁術又任他的舊吏劉勳為廬江太守，孫策更加失望。

侍御史劉繇是劉岱的弟弟，一向享有盛名，詔書任命他為揚州刺史。州治原在壽春，由於袁術已佔據了壽春，劉繇打算南進渡江，吳景、孫賁把劉繇迎到曲阿安置。等到孫策攻佔廬江，劉繇聽到了消息，認為吳景、孫賁本是袁術任命的人，害怕自己被袁術、孫策所吞併，因而形成仇怨，便逼走了吳景、孫賁。吳景、孫賁退守歷陽，劉繇派部將樊能、于糜屯守橫江，張英屯守當利口來抵抗吳景、孫賁。袁術於是自己任用舊吏惠衢為揚州刺史，以吳景為督軍中郎將，與孫賁一起率兵攻打張英等。

二年（乙亥　西元一九五年）

春，正月癸丑❶，赦天下。○曹操敗呂布於定陶❷。○詔即拜❸袁紹為右將軍❹。

董卓初死，三輔❺民尚數十萬戶。李傕等放兵劫掠，加以饑饉，二年間，民相食略盡。李傕、郭汜、樊稠各相與矜功❻爭權，欲鬬者數矣。賈詡每以大體❼責之，雖內不能善，外相含容。

樊稠之擊馬騰、韓遂也，李利戰不甚力。稠叱之曰：「人欲截汝父❽頭，何敢如此，我不能斬卿邪！」及騰、遂敗走，稠追至陳倉❾，遂語稠曰：「本所爭者非私怨，王家事耳。與足下州里人❿，欲相與善語而別。」乃俱卻騎，前接馬，交臂相加，共語良久而別。軍還，李利告傕：「韓、樊交馬⓫語，不知所道，意愛甚密。」傕亦以稠勇而得眾，忌之。稠欲將兵東出關⓬，從傕索⓭益兵。二月，傕請稠會議，便於坐殺稠，由是諸將轉相疑貳⓮。

傕數設酒請郭汜，或留汜止宿。汜妻恐汜愛傕婢妾，思有以間⓯之。會傕送饋⓰，妻以豉⓱為藥，擿⓲以示汜，曰：「一棲不兩雄⓳，我固疑將軍信李公也。」他日，傕復請汜，飲大醉，汜疑其有毒，絞糞汁⓴飲之，於是各治兵相攻矣。

帝使侍中、尚書和傕、汜，傕、汜不從。汜謀迎帝幸㉑其營，夜有亡者，告傕。三月丙寅㉒，傕使兄子暹將數千兵圍宮，以車三乘㉓迎帝。太尉楊彪曰：「自古帝王無在人家者，諸君舉事，柰何如是！」暹曰：「將軍計定矣！」於是羣臣步從乘輿㉔以出，兵即入殿中，掠宮人、御物。帝至傕營，傕又徙御府金帛置其營，遂放火燒宮殿、官府、居民㉕悉盡。帝復使公卿和傕、汜，汜留楊彪及司空張喜、尚書王隆、光祿勳劉淵、衛尉士孫瑞、太僕韓融、廷尉宣璠、大鴻臚榮郃、大司農朱儁、將作大匠梁卲、屯騎校尉姜宣等於其營以為質㉖。朱儁憤懣㉗發病死。

夏，四月甲子㉘，立貴人琅邪伏氏㉙為皇后，以后父侍中完㉚為執金吾。郭汜饗公卿㉛，議攻李傕。楊彪曰：「羣臣共鬪，一人劫天子，一人質公卿，可行乎！」汜怒，欲手刃之。彪曰：「卿尚不奉國家㉜，吾豈求生邪！」中郎將㉝楊密固諫，汜乃止。傕召羌、胡數千人，先以御物繒綵與之，許以宮人、婦女，欲令攻郭汜。汜陰與傕黨中郎將張苞等謀攻傕。丙申㉞，汜將兵夜攻傕門，矢及帝簾帷㉟中，又貫㊱傕左耳。苞等燒屋，火不然㊲。楊奉於外拒汜，汜兵退，苞等因將所領兵歸汜。

是日，傕復移乘輿幸北塢㊳，使校尉監塢門，內外隔絕，侍臣皆有飢色。帝求米五斗、牛骨五具㊴以賜左右。傕曰：「朝晡上飯㊵，何用米為？」乃以臭牛骨與之。帝大怒，欲詰責㊶之。侍中楊琦諫曰：「傕自知所犯悖逆，欲轉車駕幸池陽㊷黃白城㊸，臣願陛下忍之。」帝乃止。司徒趙溫與傕書曰：「公前屠陷王城，殺戮大臣。今爭睚眥之隙㊹，以成千鈞之讎㊺。朝廷欲令和解，詔命不行，而復欲轉乘輿於黃白城，此誠老夫所不解也。於易，一為過，再為涉，三而弗改，滅其頂，凶㊻。不如早共和解。」傕大怒，欲殺溫，其弟應諫之，數日乃止。

傕信巫覡[47]厭勝[48]之術，常以三牲[49]祠董卓於省門[50]外。每對帝或言「明陛下」，或言「明帝」，為帝說郭汜無狀[51]，帝亦隨其意應答之。傕喜，自謂良[52]得天子歡心也。

閏月[53]己卯[54]，帝使謁者僕射皇甫酈和傕、汜。酈先詣汜，汜從命。又詣傕，傕不肯，曰：「郭多[55]，盜馬虜耳，何敢欲與吾等邪，必誅之！君觀吾方略[56]士眾，足辦郭多否邪？郭多又劫質公卿，所為如是，而君苟[57]欲左右[58]之邪！」酈曰：「近者董公之強，將軍所知也。呂布受恩而反圖[59]之，斯須[60]之間，身首異處，此有勇而無謀也。今將軍身為上將，荷[61]國寵榮，汜質公卿而將軍脅主，誰輕重乎！張濟與汜有謀，楊奉，白波賊帥耳，猶知將軍所為非是，將軍雖寵之，猶不為用也。」傕呵之令出。酈出，詣省門，白「傕不肯奉詔，辭語不順」。帝恐傕聞之，亟[62]令酈去。傕遣虎賁[63]王昌呼，欲殺之。昌知酈忠直，縱令去，還答傕，言「追之不及」。

辛巳[64]，以車騎將軍李傕為大司馬[65]，在三公之右。

【章　旨】以上為第四段，寫涼州將李傕、郭汜內訌，西京長安士民遭荼毒，天子公卿被雙方劫為人質，朝綱墜地。

【注　釋】❶癸丑　正月十一日。❷定陶　縣名，縣治在今山東定陶西北。❸即拜　謂在被任命人之地授以官爵。時袁紹在鄴，即在鄴任命袁紹為右將軍。❹右將軍　位次於上卿，與前、後、左將軍掌京師兵衛和邊防屯警。❺三輔　地區名，漢代稱京兆尹、左馮翊、右扶風為三輔，相當於以今西安為中心的陝西中部地區。❻矜功　自誇功績。❼大體　大局；大原則。❽父　指李傕。李利為李傕之兄子。❾陳倉　縣名，縣治在今陝西寶雞東。❿州里人　猶言同鄉人。韓遂、樊稠皆涼州人，故稱州里人。⓫交馬　猶言交頸。謂兩匹馬頭相交，以喻馬上二人近距離接觸。⓬關　指函谷關，在今河南新安東。⓭索　求。⓮疑貳　猜疑而生異心。⓯間　離間。⓰饋　贈送。⓱豉　豆豉。⓲擿　通「摘」。選取。⓳一栖不兩雄　鳥類止息叫栖（棲）。此用雄雞作比喻，意謂兩雄雞同棲一處，必然相鬥。《韓非子・揚權》說：「一栖兩雄，其鬥嗁嗁。」⓴糞汁　古人認為糞汁解眾毒。㉑幸　古時稱皇帝所至為幸。㉒丙寅　三月二十五日。㉓乘　古代一車四馬為一乘。㉔乘輿　皇帝所乘車，指代皇帝。㉕居民　疑二字誤倒。㉖質　人質。㉗懣　憤怒。㉘甲子　四月壬申朔，無甲子，當從《後漢書》卷九〈獻帝紀〉作「甲午」，亦即四月二十三日。㉙伏氏　名壽，琅邪東武（今山東諸城）人，初平元年（西元一九〇年）入宮為貴人，此時立為皇后。曾密令其父伏完除曹操，建安十九年（西元二一四年）事洩，被曹操所廢而死。傳見《後漢書》卷十下。㉚完　伏后父伏完，東漢初大司徒伏湛之八世孫，襲爵不其侯。娶漢桓帝女安陽公主，為侍中，後又為執金吾、輔國將軍、中散大夫、屯騎校尉。建安十四年（西元二〇九年）卒。事附見《後漢書》卷十下〈伏皇后紀〉。㉛饗公卿　宴請公卿。㉜國家　指皇帝。㉝中郎將　官名，東漢位次於將軍的統兵將領。㉞丙申　四月二十五日。㉟簾帷　簾子及帷幔。㊱貫　射穿。㊲然　「燃」的本字。燃燒。㊳塢　土堡；小城。當時李傕、郭汜皆在長安城中各自築塢。此北塢亦在長安城中。㊴具　一隻牛的整個骨架為一具。㊵朝晡上餁　意謂早晚有人奉上皇帝的飲食。朝，早晨。晡，黃昏。餁，即「飯」。㊶詰責　責問。㊷池陽　縣名，縣治在今陝西涇陽西北。㊸黃白城　在池陽縣。當時李傕封為池陽侯，故欲挾持漢獻帝至黃白城。㊹睚眥之隙　小小的怨恨。睚眥，橫眉瞪眼。㊺千鈞之讎　意謂深仇大恨。鈞，古代三十斤為一鈞。㊻凶　《易・大過・上六》：「過涉滅頂，凶。」意謂涉於危難過深，會招致滅頂之災，故為凶。㊼巫覡　古人稱能以舞降神的男人為巫，女人為覡。㊽厭勝　巫覡以咒語制伏邪惡。㊾三牲　牛、羊、豕三牲祭品。㊿省門　即宮門。(51)無狀　猶言不像樣，無禮貌。(52)良　深。(53)閏月　據《長曆》，興平二年閏五月。(54)己卯　閏五月初九。(55)郭多　郭汜的小名。(56)方略　計謀策略。(57)苟　隨便。(58)左右　即佐佑，輔助之意。(59)圖　謀害。(60)斯須　片刻。(61)荷　承受。(62)亟　趕快；急速。(63)虎賁　勇士。(64)辛巳　閏五月十一日。(65)大司馬　官名，漢武帝置大司馬代替太尉，東漢光武帝又罷大司馬置太尉。漢靈帝末年又並置大司馬與太尉。現又以李傕為大司馬，並明確位在三公之上。

【語譯】二年（乙亥　西元一九五年）

春，正月十一日癸丑，大赦天下。○曹操在定陶擊敗呂布。○詔令就地任命袁紹為右將軍。

董卓剛死時，三輔地區百姓還有幾十萬戶。由於李傕等人縱兵劫掠，加上饑荒，兩年之間，百姓相食，人幾乎死光了。李傕、郭汜、樊稠互相誇功爭權，多次要火併。賈詡常以大局為重責備他們，雖然他們內心不和，表面上還能相互包容。

在樊稠攻擊馬騰、韓遂的時候，李利作戰不太賣力。樊稠呵斥他說：「人家要砍你叔父的頭，你怎敢這樣，你以為我不能殺你嗎！」等到馬騰、韓遂戰敗逃走，樊稠追至陳倉，韓遂告訴樊稠說：「本來我們所爭的不是個人恩怨，而是國家大事。我和你是同鄉，想與你友好敘談作別。」於是各自命令自己的騎兵後撤，他們兩人向前，二馬交頸，二人手牽著手，一起交談了很久才分別。軍隊返回後，李利告訴李傕：「韓遂、樊稠兩馬相交近距離交談，不知說了些什麼，看起來互相敬愛關係很親密。」李傕也因樊稠勇猛得眾心而猜忌他。樊稠想率兵東出函谷關，向李傕索求增加兵眾。二月，李傕邀請樊稠相會議事，便在座上殺了樊稠，從此將領們相互猜疑懷有二心。

李傕多次設酒宴請郭汜，有時留郭汜過夜。郭汜的妻子擔心郭汜愛上李傕的婢妾，想辦法挑撥離間郭、李二人的關係。恰巧李傕派人送來食物，郭汜的妻子把豆豉說成毒藥，挑出來給郭汜看，並說：「一條樹枝難棲兩隻公雞，我本來就懷疑你對李傕的信任。」有一天，李傕又宴請郭汜，郭汜喝得大醉，懷疑酒食裡有毒，就絞出糞汁喝了下去，從此各自治軍相攻。

獻帝派侍中、尚書調解李傕、郭汜的關係，李傕、郭汜都不聽從。郭汜籌劃迎取獻帝到自己的營地，夜裡營中有人逃走，報告李傕。三月二十五日丙寅，李傕派哥哥的兒子李暹率幾千名士兵包圍皇宮，用三輛車子迎接獻帝。太尉楊彪說：「自古以來帝王沒有在別人家居住的，諸位做事，怎能這樣呢！」李暹說：「李傕將軍已經打定主意了！」於是群臣徒步跟隨御駕出宮，士兵立即進入殿中，搶掠宮人和御用之物。獻帝到了李傕軍營，李傕又把皇家倉庫的金銀綢帛搬到自己的營裡，隨後放火把宮殿、官府、民居都燒為灰燼。獻帝再次派公卿調解李傕、郭汜，郭汜把楊彪以及司空張喜、尚書王隆、光祿勳劉淵、衛尉士孫瑞、太僕韓融、廷尉宣璠、大鴻臚榮郃、大司農朱儁、將作大匠梁邵、屯騎校尉姜宣等扣留在他的軍營裡作為人質。朱儁憤懣發病而死。

夏，四月甲子日，冊立貴人琅邪人伏氏為皇后，任命皇后的父親侍中伏完為執金吾。

郭汜宴請公卿，商議攻打李傕。楊彪說：「群臣一起爭鬥，一個人劫持天子，一個人把公卿扣為人質，能行嗎！」郭汜大怒，要親手殺死楊彪。楊彪說：「你連天子都不尊奉，我難道還想求生嗎！」中郎將楊密大力勸阻，郭汜才作罷。李傕召集數千名羌人、胡人，先把御用之物和綢緞賞賜給他們，還許願把宮人、婦女賞賜給他們，想讓他們去攻打郭汜。郭汜暗中和李傕同夥中郎將張苞等謀劃攻擊李傕。四月二十五日丙申，郭汜率兵趁夜攻打李傕的營門，飛箭射到獻帝的帷簾中，又射穿了李傕的左耳。張苞等放火燒屋，卻未燃燒。楊奉在外面抵抗郭汜，郭汜軍撤退，張苞等乘機率領所屬兵馬歸附郭汜。

這一天，李傕又把天子轉移到北塢，派校尉監守北塢壘門，斷絕內外聯繫，皇帝的隨從大臣都面有飢色。獻帝要求給五斗米、五副牛骨來賜給左右大臣。李傕說：「早晚給您上飯，要米幹什麼？」於是拿臭牛骨送給獻帝。獻帝大怒，想要責問李傕，侍中楊琦勸諫說：「李傕自知所犯下的是叛逆之罪，正想把陛下轉移到池陽縣黃白城，我希望陛下忍受。」獻帝方才作罷。司徒趙溫寫信給李傕說：「你先前殺人放火毀滅了京城長安，殺死大臣。如今卻為些小的恩怨爭鬥不止，結成深仇大恨。朝廷想讓你們和解，你不遵行詔命，反而又想把天子轉到黃白城，這實在讓我這個老頭子不理解。依據《易經》所論，一次已經過分，二次就要落水，三次還不改，就會遭受滅頂之災，這是很兇險的。不如早日互相和解。」李傕大怒，想要殺死趙溫，李傕的弟弟李應勸阻，過了好幾天才罷休。

李傕迷信巫師能用咒語制服邪惡的法術，經常在宮門外用豬、牛、羊三牲祭祀董卓。每次見到獻帝或稱

「明陛下」，或稱「明帝」，向獻帝數說郭汜的不法行徑，獻帝也順從他的意思回答他。李傕很高興，自以為頗得天子的歡心。

閏五月初九日己卯，獻帝派謁者僕射皇甫酈為李傕、郭汜調解。皇甫酈先到郭汜那裡，郭汜聽從詔命。然後去李傕那裡，李傕不肯聽從，說：「郭多，一個盜馬賊罷了，怎敢與我平起平坐呢，一定要殺掉他！您察看一下我的謀略和兵眾，能否足以辦掉郭多？郭多又劫持公卿為人質，所作所為如此，而您還想輔佐他嗎！」皇甫酈說：「近的說，董卓很強盛，將軍是知道的。呂布受他的恩惠卻反而要謀害他，轉眼之間，董卓就身首異處，這是因為他有勇無謀。如今將軍您身為上將，享受國家的榮寵，郭汜劫持公卿而將軍脅迫天子，哪個輕哪個重呢！張濟和郭汜有智謀，楊奉只不過是白波賊的頭目罷了，他尚且明白將軍的行為不對，將軍雖然寵信他，他終究不會被你所用的。」李傕呵斥皇甫酈，令他出去。皇甫酈出來，到了宮禁門口，報告獻帝「李傕不肯接受詔命，言辭不恭順」。獻帝害怕李傕聽到，急令皇甫酈離開。李傕派遣虎賁王昌去把皇甫酈喊回，想殺死他。王昌知道皇甫酈忠貞正直，放走了他，回來答覆李傕說「沒有追上」。

閏五月十一日辛巳，任命車騎將軍李傕為大司馬，位在三公之上。

呂布將薛蘭、李封屯鉅野❶，曹操攻之。布救蘭等，不勝而走，操遂斬蘭等。

操軍❷乘氏，以陶謙已死，欲遂取徐州，還乃定布。荀彧曰：「昔高祖保關中❸，光武據河內❹，皆深根固本以制天下，進足以勝敵，退足以堅守，故雖有困敗而終濟大業。將軍本以兗州首事，平山東之難❺，百姓無不歸心悅服。且河、濟❻，天下之要地也，今雖殘壞，猶易以自保，是亦將軍之關中、河內也，不可以不先定。今已破李封、薛蘭，若分兵東擊陳宮，宮必不敢西顧，以其間❼勒兵[1]收熟麥，約食❽畜穀❾，一舉而布可破也。破布，然後南結楊州❿，共討袁術，以臨淮、泗。若舍布而東，多留兵則不足用，少留兵則民皆保城，不得樵采⓫。布乘虛寇暴，民心益危。唯鄄城[2]、范、衛⓬可全，其餘非己之有，是無兗州也。若徐州不定，將軍當安所歸乎！且陶謙雖死，徐州未易亡也。彼懲往年之敗，將懼而結親⓭，相為表裏。今東方皆已收麥，必堅壁清野以待將軍，攻之不拔，略之無獲，不出十日，則十萬之眾，未戰而先[3]自困耳。前討徐州，威罰實行⓮，其子弟念父兄之恥，必人自為守，無降心，就⓯能破之，尚不可有也。夫事固[4]有棄此取彼者，以大易小可也，以安易危可也，權一時之勢，不患本之不固可也。今三者莫利，惟⓰[5]將軍熟慮之。」操乃止。

布復從東緡⓱與陳宮將萬餘人來戰。操兵皆出收麥，在者不能⓲千人，屯營⓳不固。屯西有大隄，其南樹木幽深。操隱兵隄裏，出半兵隄外。布益進，乃令輕兵挑戰，既合，伏兵乃悉乘隄⓴，步騎並進[6]，大破之，追至其營而還。布夜走，操復攻拔定陶，分兵平諸縣。布東奔劉備，張邈從布，使其弟超將家屬保雍丘㉑。

布初見備，甚尊敬之，謂備曰：「我與卿同邊地人㉒也。布見關東起兵，欲誅董卓。布殺卓東出，關東諸將無安㉓布者，皆欲殺布耳。」請備於帳中，坐婦牀上，令婦向拜，酌酒飲食，名備為弟。備見布語言無常㉔，外然之而內不悅。

【章　旨】以上為第五段，寫呂布不敵曹操，兵敗歸依劉備。

【注　釋】❶鉅野　縣名，縣治在今山東巨野南。❷軍　駐軍。❸高祖保關中　漢高祖劉邦與項羽爭天下時，令蕭何守衛關中。❹光武據河內　漢光武帝劉秀經營河北時，令寇恂據守河內。❺平山東之難　指鮑信等迎曹操領兗州牧，曹操遂破青州黃巾軍。❻河濟　指兗州，因古九州之兗州，東南有濟水，西北為黃河。❼間　空隙。❽約食　節約食物。❾畜穀　儲備糧食。畜，同「蓄」。❿結楊州　謂聯合劉繇。當時袁術雖已據有楊州（治所壽春，今安徽壽縣），而漢朝廷卻任命劉繇為楊州刺史（移治所於曲阿，今江蘇丹陽）。⓫樵采　打柴採摘野物。⓬衛　指濮陽，因濮陽古屬衛國地。⓭結親　緊密結合。⓮威罰實行　指興平元年（西元一九四年）曹操攻打徐州，大肆屠殺。⓯就　縱使；即使。⓰惟　表示希望。⓱東緡　縣名，縣治在今山東金鄉東北。⓲不能　不及；不到。⓳屯營　營寨。⓴乘隄　登堤。㉑雍丘　縣名，縣治在今河南杞縣。㉒同邊地人　呂布為五原郡（治今內蒙古包頭西）人，劉備為涿郡（治今河北涿州）人，以中原而論，皆為北部邊地人。㉓安　容納。㉔無常　無倫次。

【校　記】[1]勒兵　原無此二字。據章鈺校，甲十一行本、乙十一行本、孔天胤本皆有此二字，張敦仁《通鑑刊本識誤》同，今據補。[2]鄄城　原誤作「甄城」。《三國志》卷十〈荀彧傳〉作「鄄城」，不誤。可參閱上卷「鄄城」校記。[3]先　據章鈺校，甲十一行本、乙十一行本皆無此字。[4]固　原作「故」。據章鈺校，甲十一行本、乙十一行本皆作「固」，今據改。按，《三國志》卷十〈荀彧傳〉亦作「固」。[5]惟　據章鈺校，甲十一行本、乙十一行本皆作「願」。[6]進　原作「追」。據章鈺校，甲十一行本、乙十一行本、孔天胤本皆作「進」，熊羅宿《胡刻資治通鑑校字記》同，今據改。

【語　譯】呂布的將領薛蘭、李封屯駐鉅野，曹操進攻鉅野。呂布援救薛蘭等，沒有取勝，退走，曹操殺死了薛蘭等。曹操駐軍乘氏縣，因為陶謙已死，想乘機取徐州，然後回軍平定呂布。荀彧說：「從前高祖保住關中，光武據守河內，都是為了穩固根本之地來控制天下，進足以勝敵，退足以固守，所以雖有危困失敗卻終於成就大業。將軍您本來是從兗州起兵，平定了山東的禍亂，老百姓無不心悅誠服。再說處於黃河、濟水之間的兗州，是天下的戰略要地，如今雖然殘破，還是容易據以自保的，這也是將軍的『關中』、『河內』啊，不可以不首先安定。現在已經攻破李封、薛蘭，如果分兵東擊陳宮，陳宮一定不敢顧及西面，趁這個時機率兵收割成熟的麥子，節省食物，積累糧穀，這樣可以一舉擊敗呂布。打敗了呂布，然後與南邊揚州的劉繇聯盟，共同征討袁術，就可以兵臨淮水、泗水。如果丟開呂布而東征，留守兵多了則東征兵力不夠用，留守兵少了則州民只顧保守城池，不能去砍柴採收野物。呂布將趁虛來侵掠，民心就更感危急。只有鄄城、范縣、濮陽可以保全，其他的地方就不歸我們所有，這等於丟了兗州。如果徐州不能平定，將軍哪裡有歸身之所呢！再說陶謙雖然死了，徐州仍然不易被攻破。他們會吸取往年失敗的教訓，將因懼怕而親密團結，相互支援。如今東部都已經收完麥子，一定會堅壁清野來對付將軍。如果徐州城攻不下，搶奪無獲，不出十天，則十萬大軍，還未交戰就先自陷於困境。前次討伐徐州，施行嚴厲的懲罰，徐州的子弟感念父兄的恥辱，一定人自為守，不會有投降之心，即使攻下了徐州，也是守不住的。事情本來就有捨此取彼的選擇，以大換小也可以，以安換危也可以，權衡一時的形勢，在不用擔憂根基不牢固的前提下才可行。現在這三個方面對我們都不利，希望將軍深思熟慮。」於是曹操才作罷。

呂布又和陳宮率領一萬多人從東緡縣來交戰。曹操的士兵都出外收割麥子，留在軍營的不到千人，營壘不牢固。軍營西邊有一條大堤，大堤南邊樹林茂密幽深。曹操把士兵一半埋伏在堤內，另一半暴露在堤外。等呂布更加逼近時，曹操才下令輕裝部隊挑戰，已經交戰，堤內伏兵便全部登上大堤，步兵、騎兵一起前進，大敗呂布，一直追擊到呂布的大本營前才撤回。呂布連夜逃走，曹操又攻下了定陶，分兵平定各縣。呂布向東投奔劉備，張邈隨從呂布，讓他的弟弟張超護送家屬保衛雍丘。

呂布初見劉備，十分尊敬他，對劉備說：「我呂布和您同是邊地人。我看到關東起兵，要想除掉董卓。所以我就殺死了董卓東出函谷關，可是關東眾將領沒有一個肯接納我，都想殺掉我。」呂布邀請劉備到自己的軍帳中，坐在妻子的床上，要妻子向劉備下拜行禮，設酒宴飲食，稱劉備為弟。劉備見呂布語無倫次，雖然表面上點頭稱是，而內心卻不高興。

李傕、郭汜相攻連月，死者以萬數。六月，傕將楊奉謀殺傕，事泄，遂將兵叛傕，傕眾稍衰。庚午❶，鎮東將軍張濟自陝❷至，欲和傕、汜，遷乘輿權❸幸弘農❹。帝亦思舊京，遣使宣諭❺，十反，汜、傕許和，欲質其愛子。傕妻愛其男，和計未定，而羌、胡數來闚❻省門，曰：「天子在此中邪？李將軍許我宮人，今皆何在？」帝患之，使侍中劉艾謂宣義將軍❼賈詡❽曰：「卿前奉職公忠，故仍升榮寵。今羌、胡滿路，宜思方略。」詡乃召羌、胡大帥❾飲食❿之，許以封賞。羌、胡皆引去，傕由此單弱。於是復有言和解之計者，傕乃從之，各以女為質。

秋，七月甲子⓫，車駕出宣平門⓬，當度橋，汜兵數百人遮橋⓭，曰：「此天子非也？」車不得前。傕兵數百人，皆持大戟在乘輿車前，兵欲交，侍中劉艾大呼曰：「是天子也！」使侍中楊琦高舉車帷，帝曰：「諸兵[1]何敢迫近至尊邪！」汜兵乃卻。既度橋，士眾皆稱萬歲。夜到霸陵⓮，從者皆飢，張濟賦給⓯各有差。傕出屯池陽。

丙寅⓰，以張濟為票騎將軍⓱，開府如三公；郭汜為車騎將軍⓲，楊定為後將軍[19]，楊奉為興義將軍[20]，皆封列侯。又以故牛輔部曲董承為安集將軍。

郭汜欲令車駕幸高陵[21]，公卿及濟以為宜幸弘農，大會議之，不決。帝遣使諭汜曰：「弘農近郊廟，勿有疑也。」汜不從。帝遂終日不食。汜聞之，曰：「可且幸近縣。」八月甲辰[22]，車駕幸新豐[23]。丙子[24]，郭汜復謀脅帝還都郿[25]，侍中种輯知之，密告楊定、董承、楊奉，令會新豐。郭汜自知謀泄，乃棄軍入南山[26]。

曹操圍雍丘，張邈詣袁術求救，未至，為其下所殺。

冬，十月，以曹操為兗州牧[27]。

戊戌[28]，郭汜黨夏育、高碩等謀脅乘輿西行。侍中劉艾見火起不止，請帝出幸一營[29]以避火。楊定、董承將兵迎天子幸楊奉營。夏育等勒兵欲止乘輿，楊定、楊奉力戰，破之，乃得出。壬寅[30]，行幸華陰[31]。

寧輯將軍[32]段煨[33]具服御[34]及公卿已下資儲[35]，欲上幸其營。煨與楊定有隙，定黨种輯、左靈言煨欲反，太尉楊彪、司徒趙溫、侍中劉艾、尚書梁紹皆曰：「段煨不反，臣等敢以死保。」董承、楊定脅弘農督郵[36]令言郭汜來在煨營。帝疑之，乃露次[37]於道南。

丁未[38]，楊奉、董承、楊定將攻煨，使种輯、左靈請帝為詔。帝曰：「煨罪未著㊴，奉等攻之，而欲令朕有詔邪！」輯固請，至夜半，猶弗聽。奉等乃輒攻煨營，十餘日不下。煨供給御膳㊵，稟贍百官㊶，無有二意。詔使侍中、尚書告諭定等，令與煨和解，定等奉詔還營。

李傕、郭汜悔令車駕東，聞定攻煨，相招共救之，因欲劫帝而西。楊定聞傕、汜至，欲還藍田㊷，為汜所遮，單騎亡走荊州㊸。張濟與楊奉、董承不相平，乃復與傕、汜合。十二月，帝幸弘農，張濟、李傕、郭汜共追乘輿，大戰於弘農東澗㊹。承、奉軍敗，百官士卒死者不可勝數，棄御物、符策㊺、典籍㊻，略無所遺。射聲校尉㊼沮儁被創㊽墜馬，傕謂左右曰：「尚可活否？」儁罵之曰：「汝等凶逆，逼劫天子，使公卿被害，宮人流離，亂臣賊子，未有如此也！」傕乃殺之。

壬申㊾，帝露次曹陽㊿。承、奉乃譎(51)傕等與連和，而密遣間使(52)至河東(53)，招故白波帥李樂、韓暹、胡才及南匈奴右賢王去卑，並率其眾數千騎來，與承、奉共擊傕等，大破之，斬首數千級。

於是董承等以新破傕等，可復東引。庚申(54)，車駕發東(55)，董承、李樂衛乘輿，胡才、楊奉、韓暹、匈奴右賢王於後為拒。傕等復來戰，奉等大敗，死者甚於東澗。光祿勳[2]鄧淵、廷尉宣璠、少府田芬、大司農張義皆死。司徒趙溫、太常王絳、衛尉周忠、司隸校尉管郃為傕所遮，欲殺之，賈詡曰：「此皆大臣，卿柰何害之！」乃止。李樂曰：「事急矣，陛下宜御馬。」上曰：「不可舍百官而去，此何辜哉！」兵相連綴四十里，方得至陝，乃結營自守。

時殘破之餘，虎賁、羽林[56]不滿百人。傕、汜兵繞營叫呼，吏士失色，各有分散之意。李樂懼，欲令車駕御船過砥柱[57]，出孟津[58]。楊彪以為河道險難，非萬乘[59]所宜乘，乃使李樂夜渡，潛具船，舉火為應。上與公卿步出營，皇后兄伏德扶后，一手挾絹十匹。董承使符節令[60]孫徽從人間斫之，殺旁侍者，血濺后衣。河岸高十餘丈，不得下，乃以絹為輦[61]，使人居前負帝，餘皆匍匐[62]而下，或從上自投，冠幘[63]皆壞。既至河邊，士卒爭赴舟，董承、李樂以戈擊之，手指於舟中可掬[64]。帝乃御船，同濟者，皇后及楊彪以下纔數十人，其宮女及吏民不得渡者，皆為兵所掠奪，衣服俱盡，髮亦被截，凍死者不可勝計。衛尉士孫瑞為傕所殺。

傕見河北有火，遣騎候之，適[65]見上渡河，呼曰：「汝等將天子去邪！」董承懼射之[66]，以被為幔[67]。既到大陽[68]，幸李樂營。河內太守張楊[69]使數千人負米來貢餉[70]。乙亥[71]，帝御牛車，幸安邑[72]，河東太守王邑奉獻綿帛，悉賦[73]公卿以下。封邑為列侯，拜胡才為征東將軍[74]，張楊為安國將軍[75]，皆假節開府。其壘壁羣帥[76]競求拜職，刻印不給，至乃以錐畫之。

乘輿居棘籬[77]中，門戶無關閉。天子與羣臣會，兵士伏籬上觀，互相鎮壓[78]以為笑。○帝又遣太僕韓融至弘農與傕、汜等連和，傕乃放遣公卿百官，頗歸所掠宮人及乘輿器服。已而糧穀盡，宮人皆食菜果。

乙卯[79]，張楊自野王[80]來朝，謀以乘輿還雒陽。諸將不聽，楊復還野王。

是時，長安城空四十餘日，強者四散，羸[81]者相食，二三年間，關中無復人跡。

沮授說袁紹曰：「將軍累葉[82]台輔[83]，世濟忠義。今朝廷播越[84]，宗廟殘毀，觀諸州郡雖外託義兵，內實相圖，未有憂存社稷卹民之意。今州域[85]粗定，兵強士附，西迎大駕，即宮鄴都[86]，挾天子而令諸侯，畜士馬以討不庭[87]，誰能禦之！」潁川郭圖、淳于瓊曰：「漢室陵遲[88]，為日久矣；今欲興之，不亦難乎！且英雄並起，各據州郡，連徒聚眾，動[89]有萬計，所謂秦失其鹿，先得者王[90]。今迎天子自近，動輒表聞，從之則權輕，違之則拒命，非計之善者也。」授曰：「今迎朝廷，於義為得，於時為宜，若不早定，必有先之者矣。」紹不從。

【章旨】以上為第六段，寫獻帝東歸，歷盡磨難，終於渡過黃河，脫離了李傕、郭汜的掌控，駐蹕河東。

【注釋】❶庚午　六月庚子朔，庚午疑為七月初一日。❷陝　縣名，縣治在今河南陝縣。❸權　暫且。❹弘農　縣名，縣治在今河南靈寶北。❺宣諭　傳布解說。❻闚　窺視。❼宣義將軍　官名，暫時設置的將軍名號。❽賈詡　字文和，武威姑臧（今甘肅武威）人，有智計，善籌策。先事董卓，卓敗後又從李傕，又託身段煨，後從張繡。詡勸張繡歸服曹操，詡亦得重用。曹勝袁紹，破韓遂、馬超，賈詡之策劃為多。詡又勸曹丕崇德盡孝，以得太子之位。又阻止曹丕伐吳、蜀。後病逝。傳見《三國志》卷十。❾大帥　少數民族之頭領。❿飲食　請吃喝。⓫甲子　七月庚午朔，無甲子。⓬宣平門　當時長安城東出北頭第一門。⓭遮橋　在橋頭阻攔，不准過橋。⓮霸陵　縣名，縣治在今陝西西安東北。⓯賦給　謂分給食物。⓰丙寅　七月庚午朔，無丙寅。⓱票騎將軍　「票」又寫作「驃」，官名，位次於大將軍。⓲車騎將軍　官名，位次於驃騎將軍，掌京師兵衛與邊防屯警。⓳後將軍　官名，位次上卿，與前、左、右將軍皆掌京師兵衛與邊防屯警。⓴興義將軍　官名，臨時所置之將軍名號。楊奉為白波軍首領，現又護衛漢獻帝，故朝廷以「興義」為其將軍名號。㉑高陵　縣名，縣治在今陝西高陵西南。㉒甲辰　八月初六。㉓新豐　縣名，縣治在今陝西臨潼東北。㉔丙子　八月己亥朔，無丙子。㉕郿　縣名，縣治在今陝西眉縣東北。㉖南山　漢代新豐縣之驪山西接終南山，時人稱之為南山。㉗兗州牧　初平三年鮑信等人已推舉曹操為兗州刺史，現朝廷才正式任命他為兗州牧。㉘戊戌　十月初一。㉙一營　當時郭汜、楊定、董承、楊奉皆自立營，劉艾不敢直言何營，故請漢獻帝任去一營。㉚壬寅　十月初五。㉛華陰　縣名，縣治在今陝西華陰東。㉜寧輯將軍　官名，暫時設置的將軍名號。㉝段煨　涼州將之一。董卓死後，段煨歸依朝廷，以將軍屯華陽，不擄掠，修農事，後官至光祿大夫，以善終。㉞服御　指備辦皇帝所用的衣服車馬等各種物資。㉟資儲　儲備的物資。㊱督郵　官名，漢代郡太守的重要屬吏，職責是代表太守督察各縣，宣達教令，兼管獄訟捕亡等事。郡有分為二部、四部或五部者，每部各有一督郵。㊲露次　在野外露宿。㊳丁未　十月初十。㊴著　顯露。㊵御膳　皇帝的膳食。㊶稟贍百官　供給百官食物。㊷藍田　縣名，縣治在今陝西藍田西。㊸荊州　州名，東漢初治所漢壽，在今湖南常德東北。後來，曹操、孫權都設荊州，曹治襄陽，孫治江陵。㊹大戰於弘農東澗　按《後漢書》卷九〈獻帝紀〉將此事繫於十一月庚午（初三），而《通鑑》繫於十二月，可能另有所據。㊺符策　符，銅虎符、竹使符之類，皇帝賜與將領、使臣之憑證。策，皇帝書寫詔命等的簡策。㊻典籍　指宮中圖書及尚書臺的檔案等。㊼射聲校

尉　官名，東漢北軍五校尉之一，掌宿衛兵。㊽被創　受傷。㊾壬申　十二月丁酉朔，無壬申。若按《後漢書》卷九〈獻帝紀〉作十一月壬申，則為十一月初五日。㊿曹陽　澗名，又稱七里澗，在今河南靈寶東。51譎　哄騙。52間使　伺間隙而行的使者，亦即從小路祕密行走的使者。53河東　郡名，治所安邑，在今山西夏縣西北。54庚申　十二月二十四日。55發東　謂自曹陽澗出發向東而行。56虎賁羽林　皆為皇帝的禁衛軍。57砥柱　山名，原在今河南三門峽市東北黃河中，因山在水中若柱，故名砥柱。又名三門山，因河水至此分流，包山而過，形成三門，南名鬼門，中名神門，北名人門。現已炸毀。58孟津　津渡名，在今河南孟州南。59萬乘　指皇帝。60符節令　官名，屬少府，符節臺之長官，主管符節事，凡朝廷遣使，掌授符節。61以絹為輦　用絲絹紮成揹人的兜，權當車輦。62匍匐　伏地而行。63幘　包頭巾。64掬　以手捧。65適　恰好。66董承懼射之　董承怕李傕兵用箭射他們。67幔　圍幔，此處用以擋箭。68大陽　縣名，縣治在今山西平陸西南。69張楊　字稚叔，雲中（治所在今內蒙古托克托東北）人，董卓專權時，為建義將軍、河內太守。漢獻帝至安邑，任命為安國將軍，封晉陽侯。後又為大司馬，被部下所殺。傳見《三國志》卷八。70餉　軍糧。71乙亥　十二月丁酉朔，無乙亥。72安邑　縣名，縣治在今山西夏縣西北。73賦　分給。74征東將軍　官名，漢代將軍之一。在漢代，征東、征西、征南、征北諸將軍與雜號將軍同，曹魏以後，則四征為上。75安國將軍　官名，東漢雜號將軍之一，其稱號始於此時。76壘壁羣帥　當時聚集兵力築壁壘以自保的武裝豪強首領。77棘籬　用荊棘圍成的籬笆牆。78鎮壓　疊壓。79乙卯　十二月十九日。80野王　縣名，縣治在今河南沁陽。81羸　病弱。82累葉　累世。83台輔　指三公宰相。84播越　流亡。85州域　指冀州之域。86即宮鄴都　在鄴都建立皇宮。87不庭　不朝於王廷，即不服從朝廷。88陵遲　衰微。89動　動輒；往往。90秦失其鹿二句　《漢書》卷四十五〈蒯通傳〉載：蒯通曰：「秦失其鹿，天下共逐之，高材者先得。」鹿，比喻政權。

【校　記】1兵　原作「君」。據章鈺校，甲十一行本、乙十一行本皆作「兵」，今據改。2動　原無此字。據章鈺校，甲十一行本、乙十一行本、孔天胤本皆有此字，張瑛《通鑑校勘記》同，今據補。

【語　譯】李傕、郭汜一連幾個月相互攻打，死人數以萬計。六月，李傕部將楊奉謀劃殺死李傕，事情洩露，楊奉於是率兵背叛了李傕，李傕的軍隊逐漸衰敗。庚午日，鎮東將軍張濟從陝縣趕來，想促成李傕、郭汜和解，把天子暫且遷到弘農。獻帝也懷念舊京洛陽，派使者向他們宣讀諭旨，如此經過十次來回，郭汜、李傕才答應和解，兩人互相送愛子作為人質。李傕的妻子疼愛兒子，致使和解的事沒法定下來。而這時羌人、胡人多次來到皇宮門前窺探，詢問：「天子在這裡面嗎？李將軍許諾給我們的宮女，她們都在哪裡？」獻帝十分憂慮，派侍中劉艾對宣義將軍賈詡說：「因你以前任職秉公忠直，所以提升榮寵的職位。如今滿路都是羌人、胡人，應想個解決的辦法。」賈詡於是招集羌人、胡人的大首領，給他們好吃好喝，許願給他們封賞。羌人、胡人於是都離去，李傕從此變得勢單力薄。這時又有人提起和解一事，李傕才同意了，與郭汜一起都以女兒作為人質。

秋，七月甲子日，天子出了宣平門，正要過橋，郭汜的幾百名士兵在橋頭遮攔，問道：「這是不是天子？」天子的車駕不得前行。李傕的幾百名士兵，都手握大戟在御車前面，準備交戰，侍中劉艾大喊道：「這就是天子！」讓侍中楊琦高高地掀起車簾，獻帝說：「各位士兵怎敢逼近天子！」郭汜的士兵才退卻。過了橋，官兵們都高呼萬歲。夜晚到達霸陵，隨從都餓了，張濟依據不同身分供給飲食。李傕出京屯駐池陽。

丙寅日，任命張濟為票騎將軍，開設府署和三公一樣；任命郭汜為車騎將軍，楊定為後將軍，楊奉為興義將軍，都封為列侯。又任命前牛輔部屬董承為安集將軍。

郭汜想讓獻帝到高陵，公卿和張濟認為獻帝應該到弘農，開大會討論，沒有作出決定。獻帝派使者曉諭郭汜，說：「弘農接近洛陽的郊廟，不要有什麼懷疑。」郭汜不聽從。獻帝於是整天絕食。郭汜聽到了，說：「可以暫時進駐附近的縣。」八月初六日甲辰，獻帝到達新豐。丙子日，郭汜又謀劃脅迫獻帝返回來定都郿縣，侍中种輯探知此事，密告楊定、董承、楊奉，要他們到新豐會合。郭汜自知陰謀洩漏，於是丟棄部隊逃入南山。

曹操圍困雍丘，張邈到袁術那裡求救，還沒到達，被他的部下殺死。

冬，十月，任命曹操為兗州牧。

十月初一日戊戌，郭汜的同黨夏育、高碩等陰謀脅迫獻帝西行。侍中劉艾見獻帝所住的軍營大火不止，請獻帝出來到另一軍營避火。楊定、董承領兵迎接天子臨幸楊奉軍營。夏育等部署兵力想阻止獻帝轉移，楊定、楊奉奮力苦戰，打敗了夏育，獻帝才得以出營。初五日王寅，獻帝前行到達華陰。

寧輯將軍段煨置辦好皇上御用衣服車輛等用品，以及公卿以下官吏所需的物資儲備，希望天子巡幸他的軍營。段煨和楊定有仇怨，楊定的黨羽种輯、左靈放言段煨想造反，太尉楊彪、司徒趙溫、侍中劉艾、尚書梁紹都說：「段煨不會造反，臣等敢以性命擔保。」董承、楊定脅迫弘農郡督郵，讓他上報說郭汜已經來到段煨營中。獻帝心生疑惑，於是在大路南邊的野外露宿。

十月初十日丁未，楊奉、董承、楊定將要攻打段煨，派种輯、左靈請求獻帝下詔。獻帝說：「段煨的罪行沒有顯現出來，楊奉等人攻擊他，卻還要朕寫詔書嗎！」种輯堅請，直到半夜，獻帝仍然不應允。於是楊奉等就攻擊段煨的軍營，十幾天拿不下。段煨照樣供應皇帝的御膳和百官的食物，並沒有二心。獻帝下詔派侍中、尚書向楊定等宣讀聖諭，命令他們與段煨和解，楊定等接受詔令返回軍營。

李傕、郭汜後悔讓天子東行，聽說楊定攻打段煨，二人互相招呼一起救駕，想乘機劫持獻帝西行。楊定得知李傕、郭汜來了，想返回藍田，被郭汜阻攔，於是隻身單騎逃奔荊州。張濟與楊奉、董承不和，於是又與李傕、郭汜聯合。十二月，獻帝到達弘農，張濟、李傕、郭汜一起追趕天子，在弘農的東澗發生大戰。董承、楊奉的軍隊戰敗，百官士兵被殺死的不計其數，丟棄御用物品、符信書策、典章圖籍，所剩無幾。射聲校尉沮儁受傷落馬，李傕問身邊的人說：「還能活嗎？」沮儁大罵李傕說：「你們這幫兇惡的叛逆賊子，強迫劫持天子，使公卿被殺，宮人流離失所，歷來的亂臣賊子，也沒有像你們這樣的！」李傕於是殺死了他。

壬申日，獻帝在曹陽露宿。董承、楊奉假裝與李傕等聯繫和好，而暗地派使者到河東，招來前白波軍的首領李樂、韓暹、胡才以及南匈奴右賢王去卑，一起率領他們的幾千名騎兵前來，與董承、楊奉共同攻打李傕等，把李傕等打得大敗，斬首數千級。

這時董承等認為剛剛打敗李傕等人，可以再率軍東行。十二月二十四日庚申，天子出發東行，董承、李樂護衛御駕，胡才、楊奉、韓暹、匈奴右賢王殿後。李傕等又來交戰，楊奉等大敗，被殺的人數超過了東澗之戰。光祿勳鄧淵、廷尉宣播、少府田芬、大司農張義都被殺。司徒趙溫、太常王絳、衛尉周忠、司隸校尉管郃被李傕攔截，李傕要殺他們，賈詡說：「這些人都是朝廷大臣，您怎麼能傷害他們！」李傕才罷手。李樂說：「情況危急，陛下應當乘馬。」獻帝說：「不能拋棄百官逃走，他們有什麼罪！」兵眾斷斷續續連接四十里，才到達陝縣，於是築營防守。

大敗之後，殘留的虎賁、羽林等禁衛軍不到百人。李傕、郭汜的士兵圍繞著營地大呼小叫，官兵面無人色，各自逃散之意。李樂恐懼，想讓獻帝乘船渡過砥柱石，從孟津上岸。楊彪認為這段河道艱險，天子不應乘渡。於是派李樂連夜渡河，暗中準備船隻，舉火把為信號。獻帝和公卿徒步出營，皇后的哥哥伏德攙著皇后，一手挾著十匹絹。董承派符節令孫徽在人叢中去砍伏德，結果殺死了旁邊的侍從，鮮血濺到皇后的衣服上。河岸高十幾丈，獻帝下不去，便用絲絹紮成乘輦，讓人在前面背負獻帝，其餘的人都匍匐地上向下滑，有的人從上面跳下去，帽子和髮巾都摔壞了。到了河邊，士兵們爭先恐後地去抓船舷，董承、李樂用戈砍他們的手，船中的斷指可隨手捧起。獻帝坐上船，一起渡河的只有皇后以及楊彪以下才幾十個人，那些宮女以及官民沒能渡河的，都遭到亂兵的搶奪，衣服被剝光，頭髮也被割斷，凍死的人不計其數。衛尉士孫瑞被李傕殺死。

李傕看見黃河北岸有火光，派騎兵去偵察，正好看見獻帝乘船渡河，大聲呼喊：「你們要把天子弄走嗎！」董承擔心被射，就用被子當圍幔。到達大陽，獻帝巡幸李樂的軍營。河內太守張楊派幾十人背著米來貢獻糧餉。十二月乙亥日，獻帝乘坐牛車，到達安邑，河東太守王邑奉獻絲棉和綢緞，獻帝全部賜給公卿以下的官吏。於是封王邑為列侯，任命胡才為征東將軍，張楊為安國將軍，都授符節，開設府署。軍營中的眾頭領都競相求取官職，刻的官印供不應求，甚至用錐子來刻劃。

獻帝居住在四周以荊棘為籬笆的房子中，窗門都關不上。天子與群臣朝會，士兵們爬在籬笆上觀看，相互疊壓取笑。○獻帝又派太僕韓融到弘農與李傕、郭汜等和解，李傕便釋放了被扣押的公卿百官，歸還了許多被搶去的宮女以及御用的車輛器物。不久糧穀沒有了，宮女都吃野菜野果。

十二月十九日乙卯，張楊從野王縣趕來朝見天子，謀劃讓皇帝回歸洛陽。各位將領不聽從，張楊又回到野王。

這時，長安城空了四十多天，身體強壯的人四處逃散，病弱的人互以為食，兩三年間，關中不再有人跡。

沮授勸袁紹說：「將軍家幾代人為國家重臣，歷代忠義。如今天子流離，宗廟殘破毀壞，考察各個州郡，雖然表面上託名義兵，實際骨子裡相互圖謀，沒有拯救國家撫恤百姓的念頭。現今冀州大體安定，軍隊強盛，士民歸附，如果西去迎接天子，定都鄴城，挾持天子以號令諸侯，蓄養兵馬討伐不臣服之人，誰能抵抗！」潁川人郭圖、淳于瓊說：「漢室衰微，為時已久；如今想讓它復興，不是太難了嗎！況且英雄四起，各自佔據州郡，招徒聚眾，動輒兵眾數以萬計，這正是所謂秦朝丟了天下，先得到的為王。如今把天子迎到身邊，動不動就得上表請示，順從的話，則自己的權利變輕，違背的話，則是反抗聖命，這不是好計謀。」沮授說：「如今迎取天子，既合道義，時機也相宜，如果不早作決定，一定有捷足先登的人。」袁紹不聽從。

初，丹陽朱治❶嘗為孫堅校尉，見袁術政德不立，勸孫策歸取江東❷。時吳景攻樊能、張英等，歲餘不克。策說術曰：「家有舊恩在東，願助舅❸討橫江，橫江拔，因投本土❹召募，可得三萬兵，以佐明使君定天下。」術知其恨❺，而以劉繇據曲阿，王朗在會稽❻，謂策未必能定，乃許之。表策為折衝校尉❼，將兵千餘人，騎數十匹，行收兵。比❽至歷陽，眾五六千。時周瑜從父尚為丹陽太守，瑜將兵迎之，仍❾助以資糧。策大喜，曰：「吾得卿，諧❿也！」進攻橫江、當利，皆拔之，樊能、張英敗走。策渡江轉鬭，所向皆破，莫敢當其鋒者。百姓聞孫郎至，皆失魂魄，長吏⓫

委⑫城郭，竄伏山草⑬。及策至，軍士奉令，不敢虜略，雞犬菜茹⑭，一無所犯，民乃大悅，競以牛酒勞軍。策為人美姿顏，能笑語，性[1]闊達⑮聽受⑯，善於用人，是以士民見者莫不盡心，樂為致死。

策攻劉繇牛渚⑰營，盡得邸閣⑱糧穀戰具。時彭城相薛禮、下邳相丹陽笮融依繇為盟主，禮據秣陵⑲城，融屯縣南，策皆擊破之。又破繇別將於梅陵⑳，轉攻湖孰㉑、江乘㉒，皆下之，進擊繇於曲阿。

繇同郡太史慈㉓時自東萊㉔來省繇。會策至，或勸繇可以慈為大將。繇曰：「我若用子義，許子將㉕不當笑我邪！」但使慈偵視㉖輕重。時獨與一騎卒㉗遇策於神亭㉘，策從騎十三，皆堅舊將遼西韓當㉙、零陵黃蓋㉚輩也。慈便前鬬，正與策對。策刺慈馬，而擥㉛得慈項上手戟，慈亦得策兜鍪㉜。會兩家兵騎並各來赴，於是解散。

繇與策戰，兵敗，走丹徒㉝。策入曲阿，勞賜將士，發恩布令，告諭諸縣：「其劉繇、笮融等故鄉部曲來降首㉞者，一無所問。樂從軍者，一身行㉟，復除門戶㊱，不樂者不強。」旬日之間，四面雲集，得見㊲兵二萬餘人，馬千餘匹，威震江東。

丙辰[38]，袁術表策行殄寇將軍[39]。策將呂範言於策曰：「今將軍事業日大，士眾日盛，而綱紀[40]猶有不整者，範願暫領都督[41]，佐將軍部分[42]之。」策曰：「子衡[43]既士大夫，加手下已有大眾，立功於外[44]，豈宜復屈小職，知[45]軍中細事乎？」範曰：「不然。今捨本土而託將軍者，非為妻子也，欲濟世務也。譬猶同舟涉海，一事不牢，即俱受其敗。此亦範計，非但將軍也。」策笑，無以答。範出，便釋褠[46]，著袴褶[47]，執鞭詣閣下啟事，自稱領都督。策乃授傳[48]，委以眾事。由是軍中肅睦，威禁大行。

策以張紘[49]為正議校尉[50]，彭城張昭[51]為長史，常令一人居守，一人從征討，及廣陵秦松、陳端等亦參與謀謨。策待昭以師友之禮，文武之事，一以委昭。昭每得北方士大夫書疏，專歸美於昭。策聞之，歡笑曰：「昔管子[52]相齊，一則仲父，二則仲父，而桓公為霸者宗。今子布賢，我能用之，其功名獨不在我乎！」

袁術以從弟胤為丹陽太守。周尚、周瑜皆還壽春。

劉繇自丹徒將奔會稽，許劭曰：「會稽富實，策之所貪，且窮[53]在海隅，不可往也。不如豫章[54]，北連豫壤[55]，西接荊州，若收合吏民，遣使貢獻，與曹兗州[56]相聞，雖有袁公路隔在其間[57]，其人豺狼，不能久也。足下受王命，孟德、景升[58]必相救濟。」繇從之。

初，陶謙以笮融為下邳[59]相，使督廣陵[60]、下邳、彭城[61]糧運。融遂斷三郡委輸[62]以自入，大起浮屠[63]祠，課[64]人誦讀佛經，招致旁郡好佛者至五千餘戶。每浴佛[65]，輒多設飲食，布席於路，經數十里，費以鉅億計[66]。及曹操擊破陶謙，徐土不安，融乃將男女萬口走廣陵，廣陵太守趙昱待以賓禮。先是彭城相薛禮為陶謙所逼，屯秣陵。融利[67]廣陵資貨，遂乘酒酣[68]殺昱，放兵大掠，因過江依禮，既而復殺之。

劉繇使豫章太守朱皓攻袁術所用太守諸葛玄[69]，玄退保西城[70]。及繇泝[71]江西上，駐於彭澤[72]，使融助皓攻玄。許劭謂繇曰：「笮融出軍，不顧名義者也。朱文明[73]喜推誠以信人，宜[2]使密防之。」融到，果詐殺皓，代領郡事。繇進討融，融敗走，入山，為民所殺。詔以前太傅掾華歆為豫章太守。

丹陽都尉朱治逐吳郡太守許貢而據其郡，貢南依山賊嚴白虎[74]。

【章旨】以上為第七段，寫孫策年少英雄，藉袁術之勢經營江東，連戰皆捷，威名大振。

【注釋】❶朱治　字君理，丹陽故鄣（今浙江安吉西北）人，初隨孫堅，為督軍校尉。孫堅死後，又助孫策，領吳郡太守。孫策死，又助孫權，為安國將軍，封故鄣侯。傳見《三國志》卷五十六。❷江東　地區名，大體而言，長江自西向東流，有江南、江北之稱。而長江東流至今安徽境，則偏北斜流，至江蘇鎮江市又東流而下，這段江水由西南向東北偏斜，古人便稱這段江水東岸之地為江東，即長江以南的蘇、浙、皖一帶；西岸之地為江西，即皖北和淮河下游一帶。❸舅　吳景為孫策之舅。❹本土　孫策為吳郡人，因指江東為本土。❺術知其恨　指袁術先許孫策為九江及廬江太守，事後又不兌現，孫策引以為恨。❻會稽　郡名，治所山陰，在今浙江紹興。❼折衝校尉　官名，校尉為統兵之中級武官，折衝為其名號。❽比　及；等到。❾仍　與「乃」通。❿諧　成功。⓫長吏　漢代稱秩六百石以上之吏為長吏，又稱縣丞、尉秩四百石至二百石者為長吏。漢代縣令、縣長秩為千石至三百石，此處之長吏，即指縣令、縣長。⓬委　放棄。⓭山草　謂深山茂草。⓮菜茹　菜蔬。⓯闊達　豁達不拘小節。⓰聽受　善於聽取接受別人的意見。⓱牛渚　山名，又名牛渚圻，在今安徽馬鞍山市西南長江邊，山之北部突入江中，名采石磯，形勢險要，自古為大江南北之重要渡口，為兵家必爭之地。⓲邸閣　屯積軍糧或物資的倉庫。⓳秣陵　縣名，縣治在今江蘇南京南。⓴梅陵　地名，在今安徽蕪湖市境內。㉑湖孰　侯國名，國治在今江蘇江寧東南湖熟鎮。㉒江乘　縣名，縣治在今江蘇句容北六十里。㉓太史慈　字子義，東萊黃縣（今山東龍口東南）人，初隨劉繇，後被孫策所執，遂歸孫策，為折衝中郎將、建昌都尉。孫權時，仍統領南方。傳見《三國志》卷四十九。㉔東萊　郡名，治所在今山東龍口。㉕許子將　許劭字子將，以品評人物著稱於世。㉖偵視　暗中察看。㉗卒　通「猝」。㉘神亭　鄉亭名，在漢代丹陽縣內。漢代丹陽縣治在今安徽當塗東五十里之小丹陽。㉙韓當　字公義，遼西令支（今河北遷安西）人，初隨孫堅，為別部司馬。孫堅死後隨孫策，為校尉。孫權時，與周瑜等拒破曹操。後為昭武將軍，封石城侯。傳見《三國志》卷五十五。㉚黃蓋　字公覆，零陵泉陵（今湖南永州）人，初隨孫堅，為別部司馬。孫堅死，又隨孫策。孫權時，與周瑜等拒曹操，建議用火攻，大破曹操於赤壁，為武鋒中郎將、武陵太守。傳見《三國志》卷五十五。㉛擥　同「攬」。奪取。㉜兜鍪　頭盔。㉝丹徒　縣名，縣治在今江蘇鎮江市東南。㉞降首　降服。㉟一身行　一人從軍而行。㊱復除門戶　免除全家的賦役。㊲見　「現」的本字。㊳丙辰　十二月二十日。㊴殄寇將軍　官名，屬雜號將軍。殄寇之號始於此時。㊵綱紀　法紀；法度。㊶都督　東漢末軍事長官或領兵將帥之官名，領兵多少和職權大小並不固定。㊷部分　處分；部署。㊸子衡　呂範字子衡。㊹立功於外　指呂範以前為宛陵令時，曾攻破丹陽地方武裝。㊺知　掌管，如知縣、知府然。㊻釋褠　脫去單衣。㊼著袴褶　著，穿上。袴褶，便於騎馬的一種軍服。㊽傳　符信。㊾張紘　字子綱，廣陵（治所在今江蘇揚州）人，初隨孫策，從討丹陽。後孫策令其奉章至許都，朝廷留為侍御史。孫策死後，曹操又遣之輔孫權，為長史。傳見《三國志》卷五十三。㊿正議校尉　官名，校尉為統兵之中級武官。正議為其名號。(51)張昭　（西元一五六—二三六年）字子布，彭城（治所在今江蘇徐州）人，漢末避亂過江，依附孫策，為長史、撫軍中郎將，深為孫策所倚重。孫策死，又輔孫權，復為長史、軍師。赤壁戰前主降曹操，為孫權所不滿。官至輔吳將軍。傳見《三國志》卷五十二。(52)管子　即管仲，名夷吾，春秋時人，輔佐齊桓公，深得桓公信重，尊之為仲父，委以政事。某次，主管官吏之官請桓公委任官吏，桓公說：「以告仲父。」該官又再請桓公定奪，桓公還是說：「以告仲父。」在旁的一人感慨地說：「一則告仲父，二則告仲父，易哉為君！」事見劉向《新序・雜事四》。由於齊桓公信用管仲，齊國因而富強，桓公亦得以為春秋第一霸主。(53)窮　極遠。(54)豫章　郡名，治所南昌，在今江西南昌。(55)豫壤　豫州邊界。(56)曹兗州　指曹操，曹操時為兗州牧。(57)袁公路隔在其間　袁公路即袁術。豫章郡在長江之南，豫、兗二州在淮河之北，而當時袁術據有淮南之地，故說隔在其間。(58)孟德景升　曹操字孟德，劉表字景升。(59)下邳　王國名，治所下邳縣，在今江蘇睢寧西北。(60)廣陵　郡名，治所廣陵縣，在今江蘇揚州。(61)彭城　王國名，治所彭城縣，在今江蘇徐州。(62)委輸　以物置於車船上叫委，再轉運至他處交卸叫輸。委輸即運送。(63)浮屠　又寫作「浮圖」，即「佛陀」之梵語譯音。(64)課　督促。(65)浴佛　佛教傳說釋迦牟尼佛於四月八日誕生時，有九條龍口吐香水洗浴佛身，故每逢佛誕生日，佛教徒便舉行浴佛典禮。(66)鉅億計　謂以萬億計算。(67)利　貪利；貪圖。(68)酒酣　飲酒酣暢之時。(69)諸葛玄　諸葛亮之叔父，當時被袁術任命為豫章太守，而漢朝廷卻任命朱皓為太守。(70)西城　在當時南昌縣西。(71)泝　逆流而上。(72)彭澤　縣名。縣治在今江西湖口東南。(73)朱文明　朱皓字文明。(74)嚴白虎　嘯聚吳郡之南的地方武裝豪強首領。

【校　記】[1]性　原無此字。據章鈺校，甲十一行本、乙十一行本、孔天胤本皆有此字，張敦仁《通鑑刊本識誤》同，今據補。[2]宜　原作「更」。據章鈺校，甲十一行本、乙十一行本、孔天胤本皆作「宜」，張瑛《通鑑校勘記》同，今據改。

【語　譯】當初，丹陽人朱治曾任孫堅的校尉，看到袁術不行德政，就勸孫策回去佔據江東。這時，吳景正進攻樊能、張英等，一年多不能取勝。孫策勸袁術說：「我家對江東人有舊恩，我希望幫助舅舅征討橫江，攻佔橫江，隨即回到本土招募兵員，可以得到三萬士兵，用來佐助英明的使君平定天下。」袁術知道孫策心懷不滿，而因有劉繇佔據曲阿，王朗守衛會稽，以為孫策未必能平定他們，於是答應了他的要求。上表舉薦孫策為折衝校尉，率兵一千多人，騎兵幾十名，沿途招收兵馬。等到進至歷陽，兵眾已有五六千人。當時周瑜的堂伯周尚任丹陽太守，周瑜率兵迎接孫策，便以軍資、糧食相助。孫策大喜，說：「我得到你，事業成功了！」孫策進攻橫江、當利，全都攻了下來，樊能、張英戰敗逃走。

孫策渡江轉戰，所向披靡，沒人敢抵擋他的鋒芒。百姓聽說孫郎來了，都魂飛魄散，縣長縣令拋棄城郭，竄匿深山草叢中。等孫策到來，官兵遵命，不敢搶掠，雞犬菜蔬，秋毫不犯。民眾非常高興，爭著拿牛肉和美酒慰勞軍隊。孫策這人容貌英俊，善談笑，性情豁達大度，聽取別人的意見，善於用人，因此官紳和百姓，見過他的人莫不願盡心盡力，樂意為他賣命。

孫策進攻劉繇在牛渚的營地，獲得了倉庫裡的全部糧食和作戰用具。當時彭城國相薛禮、下邳國相丹陽人笮融都依靠劉繇為盟主，薛禮據守秣陵城，笮融駐軍秣陵縣南，孫策把他們全都打敗。又在梅陵打敗劉繇的別將，轉而攻湖孰、江乘，全都攻克，進兵攻打盤據在曲阿的劉繇。

劉繇的同郡人太史慈這時從東萊來看望劉繇，正值孫策率兵到來，有人勸劉繇可任命太史慈為大將。劉繇說：「我若用子義，許劭難道不嘲笑我嗎！」只派太史慈去偵察敵情的虛實。有一天太史慈獨身帶了一個騎兵在神亭與孫策突然遭遇，孫策身後跟著十三名騎兵，都是孫堅的舊將遼西人韓當、零陵人黃蓋一類的人。太史慈上前交戰，正和孫策相對。孫策刺中太史慈的馬，並摘取他脖子後面插的手戟，太史慈也摘得孫策的頭盔。這時雙方的步兵、騎兵一起趕來，於是雙方各自散去。

劉繇與孫策交戰，兵敗，逃往丹徒。孫策進入曲阿，慰問賞賜將士，下令施恩，告知各縣：「凡是劉繇、笮融等同鄉部屬來歸降的，一律不追究。願意繼續當兵的，一人從軍，免除全家賦稅勞役，不願再當兵的也不勉強。」十日之間，應召者四面雲集，得到現成的士兵二萬多人，馬一千多匹，孫策威震江東。

十二月二十日丙辰，袁術上表推舉孫策代理殄寇將軍。孫策部將呂範向孫策進言說：「如今將軍的事業日益擴大，軍隊日益強盛，可是軍紀尚不完備，我願暫時兼任都督，輔佐將軍整治。」孫策說：「你已經是士大夫，加上手下已有大軍，又在外立功，怎麼能讓你再屈就小官，掌管軍中的小事呢？」呂範說：「不是這樣。如今我離開家鄉而託身於將軍，不是為了妻子兒女，而是要成就救世大業。好比同坐一條船渡海一樣，一件事情不牢靠，大家立即共遭滅頂之災。這也是為我自身打算，不僅僅是為了將軍。」孫策微笑，無言以對。呂範出來，便脫下單衣，穿上騎士之服，提起馬鞭到孫策的臺階下請示，自稱都督。於是孫策授予符信，委任各種事務。從此軍中嚴肅和睦，軍令暢行。

孫策任命張紘為正議校尉，彭城人張昭為長史，常常令他兩人一個留守，一個跟隨出征。廣陵人秦松、陳端等也參與謀劃。孫策以師友的禮節對待張昭，把文武事務，一概委託他。張昭每每得到北方士大夫的書信，信中把江東的政績都歸功於張昭。孫策聽到後，很高興地說：「從前管仲任齊國的宰相，齊桓公左也靠仲父，右也靠仲父，因而齊桓公終於成為五霸的宗主。如今張昭賢明，我能任用他，他的功名難道不是由我而得嗎！」

袁術任堂弟袁胤為丹陽太守。周尚、周瑜都返回壽春。

劉繇將從丹徒逃奔會稽郡，許劭說：「會稽富足殷實，是孫策貪戀的地方，而且它僻遠海角，不可到那裡去。不如到豫章郡，它的北部與豫州接壤，西部和荊州相連，如果收攏那裡的官民，派使者向朝廷進貢，和曹兗州聯繫，雖然有袁術在中間相隔，但他性如豺狼，不會長久。您是朝廷的命官，曹操、劉表一定會來救助。」劉繇聽從了。

當初，陶謙任命笮融為下邳相，派他督理廣陵、下邳、彭城的糧運。笮融就截留這三郡的委運物資歸己所有，大規模興造佛寺，督促民眾誦讀佛經，招來附近各郡的佛教徒達五千多戶。每次浴佛節，總要備辦許多飲食，在路邊擺設宴席，綿延幾十里，費用以萬億計。等到曹操擊退陶謙，徐州不安定，笮融於是率領男女萬人逃至廣陵，廣陵太守趙昱待以賓客之禮。此前彭城相薛禮被陶謙逼迫，屯駐秣陵。笮融貪圖廣陵的財富，就乘酒興正濃時殺了趙昱，縱兵大肆搶劫，乘勢渡過長江投靠薛禮，不久又殺了薛禮。

劉繇派豫章太守朱皓攻打袁術所委任的太守諸葛玄，諸葛玄退保西城。等到劉繇溯江西上，進駐彭澤，便派笮融幫助朱皓攻打諸葛玄。許劭對劉繇說：「笮融出兵，不顧名節信義。朱皓喜歡推心置腹以取信於人，應讓朱皓嚴加防禦。」笮融到後，果然用詐騙的手段殺了朱皓，自己代理豫章郡守。劉繇進兵征討笮融，笮融戰敗逃走，遁入山中，被山民殺死。獻帝下詔任命前太傅掾華歆為豫章太守。

丹陽郡都尉朱治驅逐吳郡太守許貢佔據了吳郡，許貢南去投靠山賊嚴白虎。

張超在雍丘，曹操圍之急。超曰：「惟臧洪❶當來救吾。」眾曰：「袁、曹方睦，洪為袁所表用，必不敗好以招禍。」超曰：「子源天下義士，終不背本，但恐見制強力，不相及耳。」洪時為東郡太守，徒跣❷號泣，從紹請兵，將赴其難，紹不與。請自率所領以行，亦不許。雍丘遂潰，張超自殺，操夷其三族。洪由是怨紹，絕不與通。紹興兵圍之，歷年不下。紹令洪邑人陳琳❸以書喻之，洪復書曰：「僕❹小人也，本乏志用，中因行役❺，蒙主人❻傾蓋❼，恩深分厚，遂竊大州❽，寧樂今日自還接刃乎！當受任之初，自謂究竟❾大事，共尊王室。豈悟本州❿被侵，郡將⓫遘厄⓬，請師見拒，辭行被拘，使洪故君遂至淪滅，區區微節，無所獲申，豈得復全交友之道、重虧忠孝之名乎！斯所以忍悲揮戈，收淚告絕。行矣孔璋，足下徼利於境外，臧洪投命於君親；吾子⓭託身於盟主⓮，臧洪策名於長安⓯；子謂余身死而名滅，僕亦笑子生而無聞焉。」

紹見洪書，知無降意，增兵急攻。城中糧穀已盡，外無彊救，洪自度⓰必不免，呼將吏士民謂曰：「袁氏無道，所圖不軌，且不救洪郡將，洪於大義，不得不死；念諸君無事，空與此禍，可先城未敗，將妻子出。」皆垂泣曰：「明府⑰與袁氏本無怨隙，今為本朝郡將之故，自致殘困，吏民何忍當舍明府去也！」初，尚掘鼠煑筋角，後無可復食者。主簿啓⑱內廚⑲米三升，請稍以為饘粥⑳。洪歎曰：「何能獨甘此邪！」使作薄糜㉑，偏班㉒士眾，又殺其愛妾，以食㉓將士。將士咸流涕，無能仰視者。男女七八千人，相枕而死，莫有離叛者。城陷，生執洪。紹大會諸將，見洪，謂曰：「臧洪，何相負若此！今日服未？」洪據地瞋目曰：「諸袁事漢，四世五公㉔，可謂受恩。今王室衰弱，無扶翼之意，欲因際會㉕，希冀㉖非望㉗，多殺忠良，以立姦威。洪親見呼張陳留㉘為兄，則洪府君亦宜為弟，同共戮力，為國除害，柰何擁眾觀人屠滅！惜洪[1]力劣，不能推刃㉙為天下報仇，何謂服乎！」紹本愛洪，意欲令屈服原㉚之，見洪辭切，知終不為己用，乃殺之。

洪邑人陳容少親慕洪，時在紹坐，起謂紹曰：「將軍舉大事，欲為天下除暴，而先誅忠義，豈合天意！臧洪發舉為郡將，柰何殺之！」紹慙，使人牽出，謂曰：「汝非臧洪儔㉛，空復爾為㉜！」容顧曰：「仁義豈有常，蹈之則君子，背之則小人。今日寧與臧洪同日而死，不與將軍同日而生也。」遂復見殺，在坐無不歎息，竊相謂曰：「如何一日殺二烈士㉝！」

【章旨】以上為第八段，寫袁紹迂腐，因信守袁曹同盟，不救張超，逼反臧洪，自毀長城，在縱橫捭闔中輸了曹操一著。

【注釋】❶臧洪 字子源，廣陵射陽（今江蘇淮安東南）人，袁紹表任為東郡太守。張超被曹操所圍，洪得知，向袁紹請兵往救，袁紹不肯，張超遂被曹操滅族，洪因與袁紹矛盾，後被袁紹所殺。傳見《三國志》卷七、《後漢書》卷五十八。❷徒跣 赤腳步行。❸陳琳 字孔璋，廣陵人，與臧洪同郡。初為何進主簿，何進敗，避難於冀州，又為袁紹所用，主典文書，後歸曹操，仍典理文書。善文學，為建安七子之一。事附見《三國志》卷二十一〈王粲傳〉。❹僕 自我之謙稱。❺行役 為官的謙虛說法。❻主人 指袁紹。❼傾蓋 謂初交即有情誼。❽大州 指青州。袁紹曾使臧洪領青州刺史。❾究竟 成就。❿本州 猶言本土。⓫郡將 即郡守。因郡守兼領軍事，故有此稱。此郡將指張超。⓬遘戹 遇到災難。⓭吾子 「你」的親近稱呼。⓮盟主 指袁紹。袁紹曾為討董卓的關東軍之盟主。⓯長安 時漢獻帝在長安。⓰度 揣度；推測。⓱明府 漢代人尊稱郡守為府君，亦稱明府君，簡稱明府。此稱臧洪。⓲啓 拿出；動用。⓳內廚 官員的私廚。⓴饘粥 稠粥。㉑薄糜 稀粥。㉒班 分發。㉓食 拿食物給人吃。㉔四世五公 袁氏自袁安至袁逢、袁隗共四代，其中有四人為三公，一人為上公，故為四世五公。㉕際會 時機。㉖希冀 希望；企圖。㉗非望 猶「非冀」，指非分的企圖。㉘張陳留 指張超之兄張邈。張邈前為陳留太守。㉙推刃 以刀一進一出叫推刃，比喻仇恨極深。㉚原 原諒；恕免。㉛儔 同類。㉜爾為 如此作為。㉝烈士 堅貞不屈的剛強義士。

【校　記】[1]惜洪 原二字互倒。據章鈺校，甲十一行本、乙十一行本、孔天胤本皆作「惜洪」，今從改。

【語　譯】張超在雍丘，曹操加緊圍攻。張超說：「只有臧洪會來救我。」大家說：「袁紹、曹操正相和睦，而臧洪是被袁紹表薦任用的人，他一定不會敗壞袁、曹的和好來招惹禍患。」張超說：「臧子源是天下的義士，始終不會背離初衷；只是擔心他被強力所制，不能前來罷了。」臧洪當時任東郡太守，赤腳徒步放聲痛哭，向袁紹請求出兵，要率軍去解救張超的危難，袁紹不給他發兵。臧洪請求率領自己所屬的軍隊前去，袁紹也不答應。於是雍丘失守，張超自殺，曹操滅了張超的三族。

臧洪因此怨恨袁紹，斷絕關係不與袁紹來往。袁紹舉兵包圍了臧洪，連年攻不下來。袁紹命臧洪的同鄉陳琳寫信給臧洪，曉以利害，臧洪回信說：「我是一個小人物，本沒有志向，中因入仕為官，承蒙主人傾蓋相交，恩情深厚，於是竊據一州，難道我樂意今天和袁紹兵戎相見嗎！當初受任之時，我自以為能成就大業，共同擁戴王室。哪裡想到本州被侵佔，郡守張超遭遇危難，我請求出兵被拒絕，辭行又遭拘留，致使我的故主被消滅，我這微不足道的節義都不得伸張，哪裡還能顧全交友之道、重視損害忠孝的名節呢！這就是我為什麼要忍住悲傷揮戈上陣，擦乾淚水毅然與袁紹決絕的原因。走你的吧，孔璋，你去各地追逐財利，臧洪我效命於朝廷；你投靠盟主袁紹，臧洪我列名於朝班。你認為我會身死名裂，我也嘲笑你活著卻默默無聞。」

袁紹見到臧洪的書信，知道他沒有歸降的想法，增派軍隊加緊圍攻。城中的糧食已經耗盡，外面沒有強兵救援，臧洪自料不能幸免，召集將士官民，對他們說：「袁紹沒有道義，圖謀不軌，而且不肯救援郡守張超，我臧洪出於大義，不得不死；想到你們諸位憑空捲入這場災禍，你們可在城破之前，帶著妻子兒女出城。」大家都流淚哭泣道：「明府您與袁紹本來沒有怨仇，如今為了本朝太守的緣故，自己招致了困窘，我等吏民怎忍心拋下英明的府君而逃走！」城中起初還能挖老鼠煮筋角來充飢，後來再沒有什麼可吃的了。主簿打開郡守私家廚房取出三升米，請求做一些稠粥。臧洪歎了口氣說：「我怎能獨自享用呢！」命做成稀粥，普遍分給士兵和民眾，又殺了自己的愛妾，拿來給將士們吃。將士們都流下眼淚，不能仰視。男女七八千人，相互枕藉而死，沒有一個叛離的。城池被攻陷，活捉了臧洪。袁紹會集各位將領，看到臧洪，對他說：「臧洪，為什麼如此辜負我！今天服不服？」臧洪坐在地上瞪著眼睛說：「袁氏諸人效力漢朝，四代人有五人出任三公，可說是享受了朝廷的洪恩。如今皇室衰弱，你卻沒有扶持的意念，反而想趁此機會，圖謀非分的妄想，濫殺忠良，用來建立你奸邪的淫威。我親眼見你稱呼張邈為兄，那麼張超也應該稱之為弟，本應同心協力，為國除害，怎麼能擁兵看著他人遭殺害！只恨我勢單力薄，不能揮刀為天下人報仇，還說什麼服不服呢！」袁紹本來喜歡臧洪，想讓他屈從後原諒他，看到臧洪言真意切，知道他終究不會被自己所用，於是把他殺了。

臧洪的同縣人陳容從小敬慕臧洪，此時也在座，起身對袁紹說：「將軍興舉大事，要為天下除暴，卻先殺忠義之士，豈能合乎天意！臧洪的舉動是為了郡守張超，怎麼能殺他！」袁紹羞愧，命人把陳容拖出去，對他說：「你不是臧洪的同類人，憑空如此作為！」陳容回頭說：「仁義哪有常規，踐行它的就是君子，違背它的就是小人。今天寧肯和臧洪同日而死，不願與將軍同日而生。」於是也被殺害，在座的人無不歎息，私下相互議論說：「怎麼可以在一天內殺了兩位烈士！」

公孫瓚既殺劉虞，盡有幽州❶之地，志氣益盛，恃其才力，不恤百姓，記過忘善，睚眦❷必報。衣冠❸善士，名在其右❹者，必以法害之；有材秀❺者，必抑困使在窮苦之地。或問其故，瓚曰：「衣冠皆自以職分當貴，不謝人惠。」故所寵愛，類多商販、庸兒❻，與為兄弟，或結婚姻，所在侵暴，百姓怨之。

劉虞從事❼漁陽❽鮮于輔❾等合率州兵欲共報仇，以燕國閻柔素有恩信，推為烏桓司馬❿。柔招誘胡、漢數萬人，與瓚所置漁陽太守鄒丹戰于潞⓫北，斬丹等四千餘級。烏桓峭王⓬亦率種人及鮮卑七千餘騎，隨輔南迎虞子和與袁紹將麴義，合兵十萬，共攻瓚，破瓚於鮑丘⓭，斬首二萬餘級。於是代郡⓮、廣陽⓯、上谷⓰、右北平⓱各殺瓚所置長吏，復與鮮于輔、劉和兵合，瓚軍屢敗。

先是有童謠曰：「燕南垂，趙北際，中央不合大如礪，唯有此中可避世。」瓚自謂易⓲地當之，遂徙鎮易，為圍塹十重，於塹裏築京⓳，皆高五六丈，為樓其上；中塹為京，特高十丈，自居焉。以鐵為門，斥去左右，男人七歲以上不得入門，專與姬妾居。其文簿、書記皆汲⑳而上之。令婦人習為大聲，使聞數百步，以傳宣教令。疏遠賓客，無所親信。謀臣猛將，稍稍㉑乖散。自此之後，希復攻戰。或問其故，瓚曰：「我昔驅畔胡㉒於塞表，掃黃巾於孟津㉓，當此之時，謂天下指麾㉔可定。至於今日，兵革方始，觀此，非我所決，不如休兵力耕，以救凶年。兵法，百樓不攻。今吾諸營樓樐㉕數十重，積穀三百萬斛，食盡此穀，足以待天下之事矣。」

南單于於扶羅死，弟呼廚泉立，居于平陽㉖。

【章旨】以上為第九段，寫公孫瓚經營幽州。

【注釋】❶幽州　州名，東漢幽州治所在薊縣（今北京城西南），轄境大致為今北京市、河北北部、山西東北部、遼寧大部、天津之一部。❷睚眦　怒目而視。此指小怨小仇。❸衣冠　指官宦人家。❹右　上。❺材秀　才幹優秀。❻庸兒　市井小民。❼從事　官名，東漢州牧刺史的佐史，有別駕從事史、治中從事史、兵曹從事史、部從事史等，均可簡稱從事。❽漁陽　郡名，治所漁陽縣，在今北京市密雲西南。❾鮮于輔　漁陽人，初為幽州牧劉虞從事，後投曹操為左度遼將軍。魏文帝即位，任輔國將軍。❿烏桓司馬　官名，東漢置有護烏桓校尉一人，管理各地烏桓。烏桓校尉之佐吏有二司馬。⓫潞　縣名，縣治在今北京市通州區東。⓬峭王　東漢末，遼東屬國之烏桓大人蘇僕延自稱峭王。⓭鮑丘　水名，源於塞外，流經今北京、天津入海。上游即今潮河，下游略與今白河平行南流，折東南循今薊運河下游入海。劉和破公孫瓚即在此。⓮代郡　治所高柳，在今山西陽高西南。⓯廣陽　郡名，治所薊縣，在今北京城西南。⓰上谷　郡名，治所沮陽，在今河北懷來東南。⓱右北平　郡名，治所土垠，在今河北唐山豐潤區東南。⓲易　縣名，縣治在今河北雄縣西北。⓳京　人工所築的高丘。⓴汲　謂用繩索自下往上引。㉑稍稍　漸漸；逐漸。㉒畔胡　指遼西烏桓丘力居等。漢靈帝光和中，漁陽人張純引誘丘力居等反叛，以後就不斷攻掠東北諸郡。中平五年張純、丘力居等又攻掠幽、冀、青、徐四州，朝廷詔公孫瓚出擊，張純等大敗。畔，通「叛」。㉓掃黃巾於孟津　指初平二年（西元一九一年）公孫瓚擊破青州黃巾軍於孟津。㉔指麾　同「指揮」。招手的動作，比喻時間短。㉕樓樐　即樓櫓，古時軍中用以瞭望敵軍的無頂蓋之高樓。㉖平陽　縣名，縣治在今山西臨汾西南。

【語　譯】公孫瓚殺掉劉虞後，全部佔有了幽州地域，趾高氣揚，依恃自己的才能和武力，不體恤百姓，只記住他人的過失，卻忘卻他人的長處，連瞪他一眼這樣小小的怨恨也一定要報復。凡官宦名士，名望在他之上的，必定枉法陷害；有才幹出眾的人，一定加以貶抑打壓使之處於窮困之境。有人問他緣故，公孫瓚說：「官宦名士都自認為命當富貴，不感激別人的恩惠。」所以被他寵愛的人，大多是些商販、市井小民，和他們結為兄弟，或締結姻緣，所到之處，侵暴搶奪，百姓怨恨他們。

劉虞的從事漁陽人鮮于輔等人聯合率領州兵想共同為劉虞報仇，因燕國人閻柔一向有恩德信義，就推舉他為烏桓司馬。閻柔招誘胡人、漢人幾萬人馬，與公孫瓚所設置的漁陽太守鄒丹在潞縣的北面交戰，殺死鄒丹等四千多人。烏桓峭王也率同族人和鮮卑人共七千多名騎兵，跟隨鮮于輔南下迎取劉虞的兒子劉和與袁紹部將麴義，會合十萬兵馬，共同進攻公孫瓚，在鮑丘打敗公孫瓚，斬首兩萬餘級。於是代郡、廣陽郡、上谷郡、右北平郡都各自殺掉公孫瓚所設置的官吏，又與鮮于輔、劉和的兵馬會合，公孫瓚的軍隊屢遭失敗。

此前有童謠說：「燕國南陲，趙國北界，中間不合攏，空隙大如磨刀石，只有在這空隙中可以避世。」公孫瓚自認為易縣就是這避世之地，於是遷州治到易縣，在四周挖出十道塹壕，在塹壕裡築起高丘，每座都有五六丈高，在高丘上修築樓臺；在中間的塹壕中也築高丘，特高十丈，公孫瓚居住在這裡，用鐵做門，撤去身邊的人，七歲以上的男子不准進門，只和妻妾住在裡面。文書、報告都用繩索吊上去。命令婦女練習大聲喊話，使聲音能傳到幾百步遠，用來傳達命令。疏遠賓客，沒有親信。謀臣猛將，逐漸背離。從此之後，很少再出征攻戰。有人問他這是什麼緣故，公孫瓚說：「從前我在塞外驅逐叛逆的胡人，在孟津橫掃黃巾軍，在那個時候，我以為天下揮手之間可以平定。至於今日，戰爭似乎剛剛開始，看此情形，平定天下不是由我來決定的，不如休養兵士，盡力耕作，度過荒年。兵法上說，百層高樓不可攻打。如今我各軍營的樓臺幾十層，積蓄穀物三百萬斛，吃完這些糧食，足以等到天下太平之時了。」

南單于於扶羅死了，於扶羅的弟弟呼廚泉繼立為南單于，居留在平陽。

【研　析】本卷著重研析曹孫劉三家的興起。東漢豪強地主集團分為兩個階層。一是世代官僚地主，史稱世族地主，又稱世家大族。他們世代為高官，經學傳世，在中央和地方都有著堅固的勢力。如汝南袁氏四世五公，弘農楊氏四世四公，潁川荀氏世為「冠冕」。他們的門生故吏遍天下，在政治上有很大的號召力。二是地方豪強地主，主要是大商賈兼併土地形成豪強，史稱庶族地主。他們有大量的田產，奴婢以千計，但在政治上受士族地主的壓抑。曹操家族是沛國譙縣的大豪強，屬於宦官集團的大官僚，其父曹嵩曾官至太尉，但仍是庶族地主。所以曹操在政治上的號召力不如士族地主的代表人物袁紹、袁術兄弟強，初起時不能與二袁匹敵。二袁利用他們的政治號召力，在東漢末最早萌動了覬覦漢室之心，成為禍首，這是他們在政治上失敗的一個重要因素。曹操、孫權、劉備都是庶族地主的代表人物，大亂初起時他們還想扶持漢室，建立功名；後來看到漢室不可復興，仍然各自打著效忠漢室的旗號收攬人心，終於鼎立三分。此外，士族地主集團多謀士，庶族地主集團多武將。士族地主軍閥排斥庶族地主，他們手下缺乏能征慣戰之將，軍隊戰鬥力不強，在混亂中極易被消滅。曹孫劉三家都以庶族地主和平民出身的戰將為骨幹，又廣延士族智士，得到兩個階層豪強地主集團的支持，所以在混戰中越戰越強，劉備更是屢仆屢起。認識東漢末豪強地主集團的割據性，把握兩個階層的軍閥具有重要的意義。

曹操崛起於亂世。曹操字孟德，一名吉利，小字阿瞞，沛國譙縣人。漢譙縣，即今安徽北部的亳州市。曹操生於西元一五五年，死於西元二二〇年，享年六十六歲。他二十歲時被舉為孝廉，初仕郎官，登上政治舞臺，想立功封侯，此其本志。西元一九〇年，曹操三十六歲，陳留起兵討董卓，在風雲突變的漢末亂世中，縱橫馳騁三十年。他「挾天子以令諸侯」，統一了北方，是奠定三國鼎立的第一人物。亂世造就了曹操，培養了他的野心。時人評為「治世之能臣，亂世之奸雄」。

曹操出身於宦官集團的大官僚大地主豪強大族。他的祖父曹騰是歷事安帝、順帝、沖帝、質帝、桓帝五朝的大宦官，位至中常侍，桓帝封為費亭侯。曹操父親曹嵩是曹騰的養子，出自夏侯氏。〈曹瞞傳〉和《世語》都說是夏侯惇的叔父，即曹操與夏侯惇是叔伯兄弟。所以曹氏、夏侯氏兩族非常親密，兩姓子弟為曹操起家的骨幹。

曹騰是大宦官，恩蔭曹嵩仕途一帆風順，歷官司隸校尉、大司農等職，靈帝賣官，曹嵩花了一億錢買得太尉高官，可見家產之豪富。曹氏家族在漢末做京官和地方官的不只曹嵩一人。曹騰弟曹褒官至潁川太守，褒子曹熾官至侍中、長水校尉。曹熾是曹仁之父。曹騰姪兒曹鼎官至尚書令，另一堂姪官至吳郡太守。這些人都是家財萬貫，僮僕上百人。曹鼎姪兒曹洪家財甚至超過曹操，所豢養的家兵達千餘人之多。曹氏家族在政治上和經濟上都是顯赫的大豪強，給曹操的仕途帶來順風，但宦官出身仍屬寒門，被官僚士大夫看不起。西元二〇〇年官渡之戰時，袁紹發布的討操檄文就稱曹嵩為「乞丐攜養」，詆毀曹操為「贅閹遺醜」。因此曹操不免也有自卑感，這對於曹操所走的道路，以及執政都產生了複雜而微妙的影響。

西元一八九年，大將軍何進與袁紹謀誅宦官，曹操參決機要。曹操出身於宦官集團卻走著反宦官的道路，由此表現了他的不凡。曹操要在政治上嶄露頭角，必須側身於世族名士行列。所以他矯情飾志，力爭贏得世族地主集團的支持。梁國橋玄、南陽何顒都十分器重他。橋玄官至太尉，稱曹操為「命世之才」，並以妻子相託。

西元二一〇年末，曹操曾發布「明志令」，稱他青年時期希望天下太平，做一個清官，或歸隱於故里，秋夏讀書，冬春射獵。後做典軍校尉，想為國家討賊立功，西征韓遂，死後立一墓碑，刻上「漢故征西將軍曹侯之墓」，這就是他的本志。從曹操步入仕途的所作所為來看，這是符合實情的。曹操想以個人的努力來立功封侯，洗刷「贅閹遺醜」的汙名，成為一個漢家忠臣。由於董卓構難，形勢導致曹操走上了另一條道路，這就是逐鹿中原，與敵競爭，稱孤道寡，建立曹氏基業。

曹氏、夏侯氏的豪強資本，加之曹操個人的籌策善計，曹氏集團很快在北方亂世中崛起。

劉備轉戰北方。劉備字玄德，涿郡涿縣（今河北涿州）人。生於西元一六一年，死於西元二二三年，享年六十三歲。

劉備是三國時期傑出的政治家，深為曹操所忌服。如果將劉備與曹操、孫權做出比較，他經歷了更為艱難曲折的道路，可以說是屢仆屢起，九折臂而終成良醫。劉備從微賤到發跡，直至建立蜀國，既不像孫權那樣有父兄之業相承，也沒有像曹操那樣有雄厚的政治經濟實力而起家。劉備一無所有，只有依靠自己的主觀努力，藉亂世而成英雄。

劉備的祖先是西漢景帝之子中山靖王劉勝，所以稱「帝室之胄」。但支系疏遠，家世沒落，至劉備這一代已到了織席販鞋為生的地步。西元一八四年黃巾起義時，劉備二十四歲。他招兵買馬，要趁此機會建功立名，改變貧困地位。因打仗立功出仕，後來官至高唐縣（今山東高唐東）令。關東諸侯起兵討伐董卓，劉備也領兵參加。不久被青州黃巾軍打敗，就投奔幽州軍閥、同窗師兄公孫瓚。公孫瓚表請劉備為別部司馬，為青州刺史田楷助手，對抗冀州袁紹，不久改任平原相。

劉備由於出身寒微，威名不著，與關羽、張飛結義起兵，轉戰十年，位不過縣令。關、張二人卻始終不離左右。公孫瓚部將真定人趙雲也傾心與劉備相結。由於劉備寬厚待人，能得人死力。西元一九四年，曹操第二次東征徐州，陶謙向公孫瓚告急，劉備奉命救陶謙，正式脫離了公孫瓚集團。這一年冬，陶謙病死，他的部屬共推劉備為徐州牧，劉備再三謙讓。下邳人陳登，字元龍，時為廣陵太守，頗有才幹，他看不起一般的士人武將，但十分敬重劉備。他勸劉備說：「我們可以替你集合步騎十萬，你用這支軍隊，進可以輔助天子，安撫百姓，退可以據州自守，這是一個好機會，應該聽從我們的主張。」北海相孔融也勸劉備：「今天的事勢，人民擁護有才幹的人。錯過這個機會，後悔莫及。」劉備多年來一直顛沛流離，他何嘗不想做州牧。他的謙讓是為了爭取人心，尤其是需要陳登這樣的人來支持。陳登發話，劉備非常高興地接了官印，出任徐州牧，有了自己的一席之地。

劉備坐領徐州，得到了袁紹和曹操的認可。袁紹對徐州派去的使者說：「劉玄德弘雅有信義，現在徐州人士擁戴他，真是一個恰當的人選。」曹操為了穩住兗州東部邊境的局勢，並利用劉備對抗袁術，對劉備也採取了籠絡的策略。西元一九六年，曹操迎獻帝都許後，以天子名義拜劉備為鎮東將軍，封宜城亭侯。劉備的名字，在中原日益顯赫起來。

孫氏興起江東。三國時吳國的開國之主孫權，他十九歲承父兄之業，克平暴亂，歷盡艱險，終於創立了吳國。孫權既是承父兄之業，也就是說孫氏集團的興起，奠基人是孫權之父孫堅和孫權之兄孫策。孫堅仗義扶持漢室，而使孫氏名聲冠江南；孫策創業江東，才使孫權有了承繼的基業。孫權父兄三世創業，孫氏集團終於興起於江東。

孫堅字文臺，吳郡富春（今浙江富陽）人。《三國志》記載說孫堅是春秋時兵法家孫武之後，陳壽用的是「蓋」詞，意思是傳說、大概是。可能這是孫氏發跡以後的附會，因孫氏世系無考。現在當地人傳說，孫堅之父是瓜農出身，民間傳說，或許可信。總之孫堅出身最寒微，孫氏基業完全是自身努力創立的，沒有任何憑藉。孫堅仗義討董卓可以說這是孫氏贏得人心的最初根基。可惜由於孫堅誤投袁術，奉袁術為主，西元一九一年，袁術與劉表爭荊州，孫堅為先鋒，連敗劉表大將黃祖，黃祖退入襄陽。在進圍襄陽時，孫堅輕騎到前沿陣地偵察敵情，被流矢所中，死於湖北峴山，時年三十七歲。

孫策字伯符，孫堅長子，一表人才，好笑語，人稱孫郎。孫堅死時，孫策只有十七歲。西元一九五年，孫策二十歲，領兵征江東，人稱小霸王。霸王是秦末項羽的稱號。項羽力能扛鼎，率領江東八千子弟打天下，英勇無敵，所向披靡。項羽性情爽直而粗暴，果於殺戮，人人聞之膽寒。這些特點孫策都具備了，小霸王之稱，當之無愧。

孫堅得人，程普、黃蓋、韓當、朱治等都是他的舊部。孫堅死後，其眾由孫策堂兄孫賁率領投靠袁術。孫策攜母往投舅父丹陽太守吳景。孫策聰明英武，好結交朋友，聲名遠播。舒縣（今安徽舒城）人周瑜與孫策同年，慕名來訪，一見如故，兩人結為生死之交。孫策到了舒縣，在周瑜資助下，招募部曲六七百人。西元一九四年，孫策率眾投附佔據壽春的袁術，希望從袁術那裡討還父親的舊部。

孫策在壽春，很受袁術賞識，表薦為懷義校尉。西元一九五年，孫策的舅父吳景被揚州刺史劉繇趕出，雙方在橫江津一帶相持不下。孫策趁機對袁術說：「我父親在江東有威望，我想到江南招募，可得三萬精兵，幫助舅父打退敵人，再來替主公效勞。」袁術也知道孫策懷恨想離去，他認為劉繇在曲阿，王朗在會稽，孫策未必能成功，就把孫堅舊部將士千餘人交給孫策指揮，並表薦孫策為折衝校尉。

袁術放虎歸山，孫策如魚得水。孫策出壽春時只有千餘人馬，他沿途招募軍隊，由於紀律嚴明，行至歷陽（今安徽和縣），已擁眾五六千人。這時周瑜領兵來迎，孫策力量更為壯大，開始向東南進軍，攻擊揚州刺史劉繇。

孫策打仗，總是一馬當先。敵方將士一聽孫郎來了，大都失魂落魄。小兒啼哭，大人說：「孫郎來了。」小兒即不敢啼，威名如此。孫策頒下軍令，士兵不得擄奪民間財物，「雞犬菜茹，一無所犯」，受到百姓歡迎。他還優待劉繇降卒，願從軍的，免除家庭賦稅徭役，不願從軍的也不強迫。這樣一來，不僅劉繇部眾不少投奔孫策，而且四方士眾雲集，半個月功夫，孫策隊伍擴大到兩萬人，馬千餘匹，「威震江東，形勢轉盛」。

當時江東各地，豪強林立，地方宗族部伍，各不統屬，主要有吳郡太守許貢、會稽太守王朗，以及地方豪強如烏程鄒他、錢銅，吳郡嚴白虎，前合浦太守王晟及自稱吳郡太守駐屯海西的陳瑀等。孫策採取先打弱敵，後打強敵的策略，首先掃蕩地方豪強，即先打小敵鄒他、錢銅、王晟等，然後拔掉嚴白虎、陳瑀。三四年間，東滅吳郡太守許貢，降服會稽太守王朗，豫章太守華歆，聚眾三萬餘人，將領除孫堅舊部程普、黃蓋、韓當外，又收聚了周瑜、蔣欽、周泰、董襲、凌操等人，謀士有張昭、張紘、秦松等。儼然大家氣象。

東漢末太尉喬玄有兩女，皆天姿國色，稱大喬、小喬。孫策娶了大喬，周瑜娶了小喬。

曹孫劉三家集團的興起，各自招納天下豪傑，導致東漢末人才三分，這是三國鼎立形成的最重要的原因。

卷第六十二

漢紀五十四

起柔兆困敦（丙子 西元一九六年），盡著雍攝提格（戊寅 西元一九八年），凡三年。

【題解】本卷記事起西元一九六年，迄西元一九八年，凡三年。當漢獻帝建安元年至三年，是中原十年大混戰（西元一九一至二〇〇年）的中段。這一時期，袁紹與曹操聯手爭戰，袁紹戰河北，曹操戰河南，兩大集團在掃滅群雄中逐漸勝出。袁紹大致兼併了河北四州：冀、并、青、幽，到西元一九八年，只有公孫瓚還在幽州掙扎。曹操在河南，遷漢獻帝到許，挾天子以令諸侯，在政治上佔了制高點，曹操又在許下屯田，保證了軍資，因此，優勢更為明顯。曹操兩次南下荊州，挫敗張繡，到西元一九八年，已東滅呂布。西邊關中，曹操任鍾繇為司隸校尉，督關中諸將，以天子名義招撫馬騰、韓遂，西邊無事。徐州劉備遭呂布暗算，丟了徐州，投靠了曹操。曹操亦佔有河南兗、豫、司、徐四州，足可以與袁紹抗衡。袁紹、曹操兩人勢力發展，矛盾也在加深。建安二年兩人爭大將軍之位，一山不能容二虎的形勢已初露端倪。袁術在淮南，妄自稱帝，眾叛親離，又遭曹操連續打擊，勢力大衰，坐等待斃。孫策脫離袁術，爭戰江東，敗劉繇，滅嚴白虎等土豪，又得周瑜之助，勢力大增，在江東已是一枝獨秀。

孝獻皇帝丁

建安元年（丙子　西元一九六年）

春，正月癸酉❶，大赦，改元❷。

董承、張楊欲以天子還雒陽，楊奉、李樂不欲，由是諸將更相疑貳。二月，韓暹攻董承，承奔野王❸。韓暹屯聞喜❹，胡才、楊奉之塢鄉❺。胡才欲攻韓暹，上使人喻止之。

汝南、潁川黃巾何儀等擁眾附袁術，曹操擊破之。

張楊使董承先繕脩雒陽宮。太僕趙岐為承說劉表，使遣兵詣雒陽，助脩宮室。軍資委輸❻，前後不絕。

夏，五月丙寅❼，帝遣使至楊奉、李樂、韓暹營，求送至雒陽，奉等從詔。六月乙未❽，車駕幸聞喜。

袁術攻劉備以爭徐州，備使司馬❾張飛守下邳❿，自將拒術於盱眙⓫、淮陰⓬，相持經月，更有勝負。下邳相曹豹，陶謙故將也，與張飛相失⓭，飛殺之，城中乖亂⓮。袁術與呂布書，勸令襲下邳，許助以軍糧。布大喜，引軍水陸東下，備中郎將⓯丹陽許耽開門迎之。張飛敗走，布虜備妻子及將吏家口。備聞之，引還。

比至下邳，兵潰。備收餘兵東取廣陵，與袁術戰，又敗，屯於海西⓰，飢餓困踧⓱，吏士相食，從事東海麋竺[1]以家財助軍。備請降於布，布亦忿袁術運糧不繼，乃召備，復以為豫州刺史，與并勢擊術，使屯小沛⓲。

布自稱徐州牧。布將河內郝萌夜攻布，布科頭⓳袒衣⓴，走詣都督高順㉑營。順即嚴兵入府討之，萌敗走。比明㉒，萌將曹性擊斬萌。

【章　旨】以上為第一段，寫劉備遭反覆無常的小人呂布偷襲，一失徐州。

【注　釋】❶癸酉　正月初七。❷改元　西元一九六年，正月初七，漢獻帝改興平年號為建安。❸野王　縣名，縣治在今河南沁陽。當時野王為張楊駐屯地。❹聞喜　縣名，縣治在今山西聞喜。❺塢鄉　地名，在當時緱氏縣內。緱氏縣治在今河南偃師南。❻委輸　運送。❼丙寅　五月初二。❽乙未　六月初一。❾司馬　官名，將軍軍府之官，綜理軍府事，並參與軍事謀劃。❿下邳　縣名，縣治在今江蘇睢寧西北。下邳縣又為下邳封國治所。⓫盱眙　縣名，縣治在今江蘇盱眙東北。⓬淮陰　縣名，縣治在今江蘇淮陰。⓭相失　彼此失和。⓮乖亂　混亂；叛亂。⓯中郎將　官名，東漢位次於將軍的統兵將領。⓰海西　縣名，縣治在今江蘇灌南縣南。⓱踧　通「蹙」。緊迫。⓲小沛　即沛縣，縣治在今江蘇沛縣。因當時沛縣屬沛國，而沛國之治所在相縣(今安徽濉溪縣西北)，故時人就稱沛縣為小沛。⓳科頭　不戴冠，外露髮髻。元代江東人猶謂露髻為「科頭」。⓴袒衣　披衣露體。㉑高順　呂布麾下著名部將，有勇有謀，惜其投主不明，未盡其才。西元一九八年，呂布失敗，高順亦被害。㉒比明　至天亮。

【校　記】[1]麋竺　原作「糜竺」。今據嚴衍《通鑑補》改作「麋竺」。

【語　譯】孝獻皇帝丁

建安元年（丙子　西元一九六年）

春，正月初七日癸酉，大赦天下，改換年號。

董承、張楊想把天子遷回洛陽，楊奉、李樂不願意，因此導致眾將領相互猜疑，懷有二心。二月，韓暹攻擊董承，董承逃向野王縣。韓暹進兵屯駐聞喜，胡才、楊奉到塢鄉。胡才想攻擊韓暹，皇上派人曉諭，加以制止。

汝南、潁川的黃巾軍何儀等率眾歸附袁術，曹操打敗了他們。

張楊派董承先去修繕洛陽的宮殿。太僕趙岐替董承勸說劉表，讓劉表派兵到洛陽，幫助修繕宮室。劉表向洛陽運輸軍用物資，前後源源不斷。

夏，五月初二日丙寅，獻帝派使者到楊奉、李樂、韓暹的軍營，要求他們護送自己到洛陽，楊奉等接受詔令。六月初一日乙未，天子駕至聞喜。

袁術攻打劉備，以爭奪徐州，劉備派司馬張飛留守下邳，自己率兵在盱眙、淮陰抵抗袁術，相持個把月，互有勝負。下邳相曹豹是陶謙的舊將，與張飛不和，張飛殺了曹豹，城中發生叛亂。袁術給呂布寫信，勸他襲擊下邳，答應資助他軍糧。呂布大喜，率軍水陸兩路東下，劉備的中郎將丹陽人許耽打開下邳城門迎接呂布。張飛戰敗逃走，呂布俘虜了劉備的妻子兒女，以及將領官吏們的家眷。劉備聞訊，率軍回救。等趕到下邳時，軍隊潰敗。劉備收拾殘兵向東攻取廣陵，與袁術交戰，又被打敗，屯駐海西，飢餓困窘，官兵相食。徐州從事東海人麋竺拿出自家財物資助軍需。劉備請求歸降呂布，呂布也惱恨袁術沒有繼續運糧，於是召請劉備，又委任他為豫州刺史，與他合力攻擊袁術，派劉備駐守小沛。

呂布自稱為徐州牧。呂布部將河內人郝萌乘夜攻擊呂布，呂布披頭散髮、衣衫不整，逃到都督高順的軍營，高順立即整飭兵馬，攻入州府討伐郝萌，郝萌戰敗逃走。到天亮時，郝萌的部將曹性殺死郝萌。

庚子❶，楊奉、韓暹奉帝東還❷，張楊以糧迎道路。○秋，七月甲子❸，車駕至雒陽，幸故中常侍趙忠宅。丁丑❹，大赦。○八月辛丑❺，幸南宮楊安殿❻。張楊以為己功，故名其殿曰楊安。楊謂諸將曰：「天子當與天下共之，朝廷自有公卿大臣，楊當出扞❼外難❽。」遂還野王，楊奉亦出屯梁❾，韓暹、董承並留宿衛。○癸卯❿，以安國將軍張楊為大司馬⓫，楊奉為車騎將軍⓬，韓暹為大將軍⓭、領⓮司隸校尉⓯，皆假節鉞⓰。

是時宮室燒盡，百官披荊棘，依牆壁間。州郡各擁強兵，委輸不至，羣僚飢乏，尚書郎⓱以下自出採稆⓲，或飢死牆壁間，或為兵士所殺。

袁術以讖⓳言「代漢者當塗高」，自云名字應之⓴。又以袁氏出陳㉑，為舜後㉒，以黃代赤，德運之次㉓，遂有僭逆之謀。聞孫堅得傳國璽㉔，拘堅妻而奪之。及聞天子敗於曹陽㉕，乃會羣下議稱尊號，眾莫敢對。主簿㉖閻象進曰：「昔周自后稷㉗至于文王，積德累功，參分天下有其二㉘，猶服事殷。明公雖奕世㉙克昌，未若有周之盛，漢室雖微，未若殷紂之暴也。」術默然。

術聘處士㉚張範，範不往，使其弟承謝之。術謂承曰：「孤以土地之廣，士民之眾，欲徼福㉛齊桓㉜，擬迹高祖㉝，何如？」承曰：「在德不在彊。夫用德以同天下之欲，雖由匹夫之資而興霸王之功，不足為難。若苟欲僭擬㉞，干時㉟而動，眾之所棄，誰能興之！」術不悅。

孫策聞之，與術書曰：「成湯討桀，稱『有夏多罪[36]』，武王伐紂，曰『殷有重罰[37]』。此二主者，雖有聖德，假使時無失道之過，無由逼而取也。今主上非有惡於天下，徒以幼小[38]，脅於彊臣，異於湯、武之時也。且董卓貪淫驕陵[39]，志無紀極[40]，至於廢主自興，亦猶未也，而天下同心疾之，況效尤[41]而甚焉者乎！又聞幼主明智聰敏，有夙成[42]之德。天下雖未被其恩，咸歸心焉。使君五世[43]相承，為漢宰輔，榮寵之盛，莫與為比，宜效忠守節，以報王室，則旦、奭[44]之美，率土所望也。時人多惑圖緯[45]之言，妄牽非類之文，苟[46]以悅主為美，不顧成敗之計，古今所慎，可不孰慮[47]！忠言逆耳，駮議致憎[48]，苟[49]有益於尊明[50]，無所敢辭！」術始自以為有淮南之眾，料策必與己合，及得其書，愁沮[51]發疾。既不納其言，策遂與之絕。

曹操在許[52]，謀迎天子。眾以為「山東未定，韓暹、楊奉負功恣睢[53]，未可卒制[54]。」荀彧曰：「昔晉文公納周襄王而諸侯景從[55]，漢高祖為義帝縞素而天下歸心[56]。自天子蒙塵[57]，將軍首唱[58]義兵，徒以[59]山東擾亂，未遑[60]遠赴。今鑾駕[61]旋軫[62]，東京[63]榛蕪[64]，義士有存本之思，兆民[65]懷感舊之哀。誠因此時，奉主上以從人望，大順也；秉至公以服天下，大略也；扶弘義以致英俊，大德也。四方雖有逆節[66]，其何能為！韓暹、楊奉，安足恤[67]哉！若不時定，使豪傑生心，後雖為慮，亦無及矣。」操乃遣揚武中郎將[68]曹洪[69]將兵西迎天子。董承等據險拒之，洪不得進。

議郎董昭[70]以楊奉兵馬最彊而少黨援，作操書[71]與奉曰：「吾與[72]將軍聞名慕義，便推赤心[73]。今將軍拔萬乘[74]之艱難，反之舊都，翼佐之功，超世無疇[75]，何其休[76]哉！方今羣凶猾夏[77]，四海未寧，神器[78]至重，事在維輔[79]；必須眾賢，以清王軌[80]，誠非一人所能獨建[81]。心腹四支，實相恃賴，一物不備，則有闕[82]焉。將軍當為內主，吾為外援，今吾有糧，將軍有兵，有無相通，足以相濟，死生契闊[83]，相與共之。」奉得書喜悅，語諸將軍曰：「兗州諸軍近在許耳，有兵有糧，國家所當依仰也。」遂共表操為鎮東將軍[84]，襲父爵費亭侯[85]。

韓暹矜功專恣[86]，董承患之，因潛召操，操乃將兵詣雒陽。既至，奏韓暹、張楊之罪。暹懼誅，單騎奔楊奉。帝以暹、楊有翼車駕之功，詔一切勿問。辛亥[87]，以曹操領司隸校尉、錄尚書事[88]。操於是誅尚書馮碩等三人[89]，討有罪也；封衛將軍董承等十三人[90]為列侯，賞有功也；贈射聲校尉沮儁為弘農太守，矜[91]死節也。

操引董昭並坐[92]，問曰：「今孤來此，當施何計？」昭曰：「將軍興義兵，以誅暴亂，入朝天子，輔翼王室，此五霸[1]之功也。此下諸將，人殊意異，未必服從。今留匡弼[93]，事勢不便，惟有移駕幸許耳。然朝廷播越[94]，新還舊京，遠近跂望[95]，冀[96]一朝獲安，今復徙駕，不厭[97]眾心。夫行非常之事，乃有非常之功，願將軍筭其多者[98]。」操曰：「此孤本志也。楊奉近在梁耳，聞其兵精，得無為孤累[99]乎？」昭曰：「奉少黨援，心相憑結[100]，鎮東、費亭之事[101]，皆奉所定，宜時遣使厚遺[102]答謝，以安其意。說『京都無糧，欲車駕暫幸魯陽[103]，魯陽近許，轉運稍易，可無縣乏[104]之憂。』奉為人勇而寡慮，必不見疑，比使往來，足以定計，奉何能為累！」操曰：「善！」即遣使詣奉。庚申[105]，車駕出轘轅[106]而東，遂遷都許。己巳[107]，幸曹操營，以操為大將軍，封武平侯。始立宗廟社稷[108]於許。

【章旨】以上為第二段，寫曹操迎獻帝都許。

【注釋】❶庚子　六月初六日。❷東還　東回洛陽。❸甲子　七月初一日。❹丁丑　七月十四日。❺辛丑　八月初八日。❻楊安殿　東漢都城洛陽的宮殿名，在今河南洛陽東郊。❼扞　抵禦。❽外難　外患。此指朝外犯上的人。❾梁　縣名，縣治在今河南汝州西。❿癸卯　八月初十。⓫大司馬　官名，漢武帝置大司馬代替太尉，東漢光武帝又罷大司馬置太尉，漢靈帝末年又並置大司馬與太尉。⓬車騎將軍　官名，位次於大將軍與驃騎將軍，掌京師兵衛、邊防屯警。⓭大將軍　官名，為將軍的最高稱號，掌統兵征伐。東漢時位在三公上，為朝廷執政者，但不常設。⑭領　兼任。⑮司隸校尉　官名，掌糾察京都百官違法者，並治所轄各郡，相當於州刺史。⑯假節鉞　假，授予之意。節鉞，符節與斧鉞，代表皇帝使命的信物。假節鉞，即有行使皇帝命令的權力。⑰尚書郎　官名，東漢之制，取孝廉之有才能者入尚書臺，初入臺稱守尚書郎中，滿一年稱尚書郎，三年稱侍郎，主作文書起草。⑱稆　同「穭」。野生穀類。⑲讖　預言未來事象的隱語。⑳名字應之　袁術字公路。「術」有邑中道路之意，而「塗」也有道路之意，袁術便自以為他的名和字都與讖言相應。㉑袁氏出陳　袁氏為春秋陳國大夫轅濤塗之後。㉒舜後　西周初封舜之後人嬀滿於陳，即春秋時的陳國。㉓以黃代赤二句　秦漢時人以金、木、水、火、土五行相生相剋之說來附會王朝的命運，稱為五德。又稱五行相生相剋的運行規律為德運。袁術當時採用五行相生說，即木生火，火生土，土生金，金生水，水生木。漢代又有漢為火德之說，而火為赤色，土為黃色，故袁術就以黃代赤為德運的次序。㉔孫堅得傳國璽　初平二年（西元一九一年）孫堅進兵洛陽擊敗呂布後，在洛陽城南甄官井中拾得傳國璽。㉕天子敗於曹陽　興平二年漢獻帝從長安東遷，至曹陽澗被李傕軍所敗。㉖主簿　官名，漢代中央及郡縣官署皆置主簿，以典領文書，辦理事務。㉗后稷　周人之始祖，名棄，堯舜時為農官。㉘參分天下有其二　殷商末，周文王施行德政，諸侯多歸附，而仍服事殷商。孔子曾說：「三分天下有其二，以服事殷。周之德其可謂至德也已矣。」（《論語．泰伯》）參，通「三」。㉙奕世　累世。㉚處士　未做官的士人。㉛徼福　求福。㉜齊桓　春秋時的第一霸主齊桓公。㉝擬迹高祖　摹倣漢高祖劉邦事跡。㉞僭擬　謂超越本分，自比於居上位者。㉟干時　違背時勢。㊱有夏多罪　此語見《尚書．湯誓》。㊲殷有重罰　此語《史記》卷四〈周本紀〉作「殷有重罪」。㊳徒以幼小　僅由於幼小。㊴驕陵　傲慢凌人。㊵紀極　終極；極限。㊶效尤　仿效錯誤。㊷夙成　早成。㊸五世　指袁安、袁京、袁湯、袁逢、袁術五代。㊹旦奭　指西周初年的周公旦與召公奭，二人輔佐周王，聲望極高。㊺圖緯　即圖讖與緯書，亦即讖書與緯書。讖書預言未來事象，有文有圖。緯書附會儒家經典，亦預言未來事象。㊻苟　隨便。㊼孰慮　仔細考慮。孰，通「熟」。㊽駮議致憎　謂不同之異議會招致憎恨。㊾苟　如果。㊿尊明　尊敬的明使君。對袁術之尊稱。(51)愁沮　憂愁失望。(52)許　縣名，後來魏文帝改名許昌，縣治在今河南許昌東。(53)負功恣睢　仗恃其功而放肆蠻橫。(54)卒制　很快制服。卒，通「猝」。很快。(55)晉文公納周襄王而諸侯景從　春秋時，周襄王與母弟王子帶（又稱太叔、叔帶）有矛盾，襄王出奔鄭。狐偃謂晉文公曰：「求諸侯莫如勤王，諸侯信之，且大義也。」文公遂迎襄王返王城，並殺王子帶於隰城。由是諸侯服從，遂定霸業。事見《左傳》僖公二十四年、二十五年。景，「影」本字。(56)漢高祖為義帝縞素而天下歸心　按「漢」字不當有，荀彧為漢人，言語中不應有「漢高祖」之稱，《三國志》卷十〈荀彧傳〉即作「高祖」，《後漢書》

卷七十〈荀彧傳〉也作「漢高祖」，亦不當。縞素，喪服。古時喪服為白色，故以縞素稱喪服。漢高祖劉邦入關滅秦後，按楚懷王之命當在關中為王，項羽因此不滿懷王，名尊懷王為義帝，實不奉行其命，不久又派人殺義帝。劉邦定關中後，遂東渡黃河，三老董公勸劉邦為義帝發喪，劉邦遂縞素東伐，終取天下。事見《漢書》卷一〈高帝紀上〉。57蒙塵　蒙被塵土，指皇帝流亡在外。58唱　倡導。59徒以　僅因。60未遑　沒有功夫。61鑾駕　皇帝之車駕。62旋軫　謂調轉車頭。軫，車後橫木。63東京　指洛陽。64榛蕪　荒蕪。65兆民　億萬之民，即黎民大眾。兆，一萬億。66逆節　指反朝廷之人。67恤　憂慮。68揚武中郎將　官名，東漢位次於將軍的統兵將領稱中郎將，揚武為其名號。69曹洪　字子廉，曹操之從弟，隨曹操起兵，累有戰功。漢獻帝遷許後，為厲鋒將軍、都護將軍等。曹魏建立後，為驃騎將軍，封都陽侯。傳見《三國志》卷九。70董昭　字公仁，濟陰定陶（今山東定陶西北）人，助曹操遷漢獻帝於許，為河南尹、冀州牧。又助曹操為魏公、魏王。曹魏時，為侍中、衛尉、司徒。傳見《三國志》卷十四。71作操書　仿曹操的筆體寫信。72與　讚許；欣賞。73推赤心　出於赤心，真心誠意。74萬乘　指皇帝。75疇　同類。76休　美善。77猾夏　擾亂中原。夏，華夏，指代中原。78神器　指皇帝位。79維輔　輔佐。維，語辭。80清王軌　清除君王路上的障礙。即掃除奸凶。81獨建　獨力支撐；獨力建功。82闕　通「缺」。缺失；缺陷。83契闊　憂勞；勤苦。84鎮東將軍　官名，東漢之雜號將軍。85費亭侯　曹操祖父曹騰，漢桓帝時封費亭侯，後來曹操之父曹嵩襲封，今曹操又襲封。86矜功專恣　自恃其功而專擅放肆。87辛亥　八月十八日。88錄尚書事　東漢以來，政歸尚書，錄尚書事即總攬朝政。錄，總領之意。89三人　據《後漢紀》，被誅的還有議郎侯祈、侍中壺崇（《後漢書》卷九〈獻帝紀〉作「臺崇」）等，不只三人。90十三人　據《後漢紀》，十三人是：衛將軍董承、輔國將軍伏完、侍中丁沖、种輯、尚書僕射鍾繇、尚書郭溥、御史中丞董芬、彭城相劉艾、左馮翊韓斌、東郡太守楊眾、議郎羅邵、伏德、趙蕤。91矜　優恤。沮儁於興平二年（西元一九五年）東澗之戰中被李傕所殺。92操引董昭並坐　曹操請董昭與自己同列而坐。引，拉著；請。並坐，表示以平等禮敬待客人。93匡弼　輔助。94播越　流亡。95跂望　舉踵翹望。96冀　希望。97厭　通「饜」。滿足。98多者　謂利多者。99累　拖累。100心相憑結　指楊奉一心想結交曹操引為依靠。101鎮東費亭之事　指詔命曹操為鎮東將軍，襲爵費亭侯的事。102厚遺　豐厚的饋贈。103魯陽　縣名，縣治在今河南魯山縣。104縣乏　匱乏。縣，「懸」本字。105庚申　八月二十七日。106轘轅　關名，在今河南偃師東南。107己巳　八月甲午朔，無己巳。此己巳當為九月之己巳，即九月初七。《三國志》卷一〈武帝紀〉云「九月車駕出轘轅而東」，而轘轅至許縣尚有三百多里，亦需數日才能到達。108社稷　社，土神。稷，穀神。古代帝王必立社稷祭祀。

【校　記】①霸　據章鈺校，甲十一行本、乙十一行本皆作「伯」。按，二字通。

【語　譯】六月初六日庚子，楊奉、韓暹護衛天子東回洛陽，張楊運送糧食在路上迎接。○秋，七月初一日甲子，天子車駕到達洛陽，住在前中常侍趙忠的舊宅。十四日丁丑，大赦天下。○八月初八日辛丑，獻帝住進南宮楊安殿。張楊歸功於自己，所以名其殿為楊安殿。張楊對眾將領說：「天子應當與全天下的人共同治理國家，朝廷的事自有公卿大臣來處理，我張楊應當出京去抵禦外患。」於是回到野王，楊奉也出京駐守梁縣，韓暹、董承兩人一起留下負責警衛。○初十日癸卯，朝廷委任安國將軍張楊為大司馬，楊奉出任車騎將軍，韓暹出任大將軍、兼任司隸校尉，三人都授予節鉞。

當時，宮室燒光，百官劈荊斬棘，棲身殘垣斷壁間。州郡各自擁有強兵，不向朝廷運送物資，百官飢困，尚書郎以下官吏自己出城採摘野生穀物，有的就餓死在殘垣斷壁間，有的被士兵殺死。

袁術根據讖言有「代漢者當塗高」，便認為自己的名字應驗了讖語，又認為袁氏出於陳國，是舜的後代，以黃色替代赤色，是五德運行的次序，於是袁術萌發篡位叛逆的陰謀。他聽說孫堅得到傳國玉璽，就拘捕孫堅的妻子搶走了玉璽。等聽到天子在曹陽兵敗，就召集部下商量稱帝之事，部下沒人敢應對。主簿閻象進言說：「古代周朝從后稷到文王，積德累功，三分天下有其二，仍然臣服殷朝。明公您家雖然累世顯赫，但不如周朝那樣昌盛，漢室雖然衰敗，但不像殷紂王那樣殘暴。」袁術沉默不語。

袁術聘用隱士張範，張範不來，只派他的弟弟張承來表示謝意。袁術對張承說：「孤擁有廣闊的土地，眾多的兵士和百姓，想求福於齊桓公，模仿高祖，怎麼樣？」張承說：「獲取天下在德不在強。推行仁德來順應天下人的意願，即使出身於平頭百姓，卻創建霸王的功業，並不算難事。如果想僭越篡位，違背時事而行動，是眾人所棄，誰能使他興旺呢！」袁術很不高興。

孫策聽到此事，寫信給袁術說：「商湯討伐夏桀，宣稱『夏朝多罪』，周武王征討商紂，說『殷有重罪』。這兩位君主，雖然有聖德，假使當時夏桀、商紂沒有犯下喪失道義的罪過，也沒有理由強迫取代他們。如今皇上沒有對天下人犯下罪過，只是因為幼小，被強勢的臣子所逼，不同於商湯、周武的時代。再說董卓貪婪荒淫，驕橫淩人，欲望無邊，至於廢主自立，也還沒有，這樣尚且遭到天下人的同仇敵愾，何況效法他而比他更過分的人呢！又聽說年幼的君主聰明，有早成之品德。天下人雖然沒有蒙受他的恩澤，但都傾心歸附他。使君您家五代相承，為漢朝的宰輔，蒙受恩寵的深厚，沒有誰能相比，理應效忠朝廷嚴守臣節，用以報答王室，那麼您將獲得周公旦、召公奭那樣的美名，被天下人所仰望。現在許多人被圖讖緯書的謠言所迷惑，妄自援引毫不相干的文句，牽強附會，以取悅於主人為美，不考慮成敗得失，這是古今都慎重的事，怎能不深思熟慮！忠言逆耳，異議會招致憎恨，但如果有利於明公您的話，我不敢推辭！」袁術起初自認為有淮南眾多兵士和百姓，料想孫策一定會與自己投合，等得到孫策的書信後，就憂愁沮喪而發病。孫策看到袁術既然不採用他的意見，於是與袁術斷交。

曹操在許縣，謀劃迎取天子。大家認為「山東尚未平定，韓暹、楊奉自恃有功，放肆暴虐，不可能很快制服。」荀彧說：「從前晉文公迎納周襄王而諸侯如影隨從，漢高祖為義帝服喪而使天下人誠心歸附。自從天子流亡在外，將軍最先倡義興兵，只因山東戰亂，來不及遠赴迎駕。如今天子車駕掉頭回返，東京荒蕪，忠義之士都有保存國本的心願，億萬百姓都有感懷故舊的悲情。真的能趁此時機，奉迎主上，以順從百姓的願望，這是大順民心的行動；秉持大公之心以征服天下，這是最高的謀略；匡扶大義來招納英俊之材，這是最大的德政。各地雖然有叛逆之人，他們能有什麼作為！韓暹、楊奉，哪值得憂慮！如果不抓住時機作決定，將使英雄豪傑產生異心，事後再來考慮，就來不及了。」曹操於是派揚武中郎將曹洪率兵西迎天子。董承等據險抗拒，曹洪不能西進。

議郎董昭認為楊奉兵馬最強卻少同黨外援，仿曹操的筆體寫信勸楊奉說：「我讚許將軍名聞於世，敬慕信義，便推誠相交。如今將軍解救天子於艱難之中，返回舊京，輔佐的功勞，蓋世無雙，是多麼美好啊！如今群凶攪亂華夏，四海不得安寧，天子地位至關重要，事事需要大臣的輔佐；必須要有眾多的賢明之士，來清除君王事業上的障礙，這確實不是一個人就能單獨建立的功業。心腹和四肢，確需相互依賴，有一樣不具備，就有缺陷。將軍應當在內主持朝廷事務，我在外作為援助，如今我有糧食，將軍有兵眾，互通有無，就足以互補而成功，生死辛勞，一起承擔。」楊奉得到信很高興，對各位將軍說：「曹操各軍近在許縣，有兵有糧，國家應當依賴他。」於是楊奉與眾將一起上表推舉曹操為鎮東將軍，承襲他父親費亭侯的爵位。

韓暹自恃有功，專橫霸道，成為董承的心病，因而祕密召來曹操，於是曹操率兵前往洛陽。到達後，上奏韓暹、張楊的罪行。韓暹懼怕被殺，隻身單騎逃奔楊奉。獻帝鑑於韓暹、張楊有護駕之功，下詔一切不予追究。八月十八日辛亥，任命曹操為司隸校尉、錄尚書事。於是曹操處死尚書馮碩等三人，這是懲罰有罪的人；冊封衛將軍董承等十三人為列侯，這是賞賜有功的人；追贈射聲校尉沮儁為弘農太守，這是優恤守節而死的人。

曹操拉著董昭與自己並坐，問道：「如今我來到這裡，應該有什麼計議？」董昭說：「將軍興起義兵，誅除暴亂，入京朝見天子，輔佐王室，這是春秋五霸的功業。現在這裡的各個將領，各自有不同的意向，未必能服從您。如今留在洛陽輔佐天子，形勢不利，只有遷移天子到許縣才行。可是天子流亡，最近才返回舊京，遠近都踮起腳尖希望盡快獲得安定，現在又要遷走天子，不能滿足朝野的願望。不過，要幹不同尋常的事情，才有不同尋常的功業，希望將軍考慮怎樣做最為有利。」曹操說：「這是我本來所想的。楊奉近在梁縣，聽說他的軍隊精良，會不會成為我的障礙？」董昭說：「楊奉缺少黨援，一心想與我們結交，任命您為鎮東將軍、冊封您為費亭侯的事情，都是楊奉決定的。應該及時派使者送厚禮答謝，使他安心。就說『京都無糧，想讓天子暫到魯陽，魯陽靠近許縣，運送糧食比較容易，這樣可免糧食缺乏的憂慮。』楊奉這個人勇猛缺心眼兒，一定不會被懷疑，在使者往來交涉的間隙，完全可以定下大計，楊奉怎麼能成為障礙呢！」曹操說：「好！」立即派使者去見楊奉。八月二十七日庚申，天子的車駕駛出轘轅關向東，於是遷都許縣。己巳日，天子巡幸曹操的軍營，任命曹操為大將軍，封武平侯。開始在許都建造宗廟社稷。

孫策將取會稽，吳人嚴白虎❶等眾各萬餘人，處處屯聚，諸將欲先擊白虎等。策曰：「白虎等羣盜，非有大志，此成禽❷耳。」遂引兵渡浙江❸。會稽功曹❹虞翻❺說太守王朗❻曰：「策善用兵，不如避之。」朗不從，發兵拒策於固陵❼。

策數渡水戰，不能克。策叔父靜說策曰：「朗負阻城守，難可卒拔。查瀆❽南去此數十里，宜從彼據其內，所謂攻其無備，出其不意者也。」策從之。夜，多然❾火為疑兵，分軍投查瀆道，襲高遷❿屯。朗大驚，遣故丹陽太守周昕等帥兵逆戰。策破昕等，斬之。朗遁走，虞翻追隨營護朗，浮海至東冶⓫。策追擊，大破之，朗乃詣策降。

策自領會稽太守，復命虞翻為功曹，待以交友之禮。策好游獵，翻諫曰：「明府喜輕出微行⓬，從官不暇嚴⓭，吏卒常苦之。夫君人者不重則不威⓮，故白龍魚服，困於豫且⓯，白蛇自放，劉季害之⓰，願少留意。」策曰：「君言是也。」然不能改。

九月，司徒淳于嘉、太尉楊彪、司空張喜皆罷。

車駕之東遷也，楊奉自梁欲邀之，不及。冬，十月，曹操征奉，奉南奔袁術，遂攻其梁屯，拔之。

詔書下袁紹，責以「地廣兵多，而專自樹黨⑰；不聞勤王⑱之師，但擅相討伐⑲。」紹上書深自陳愬⑳。戊辰㉑，以紹為太尉，封鄴侯。紹恥班㉒在曹操下，怒曰：「曹操當死數矣，我輒救存之㉓，今乃挾天子以令我乎！」表辭不受。操懼，請以大將軍讓紹。丙戌㉔，以操為司空，行㉕車騎將軍事。

操以荀彧為侍中，守㉖尚書令㉗。操問彧以策謀之士，彧薦其從子蜀郡太守攸㉘及潁川郭嘉㉙。操徵攸為尚書㉚，與語，大悅，曰：「公達㉛，非常人也，吾得與之計事，天下當何憂哉！」以為軍師㉜。

初，郭嘉往見袁紹，紹甚敬禮之，居數十日，謂紹謀臣辛評、郭圖曰：「夫智者審於量主，故百全而功名可立。袁公徒欲㉝效周公之下士，而不知用人之機㉞，多端寡要㉟，好謀無決，欲與共濟天下大難，定霸王之業，難矣！吾將更舉㊱而[1]求主，子㊲盍㊳去乎？」二人曰：「袁氏有恩德於天下，人多歸之，且今最強，去將何之？」嘉知其不寤㊴，不復言，遂去之。操召見，與論天下事，喜曰：「使孤成大業者，必此人也。」嘉出，亦喜曰：「真吾主也！」操表嘉為司空祭酒㊵。

操以山陽滿寵㊶為許令，操從弟洪㊷有賓客在許界㊸數犯法，寵收治之。洪書報㊹寵，寵不聽。洪以白操，操召許主者㊺，寵知將欲原㊻客，乃速殺之。操喜曰：

「當事不當爾邪㊼！」

【章　旨】以上為第三段，寫孫策定會稽，與袁術決裂。曹操在許都站穩腳跟，招納人才，荀攸、郭嘉、滿寵受到重用。袁紹與曹操爭大將軍之位，初現裂痕。

【注　釋】❶嚴白虎　東漢末吳郡烏程（今浙江吳興南）人，當地強族，擁眾稱霸一方，建安二年（西元一九七年）為孫策所破。❷成禽　被擒獲。禽，通「擒」。❸浙江　水名，即今錢塘江。❹功曹　官名，即功曹史，為郡守之主要佐吏，除分掌人事外，還參與一郡政務。❺虞翻　字仲翔，會稽餘姚（今浙江餘姚）人，初為王朗郡功曹，繼歸孫策。復為功曹，富春長。孫策死後，孫權以之為都尉，因多次冒犯孫權，被流徙交州，以教學為業，曾訓注《老子》、《論語》、《國語》。傳見《三國志》卷五十七。❻王朗　字景興，東海郯縣（今山東郯城西北）人，初為會稽太守，為孫策所破，後歸朝廷，為諫議大夫、御史大夫等。曹魏時官至三公，封蘭陵侯。曾注《易》、《春秋》、《孝經》等。傳見《三國志》卷十三。❼固陵　地名，在東漢餘暨縣境，即今浙江杭州蕭山區西。❽查瀆　亦在東漢之餘暨縣境，即今浙江杭州蕭山區西南。❾然　「燃」本字。❿高遷　地名，亦在東漢餘暨縣境。⓫東冶　縣名，東漢末改東侯官為東冶，縣治在今福建福州。⓬微行　便裝出行，不使人知其尊貴身分。⓭不暇嚴　來不及準備行裝。為避漢明帝劉莊之諱，改「莊」為「嚴」。同音字「裝」亦避為「嚴」。⓮不重則不威　不自重則無威嚴。⓯白龍魚服二句　春秋時，吳王想去民間飲酒，伍子胥以為不可，並舉例說：「以前天帝之白龍在清泠水中變為魚，被宋國漁人豫且射中其目。白龍便上告天帝。天帝說魚本來就是給人射的，豫且有什麼罪呢？」伍子胥進一步闡發說：「白龍如不變魚，豫且就不會射他。今大王要去民間飲酒，恐怕會有豫且之害。」吳王便停止了行動，事見《說苑・正諫》。⓰白蛇自放二句　劉季即劉邦。秦末，劉邦為亭長，替縣裡送刑徒往驪山，途中某夜，劉邦釋放刑徒而醉飲，行路中，遇一大蛇當道，劉邦拔劍將蛇斬為兩段，行數里，劉邦睏臥道旁。後有人至斬蛇處，見一老婦啼哭，問何故啼哭？老婦說：「吾子白帝子也，化為蛇，當道，今者赤帝子斬之，故哭。」事見《漢書》卷一〈高帝紀上〉。⓱樹黨　指袁紹以其子袁譚為青州刺史、袁熙為幽州刺史，外甥高幹為并州刺史。⓲勤王　援救帝王。⓳擅相討伐　指袁紹攻討公孫瓚。⓴愬　訴說。㉑戊辰　十月癸巳朔，無戊辰。當為十一月戊辰，亦即十一月初七。㉒班　位；位次。㉓救存之　指曹操在滎陽汴水被董卓將徐榮打敗後，繼收兵從袁紹於河內，袁紹又表薦他為東郡太守。又呂布襲取兗州後，袁紹復與曹操聯合，兵援曹操討呂布。㉔丙戌　十一月二十五日。㉕行　攝行；代理。㉖守　兼任。㉗尚書令　官名，尚書臺之長官，東漢政歸尚書，尚書令遂為總攬朝政之首腦。㉘攸　荀攸，荀彧之姪。字公達，為曹操重要謀臣。荀攸與荀彧同傳，見《三國志》卷十。㉙郭嘉（西元一七〇—二〇七年）字奉孝，潁川陽翟（今河南禹州）人。初投袁紹，以袁紹難於成事而離去。後由荀彧推薦給曹操，為司空軍師祭酒，多謀善斷，為曹操所信重。傳見《三國志》卷十四。㉚尚書　官名，東漢分六曹尚書，助理皇帝處理政務，尚書令為其長官。㉛公達　曹操呼荀攸之字，以示敬重。㉜軍師　官名，掌監察軍務。㉝徒欲　只想。徒，只。㉞機　機宜；關鍵。㉟多端寡要　多頭辦事，不知輕重。多端，指大小事都要管。寡要，抓不住重點。㊱更舉　改弦更轍，重新選擇。㊲子　你們。㊳盍　何不。㊴寤　通「悟」。醒悟；理解。㊵司空祭酒　官名，據《三國志》當作「司空軍師祭酒」。祭酒本是尊敬的稱號，古代宴會祭祀時，要由一位年高望重的長者先舉酒致祭，稱為祭酒。後來就以祭酒為官名。曹操為司空，設置司空軍師祭酒，職責是參謀軍事。㊶滿寵　（？—西元二四二年）字伯寧，山陽昌邑（今山東金鄉西北）人，曹操執政時，為許令，秉公執法，不避親貴。魏明帝時為豫州刺史、征東將軍，鎮守東南，累立功勳。官至太尉，封昌邑侯。傳見《三國志》卷二十六。㊷洪　曹操從弟，字子廉。曹操討董卓，兵敗滎陽，賴洪冒死相救得脫。洪從操征伐，多有戰功，官至厲鋒將軍。文帝即位，為衛將軍，明帝時，轉驃騎將軍。傳見《三國志》卷九。㊸許界　許都境內。㊹報　告訴。㊺主者　主管其事的官吏。㊻原　寬容。㊼當事不當爾邪　此句意思是說當事者難道不應當這樣處置嗎。

【校　記】①而　據章鈺校，甲十一行本、乙十一行本皆作「以」。

【語　譯】孫策將要攻取會稽，吳郡人嚴白虎等各擁部眾一萬多人，處處屯兵聚守，眾將領想首先攻擊嚴白虎等。孫策說：「嚴白虎等一群盜賊，胸無大志，此一戰就可擒獲他們。」於是率軍渡過浙江。會稽郡功曹虞翻勸告太守王朗說：「孫策善於用兵，不如避開他。」王朗不聽，發兵在固陵抵抗孫策。

孫策幾次渡水作戰，不能取勝。孫策的叔父孫靜對孫策說：「王朗據險城守，難以很快攻下。查瀆地處這裡以南幾十里，應從那裡攻入敵人的內部，這就是所說的攻其不備，出其不意。」孫策聽從了孫靜的意見。夜裡，燃起許多火把作為疑兵，分出一支部隊向查瀆道進發，偷襲王朗在高遷的屯駐地。王朗大驚，派前丹陽太守周昕等率兵迎戰。孫策擊敗周昕等，把他們殺死。王朗潛逃，虞翻追隨保護王朗，乘船渡海到東冶。

孫策乘勝追擊，大敗王朗，於是王朗到孫策那裡歸降。

孫策自己兼任會稽太守，重新任命虞翻為功曹，用朋友的禮節接待他。孫策好遊獵，虞翻勸誡他說：「明府您喜歡輕裝微服出行，隨行的官員來不及準備行裝，士兵們也常以為苦。作為君臨百姓的人，不自重就沒有威嚴，所以白龍變化為魚，被漁夫豫且射傷，白蛇隨便行動，被劉邦殺掉，希望您稍加注意。」孫策說：「你說得對。」但行動上沒有改變。

九月，司徒淳于嘉、太尉楊彪、司空張喜，都被免職。

天子車駕東遷到許縣時，楊奉從梁縣出兵想加以攔截，沒有追上。冬，十月，曹操征伐楊奉，楊奉南逃投奔袁術，於是攻打楊奉在梁縣的屯駐地，攻克了該地。

天子下詔給袁紹，責備他「地廣兵多，而一心樹立自己的黨羽；沒聽說你出動過勤王之師，只是擅自互相攻伐。」袁紹上奏竭力為自己辯護。十一月初七日戊辰，朝廷任命袁紹為太尉，封鄴侯。袁紹恥於位次在曹操之下，發怒說：「曹操好幾次理當死亡，每次都是我救了他，如今卻劫持天子對我發號施令！」上表辭謝，不接受任命。曹操懼怕，請求把大將軍的職位讓給袁紹。二十五日丙戌，任命曹操為司空，代理車騎將軍事務。

曹操任命荀彧為侍中，兼任尚書令。曹操向荀彧詢問有智謀的人士，荀彧推薦他的姪兒蜀郡太守荀攸和潁川人郭嘉。曹操徵聘荀攸為尚書，跟他交談，非常高興，說：「荀公達，不是一般的人才，我能夠和他共商大計，天下還有什麼可擔心的！」任命荀攸為軍師。

起初，郭嘉前去拜見袁紹，袁紹對他十分禮敬。郭嘉住了幾十天，對袁紹的謀臣辛評、郭圖說：「明智的人要審慎地選對主人，因此才能萬事周全建立功名。袁公只是想模仿周公禮賢下士，卻不懂得用人的機宜，多頭辦事卻抓不住要點，喜歡謀劃卻不能決斷，想和他共同拯救天下大難，建立霸王功業，太難了！我將重新選擇主人，你們何不離開他？」兩人回答道：「袁紹對天下有恩德，百姓大多歸附他，而且現在勢力最強，離開他到哪裡去呢？」郭嘉知道他們執迷不悟，不再多說，於是離去。曹操召見郭嘉，與他議論天下大事，高興地說：「能使我成就大業的，一定就是這個人。」郭嘉出來，也高興地說：「這才是我真正的主人！」曹操上表薦用郭嘉為司空祭酒。

曹操任命山陽人滿寵為許縣令，曹操的堂弟曹洪有門客在許縣境內屢次犯法，滿寵抓捕後懲治他。曹洪寫信給滿寵求情，滿寵不聽。曹洪將此事報告曹操，曹操召見許縣的主事官吏，滿寵明白曹操想要寬恕這位門客，便趕快殺掉門客，曹操高興地說：「當事者難道不該這樣處置嗎！」

北海太守孔融，負其高氣❶，志在靖難❷，而才疏意廣❸，訖❹無成功。高談清教❺，盈溢官曹，辭氣清[1]雅❻，可玩而誦，論事考實，難可悉行。但❼能張磔❽網羅，而目理❾甚疏。造次❿能得人心，久久亦不願附也。其所任用，好奇取異，多剽輕⓫小才。至於尊事名儒鄭玄⓬，執子孫禮，易其鄉名曰鄭公鄉，及清儁之士⓭左承祖、劉義遜等，皆備在座席而已，不與論政事，曰：「此民望⓮，不可失也。」

黃巾來寇，融戰敗，走保都昌⓯。時袁、曹、公孫首尾相連，融兵弱糧寡，孤立一隅，不與相通。左承祖勸融宜自託強國⓰，融不聽而殺之，劉義遜棄去。青州刺史袁譚⓱攻融，自春至夏，戰士所餘纔[2]數百人，流矢交集。而融猶隱几⓲讀書，談笑自若。城夜陷，乃奔東山⓳，妻子為譚所虜。曹操與融有舊，徵為將作大匠⑳。

袁譚初至青州，其土自河㉑而西，不過平原㉒。譚北排田楷㉓，東破孔融，威惠甚著。其後信任羣小，肆志奢淫，聲望遂衰。

中平以來，天下亂離，民棄農業，諸軍並起，率㉔乏糧穀，無終歲之計，飢則寇掠，飽則棄餘，瓦解流離，無敵自破者不可勝數。袁紹在河北，軍人仰㉕食桑椹㉖。袁術在江淮，取給蒲蠃㉗，民多相食，州里蕭條。羽林監㉘棗祗請建置屯田㉙，曹操從之。以祗為屯田都尉㉚，以騎都尉任峻㉛為典農中郎將㉜，募民屯田許下㉝，得穀百萬斛。於是州郡例置田官，所在積穀，倉廩皆滿。故操征伐四方，無運糧之勞，遂能兼并羣雄。軍國之饒，起於祗而成於峻。

袁術畏呂布為己害，乃為子求婚，布復許之。術遣將紀靈等步騎三萬攻劉備，備求救於布。諸將謂布曰：「將軍常欲殺劉備，今可假手於術。」布曰：「不然。術若破備，則北連泰山㉞諸將，吾為在術圍中，不得不救也。」便率步騎千餘馳往赴之。靈等聞布至，皆斂兵而止。布屯沛城西南，遣鈴下㉟請靈等。靈等亦請布，布往就之，與備共飲食。布謂靈等曰：「玄德㊱，布弟也，為諸君所困，故來救之。布性不喜合鬭，喜解鬭耳。」乃令軍候㊲植戟於營門，布彎弓顧曰：「諸君觀布射戟小支㊳，中者當各解兵，不中可留決鬭。」布即一發，正中戟支。靈等皆驚言：「將軍天威也！」明日復歡會，然後各罷。

備合兵得萬餘人，布惡之，自出兵攻備。備敗走，歸曹操，操厚遇之，以為豫州牧。或㊴謂操曰：「備有英雄之志，今不早圖㊵，後必為患。」操以問郭嘉，嘉曰：「有是。然公起義兵，為百姓除暴，推誠仗信以招俊傑，猶懼其未也。今備有英雄名，以窮㊶歸己而害之，是以害賢為名也。如此，則智士將自疑，回心擇主，公誰與定天下乎！夫除一人之患，以沮四海之望，安危之機㊷也，不可不察。」操笑曰：「君得之矣！」遂益其兵，給糧食，使東至沛，收散兵以圖呂布。

初，備在豫州，舉陳郡袁渙㊸為茂才㊹。渙為呂布所留，布欲使渙作書罵辱備，渙不可，再三彊之，不許。布大怒，以兵㊺脅渙曰：「為之則生，不為則死！」渙顏色不變，笑而應之曰：「渙聞唯德可以辱人，不聞以罵！使彼固君子邪，且不恥將軍之言；彼誠小人邪，將復將軍之意㊻，則辱在此不在於彼。且渙他日之事劉將軍，猶今日之事將軍也，如一旦去此，復罵將軍，可乎？」布慚而止。

【章旨】以上為第四段，寫曹操在許都挾天子以令諸侯，勢力漸盛，孔融失北海，劉備失徐州，兩人均投靠曹操。為長遠計，曹操在許下屯田，當年獲利。

【注釋】❶高氣　才高氣盛。今語言之，自高自大。❷靖難　平定禍亂。❸才疏意廣　志大才疏。❹訖　終；至今。❺清教　謂高雅的言教。❻清雅　高潔文雅。❼但　僅；只。❽張磔　張開。❾目理　細目條理。❿造次　倉猝；急遽。⓫剽輕　輕浮；華而不實。⓬鄭玄　（西元一二七—二〇〇年）字康成，北海高密（今山東高密西南）人，東漢末大經學家，博通群經及曆算，以教學著述為業，稱為純儒，齊魯間皆以之為宗師。著作甚多，遍及群經，總計百餘萬言。傳見《後漢書》卷三十五。⓭清儁之士　清雅俊逸的士人。⓮民望　百姓仰望的人。⓯都昌　縣名，縣治在今山東昌邑西。⓰強國　指兵強勢大的軍閥。⓱袁譚　袁紹長子，為青州刺史。袁紹死後，不得繼承父位，因與其弟袁尚產生矛盾。起初二人尚能聯合抗擊曹操，後遂自相攻擊，分別被曹操擊破而亡。事附見《三國志》卷六〈魏書・袁紹傳〉、《後漢書》卷七十四〈袁紹傳〉。⓲隱几　靠著几案。⓳東山　都昌縣之東山。⓴將作大匠　官名，掌宮室、宗廟、陵墓及其他土木營建。㉑河　黃河。㉒平原　郡名，治所平原縣，在今山東平原縣西南。㉓田楷　公孫瓚所任命的青州刺史。㉔率　大多。㉕仰　依賴；依靠。㉖桑椹　桑樹果實。㉗蒲蠃　蚌蛤之屬。㉘羽林監　官名，漢代官制有羽林左右監各一人，左監主羽林左騎，右監主羽林右騎，皆為皇帝禁衛軍，屬光祿勳。㉙屯田　漢代已有屯田制，但都是軍屯，即士兵戰時打仗，平時耕種。棗祗建置的此種屯田，是按軍事組織的民屯。其辦法是：組織農民開墾荒地，其收穫物按規定的比例交給國家；屯田農民不屬地方官管轄，屬專設的屯田官管理，又帶有軍事性質。㉚屯田都尉　官名，曹操初設屯田時置，管理屯田事務。㉛任峻　（？—西元二〇四年）字伯達，河南中牟（今河南中牟東）人，當曹操起兵入中牟後，遂率眾歸曹操，為騎都尉。曹操實行屯田後，為典農中郎將，後官至長水校尉。傳見《三國志》卷十六。㉜典農中郎將　曹操實行屯田制設置的郡級官員，執掌屯田民的農業生產、民政和田租。秩二千石。因曹操施行的民屯是承襲兩漢的軍屯，故屯田民也用軍事編制，屯田官也用軍職名稱。㉝許下　許縣附近。㉞泰山　郡名，治所奉高，在今山東泰安東北。當時臧霸、孫觀、吳敦、尹禮、昌豨等各聚兵於泰山。㉟鈴下　門卒；僕役。㊱玄德　劉備字玄德。㊲軍候　官名，軍中維持軍紀的軍官。㊳小支　戟為古代合戈矛為一體的兵器，矛的部分可以直刺，戈的部分可以橫擊，小支當為橫擊部分的尾部。㊴或　有人。㊵圖　謂設法除掉。㊶窮　困厄。㊷機　關鍵。㊸袁渙　字曜卿，陳郡扶樂（今河南太康西北）人，初從袁術與呂布，後歸曹操，為諫議大夫、丞相軍師祭酒。傳見《三國志》卷十一。㊹茂才　東漢薦舉人才的科目之一。原來本稱秀才，東漢避光武帝劉秀之諱，改稱茂才。㊺兵　兵器。㊻復將軍之意　以其人之道還治其人之身，即以牙還牙。

【校記】①清　據章鈺校，甲十一行本、乙十一行本、孔天胤本皆作「溫」，熊羅宿《胡刻資治通鑑校字記》同。②纔　據章鈺校，甲十一行本、乙十一行本皆作「裁」。按，二字通。

【語譯】北海太守孔融，自恃才高氣盛，立志要平定禍亂，但是志大才疏，終究未能成功。清談高雅的教義，充斥官場，文章清新優雅，可供玩味傳誦，但將其議論付諸實踐，很難一一實行。只事鋪張網羅，但細目條理漏洞百出。倉猝之時能得人心，時間長了人們便不願依附。他所用的人，喜歡標新立異，大多是些輕浮小有才華的人。至於尊奉名儒鄭玄，用子孫的禮節侍奉他，把鄭玄的家鄉改名為「鄭公鄉」，那些清雅俊逸的士人左承祖、劉義遜等，都備位上賓之席，卻不跟他們談論政事，說：「這些是百姓所仰慕的人物，不能失去。」

黃巾軍來侵犯，孔融戰敗，退保都昌縣。當時袁紹、曹操、公孫瓚首尾相連，孔融兵力薄弱糧食匱乏，孤立一方，不與袁、曹等往來。左承祖勸孔融應依附強勢集團，孔融不聽反而殺了左承祖，劉義遜拋棄孔融而去。青州刺史袁譚攻擊孔融，從春到夏，孔融的戰士只剩下幾百人，流矢交集。但孔融仍然靠著案几讀書，談笑風生。城池夜裡陷落，於是孔融逃往東山，妻子兒女被袁譚抓獲。曹操和孔融是舊交，便徵聘孔融為將作大匠。

袁譚剛到青州時，他擁有的地盤從黃河往西不超過平原縣。袁譚向北排擠田楷，向東打敗孔融，一時威望和惠政很出名。後來他信任一幫小人，放肆跋扈，驕奢淫逸，於是聲望衰落。

中平以來，天下分裂，百姓廢棄農業，各地軍兵四起，大都糧食匱乏，沒有長遠打算，餓了就去搶奪，飽了就拋棄剩餘之物，瓦解流散，沒遇到敵人便自行敗落的不可勝數。袁紹在河北，軍人依靠桑椹充飢。袁術在江淮，軍人採食蒲草蛤蚌，民多相食，州郡鄉里，一派蕭條。羽林監棗祗請求建立屯田制度，曹操聽從了這個建議。任命棗祗為屯田都尉，派騎都尉任峻為典農中郎將，招募百姓在許縣一帶屯田，當年獲得穀物一百萬斛。於是各州郡循例設置田官，所有屯田之地都聚積穀物，裝滿了倉庫。故而曹操四處征戰，沒有運糧的勞苦，因而能吞併群雄。軍隊和國家的富足，起始於棗祗，大功告成於任峻。

袁術懼怕呂布成為自己的禍害，於是為自己的兒子向呂布求婚，呂布允許了。袁術派部將紀靈等率領步騎兵三萬進攻劉備，劉備向呂布求救。眾將領對呂布說：「將軍一直想殺掉劉備，現在正可以借袁術之手來實現。」呂布說：「不是這樣。袁術如果打敗劉備，那麼，袁術就可和北邊泰山的各位將領連手，我就會陷入袁術的包圍中，所以不得不救援。」於是率領步騎兵一千多人火速趕去救援劉備。紀靈等聽說呂布來到，都收兵停戰。呂布屯駐在沛城西南，派僕役去請紀靈等。紀靈等也來請呂布，呂布去了，他和劉備一起進餐。呂布對紀靈等說：「玄德是我的弟弟，被諸位圍困，所以前來救援他。呂布生性不喜歡打鬥，只喜歡調解爭鬥。」於是讓軍候官在軍營門口豎一柄鐵戟，呂布拉開弓回頭說：「諸位看我射戟頭上的小支，射中了應當各自罷兵，射不中可留下來決鬥。」呂布隨即射出一箭，正中戟支。紀靈等都大為吃驚地說：「將軍真是天賦的神威！」第二天他們又歡聚，然後各自罷兵。

劉備集合兵眾得到一萬多人，呂布很厭惡，親自出兵攻擊劉備。劉備戰敗逃走，歸附曹操，曹操待他很優厚，任他為豫州牧。有人對曹操說：「劉備懷有英雄的志向，現在不趁早將他除去，必為後患。」曹操就此事詢問郭嘉，郭嘉說：「是這個道理。可是明公您興起義兵，是為百姓除暴，拿出誠心憑藉信義來招納俊傑，還擔心他們不來。現今劉備有英雄的名望，因為走投無路來投靠您，若害了他，將留下殺害賢人的惡名。如果這樣，那麼智謀之士將各自心懷疑慮，心回意轉，去選擇新的主人，那您與誰去平定天下呢！除掉一個可能成為後患的人，而使天下人失望，這可是安危存亡的關鍵，不可不明察。」曹操笑著說：「你說對了！」於是增益劉備的兵力，供應糧食，讓他東進至小沛，搜集散兵游勇來圖謀呂布。

起初，劉備在豫州時，推舉陳郡人袁渙為茂才。袁渙被呂布扣留，呂布想讓袁渙寫信辱罵劉備，袁渙不答應，呂布再三強迫他，仍不答應。呂布大怒，用兵器威脅袁渙說：「寫就活命，不寫就死！」袁渙面不改色，笑著回應說：「我聽說只有德義可以羞辱人，沒有聽說用辱罵的辦法！倘使劉備是個君子，將不以將軍的辱罵為恥；如果劉備真是一個小人，他就會以牙還牙，那麼受辱的是將軍而不是劉備。況且日後我去侍奉劉將軍，就像今天我侍奉將軍一樣，如果我一旦離開這裡，回頭來辱罵將軍，可以嗎？」呂布慚愧，只好作罷。

張濟自關中引兵入荊州❶界，攻穰城❷，為流矢所中死。荊州官屬皆賀，劉表曰：「濟以窮❸來，主人❹無禮❺，至於交鋒。此非牧❻意，牧受弔，不受賀也。」使人納其眾，眾聞之喜，皆歸心焉。濟族子建忠將軍❼繡❽代領其眾，屯宛❾。

初，帝既出長安，宣威將軍❿賈詡⓫上還印綬，往依段煨于華陰⓬。詡素知名，為煨軍所望，煨禮奉甚備。詡潛謀歸張繡，或曰：「煨待君厚矣，君去安之！」詡曰：「煨性多疑，有忌詡意。禮雖厚，不可恃久，將為所圖。我去必喜，又望吾結大援於外，必厚吾妻子。繡無謀主，亦願得詡，則家與身必俱全矣。」詡遂往，繡執子孫禮，煨果善視其家。詡說繡附於劉表，繡從之。詡往見表，表以客禮待之。詡曰：「表，平世三公才也。不見事變，多疑無決，無能為也。」

劉表愛民養士，從容自保，境內無事，關西⓭、兗、豫學士歸之者以千數。表乃起立學校，講明經術，命故雅樂郎⓮河南杜夔⓯作雅樂⓰。樂備，表欲庭觀之。夔曰：「今將軍號不為天子，合樂而庭作之，無乃不可乎！」表乃止。

平原禰衡⓱少有才辯，而尚氣剛傲，孔融薦之於曹操。衡罵辱操，操怒，謂融曰：「禰衡豎子⑱，孤殺之猶雀鼠耳！顧⑲此人素有虛名，遠近將謂孤不能容之。」乃送與劉表，表延禮以為上賓。衡稱表之美盈口，而好譏貶其左右，於是左右因形而譖之曰：「衡稱將軍之仁，西伯⑳不過也。唯以為不能斷，終不濟㉑者，必由此也。」其言實指表短，而非衡所言也。表由是怒，以江夏太守黃祖性急，送衡與之，祖亦善待焉。後衡眾辱祖，祖殺之。

【章　旨】以上為第五段，寫劉表在荊州愛民養士，從容自保。曹操借刀殺人，假劉表、黃祖之手殺害了禰衡。

【注　釋】❶荊州　漢代十三刺史部之一，治漢壽（今湖南常德東北）。轄當今湖北、湖南與河南南陽地區及信陽地區，以及貴州、廣西、廣東之一部。❷穰城　縣名，縣治在今河南鄧州。❸窮　困頓；窘蹙。❹主人　指荊州當地的官兵。❺無禮　非禮的舉動。❻牧　劉表自稱。❼建忠將軍　官名，東漢末之雜號將軍。❽繡　張濟族子張繡。初隨張濟，張濟死後，代領其眾，歸附於劉表。曹操下荊州，降曹操，後復叛。官渡之戰，又歸降曹操，有功，為破羌將軍，封侯。傳見《三國志》卷八。❾宛　縣名，縣治在今河南南陽。❿宣威將軍　官名，東漢末之雜號將軍。⓫賈詡　字文和，武威姑臧（今甘肅武威）人。有智計，是典型的戰國策士，朝三暮四。初從董卓，董卓敗後從李傕，後又從段煨，又從張繡，後隨張繡歸曹操。魏國建，又勸曹丕盡孝道以爭太子之位。傳見《三國志》卷十。⓬華陰　縣名，縣治在今陝西華陰東。⓭關西　地區名，指函谷關以西之地。⓮雅樂郎　官名，太樂令屬官，典掌雅樂。⓯杜夔　字公良，河南郡（治所在今河南洛陽）人，善音律，初為雅樂郎，因中原戰亂，避地荊州，為劉表所用。曹操得荊州，以之為軍謀祭酒，參太樂事。曹魏初為太樂令、協律都尉。傳見《三國志》卷二十九。⓰雅樂　古代帝王用於郊廟朝會之正樂。⓱禰衡　（西元一七三—一九八年）字正平，平原般縣（今山東寧津東南）人，善文學，有才辯。建安初至許都，曹操召為鼓吏，因辱罵曹操被送與荊州劉表，終為黃祖所殺。傳見《後漢書》卷八十下。⓲豎子　輕蔑之語，猶言這小子。⓳顧　但。⓴西伯　即周文王。文王在商紂時為西伯。㉑濟　成功。

【語　譯】張濟從關中率領軍隊進入荊州境內，攻打穰城時，被流箭射中而死。荊州的官吏都向劉表慶賀，劉表說：「張濟因窮途末路而來荊州，作為當地主人的官兵對他無禮，以至於互相交戰。這不是我的本意，我接受弔唁，不接受慶賀。」劉表於是派人去接納張濟的部隊，張濟的部隊聽到後很高興，全都誠心歸服。張濟的族子建忠將軍張繡代領部隊，屯駐宛城。

當初，獻帝離開長安之後，宣威將軍賈詡向朝廷奉還印綬，去華陰投靠段煨。賈詡素有名氣，為段煨軍中將士所仰望，段煨對他禮遇十分周到。賈詡暗中謀劃歸附張繡。有人說：「段煨對你夠優厚了，你離去到哪裡呢！」賈詡說：「段煨生性多疑，有猜忌我的意思。禮遇雖優，但不可久恃，我將會被他謀害。我離去他一定高興，他又希望我為他聯絡強大的外力援助，一定會厚待我的妻子兒女。張繡沒有出謀劃策的人，他也願意得到我，那麼我和我的家屬一定都能保全。」賈詡於是往投張繡，張繡用子孫的禮節侍奉賈詡，段煨果然也很好地照顧賈詡的家屬。賈詡勸張繡歸附劉表，張繡聽從了。賈詡去見劉表，劉表用賓客的禮儀接待賈詡。賈詡認為：「劉表在太平盛世是三公之才。但他看不到事機的變化，遇事多疑不能決斷，不會有什麼作為。」

劉表愛護百姓優養士人，從容自保，境內沒有戰事，關西、兗州、豫州的學者歸附他的數以千計。劉表於是建立學校，講授經術，命前雅樂郎河南人杜夔制作雅樂。雅樂齊備了，劉表想在庭中觀賞演奏。杜夔說：「現在將軍還不是天子，在庭中合奏雅樂，恐怕不行吧！」劉表便停止了。

平原人禰衡從小有才善辯，但盛氣凌人，剛愎驕傲，孔融把他薦舉給曹操。禰衡謾罵曹操，曹操大怒，對孔融說：「禰衡這小子，我要殺他如同殺麻雀老鼠一樣！考慮到此人一向有虛名，擔心遠近的人會說我不能容人。」於是曹操把禰衡送給劉表，劉表厚禮待為上賓。禰衡滿口讚美劉表，卻喜歡譏刺貶損劉表左右的人。於是劉表左右的人乘機誣陷禰衡，說：「禰衡稱頌將軍的仁德，西伯也不能超過。只是認為將軍您處事不能決斷，最終不能成功，一定是由於這一點。」這話事實上指出了劉表的短處，但不是禰衡講的。劉表因此懷恨，因江夏太守黃祖性情急躁，劉表就把禰衡送給黃祖，黃祖本來也善待禰衡。後來禰衡當眾侮辱黃祖，黃祖就把他殺了。

二年（丁丑　西元一九七年）

春，正月，曹操討張繡，軍于淯水❶，繡舉眾降。操納張濟之妻，繡恨之；又以金與繡驍將❷胡車兒，繡聞而疑懼，襲擊操軍，殺操長子昂。操中流矢，敗走。校尉❸典韋❹與繡力戰，左右死傷略盡，韋被數十創❺。繡兵前搏❻之，韋雙挾兩人擊殺之，瞋目大罵而死。操收散兵，還住舞陰❼。繡率騎來追，操擊破之。繡走還穰，復與劉表合。

是時諸軍大亂，平虜校尉❽泰山于禁❾獨整眾而還。道逢青州兵❿劫掠人，禁數其罪而擊之。青州兵走，詣操。禁既至，先立營壘，不時⓫謁操。或謂禁：「青州兵已訴君矣，宜促詣公辨之。」禁曰：「今賊在後，追至無時，不先為備，何以待敵！且公聰明，譖訴⓬何緣得行！」徐鑿塹安營訖，乃入謁，具陳其狀。操悅，謂禁曰：「淯水之難，吾猶狼狽，將軍在亂能整，討暴⓭堅壘，有不可動之節，雖古名將，何以加之！」於是錄⓮禁前後功，封益壽亭侯。操引軍還許。

袁紹與操書，辭語驕慢⓯。操謂荀彧、郭嘉曰：「今將討不義而力不敵，何如？」對曰：「劉、項之不敵，公所知也。漢祖惟智勝項羽，故羽雖彊，終為所禽⑯。今紹有十敗，公有十勝，紹雖彊，無能為也。紹繁禮多儀；公體任⑰自然，此道⑱勝也。紹以逆動⑲；公奉順以率天下⑳，此義㉑勝也。桓、靈以來，政失於寬㉒，紹以寬濟寬，故不攝㉓；公糾之以猛㉔，而[1]上下知制㉕，此治勝也。紹外寬內忌㉖，用人而疑之，所任唯親戚子弟；公外易簡㉗而內機明㉘，用人無疑，唯才所宜，不間遠近㉙，此度㉚勝也。紹多謀少決，失在後事㉛；公得策輒行，應變無窮㉜，此謀勝也。紹高議揖讓㉝以收名譽，士之好言飾外㉞者多歸之；公以至心㉟待人，不為虛美，士之忠正遠見而有實者㊱皆願為用，此德㊲勝也。紹見人飢寒，恤念㊳之，形於顏色㊴，其所不見，慮或不及；公於目前小事，時有所忽，至於大事，與四海㊵接㊶，恩之所加，皆過其望㊷，雖所不見，慮無不周，此仁㊸勝也。紹大臣爭權，讒言惑亂；公御下以道，浸潤㊹不行，此明勝也。紹是非不可知；公所是進之以禮，所不是正之以法，此文㊺勝也。紹好為虛勢㊻，不知兵要㊼；公以少克眾，用兵如神，軍人恃之，敵人畏之，此武㊽勝也。」操笑曰：「如卿所言，孤何德以堪㊾之！」嘉又曰：「紹方北擊公孫瓚，可因其遠征，東取呂布。若紹為寇，布為之援，此深害也。」彧曰：「不先取呂布，河北未易圖也。」操曰：「然。吾所惑(50)者，又恐紹侵擾關中，西亂羌、胡，南誘蜀、漢(51)，是我獨以兗、豫抗天下六分之五也，為將柰何？」或曰：「關中將帥以十數，莫能相一，唯韓遂、馬騰最彊。彼見山東(52)方爭，必各擁眾自保。今若撫以恩德，遣使連和，雖不能久安，比(53)公安定山東，足以不動。侍中(54)、尚書僕射(55)鍾繇(56)有智謀，若屬以西事(57)，公無憂矣。」操乃表繇以侍中守(58)司隸校尉，持節(59)督(60)關中諸軍，特使不拘科制(61)。繇至長安，移(62)書騰、遂等，為陳禍福，騰、遂各遣子入侍(63)。

【章旨】以上為第六段，曹操南征張繡受挫，袁紹投書威逼，曹操意志低沉。郭嘉論曹操優於袁紹有十勝之德，以堅其克敵之志。

【注釋】❶淯水　水名，即今河南白河，流經當時宛縣南。❷驍將　猛將。❸校尉　官名，東漢統兵的中級武官。❹典韋　曹操貼身警衛的部將。陳留郡己吾縣（今河南寧陵西南）人，作戰英勇，因功拜為都尉。傳見《三國志》卷十八。❺創　傷。❻搏　肉搏。❼舞陰　縣名，縣治在今河南泌陽西北。❽平虜校尉　官名，校尉為東漢統兵的中級武官，平虜為其名號。❾于禁　字文則，泰山巨平（今山東泰安西南）人，初歸曹操於兗州，屢立戰功，封益壽亭侯，官至左將軍。曹仁被關羽圍攻於樊城，于禁救援曹仁，被水淹而降關羽。曹魏初返回，慚恨而死。傳見《三國志》卷十七。❿青州兵　曹操將改編的青州黃巾軍稱為青州兵。⓫不時　不立即。⓬譖訴　打小報告；背後說壞話。⓭討暴　指打擊青州兵劫掠人者。⓮錄　論列。⓯辭語驕慢　言語傲慢。⓰禽　通「擒」。捉。⓱體任　聽任。指本性率真。⓲道　為人之道；做人原則。這裡著重指人的本性、個性。⓳逆動　逆天下而動。指袁紹以臣違抗天子之命。⓴奉順以率天下　謂曹操奉戴漢獻帝以統率天下。㉑義　道義。指曹操挾天子以令諸侯，在政治上佔了制高點。㉒寬　政治寬緩。指法制鬆弛。㉓攝　控制。㉔猛　法治剛猛。㉕制　法令制度；規章紀律。㉖外寬內忌　外表寬厚，內心猜疑。忌，猜疑；狠心。㉗易簡　平易近人，不擺架子；隨和。㉘機明　精明。

㉙不間遠近 不分親疏。間，分別；距離。遠，指疏遠的外人。近，指親近的人。㉚度 器度；度量。㉛失在後事 遲後一步，辨事決疑，總是不能當機而行，錯失時機。㉜應變無窮 隨機應變的辦法多，應付突發事變的能力強。㉝揖讓 謙讓。㉞好言飾外 喜歡清談修飾外表。㉟至心 誠心。㊱有實者 有真才實學的人。㊲德 品德。㊳恤念 撫恤關懷。㊴形於顏色 憐憫之情表現在臉面上。㊵四海 天下；全國。㊶接 交接；待人接物。㊷望 希望；期望。㊸仁 仁愛，指普遍的愛心。㊹浸潤 指讒言。《論語・顏淵》：「浸潤之譖。」鄭玄注云：「譖人之言，如水之浸潤，漸以成之。」後世因以浸潤指讒言。㊺文 文治；教化。㊻虛勢 虛張聲勢。㊼兵要 用兵的訣竅、要領。㊽武 武略。㊾堪 勝任。㊿惑 疑惑；疑問。(51)蜀漢 指蜀郡與漢中郡。蜀郡治所成都，在今四川成都中心。漢中郡治所南鄭，在今陝西漢中。(52)山東 泛指崤山以東之地。(53)比 及；等到。(54)侍中 官名。職在侍從皇帝，應對顧問。(55)尚書僕射 官名，東漢之尚書僕射為尚書令之副手，越到後來職權越重，到東漢末年，便分置左、右僕射。(56)鍾繇 字元常，潁川長社（今河南長葛）人，曹魏大臣，著名書法家。歷仕曹操、文帝、明帝三朝。鍾繇經營關中，招集流散，使生產恢復，為曹操提供兵馬，獨當一面，立下大功，曹魏建立，歷官廷尉、太尉、太傅，最後封定陵侯。傳見《三國志》卷十一。(57)西事 指安集關中之事。(58)守 兼任。(59)持節 執符節。節，符節，古代使臣執以示信的憑證。以後持節變為官名。曹魏時，加重地方大員的權力，依權力的大小又有使持節、持節、假節之分。(60)督 管理；監控。(61)科制 法令。(62)移 送。(63)入侍 謂入朝廷侍候皇帝，實即作為人質。

【校　記】[1]而 原無此字。據章鈺校，乙十一行本有此字，今據補。

【語　譯】二年（丁丑　西元一九七年）

春，正月，曹操征討張繡，駐軍淯水，張繡率軍投降。曹操納娶了張濟的妻子，張繡懷恨曹操；曹操又送金子給張繡的猛將胡車兒，張繡聽到後疑慮恐懼，便襲擊曹操的軍隊，殺了曹操的長子曹昂。曹操被流箭射中，戰敗逃走。校尉典韋與張繡奮戰，典韋左右的人死傷殆盡，典韋受傷幾十處。張繡的士兵向前與他搏鬥，典韋用胳膊夾住兩個敵兵作武器擊殺前來的敵人，睜大眼睛大罵而死。曹操搜集逃散的士兵，回軍駐屯舞陰。張繡率兵來追趕，曹操打敗了張繡。張繡逃回穰縣，又與劉表聯合。

當時曹操各軍大亂，只有平虜校尉泰山人于禁率領的隊伍完整回來。路上碰到青州兵搶掠百姓，于禁譴責他們的罪行並攻打他們。青州兵逃走，到曹操那裡告狀。于禁到後，首先安營築壘，沒有馬上拜見曹操。有人對于禁說：「青州兵控告了你，應該趕快去見曹公辯白。」于禁說：「現在賊寇就在後邊，隨時可能追來，不先做好防備，憑什麼抵抗敵人！況且曹公是聰明人，誣告在他那裡怎麼行得通！」於是從容地挖好壕溝，安好營寨後，才去拜見曹操，詳細陳述了事情的原委。曹操很高興，對于禁說：「淯水的慘敗，我尚且狼狽不堪，將軍在混亂中能保持部隊完整，又能討伐暴虐的亂兵，鞏固營壘，有不可撼動的氣節，即便是古代的名將，又哪能超過你呢！」於是論列于禁前前後後的功勞，封為益壽亭侯。曹操率軍回到許縣。

袁紹寫信給曹操，言語傲慢。曹操對荀彧、郭嘉說：「現今我想去征討不義的袁紹，但力量不敵，怎麼辦？」郭嘉回答說：「劉邦不敵項羽，明公您是知道的。漢高祖唯有智謀勝過項羽，所以項羽雖然強盛，終被劉邦擒獲。如今袁紹有十個失敗的條件，明公您卻有十個取勝的條件，袁紹雖然勢力強大，也無能為力。袁紹禮儀繁瑣；明公您任其自然，這是在為人之道上勝過袁紹。袁紹逆天下而行動；明公您奉順天子來統領天下，這是在道義上勝過袁紹。自桓帝、靈帝以來，政治失於寬緩，袁紹用寬緩來拯救寬緩，所以不能控制局勢；明公您用威猛加以糾正，而上下明瞭法令制度，這是在治法上勝過袁紹。袁紹外表上寬厚而內心猜忌，任用人而又懷疑，所使用的只有親戚子弟；明公您外表平易而心中精明，用人不疑，按才能安排相宜職位，不分親疏遠近，這是在器度上勝過袁紹。袁紹謀劃多決斷少，他的失誤在於決斷滯後；明公您有了計謀就雷厲風行，隨機應變變化無窮，這是在謀略上勝過袁紹。袁紹清談高論，待人謙恭以沽名釣譽，士人中喜歡清談修飾外表的多去歸順他；明公您以赤誠之心待人，不追求表面的虛美，士人中忠誠正直而有遠見富於真才實學的人都願被您所用，這是在品德修養上勝過袁紹。袁紹見人飢寒，就撫恤關懷，憐憫之情表現在臉上，他看不到的事情，就考慮不到；明公您對眼前的小事，常有忽略，至於大事，與天下人交往；明公您給予的恩惠，都超過了本人的希望，即使是眼前看不到的事情，也慮無不周，這是在仁愛上勝過袁紹。袁紹的大臣們爭權奪利，相互誣陷，惑亂視聽；明公您用道義駕御部下，讒言誣陷行不通，這是在明智上勝過袁紹。袁紹不知道是非；明公您所肯定的人就按禮進用，您所否定的人就按法律加以懲治，這是在文治上勝過袁紹。

袁紹喜歡虛張聲勢，不懂得用兵的要領；明公您以少勝多，用兵如神，您的兵將依恃您，您的敵人懼怕您，這是在武略上勝過袁紹。」曹操笑著說：「如你所說，我有何德何才能擔當得起！」郭嘉又說：「袁紹正在北面攻打公孫瓚，可乘他遠征的機會，向東攻取呂布。如果袁紹來侵擾，呂布做他的援手，這將是很大的禍害。」荀彧說：「不先攻破呂布，河北就不容易攻取。」曹操說：「是這樣。我所疑惑的，又是擔心袁紹侵擾關中，西亂羌、胡之地，南誘蜀、漢，這樣我僅以兗州、豫州之地來對抗天下六分之五的地區，這該怎麼辦？」荀彧說：「關中的將領數以十計，沒有人能統一，其中只有韓遂、馬騰力量最強。他們看到山東正在爭鬥，一定各自擁兵自保。現在要是用恩德安撫，派使者與他們聯合，雖然不能保證長期安定，但等到明公您平定山東時，完全可以不動。侍中、尚書僕射鍾繇有智慧謀略，如把西邊的事務託付給他，明公您就沒有什麼憂慮的了。」曹操於是上表推薦鍾繇為侍中兼司隸校尉，持符節督理關中各軍，特許他不拘常法行事。鍾繇到了長安，發公文給馬騰、韓遂等，給他們分析禍福，於是馬騰、韓遂各派自己的兒子入京侍奉皇上。

袁術稱帝於壽春，自稱「仲家❶」，以九江❷太守為淮南尹，置公卿百官，郊祀天地。沛相陳珪❸，球❹弟子也，少與術遊。術以書召珪，又劫質其子，期❺必致珪。珪答書曰：「曹將軍興復典刑❻，將撥平❼凶慝❽，以為足下當戮力同心，匡翼漢室；而陰謀不軌，以身試禍，欲吾營私阿附，有死不能也。」術欲以故兗州刺史金尚為太尉，尚不許而逃去，術殺之。

三月，詔將作大匠孔融持節拜袁紹大將軍，兼督冀、青、幽、并四州。

夏，五月，蝗。

袁術遣使者韓胤以稱帝事告呂布，因求迎婦，布遣女隨之。陳珪恐徐、楊合從⑨，為難未已⑩，往說布曰：「曹公奉迎天子，輔贊⑪國政，將軍宜與協同策謀，共存大計。今與袁術結昏⑫，必受不義之名，將有累卵之危矣。」布亦怨術初不己受⑬也，女已在塗，乃追還絕昏，械送韓胤，梟首⑭許市。

陳珪欲使子登⑮詣曹操，布固不肯。會詔以布為左將軍，操復遺布手書，深加慰⑯納。布大喜，即遣登奉章謝恩，并答操書。登見操，因陳布勇而無謀，輕於去就，宜早圖之。操曰：「布狼子野心，誠難久養，非卿莫究其情偽⑰。」即增珪秩⑱中二千石⑲，拜登廣陵太守。臨別，操執登手曰：「東方之事，便以相付。」令陰合部眾⑳以為內應。

始，布因登求徐州牧不得，登還，布怒，拔戟斫几㉑曰：「卿父勸吾協同曹操，絕婚公路㉒，今吾所求無獲，而卿父子並顯重，但㉓為卿所賣耳！」登不為動容，徐對之曰：「登見曹公言：『養將軍譬如養虎，當飽其肉，不飽則將噬㉔人。』公曰：『不如卿言，譬如養鷹，飢即為用，飽則颺㉕去。』其言如此。」布意乃解。

袁術遣其大將張勳、橋蕤等與韓暹、楊奉連勢，步騎數萬趣㉖下邳，七道攻布。布時有兵三千，馬四百匹，懼其不敵，謂陳珪曰：「今致術軍，卿之由也，為之柰何？」珪曰：「暹、奉與術，卒合㉗之師耳，謀無素定㉘，不能相維。子登策之，比於連雞，勢不俱棲㉙，立可離也。」布用珪策，與暹、奉書曰：「二將軍親拔大駕，而布手殺董卓，俱立功名，今柰何與袁術同為賊乎！不如相與并力破術，為國除害。」且許悉以術軍資與之。暹、奉大喜，即回計從布。布進軍，去勳營百步，暹、奉兵同時叫呼，並到勳營。勳等散走，布兵追擊，斬其將十人首，所殺傷墮水死者殆㉚盡。布因與暹、奉合軍向壽春，水陸並進，到鍾離㉛，所過虜掠[1]，還渡淮北，留書辱術。術自將步騎五千揚兵㉜淮上，布騎皆於水北大咍笑㉝之而還。

泰山賊帥臧霸㉞襲琅邪㉟相蕭建於莒㊱，破之。霸得建資實，許以賂布而未送。布自往求之，其督將高順諫曰：「將軍威名宣播，遠近所畏，何求不得，而自行求賂！萬一不克㊲，豈不損邪！」布不從。既至莒，霸等不測往意，固守拒之，無獲而還。

順為人清白有威嚴，少言辭，所將七百餘兵，號令整齊，每戰必克，名「陷陳營」。布後疏順，以魏續有內外之親，奪其兵以與續；及當攻戰，則復令順將，順亦終無恨意。布性決易㊳，所為無常，順每諫曰：「將軍舉動，不肯詳思，忽有失得，動輒言誤，誤豈可數乎！」布知其忠而不能從。

曹操遣議郎王誧以詔書拜孫策為騎都尉㊴，襲爵烏程侯㊵，領會稽太守，使與呂布及吳郡太守陳瑀共討袁術。策欲得將軍號以自重，誧便承制㊶假㊷策明漢將軍㊸。

策治嚴㊹，行到錢唐㊺，瑀陰圖襲策，潛結祖郎、嚴白虎等，使為內應。策覺之，遣其將呂範、徐逸攻瑀於海西㊻。瑀敗，單騎奔袁紹。

初，陳王寵㊼有勇，善弩射。黃巾賊起，寵治兵自守，國人畏之，不敢離叛。國相會稽駱俊素有威恩，是時王侯無復租祿，而數見虜奪，或并日而食，轉死溝壑。而陳獨富殭，鄰郡人多歸之，有眾十餘萬。及州郡兵起，寵率眾屯陽夏㊽，自稱輔漢大將軍。袁術求糧於陳，駱俊拒絕之。術忿恚㊾，遣客詐殺俊及寵，陳由是破敗。

秋，九月，司空曹操東征袁術。術聞操來，棄軍走，留其將橋蕤等於蘄陽㊿，以拒操。操擊破蕤等，皆斬之。術走渡淮，時天旱歲荒，士民凍餒，術由是遂衰。

【章 旨】以上為第七段，寫袁術稱帝於淮南，招降呂布，由於陳珪離間，拆散袁呂合縱，袁術勢孤，遭曹操攻擊而衰敗。

【注 釋】❶仲家 第二個皇帝。古時天子稱家。袁術稱帝，中原有漢獻帝，故袁術自稱「仲家」。❷九江 郡名，東漢末九江郡治所在壽春，即今安徽壽縣。漢代國都所在之郡稱尹，其長官也稱尹，故袁術改稱九江太守為淮南尹以示為京畿。❸陳珪 字漢瑜，東漢末下邳維浦（今江蘇漣水縣西）人。時任沛相，阻止袁術、呂布合縱，甚得曹操信任，加秩中二千石。❹球 陳球，陳珪之伯父，字伯真。東漢大臣，官至太尉。與司徒劉郃謀誅宦官事洩，下獄死。❺期 希望。❻典刑 常規舊法。❼撥平 掃平。❽凶慝 兇惡奸邪之人。❾徐楊合從 指呂布與袁術聯合。當時呂布在徐州，袁術據楊州，南北聯合，故稱合從。❿未已 未止；沒完沒了。⓫輔贊 輔助。⓬昏 「婚」本字。⓭布亦怨術初不已受 初平三年（西元一九二年）李傕殺王允，呂布懼誅逃出長安投歸袁術，袁術不納，呂布逃歸河內張楊。不已受，指袁術不收容自己。⓮梟首 斬頭懸掛木上示眾。⓯子登 陳珪之子陳登，字元龍，在廣陵有威名，曾為伏波將軍。事附見《三國志》卷七〈魏書・呂布傳〉。⓰尉 通「慰」。安慰。⓱情偽 真假。⓲秩 官吏的俸祿。⓳中二千石 漢代郡守與王國相之秩為二千石，中二千石則為九卿之秩。⓴陰合部眾 暗中結集部隊。㉑几 几案。㉒公路 袁術字公路。㉓但 只是；恐怕是。㉔噬 吞食。㉕飈 飛揚。㉖趣 趨赴。㉗卒合 倉促聚合，即烏合。卒，通「猝」。倉猝。㉘謀無素定 謂其謀劃不是平素所擬定，而是臨時湊合的。㉙勢不俱棲 勢必不能棲息在一處。㉚殆 幾乎。㉛鍾離 侯國名，治所在今安徽鳳陽東。㉜揚兵 顯示兵威。㉝咍笑 嗤笑。㉞臧霸 字宣高，泰山華縣（今山東費縣東北）人，初與孫觀等聚眾於開陽（今山東臨沂北）。曹操討呂布，霸等助布，呂布敗後，為曹操所得。後為琅邪相、徐州刺史、鎮東將軍等。曹魏初，封良成侯。傳見《三國志》卷十八。㉟琅邪 王國名，治所開陽，在今山東臨沂北。㊱莒 縣名，縣治在今山東莒縣。㊲克 成功。㊳決易 謂決定輕率，欠思考。㊴騎都尉 官名，掌羽林騎兵。㊵烏程侯 漢靈帝中平四年（西元一八七年）封孫策父堅為烏程侯，至此朝廷始命孫策襲爵。㊶承制 稟承皇帝旨意，即以皇帝名義發號施令。㊷假 授予。㊸明漢將軍 此時暫置的將軍名號，意謂明於尊崇漢室。㊹治嚴 即「治裝」，整理行裝。㊺錢唐 地名，西漢時錢唐為縣，東漢時省入餘杭，其地在今浙江杭州境。㊻海西 縣名，縣治在今江蘇灌南縣南。㊼陳王寵 漢明帝子陳敬王劉羨之曾孫。陳國治所陳縣，在今河南淮陽。㊽陽夏 縣名，縣治在今河南太康。㊾忿恚 忿怒。㊿蘄陽 即蘄縣。按《水經・淮水注》說：「蘄水又東南逕蘄縣。」蘄縣在蘄水之北，故漢末三國時又稱為蘄陽。

蘄縣治所在今安徽宿縣南。

【校記】1掠 據章鈺校，甲十一行本、乙十一行本皆作「略」。

【語譯】袁術在壽春稱帝，自號「仲家」，以九江太守為淮南尹，設置公卿百官，在郊外舉行祭祀天地的典禮。沛相陳珪，是陳球弟弟的兒子，年輕時和袁術交遊。袁術寫信徵召陳珪，又劫持他的兒子作為人質，期望把陳珪一定召來。陳珪回信說：「曹將軍復興舊法，將掃除兇惡，我認為你會同心協力，輔佐漢室；而你卻圖謀不軌，以身試法，想讓我貪圖私利依附你，我寧死也不能這樣。」袁術想任命前兗州刺史金尚為太尉，金尚不答應而逃走，袁術殺死了他。

三月，詔命將作大匠孔融持節封拜袁紹為大將軍，兼管冀、青、幽、并四州事務。

夏，五月，發生蝗災。

袁術派使者韓胤把稱帝的事通告呂布，乘機要求迎娶兒媳，呂布令女兒跟隨韓胤去淮南。陳珪擔心徐州、楊州聯合，會造成無窮的禍患，便去遊說呂布，說：「曹公奉迎天子，輔佐國政，將軍您應和曹公同心協力謀劃，一起議定國家大事。如今你和袁術連姻，一定會蒙受不義的名聲，將有累卵一樣的危險。」呂布也怨恨袁術當初沒有收納自己，女兒已在路上，於是追回女兒，斷絕和袁術的婚事，押送韓胤交給曹操，在許都鬧市上梟首示眾。

陳珪想讓兒子陳登到曹操那裡，呂布堅決不肯放。適逢詔令任命呂布為左將軍，曹操又送給呂布親筆信，對他大力撫慰。呂布大喜，立即派陳登呈奉奏章謝恩，並回覆曹操的來信。陳登見了曹操，乘機陳述呂布有勇無謀，把去就看得很輕，應及早除去他。曹操說：「呂布狼子野心，確實很難長時間豢養，除非你沒有誰能洞察出他的真偽。」立即將陳珪的秩位增至中二千石，任陳登為廣陵太守。臨行時，曹操拉著陳登的手說：「東邊的事就委託你了。」命他暗中糾合部眾來作為內應。

當初，呂布要陳登到了許都為自己爭求徐州牧，沒能得逞，陳登回來，呂布大怒，拔出鐵戟砍向案几說：

「你父親勸我協同曹操，斷絕與袁術的婚約，如今我所求無得，而你們父子一齊位顯權重，只是我被你們出賣了！」陳登不動聲色，慢慢地對他說：「我見到曹公時說：『豢養將軍如同養虎，要用肉來餵飽牠，吃不飽就要吃人。』曹公說：『不是你說的那樣，譬如養鷹，只有牠餓了才能為人所用，吃飽了牠就會飛揚而去。』他就是這樣說的。」於是呂布的怒氣才消解了。

袁術派遣他的大將張勳、橋蕤等跟韓暹、楊奉聯合，步兵、騎兵有數萬之眾直奔下邳，分七路攻擊呂布。呂布這時只有三千士兵，馬四百匹，害怕自己不能抵抗，對陳珪說：「今天招致袁術大軍，完全是由於你，怎麼辦呢？」陳珪說：「韓暹、楊奉和袁術只是倉促湊合的部隊罷了，並不是早就謀劃好的，不能互相維持。我的兒子陳登料定，他們有如兩隻公雞，勢不能同棲一枝，很快就會離散。」呂布採納陳珪的計謀，寫信給韓暹、楊奉說：「二位將軍親自護送天子大駕返回東都，我則親手殺死董卓，我們都為朝廷立了大功，如今你怎麼和袁術一起做賊呢！不如我們合力擊敗袁術，為國除害。」並許諾把袁術的軍用物資悉數送給他們。韓暹、楊奉大喜，立刻改變計畫聽從呂布。呂布進軍，離張勳軍營百步時，韓暹、楊奉的士兵一起大聲叫喊，衝向張勳的軍營。張勳等逃散，呂布的軍隊追擊，斬殺了十員大將，士兵大都被殺傷落水而死。呂布乘勢和韓、楊合兵殺向壽春，水陸並進，到達鍾離縣，一路上搶劫掠奪，然後回軍渡至淮水北岸，留下書信辱罵袁術。袁術親率步兵、騎兵五千人在淮河南岸耀武揚威，呂布騎兵都在淮河北岸大聲嘲笑，然後回軍。

泰山賊寇頭目臧霸在莒縣偷襲琅邪相蕭建，打敗了蕭建。臧霸繳獲了蕭建的物資財富，答應賄賂呂布卻沒有送來。呂布親自去索取，他的督將高順勸諫說：「將軍威名遠揚，遠近敬畏，要什麼沒有得不到的，哪能自己去索取！萬一得不到，豈不對您有損嗎！」呂布不聽從。到莒縣後，臧霸等猜不透呂布的來意，固守抗拒，呂布一無所得空手而回。

高順為人清廉而有威嚴，沉默寡言，所統領的七百多名士兵，號令嚴整，每戰必勝，被稱為「陷陣營」。後來呂布疏遠高順，因為魏續是自己的親戚，就奪取高順的兵權交給魏續；到了打仗時，又重新命令高順領兵，高順也始終沒有懷恨。呂布生性易變，舉止無常，高順常常勸諫他說：「將軍的舉止行動，不肯加以深思，每當有所失誤，動不動就說自己錯了，錯誤哪能一犯再犯呢！」呂布知道高順出於忠誠卻不能接受他的意見。

曹操派議郎王誧以詔書封拜孫策為騎都尉，承襲父爵烏程侯，兼任會稽太守，讓孫策與呂布以及吳郡太守陳瑀共同征討袁術。孫策想得到將軍的名號，王誧就以天子名義授予孫策為明漢將軍。

孫策整理行裝，行軍到錢唐。陳瑀陰謀偷襲孫策，於是暗中勾結祖郎、嚴白虎等，讓他們作內應。孫策發覺陰謀，派部將呂範、徐逸在海西攻打陳瑀。陳瑀戰敗，隻身單騎投奔袁紹。

起初，陳王劉寵有勇力，擅射弓弩。黃巾賊起事，劉寵整軍自守，國人畏懼他，不敢叛離。國相會稽人駱俊一向有恩威，這時王侯不再有租賦俸祿收入，反而常常被搶奪，有時兩天吃一餐，輾轉死於溝壑。而只有陳國富強，鄰郡人民多來歸附，擁有部眾十多萬。等到州郡兵起事時，劉寵率領軍隊駐守陽夏，自稱輔漢大將軍。袁術向陳國求糧，駱俊拒絕了他。袁術憤恨，派人用欺詐的手段殺死駱俊和劉寵，陳國從此衰敗。

秋，九月，司空曹操東征袁術。袁術聽說曹操到來，棄軍逃走，留下他的將領橋蕤等在蘄陽抵抗曹操。曹操打敗橋蕤等，把他們全部殺死。袁術逃走渡過淮河，這時天旱歲饑，士民飢寒交迫，袁術從此便衰落了。

操辟陳國何夔❶為掾❷，問以袁術何如，對曰：「天之所助者順，人之所助者信。術無信順之實，而望天人之助，其可得乎！」操曰：「為國失賢則亡，君不為術所用，亡，不亦宜乎！」操性嚴，掾屬公事往往加杖。夔常蓄毒藥，誓死無辱，是以終不見及。

沛國許褚❸勇力絕人，聚少年及宗族數千家，堅壁以禦外寇，淮、汝、陳、梁❹間皆畏憚之。操徇淮、汝，諸以眾歸操。操曰：「此吾樊噲❺也！」即日拜都尉❻，引入宿衛，諸從褚俠客，皆以為虎士❼焉。

故太尉楊彪與袁術昏姻❽，曹操惡之，誣云欲圖廢立，奏收下獄，劾以大逆。將作大匠孔融聞之，不及朝服❾，往見操曰：「楊公四世清德❿，海內所瞻。周書，父子兄弟，罪不相及，況以袁氏歸罪楊公乎！」操曰：「此國家⓫之意。」融曰：「假使成王⓬殺邵公，周公可得言不知邪！」操使許令滿寵按⓭彪獄，融與尚書令荀彧皆屬⓮寵曰：「但當受辭，勿加考掠⓯。」寵一無所報，考訊如法。數日，求見操，言之曰：「楊彪考訊，無他辭語。此人有名海內，若罪不明白，必大失民望，竊為明公惜之。」操即日赦出彪。初，彧、融聞寵考掠彪，皆怒，及因此得出，乃更善寵。彪見漢室衰微，政在曹氏，遂稱腳攣⓰，積十餘年不行，由是得免於禍。

馬日磾喪⓱至京師，朝廷議欲加禮。孔融曰：「日磾以上公⓲之尊，秉髦節⓳之使，而曲媚姦臣⓴，為所牽率㉑，王室大臣，豈得以見脅為辭！聖上哀矜舊臣，未忍追按㉒，不宜加禮。」朝廷從之。金尚喪至京師，詔百官弔祭，拜其子瑋為郎中。

冬，十一月，曹操復攻張繡，拔湖陽㉓，禽劉表將鄧濟。又攻舞陰，下之。韓暹、楊奉在下邳，寇掠徐、揚間，軍飢餓，辭呂布，欲詣荊州，布不聽。奉知劉備與布有宿憾，私與備相聞，欲共擊布，備陽㉔許之。奉引軍詣沛，備請奉入城，飲食未半，於座上縛奉，斬之。暹失奉，孤特㉕，與十餘騎歸并州，為杼秋㉖令張宣所殺。胡才、李樂留河東，才為怨家所殺，樂自病死。郭汜為其將伍習所殺。

潁川杜襲㉗、趙儼㉘、繁欽㉙避亂荊州，劉表俱待以賓禮。欽數見奇於表，襲喻之曰：「吾所以與子俱來者，徒㉚欲全身以待時耳，豈謂劉牧當為撥亂之主而規長者㉛委身哉！子若見能不已，非吾徒也，吾與子絕矣。」欽慨然曰：「請敬受命！」及曹操迎天子都許，儼謂欽曰：「曹鎮東必能匡濟華夏，吾知歸矣。」遂還詣操，操以儼為朗陵長㉜。

陽安都尉㉝江夏李通㉞妻伯父犯法，儼收治，致之大辟。時殺生之柄，決於牧守，通妻子號泣以請其命。通曰：「方與曹公戮力，義不以私廢公。」嘉儼執憲㉟不阿，與為親交。

【章　旨】以上為第八段，寫曹操在許都招納文武之才，何夔、許褚、杜襲、趙儼、繁欽、李通等均為曹操所舉用。

【注　釋】❶何夔　字叔龍，陳國陽夏人，初為曹操掾屬，繼為長廣、樂安太守，後為魏國太子少傅。傳見《三國志》卷十二。❷掾　漢代長官屬下的佐治官吏。❸許褚　字仲康，沛國譙縣（今安徽亳州）人，健壯魁梧，勇力過人，聚眾歸曹操後，長期為曹操的侍從警衛。曾任校尉、武衛中郎將，曹魏時為武衛將軍。傳見《三國志》卷十八。❹淮汝陳梁　指淮南（即九江）、汝南、陳國、梁國四郡國。❺樊噲　漢高祖劉邦之猛將。❻都尉　官名，東漢於邊郡關塞之地設都尉，職如太守。其他都尉為臨時設置的一級領兵將領。此都尉領曹操之警衛兵。❼虎士　曹操之警衛人員。❽楊彪與袁術昏姻　《後漢書》卷五十四〈楊彪傳〉謂楊彪子脩為袁術之甥，則楊彪娶袁氏女為妻。❾不及朝服　來不及穿朝服。❿四世清德　指楊震、秉、賜、彪四代皆以清廉著稱。⓫國家　指皇帝。⓬成王　周成王。周成王時，周公旦、邵（召）公奭皆為輔佐。⓭按　審理。⓮屬　託付。⓯考掠　拷打。考，通「拷」。⓰攣　抽搐病，即手腳蜷曲不能伸開的病。⓱馬日磾喪　馬日磾於興平元年（西元一九四年）奉命出使壽春，袁術奪其使節，並扣留不放，日磾忿病而死。⓲上公　馬日磾為太傅，是為上公。⓳髦節　用旄牛尾裝飾的符節，為高級使臣所持。髦，即旄。⓴姦臣　指袁術。㉑牽率　控制。㉒追按　生前未治的罪，死後加以追究。㉓湖陽　縣名，縣治在今河南唐河縣南。㉔陽　通「佯」。假裝。㉕孤特　孤單。㉖杼秋　縣名，縣治在今安徽碭山縣東。㉗杜襲　字子緒，潁川定陵（今河南舞陰北）人，初避亂至荊州，後歸曹操，歷任西鄂長、丞相軍祭酒、魏國侍中等。傳見《三國志》卷二十三。㉘趙儼　字伯然，潁川陽翟（今河南禹州）人，初與杜襲、繁欽避亂荊州，建安二年（西元一九七年）歸曹操，歷任朗陵長、丞相主簿、扶風太守。曹魏時為大司農、征西將軍、驃騎將軍、司空。傳見《三國志》卷二十三。㉙繁欽　字休伯，潁川（治所在今河南禹州）人，初與趙儼等避亂荊州，後歸曹操，官至丞相主簿。長於書記，又善詩賦，為建安時期鄴下文學集團的重要成員。事附見《三國志》卷二十一〈魏書‧王粲傳〉。㉚徒　僅；只。㉛規長者　規勸有道德的人。㉜朗陵長　朗陵縣長。朗陵，縣名，縣治在今河南確山縣西南。長，漢制，縣的長官萬戶以上的大縣稱令，萬戶以下的小縣稱長。㉝陽安都尉　陽安原為縣，漢末一度轄朗陵縣，設都尉一人，相當於郡太守，故陽安又稱為郡，但不久又廢郡復為縣。陽安縣治所在今河南確山縣東北。㉞李通　字文達，江夏平春（今河南信陽西北）人，建安初率眾歸曹操，為陽安都尉、汝南太守。傳見《三國志》卷十八。㉟憲　法令。

【語 譯】曹操徵辟陳國人何夔為掾屬，向他詢問袁術是怎樣的人。何夔回答說：「上天幫助的是能順應時代的人，百姓幫助的是值得信賴的人，袁術沒有守信用和順應時代的實際行動，卻希望得到上天和百姓的幫助，那怎麼可能得到呢！」曹操說：「治理國家失去賢人就會滅亡，您不被袁術所用，他的滅亡不是應該的嗎！」曹操性情嚴厲，掾屬們常常因公事被杖打。何夔常常身藏毒藥，誓死不受杖辱，因此始終沒有被杖打。

沛國人許褚勇猛過人，聚集一幫青年以及宗族數千家，修築堅固的壁壘以抵抗外敵侵擾，淮南、汝南、陳國、梁國一帶的人都畏懼他。曹操征討淮南、汝南，許褚率眾歸屬曹操。曹操說：「這是我的樊噲！」當天任命他為都尉，引入府中當值宿警衛，那些追隨許褚的俠客，都成為如虎的衛士。

前太尉楊彪和袁術有婚姻關係，曹操很討厭楊彪，誣陷楊彪陰謀廢立天子，上奏收捕楊彪下獄，以大逆不道的罪行控告他。將作大匠孔融聽說此事後，來不及穿朝服，就前往拜見曹操說：「楊公四代清廉有德行，被天下人所敬慕。《周書》說，父子兄弟，罪不相牽，何況是因袁氏的緣故歸罪於楊公呢！」曹操說：「這是天子的意思。」孔融說：「假如周成王要殺邵公，周公可以推說不知情嗎！」曹操命許縣令滿寵審理楊彪的案件，孔融和尚書令荀彧都囑咐滿寵說：「只可記錄口供，不得用刑拷打。」滿寵一句話也不回覆，按刑法拷打審訊。幾天後，滿寵求見曹操，對曹操說：「楊彪經過拷打審訊，什麼也沒說。此人天下聞名，如果不明不白就定罪，一定會大失民心，我替明公你感到可惜。」曹操當天就釋放了楊彪。起初，荀彧、孔融聽到滿寵拷打楊彪，都很生氣。等到楊彪因被拷打而得以出獄時，才對滿寵更為親近。楊彪看到漢室衰微，政權落在曹氏手裡，便聲稱腿腳痙攣，長達十多年不能行走，因此得以免禍。

馬日磾的靈柩到了京城，朝廷商量治喪要提高禮儀規格。孔融說：「馬日磾居上公的尊位，是持旄節的使臣，卻千方百計地獻媚奸臣，受奸臣控制，身為王室大臣，怎麼可以用被威脅為託辭！聖上體恤舊臣，不忍心追究，但也不應該提高禮儀規格。」朝廷接受了孔融的意見。金尚的靈柩到達京城，詔令百官弔祭，還任命他的兒子金瑋為郎中。

冬，十一月，曹操再次進軍攻打張繡，攻佔了湖陽，活捉了劉表部將鄧濟。又攻打舞陰，攻了下來。

韓暹、楊奉駐軍下邳，掠奪徐、楊二州一帶，士兵飢餓，楊奉向呂布辭別，想去荊州，呂布不答應。楊奉知道劉備和呂布有舊怨，私下和劉備通氣，想共同攻打呂布，劉備假裝同意。楊奉率軍至沛縣，劉備請楊奉入城，酒宴不到一半，就在座位上捆綁了楊奉，把他殺死。韓暹失去楊奉，非常孤立，帶了十幾個騎兵返回并州，被杼秋縣令張宣殺死。胡才、李樂留在河東，胡才被仇家殺死，李樂病死。郭汜被他的部將伍習殺死。

潁川人杜襲、趙儼、繁欽到荊州避亂，劉表都待以賓客之禮。繁欽多次被劉表嘖嘖稱奇，杜襲勸告繁欽說：「我之所以和你一起來，只是想保全性命以等待時機，怎麼會認為劉表是撥亂返正之主而勸你委身於他呢！你如果不斷地顯示才能，就和我不是一類人，我就跟你斷絕關係。」繁欽感歎地說：「我恭敬地接受你的勸告！」等到曹操奉迎天子建都許縣時，趙儼對繁欽說：「曹鎮東一定能拯救華夏，我知道歸宿了。」於是回到許都拜見曹操，曹操任命趙儼為朗陵縣長。

陽安都尉江夏人李通妻子的伯父犯法，趙儼收捕了他，定為死刑。當時生殺大權，決定於州牧郡守，李通的妻子兒女嚎啕大哭地向李通請求救伯父一命，李通說：「我正和曹公竭力為國，按道義斷不可以私情廢公法。」他嘉許趙儼執法不阿，同他結為朋友。

三年（戊寅　西元一九八年）

春，正月，曹操還許。三月，將復擊張繡。荀攸曰：「繡與劉表相恃為彊，然繡以遊軍仰❶食於表，表不能供也，勢必乖離。不如緩軍以待之，可誘而致也。若急之，其勢必相救。」操不從，圍繡於穰。

夏，四月，使謁者僕射❷裴茂詔關中諸將段煨等討李傕，夷其三族。以煨為安南將軍❸，封閿鄉侯。

初，袁紹每得詔書，患其有不便於己者，欲移天子自近，使說曹操以許下埤溼❹，雒陽殘破，宜徙都鄄城❺以就全實❻。操拒之。田豐說紹曰：「徙都之計，既不克❼從，宜早圖許，奉迎天子，動❽託詔書，號令海內，此筭之上者。不爾❾，終為人所禽，雖悔無益也。」紹不從。

會紹亡卒詣操，云田豐勸紹襲許。操解穰圍而還，張繡率眾追之。五月，劉表遣兵救繡，屯於安眾❿，守險以絕軍後。操與荀彧書曰：「吾到安眾，破繡必矣。」及到安眾，操軍前後受敵，操乃夜鑿險偽遁。表、繡悉軍來追，操縱奇兵步騎夾攻，大破之。它日，彧問操：「前策賊必破，何也？」操曰：「虜遏吾歸師⓫，而與吾死地⓬，吾是以知勝矣。」

繡之追操也，賈詡止之曰：「不可追也，追必敗。」繡不聽，進兵交戰，大敗而還。詡登城謂繡曰：「促⓭更追之，更戰必勝。」繡謝曰：「不用公言，以至於此。今已敗，柰何復追？」詡曰：「兵勢有變，促追之！」繡素信詡言，遂收散卒更追，合戰，果以勝還。乃問詡曰：「繡以精兵追退軍，而公曰必敗，以敗卒擊勝兵，而公曰必克，悉如公言，何也？」詡曰：「此易知耳。將軍雖善用兵，非曹公敵也。曹公軍新退，必自斷後，故知必敗。曹公攻將軍，既無失策，力未盡而一朝引退，必國內有故⑭也。已破將軍，必輕軍速進，留諸將斷後。諸將雖勇，非將軍敵，故雖用敗兵而戰必勝也。」繡乃服。

【章旨】以上為第九段，寫曹操第二次南征張繡，因傳言袁紹南下，曹操匆忙撤軍，不勝而歸。

【注釋】❶仰 依靠；依賴。❷謁者僕射 官名，謁者臺長官，主管謁者。謁者掌賓贊受事及上章報問。❸安南將軍 官名，東漢雜號將軍之一。❹埤溼 低下潮溼。❺鄄城 縣名，縣治在今山東鄄城北。為古代黃河邊上的軍事重地。❻以就全實 遷至安全殷實的地方。以就，即來就。全實，安全殷實。❼克 能。❽動 動輒；常常。❾不爾 不如此。❿安眾 侯國名，治所在今河南鎮平東南。⓫遏吾歸師 遏，阻擋。《孫子・軍爭》說：「歸師勿遏。」⓬死地 不疾戰則死亡之地。《孫子・九地》說：「投之亡地然後存，陷之死地然後生。」⓭促 速；趕快。⓮故 謂變故。

【語譯】三年（戊寅 西元一九八年）

春，正月，曹操返回許都。三月，曹操要再次攻打張繡。荀攸說：「張繡和劉表相互依靠而勢力強大，但張繡是支游兵，仰仗劉表的供給，劉表如果不能供給，勢必分離。不如暫緩出兵以等待變化，可採用引誘的辦法招致張繡。如果急於出兵，他們勢必相互援救。」曹操不聽，在穰城包圍了張繡。

夏，四月，朝廷派謁者僕射裴茂奉詔命令關中各將領段煨等討伐李傕，滅了李傕的三族。於是朝廷任命段煨為安南將軍，封闅鄉侯。

起初，袁紹每次接到詔書，便擔憂其中有不利於自己的內容，想遷移天子靠近自己，就派使者去遊說曹操，說許縣低窪潮溼，洛陽又殘破不堪，應該遷都鄄城，來到安全殷實的地方。曹操拒絕了。田豐勸袁紹說：

「遷都之計，既然不能被接受，應該及早圖謀許縣，奉迎天子，這樣，動不動就託名詔書來號令天下，這是策略中的上策。不然的話，終將被人擒獲，雖然後悔也毫無用處。」袁紹不聽從。

時逢袁紹的逃兵來見曹操，說田豐勸袁紹偷襲許縣。曹操便解除對穰城的包圍而回軍，張繡率軍追擊。五月，劉表也派軍救援張繡，駐軍安眾，據守險要，切斷了曹軍的歸路。曹操寫信給荀彧說：「我到了安眾，一定能打敗張繡。」等曹軍到安眾，前後受到夾擊，於是曹操趁夜開鑿險道，假裝要逃跑。劉表、張繡率領全軍來追趕，曹操出動奇兵，騎兵、步兵夾擊，大敗劉表、張繡。後來，荀彧問曹操：「你事前預料敵軍必敗，根據是什麼？」曹操說：「敵人阻斷我回師，置我於死地，我因此斷定我軍一定能取勝。」

張繡去追擊曹操的時候，賈詡勸止說：「不可追擊，追擊必敗。」張繡不聽從，進軍交戰，大敗而回。賈詡登上城樓對張繡說：「趕緊再去追趕，再戰一定取勝。」張繡謝絕說：「我沒有聽從你的話，以致落到這個地步。現在已經打了敗仗，怎麼能再去追趕？」賈詡說：「戰爭的形勢發生了變化，要趕緊追擊！」張繡一向信服賈詡的話，於是搜集散兵再去追趕，兩軍交戰，果然得勝而返。張繡便向賈詡說：「我用精兵追擊後退之兵，而你說必敗，我用敗兵追擊取勝之兵，而你卻說必勝，結果一切正如你所說的，這是什麼原因呢？」賈詡說：「這容易明白，將軍您雖然善於用兵，但不是曹公的對手。曹公的軍隊開始撤退時，他一定親自斷後，所以知道您一定會吃敗仗。因為曹公攻擊將軍，既然沒有失策，也沒有用盡全力而突然撤退，一定是國內發生變故。曹操已經打敗了將軍，他一定輕裝急速回軍，留下諸位將領斷後。諸位將領雖然勇猛，但不是將軍您的對手，所以您雖然用敗兵追擊也一定能取勝。」張繡這才佩服賈詡。

呂布復與袁術通，遣其中郎將高順及北地太守鴈門張遼[1]攻劉備。曹操遣將軍夏侯惇救之，為順等所敗。秋，九月，順等破沛城，虜備妻子，備單身走。

曹操欲自擊布，諸將皆曰：「劉表、張繡在後，而遠襲呂布，其危必也。」荀攸曰：「表、繡新破，勢不敢動。布驍猛，又恃袁術，若從橫❷淮、泗間❸，豪傑必應之。今乘其初叛，眾心未一，往可破也。」操曰：「善！」比行，泰山屯帥臧霸、孫觀、吳敦、尹禮、昌豨等皆附於布。操與劉備遇於梁❹，進至彭城❺。陳宮謂布：「宜逆擊❻之，以逸擊[1]勞，無不克也。」布曰：「不如待其來攻[2]，蹙著泗水中。」冬，十月，操屠彭城。廣陵太守陳登率郡兵為操先驅，進至下邳。布自將屢與操戰，皆大敗，還保城，不敢出。

操遺❼布書，為陳禍福。布懼，欲降。陳宮曰：「曹操遠來，勢不能久。將軍若以步騎出屯於外，宮將餘眾閉守於內，若向將軍，宮引兵而攻其背；若但攻城，則將軍救於外。不過旬月❽，操軍食盡，擊之可破也。」布然之，欲使宮與高順守城，自將騎斷操糧道。布妻謂布曰：「宮、順素不和，將軍一出，宮、順必不同心共城守也。如有蹉跌❾，將軍當於何自立乎！且曹氏待公臺❿如赤子，猶舍⓫而歸我。今將軍厚公臺不過曹氏，而欲委⓬全城，捐⓭妻子，孤軍遠出，若一旦有變，妾豈得復為將軍妻哉！」布乃止，潛遣其官屬許汜、王楷求救於袁術。術曰：「布不與我女，理自當敗，何為復來？」汜、楷曰：「明上⓮今不救布，為自敗耳。布破，明上亦破也。」術乃嚴兵為布作聲援。布恐術為女不至，故不遣救兵，以緜纏女身縛著馬上，夜自送女出，與操守兵相觸，格射⑮不得過，復還城③。

河內太守張楊素與布善，欲救之，不能，乃出兵東市⑯，遙為之勢。十一月，楊將楊醜殺楊以應操。別將眭固復殺醜，將其眾北合袁紹。楊性仁和，無威刑，下人謀反發覺，對之涕泣，輒原不問，故及於難。

操掘塹圍下邳，積久，士卒疲敝，欲還。荀攸、郭嘉曰：「呂布勇而無謀，今屢戰皆北⑰，銳氣衰矣。三軍以將為主，主衰則軍無奮意。陳宮有智而遲，今及布氣之未復，宮謀之未定，急攻之，布可拔也。」乃引沂、泗⑱灌城。月餘，布益困迫，臨城謂操軍士曰：「卿曹無相困我，我當自首於明公。」陳宮曰：「逆賊曹操，何等明公！今日降之，若卵投石，豈可得全也！」

布將侯成亡其名馬，已而復得之。諸將合禮以賀成，成分酒肉先入獻布。布怒曰：「布禁酒而卿等醞釀，為欲因酒共謀布邪！」成忿懼。十二月癸酉⑲，成與諸將宋憲、魏續等共執陳宮、高順，率其眾降。布與麾下登白門樓⑳，兵圍之急，布令左右取其首詣操，左右不忍，乃下降。

布見操曰：「今日已往㉑，天下定矣！」操曰：「何以言之？」布曰：「明公之所患不過於布，今已服矣。若令布將騎，明公將步，天下不足定也。」顧謂劉備曰：「玄德，卿為坐上客，我為降虜，繩縛我急㉒，獨不可一言邪？」操笑曰：「縛虎不得不急。」乃命緩布縛。劉備曰：「不可。明公不見呂布事丁建陽㉓、董太師㉔乎！」操頷㉕之。布目備曰：「大耳兒㉖，最叵㉗信！」

操謂陳宮曰：「公臺平生自謂智有餘，今竟何如？」宮指布曰：「是子不用宮言，以至於此。若其見從，亦未必為禽也。」操曰：「柰卿老母何？」宮曰：「宮聞以孝治天下者，不害人之親。老母存否，在明公，不在宮也。」操曰：「柰卿妻子何？」宮曰：「宮聞施仁政於天下者，不絕人之祀。妻子存否，在明公，不在宮也。」操未復言。宮請就刑，遂出，不顧，操為之泣涕，并布、順皆縊殺之，傳首許市。操召陳宮之母，養之終其身，嫁宮女，撫視其家，皆厚於初。

前尚書令陳紀㉘、紀子羣㉙在布軍中，操皆禮用[4]之。張遼將其眾降，拜中郎將。臧霸自亡匿，操募索得之，使霸招吳敦、尹禮、孫觀等，皆詣操降。操乃分琅邪、東海為城陽㉚、利城㉛、昌慮㉜郡，悉以霸等為守相。

初，操在兗州，以徐翕、毛暉為將。及兗州亂，翕、暉皆叛。兗州既定，翕、暉亡命投霸。操語劉備，令霸送二首。霸謂備曰：「霸所以能自立者，以不為此也。霸受主公生全之恩，不敢違命。然王霸之君，可以義告，願將軍為之辭。」備以霸言白操，操歎息謂霸曰：「此古人之事，而君能行之，孤之願也。」皆以翕、暉為郡守。陳登以功加伏波將軍㉝。

劉表與袁紹深相結約。治中㉞鄧羲諫表，表曰：「內不失貢職㉟，外不背盟主，此天下之達義也，治中獨何怪乎？」羲乃辭疾而退。

長沙太守張羨性屈強，表不禮焉。郡人桓階說羨舉長沙㊱、零陵㊲、桂陽㊳三郡以拒表，遣使附於曹操，羨從之。

【章　旨】以上為第十段，寫曹操討滅呂布。

【注　釋】❶張遼　字文遠，雁門馬邑（今山西朔州）人，初隨丁原、董卓、呂布，呂布敗後歸曹操，遂為曹操之得力戰將，屢立戰功，為盪寇將軍、征東將軍、前將軍等。曹魏初，封晉陽侯。傳見《三國志》卷十七。❷從橫　馳騁。❸淮泗間　淮水、泗水間，亦即下邳、廣陵一帶。❹梁　王國名，治所睢陽，在今河南商丘南。❺彭城　王國名，治所彭城縣，在今江蘇徐州。❻逆擊　迎擊。❼遺　給與。❽旬月　一整月。❾蹉跌　失足，栽跟斗。喻失誤。❿公臺　陳宮字公臺。⓫舍　捨棄。⓬委　託付。⓭捐　捨棄。⓮明上　當時袁術已稱帝，故許汜等稱他為明上。⓯格射　擊射。⓰東市　指野王之東市。時張楊駐屯野王。⓱北　敗北；失敗。⓲沂泗　沂水與泗水皆流經下邳縣，泗水向東南流，經過下邳縣西；沂水向南流，在下邳縣西流入泗水，故曹操引二水灌下邳城。⓳癸酉　十二月二十四日。⓴白門樓　下邳城之南門。㉑今日已往　猶言從今以後。㉒急　緊。㉓丁建陽　丁原字建陽。呂布初為丁原部下，後被董卓引誘，遂殺丁原而歸董卓。㉔董太師　即董卓。董卓曾為太師。呂布歸董卓後，最後又殺死董卓。㉕頷　點頭。㉖大耳兒　指劉備。劉備耳大。㉗叵　不可。㉘陳紀　字元方，潁川許縣（今河南許昌東）人，有盛名。董卓執政時，曾為侍中、尚書令。傳見《後漢書》卷六十二。㉙羣　陳紀之子陳羣（？—西元二三六年），字長文，初為劉備別駕，後歸曹操，為司空掾。曹丕執政時為尚書，建置九品中正制。曹魏初，為鎮軍大將軍，領中護軍，錄尚書事。魏明帝時為司空，封潁陰侯。傳見《三國志》卷二十二。㉚城陽　郡名，西漢時為城陽國。東漢併入北海國，這時曹操又分置城陽郡，治所東武縣，在今山東諸城。㉛利城　郡名，漢代為縣，這時曹操設為郡，治所在今江蘇贛榆西。㉜昌慮　郡名，漢代為縣，這時曹操設為郡，治所在今山東滕州東南。㉝伏波將軍　官名，東漢的雜號將軍。㉞治中　官名，即治中從事史，州牧刺史的主要佐吏，職責是居中治事，主從曹文書。㉟貢職　向朝廷貢獻的職責。㊱長沙　郡名，治所臨湘，在今湖南長沙。㊲零陵　郡名，治所泉陵，在今湖南零陵。㊳桂陽　郡名，治所郴縣，在今湖南郴州。

【校　記】①擊　原作「待」。據章鈺校，甲十一行本、乙十一行本皆作「擊」，今據改。②攻　原無此字。據章鈺校，甲十一行本、乙十一行本、孔天胤本皆有此字，張瑛《通鑑校勘記》同，今據補。③城　據章鈺校，乙十一行本無此字，孔天胤本「城」下有「內」字。④禮用　據章鈺校，乙十一行本「禮」字下有「而」字，與「用」字合刻在一個字位置。

【語　譯】呂布又與袁術來往，派他的中郎將高順及北地太守雁門人張遼攻打劉備。曹操派將軍夏侯惇救援劉備，被高順等打敗。秋，九月，高順等攻破沛縣城，俘獲了劉備的妻兒，劉備單身逃走。

曹操想親自率軍攻打呂布，眾將領都說：「劉表、張繡在背後，而長途奔襲去攻擊呂布，一定很危險。」荀攸說：「劉表、張繡剛被打敗，勢必不敢輕舉妄動。呂布驍勇兇猛，又依仗袁術，如果縱橫於淮河、泗水一帶，豪傑們一定會響應他。現在趁他剛剛叛變，軍心不一致，前去進攻一定可以打敗他。」曹操說：「好！」在曹操出征時，泰山地區的土匪頭目臧霸、孫觀、吳敦、尹禮、昌豨等都歸附呂布。曹操和劉備在梁國相遇，前進到彭城。陳宮對呂布說：「應當迎擊曹操，以逸擊勞，可以無所不勝。」呂布說：「不如等他們前來進攻，把他們逼到泗水中。」冬，十月，曹操屠滅彭城。廣陵太守陳登率領郡兵為曹軍先鋒，進至下邳。呂布親自率軍多次與曹操交戰，皆大敗，退保下邳城，不敢出兵。

曹操寫信給呂布，給他陳述禍福得失。呂布恐懼，打算投降。陳宮說：「曹操從遠處來，勢不能久。將軍如果率領步兵、騎兵出城在外駐守，我率領餘部在城內閉門防守，如果曹操攻向將軍，我率兵攻打他的背後；如果曹操只是攻城，將軍則在外救援。不出一個月，曹操軍糧用盡，這時出戰就可以打敗曹軍。」呂布同意，想讓陳宮和高順守城，自己率領騎兵切斷曹軍運糧通道。呂布的妻子對呂布說：「陳宮、高順一向不和，將軍一出城，陳宮、高順一定不會同心協力共守城池。如有失誤，將軍該到哪裡立身呢！況且曹操對待陳宮像照顧嬰兒一樣，他陳宮尚且拋棄曹操歸屬我們，現在將軍厚待陳宮沒有超過曹操，卻要把全城託付給他，拋棄妻兒，孤軍遠出，如一旦發生變故，我還能再做你的妻子嗎！」於是呂布作罷，暗地裡派他的部下許汜、王楷去向袁術求救。袁術說：「呂布不把女兒送給我，理應失敗，為什麼又來求助於我？」許汜、王楷說：「明上您現在不救呂布，當然他是自取滅亡。若呂布被打敗，明上您也將被打敗。」袁術於是整頓兵馬，為呂布作聲援。呂布擔心袁術因自己未送女兒前去，就不派援兵；於是用綢緞裹住女兒身體附著在馬上，夜裡親自護送女兒出城，與曹操的守軍相遇，雙方格鬥互射，呂布無法通過，又退回城裡。

河內太守張楊一向和呂布交好，想去救援，力量不夠，於是出兵到野王縣東市，遙作聲援之勢。十一月，張楊部將楊醜殺死張楊以響應曹操。張楊的另一個部將眭固又殺死楊醜，率領他的部眾向北會合袁紹。張楊性格仁厚寬和，不施嚴刑，部下謀反被察覺，便向張楊流淚乞求，往往原諒不加追究，因此遭遇禍難。

曹操掘壕溝圍困下邳，時間長久，士兵疲困，曹操打算撤軍。荀攸、郭嘉說：「呂布有勇無謀，現在屢戰屢敗，銳氣衰竭，三軍以將帥為主，主帥氣衰兵士就沒有鬥志。陳宮有智謀但行事遲緩，現在趁呂布銳氣還未恢復，陳宮謀略尚未確定，加緊攻擊，呂布就可以被戰勝了。」曹軍於是決沂水、泗水灌城。一個多月，呂布更加困迫，就登上城牆對曹操的兵士喊話：「你們不要圍困我了，我將向明公投降自首。」陳宮說：「叛賊曹操，算什麼明公！今日投降他，如同以卵擊石，怎麼能保全性命！」

呂布部將侯成丟了名馬，不久又找到了。眾將領合夥送禮向侯成祝賀，侯成分出一份酒肉首先獻給呂布，呂布生氣地說：「我下令禁酒而你們卻釀酒，莫非是想乘飲酒之機一起謀害我嗎！」侯成又氣又怕。十二月二十四日癸酉，侯成和宋憲、魏續等將領一同抓捕了陳宮、高順，率領部眾投降曹操。呂布和他的下屬登上白門樓，曹操的士兵緊急圍攻，呂布命身邊的人砍下他的頭去見曹操，左右的人不忍心，於是下樓投降。

呂布見到曹操說：「從今以後，天下就平定了！」曹操說：「你根據什麼這樣說？」呂布說：「明公你的心頭之患不過是我呂布，今天我已降服了。如果命我統率騎兵，明公你統率步兵，平定天下就不成問題了。」呂布又回頭對劉備說：「玄德，你是座上客，我是歸降的俘虜，繩子把我捆得太緊，難道你就不能替我說一句話嗎？」曹操笑著說：「捆老虎不能不緊。」於是命部下給呂布鬆綁。劉備說：「不可。明公你難道沒聽說呂布是如何對待丁建陽、董太師的嗎！」曹操點頭稱是。呂布注視著劉備說：「大耳朵小子，最不可信！」

曹操對陳宮說：「公臺平生自以為智謀有餘，現在究竟怎麼樣？」陳宮指著呂布說：「是這小子不聽我的話，才落到這個地步。如果我的意見被聽從，也未必被擒獲。」曹操說：「你老母親怎麼辦？」陳宮說：「我聽說用孝道治理天下的人，不殺人的至親。我老母親的生死由明公決定，不決定於我。」曹操說：「你的妻子兒女怎麼辦？」陳宮說：「我聽說施仁政於天下的人，不會絕人之後。妻子兒女的生死也由明公決定，不決定於我。」曹操沒有再說話。陳宮請求受刑，便走了出去，頭也不回，曹操為他流淚，把他連同呂布、高順一起絞死，將他們的首級傳送到許都的街市上示眾。曹操召來陳宮的母親，贍養終身，替陳宮嫁了女兒，撫恤照顧陳宮的家屬，都比當初還優厚。

前尚書令陳紀、陳紀的兒子陳羣在呂布的軍中，曹操都以禮任用。張遼率領部下歸降，被任命為中郎將。臧霸躲藏起來，曹操懸賞捉到了他，就派臧霸去招徠吳敦、尹禮、孫觀等人，這些人都來向曹操投降。曹操於是把琅邪、東海分為城陽、利城、昌慮三個郡，全部任用臧霸等人為郡守和國相。

當初，曹操在兗州時，用徐翕、毛暉為將。等到兗州動亂時，徐翕、毛暉又都背叛。兗州平定後，徐翕、毛暉逃命投靠臧霸。曹操請劉備傳話，命臧霸送來徐、毛二人的首級。臧霸對劉備說：「我之所以能自立，就是因為不幹這樣的事。我蒙受主公您不殺之恩，不敢違抗命令。然而王霸之君，可以用道義告諭，希望將軍為我說幾句話。」劉備把臧霸的話稟報曹操，曹操感慨地對臧霸說：「這是古人所崇尚的事情，而你能去實行它，這也是我所希望的。」曹操把徐翕、毛暉都任用為郡守。陳登因功加銜伏波將軍。

劉表和袁紹密切深交。治中鄧羲勸諫劉表，劉表說：「我內不失朝貢之職守，外不背棄盟主，這是天下通行的道義，治中你有什麼好責怪的？」鄧羲於是稱病隱退。

長沙太守張羨性格倔強，劉表對他不以禮相待。同郡人桓階勸張羨憑藉長沙、零陵、桂陽三郡來對抗劉表，並派使者去向曹操表示歸服，張羨聽從了桓階的意見。

孫策遣其正議校尉❶張紘獻方物，曹操欲撫納之，表策為討逆將軍❷，封吳侯，以弟女配策弟匡，又為子彰取孫賁女，禮辟策弟權、翊，以張紘為侍御史❸。

袁術以周瑜為居巢❹長，以臨淮魯肅❺為東城長。瑜、肅知術終無所成，皆棄官渡江從孫策。策以瑜為建威中郎將，肅因家於曲阿❻。

曹操表徵王朗，策遣朗還。操以朗為諫議大夫❼，參司空軍事❽。

袁術遣間使❾齎印綬與丹陽宗帥❿祖郎等，使激動山越⓫，共圖孫策。劉繇之奔豫章⓬也，太史慈遁於蕪湖⓭山中，自稱丹陽太守。策已定宣城⓮以東，惟涇⓯以西六縣未服，慈因進住涇縣，大為山越所附。於是策自將討祖郎於陵陽⓰，禽之。策謂郎曰：「爾昔襲孤，斫孤馬鞍。今創軍立事，除棄宿恨，惟取能用，與天下通耳，非但汝，汝勿恐怖。」郎叩頭謝罪，即破械，署門下賊曹⓱。又討太史慈於勇里⓲，禽之，解縛，捉其手曰：「寧識神亭時⓳邪？若卿爾時得我云何？」

慈曰：「未可量也。」策大笑曰：「今日之事，當與卿共之。聞卿有烈義⑳，天下智士也，但所託㉑未得其人耳。孤是卿知己，勿憂不如意也。」即署門下督㉒。軍還，祖郎、太史慈俱在前導，軍人以為榮。

會劉繇卒於豫章，士眾萬餘人，欲奉豫章太守華歆㉓為主。歆以為因時擅命㉔，非人臣所宜；眾守之連月，卒謝遣之，其眾未有所附。策命太史慈往撫安之，謂慈曰：「劉牧往責吾為袁氏攻廬江㉕，吾先君㉖兵數千人，盡在公路許㉗。吾志在立事，安得不屈意於公路而[1]求之乎？其後不遵臣節㉘，諫之不從。丈夫義交，苟有大故，不得不離，吾交求公路及絕之本末如此，恨不及其生時㉙與共論辯也。今兒子㉚在豫章，卿往視之，并宣孤意於其部曲，部曲樂來者與俱來，不樂來者且安慰之；并觀華子魚㉛所以牧御方規㉜何如。卿須幾兵，多少隨意。」慈曰：「慈有不赦之罪，將軍量同桓、文㉝，當盡死以報德。今並息兵，兵不宜多，將數十人足矣。」左右皆曰：「慈必北去不還。」策曰：「子義㉞捨我，當復從誰！」餞送昌門㉟，把腕別曰：「何時能還？」答曰：「不過六十日。」慈行，議者猶紛紜言遣之非計。策曰：「諸君勿復言，孤斷之詳矣。太史子義雖氣勇有膽烈，然非縱橫之人㊱，其心秉道義，重然諾，一以意許知己，死亡不相負，諸君勿憂也。」慈果如期而反，謂策曰：「華子魚，良德也，然無他方規，自守而已。又，丹陽僮芝自擅廬陵㊲，番陽㊳民帥別立宗部㊴，言我已別立郡海昏㊵上繚㊶，不受發召；子魚但覩視之而已。」策拊掌大笑，遂有兼并之志。

袁紹連年攻公孫瓚，不能克，以書諭之，欲相與釋憾連和。瓚不答，而增修守備，謂長史㊷太原關靖曰：「當今四方虎爭，無有能坐吾城下相守經年者明矣，袁本初其若我何！」紹於是大興兵以攻瓚。先是瓚別將有為敵所圍者，瓚不救，曰：「救一人，使後將恃救，不肯力戰。」及紹來攻，瓚南界別營，自度守則不能自固，又知必不見救，或降或潰。紹軍徑至其門㊸，瓚遣子續請救於黑山諸帥㊹，而欲自將突騎出傍西山㊺，擁黑山之眾侵掠冀州，橫斷紹後。關靖諫曰：「今將軍將士莫不懷瓦解之心，所以猶能相守者，顧戀其居處老少，而恃將軍為主故耳。堅守曠日，或可使紹自退。若舍之而出，後無鎮重，易京㊻之危，可立待也。」瓚乃止。紹漸相攻逼，瓚眾日蹙㊼。

【章旨】以上為第十一段，寫孫策在江東收降太史慈，勢力日盛。袁紹在幽州困迫公孫瓚。

【注釋】❶正議校尉　孫策所設之職官名，掌議論之事。❷討逆將軍　官名，屬雜號將軍，為此時創置。❸侍御史　官名，掌察舉非法，受公卿群吏奏事，有違失者則舉劾。❹居巢　縣名，縣治在今安徽巢湖市東北。❺魯肅　（西元一七二—二一七年）字子敬，臨淮東城（今安徽定遠東南）人，初被袁術命為東城長，因見袁術不足成事，遂與周瑜渡江從孫策，後為孫權所敬重。建安十三年（西元二〇八年）曹操率軍南下，肅與周瑜主戰，並建議聯合劉備共同抗曹，為孫權所採納。又助周瑜大破曹軍於赤壁。官拜偏將軍、橫江將軍等。傳見《三國志》卷五十四。❻曲阿　縣名，縣治在今江蘇丹陽。❼諫議大夫　官名，屬光祿勳，掌議論。❽參司空軍事　官名，曹操始置，得參與曹操之軍事謀劃。以後魏、晉之參軍事，位望皆重。❾間使　祕密派出的使者。❿宗帥　地方土著豪強以宗族為中心組成的武裝集團首領。⓫山越　分布於江淮以南山中的越人及逃入山中的土著漢人，漢魏之際總稱之為山越。⓬豫章　郡名，治所南昌，在今江西南昌。⓭蕪湖　縣名，治所在今安徽蕪湖市西南。⓮宣城　西漢為縣，東漢省。其舊縣治在今安徽南陵東。⓯涇　縣名，縣治在今安徽涇縣西。⓰陵陽　縣名，縣治在今安徽石臺東北。⓱賊曹　官名，漢代中央公府及地方郡府皆置有賊曹，主治盜賊等事。⓲勇里　地名，在當時涇縣境。⓳神亭時　指興平二年（西元一九五年）劉繇使太史慈偵察孫策實力，於丹陽神亭與孫策相遇，二人交鬥，孫策奪得太史慈手戟，太史慈亦奪得孫策兜鍪。⓴有烈義　指太史慈為東萊郡奏曹史時，郡與州有矛盾，都到中央互相告狀，太史慈奉郡命至洛陽時，州使奉章已先到，太史慈遂詐取州章而毀去。又孔融被青州黃巾軍圍困時，太史慈自告奮勇突圍赴劉備請兵。此二事在當時人看來，皆為烈義之舉。㉑所託　指太史慈依托於劉繇。㉒門下督　漢制，各郡均設門下督，主兵衛。㉓華歆　字子魚，平原高唐（今山東禹城西南）人。獻帝初為議郎，後為豫章太守。曹操征孫權，以歆為軍師。魏文帝即王位，歆為相國。文帝即帝位，歆為司徒。明帝時為太尉。卒謚敬侯。㉔擅命　指不經朝廷命令而擅自行事。㉕劉牧往責吾為袁氏攻廬江　劉牧，指劉繇。興平元年（西元一九四年）朝廷任命劉繇為揚州牧，當時袁術已佔據揚州治所壽春，劉繇遂屯曲阿。不久孫策進攻廬江，劉繇很害怕，恐被袁、孫所吞併，便責問孫策。㉖先君　指其父孫堅。㉗公路許　公路，袁術字公路。許，處所；所在。㉘不遵臣節　指袁術稱帝事。㉙生時　指劉繇在世時。㉚兒子　指劉繇之子。㉛華子魚　華歆字子魚。㉜牧御方規　統治的方略規劃。㉝桓文　指齊桓公與晉文公。㉞子義　太史慈字子義。㉟昌門　吳縣城之西門。㊱縱橫之人　指縱橫的為人。戰國時縱橫家遊說列國，朝秦暮楚，故以此比喻不守信義的人。㊲廬陵　縣名，縣治在今江西泰和西北。㊳番陽　縣名，縣治在今江西鄱陽東。㊴宗部　當地土著豪強以宗族為中心而組成的武裝集團。㊵海昏　侯國名，治所在今江西永修。㊶上繚　地名，在海昏縣內。㊷長史　官名，為將軍之屬官，總理將軍幕府事。㊸門　指易縣之門。㊹黑山諸帥　即以太行山區為根據地的黑山軍首領張燕等。㊺西山　在當時易縣之西。㊻易京　公孫瓚在易縣城西築京（人工所築高丘），稱為易京。易縣在今河北雄縣西北。㊼蹴　即「蹙」。緊迫；困窘。

【校記】①而　據章鈺校，甲十一行本、乙十一行本皆作「以」。

【語譯】孫策派他的正議校尉張紘向朝廷貢獻土產，曹操想安撫拉攏孫策，就上表推舉孫策為討逆將軍，封為吳侯，把自己弟弟的女兒許配給孫策的弟弟孫匡，又為自己的兒子曹彰娶了孫賁的女兒，以禮徵辟孫策的弟弟孫權、孫翊，任命張紘為侍御史。

袁術任周瑜為居巢縣長，任臨淮人魯肅為東城縣長。周瑜、魯肅知道袁術最終會一事無成，都丟棄官職渡過長江追隨孫策。孫策任命周瑜為建威中郎將，魯肅便在曲阿安家。

曹操上表徵召王朗，孫策遣送王朗回到京師。曹操任命王朗為諫議大夫，參司空軍事。

袁術派密使攜帶印綬給丹陽郡地方首領祖郎等人，讓他們鼓動山越人，一起圖謀孫策。劉繇投奔豫章郡時，太史慈逃遁於蕪湖山中，自稱丹陽郡太守。孫策已平定宣城以東地區，只有涇縣以西的六縣沒有征服，太史慈乘機駐軍涇縣，山越人大多歸附他。於是孫策親自率兵到陵陽討伐祖郎，活捉了他。孫策對祖郎說：「從前你襲擊我，砍我的馬鞍。現今我創立軍隊興建大業，拋開舊恨，只求能為我所用的人，對天下人都是如此，不僅只是你，你不要害怕。」祖郎磕頭認罪，孫策立刻除去他的枷鎖，任他為門下賊曹。孫策又去勇里討伐太史慈，活捉了他，孫策為他解開繩索，握住他的手說：「還記得神亭相遇的事情嗎？倘若你當時捉住我該怎麼辦？」太史慈說：「不可思量。」孫策大笑說：「今天的大業，我要和你一起奮鬥。聽說你剛烈守義，是天下的智士，只是投靠的人不合適罷了。我是你的知己，不要擔心不合你的心意。」立即任命他為門下督。軍隊回師，祖郎、太史慈都在前面引導，軍人們都引以為榮。

適逢劉繇死在豫章，留下部眾一萬多人，想擁戴豫章太守華歆為主君。華歆認為乘時專權，不是人臣應做的；部眾一連幾個月守衛在華歆身邊，華歆最終還是辭謝遣散他們，這些部眾無所歸附。孫策命太史慈前去安撫他們。對太史慈說：「劉繇從前責備我為袁術攻打廬江，那時，先父留下的幾千人馬都在袁術手裡。我志在建功立業，怎麼能不向袁術屈膝索求先父的人馬呢？後來袁術不守臣節，我勸諫他，他不聽從。大丈夫以道義結交，如果有大節出了問題，不得不分手，我有求於袁術而結交以及與他斷絕關係的始末就是這樣，遺憾的是未能在劉繇生前與他一起論辯此事。如今他的兒子在豫章，你去探望他，並向他的部屬宣達我的意思，他的部屬願意來的跟你一起來，不願意來的就加以安慰；你還要考察一下華歆的治理方法如何。你需要多少士兵，隨你決定。」太史慈說：「我太史慈有不可饒恕的罪行，將軍的度量和齊桓公、晉文公一樣，我當以死來回報你的恩德。如今正在休戰，兵不宜多，帶幾十個人就足夠了。」孫策左右的人都說：「太史慈北去一定一去不返。」孫策說：「太史慈如果背棄我，又當跟從誰呢！」孫策在昌門為太史慈餞行，他握著太史慈的手腕告別說：「何時能回來？」太史慈回答說：「不超過六十天。」太史慈走後，議論的人還紛紛說派遣太史慈是失策。孫策說：「諸位別再說了，我的決定是經過慎密思考的。太史慈雖然勇猛剛烈有膽識，但不是朝秦暮楚的人，他篤信道義，說話算數，一旦為知己許下意願，至死也不會背叛，諸位不必憂慮。」太史慈果然按期返回，他對孫策說：「華歆，是有美德的人，但沒有其他什麼方略，只是自守而已。另外，丹陽人僮芝在廬陵專權自立，番陽的土豪另立宗部，說我已在海昏上繚另立一郡，不聽從豫章郡的號令；華歆只能眼睜睜地看著而已。」孫策拍掌大笑，於是產生了兼併的念頭。

袁紹連年攻打公孫瓚，不能取勝，就寫信勸諭公孫瓚，想相互盡釋前嫌聯合起來。公孫瓚不回答，反而加強防守，對長史太原人關靖說：「當今四方如虎相爭，沒有能坐在我的城下與我對峙幾年的，這是很明白的事，袁紹能把我怎麼樣！」袁紹於是大舉發兵攻打公孫瓚。在此之前，公孫瓚的將領中有一個被敵圍困，公孫瓚不去救援，並說：「救了一人，就使得後來的將領依恃有救援，不肯拼力奮戰。」等到袁紹來進攻，公孫瓚南界的各個軍營，自知守不住，又知道一定不會被救援，於是有的歸降，有的潰退。袁紹的軍隊逕直到達易京城門，公孫瓚派兒子公孫續向黑山軍各位首領求救，並想親自率領突擊騎兵出城，沿著西山，率領黑山軍隊侵擾冀州，切斷袁紹的退路。關靖勸阻說：「如今您的將士無不懷有瓦解離散之心，之所以還能一心固守，只是顧念他們家中的老少，故而依靠將軍為主罷了。堅守城池，曠日持久，或許可讓袁紹自動退兵。如果將軍拋棄他們出城，後方沒有坐鎮的領袖，易京的危難就立等可待了。」公孫瓚這才作罷。袁紹的部隊逐漸進逼，公孫瓚的部隊日益困窘。

【研析】本卷值得研析的有三大問題。一、曹操挾天子以令諸侯之利弊；二、曹操屯田許下之功過；三、劉備為何輕易丟失徐州。次第評說。

一、曹操挾天子以令諸侯之利弊。漢獻帝劉協是董卓扶植的一個傀儡，有皇帝之名而無皇帝之實。但皇帝在古代是國家的象徵，誰充當他的保護人，誰也就掌握了國家的最高權力，在政治上有發號施令之權，史稱挾天子以令諸侯。當漢家天子大旗還沒有完全倒下的時候，逐鹿中原，一是搶地盤，二是爭皇帝，所以董卓、李傕、郭汜等緊緊抓住漢獻帝不放，故能為禍兩京。曹操在角逐中，憑藉他的智謀和對時機的掌握，贏得了「挾天子以令諸侯」的勝利。

獻帝東歸，爭奪皇帝的只有兩個人有能力，一是袁紹，二是曹操。河內張楊是倒向袁紹的。當獻帝路過河內，袁紹謀士沮授向袁紹獻計說：「我們趕快把獻帝接到鄴城來，這樣就可以挾天子以令諸侯，蓄士馬以討叛逆，誰能抵擋呢？」袁紹的另一謀士郭圖反對說：「現在英雄並起，各據州郡，正所謂『秦失其鹿，先得者王』。如果把獻帝迎到身邊，一舉一動都要向他請示，聽從則權輕，不聽為拒命，沒有什麼好處。」沮授說：「迎接天子，符合道義，現在時機正好，錯過了一定有人搶先。」袁紹聽不進沮授的建議，讓張楊放走了獻帝，果然被曹操搶了先，袁紹後悔不及。

迎接獻帝，「挾天子以令諸侯」是其利，而人臣事君，聽之則權輕，不聽則為拒命，脫不了奸臣的帽子，這就是弊。曹操挾天子得到了漢獻帝這張招牌的好處，卻也落下了權奸的罵名。但兩者相較，還是「挾天子以令諸侯」更有實惠。因為奪取勝利是眼前的事，而身後名是未來的事。這個帳，袁紹也會算，但他還是輸給了曹操，至少有三個原因。其一，袁紹的機權幹略，不如曹操。郭嘉論袁紹與曹操相比，曹操有十勝，袁紹有十敗，語或誇張，而事實不容否認。其二，袁紹個性外寬內忌，剛愎自用，不辨忠奸，見事遲疑，少謀寡斷，焉能不敗。其三，袁紹過早野心膨脹，要取代漢朝，這也是不迎獻帝的原因。曹操是隨著事業的發展，野心不斷膨脹，漢獻帝東歸時，曹操還有輔漢之心，荀彧等人佐曹操，亦志在興復漢室。興復漢室的這一共同點，也是曹操果決行動的一個原因。

二、曹操屯田許下之功過。用兵打仗，糧秣先行，因此解決糧食問題是逐鹿中原和鞏固政權的經國大計。曹操陳留起兵之後，就經常苦惱糧食問題。他汴水失利，到揚州募兵，因糧食問題，新兵譁變。他東征陶謙，因糧食不足中途退兵。他與呂布爭兗州，也一度因糧食不足，只好罷兵自守。這時程昱從自己所轄三縣籌得三天軍糧，裡面還攙有人肉乾。曹操到洛陽迎獻帝，因糧食吃光，將士們險些餓死，幸虧新鄭令楊沛拿出儲存的桑椹乾來充飢，才度過危難。許多小軍閥只知燒殺搶掠，不知存撫百姓，由於糧食缺乏而瓦解流離，無敵自破。袁紹軍在河北，以桑椹為食。袁術在江淮，取食蒲蠃。劉備在廣陵，飢餓困敗，軍吏士卒人相食。要生存就得生產糧食。西元一九二年，毛玠就提出「修耕植，蓄軍資」，這是社會的迫切問題。隨後東阿令棗祇組織軍民生產，支援了曹操與呂布爭奪兗州。但是靠一般手段，且耕且戰，或鼓勵農民發展生產，都不能解決大規模軍需的燃眉之急。只有大規模屯田，把大量流民或歸降的黃巾民眾組織起來，密集勞動，才是解決糧食的有效方法。西元一九六年，曹操定都許昌以後，伴隨新都建設，曹操採納棗祇和韓浩的建議，在許下試行屯田，任命棗祇為典農都尉，主持其事，當年得穀數百萬斛，獲得成功。接著，所在州郡例置田官，設置郡級的典農中郎將主持其事。招募流民，組織生產，推廣屯田。其後，吳、蜀兩國為了解決軍糧，也都進行了屯田。屯田成了三國時期招撫流亡的主要形式。

曹操屯田，作為一項國家恢復經濟的重大政策加以執行。曹操在〈屯田令〉中說：「夫定國之術，在於強兵足食。秦人以急農兼天下，孝武以屯田定西域，此先代之良式也。」秦人，指秦孝公用商鞅變法，獎勵耕戰。孝武，指漢武帝屯田西域。良式，好的榜樣。曹操以秦孝公、漢武帝為榜樣，用屯田方式「修耕植以蓄軍資」是一個有遠見的戰略措施。史稱，曹操屯田，「征伐四方，無運糧之勞，遂兼滅群賊，克平天下」。後來曹操打敗袁紹，追思棗祇之功，下令褒獎。由於棗祇已死，曹操封其子棗處中。由此可見，屯田對曹操事業的興起和發展起了重要作用。西元二一三年，曹操在淮河兩岸地區推廣軍屯，規模更大，生產效率也比民屯高。

曹操興屯田，安撫了流亡，恢復了生產，增強了實力，在當時起了進步作用。但屯田的實質，不是為了民生，而是用高強度化的國家機器迫使貧民為生產軍糧而使組織的農民農奴化，從而加深了人身依附，是一種歷史的倒退。由於漢末社會大混亂，生產大破壞，人口銳減而又大量流亡，在這一特殊歷史條件下，軍事化的屯田才得以施行，帶有必然性。隨著三國鼎立，國家政治穩定，社會秩序恢復，倒退的農奴式生產不合時宜。咸熙元年（西元二六四年），司馬昭為了爭取民心，廢除了民屯。

三、劉備為何輕易失徐州。劉備是三國時期傑出的政治家，深為曹操所忌憚。如果將劉備與曹操、孫權做比較，劉備經歷了更為艱難曲折的道路，可以說是屢仆屢起，九折臂而成良醫。劉備從微賤到發跡，直至建立蜀漢，既不像孫權那樣有父兄之業相承，也沒有像曹操那樣靠雄厚的政治經濟實力而起家。劉備一無所有，只有依靠自己的主觀努力，藉亂世而成英雄。

劉備字玄德，涿郡涿縣（今河北涿州）人。劉備祖先是西漢景帝之子中山靖王劉勝的後代，所以史稱「帝室之胄」。《三國演義》敘家譜，說劉備輩分是漢獻帝之叔，故稱皇叔，這是小說家的說法。據《三國志・先主傳》記載，劉備是中山靖王劉勝之子劉貞的後代。劉貞封涿縣陸亭侯，早在漢武帝元鼎五年（西元前一一二年）坐酎金失侯，家世衰落。劉備祖父劉雄、父劉弘只做過地方小官。劉雄舉孝廉，官至東郡范縣令。劉備早年喪父，已淪落到與母親賣鞋織席為業。所以劉備初起之時，名微眾寡，只是依附軍閥征戰。初投公孫瓚，做到平原相。西元一九四年，曹操東征陶謙，公孫瓚派劉備率兵救援陶謙，這一年冬，陶謙憂死，臨終讓徐州牧給劉備，劉備不敢接受，由於當地大族陳登支持，劉備才敢接受徐州牧。

東漢豪強地主集團分為兩個階層。一是世代官僚地主，史稱世族地主，又稱世家大族。如汝南袁代四世五公，潁川荀氏世為「冠冕」。他們的門生故吏遍天下，在政治上有很大的號召力，所以袁紹、袁術一起事就兵強馬壯。二是地方豪強地主，主要是大商賈，或地方大姓，史稱庶族地主。如曹操家族是沛國譙縣的大豪強，屬於宦官集團的大官僚。曹操本人歷官洛陽北部尉、頓丘令、濟南相、議郎、典軍校尉，與袁紹為盟兄弟，所以有能力逐鹿中原。劉備家世寒微，與關羽、張飛結義起兵，可以說是行伍出身，所以在中原轉戰十年，位不過縣令。由於關羽、張飛皆萬人之敵，劉備信義素著，所以才有機會坐領徐州，得到了袁紹和曹操的承認。西元一九六年，曹操迎獻帝都許，為了穩住兗州東部邊境的局勢，藉劉備來擋住呂布、袁術，於是以天子名義拜劉備為鎮東將軍，封宜城亭侯。劉備的名字，在中原日益顯赫起來。

由於歷史的原因，士族地主集團多智士，庶族地主集團多武將。士族地主集團排斥庶族，他們手下缺乏能征慣戰之將，軍隊戰鬥力不強，在軍閥混戰中極易被消滅。曹操、孫權、劉備三家都以庶族地主和平民出身的戰將為骨幹，又廣延智士，得到兩個階層豪強地主的支持，所以在混戰中越戰越強。而當時逐鹿中原的劉備，在北方始終沒得到士族地主集團的支持，身邊無謀臣，所以遭呂布暗算，徐州得之易也失之易。後來劉備歸依劉表，在荊州請得諸葛亮出山，又得到龐統輔佐，有了謀臣，又有荊州世族的支持，劉備才得以興盛。這是後話，這裡不多說。

卷第六十三

漢紀五十五

起屠維單閼（己卯　西元一九九年），盡上章執徐（庚辰　西元二〇〇年），凡二年。

【題　解】本卷記事起西元一九九年，迄西元二〇〇年，凡二年。當漢獻帝建安四年、五年。兩年間軍閥混亂的局面發生了重大變化。中原十年大混亂的局面伴隨袁曹官渡之戰的結果曹勝袁敗，基本結束了混亂局面，北方統一的形勢大局已定，曹操獨大，不可以與之爭鋒。劉備第二次得徐州，旋即丟失，已不能在北方立足。南方，淮南袁術已被消滅，孫策平定江東。在袁曹官渡兩強相鬥正酣之際，南方形勢也發生了重大變化，孫策被仇家所殺，年僅二十歲的孫權繼承父兄之業。臨危受命，舉賢任能，果決平叛，站穩了腳跟，一股新興力量崛起。劉表趁曹操不暇南顧，清除了親曹派異端，攻殺長沙太守張羨，鞏固了對江南的統治。西部關中局勢穩定。漢中張魯脫離益州劉璋的控制，又多了一個割據者，但無關大局。

孝獻皇帝戊

建安四年（己卯　西元一九九年）

春，三月[1]，黑山賊[2]帥張燕與公孫續率兵十萬，三道救之。未至，瓚密使行人❶齎書告續，使引五千鐵騎於北隰❷之中，起火為應，瓚欲自內出戰。紹候❸得其書，如期舉火。瓚以為救至，遂出戰。紹設伏擊之，瓚大敗，復還自守。紹為地道，穿其樓下，施木柱❹之。度足達半，便燒之，樓輒傾倒，稍至京中❺。瓚自計必無全，乃悉縊其姊妹、妻子，然後引火自焚。紹趣❻兵登臺，斬之。田楷戰死。關靖歎曰：「前若不止將軍自行，未必不濟。吾聞君子陷人危，必同其難，豈可以獨生乎！」策馬赴紹軍而死。續為屠各❼所殺。

漁陽田豫❽說太守鮮于輔曰：「曹氏奉天子以令諸侯，終能定天下，宜早從之。」輔乃率其眾以奉王命。詔以輔為建忠將軍，都督幽州六郡。

初，烏桓❾王丘力居死，子樓班年少，從子蹋頓❿有武略，代立，總攝上谷大人⓫難樓、遼東大人蘇僕延、右北平大人烏延等。袁紹攻公孫瓚，蹋頓以烏桓助之。瓚滅，紹承制皆賜蹋頓、難樓、蘇僕延、烏延等單于印綬。又以閻柔⓬得烏桓心，因加寵慰，以安北邊。其後難樓、蘇僕延奉樓班為單于，以蹋頓為王，然蹋頓猶秉⓭計策。

【章　旨】以上為第一段，寫烏桓助袁紹滅公孫瓚，為後來曹操北征三郡烏桓伏筆。

【注　釋】❶行人　使者。❷北隰　北面低窪之地。❸候　偵候；偵探。❹柱　支撐。❺京中　公孫瓚所築京的中心部分，特高十丈，為他自己居住之所。❻趣　催促。❼屠各　少數民族名，為匈奴之一支。❽田豫　字國讓，漁陽雍奴（今天津市武清北）人，初為公孫瓚之東州令，後歸曹操，為朗陵令和弋陽、南陽太守等。曹魏中為振威將軍、并州刺史等。傳見《三國志》卷二十六。❾烏桓　部族名，一作烏丸。是東胡族的一支，活動於今內蒙古阿魯科爾沁旗以北，即大興安嶺山脈南端。後遷至上谷、漁陽、右北平、遼東、遼西等地。❿蹋頓　烏桓族首領。助袁紹破公孫瓚，受單于印綬。後曹操征烏桓，戰敗被殺。事見《三國志》卷三十〈魏書・烏丸傳〉。⓫大人　烏桓渠帥之稱。有勇健能理決鬥訴訟者，推為大人。⓬閻柔　曹魏大臣，廣陽（今北京市西南）人，年少流落於烏桓，熟習烏桓事務，東漢末，閻柔借烏桓之力殺烏桓校尉邢舉而自代，助袁紹破公孫瓚。後歸曹操，拜為烏桓校尉，從操征三郡烏桓，因功封關內侯。文帝時為度遼將軍，爵特進。⓭秉　把持；控制。

【校　記】①三月　原無此二字。據章鈺校，甲十一行本、乙十一行本皆有此二字，張敦仁《通鑑刊本識誤》同，今據補。②賊　據章鈺校，甲十一行本、乙十一行本皆無此字。

【語　譯】孝獻皇帝戊

建安四年（己卯　西元一九九年）

春，三月，黑山賊頭領張燕與公孫續率軍十萬，分三路救援公孫瓚。援兵尚未到達，公孫瓚祕密派遣使者帶著書信告訴公孫續，讓他率領五千鐵騎在北邊的低窪地帶，以舉火為信號，公孫瓚打算從城內出戰。袁紹的偵察兵得到了這封信，依照信中約定的時間舉火。公孫瓚以為救兵到了，於是出戰。袁紹設置伏兵襲擊公孫瓚，公孫瓚大敗，又回城自守。袁紹挖掘地道，直通到城牆樓下，用木柱頂住。估算已到城樓的一半，就燒毀木柱，城樓頃刻塌倒，逐漸攻到公孫瓚居住的中京。公孫瓚自料勢必不能保全，就把自己的姐妹、妻子兒女統統勒死，然後燃火自焚，袁紹督促士兵登上樓臺，砍了公孫瓚的頭。田楷也戰死。關靖歎息說：「先前如果不阻止將軍率軍出城，未必不可挽救。我聽說君子使人陷入危難，一定要有難同當。我怎麼可以獨自活命呢！」於是揚鞭催馬衝入袁紹軍中奮戰而死。公孫續被屠各部落殺死。

漁陽人田豫勸太守鮮于輔說：「曹操挾天子以令諸侯，最終能平定天下，應該趁早歸附他。」於是鮮于輔率領部眾歸附朝廷。詔書任命鮮于輔為建忠將軍，都督幽州六郡的事務。

當初，烏桓王丘力居死時，他的兒子樓班年紀還小，姪兒蹋頓有軍事才能，代替樓班繼承王位，總領上谷大人難樓、遼東大人蘇僕延、右北平大人烏延等。袁紹進攻公孫瓚，蹋頓率領烏桓人幫助袁紹。公孫瓚破滅，袁紹以朝廷的名義賜給蹋頓、難樓、蘇僕延、烏延等單于印綬。由於閻柔深得烏桓民心，袁紹特別加以恩寵撫慰，以此來安定北部邊境。後來難樓、蘇僕延等擁戴樓班為單于，而以蹋頓為王，但蹋頓仍掌握著制定政令計謀的大權。

眭固屯射犬❶，夏，四月，曹操進軍臨河，使將軍史渙❷、曹仁渡河擊之。仁，操從弟也。固自將兵北詣袁紹求救，與渙、仁遇於犬城❸，渙、仁擊斬之。操遂濟河，圍射犬。射犬降，操還軍敖倉❹。

初，操在兗州舉魏种孝廉。兗州叛，操曰：「唯魏种且不棄孤。」及聞种走，操怒曰：「种不南走越❺、北走胡❻，不置汝❼也！」既下射犬，生禽种，操曰：「唯其才也。」釋其縛而用之，以為河內太守，屬以河北事。

以衛將軍董承為車騎將軍❽。

袁術既稱帝，淫侈滋甚，媵御❾數百，無不兼羅紈❿，厭⓫粱肉⓬，自下飢困，莫之收恤。既而資實空盡，不能自立，乃燒宮室，奔其部曲陳簡、雷薄於灊山⓭，復為簡等所拒。遂大窮⑭，士卒散走，憂懣⑮不知所為，乃遣使歸帝號於從兄紹曰：「祿去漢室久矣，袁氏受命當王，符瑞⑯炳然。今君擁有四州⑰，人戶百萬，謹歸大命，君其興之！」袁譚自青州迎術，欲從下邳⑱北過。曹操遣劉備及將軍清河朱靈⑲邀⑳之，術不得過，復走壽春㉑。六月，至江亭㉒，坐簀床㉓而歎曰：「袁術乃至是乎！」因憤慨結病，歐㉔血死。術從弟胤畏曹操，不敢居壽春，率其部曲奉術柩及妻子奔廬江太守劉勳於皖㉕城。故廣陵太守徐璆得傳國璽㉖，獻之。

【章旨】以上為第二段，寫袁術之死，東漢末第三號大軍閥隕落。

【注釋】❶射犬　城邑名，一作射犬聚。故址在今河南修武西南。❷史渙　字公劉，與曹操同鄉。曹操初起時，即隨從曹操，為中軍校尉，常監諸將征伐，官至中領軍。事附見《三國志》卷九〈魏書·夏侯惇傳〉。❸犬城　地址未詳，當在射犬之北。❹敖倉　倉庫名，在今河南滎陽東北山上，下臨黃河，秦時所築。❺越　古代南方的部族稱為越或粵，其支系眾多，有百越（百粵）之稱，散居於今廣東、廣西、福建和浙江的部分地區。❻胡　泛指北方匈奴等少數部族。❼不置汝　不放過你；不饒恕你。❽車騎將軍　官名，位次於驃騎將軍，掌京師兵衛與邊防屯警。❾媵御　侍妾。❿羅紈　名貴絲織品。羅為質地軟，織有椒眼紋的絲織品。紈為白色細絹。⓫厭　謂過於滿足而厭棄。⓬粱肉　謂美食佳餚。⓭灊山　灊為縣名，縣治在今安徽霍山縣東北。縣裡有天柱山，即灊山。⓮窮　困厄。⓯憂懣　憂愁煩悶。⓰符瑞　又稱符命、符應，謂天降祥瑞之物以為人君受命之兆。⓱四州　指冀、青、幽、并四州。⓲下邳　縣名，縣治在今江蘇睢寧西北。⓳朱靈　字文博，清河（治所在今河北清河縣東南）人，初為袁紹將領，後歸曹操，因功授橫海將軍。魏文帝時官至後將軍。事附見《三國志》卷十七〈徐晃傳〉。⓴邀　阻截。㉑壽春　縣名，縣治在今安徽壽縣。㉒江亭　地名，距壽春八十里。㉓簀床　無席之竹編床。㉔歐通「嘔」。嘔吐。㉕皖　縣名，縣治在今安徽潛山縣。㉖傳國璽　孫堅於初平二年（西元一九一年）在洛陽甄官井中拾得傳國璽，後來袁術拘逼孫堅妻而奪取，現由徐璆獲得而獻給朝廷。

【語譯】眭固駐紮射犬，夏，四月，曹操進軍，兵臨黃河，派將軍史渙、曹仁渡河攻擊眭固。曹仁，是曹操的堂弟。眭固親自率兵北去到袁紹那裡求救，在犬城與史渙、曹仁遭遇，史渙、曹仁進擊並殺了眭固。曹操便渡過黃河，圍攻射犬。射犬投降，曹操回軍敖倉。

起初，曹操在兗州時舉薦魏种為孝廉。兗州反叛，曹操說：「只有魏种不會背棄我。」等到聽說魏种也逃跑了，曹操憤怒地說：「你魏种不南逃到越地，北逃到胡地，我就不放過你！」攻下射犬後，活捉了魏种，曹操說：「只是他太有才了。」就為他鬆綁並任用他，任為河內太守，把黃河以北的事委託給他。

任命衛將軍董承為車騎將軍。

袁術稱帝後，更加荒淫奢侈，侍妾數百人，無不是身穿綾羅綢緞，飽食美味佳餚，部下飢餓困窘，沒有人撫恤收容。不久袁術的財物消耗一空，無法自立，於是焚燒宮室，投奔在灊山的部屬陳簡、雷薄，又被陳簡等拒絕。這時袁術已窮途末路，士兵四散逃走，他憂愁煩懣，不知所措，於是派使者把帝號送給堂兄袁紹，說：「漢室失去天下已經很久了，袁氏受天命理當稱王，符瑞徵兆已非常明顯。如今你擁有四州，民戶百萬，我恭敬地將大位贈送給你，你就努力振興吧！」袁譚從青州來迎接袁術，想從下邳的北邊經過。曹操派劉備及將軍清河人朱靈來截擊袁術，袁術無法通過，又逃回壽春。六月，來到江亭，坐在竹床上感歎說：「我袁術竟淪落到這個地步！」因憂憤生病，吐血而死。袁術堂弟袁胤畏懼曹操，不敢住在壽春，率領部下護送袁術的靈柩以及自己的妻子兒女投奔在皖城的廬江太守劉勳。前廣陵太守徐璆獲得傳國玉璽，獻給了朝廷。

袁紹既克公孫瓚，心益驕，貢御稀簡❶。主簿❷耿包密白紹❸，宜應天人，稱尊號。紹以包白事示軍府。僚屬皆言包妖妄，宜誅，紹不得已，殺包以自解。

紹簡❹精兵十萬、騎萬匹，欲以攻許。沮授諫曰：「近討公孫瓚，師出歷年❺，百姓疲敝，倉庫無積，未可動也。宜務農息民，先遣使獻捷天子。若不得通，乃表曹操隔我王路❻，然後進屯黎陽❼，漸營河南❽，益❾作舟船，繕修器械，分遣精騎抄其邊鄙❿，令彼不得安，我取其逸，如此可坐定也。」郭圖、審配曰：「以明公之神武，引河朔⓫之彊眾，以伐曹操，易如覆手⓬，何必乃爾！」授曰：「夫救亂誅暴，謂之義兵；恃眾憑彊，謂之驕兵。義者無敵，驕者先滅。曹操奉天子以令天下，今舉師南向，於義則違。且廟勝之策⓭，不在彊弱。曹操法令既行，士卒精練，非公孫瓚坐而受攻者也。今棄萬安之術而興無名⓮之師，竊為公懼之。」圖、配曰：「武王伐紂，不為不義；況兵加曹操，而云無名！且以公今日之彊，將士思奮，不及時以定大業，所謂『天與不取，反受其咎⓯』，此越之所以霸，吳之所以滅也。監軍⓰之計在於持牢⓱，而非見時知幾⓲之變也。」紹納圖言。圖等因是譖授曰：「授監統內外，威震三軍，若其寖⓳盛，何以制之！夫臣與主同者亡，此黃石⓴之所忌也。且御眾於外，不宜知內。」紹乃分授所統為三都督，使授及郭圖、淳于瓊各典一軍。騎都尉清河崔琰㉑諫曰：「天子在許，民望助順，不可攻也。」紹不從。

許下諸將聞紹將攻許，皆懼。曹操曰：「吾知紹之為人，志大而智小，色厲㉒而膽薄㉓，忌克㉔而少威，兵多而分畫不明，將驕而政令不壹，土地雖廣，糧食雖豐，適足以為吾奉㉕也。」孔融謂荀彧曰：「紹地廣兵強，田豐、許攸智士也為之謀，審配、逢紀忠臣也任其事，顏良、文醜勇將也統其兵，殆㉖難克乎！」彧曰：「紹兵雖多而法不整，田豐剛㉗而犯上，許攸貪而不治，審配專㉘而無謀，逢紀果而自用㉙。此數人者，勢不相容，必生內變。顏良、文醜，一夫之勇耳，可一戰而禽也。」

秋，八月，操進軍黎陽，使臧霸等將精兵入青州以扞㉚東方，留于禁屯河上。

九月，操還許，分兵守官渡㉛。

袁紹遣人招張繡，并與賈詡書結好。繡欲許之，詡於繡坐上，顯謂紹使曰：「歸謝袁本初㉜，兄弟不能相容㉝，而能容天下國士㉞乎！」繡驚懼曰：「何至於此！」竊謂詡曰：「若此，當何歸？」詡曰：「不如從曹公。」繡曰：「袁強曹弱，又先與曹為讎，從之如何？」詡曰：「此乃所以宜從也。夫曹公奉天子以令天下，其宜從一也。紹彊盛，我以少眾從之，必不以我為重；曹公眾弱，其得我必喜，其宜從二也。夫有霸王之志者，固將釋私怨，以明德於四海，其宜從三也。

願將軍無疑！」冬，十一月，繡率眾降曹操。操執繡手，與歡宴，為子均取繡女，拜揚武將軍㉟，表詡為執金吾㊱，封都亭侯㊲。

關中㊳諸將以袁、曹方爭，皆中立顧望。涼州牧韋端㊴使從事天水楊阜㊵詣許，阜還，關右㊶諸將問：「袁、曹勝敗孰在？」阜曰：「袁公寬而不斷，好謀而少決。不斷則無威，少決則後事㊷。今雖彊，終不能成大業。曹公有雄才遠略，決機無疑，法一而兵精，能用度外之人㊸，所任各盡其力，必能濟大事者也。」

曹操使治書侍御史㊹河東衛覬㊺鎮撫關中，時四方大有還民，關中諸將多引為部曲。覬書與荀彧曰：「關中膏腴之地，頃遭荒亂，人民流入荊州者十萬餘家，聞本土安寧，皆企望㊻思歸。而歸者無以自業，諸將各競招懷以為部曲，郡縣貧弱，不能與爭。兵家遂彊，一旦變動，必有後憂。夫鹽，國之大寶也，亂來放散㊼，宜如舊置使者監賣，以其直益㊽市㊾犂牛，若有歸民，以供給之，勤耕積粟以豐殖關中，遠民聞之，必日夜競還。又使司隸校尉㊿留治關中以為之主，則諸將日削，官民日盛，此彊本弱敵之利也。」彧以白操，操從之。始遣謁者僕射(51)監鹽官，司隸校尉治弘農(52)，關中由是服從。

袁紹使人求助於劉表，表許之而竟不至，亦不援曹操。從事中郎(53)南陽韓嵩、別駕[54]零陵劉先說表曰：「今兩雄相持，天下之重在於將軍。若欲有為，起乘其敝可也；如其不然，固將擇所宜從。豈可擁甲十萬，坐觀成敗，求援而不能助，見賢而不肯歸！此兩怨必集於將軍，恐不得中立矣。曹操善用兵，賢俊多歸之，其勢必舉袁紹，然後移兵以向江、漢，恐將軍不能禦也。今之勝計[55]，莫若舉荊州以附曹操，操必重德將軍，長享福祚，垂之後嗣，此萬全之策也。」蒯越亦勸之，表狐疑不斷[56]，乃遣嵩詣許，曰：「今天下未知所定，而曹操擁天子都許，君為我觀其釁[57]。」嵩曰：「聖達節，次守節[58]。嵩，守節者也。夫君臣名定，以死守之。今策名委質[59]，唯將軍所命，雖赴湯蹈火，死無辭也。以嵩觀之，曹公必得志於天下。將軍能上順天子，下歸曹公，使嵩可也。如其猶豫，嵩至京師，天子假[60]嵩一職，不獲辭命[61]，則成天子之臣，將軍之故吏耳。在君為君，則嵩守天子之命，義不得復為將軍死也。惟加重思[62]，無為負[63]嵩！」表以為憚使[64]，彊之。至許，詔拜嵩侍中、零陵太守。及還，盛稱朝廷、曹公之德，勸表遣子入侍。表大怒，以為懷貳[65]，大會寮屬，陳兵，持節[66]，將斬之，數[67]曰：「韓嵩敢懷貳邪！」眾皆恐，欲令嵩謝。嵩不為動容[68]，徐謂表曰：「將軍負嵩，嵩不負將軍！」具陳前言。表妻蔡氏諫曰：「韓嵩，楚國之望[69]也；且其言直[70]，誅之無辭71。」袁猶怒，考殺從行者，知無他意，乃弗誅而囚之。

【章旨】以上為第三段，寫袁紹驕矜，不合時宜地發動官渡之戰。袁曹雙方展開外交攻勢，曹操贏得關中歸附，張繡歸降，荊州劉表中立，解除了後顧之憂。袁紹外交，一無所獲，此一回合敗下陣來。

【注釋】❶貢御稀簡　進貢皇帝的物品，次數減少，貢物也少。簡，粗與少兩義皆有。❷主簿　官名，漢代中央及郡縣官署皆置此官，以典領文書，辦理庶務。❸密白紹　指耿包祕密向袁紹進言稱帝之事。❹簡　選擇。❺歷年　連年。❻王路　謂供奉天子之路。❼黎陽　縣名，縣治在今河南浚縣東。是東漢以來的軍事重鎮。❽河南　大河以南，司、豫、徐、兗等州之地，此為曹操統治區。❾益　增加。❿邊鄙　近邊界的地方。⓫河朔　河北。此指河北袁紹統治區，冀、并、青、幽等州。⓬覆手　反掌。喻其容易。⓭廟勝之策　古代帝王遇大事，必告於宗廟，議於明堂。如遇戰爭，則須於廟堂之上制定克敵制勝之策略，這就稱為廟勝之策。⓮無名　謂無討伐有罪之名。即師出無名。⓯天與不取二句　此范蠡對越王句踐之言。越王句踐被吳國打敗後，屈服求和，刻苦圖強，後乘吳國耗損兵力於北方齊、晉，起兵大破吳國，將吳王夫差困於姑蘇之山。夫差遣使求和，句踐欲允許，范蠡即勸句踐說：「會稽之事，天以越賜吳，吳不取。今天以吳賜越，越其可逆天乎？……且夫天與弗取，反受其咎。」遂繼續進兵滅吳，越國稱霸。事見《史記》卷四十一〈越王句踐世家〉。⓰監軍　指沮授。當時袁紹使沮授監護諸將，故稱之為監軍。⓱持牢　把穩固守；穩妥。⓲幾　謂機宜。⓳寖　逐漸。⓴黃石　兵書名。㉑崔琰　字季珪，清河東武城（今山東武城西北）人，初從袁紹，為騎都尉。曹操破冀州後，辟為別駕從事，後又為丞相東西曹掾屬，主持選舉，後被人讒毀，自殺於獄中。傳見《三國志》卷十二。㉒色厲　外表厲害；臉色強硬。㉓膽薄　膽量小。㉔忌克　嫉妒刻薄。㉕適足以為吾奉　正好作為送給我的禮物。㉖殆　大概。㉗剛　剛直。㉘專　專擅。㉙果而自用　果敢而自以為是；剛愎自用。㉚扞　抵禦。㉛官渡　地名，在今河南中牟東北。㉜袁本初　袁紹字本初。㉝兄弟不能相容　指袁紹與袁術有矛盾，互不相容。㉞國士　全國推尊的人士，即天下俊傑之士。㉟揚武將軍　官名，東漢雜號將軍之一。㊱執金吾　官名，掌督巡宮外，維護皇宮周圍及京都的治安。㊲都亭侯　東漢封爵之一，低於都鄉侯，高於關內侯。㊳關中　古地區名，指函谷關以西之地。㊴韋端　東漢末京北（今西安）人，涼州刺史，後徵為太僕。㊵楊阜　字義山，天水冀縣（今甘肅甘谷縣東南）人，初為州吏，後被曹操任命為金城太守及武都太守。魏明帝時為將作大匠、少府，曾多次上書明帝，諫阻奢侈浪費。傳見

《三國志》卷二十五。㊶關右　地區名，指函谷關以西之地。㊷後事　思慮決策落在事勢的後面。此指錯過時機。㊸能用度外之人　能任用常格之外的人，亦即用人不拘常格。㊹治書侍御史　官名，掌以法律評判疑獄是非。㊺衛覬　字伯儒，河東安邑（今山西夏縣西北）人，以才學著稱。初為曹操司空掾屬、治書侍御史，後為尚書，與王粲主持整理典章制度。曹魏時仍為尚書。善為文，撰述凡數十篇，又著有《魏官儀》。傳見《三國志》卷二十一。㊻企望　盼望。㊼放散　謂管理鬆弛。㊽直益　謂監賣鹽所獲的收益。直，通「值」。㊾市　購買。㊿司隸校尉　官名，掌糾察京都百官違法者，並治所轄各郡，相當於州刺史。(51)謁者僕射　官名，謁者臺長官，主管謁者。謁者掌賓贊受事及上章報問。(52)弘農　縣名，縣治在今河南靈寶北。按，當時的司隸校尉為鍾繇，鍾繇實治洛陽，現為了招撫關中，暫移治弘農。(53)從事中郎　官名，為將軍之屬官，職責是參謀議論。此處指鎮南將軍劉表的從事中郎。(54)別駕　官名，即別駕從事史，州刺史的主要佐吏，主領眾事。州牧刺史巡行各地時，別乘傳車從行，故名別駕。(55)勝計　謂最好的計策。(56)狐疑不斷　懷疑猶豫而無決斷。(57)釁　破綻；過錯。(58)聖達節二句　此春秋以前之古語，見《左傳》成公十五年。意謂聖人所為，上下進退皆合於節義；其次者，則只能按照常規保守節義而已。(59)策名委質　出仕為官之意。策名，書名於策。古時始為官，必先書其名於策。委質，即獻禮物。古時出仕為官，須獻贄於君庭。質，通「贄」。禮物。(60)假　授予。(61)不獲辭命　意謂得不到天子遣返荊州回覆之命。(62)重思　再三思考。(63)負　辜負。(64)憚使　謂懼怕出使去許都。(65)懷貳　有貳心；不忠誠。(66)持節　握執朝廷賜予的符節，表示將要誅殺人。(67)數責備。(68)動容　改容貌；變臉色。(69)望　聲望。此謂有聲譽之人。(70)直　正直有理。(71)無辭　沒有理由；沒有說辭。

【語　譯】 袁紹滅了公孫瓚以後，心裡更加驕橫，進獻朝廷的貢物稀少。主簿耿包祕密地進言袁紹，應順天命應人心，自稱帝號。袁紹把耿包的建議示知軍府官員看，官員們都說耿包妖言狂妄，應該斬首。袁紹迫不得已，殺了耿包來為自己解脫。

袁紹挑選十萬精兵，馬萬匹，準備進攻許縣。沮授勸諫說：「最近討伐公孫瓚，連年出兵，百姓疲憊，倉庫沒有積蓄，不可興師動眾。應當致力於農業，使百姓休養生息。先派使者向天子進貢戰利品。如果路途不能通行，就上表彈劾曹操阻斷我們與天子的交通之路，然後駐守黎陽，逐漸向黃河南岸發展，多造船隻，修繕武器裝備，分派精銳騎兵去抄掠曹操屬地的邊境，讓他不得安寧，我們以逸待勞，這樣就可以穩坐而平定天下了。」郭圖、審配說：「以明公的神武，率領河朔的強兵，去征伐曹操，易如反掌，何必這樣！」沮授說：「拯救亂世，誅除暴虐，叫做義兵；依賴人多勢強，叫做驕兵。義兵無敵，驕兵先亡。曹操尊奉天子以令天下，如今我們興兵南下，就違反了道義。況且克敵制勝在謀略，不在兵力強弱。曹操法令得到推行，士兵精銳，不是像公孫瓚那樣坐著挨打的人。如今我們拋棄萬全之策而發動無名之師，我為主公擔驚受怕。」郭圖、審配說：「周武王征伐商紂，不能說不合道義；何況是討伐曹操，怎能說是師出無名！再說以明公現在這樣強盛，將士都思奮發，不趁時來完成大業，這叫做『上天賜予而不取，反而會遭受禍殃』，這正是越國之所以稱霸，吳國之所以滅亡的原因。監軍的計策在於穩妥，而非見機而作的權變。」袁紹採納了郭圖的意見。郭圖等趁機詆毀沮授說：「沮授統領內外，威震三軍，如果他的權力逐漸強大，怎麼來控制他！臣下和君主威福相同就會滅亡，這是《黃石》兵書最忌諱的。況且率領軍隊在外的人，不應當干預朝內事務。」袁紹於是把沮授統帥的軍隊分為三個都督來統制，讓沮授和郭圖、淳于瓊各統一軍。騎都尉清河人崔琰勸阻說：「天子在許縣，民眾期望輔助天子，不可去攻打。」袁紹不聽。

許縣的眾將領聽說袁紹將要進攻許縣，都很害怕。曹操說：「我瞭解袁紹的為人，志向大而智力弱，外表強硬而內心怯懦，嫉妒刻薄而缺少威嚴，兵士眾多而組織不嚴明，將領驕橫而政令不統一，土地雖廣，糧食雖豐足，正好可以供奉給我。」孔融對荀彧說：「袁紹地廣兵強，田豐、許攸這些智士為他謀劃；審配、逢紀這樣的忠臣為他辦事；顏良、文醜這樣的勇將為他統兵，大概難以戰勝吧！」荀彧說：「袁紹兵馬雖多卻軍紀不嚴，田豐剛直而好犯上，許攸貪婪而不治理政務，審配專權而沒有謀略，逢紀果敢而自以為是。這幾個人一定互不相容，內部必然會發生變故。顏良、文醜，不過是匹夫之勇罷了，可以一戰就能擒獲他們。」

秋，八月，曹操進軍黎陽，派臧霸等率領精兵進入青州以扞衛東方，留下于禁駐守在黃河邊。九月，曹操回到許縣，分兵駐守官渡。

袁紹派使者去招降張繡，並給賈詡寫信願結為好友。張繡想答應袁紹的要求，賈詡在張繡的座席上公然對袁紹的使臣說：「請回去代我謝絕袁本初，他們兄弟尚且不能相容，還能容納天下俊傑之士嗎！」張繡驚懼地說：「何至於這樣！」悄悄對賈詡說：「如果這樣，應該歸附誰呢？」賈詡說：「不如歸順曹公。」張繡說：「袁紹強曹操弱，我又先與曹操結怨，怎麼可以歸順他呢？」賈詡說：「這就是應該歸順曹公的理由。曹公擁戴天子來號令天下，這是歸順的第一條理由。袁紹強大，我們以很少的兵眾去歸順他，他必然不會重視我們；而曹公兵弱，他得到我們必然很高興，這是歸順的第二條理由。有霸王志向的人，一定會拋開私怨，向天下表明他的寬容之德，這是歸順的第三條理由。希望將軍不要遲疑！」冬，十一月，張繡率領部眾歸降曹操。曹操拉著張繡的手，跟他同桌歡宴，曹操為兒子曹均娶了張繡的女兒，任命張繡為揚武將軍，上表推薦賈詡為執金吾，冊封為都亭侯。

關中各位將領鑑於袁紹、曹操正在爭鬥，全都中立觀望。涼州牧韋端派從事天水人楊阜到許縣，楊阜返回，關西各位將領問他：「袁、曹兩方誰勝誰敗呢？」楊阜說：「袁紹寬厚卻不果斷，好謀劃卻少決斷。不果斷就沒有威望，少決斷就錯過時機。現在雖然強大，最終不能成就大業。曹公有雄才大略，處事果斷毫不遲疑，法令統一而士兵精銳，能不拘常格用人，所任用的人各盡其力，他是必能成大事的人。」

曹操派治書侍御史河東人衛覬鎮撫關中，當時從四面八方返回大量難民，關中各位將領大多將他們收編為部眾。衛覬寫信給荀彧說：「關中是富足的地方，最近遭受饑荒戰亂，百姓流入荊州的有十多萬家，現在聽到本土已經安定，都盼望回返。而回返的人無法自謀生業，各位將領競相招收為部眾，郡縣貧弱，不能跟他們競爭。於是擁兵的將領勢力壯大，一旦發生變亂騷動，必有後患。食鹽是國家的一大寶物，戰亂以來管理鬆弛。應當按照以前的制度，設置鹽官監賣，用所獲的收益來購買犁和耕牛，如果有回歸的百姓，就供給他們，讓他們勤勞耕耘積蓄糧食，使關中豐饒，遠方的流民聽說之後，一定會日夜兼程爭相回鄉。再派司隸校尉留下來，成為治理關中的主管，那麼各位將領的勢力就會日益削弱，官府和百姓的力量就會日益強盛，這是增強根本、削弱敵人的有利辦法。」荀彧把衛覬的建議上報曹操，曹操採納了這一建議。開始派遣謁者僕射為主管鹽政的官員，司隸校尉在弘農設立官署，關中從此服從朝廷的治理。

袁紹派人向劉表求助，劉表許諾而援軍始終未到，也不援救曹操。從事中郎南陽人韓嵩、別駕零陵人劉先勸諫劉表說：「現在兩雄相持，天下的重心就掌握在將軍手裡。如果想有所作為，就可以趁他們兩敗俱傷時起兵；如果不想這樣，本該選擇合適的一方歸順。怎麼能擁兵十萬，坐觀成敗，一方求援而不能相助，看到賢人而不肯歸屬呢！這樣，兩家的怨仇一定會集中到將軍身上，那時恐怕不能中立了。曹操善於用兵，賢人俊傑大多歸服他，他勢必能打敗袁紹，然後向江、漢地區進兵，恐怕將軍就抵擋不住了。如今最好的策略，莫過於以荊州歸附曹操，曹操必然會感謝將軍的大德，將軍可以長享福祿，傳至後代，這是萬全之策。」蒯越也勸導劉表，劉表遲疑不決，於是派韓嵩到許縣，並對他說：「如今不知誰能平定天下，而曹操擁戴天子定都許縣，你去為我觀察一下虛實。」韓嵩說：「聖人對節義可以通權達變，次等的只能遵守節義。我是一個屬於守節的人。一旦君臣名分確定，就只能以死守之。如今我作為將軍的屬下，只聽從將軍的命令，雖赴湯蹈火，誓死不辭。依我觀察，曹公一定能平定天下。將軍能上順天子，下歸曹公，派我去可以。如果將軍猶豫，我到達京城，天子授予我一個職務，又推辭不得，我就成了天子的臣子，也就是將軍的故吏罷了。在君主身邊任職就要為君主效命，那麼我韓嵩只能遵守天子的命令，按道義就不能再為將軍效命了。希望將軍深思熟慮，不要辜負我韓嵩！」劉表認為韓嵩害怕出使，就強迫他去。韓嵩到了許都，詔書任韓嵩為侍中、零陵太守。等到韓嵩回到荊州，極力稱頌朝廷和曹公的盛德，勸劉表派兒子入京侍奉天子。劉表大怒，認為韓嵩懷有二心，召集全體部屬，陳列兵刃，手持符節，將要斬殺韓嵩，劉表責備說：「韓嵩，你竟敢懷有二心！」大家都很恐懼，想讓韓嵩謝罪。韓嵩面不改色，從容地對劉表說：「是將軍辜負了我，我沒有辜負將軍！」詳細陳述了前面講過的話。劉表的妻子蔡氏勸阻說：「韓嵩是楚國有聲望的人；而且他的話很正直，殺他沒有說辭。」劉表還是生氣，就拷問誅殺韓嵩的隨行人員，弄清了韓嵩並無其他想法，才沒有殺他，把他囚禁起來。

揚州❶賊帥鄭寶欲略❷居民以赴江表❸，以淮南劉曄❹，高族名人，欲劫之使唱此謀，曄患之。會曹操遣使詣州，有所案問，曄要❺與歸家。寶來候使者，曄留與宴飲，手刃殺之，斬其首以令寶軍曰：「曹公有令，敢有動者，與寶同罪！」其眾數千人皆讋服❻，推曄為主。曄以其眾與廬江太守劉勳，勳怪其故，曄曰：「寶無法制，其眾素以鈔略❼為利。僕❽宿無資❾，而整齊之，必懷怨難久，故以相與耳。」勳以袁術部曲眾多，不能贍❿，遣從弟偕求米於上繚諸宗帥⓫，不能滿數⓬，偕召勳使襲之。

孫策惡勳兵強，偽卑辭以事勳，曰：「上繚宗民數欺鄙郡，欲擊之，路不便。上繚甚富實，願君伐之，請出兵以為外援。」且以珠寶、葛越⓭賂勳。勳大喜，外內盡賀，劉曄獨否，勳問其故，對曰：「上繚雖小，城堅池深，攻難守易，不可旬日⓮而舉也。兵疲於外而國內虛，策乘虛襲我，則後不能獨守。是將軍進屈於敵，退無所歸。若軍必出，禍今至矣。」勳不聽，遂伐上繚。至海昏，宗帥知之，皆空壁逃遷，勳了無⓯所得。時策引兵西擊黃祖，行及石城⓰，聞勳在海昏，策乃分遣從兄賁、輔將八千人屯彭澤⓱，自與領江夏太守周瑜將二萬人襲皖城⓲，克之，得術、勳妻子及部曲三萬餘人。表汝南李術為廬江⓳太守，給兵三千人以守皖城，皆徙所得民東詣吳⓴。勳還至彭澤，孫賁、孫輔邀擊，破之。勳走保流沂㉑，求救於黃祖，祖遣其子射率船軍五千人助勳。策復就攻勳，大破之。勳北歸曹操，射亦遁走。

策收得勳兵二千餘人，船千艘，遂進擊黃祖。十二月辛亥㉒，策軍至沙羨㉓，劉表遣從子虎及南陽韓晞[1]將長矛五千來救祖。甲寅㉔，策與戰，大破之，斬晞。祖脫身走，獲其妻子及船六千艘，士卒殺溺死者數萬人。

策盛兵將徇豫章㉕，屯于椒丘㉖，謂功曹虞翻曰：「華子魚㉗自有名字㉘，然非吾敵也。若不開門讓城，金鼓一震，不得無所傷害。卿便在前，具宣孤意。」翻乃往見華歆曰：「竊聞明府與鄙郡㉙故王府君㉚齊名中州，海內所宗，雖在東垂㉛，常懷瞻仰。」歆曰：「孤不如王會稽。」翻復曰：「不審豫章資糧器仗，士民勇果，孰與鄙郡？」歆曰：「大不如也。」翻曰：「明府言不如王會稽，謙光㉜之譚㉝耳；精兵不如會稽，實如尊教。孫討逆㉞智略超世，用兵如神，前走㉟劉揚州㊱，君所親見，南定鄙郡，亦君所聞也。今欲守孤城，自料資糧，已知不足，不早為計，悔無及也。今大軍已次椒丘，僕便還去，明日日中迎檄㊲不到者，與君辭矣。」歆曰：「久在江表，常欲北歸，孫會稽㊳來，吾便去也。」乃夜作檄，明旦，遣吏齎迎。策便進軍，歆葛巾㊴迎策。策謂歆曰：「府君年德名望，遠近所歸，策年幼稚，宜脩㊵子弟之禮。」便向歆拜，禮為上賓。

孫盛[41]曰：「歆既無夷[42]、皓[43]韜邈[44]之風，又失王臣匪躬之操[45]，橈心[46]於邪儒[47]之說，交臂[48]於陵肆之徒[49]，位奪節墮，咎孰大焉！」

策分豫章為廬陵郡[50]，以孫賁為豫章太守，孫輔[51]為廬陵太守。會僮芝[52]病，輔遂進取廬陵，留周瑜鎮巴丘[53]。

孫策之克皖城也，撫視袁術妻子，及入豫章，收載劉繇喪，善遇其家，士大夫以是稱之。

會稽功曹[54]魏騰嘗迕[55]策意，策將殺之。眾憂恐，計無所出。策母吳夫人倚大井謂策曰：「汝新造江南，其事未集，方當優賢禮士，捨過錄功。魏功曹在公盡規[56]，汝今日殺之，則明日人皆叛汝。吾不忍見禍之及，當先投此井中耳！」策大驚，遽[57]釋騰。

初，吳郡太守會稽盛憲舉高岱孝廉[58]，許貢來領郡，岱將憲避難於營帥許昭家。烏程鄒佗、錢銅及嘉興王晟等各聚眾萬餘或數千人，不附孫策。策引兵撲討，皆破之，進攻嚴白虎。白虎兵敗，奔餘杭[59]，投許昭。程普[60]請擊昭，策曰：「許昭有義於舊君[61]，有誠於故友[62]，此丈夫之志也。」乃舍[63]之。

【章　旨】以上為第四段，寫孫策平定廬江、豫章、會稽三郡，在袁曹官渡之戰前夕，完成了據有江東六郡之地。

【注　釋】❶楊州　也作「揚州」。漢代十三刺史部之一。東漢治所在歷陽（今安徽和縣），末年移治壽春（今安徽合肥）。轄境當今安徽淮水和江蘇長江以南以及江西、浙江、福建，還包有湖北、河南部分地區。❷略　擄掠。❸江表　江外。古人從中原看長江以南，稱為江外或江表。❹劉曄　字子揚，淮南成德（今安徽壽縣東南）人，漢武帝子阜陵王劉延的後代，有名於楊州。歸曹操後，為司空倉曹掾、丞相主簿。曹魏初為侍中，多獻策謀，為魏文帝所信重。魏明帝時為太中大夫、大鴻臚，亦得信重。傳見《三國志》卷十四。❺要　邀約。❻讋服　畏懼而屈服。❼鈔略　搶劫。❽僕　自我謙稱。❾宿無資　謂一向沒有資財。胡三省注云：「謂先無名位為之資也。」不可信據。上文明言劉曄為「高族名人」，出於漢之宗室，不得言「無名位」。資，資財。❿贍　供給。⓫宗帥　宗民之頭領。宗民是當時以宗族聚居的土著人民，且多為越族，又多居於山中，故又稱之為山越。⓬不能滿數　謂不能滿足所求之數。⓭葛越　當時南方產的一種草纖維布，又稱葛布。⓮旬日　十日。⓯了無　全無。⓰石城　縣名，縣治在今安徽馬鞍山市東南。⓱彭澤　縣名，縣治在今江西湖口東。⓲皖城　皖縣之城。故治在今安徽潛山縣。⓳廬江　郡名，治所本在舒縣（今安徽廬江縣西南），劉勳為太守，便移治所於皖縣，在今安徽潛山縣。⓴吳郡名，治所吳縣，在今江蘇蘇州。㉑流沂　地名，在今湖北大冶東。㉒辛亥　十二月初八日。㉓沙羨　縣名，縣治在今湖北武昌西南。㉔甲寅　十二月十一日。㉕豫章　郡名，治所南昌，在今江西南昌。㉖椒丘　地名，在當時南昌縣北。㉗華子魚　華歆字子魚。㉘自有名字　猶言自有名聲，亦即謂名聞於世。㉙鄙郡　指會稽郡，虞翻為會稽人，故謙稱為鄙郡。㉚王府君　指會稽太守王朗。㉛垂　通「陲」。邊境。㉜謙光　謂謙遜禮讓。㉝譚　通「談」。㉞孫討逆　即孫策。時孫策為討逆將軍。㉟走　趕走。㊱劉揚州　指劉繇。劉繇前為揚州刺史。㊲檄　官文書之一種。此指華歆之文書。㊳孫會稽　指孫策，孫策時為會稽太守。㊴葛巾　以葛布製成的頭巾。㊵脩　遵循。㊶孫盛　字安國，東晉人，著有《魏氏春秋》、《晉陽秋》、《異同雜語》等，對三國人物及事件多有評說。傳見《晉書》卷八十二。㊷夷　指伯夷，孤竹君長子，殷商末年，與弟叔齊投奔周，因勸阻周武王伐紂，未被武王接受，遂逃隱於首陽山，不食周粟而死。傳見《史記》卷六十一。㊸皓　指商山四皓。西漢初年，東園公、綺里季、夏黃公、甪里先生等四人，年皆八十餘，以漢高祖劉邦傲慢侮人，遂不願為漢臣，逃隱於商山。事見《史記》卷五十五〈留侯世家〉。㊹韜邈　隱匿之意。㊺匪躬之操　謂盡忠而不顧身的節操。《易・蹇・六二》云：「王臣蹇塞，匪躬之故。」孔穎達疏：「盡忠於君，匪以私身之故而不往濟君，故曰匪躬之故。」㊻橈心　屈從。㊼邪儒　指虞翻。㊽交臂　拱手，表示恭敬。㊾陵肆之徒　指孫策。陵肆，橫行霸道。㊿廬陵郡　治所即廬陵縣，後孫策又改稱為高昌縣，縣治在今江西吉安南。51孫輔　字國儀，孫賁之弟。初隨孫策征討，為揚武校尉。後為平南將軍，領交州刺史。恐孫權不能保江東，謀通曹操，被孫權所廢。傳見《三國志》卷五十一。52僮芝　東漢末丹陽（今屬江蘇）人，詐稱詔書自領廬陵太守，為孫輔所破。53巴丘　縣名，縣治在今湖南岳陽。54功曹　官名，即功曹史，郡守之主要佐吏，除分掌人事外，還參與一郡政務。55迕　違背。56規　謀劃。57遽　疾速。58孝廉　漢代舉用人才的主要科目，被舉之人，應孝順父母，行為清廉。59餘杭　縣名，縣治在今浙江餘杭。60程普　字德謀，右北平土垠（今河北豐潤東）人，初從孫堅征伐，孫堅死後，復從孫策，屢立戰功。為盪寇中郎將，領零陵太守。孫策死後，又與張昭等輔孫權，為裨將軍，領江夏太守。傳見《三國志》卷五十五。61有義於舊君　指許昭解救了太守盛憲的危難。62有誠於故友　指許昭幫助舊友嚴白虎。63舍　放棄。

【校　記】1韓晞　原誤作「韓睎」，下文同。據章鈺校，甲十一行本、乙十一行本皆作「韓晞」，熊羅宿《胡刻資治通鑑校字記》同，今據校正。按，《三國志》卷四十六〈孫破虜討逆傳〉引《江表傳》亦作「韓晞」。

【語　譯】揚州的賊寇首領鄭寶想把居民擄掠到長江以南，他認為淮南人劉曄是皇族名人，便想劫持劉曄，讓他倡導這一謀劃，劉曄為此而憂慮。適逢曹操派使者到揚州，有案件要調查，劉曄邀請使者和自己一起回家。鄭寶前來問候使者，劉曄就留鄭寶一起宴飲，親手殺了鄭寶，砍下鄭寶的頭，命令鄭寶的部眾說：「曹公有令，敢有妄動的，與鄭寶同罪！」鄭寶部眾幾千人都被鎮服了，推舉劉曄為他們的主帥。劉曄把鄭寶的部眾交給廬江太守劉勳，劉勳感到奇怪，問劉曄是為什麼。劉曄說：「鄭寶無法無天，他的部眾向來以搶掠獲得財利。我一向沒有資財，卻要整頓他們，他們一定會心懷怨恨，難以持久，所以把他們送給你了。」劉勳因收容袁術的部眾太多，不能贍養，於是派堂弟劉偕去上繚向各個宗黨首領求助米糧，沒能滿足所求的數量，於是劉偕召請劉勳派兵攻擊他們。

孫策厭惡劉勳兵力強盛，偽裝謙卑來侍奉劉勳，說：「上繚宗黨部眾屢次欺壓本郡，我想攻擊他們，只是道路不便。上繚很富足，希望你出兵征伐，我請求出兵作為你的外援。」並且用珠寶、葛布賄賂劉勳。劉勳大喜，內外都來慶賀，只有劉曄一人不道賀，劉勳問他什麼原因，劉曄回答說：「上繚地方雖小，但城牆堅固，壕溝很深，易守難攻，不可能十天攻下來。軍隊在外征戰疲憊而境內空虛，孫策乘虛襲擊我，那麼後方就不能自守。這樣一來，將軍前進受到敵人阻擊，後退沒有立足之地。如果軍隊一定要出動，災難就隨之而來。」劉勳不聽從，於是出兵征伐上繚。兵到海昏，宗黨首領得知，留下空空的壁壘，逃往他處，劉勳一無所獲。這時孫策率兵西進攻擊黃祖，來到石城，聽說劉勳在海昏，孫策於是分派堂兄孫賁、孫輔率領八千人屯駐彭澤，自己和兼任江夏太守的周瑜率領兩萬人偷襲並攻下皖城，俘獲了袁術、劉勳的妻子兒女以及部眾三萬多人。孫策上表推薦汝南人李術為廬江太守，撥給他三千人守衛皖城，把所俘獲的百姓全部東遷到吳郡。劉勳返回彭澤，孫賁、孫輔出兵截擊，打敗了劉勳。劉勳退保流沂，向黃祖求援，黃祖派兒子黃射率領水軍五千人救助劉勳。孫策再來攻打劉勳，劉勳大敗。劉勳向北歸順曹操，黃射也逃走了。

孫策收取了劉勳士兵二千多人，船隻千艘，於是進兵攻擊黃祖。十二月初八日辛亥，孫策的軍隊到達沙羨，劉表派姪子劉虎和南陽人韓晞率領長矛兵五千人來救援黃祖。十一日甲寅，孫策與他們交戰，大敗敵軍，殺死韓晞，黃祖逃走。俘獲了黃祖的妻子兒女及其船隻六千艘，士兵被殺死、淹死的有幾萬人。

孫策以強大的兵力準備略地豫章，部隊駐紮在椒丘。孫策對功曹虞翻說：「華子魚雖有名氣，但不是我的對手。如果他不開門讓城，戰鼓一旦敲響，不會沒有傷害。你現在前往，全面傳達我的意思。」虞翻就去見華歆，說：「我聽說明府您和本郡前任太守王朗在中州齊名，是海內所崇拜的人物，我虞翻雖然身在東部邊陲，心中常懷敬仰之情。」華歆說：「我不如會稽太守王朗。」虞翻又說：「不知豫章郡的物資糧草、武器裝備、民眾的果敢猛勇，跟本郡會稽相比，誰強？」華歆說：「遠遠不如。」虞翻說：「您說不如會稽太守王朗，這是謙遜的說法；您說精兵不如會稽郡，確實像您說的。孫策智慧謀略超世，用兵如神，先前他驅走劉繇，是您親眼看到的，向南平定本郡會稽，也是您所知道的。如今您想堅守孤城，自己估量物資糧草的數量，明知不足，如不早想出路，後悔就來不及了。現今孫策的大軍已進駐椒丘，我就要回去了，如果明天中午接不到您的回答檄文，我就與您告別了。」華歆說：「久居江南，一直想北歸，孫策一來，我就離去。」

於是連夜寫好檄文，第二天早上，派官吏帶著檄文去迎接孫策。孫策便進軍，華歆戴著葛巾迎接孫策。孫策對華歆說：「府君您年高德厚望重，遠近歸服，我年幼無知，該行子弟之禮。」就向華歆下拜，尊禮他為上賓。

孫盛說：「華歆既無伯夷、四皓隱居遁世的遺風，又無朝廷臣子捨身盡忠的節操，屈從於邪儒虞翻的遊說之辭，交結孫策那樣的狂妄之徒，以致職位被奪，名節墮地，罪過還有比這更大的嗎！」

孫策分出豫章郡的一部分置為廬陵郡，任孫賁為豫章太守，孫輔為廬陵太守。正逢僮芝生病，孫輔於是進軍攻取廬陵，留下周瑜駐守巴丘。

孫策攻克皖城之後，探視安撫袁術的妻子兒女，等他進入豫章，又殮送劉繇的靈柩回鄉，善待劉繇的家屬，士大夫因此稱讚他。

會稽郡功曹魏騰曾經違背孫策的意願，孫策將要殺死他。眾人憂懼，拿不出好辦法。孫策的母親吳夫人依靠水井的圍欄對孫策說：「你就近取得江南，事業還未成功，正應禮賢下士，不計以前的過錯，錄用有功的人才。魏功曹秉公盡職，你今天殺了他，那麼明天人們都會背叛你。我不忍心看到災難臨頭，現在就先跳進這口井裡！」孫策大驚，馬上釋放了魏騰。

當初，吳郡太守會稽人盛憲舉薦高岱為孝廉，許貢來接管吳郡，高岱護送盛憲到營帥許昭家中避難。烏程人鄒佗、錢銅，以及嘉興人王晟等，各聚眾一萬多或幾千人，不歸附孫策。孫策率兵征討，都將他們打敗。又進攻嚴白虎，嚴白虎兵敗，逃奔餘杭，投靠許昭。程普請求攻擊許昭，孫策說：「許昭對我過去的主人盛憲有情義，對待我的老朋友嚴白虎誠摯，這體現了大丈夫的心志。」於是孫策放過了許昭。

曹操復屯官渡❶。操常從士❷徐他等謀殺操，入操帳，見校尉❸許褚，色變，褚覺而殺之。

初，車騎將軍董承稱受帝衣帶中密詔，與劉備謀誅曹操。操從容謂備曰：「今天下英雄，惟使君❹與操耳，本初之徒，不足數也。」備方食，失匕箸❺。值天雷震，備因曰：「聖人云『迅雷風烈必變❻』，良有以也。」遂與承及長水校尉❼种輯、將軍吳子蘭、王服等同謀。會操遣備與朱靈邀❽袁術，程昱、郭嘉、董昭皆諫曰：「備不可遣也。」操悔，追之，不及。術既南走，朱靈等還。備遂殺徐州刺史車冑，留關羽守下邳，行❾太守事，身還小沛。東海❿賊昌豨⓫及郡縣多叛操為備。備眾數萬人，遣使與袁紹連兵。操遣司空長史沛國劉岱、中郎將扶風王忠擊之，不克。備謂岱等曰：「使汝百人來，無如我何。曹公自來，未可知耳⓬。」

【章旨】以上為第五段，寫劉備第二次得徐州。由於劉備低估曹操的應變能力，認為曹操不會從官渡抽身來爭徐州，為其失敗伏筆。

【注釋】❶曹操復屯官渡　曹操於建安四年（西元一九九年）八月進兵河北黎陽，留于禁屯河南重要渡口延津，令東郡太守劉延在白馬布防，置主力於官渡，嚴陣以待袁紹來犯。九月還許，至是十二月由許返回官渡。❷常從士　指經常隨從的警衛人員。❸校尉　漢制，軍中設校尉，領一校兵，位在將軍之下，都尉之上。❹使君　漢時稱刺史為使君。此時劉備為豫州刺史兼領徐州刺史，故云。❺失匕箸　劉備以為曹操說他是英雄，將要圖害他，故吃驚失落匙筷。匕，湯匙。箸，筷子。❻迅雷風烈必變　此語引自《論語・鄉黨》，謂孔子在迅雷和烈風之時一定會改變容態。❼長水校尉　官名，東漢北軍五校尉之一，掌宿衛兵。❽邀　截擊。❾行　代理。❿東海　郡名，治所郯縣，在今山東郯城西北。⓫昌豨　《三國志》卷三十二〈蜀書・先主傳〉作「昌霸」，則昌豨即昌霸。⓬曹公自來二句　劉備此言，暗示了他的兩種心理。一是畏懼曹操，二是低估曹操的應變能力，認為曹操不會自來。結果曹操親征，劉備張皇失措。

【語譯】曹操又屯兵官渡。曹操身邊的侍從徐他等想謀殺曹操，進了曹操的營帳，看到校尉許褚，臉色大變，許褚察覺，就把他們殺了。

起初，車騎將軍董承自稱接受了獻帝藏在衣帶中的密詔，策劃與劉備一起謀殺曹操。曹操從容不迫地對劉備說：「如今天下的英雄，只有使君你和我，袁紹之流，是不算數的。」劉備正在吃飯，嚇得手中的湯匙和筷子都掉在地上。正值天上雷電轟鳴，劉備便乘機說：「聖人說『迅雷和狂風一定會使人臉色驟變』，這話確實是有根據的。」於是和董承以及長水校尉种輯、將軍吳子蘭、王服等一起謀劃。正巧曹操派劉備和朱靈去截擊袁術，程昱、郭嘉、董昭都勸諫曹操，說：「不可派劉備去。」曹操後悔，派人去追，沒有追上。袁術南逃之後，朱靈等率軍返回許都。劉備於是殺死徐州刺史車冑，留下關羽駐守下邳，代理太守之職，自己回到小沛。東海賊寇頭目昌豨以及附近的郡縣大多背叛曹操投靠劉備。劉備擁有幾萬人馬，便派使者與袁紹聯合。曹操派司空長史沛國人劉岱、中郎將扶風人王忠進兵攻擊劉備，未能取勝。劉備對劉岱等人說：「派你這樣的一百人前來，也不能把我怎麼樣。如果曹操親自來，就不得而知了。」

五年（庚辰　西元二〇〇年）

春，正月，董承謀洩❶。壬子❷，曹操殺承及王服、种輯，皆夷三族❸。

操欲自討劉備，諸將皆曰：「與公爭天下者，袁紹也。今紹方來而棄之東❹，紹乘人後，若何？」操曰：「劉備，人傑也，今不擊，必為後患。」郭嘉曰：「紹性遲而多疑，來必不速。備新起，眾心未附，急擊之，必敗。」操師遂東。冀州別駕田豐說袁紹曰：「曹操與劉備連兵❺，未可卒❻解，公舉軍而襲其後，可一往而定。」紹辭以子疾，未得行。豐舉杖擊地曰：「嗟乎！遭❼難遇之時，而以嬰兒❽病失其會❾，惜哉，事去矣！」

曹操擊劉備，破之，獲其妻子；進拔下邳，禽❿關羽；又擊昌豨，破之。備奔青州⓫，因袁譚以歸袁紹。紹聞備至，身[1]去鄴二百里迎之。駐月餘，所亡⓬士卒稍稍⓭歸之。

【章　旨】以上為第六段，寫劉備第二次失徐州。由於劉備在袁曹官渡之戰，袁紹尚未進軍之時，為了與袁紹爭政治制高點，過早打出衣帶詔討漢賊曹操，曹操全力滅火，袁紹按兵不救，劉備與袁紹兩人鷸蚌相爭，二人皆失，漁人曹操得利。

【注　釋】❶董承謀洩　董承受漢獻帝衣帶詔討賊曹操，由於劉備在徐州宣布而洩密，董承等被曹操誅殺。❷壬子　正月甲戌朔，無壬子，當從《後漢書》卷九〈獻帝紀〉作「壬午」，即正月初九。❸三族　一般指父族、母族、妻族。❹紹方來而棄之東　謂袁紹正帶兵來進攻，曹操卻要放棄反擊而東征劉備。方來，指正要來，實際未來。❺連兵　謂交兵、交戰。❻卒　通「猝」。很快。❼遭　逢。❽嬰兒　時袁紹諸子已長成人，無嬰兒。田豐此言嬰兒，是氣話，意謂為了一個小小兒子錯失了決戰取勝的機會，實在不值。若嬰兒是實指，或袁紹其他小妾所生，就更不值。❾會　機會。❿禽　通「擒」。捉住。⓫青州　州名，治所臨淄，在今山東淄博北。⓬亡　逃散。⓭稍稍　逐漸。

【校　記】[1]身　原無此字。據章鈺校，甲十一行本、乙十一行本皆有此字，張敦仁《通鑑刊本識誤》同，今據補。

【語　譯】五年（庚辰　西元二〇〇年）

春，正月，董承的謀劃洩露。壬子日，曹操殺死董承以及王服、种輯，都誅滅三族。

曹操想親自討伐劉備，各位將領都說：「跟您爭奪天下的是袁紹。如今袁紹正要來進犯而您卻棄之不顧去東征劉備，袁紹乘機攻擊我們的背後，該怎麼辦？」曹操說：「劉備是人中的豪傑，現在不去擊滅他，一定會成為後患。」郭嘉說：「袁紹生性遲鈍且又多疑，他前來一定不會很快。劉備剛剛興起，部眾還沒有心服，快速攻打他，他必敗。」於是曹操率軍東征。冀州別駕田豐勸袁紹說：「曹操與劉備作戰，不可能很快解決戰鬥，明公揮軍襲擊曹操的背後，可一舉而平定。」袁紹以兒子生病為託辭，沒有行動。田豐舉手杖擊地說：「唉！碰上這千載難遇的機會，卻因為嬰兒的病而錯失良機，真是可惜啊，大事完了！」

曹操進攻劉備，打敗了他，俘獲了他的妻子兒女；又進而攻佔了下邳，活捉關羽；又出擊昌豨，將他打敗。劉備逃奔青州，通過袁譚歸附袁紹。袁紹聽說劉備到來，離開鄴城二百里親自去迎接。劉備駐留一個多月，逃散的士兵才逐漸回來。

曹操還軍官渡❶，紹乃議攻許。田豐曰：「曹操既破劉備，則許下非復空虛。且操善用兵，變化無方❷，眾雖少，未可輕也，今不如以久持之。將軍據山河之固，擁四州❸之眾，外結英雄，內修農戰，然後簡❹其精銳，分為奇兵❺，乘虛迭❻出以擾河南，救右則擊其左，救左則擊其右，使敵疲於奔命，民不得安業。我未勞而彼已困，不及三年，可坐克也。今釋廟勝之策，而決成敗於一戰，若不如志，悔無及也。」紹不從。豐彊諫忤紹，紹以為沮眾，械繫❼之。於是移檄❽州郡，數操罪惡。二月，進軍黎陽。

沮授臨行，會其宗族，散資財以與之，曰：「勢存則威無不加，勢亡則不保一身，哀哉！」其弟宗曰：「曹操士馬不敵，君何懼焉！」授曰：「以曹操之明略，又挾天子以為資，我雖克伯珪[9]，眾實疲敝，而主驕將忲[10]，軍之破敗，在此舉矣。揚雄有言：『六國蚩蚩，為嬴弱姬[11]。』其今之謂乎！」

振威將軍[12]程昱以七百兵守鄄城，曹操欲益昱兵二千，昱不肯，曰：「袁紹擁十萬眾，自以所向無前，今見昱少兵，必輕易，不來攻。若益昱兵，過則不可不攻，攻之必克，徒兩損其勢，願公無疑。」紹聞昱兵少，果不往。操謂賈詡曰：「程昱之膽，過於賁、育[13]矣。」

袁紹遣其將顏良攻東郡太守劉延於白馬[14]。沮授曰：「良性促狹[15]，雖驍勇，不可獨任。」紹不聽。夏，四月，曹操北救劉延。荀攸曰：「今兵少不敵，必分其勢乃可。公到延津[16]，若將渡兵向其後者，紹必西應之；然後輕兵襲白馬，掩[17]其不備，顏良可禽也。」操從之。紹聞兵渡，即分兵西邀[18]之。操乃引軍兼行[19]趣[20]白馬，未至十餘里，良大驚，來逆戰[21]。操使張遼、關羽先登[22]擊之。羽望見良麾蓋[23]，策[24]馬刺良於萬眾之中，斬其首而還，紹軍莫能當者。遂解白馬之圍，徙其民，循河而西。

紹渡河追之。沮授諫曰：「勝負變化，不可不詳。今宜留屯延津，分兵官渡。若其克獲，還迎㉕不晚。設其有難，眾弗可還。」紹弗從。授臨濟歎曰：「上盈其志，下務其功，悠悠黃河，吾其濟乎？」遂以疾辭。紹不許而意恨之，復省其所部，并屬郭圖。

紹軍至延津南，操勒兵駐營南阪㉖下，使登壘望之，曰：「可㉗五六百騎。」有頃，復白：「騎稍多，步兵不可勝數。」操曰：「勿復白。」令騎解鞍放馬。是時，白馬輜重㉘就道。諸將以為敵騎多，不如還保營。荀攸曰：「此所以餌㉙敵，如何去之！」操顧攸而笑。紹騎將文醜與劉備將五六千騎前後至，諸將復白「可上馬」。操曰：「未也。」有頃，騎至稍多，或分趣輜重。操曰：「可矣。」乃皆上馬。時騎不滿六百，遂縱兵擊，大破之，斬醜。醜與顏良，皆紹名將也，再戰悉禽之，紹軍奪氣㉚。

初，操壯關羽之為人，而察其心神無久留之意，使張遼以其情問之。羽歎曰：「吾極知曹公待我厚，然吾受劉將軍恩，誓以共死，不可背之。吾終不留，要當㉛立效以報曹公乃去耳。」遼以羽言報操，操義之。及羽殺顏良，操知其必去，重加賞賜。羽盡封其所賜，拜書告辭，而奔劉備於袁軍㉜。左右欲追之，操曰：「彼各為其主，勿追也。」

操還軍官渡，閻柔遣使詣操，操以柔為烏桓校尉㉝。鮮于輔身見操於官渡，操以輔為右度遼將軍㉞，還鎮幽土㉟。

【章旨】以上為第七段，寫袁紹進軍官渡，曹操迎擊，斬殺袁紹先鋒大將顏良、文醜。這是袁曹官渡決戰之前的序戰，北軍失利，士氣受損。

【注釋】❶曹操還軍官渡　指曹操東征劉備得勝，從徐州返回官渡。❷無方　沒有一定之規。❸四州　指冀、青、幽、并四州。❹簡　選擇。❺奇兵　乘敵不備而突襲的部隊。❻迭　輪流。❼械繫　加腳鐐手銬等刑具囚禁起來。❽檄　此為聲討之文書，為陳琳所作。全文見《三國志》卷六〈魏書・袁紹傳〉裴松之注引《魏氏春秋》。《文選》亦錄載此文，題為陳孔璋〈為袁紹檄豫州〉，文字與《魏氏春秋》所載稍異。❾伯珪　公孫瓚字伯珪。❿忕　奢侈。⓫六國蚩蚩二句　此為揚雄《法言・重黎》之文。蚩蚩，謂混亂紛擾。嬴，秦姓。姬，周姓。意思是說，六國之混亂紛擾，使秦國強大而削弱了周室，終於皆被秦國所吞併。⓬振威將軍　官名，東漢雜號將軍之一。⓭賁育　指孟賁、夏育，皆為古時有名的勇士。⓮白馬　縣名，縣治在河南滑縣東。在當時的黃河南岸，其北岸是黎陽。⓯促狹　猶言急躁，器量狹窄。⓰延津　渡口名，是當時黃河的重要渡口，在今河南新鄉東南，在當時白馬、黎陽之西。⓱掩　襲擊。⓲邀　截擊。⓳兼行　兼程而行。⓴趣　趨赴。㉑逆戰　迎戰。㉒先登　先接戰。㉓麾蓋　旗幟之頂。也指儀仗中的旗與繖。㉔策　鞭擊。㉕還迎　謂還迎留屯延津的大軍。㉖南阪　白馬山南之阪。阪，山坡；斜坡。㉗可　大概；大約。㉘輜重　軍糧、器械、材料等軍用物資。㉙餌　引誘。㉚奪氣　震驚恐懼而喪失膽氣。㉛要當　總當；必當。㉜袁軍　袁紹之軍。㉝烏桓校尉　即護烏桓校尉，官名。東漢沿西漢所置，以管轄各地烏桓。㉞右度遼將軍　官名。漢代置度遼將軍監護南匈奴，現曹操置右度遼將軍則為鎮撫幽州。㉟幽土　幽州，幽州之境土。

【語譯】曹操率軍回到官渡，袁紹便商議進攻許都。田豐說：「曹操已經打敗了劉備，那麼許都就不再空虛了。況且曹操善於用兵，變化沒有規則，兵眾雖少，不可輕視，現今不如與他長久相持。將軍憑藉山河險固，擁有四州的民眾，對外交結英雄豪傑，對內推行農耕備戰，然後挑選精銳的士兵，分為多支奇兵，尋找敵方空虛之地輪番出擊，用以騷亂黃河以南的地區，敵方救右邊我軍就襲擊其左邊，敵方救左邊就擊其右邊，使敵人疲於奔命，百姓不能安居樂業。我方沒付出辛勞而敵方已經疲憊不堪，不過三年，可坐而取勝。如今放棄克敵制勝的謀略，而憑一戰來決定成敗，如果不能如願，後悔就來不及了。」袁紹不聽從。田豐強力勸阻，觸犯了袁紹，袁紹認為田豐沮喪眾心，給他戴上刑具關進監獄。於是向各州郡發布檄文，歷數曹操的罪惡。二月，進軍黎陽。

沮授臨行，集合他的宗族，把財產散發給他們，說：「得勢時威權無所不在，失勢時自身難保，可悲啊！」他的弟弟沮宗說：「曹操的兵馬敵不過我軍，你怕什麼呢！」沮授說：「憑曹操的英明謀略，加上挾天子作為資本，我軍雖然擊敗了公孫瓚，部隊確實疲勞了，而且主君驕傲，將領奢侈，部隊的敗毀，就在此一舉了。揚雄曾經說過：『六國擾擾攘攘，結果是幫助了秦國，削弱了周室。』說的就是今天這樣的情形呀！」

振威將軍程昱率領七百士兵駐守鄄城，曹操要給他增加二千士兵，程昱不肯接受，說：「袁紹擁有十萬部眾，自以為所向無敵，現在看到我兵少，一定會輕視，不來進攻。如果給我增加士兵，袁紹經過時就不可能不來進攻，而且一定能攻下，這樣就白白地損失了你我兩處的兵力，希望你不要疑慮。」袁紹聽說程昱兵少，果然不去進攻。曹操對賈詡說：「程昱的膽量超過了孟賁和夏育。」

袁紹派遣他的大將顏良在白馬進攻東郡太守劉延。沮授說：「顏良性情急躁器量狹窄，雖然猛勇，但不可獨當一面。」袁紹不聽從。夏，四月，曹操北進救援劉延。荀攸說：「現在我們兵少不是敵人的對手，一定要分散敵人的兵勢才行。明公您到達延津，偽裝將要渡過黃河偷襲袁紹後方的樣子，袁紹必定會率軍向西回應；然後明公您率領輕兵襲擊白馬，攻其不備，顏良就會被擒獲了。」曹操聽從了。袁紹聽說曹軍渡河，立即分兵向西截擊。曹操於是率軍日夜兼程奔赴白馬，離白馬十多里時，顏良大驚，前來迎戰。曹操派張遼、關羽為先鋒進擊顏良。關羽看到顏良的麾蓋，策馬在萬人叢中殺了顏良，砍下他的人頭返回。袁紹的士兵沒有人能抵擋關羽。終於解除白馬之圍，遷移當地百姓，沿著黃河西行。

袁紹要渡河追擊。沮授勸阻說：「勝敗變化之機，不可不詳慎地考量。現在應該留守延津，分兵到官渡。如果先頭部隊攻取了官渡，再回來迎接駐守的大軍渡河也不遲。如果全軍進發遭遇大難，大軍就回不來了。」袁紹不聽。沮授臨渡河時感慨說：「主上志得意滿，部下急於立功，長長的黃河呀，我還要渡過去嗎？」於是稱病辭職，袁紹不准許，心裡懷恨沮授，又減少他所轄的部眾，歸郭圖統領。

袁軍進至延津的南面，曹操部署兵眾在南阪紮營，派人登上營壘瞭望袁軍，報告說：「大約有五六百名騎兵。」過了一會兒，又報告說：「騎兵稍稍增加，步兵不計其數。」曹操說：「不要再報告了。」命令騎兵卸下馬鞍，放馬吃草。這時，從白馬起運的輜重已經上路。各位將領認為敵人騎兵多，不如退還保衛營寨。荀攸說：「這是用來引誘敵人的，怎麼能離開陣地呢！」曹操回頭看著荀攸會心而笑。袁紹的騎將文醜和劉備率領五六千騎兵前後趕到，各位將領又報告說「可以上馬了」。曹操說：「還不到時候。」過了一會兒，敵人騎兵來得更多了，有的分兵奔向輜重。曹操說：「可以上馬了」。於是全都上馬。這時曹操的騎兵不到六百，曹操縱兵攻擊袁軍，把袁軍打得大敗，斬殺了文醜。文醜和顏良，都是袁紹的名將，兩次交戰把他們都殺死了。袁軍士氣衰退。

起初，曹操欽佩關羽的為人，但仔細考察發現他的內心沒有久留的意思，便派張遼根據真實情況詢問關羽。關羽歎息說：「我很清楚曹公待我優厚，然而我受過劉備的恩德，發誓和他同生死，不可背叛。我最終不會留下，我必當立功來報答曹公，然後再離去。」張遼把關羽的話回報曹操，曹操佩服關羽的義氣。等到關羽殺死顏良，曹操知道他一定要離去，就重加賞賜。關羽把曹操的全部賞賜封好，留下告辭書信，就去投奔袁紹軍中的劉備。曹操左右的人要去追趕，曹操說：「他是各為其主，不要追趕。」

曹操率軍回到官渡，閻柔派使者來見曹操，曹操任命閻柔為烏桓校尉。鮮于輔親自到官渡拜見曹操，曹操任命他為右度遼將軍，回去鎮守幽州。

廣陵太守陳登治射陽❶，孫策西擊黃祖，登誘嚴白虎餘黨，圖為後害。策還擊登，軍到丹徒❷，須待運糧。初，策殺吳郡太守許貢，貢奴客潛民間，欲為貢報讎。策性好獵，數出驅馳，所乘馬精駿❸，從騎絕不能及，卒遇貢客三人，射策中頰❹，後騎尋至，皆刺殺之。策創甚，召張昭等謂曰：「中國方亂，以吳、越❺之眾，三江❻之固，足以觀成敗，公等善相❼吾弟。」呼權，佩❽以印綬，謂曰：「舉江東之眾，決機❾於兩陳之間，與天下爭衡❿，卿不如我。舉賢任能，各盡其心以保江東，我不如卿。」丙午⓫，策卒，時年二十六。

權悲號，未視事。張昭曰：「孝廉⓬！此寧哭時邪！」乃改易權服，扶令上馬，使出巡軍。昭率僚屬，上表朝廷，下移屬城，中外將校，各令奉職。周瑜自巴丘將兵赴喪，遂留吳，以中護軍⓭與張昭共掌眾事。時策雖有會稽⓮、吳郡、丹陽⓯、豫章、廬江⓰、廬陵，然深險之地，猶未盡從；流寓之士，皆以安危去就為意，未有君臣之固。而張昭、周瑜等謂權可與共成大業，遂委心而服事焉。

秋，七月，立皇子馮為南陽王。壬午⓱，馮薨。

汝南黃巾劉辟等叛曹操應袁紹，紹遣劉備將兵助辟，郡縣多應之。紹遣使拜陽安都尉⓲李通為征南將軍⓳，劉表亦陰招之，通皆拒焉。或勸通從紹，通按劍叱之曰：「曹公明哲，必定天下，紹雖彊盛，終為之虜耳。吾以死不貳⑳。」即斬紹使，送印綬詣操。

通急錄㉑戶調㉒，朗陵長趙儼見通曰：「方今諸郡並叛，獨陽安懷附㉓，復趣㉔收其緜絹，小人樂亂，無乃不可乎？」通曰：「公與袁紹相持甚急，左右郡縣背叛乃爾，若緜絹不調送㉕，觀聽者必謂我顧望，有所須待也。」儼曰：「誠亦如君慮，然當權其輕重。小㉖緩調，當為君釋此患。」乃書與荀彧曰：「今陽安郡百姓困窮，鄰城並叛，易用傾蕩㉗，乃一方安危之機㉘也。且此郡人執守忠節，在險不貳，以為國家宜垂慰撫，而更急斂緜絹，何以勸㉙善！」彧即白操，悉以緜絹還民，上下歡喜，郡內遂安。通擊羣賊瞿恭等，皆破之，遂定淮、汝㉚之地。

時操制新科㉛，下州郡，頗增嚴峻，而調緜絹方急。長廣㉜太守何夔言於操曰：「先王辨九服㉝之賦以殊㉞遠近，制三典㉟之刑以平治亂。愚以為此郡宜依遠域新邦之典，其民間小事，使長吏㊱臨時隨宜，上不背正法，下以順百姓之心，比及三年，民安其業，然後乃可齊之以法也。」操從之。

劉備略汝、潁㊲之間，自許以南，吏民不安，曹操患之。曹仁曰：「南方以大軍[1]方有目前急，其勢不能相救，劉備以彊兵臨之，其背叛故宜也。備新將紹兵，未能得其用，擊之，可破也。」操乃使仁將騎擊備，破走之，盡復收諸叛縣而還。

備還至紹軍，陰欲離紹，乃說紹南連劉表。紹遣備將本兵㊳復至汝南㊴，與賊龔都等合，眾數千人。曹操遣將蔡楊擊之，為備所殺。

袁紹軍陽武㊵，沮授說紹曰：「北兵雖眾，而勁果不及南；南軍穀少，而資儲不如北；南幸㊶於急戰，北利在緩師。宜徐持久，曠以日月。」紹不從。八月，紹進營稍前，依沙埵㊷為屯，東西數十里。操亦分營與相當。

【章旨】以上為第八段，寫袁曹兩軍對峙官渡。

【注釋】❶射陽　縣名，縣治在今江蘇淮安東南。❷丹徒　縣名，縣治在今江蘇鎮江市東南。❸精駿　精良駿逸。❹中頰　射中臉的側面。❺吳越　指江東地區。其地古為吳國、越國之地。❻三江　指吳松江、錢塘江、浦陽江。❼相　輔助。❽佩　佩帶；繫帶。❾機　謂機宜，即依據時機所採取的適宜決策。❿爭衡　謂在角逐中較量勝負。⓫丙午　四月初四日。⓬孝廉　孫權十五歲即為陽羡長，不久，吳郡太守朱治又舉他為孝廉。⓭中護軍　官名，典掌禁軍，出征時督護諸將，位高權重。⓮會稽　郡名，治所山陰，在今浙江紹興。⓯丹陽　郡名，治所宛陵，在今安徽宣城。⓰廬江　郡名，治所本在舒縣，在今安徽廬江縣西南。建安四年（西元一九九年）劉勳移治所於皖縣，在今安徽潛山縣。⓱壬午　七月十二日。⓲陽安都尉　陽安原為縣，漢末一度轄朗陵縣，設都尉一人，相當於郡太守，故陽安又稱為郡，但不久又廢郡復為縣。陽安縣在今河南確山縣東北。⓳征南將軍　官名，東漢雜號將軍之一。⓴貳　貳心；異心。㉑錄　徵收。㉒戶調　按戶徵收綿絹的賦稅。㉓懷附　感懷順服朝廷。㉔趣　通「促」。倉猝；緊急。㉕調送　徵發運送。㉖小　通「少」。稍微。㉗易用傾蕩　容易因此而動盪傾覆。㉘機　關鍵。㉙勸　鼓勵。㉚淮汝　淮水與汝水，即今淮河與汝河。㉛科　法令。㉜長廣　長廣原為縣，屬東萊郡，縣治在今山東萊陽東。曹操遣樂進入青州後，新設為郡。㉝九服　相傳古代天子將所住京都以外的地方，按遠近分為九等，稱為九服。京都所在之方圓千里地叫王畿，此外方圓五百里為一服，依次類推，有侯服、甸服、男服、采服、衛服、蠻服、夷服、鎮服、藩服，見《周禮・夏官・職方氏》。㉞殊　區別。㉟三典　相傳古代治理不同國家所用的輕、中、重三類刑法。《周禮・秋官・大司寇》說：「掌建邦之三典，以佐王刑（治理）邦國，……一曰刑新國，用輕典；二曰刑平國，用中典；三曰刑亂國，用重典。」㊱長吏　指縣令長。㊲汝潁　汝水與潁水，即今汝河與潁河。㊳本兵　謂劉備本來擁有的兵眾。㊴汝南　郡名，治所平輿，在今河南平輿北。㊵陽武　縣名，縣治在今河南原陽東南。㊶幸　希望。㊷塠　同「堆」。

【校　記】①大軍　原作「大將軍」。據章鈺校，甲十一行本、乙十一行本皆無「將」字，今據刪。

【語　譯】廣陵太守陳登在射陽設立郡府，孫策向西進攻黃祖，陳登引誘嚴白虎的餘黨，企圖讓他們禍害孫策後方。孫策回軍攻打陳登，部隊到達丹徒，等待糧食運來。起初，孫策殺死吳郡太守許貢，許貢的奴僕門客潛藏民間，想要為許貢報仇。孫策喜歡遊獵，經常策馬飛奔，他騎的馬精良駿逸，隨從的馬跟不上。有一次突然遭遇許貢的三名門客，他們射中了孫策的面頰，後面的侍從騎士不一會兒趕來，三名門客全被刺死。孫策傷勢很重，便召來張昭等人，對他們說：「中原正戰亂，憑藉吳、越的人口眾多，三江的險固，完全可以坐觀成敗，你們要好好輔佐我的弟弟。」於是又把孫權喚來，給他佩戴上印綬，對他說：「率領江東的部眾，決勝於兩軍陣前，進而與天下英雄爭勝負，你不如我。選用賢才，使用能人，使他們各盡心力保有江東，我不如你。」四月初四日丙午，孫策去世，這時才二十六歲。

孫權悲痛號哭，不理軍政事務。張昭說：「孝廉！現在難道是哭的時候嗎！」於是讓孫權脫下喪服，扶他上馬，讓他出外巡視各軍。張昭率領官屬，上表奏報天子，下公文通告所屬各城，內外將校，命令各盡其職。周瑜從巴丘帶兵前來奔喪，就留在吳郡，以中護軍的身分，和張昭一起管理各種事務。當時孫策雖擁有會稽、吳郡、丹陽、豫章、廬江、廬陵等郡，但深遠險峻的地區，仍沒有全部歸順；流亡寓居的士大夫都首先考慮個人安危來決定去留，與孫家沒有固定的君臣關係。但張昭、周瑜等認為孫權可以和他們共同成就大業，於是忠心服事孫權。

秋，七月，冊立皇子劉馮為南陽王。十二日壬午，南陽王劉馮死去。

汝南黃巾軍劉辟等叛離曹操響應袁紹，袁紹派劉備率兵援助劉辟，很多郡縣響應。袁紹派使者任命陽安都尉李通為征南將軍，劉表也暗中拉攏他，李通都拒絕了。有人勸李通歸順袁紹，李通按劍斥責說：「曹公英明睿知，必能平定天下，袁紹雖然勢力強盛，最終會成為曹公的俘虜。我至死不生二心。」隨即殺死袁紹的使者，把袁紹給他的印綬送給了曹操。

李通緊急徵收戶稅綿絹，朗陵縣長趙儼謁見李通說：「如今各郡都叛離了，只有陽安感懷順服朝廷，又緊急徵收戶稅綿絹，小人樂於作亂，這樣恐怕不行吧？」李通說：「曹公和袁紹正激烈對峙，周圍的郡縣又如此背叛，如果戶稅綿絹不調送曹公，旁觀者一定會認為我左右觀望，有所等待。」趙儼說：「確實如你考慮的那樣，但應衡量事物的輕重。你稍微緩一點徵收，我為你解除這個憂患。」於是寫信給荀彧說：「如今陽安郡百姓窮困，附近各城都已叛變，陽安郡很容易因此而動盪傾覆，這是關係到一方安危的關鍵時刻。再說陽安郡的人堅守忠節，在危險面前不懷二心，我認為國家應該加以撫慰，卻緊急徵收綿絹，這將如何來鼓勵人們向善呢！」荀彧即刻轉告曹操，於是把徵收的綿絹全部還給百姓，上上下下都很高興，陽安郡也更為安定。李通攻擊群賊瞿恭等，把他們都打敗了，於是平定了淮水、汝水地區。

這時曹操制定了新的法令，下到州郡，增加了許多嚴厲的條款，而且徵收戶稅綿絹也很緊急。長廣太守何夔向曹操進言說：「古代的君王制定九等的賦稅，用來區分遠近，制定三典的刑法，用來評定治世和亂世。我認為長廣郡應按照新歸附的邊遠地區執行較寬鬆的政策，至於民間小事，可讓地方長官臨時合理處置，上不違背朝廷正式法律，下可順應百姓的心意，行至三年，百姓各安其業，然後才能用法律來約束他們。」曹操聽從了他的建議。

劉備攻打汝水、潁水一帶，從許都以南，官民不得安寧，曹操為此擔憂。曹仁說：「南方認為目前大軍正與袁紹激戰，勢必不能去救援，劉備強兵臨境，南方背叛是在情理之中的。劉備剛剛統領袁紹的部眾，還不能為他所用，我們去攻打，可以擊敗他。」曹操就派曹仁率領騎兵攻打劉備，劉備戰敗逃走，曹仁又收復全部叛離的各縣後回師。

劉備回到袁紹軍中，暗中打算離開袁紹，就勸說袁紹與南方的劉表聯合。袁紹派劉備率領他原來的部眾，又來到汝南，與賊寇龔都等聯合，部眾達到數千人。曹操派部將蔡楊攻擊劉備，被劉備殺死。

袁紹駐軍陽武，沮授勸袁紹說：「北軍雖然人數眾多，但勇猛剛勁不如南軍，南軍糧少，而且儲備不如北軍；南軍利於速戰，北軍利於延緩戰期。所以我方應該緩慢而持久，拖延時日。」袁紹不聽從。八月，袁紹把軍營稍稍向前推進，依靠沙丘駐守，東西連綿幾十里。曹軍也分地紮營，與袁軍的營壘相持。

九月庚午朔，日有食之。

曹操出兵與袁紹戰，不勝，復還，堅壁。紹為高櫓❶，起土山，射營中，營中皆蒙楯❷而行。操乃為霹靂車❸，發石以擊紹樓，皆破。紹復為地道攻操，操輒於內為長塹以拒之。操眾少糧盡，士卒疲乏，百姓困於征賦，多叛歸紹者。操患之，與荀彧書，議欲還許，以致紹師❹。彧報曰：「紹悉眾聚官渡，欲與公決勝敗。公以至弱當至彊，若不能制，必為所乘，是天下之大機❺也。且紹，布衣之雄耳，能聚人而不能用。以公之神武❻明哲，而輔以大順❼，何向而不濟❽！今穀食雖少，未若楚、漢❾在滎陽❿、成皋⓫間也。是時劉、項莫肯先退⓬者，以為先退則勢屈也。公以十分居一之眾⓭，畫地而守之，搤其喉而不得進，已半年矣。

情見勢竭，必將有變。此用奇之時，不可失也。」操從之，乃堅壁持之。

操見運者，撫之曰：「卻[14]十五日為汝破紹，不復勞汝矣！」紹運轂車數千乘至官渡，荀攸言於操曰：「紹運車旦暮[15]至，其將韓猛銳而輕敵，擊可破也。」操曰：「誰可使者？」攸曰：「徐晃[16]可。」乃遣偏將軍[17]河東徐晃與史渙邀擊猛，破走之，燒其輜重。

冬，十月，紹復遣車運穀，使其將淳于瓊等將兵萬餘人送之，宿紹營北四十里。沮授說紹：「可遣蔣奇別為支軍[18]於表[19]，以絕曹操之鈔[20]。」紹不從。許攸曰：「曹操兵少而悉師拒我，許下餘守，勢必空弱。若分遣輕軍星行[21]掩襲，許可拔也。許拔，則奉迎天子以討操，操成禽矣。如其未潰，可令首尾奔命，破之必也。」紹不從，曰：「吾要當先取操。」會攸家犯法，審配收繫[22]之。攸怒，遂奔操。

操聞攸來，跣[23]出迎之，撫掌[24]笑曰：「子卿遠來[25]，吾事濟矣！」既入坐，謂操曰：「袁氏軍盛，何以待之？今有幾糧乎？」操曰：「尚可支一歲。」攸曰：「無是，更言之！」又曰：「可支半歲。」攸曰：「足下不欲破袁氏邪？何言之不實也！」操曰：「向言戲之耳，其實可一月，為之柰何？」攸曰：「公孤軍獨守，外無救援，而糧穀已盡，此危急之日也。袁氏輜重萬餘乘，在故市㉖、烏巢㉗，屯軍無嚴備。若以輕兵襲之，不意而至，燔㉘其積聚，不過三日，袁氏自敗也。」

操大喜，乃留曹洪、荀攸守營，自將步騎五千人，皆用袁軍旗幟，銜枚㉙，縛馬口㉚，夜從間道㉛出，人抱束薪，所歷道有問者，語之曰：「袁公恐曹操鈔略後軍，遣兵以益備㉜。」聞者信以為然，皆自若。既至，圍屯，大放火，營中驚亂。會明，瓊等望見操兵少，出陳㉝門外，操急擊之。瓊退保營，操遂攻之。

紹聞操擊瓊，謂其子譚曰：「就㉞操破瓊，吾拔其營，彼固無所歸矣。」乃使其將高覽、張郃㉟等攻操營。郃曰：「曹公精兵往，必破瓊等。瓊等破，則事去矣，請先往救之。」郭圖固請攻操營。郃曰：「曹公營固，攻之必不拔。若瓊等見禽，吾屬盡為虜矣。」紹但遣輕騎救瓊，而以重兵攻操營，不能下。

紹騎至烏巢，操左右或言：「賊騎稍近㊱，請分兵拒之。」操怒曰：「賊在背後乃白！」士卒皆殊死㊲戰，遂大破之，斬瓊等，盡燔其糧穀，殺[1]士卒千餘人，皆取其鼻，牛馬割脣舌，以示紹軍。紹軍將士皆恟懼㊳。郭圖慙其計之失，復譖張郃於紹曰：「郃快㊴軍敗。」郃忿懼，遂與高覽焚攻具，詣操營降。曹洪疑不敢受，荀攸曰：「郃計畫不用，怒而來奔，君有何疑！」乃受之。

於是紹軍驚擾，大潰。紹及譚等幅巾[40]乘馬，與八百騎渡河[41]。操追之不及，盡收其輜重、圖書[42]、珍寶。餘眾降者，操盡阬[43]之，前後所殺七萬餘人。沮授不及[44]紹渡，為操軍所執，乃大呼曰：「授不降也，為所執耳！」操與之有舊，迎謂曰：「分野[45]殊異，遂用圮絕[46]，不圖今日乃相禽也！」授曰：「冀州[47]失策，自取奔北[48]。授知力俱困[49]，宜其見禽。」操曰：「本初[50]無謀，不相[51]用計。今喪亂未定，方當與君圖之。」授曰：「叔父母弟，縣命袁氏[52]，若蒙公靈[53]，速死為福。」操歎曰：「孤早相得，天下不足慮也。」遂赦而厚遇焉。授尋[54]謀歸袁氏，操乃殺之。

操收紹書中，得許下及軍中人書，皆焚之，曰：「當紹之彊，孤猶不能自保，況眾人乎！」

冀州城邑多降於操。袁紹走至黎陽北岸，入其將軍蔣義渠營，把其手曰：「孤以首領[55]相付矣！」義渠避帳[56]而處之，使宣號令。眾聞紹在，稍復歸之。

或謂田豐曰：「君必見重矣。」豐曰：「公貌寬而內忌[57]，不亮[58]吾忠，而吾數以至言[59]迕[60]之，若勝而喜，猶能赦〔2〕我，今戰敗而恚，內忌將發，吾不望生。」紹軍士皆拊膺[61]泣曰：「向令[62]田豐在，此必不至於敗。」紹謂逢紀曰：「冀州諸人聞吾軍敗，皆當念吾；惟田別駕前諫止吾，與眾不同，吾亦慚之。」紀曰：「豐聞將軍之退，拊手[63]大笑，喜其言之中也。」紹於是謂僚屬曰：「吾不用田豐言，果為所笑。」遂殺之。初，曹操聞豐不從戎[64]，喜曰：「紹必敗矣！」及紹奔遁，復曰：「向使紹用其別駕計，尚未可知也。」

審配二子為操所禽，紹將孟岱言於紹曰：「配在位專政，族大兵彊，且二子在南，必懷反計。」郭圖、辛評亦以為然。紹遂以岱為監軍[65]，代配守鄴。護軍[66]逢紀素與配不睦，紹以問之。紀曰：「配天性烈直[67]，每慕古人之節，必不以二子在南為不義也，願公勿疑。」紹曰：「君不惡之邪？」紀曰：「先所爭者，私情也；今所陳者，國事也。」紹曰：「善！」乃不廢配，配由是更與紀親。冀州城邑叛紹者，紹稍復擊定之。

紹為人寬雅[68]，有局度[69]，喜怒不形[70]於色[71]，而性矜愎自高[72]，短於從善，故至於敗。

【章旨】以上為第九段，寫袁紹與曹操官渡決戰，袁紹大敗。

【注釋】❶櫓　頂部無覆蓋的望樓。❷楯　盾牌。❸霹靂車　用機械原理將石塊發射出去的炮車，因其聲響很大，故稱為霹靂車。霹靂，極大雷聲。❹致紹師　意謂引來袁紹的軍隊，使之疲勞再加攻擊。❺大機　謂成敗的關鍵。❻神武　聰明威武。❼大順　指以天子之名義討伐叛者。❽濟　成功。❾楚漢　指秦末之楚王項羽、漢王劉邦。❿滎陽　縣名，縣治在今河南滎陽東北。⓫成皋　縣名，縣治在今河南滎陽汜水鎮西。⓬劉項莫肯先退　秦末，劉邦與項羽爭天下時，曾在滎陽、成皋間相持很久，最初雙方皆不肯退兵，後項羽與劉邦約，中分天下，鴻溝以西為漢地，以東為楚地，項羽因而退兵，劉邦遂乘機進取，終敗項羽。⓭公以十分居一之眾　謂曹操之兵力太少，只有袁紹軍隊的十分之一。⓮卻　且；再。⓯旦暮　指時間短促，猶言很快、即將。⓰徐晃　（？—西元二二七年）字公明，河東楊縣（今山西洪洞東南）人，初為郡吏，又從楊奉，為騎都尉。後從曹操，為裨將軍。官渡之戰中破顏良、文醜，為偏將軍。後屢從曹操征伐有功，為橫野將軍、平寇將軍。曹魏時為右將軍，封陽平侯。傳見《三國志》卷十七。⓱偏將軍　官名，東漢雜號將軍之一。⓲支軍　主力軍以外的部隊。⓳表　外圍。⓴鈔　掠取。㉑星行　披星而行。言其趕路急迫。㉒收繫　收捕囚禁。㉓跣　光著腳。㉔撫掌　拍掌。㉕子卿遠來　許攸字子遠。中華書局標點本《三國志》卷一〈魏書・武帝紀〉注引〈曹瞞傳〉已校正為「子遠卿來」，當從。㉖故市　地名，在當時酸棗縣烏巢澤之北，即在今河南延津界。㉗烏巢　湖澤名，在今河南延津東南。㉘燔　燒。㉙銜枚　古代軍隊夜襲敵人時，為防止出聲，令士兵口裡橫銜一小棍，稱為銜枚。㉚縛馬口　為防止馬叫，把馬口縛住。㉛間道　小路。㉜益備　加強防備。㉝陳　通「陣」。㉞就　即使。㉟張郃　字儁義，河間鄚縣（今河北任丘北）人，初屬韓馥，繼歸袁紹。為寧國中郎將。官渡之戰中投歸曹操，為偏將軍。後多次征討，屢立戰功，為盪寇將軍。曹魏時官至車騎將軍，封鄚侯。傳見《三國志》卷十七。㊱稍近　漸近。㊲殊死　拼死；決死。㊳恟懼　震動恐懼。㊴快　樂；高興。㊵幅巾　古代男子用絹一幅束髮，稱為幅巾。袁紹、袁譚等人「幅巾」，即不戴冠，僅用幅巾束首。㊶河　黃河。㊷圖書　此處指各種地圖、簿冊等。㊸阬　坑殺；活埋。㊹不及　沒有趕上。㊺分野　古代將天空星辰分為十二次，與地上州、郡國的位置相對應，稱為分野。並認為天象之變化是反映人間變化的。曹操此言的主要意思是說明地區的不同與隔絕。㊻圮絕　隔絕；斷絕。㊼冀州　指袁紹。㊽奔北　敗逃；失敗。㊾知力俱困　智謀與力量皆窮盡。知，通「智」。㊿本初　袁紹字本初。(51)相　共同。(52)縣命袁氏　謂命運掌握在袁氏手裡。縣，「懸」本字。(53)靈　神明。(54)尋　接著。(55)首領　頭顱。(56)避帳　讓出營帳。(57)貌寬而內忌　表面寬容大量而內心忌妒刻薄。(58)不亮　不明白；不相信。(59)至言　真誠有理之言。(60)迕　違背；觸犯。(61)拊膺　捶胸。(62)向令　假使。(63)拊手　拍手；拍掌。(64)豐不從戎　指田豐被袁紹囚禁而不能從軍。(65)監軍　官名。臨時派遣監督軍隊之官。(66)護軍　官名。負責監護協調各將領之關係。(67)烈直　剛烈正直。(68)寬雅　寬容閒雅。(69)局度　猶言器量、器度。(70)形　表露。(71)色　面色。(72)矜愎自高　剛愎自傲。

【校　記】①殺　原無此字。據章鈺校，甲十一行本、乙十一行本、孔天胤本皆有此字，張敦仁《通鑑刊本識誤》同，今據補。②赦　原作「救」。據章鈺校，乙十一行本、孔天胤本皆作「赦」，張敦仁《通鑑刊本識誤》同，今據改。

【語　譯】九月初一日庚午，發生日蝕。

曹操出兵與袁紹交戰，沒有取勝，又撤回去，堅守營壘。袁紹建造高高的望樓，堆起土山，居高向曹操營中射箭，營中的人都頂著盾牌行走。於是曹操製造霹靂車，發射石塊來攻擊袁紹的望樓，望樓全部被摧毀。袁紹又挖地道攻擊曹操，曹操就在營內挖長長的深溝來對抗。曹操兵少糧盡，士兵疲乏，百姓被賦稅困擾，很多人叛離曹操歸附袁紹。曹操很擔憂，寫信給荀彧，商議想回許都，用這個辦法來引誘袁紹的軍隊。荀彧回信說：「袁紹將全部人馬聚集到官渡，想與您一決勝敗。明公您用最弱之軍抵抗了最強之師，如果不能制服敵人，就一定會被敵人控制，這是奪取天下的關鍵所在。況且袁紹只是百姓中的英雄罷了，能夠聚集人才卻不能使用。憑明公您的神武和明智，再加上順應天子的名位，指向哪裡都不會不成功！如今糧食雖少，還沒到楚、漢在滎陽、成皋之間對峙的困難地步。那時劉邦、項羽誰也不肯先撤退，認為先撤退就屈居下風。明公您用只有袁軍十分之一的兵力，劃出界限堅守，扼住袁軍的咽喉，使他們不得前進，已經堅持半年了。情勢發展到最後階段，一定會發生變化，這是出奇制勝的時機，不可失去。」曹操聽從了荀彧的意見，於是堅守壁壘與袁軍對峙。

曹操看到運糧的人，安慰他們說：「再過十五天，為你們打敗了袁紹，就不再辛苦你們了！」袁紹數千輛運糧車到達官渡。荀攸向曹操進言道：「袁紹的運糧車隊很快就要到了，押運的將領韓猛精銳卻輕敵，攻擊他就可以破敵。」曹操問：「派誰合適呢？」荀攸說：「徐晃可以。」於是派偏將軍河東人徐晃和史渙截擊韓猛，韓猛敗走，曹軍放火燒了袁軍的輜重。

冬，十月，袁紹又派車輛運糧，讓他的將領淳于瓊等人率兵一萬多人護送，宿營在袁紹大營的北面四十里。沮授勸說袁紹：「可派蔣奇另組一支隊護在運糧車隊的外圍，以杜絕曹操來抄掠。」袁紹不聽從。

許攸說：「曹操兵少而全軍來抗拒我，許都由剩餘的少量部隊守衛，勢必空虛。如果分派輕兵星夜偷襲，可以攻佔許都。佔領許都後，就奉迎天子征討曹操，曹操就會被活捉。即使敵軍未潰敗，也可讓他們前後奔命，這樣一定能夠打敗他。」袁紹不聽從，說：「我定要先攻取曹操。」時逢許攸的家人犯法，審配將其逮捕。許攸一怒之下，就投奔了曹操。

曹操聽說許攸來投，來不及穿鞋光著腳出去迎接，拍掌大笑說：「子卿遠來，我的事業就可成功了！」入坐後，許攸對曹操說：「袁軍強盛，怎麼對付他？現在有多少糧食？」曹操說：「還可以應付一年。」許攸說：「沒那麼多，您再說！」曹操又說：「可應付半年。」許攸說：「您不想打敗袁紹嗎？為什麼不講實話！」曹操說：「剛才說的是玩笑話，其實只可應付一個月，該怎麼辦呢？」許攸說：「您孤軍獨守，外無救援，而糧食已盡，這是危險的時刻。袁紹輜重有一萬多車，存放在故市、烏巢，守衛的軍隊防備不嚴。如果派輕兵偷襲，出其不意地到達，燒毀他們積聚的糧草，不出三天，袁紹自然潰敗。」曹操大喜，於是留下曹洪、荀攸防守軍營，親自率步兵騎兵五千人裝扮成袁軍，全部使用袁軍的旗幟，士兵銜枚，戰馬勒口，趁夜從小道出發，每人抱一捆柴草，所經路上若有人盤問，就告訴他說：「袁公擔心曹操抄後路，派兵來加強守備。」聽的人信以為真，都照常行事。到達烏巢後，包圍營寨，大肆放火，營中驚恐混亂。直至天亮，淳于瓊等看到曹操兵少，就率軍出營布陣，曹操緊急攻擊，淳于瓊退保軍營，曹操便攻打軍營。

袁紹聽說曹操進攻淳于瓊，對他兒子袁譚說：「即便曹操擊敗淳于瓊，而我攻佔他的軍營，他就無處可歸了。」於是派他的將領高覽、張郃等攻擊曹操的軍營。張郃說：「曹操率精銳士兵前往，一定能擊敗淳于瓊等。淳于瓊等被打敗，那大事就完了，請先去救助淳于瓊。」郭圖堅請攻擊曹操軍營。張郃說：「曹公的軍營堅固，一定不能攻下。如果淳于瓊等被擒獲，我們這些人都將成為俘虜了。」袁紹只派輕騎兵救援淳于瓊，而用重兵攻打曹操軍營，未能攻下。

袁紹的騎兵到了烏巢，曹操身邊有的人說：「賊人的騎兵漸漸靠近，請分兵抵抗。」曹操憤怒地說：「賊人到了我們身後，再報告！」士兵們都拼死奮戰，於是大破敵軍，斬殺了淳于瓊等，燒毀袁軍的所有糧食，殺死袁軍士兵一千多人，都割下他們的鼻子，又割下牛馬的嘴唇和舌頭，拿來出示給袁紹的部眾看，袁軍將士全都震動驚懼。郭圖對自己的計謀失誤感到羞愧，反而在袁紹面前詆毀張郃說：「張郃對我軍失敗幸災樂禍。」張郃又氣又怕，於是和高覽放火燒掉進攻的器械，到曹營歸降。曹洪懷疑不敢接受，荀攸說：「張郃因計謀不被採納，一怒之下來投奔，你有什麼可懷疑的！」於是接受了投降。

這時袁紹的部眾驚懼混亂，大規模潰散。袁紹和袁譚等頭上只裹著幅巾乘馬與八百名騎兵渡過黃河。曹操沒有追趕上，繳獲了袁軍所有的輜重、圖書、珍寶。其餘投降的袁軍，全部活埋，前後殺了七萬多人。

沮授未趕上和袁紹一起渡河，被曹軍俘獲，便大叫著說：「我沮授不是歸降，是被擒獲而已！」曹操與沮授原有交情，親自迎接，對他說：「地域上的差異，使我們相互阻隔，想不到今天你被我抓獲！」沮授說：「袁紹失策，自取敗逃，我沮授智力和力量都已困竭，應該被擒。」曹操說：「袁紹沒有謀略，不用你的計謀。現今戰亂沒有平定，正當和你一起謀劃。」沮授說：「我的叔父和母親弟弟，命懸袁紹之手，如蒙您神明關照，讓我快點死去，這是我的福氣。」曹操歎息說：「我如早點得到你，取得天下就不在話下。」於是赦免沮授，給予優厚的待遇。不久，沮授謀劃回歸袁紹，曹操就殺掉了他。

曹操在收繳袁紹的書信中，得到許都和軍隊中一些人寫給袁紹的信，全都燒掉，說：「當袁紹強盛時候，我尚且不能自保，何況眾人呢！」

冀州的城邑紛紛歸降曹操。袁紹逃到黎陽北岸，逃入他的部將蔣義渠的軍營，拉著他的手說：「我把我的腦袋託付給你了！」蔣義渠騰出營帳讓袁紹住下，讓他發號施令。部眾們聽說袁紹還在，漸漸又來歸屬。

有人對田豐說：「你一定會被重用。」田豐說：「袁紹表面上寬容卻內心猜忌，不相信我的忠心，而我多次以真心話冒犯他，如果勝利了他自然高興，或許能赦免我，現在戰敗了，他一定愧恨，就會生猜忌之心，我不能指望活命了。」袁紹的將士都捶胸哭泣說：「以前如果田豐在，此戰一定不致失敗。」袁紹對逢紀說：「冀州眾人聽說我軍失敗，都應該牽掛我；只有田豐在戰前勸阻過我，與眾不同，我也自感羞愧。」逢紀說：「田豐聽說將軍敗退，拍掌大笑，慶幸他說中了。」袁紹於是對部屬說：「我不用田豐的計策，果然被他嘲笑。」於是殺了田豐。起初，曹操聽說田豐沒有隨軍出征，高興地說：「袁紹必敗！」等到袁紹敗逃，又說：「假如先前袁紹採用田豐的計策，還不知結果如何。」

審配的兩個兒子被曹操抓獲，袁紹的部將孟岱向袁紹進言說：「審配在職時獨攬大權，族大兵強，而且他的兩個兒子在南方，一定懷有反叛的打算。」郭圖、辛評也認為是這樣。於是袁紹任命孟岱為監軍，代替審配守衛鄴城。護軍逄紀一向與審配不和，袁紹以審配的事詢問逄紀。逄紀說：「審配天性剛烈正直，常常敬慕古人的氣節，一定不會因為兩個兒子在南方做出不義的事情，希望明公不要多疑。」袁紹說：「你不是憎惡審配嗎？」逄紀說：「我與他先前的爭執，是出於私情；現在所講的，是國家大事。」袁紹說：「很好！」於是不廢除審配，審配從此與逄紀的關係日愈親近。冀州城邑背叛袁紹的，袁紹又逐漸平定了他們。

袁紹為人寬容閒雅，有器量，喜怒不形於色，但生性剛愎自傲，難以從善，所以招致失敗。

冬，十月辛亥❶，有星孛❷于大梁❸。

廬江太守李術❹攻殺揚州刺史嚴象，廬江梅乾、雷緒、陳蘭等各聚眾數萬在江淮間，曹操表沛國劉馥❺為揚州刺史。時揚州獨有九江❻，馥單馬造合肥❼空城，建立州治❽，招懷乾、緒等，皆貢獻相繼。數年中，恩化大行，流民歸者以萬數。於是廣屯田，興陂堨❾。官民有畜❿，乃聚諸生⓫，立學校。又高為城壘，多積木石，以脩戰守之備。

曹操聞孫策死，欲因喪伐之。侍御史張紘⓬諫曰：「乘人之喪，既非古義，若其不克，成讎棄好，不如因而厚之。」操即表權為討虜將軍⑬，領⑭會稽太守。

操欲令紘輔權內附，乃以紘為會稽東部都尉⑮。紘至吳，太夫人⑯以權年少，委紘與張昭共輔之。紘思惟補察，知無不為。太夫人問揚武都尉⑰會稽董襲⑱曰：「江東可保不⑲？」襲曰：「江東有山川之固，而討逆明府⑳恩德在民，討虜㉑承基，大小用命，張昭秉㉒眾事，襲等為爪牙㉓，此地利人和之時也，萬無所憂。」權遣張紘之部㉔，或以紘本受北任㉕，嫌㉖其志趣不止於此，權不以介意㉗。

魯肅將北還，周瑜止之，因薦肅於權，曰：「肅才宜佐時，當廣求其比㉘以成功業。」權即見肅，與語，悅之。賓退，獨引肅合榻㉙對飲，曰：「今漢室傾危，孤思有桓、文之功㉚，君何以佐之？」肅曰：「昔高帝㉛欲尊事義帝㉜而不獲者，以項羽為害也。今之曹操，猶昔項羽，將軍何由得為桓、文乎！肅竊料之，漢室不可復興，曹操不可卒㉝除。為將軍計，惟有保守江東，以觀天下之釁㉞耳。若因北方多務㉟，勦除黃祖，進伐劉表，竟長江所極，據而有之㊱，此王業也。」權曰：「今盡力一方，冀㊲以輔漢耳，此言非所及也。」張昭毀肅年少粗疏，權益貴重之，賞賜儲偫㊳，富擬其舊㊴。

權料㊵諸小將兵少而用薄者，并合之。別部司馬㊶汝南呂蒙㊷軍容鮮整㊸，士卒練習[44]。權大悅，增其兵，寵任之。

功曹駱統[45]勸權尊賢接士，勤求損益[46]，饗賜之日，人人別進[47]，問其燥濕[48]，加以密意[49]，誘諭使言，察其志趣，權納用焉。統，俊之子也。

廬陵太守孫輔恐權不能保江東，陰遣人齎書呼曹操。行人以告，權悉斬輔親近[50]，分其部曲，徙輔置東[51]。

曹操表徵華歆為議郎[52]、參司空軍事。

廬江太守李術不肯事權，而多納其亡叛。權以狀白曹操，曰：「嚴刺史昔為公所用，而李術害之，肆其無道，宜速誅滅。今術必復詭說求救。明公居阿衡之任[53]，海內所瞻，願敕執事，勿復聽受。」因舉兵攻術於皖城。術求救於操，操不救。遂屠其城，梟[54]術首，徙其部曲三萬餘人。

劉表攻張羨[55]，連年不下。曹操方與袁紹相拒，未暇救之。羨病死，長沙復立其子懌。表攻懌及零、桂[56]，皆平之。於是表地方數千里，帶甲十餘萬，遂不供職貢[57]，郊祀天地[58]，居處服用，僭擬乘輿[59]焉。

張魯以劉璋闇懦[60]，不復承順，襲別部司馬張脩[61]，殺之而并其眾。璋怒，殺魯母及弟。魯遂據漢中，與璋為敵。璋遣中郎將龐羲擊之，不克。璋以羲為巴郡㉒太守，屯閬中㉓以禦魯。羲輒召漢昌㉔賨民㉕為兵，或構㉖羲於璋，璋疑之。趙韙數諫不從，亦恚恨。

初，南陽㉗、三輔㉘民流入益州者數萬家，劉焉悉收以為兵，名曰東州兵。璋性寬柔，無威略，東州人侵暴舊民，璋不能禁。趙韙素得人心，因益州士民之怨，遂作亂，引兵數萬攻璋。厚賂荊州㉙，與之連和，蜀郡㉚、廣漢㉛、犍為㉜皆應之。

【章旨】以上為第十段，寫孫權承父兄之業統領江東，招賢平叛，士民歸附。劉表平叛，固有荊州。張魯據漢中。

【注釋】❶辛亥　十月十二日。❷孛　即彗星。❸大梁　星次名，為十二星次之一，與黃道十二宮之金牛宮相當，在二十八宿為胃、昴、畢三宿。❹李術　孫策所置的廬江太守。❺劉馥　（？—西元二〇八年）字元穎，沛國相縣（今安徽濉溪縣西北）人，漢末避亂揚州，建安初，說服袁術將戚寄等共歸曹操，曹操表薦為揚州刺史。赴任後，創立學校，興修水利，廣開屯田，人民得以安居樂業。傳見《三國志》卷十五。❻揚州獨有九江　當時揚州的廬江、丹陽、會稽、吳、豫章等郡皆屬孫氏，劉馥為刺史，僅有九江一郡。漢末九江郡的治所壽春，在今安徽壽縣。❼合肥　侯國名，治所在今安徽合肥。❽州治　東漢末揚州刺史的治所在壽春，現劉馥移於合肥。❾陂堨　蓄水的堰塘。❿畜　同「蓄」。⓫諸生　東漢時稱太學生為諸生。⓬侍御史張紘　建安三年（西元一九八年）孫策遣張紘至許都貢獻方物，朝廷遂留為侍御史。侍御史，官名，掌察舉非法，受公卿群吏奏事，有違失者則舉劾。⓭討虜將軍　官名，為此時創置的雜號將軍。⓮領　兼任。⓯會稽東部都尉　東漢於會稽郡置東部都尉，職如太守。漢末治所句章，在今浙江餘姚東南。⓰太夫人　孫權之母吳夫人。⓱揚武都尉　官名，東漢於邊郡關塞之地設都尉，職如太守。其他都尉為臨時設置的一級領兵將領。此揚武都尉為孫策所置的領兵將領。⓲董襲　字元代，會稽餘姚（今浙江餘姚）人，武勇過人，孫策入會稽時，投歸孫策，為別部司馬、揚武都尉。孫策死後又隨孫權，數從征討，屢立戰功，為威越校尉、偏將軍。傳見《三國志》卷五十五。⑲不 通「否」。⑳討逆明府 指孫策。因孫策為討逆將軍、會稽太守，故稱。漢代人尊稱太守為明府。㉑討虜 指孫權。孫權為討虜將軍。㉒秉 操持。㉓爪牙 指武將。㉔之部 前往任職之地。此謂前往會稽東部。㉕受北任 指受許都朝廷之任。㉖嫌 懷疑。㉗介意 放在心上。㉘比 謂類似者。㉙合榻 將兩人用的几案合起來。榻，几案。㉚桓文之功 指春秋時齊桓公、晉文公尊王稱霸之功。㉛高帝 指漢高祖劉邦。㉜義帝 秦末農民起事時，項梁立楚懷王孫心為懷王。滅秦後，項羽尊懷王為義帝。不久又將義帝殺害。㉝卒 通「猝」。很快。㉞釁 釁隙；破綻。㉟多務 多事，謂多變故。㊱竟長江所極二句 謂佔據全部長江流域。㊲冀 希望。㊳儲偫 儲備。㊴富擬其舊 謂類似魯肅家舊有之富裕。㊵料 清理。㊶別部司馬 官名。東漢時，大將軍領營五部，部有校尉一人，軍司馬一人，其別營領屬為別部司馬，領兵多少沒有一定。漢末，有些雜號將軍也置別部司馬以領兵。㊷呂蒙 （西元一七八—二一九年）字子明，汝南富陂（今安徽阜南縣東南）人，少年渡江，依姐夫鄧當。鄧當為孫策部將，死後，孫策使蒙領其兵，為別部司馬。孫策死後，又從孫權攻佔各地，任橫野中郎將。後隨周瑜、程普等大破曹操於赤壁，為偏將軍。魯肅死後，又代領其軍，襲破關羽，佔有荊州，封孱陵侯。傳見《三國志》卷五十四。㊸鮮整 鮮亮整齊。㊹練習 經過操練、實戰；訓練有素。㊺駱統 （西元一九四—二二八年）字公緒，會稽烏程（今浙江義烏）人，初代理烏程相，治理有方，孫權召為功曹，又為建忠中郎將。淩統死後，復領其兵。後隨陸遜大破蜀軍，為偏將軍。多陳善議，為孫權所重。傳見《三國志》卷五十七。㊻損益 利弊得失。㊼別進 個別召進。㊽問其燥濕 謂問其生活居處情況。㊾密意 親切關懷。㊿斬輔親近 孫輔為孫權從兄，故斬其親近之人而不及輔。51東 指吳郡東部。52議郎 官名，郎官之一種，屬光祿勳，但不入值宿衛，得參與朝政議論。53居阿衡之任 謂居於輔助帝王、主持國政之地位。阿衡，即商初之伊尹，名摯，助湯伐桀有功，商朝建立後，繼續輔助商湯，主持國政，湯尊之為阿衡。54梟 把人頭懸於木上。55張羨 原為劉表所轄之長沙太守，於建安三年舉長沙、零陵、桂陽三郡抗拒劉表。56零桂 即零陵郡與桂陽郡。零陵郡治所在泉陵，在今湖南零陵。桂陽郡治所在郴縣，在今湖南郴州。57職貢 指應向朝廷貢納的方物。58郊祀天地 古代帝王於郊外祭祀天地之大典。59僭擬乘輿 超越本分類比於天子。60闇懦 愚昧而懦弱。61張脩 劉璋之別部司馬。初平二年（西元一九一年），劉焉遣督義司馬張魯、別部司馬張脩合兵襲殺漢中太守蘇固，張魯、張脩因駐漢中。62巴郡 治所江州，在今重慶市南岸區。龐羲為太守，遷至閬中。63閬中 縣名，縣治在今四川閬中。64漢昌 縣名，漢和帝時始置，縣治在今四川巴中。65賨民 古代居於渠江、嘉陵江流域的一支少數民族，又稱板楯蠻，因秦漢時他們所繳納的賦叫賨，因而稱他們為賨民。66構　構陷；誣陷。67南陽　郡名，治所宛縣，在今河南南陽。68三輔　地區名，漢代稱京兆尹、左馮翊、右扶風為三輔。相當於以今西安為中心的陝西中部地區。69荊州　指劉表。70蜀郡　治所成都，在今四川成都市中心。71廣漢　郡名，治所雒縣，在今四川廣漢北。72犍為　郡名，治所武陽，在今四川彭山縣東北。

【語譯】冬，十月十二日辛亥，有彗星出現在大梁星空區域。

廬江太守李術攻打並殺死揚州刺史嚴象，廬江人梅乾、雷緒、陳蘭等人在江淮一帶各自聚集部眾數萬人，曹操上表推薦沛國人劉馥為揚州刺史。當時曹操屬下的揚州只轄有九江一郡，劉馥單人匹馬到合肥這座空城，建立州府，招徠梅乾、雷緒等人，他們都不斷向朝廷進貢。數年之間，大力推行恩德教化，歸附的流民數以萬計。於是推廣屯田，興建池塘渠堰。官府百姓有了儲蓄，便招收士子，設立學校。又高築城牆堡壘，積聚大量木材石料，用來修造作戰和守衛的設備。

曹操聽到孫策死了，想乘機征伐孫權。侍御史張紘勸諫說：「乘人的喪事發動進攻，不合乎古代道義，如果不能攻克，就會棄好成仇，不如趁機厚待他。」曹操就上表推薦孫權為討虜將軍，兼任會稽太守。

曹操想讓張紘輔助孫權歸附朝廷，於是任命張紘為會稽東部都尉。張紘到達吳郡，孫權的母親鑑於孫權年紀小，委託張紘和張昭共同輔佐孫權。張紘認真思考，補救失察，認定應辦的事無不全力去辦。孫權的母親問揚武都尉會稽人董襲說：「江東可以保住嗎？」董襲說：「江東有可以堅守的山川，而且討逆將軍在民間廣施恩德，討虜將軍繼承基業，大小百官聽命，張昭總理眾務，我等作為助手，這正是地利人和最好的時候，萬事都不用擔心。」孫權派張紘到會稽郡上任，有人認為張紘是北方朝廷任命的官員，恐怕他的心志不在這裡，孫權並不介意。

魯肅準備北歸，周瑜阻止了他，乘機把魯肅推薦給孫權，說：「魯肅的才能適宜輔佐時局，應廣招像他這樣的人才來成就功業。」孫權立即召見魯肅，與他交談，非常高興。賓客退下，孫權單獨留下魯肅，和他併榻對飲，孫權說：「如今漢家江山危在旦夕，我想建立齊桓公、晉文公那樣的功業，你用什麼策略來輔佐我？」魯肅說：「從前高祖劉邦想尊奉義帝卻未能如願，是因為項羽搗亂。今天的曹操，猶如昔日的項羽，將軍如何能有齊桓公、晉文公的作為呢！我私下預料，漢室不可能復興，曹操不可能很快除掉。為將軍著想，只有保住江東，觀察天下形勢的變化。如果趁北方多事，勦滅黃祖，進伐劉表，長江首尾，全線據為己有，這就是霸王的功業了。」孫權說：「如今我全力保住一方土地，期望以此來輔佐漢室而已，你說的這些話不是我能做到的。」張昭詆毀魯肅年輕慮事粗疏，孫權卻更加看重魯肅，賞賜給他的財物儲備，與舊時的富有程度一樣。

孫權清理那些兵少而作用不大的小將，把他們合併。別部司馬汝南人呂蒙軍容鮮亮整齊，士兵訓練有素。孫權很高興，給他增加兵力，寵愛重用他。

功曹駱統勸孫權尊賢納士，經常向他們尋求為政的得失，在宴飲賞賜之時，分別接見每一個人，詢問生活居處情況，加強親密關係，引導大家發表意見，觀察他們的志趣，孫權採用了駱統的建議。駱統，是駱俊的兒子。

廬陵太守孫輔擔心孫權不能保住江東，暗中派人帶信叫曹操南下。送信的人把這件事報告給了孫權，孫權殺掉孫輔的所有親信，分散他的部眾，把孫輔流放到吳郡的東部。

曹操上表徵召華歆任議郎、參司空軍事。

廬江太守李術不肯侍奉孫權，而且收容了許多背叛孫權的逃亡者。孫權把這些情況報告曹操，說：「刺史嚴象，從前是您任用的人，而李術卻殺了他，行為放縱無道，應該趕快除掉。現在李術一定會又用詭詐之詞向您求救。明公您像伊尹一樣居天下重任，為海內所景仰，希望明公您命令左右，不要再聽從李術的話。」孫權於是發兵皖城攻擊李術。李術向曹操求救，曹操不救。於是孫權屠滅皖城，把李術梟首示眾，調遷他的部眾兩萬多人。

劉表進攻張羨，連年沒能攻破。曹操正與袁紹對峙，無暇救援張羨。張羨病死，長沙郡人又擁立他的兒子張懌。劉表進攻張懌以及零陵、桂陽兩郡，全部平定。這時劉表的地盤方圓幾千里，擁兵十多萬，便不向朝廷貢納方物，在郊外祭祀天地，住處服飾用具，超越本分，模擬天子。

張魯認為劉璋愚昧懦弱，不再歸順，襲擊別部司馬張脩，殺了張脩吞併了他的部眾。劉璋憤怒，殺了張魯的母親和弟弟。於是張魯佔據漢中，與劉璋為敵。劉璋派中郎將龐羲攻擊張魯，沒有取勝。劉璋任命龐羲為巴郡太守，駐軍閬中以抵禦張魯。龐羲就招募漢昌縣的賨民為兵，有人在劉璋面前誣陷龐羲，劉璋開始懷疑龐羲。趙韙多次勸說劉璋，劉璋不聽，於是心生怨恨。

起初，南陽、三輔的百姓流入益州的有幾萬家，劉焉全部收編，稱為東州兵。劉璋生性寬厚柔弱，沒有威嚴謀略，東州人欺陵暴虐當地的土著居民，劉璋不能禁止。趙韙一向深得人心，利用益州士民對劉璋的怨恨，便犯上作亂，率領幾萬兵眾攻擊劉璋。趙韙厚禮賄賂荊州的劉表，與他聯合，蜀郡、廣漢、犍為等郡都起兵響應。

【研 析】本卷記載的最大事件是袁曹官渡之戰，也是值得研析的一個歷史重大課題。官渡之戰是袁曹勢力消長的轉折點。當時袁強曹弱，而交戰結果，袁敗曹勝。曹操此役以少勝眾，在中國戰爭史上寫下了輝煌的一筆。人們要問：曹操為何能以弱抗強？袁紹本有取勝之道，他為何不救劉備，夾擊曹操？勝敗兵家常事，一時雄傑的袁紹，為何一蹶不振？研析這些問題，將帶給我們深刻的啟迪。

袁紹發動官渡之戰不合時宜。西元二〇〇年二月，袁紹發布討伐曹操的檄文，列舉曹操進兵河內，圖謀不軌的罪狀。此時袁紹剛剛結束與公孫瓚的數年激戰，不顧士眾疲勞，不聽謀臣勸諫，立即發動討伐許都之戰，簡選精兵十萬，騎萬匹，大舉南向。曹操迎戰，袁曹相遇於官渡，史稱官渡之戰。袁曹雙方的有識之士，都預言袁紹必敗，因為袁紹急於南向，不是時機。袁紹智勇雙全的大將沮授認為，袁軍連年征戰，「百姓疲憊，倉庫無積」；且曹操奉迎天子，建宮許都，袁軍南向，「於義則違」，即師出無名。沮授建議，休整士卒，繕治器械，派出少量游兵騷擾河南，造成「彼不得安，我取其逸」的戰略，「如此可以不戰而勝」。但袁紹聽不進去，田豐進諫，他甚至把田豐投入監獄。是什麼原因使得袁紹不取穩操勝券的戰略而要立即與曹操決一雌雄呢？原因有四：其一，是天無二日，人無二王，袁曹兩人都是雄猜者，隨著勢力的膨脹而外親內疏，明爭暗鬥，公開破裂是遲早的事。其二，是袁紹所併河北冀并青幽四州，戰亂沒有河南司豫兗徐慘烈，袁紹的實力大於曹操，特別是打敗公孫瓚之後，驕傲自大，他要乘勝擴大戰果，忘了將士連年征戰的疲勞。其三，袁紹與曹操結盟，處處遭曹操暗算，特別是曹操進兵河內，插足自己的地盤，而且是乘人之危，袁紹與公孫瓚決戰正酣，曹操給自己背上來了一刀，袁紹被激怒，急於向曹操興師問罪而冒進，犯了兵家之大忌。其四，是想打敗曹操，自己挾天子以令諸侯，甚至是取漢室而代之。這時袁紹的野心比曹操還要大，他曾經諷諭耿包陳說天命，可見袁紹想當皇帝的欲望已到發昏的地步。袁紹的野心，路人皆知，所以他在外交上節節失利。遊說關西，關西接受朝廷節制。拉攏張繡，張繡反而投曹。聯盟劉表，劉表坐觀成敗。只有一個劉備打出衣帶詔，堂堂討逆，袁紹又氣憤劉備搶先倡義，見死不救，喪失了戰機。這表現了袁紹不識大體，不顧大局，氣度偏狹，焉能不敗？

曹操人傑，非袁紹能敵。袁曹兩人相較，郭嘉有袁紹十敗，曹操十勝之說，大體得當。其主要方面，曹操取勝，有四大原因。其一，曹操機權幹略，高袁一籌。就以官渡之戰為例，曹操進兵河內，佔了地利和實利，挑起了袁曹的公開對立，而又把發動戰爭的責任轉嫁到袁紹身上，確實是道高一尺，先贏一著。

兩軍對峙官渡，後勤保障，極其重要。先是曹操派徐晃燒了袁軍官渡前線的幾千車軍糧，袁紹又重新從河北運糧一萬多車屯於官渡大營北面的烏巢（在今河南延津）。曹操親率步騎五千，乘夜趕到烏巢，攻寨燒糧。在這存亡千鈞一髮之際，袁紹得知曹操偷襲烏巢，卻執意只派少數人去援救，而以重兵去劫曹軍大營。結果袁軍攻打曹軍營壘不利，而烏巢的軍糧被曹操燒光。袁軍軍心動搖，全線潰退。其二，曹操個性奸詐，袁紹重義，不是曹操對手。袁曹結盟，劃分勢力範圍，袁紹戰河北，曹操戰河南，兩個背靠合力作戰，掃滅群雄，獲得了極大的成功。西元一九四年，曹操部將陳宮和陳留太守張邈反叛曹操，迎接呂布入兗州。曹操向袁紹告急，袁紹派大將朱靈引兵救援。事後曹操招誘朱靈投歸，挖了袁紹的牆角。袁紹手下大將臧洪，文武雙全，替袁紹打下青州，袁紹讓其子袁譚守青州，徙臧洪為東郡太守。西元一九六年，曹操攻圍張超，張超與臧洪是結盟兄弟，臧洪要救張超，袁紹不許，逼反臧洪，袁紹興兵攻圍臧洪一年有餘，才破殺了臧洪，既使自己痛失一臂，又貽誤了剿滅公孫瓚的時機，大為失計。反觀曹操，「寧我負人，毋人負我」，有利可圖，絕不放過。曹操進兵河內，背後捅刀子，就是生動的例證。袁曹兩人相較，袁紹是君子，曹操是小人。君子與小人鬥，君子常勝，小人常敗。其三，曹操大度，善於用人，因此能得人死力。徐晃、張遼，來自敵壘，投曹後都能效死力。袁紹偏狹，用人好猜忌，又忠奸不分，自己把人才推到了曹操一邊。謀士許攸，戰將張郃、高覽，皆因遭猜忌和被誣陷，臨陣倒戈，要了袁紹的命。其四，曹操有識，不恥下問而善聽忠言。官渡之戰每到關鍵時刻，曹操就向荀彧、郭嘉問計，得策即行，與袁紹的拒諫飾非形成鮮明對比。

袁紹也是英雄。《後漢書・袁紹傳》注引《獻帝春秋》的記載，袁紹病死，冀州的老百姓奔走相告，街頭巷尾，到處是哭聲，好像死了親人一樣。當時的老百姓把袁紹看作是一個英雄，而且是不應當死的英雄，難道百姓們都錯了嗎？有人說這是史家的編造，你怎麼看呢？曹操滅了袁譚，袁尚、袁熙兄弟二人逃奔烏桓，河北士民相隨十餘萬，說明袁紹生前能寬仁待眾以及對北邊民族的和解政策起了一定的作用。但是袁曹相鬥，袁紹失敗了，曹操勝利了，這有著多方面的原因。袁紹失敗的主要原因有三：一是他個人的謀略智計，氣質權術不是曹操對手；二是他外寬內忌，剛愎自用，不能容忍人才而取長補短，官渡之戰形成以個人之智力對曹氏集團之群士，哪有不敗之理；三是個人心胸狹窄，袁紹官渡敗後，不思更張，反而變本加厲忌刻人才，冤殺田豐，氣憤憂死。袁紹死後，又無良輔協調二子，被曹操所利用，於是袁紹集團不可避免地覆亡了。

袁紹失敗了，但他鷹揚河朔的業績替曹操統一北方開闢了道路，仍不失為漢末的一個英雄人物。

卷第六十四

漢紀五十六

起重光大荒落（辛巳 西元二〇一年），盡旃蒙作噩（乙酉 西元二〇五年），凡五年。

【題 解】本卷記事起西元二〇一年，迄西元二〇五年，凡五年。當漢獻帝建安六年至建安十年。這五年是官渡之戰後，現存各大軍閥調整戰略，對內平叛，對外觀望，重新洗牌的時期，沒有大戰役發生，全國形勢相對平靜。荊州無事，劉表繼續保境安民。江東孫權、益州劉璋、漢中張魯，平定內亂，鞏固區域統治。孫權拒絕曹操徵質，分庭抗禮。北方仍是激烈的爭戰地區。官渡之戰後，由於袁紹憂死，劉備退出逐鹿中原，南依劉表，中原叱咤風雲的英雄只剩了一個曹操。袁紹廢長立幼，導致袁氏兄弟相殘，曹操趁機各個擊破，先破袁尚，後滅袁譚，高幹歸降，完成了對北方的統一。建安十年，高幹復叛，引發河東騷亂，遲滯了曹操北征烏桓，但無損北方大局。

孝獻皇帝己

建安六年（辛巳 西元二〇一年）

春，三月丁卯朔❶，日有食之。

曹操就穀❷於安民❸。以袁紹新破，欲以其間❹擊劉表。荀彧曰：「紹既新敗，其眾離心，宜乘其困，遂定之。而欲遠師❺江、漢❻，若紹收其餘燼❼，乘虛以出人後，則公事去矣。」操乃止。

夏，四月，操揚兵❽河❾上，擊袁紹倉亭❿軍，破之。秋，九月，操還許。操自擊劉備於汝南⓫，備奔劉表，龔都等皆散。表聞備至，自出郊迎，以上賓禮待之，益⓬其兵，使屯新野⓭。備在荊州數年，嘗於表坐起至廁，慨然流涕。表怪，問備，備曰：「平常身不離鞍，髀⓮肉皆消。今不復騎，髀裏⓯肉生。日月如流，老將至矣，而功業不建，是以悲耳。」

曹操遣夏侯淵、張遼圍昌豨於東海⓰，數月，糧盡，議引軍還。遼謂淵曰：「數日已來，每行諸圍，豨輒屬目⓱視遼，又其射矢更稀。此必豨計猶豫，故不力戰。遼欲挑⓲與語，儻⓳可誘也。」乃使謂豨曰：「公有命，使遼傳之。」豨果下與遼語。遼為說操神武⓴，方以德懷㉑四方，先附者受大賞，豨乃許降。遼遂單身上三公山㉒，入豨家，拜妻子。豨歡喜，隨遼詣操，操遣豨還。

趙韙圍劉璋於成都，東州人恐見誅滅，相與力戰，韙遂敗退，追至江州㉓，殺之。龐羲懼，遣吏程祁宣旨於其父漢昌令畿，索賨兵。畿曰：「郡合部曲，本不為亂，縱㉔有讒諛，要在盡誠。若遂懷異志，不敢聞命。」羲更使祁說之，畿曰：「我受牧恩，當為盡節；汝為郡吏，自宜效力。不義之事，有死不為。」羲怒，使人謂畿曰：「不從太守，禍將及家！」畿曰：「樂羊食子㉕，非無父子之恩，大義然也。今雖羹祁以賜畿，畿啜之矣！」羲乃厚謝於璋。璋擢㉖畿為江陽㉗太守。

朝廷聞益州亂，以五官中郎將㉘牛亶為益州刺史。徵璋為卿㉙，不至。

張魯以鬼道㉚教民，使病者自首其過㉛，為之請禱；實無益於治病，然小人昏愚，競共事之。犯法者三原㉜，然後乃行刑。不置長吏㉝，皆以祭酒㉞為治。民、夷便樂之，流移寄在其地者，不敢不奉其道。後遂襲取巴郡，朝廷力不能征，遂就寵㉟魯為鎮民中郎將㊱，領㊲漢寧㊳太守，通貢獻而已。

民有地中得玉印者，羣下㊴欲尊魯為漢寧王。功曹㊵巴西閻圃諫曰：「漢川㊶之民，戶出十萬，財富土沃，四面險固。上匡天子，則為桓、文㊷，次及竇融㊸，不失富貴。今承制㊹署置㊺，勢足斬斷㊻，不煩於王㊼。願且不稱，勿為禍先。」魯從之。

【章　旨】以上為第一段，寫官渡之戰後各方重新蓄積力量。曹操治亂徐州，劉備南依劉表，益州劉璋、漢中張魯，保境安民。

【注　釋】❶三月丁卯朔　三月朔日為丁酉，二月朔日為丁卯。據此三月應為二月之誤。朔，初一日。❷就穀　謂移兵到穀多之處，就地取得給養。❸安民　地名，東漢東平國壽張縣西有安民亭，亭北又有安民山，壽張縣治在今山東東平西南。❹間　間隙。❺遠師　出軍遠征。❻江漢　長江與漢水，指荊州。❼燼　物體燃燒後剩下的部分。此喻袁紹殘餘之眾。❽揚兵　炫耀兵力。❾河　黃河。❿倉亭　即倉亭津，古黃河渡口。在今山東范縣東北。⓫汝南　郡名，治所平輿，在今河南平輿北。⓬益　增加。⓭新野　縣名，縣治在今河南新野。⓮髀　大腿。⓯髀裏　大腿內側。⓰東海　郡名，治所郯縣，在今山東郯城西北。⓱矚目　注目；注視。⓲挑　挑逗；打動。⓳儻　同「倘」。或許。⓴神武　聰明威武。㉑懷　安撫。㉒三公山　在當時郯縣境內。㉓江州　縣名，縣治在今重慶市南岸區。㉔縱　即使。㉕樂羊食子　樂羊，戰國時魏將。魏文侯令樂羊率兵攻中山，當時樂羊之子正在中山，樂羊受命而不顧，中山人因烹其子，並將其湯送與樂羊，樂羊仍飲之，終於降服中山。事見《戰國策・魏策一》。㉖擢　提拔。㉗江陽　郡名，劉璋分犍為郡所置。治所江陽縣，在今四川瀘州。㉘五官中郎將　官名，漢於光祿勳下置五官、左、右三署中郎將，統領皇帝侍衛軍。㉙卿　指中央政府的九卿。㉚鬼道　指五斗米道。初入道者稱為「鬼卒」。㉛自首其過　主動坦白自己的過失。㉜原　原諒；恕免。㉝長吏　指縣官。㉞祭酒　張魯在漢中創立政教合一的政權，其政權中最高統治者稱「師君」，以下皆稱「祭酒」或「治頭大祭酒」。㉟寵　寵命；恩賜任命。㊱鎮民中郎將　官名，中郎將為東漢位次於將軍的統兵將領，鎮民為其名號。㊲領　兼任。㊳漢寧　郡名，即漢中郡，以後建安二十年又復稱漢中。漢寧之稱蓋始於此時。治所在南鄭，在今陝西漢中。㊴羣下　謂張魯的手下人。㊵功曹　官名，即功曹史，郡守之主要佐吏，除分掌人事外，還參與一郡政務。㊶漢川　即漢中。㊷桓文　春秋五霸中的齊桓公與晉文公。㊸竇融　東漢人，新莽末年曾割據河西五郡，後歸降漢光武帝劉秀，以功封安豐侯，任大司農。傳見《後漢書》卷二十三。㊹承制　稟承皇帝之命。㊺署置　設置官員。㊻斬斷　專斷。㊼王　稱王；為王。

【語　譯】孝獻皇帝己

建安六年（辛巳　西元二〇一年）

春，三月丁卯朔，發生日蝕。

曹操移軍到糧食充足的安民亭一帶。曹操鑑於袁紹剛被打敗，想利用這段時間攻擊劉表。荀彧說：「袁紹戰敗之後，他的部眾離心離德，應趁他危困平定他。而您卻想出軍遠征江、漢，如果袁紹搜集他的殘餘部眾，乘虛出現在我們的後方，那麼您的事業就完了。」曹操這才作罷。

夏，四月，曹操在黃河邊炫耀武力，攻擊在倉亭駐守的袁軍，將其打敗。秋，九月，曹操回到許都。

曹操親自率軍在汝南進攻劉備，劉備逃奔劉表，龔都等全都逃散。劉表聽說劉備到來，親自到郊外迎接，用上賓的禮儀接待劉備，給他增加兵力，讓他駐守新野。劉備在荊州住了幾年，有一次他在劉表客座上起身去廁所時，慨然流淚。劉表感到奇怪，詢問劉備，劉備說：「平常身不離馬鞍，大腿上的肉都消下去了。如今不再騎馬，大腿內側的肉又長了出來。日月如流水，我都快老了，而功業還沒有建立，所以悲從中來。」

曹操派夏侯淵、張遼在東海包圍昌豨，幾個月後，糧食告盡，就打算率軍返回。張遼對夏侯淵說：「多日以來，每次巡視外圍陣地，昌豨的目光總是注視著我，他的箭也射得稀少了。這一定是昌豨心中猶豫，所以不全力奮戰。我想挑逗和他對話，也許可以誘使他歸降。」於是派人去對昌豨說：「曹公有令，讓張遼傳達給你。」昌豨果然下城與張遼交談。張遼就對他陳說曹操的神武，現正以恩德招徠四方，先歸降的可受重賞，昌豨便答應歸降。張遼單身一人上了三公山，到昌豨家裡，拜會昌豨的妻子兒女。昌豨滿心歡喜，跟隨張遼到曹操那裡，曹操派昌豨返回。

趙韙在成都包圍了劉璋，東州人懼怕被消滅，就互相鼓勵拼力奮戰，於是趙韙戰敗退走，在江州被追上遇害。龐羲恐懼，派吏役程祁向他的父親漢昌縣令程畿宣明朝廷旨意，索求賨兵。程畿說：「郡裡集合軍隊，原本不是犯上作亂，即使有讒言誹謗，也要竭盡忠誠。如果因此懷疑我有二心，我不敢聽命。」龐羲再次派程祁去勸說程畿，程畿說：「我受州牧劉璋的恩惠，自當為他盡忠；你作為龐羲的郡吏，自當為他效力。不合乎道義的事情，寧死不做。」龐羲大怒，派人對程畿說：「不服從太守，就將禍及全家！」程畿說：「從前樂羊吃他兒子的肉，並非沒有父子恩情，是為了大義才這樣做的。現在即使把程祁煮成肉湯來賜給我，我也會喝下去！」龐羲便向劉璋深表歉意。劉璋提拔程畿為江陽太守。

朝廷聽說益州局面混亂，任五官中郎將牛亶為益州刺史。徵召劉璋為朝廷列卿，劉璋不應召進朝。

張魯用鬼神信仰教誨民眾，讓病人懺悔自己的過失，為病人祈禱，實際上無益於治病。然而無知小民昏瞶愚昧，競相侍奉他。他對犯法的人原諒三次，然後才執行刑罰。不設立長官，全都以祭酒來治理。民眾與夷人感到方便愉快，流落寄居於此地的人，不敢不信奉他的鬼道。後來張魯襲取了巴郡，朝廷無力去征討，於是因勢恩賜他為鎮民中郎將，兼任漢寧太守，張魯只是向朝廷進獻貢物而已。

百姓有人在地下獲得玉印，張魯的部眾想尊奉張魯為漢寧王。功曹巴西人閻圃勸諫說：「漢川的民眾，有十多萬戶，富於資財，土地肥沃，四面地勢險固。您上可匡扶天子，成就齊桓公、晉文公那樣的功業，其次也可做竇融那樣的人，不失富貴。如今稟承天子的詔命設官任職，其勢足以專斷一切，不需稱王。希望您暫且不要稱王，不要成為罪魁禍首。」張魯聽從了閻圃的意見。

七年（壬午　西元二〇二年）

春，正月，曹操軍❶譙❷，遂至浚儀❸，治睢陽渠❹。遣使以太牢❺祀橋玄❻。

進軍官渡。

袁紹自軍敗，慚憤，發病嘔血。夏，五月，薨。

初，紹有三子，譚、熙、尚。紹後妻劉氏愛尚，數稱於紹，紹欲以為後❼，而未顯❽言之。乃以譚繼兄❾後，出為青州刺史。沮授諫曰：「世稱萬人逐兔❿，一人獲之，貪者悉止，分定故也。譚，長子，當為嗣，而斥使居外，禍其始此矣。」

紹曰：「吾欲令諸子各據一州，以視其能。」於是以中子熙為幽州刺史，外甥高幹為并州刺史。

逢紀、審配素為譚所疾，辛評、郭圖皆附於譚，而與配、紀有隙⑪。及紹薨，眾以譚長，欲立之。配等恐譚立而評等為害，遂矯紹遺命，奉尚為嗣。譚至，不得立，自稱車騎將軍⑫，屯黎陽。尚少與之兵，而使逢紀隨之。譚求益⑬兵，審配等又議不與。譚怒，殺逢紀。秋，九月，曹操渡河攻譚，譚告急於尚。尚留審配守鄴⑭，自將助譚，與操相拒。連戰，譚、尚數敗，退而固守。

尚遣所置河東⑮太守郭援與高幹、匈奴南單于共攻河東，發使與關中諸將馬騰等連兵，騰等陰許之，援所經城邑皆下。河東郡吏賈逵⑯守絳⑰，援攻之急，城將潰，父老與援約，不害逵乃降，援許之。援欲使逵為將，以兵⑱劫⑲之，逵不動。左右引逵使叩頭，逵叱之曰：「安有國家長吏⑳為賊叩頭！」援怒，將斬之，或伏其上以救之。絳吏民聞將殺逵，皆乘城呼曰：「負約殺我賢君，寧俱死耳！」乃囚於壺關㉑，著㉒土窖中，蓋以車輪。逵謂守者曰：「此間無健兒㉓邪，而使義士死此中乎？」有祝公道者，適㉔聞其言，乃夜往，盜引出逵，折械㉕遣去，不語其姓名。

曹操使司隸校尉鍾繇圍南單于於平陽㉖，未拔而援[1]至。繇使新豐㉗令馮翊張既㉘說馬騰，為言利害。騰疑未決，傅幹說騰曰：「古人有言：『順道[2]者昌，逆德者亡㉙。』曹公奉天子誅暴亂，法明政治，上下用命，可謂順道矣。袁氏恃其彊大，背棄王命，驅胡虜以陵㉚中國，可謂逆德矣。今將軍既事有道，不盡其力[3]，陰懷兩端㉛，欲以坐觀成敗。吾恐成敗既定，奉辭㉜責罪，將軍先為誅首矣！」於是騰懼。幹因曰：「智者轉禍為福。今曹公與袁氏相持，而高幹、郭援合攻河東，曹公雖有萬全之計，不能禁河東之不危也。將軍誠能引兵討援，內外擊之㉝，其勢必舉㉞。是將軍一舉㉟斷袁氏之臂，解一方之急，曹公必重德將軍，將軍功名無與比矣。」騰乃遣子超將兵萬餘人與繇會。

初，諸將以郭援眾盛，欲釋平陽去。鍾繇曰：「袁氏方彊，援之來，關中陰與之通，所以未悉叛者，顧吾威名故耳。若棄而去，示之以弱，所在之民，誰非寇讎，縱吾欲歸，其得至乎！此為未戰先自敗㊱也。且援剛愎㊲好勝，必易㊳吾軍，若渡汾㊴為營，及其未濟擊之，可大克也。」援至，果徑前渡汾。眾止之，不從。濟水未半，繇擊，大破之。戰罷，眾人皆言援死而不得其首。援，繇之甥也。晚後，馬超校尉㊵南安龐德㊶於鞬㊷中出一頭，繇見之而哭。德謝繇，繇曰：「援雖我甥，乃國賊也，卿何謝之有！」南單于遂降。

【章　旨】以上為第二段，寫袁紹憂死，因其廢長立幼，為袁氏兄弟相殘伏筆。

【注　釋】❶軍　駐軍。❷譙　縣名，縣治在今安徽亳州。❸浚儀　縣名，縣治在今河南開封。❹睢陽渠　水名，在今河南商丘南。❺太牢　古時祭祀，用牛、羊、豬三牲作祭品，稱太牢，有時也專指牛一種。❻祀橋玄　橋玄在曹操年少未為官時就器重曹操，曹操感其知遇，故祭祀他。❼後　嗣子。袁紹想廢長立幼，就把袁譚過繼給自己已死無後的哥哥作為嗣子。實際是剝奪袁譚的宗子地位，為立袁尚掃清道路。❽顯　公開；明確。❾兄　蓋指袁成已死之子。袁紹本袁逢之庶子，過繼與伯父袁成為子。大概袁成早有子已死，袁紹就稱袁成已死之子為兄。❿世稱萬人逐兔　《慎子・內篇》說：「一兔走，百人逐之，非一兔足為百人分也，由未定也。……積兔在市，行者不顧，非不欲兔也，分已定矣。分已定，人雖鄙不爭。」⓫隙　間隙；矛盾。⓬自稱車騎將軍　袁紹初起兵討董卓時，即自稱車騎將軍，故袁譚也以之自稱。⓭益　增加。⓮鄴　縣名，縣治在今河北臨漳西南。為袁氏據河北之治所。⓯河東　郡名，治所安邑，在今山西夏縣西北。⓰賈逵　字梁道，河東襄陵（今山西臨汾東南）人，初為郡吏及縣令、長，曹操征馬超時，為弘農太守，後為丞相主簿。曹魏初，為豫州刺史，治理有方，魏文帝稱之為「真刺史」，命天下刺史效法豫州，加建威將軍。傳見《三國志》卷十五。⓱守絳　試為絳邑長。《三國志・魏書・賈逵傳》作「守絳邑長」。守，試守；試職。絳，絳邑，縣名，在今山西曲沃東。⓲兵　兵器。⓳劫　威脅；強迫。⓴長吏　縣令長。㉑壺關　縣名，縣治在今山西長治北。㉒著　置。㉓健兒　壯士。㉔適　正好。㉕械　刑具。㉖平陽　縣名，縣治在今山西臨汾西南。當時匈奴南單于呼廚泉即居平陽。㉗新豐　縣名，縣治在今陝西臨潼東北。㉘張既　（？—西元二二三年）字德容，馮翊高陵（今陝西高陵西南）人，初為新豐令，治績為三輔第一。又為京兆尹，亦有治績。後為雍州刺史，曹魏初又為涼州刺史。在二州十餘年，政績卓著，封西鄉侯。傳見《三國志》卷十五。㉙順德者昌二句　此為先秦古語，秦末新城三老董公向劉邦言談中就曾引用此語。㉚陵　通「淩」。侵侮。㉛陰懷兩端　指既附於曹操，又與袁氏暗通。㉜奉辭　謂奉天子之命。㉝內外擊之　謂河東之兵擊郭援於內，馬騰之兵攻郭援於外。㉞舉　攻克。㉟舉　舉動；行動。㊱未戰先自敗　意思是說，如果放棄攻打平陽，回兵以避郭援，則馬騰等關中諸將必叛，要想回到司隸校尉治所，也不可能，是不戰而自取敗。㊲剛愎　傲慢而固執。㊳易　輕視。㊴汾　汾水，流經平陽縣東。㊵校尉　官名，東漢統兵的中級武官。㊶龐德字令明，南安狟道（又作「獂道」，在今甘肅隴西縣東南渭水東岸）人，初從馬騰為將，後隨馬超奔漢中從張魯。曹操定漢中後，隨眾降曹操，拜立義將軍。後從曹仁屯樊，關羽攻樊，被俘殺。傳見《三國志》卷十八。㊷韊 盛弓之袋。

【校 記】①援 原作「救」。據章鈺校，甲十一行本、乙十一行本、孔天胤本皆作「援」，熊羅宿《胡刻資治通鑑校字記》同，今從改。②順道 原作「順德」。據章鈺校，甲十一行本、乙十一行本、孔天胤本皆作「順道」，熊羅宿《胡刻資治通鑑校字記》同，今從改。按，下文有曹公「可謂順道矣」之語，當以「順道」二字為是。③不盡其力 原無此四字。據章鈺校，甲十一行本、乙十一行本、孔天胤本皆有此四字，張敦仁《通鑑刊本識誤》、張瑛《通鑑校勘記》同，今據補。

【語 譯】七年（壬午 西元二〇二年）

春，正月，曹操駐軍譙縣，於是到達浚儀縣，修治睢陽渠。曹操派使者用太牢祭祀橋玄。進軍官渡。

袁紹自從在官渡戰敗後，愧恨交加，生病吐血。夏，五月，逝世。

當初，袁紹有三個兒子，袁譚、袁熙、袁尚。袁紹的後妻劉氏偏愛袁尚，多次在袁紹面前誇獎他，袁紹想把袁尚作為自己的繼承人，但沒有公開說明。於是袁紹把袁譚過繼給自己的哥哥，將他外任為青州刺史。沮授勸諫說：「世人稱，一萬人追趕一隻兔子，有一個人抓到兔子，其他想得到兔子的人只好作罷，這是因為名分已定的緣故。袁譚，是長子，理應作為繼承人，卻把他排斥到外地居住，禍難就要從這件事開始了。」袁紹說：「我想讓兒子們各自佔據一州，以此考察他們的能力。」於是任二兒子袁熙為幽州刺史，外甥高幹為并州刺史。

逢紀、審配一向被袁譚嫉恨，辛評、郭圖都依附袁譚，而和審配、逢紀有矛盾。到袁紹去世後，眾人認為袁譚是長子，想擁立他。審配等害怕袁譚繼立後受到辛評等人的迫害，就假託袁紹的遺囑，擁立袁尚為繼承人。袁譚來到冀州，不能繼位，便自稱為車騎將軍，駐守黎陽。袁尚只給他很少的兵力，而且派逢紀跟隨監視他。袁譚請求增加兵力，審配等商量後又不給。袁譚發怒很生氣，殺死逢紀。秋，九月，曹操渡過黃河攻打袁譚，袁譚向袁尚告急。袁尚留審配守鄴城，親自率兵援助袁譚，與曹操兩軍對峙。連續交戰，袁譚、袁尚多次戰敗，撤退堅守城池。

袁尚派自己任命的河東太守郭援和高幹、匈奴南單于合力進攻河東郡，派出使者與關中各位將領馬騰等聯合，馬騰等暗中答應，郭援攻下所經過的城邑。河東郡吏賈逵試守絳邑長，郭援緊急攻城，縣城即將陷落，城中父老與郭援約定，不殺害賈逵就歸降，郭援答應了。郭援想讓賈逵當部將，用兵刃脅迫他，賈逵不為所動，左右按賈逵讓他磕頭，賈逵斥責他們說：「哪有國家的官吏給賊寇磕頭的！」郭援大怒，要殺死賈逵，有人就伏在賈逵身上救護他。絳縣的官民聽說將要殺死賈逵，都登上城頭大喊：「違背約定殺掉我們賢明的縣長，我們寧願和他一起死！」於是郭援把賈逵囚禁在壺關土窖中，用車輪蓋住。賈逵對看守他的人說：「難道這裡沒有行俠仗義的人嗎，而讓義士死在地窖中？」有個叫祝公道的人，恰好聽到賈逵的話，就在夜裡前往，偷偷地把賈逵引出了土窖，折斷枷鎖，放走了他，沒有說出自己的姓名。

曹操派司隸校尉鍾繇在平陽包圍南匈奴單于，還沒有攻下而敵人的救兵到來。鍾繇派新豐縣令馮翊人張既勸說馬騰，為他說明利害。馬騰猶豫不決，傅幹勸馬騰說：「古人有這樣一句話：『順道者昌，逆德者亡。』曹公尊奉天子，誅除暴亂，法紀嚴明，政事得到治理，上下聽命，這就是順道。袁氏恃其強大，背棄君王的命令，驅使胡人來侵擾中國，這就是逆德。如今將軍已經服侍有道的曹公，沒有盡心盡力，卻暗中腳踏兩條船，想坐觀成敗。我擔心成敗定了之後，曹公奉天子之命來追究你的罪責，將軍就會首先被誅殺啊！」馬騰很害怕。傅幹乘機進言說：「有智慧的人能轉禍為福。如今曹公與袁氏對峙，而高幹、郭援合力進攻河東郡，曹公縱然有萬全之計，也不能禁絕河東郡不出現危險。將軍如能率兵征討郭援，內外夾擊，勢必成功。將軍的這一舉動斬斷了袁氏的臂膀，解除了一方的危急，曹公一定會深深地感激將軍的恩德，將軍的功名將無與倫比。」馬騰於是派兒子馬超率兵一萬多人與鍾繇會合。

起初，各位將領認為郭援兵力強盛，想放棄平陽離去。鍾繇說：「袁氏力量正強，郭援到來，關中眾將領暗中與郭援交通，他們之所以沒有全部背叛，是顧慮我的威名的緣故。如果棄之離去，正表明我們虛弱，我們所在之地的民眾，誰都會成為我們的仇敵，即使我們想再回來，能回得來嗎！這就是尚未交戰先自潰敗。而且郭援剛愎自用，一定會輕視我軍，如果他要渡過汾水紮營，等他的部眾還沒有渡過時出擊，可以大勝。」

郭援到來，果然直接前進要渡過汾河。眾人勸阻，他不聽從。郭援部眾渡河還不到一半，鍾繇出擊，大敗敵軍。戰鬥結束後，眾人都說郭援已死，但未得到他的首級。郭援，是鍾繇的外甥。稍後，馬超的校尉南安人龐德從裝弓箭的袋中拿出一顆人頭，鍾繇看見便哭泣起來。龐德向鍾繇表示歉意，鍾繇說：「郭援雖然是我的外甥，但他是國家的叛賊，你有什麼可道歉的！」南匈奴單于於是投降。

劉表使劉備北侵，至葉❶，曹操遣夏侯惇、于禁等拒之。備一旦燒屯去，惇等追之。裨將軍❷鉅鹿李典❸曰：「賊無故退，疑必有伏。南道窄狹，草木深，不可追也。」惇等不聽，使典留守而追之，果入伏裏，兵大敗。典往救之，備乃退。

曹操下書責孫權任子❹。權召羣僚會議，張昭、秦松等猶豫不決。權引周瑜詣吳夫人前定議，瑜曰：「昔楚國初封，不滿百里之地。繼嗣賢能，廣土開境，遂據荊、揚，至於南海[1]，傳業延祚，九百餘年❺。今將軍承父兄❻餘資，兼六郡❼之眾，兵精糧多，將士用命，鑄山為銅，煮海為鹽，境內富饒，人不思亂，有何逼[2]迫而欲送質❽？質一入，不得不與曹氏相首尾❾；與相首尾，則命召不得不往。如此，便見制於人也。極不過一侯印，僕從十餘人，車數乘，馬數匹，豈與南面稱孤❿同哉！不如勿遣，徐觀其變。若曹氏能率義⓫以正天下，將軍事之未晚；若圖為暴亂，彼自亡之不暇，焉能害人！」吳夫人曰：「公瑾⓬議是也。公瑾與伯符⓭同年，小一月耳，我視之如子也，汝其兄事之。」遂不送質。

【章　旨】以上為第三段，寫孫權拒絕徵質，與曹操分庭抗禮。

【注　釋】❶葉　縣名，縣治在今河南葉縣南。❷裨將軍　官名，東漢之雜號將軍。❸鉅鹿李典　據《三國志・魏書・李典傳》，李典為山陽鉅野人，鉅野在今山東巨野南。典字曼成，初平中率宗人部曲隨曹操攻打黃巾軍，屢從曹操征討，為裨將軍、捕虜將軍。後遷宗人部曲三千餘口居鄴，受到曹操嘉獎，為破虜將軍。傳見《三國志》卷十八。❹任子　派兒子作為人質。❺九百餘年　周成王封楚國始祖熊繹於楚（居丹陽，在今湖北秭歸東南），子孫後代不斷擴張，遂擁有荊、揚至南海之地，至楚王負芻時被秦所滅，前後經歷約九百餘年。❻父兄　指孫權父孫堅、兄孫策。❼六郡　指江東六郡，即會稽、吳、丹陽、豫章、廬陵、廬江等郡。❽質　人質。❾相首尾　共首尾，即追隨服從之意。❿南面稱孤　即稱王之意。古代帝王例皆坐北面南受臣下朝拜，故南面為王，北面為臣。⓫率義　遵守道義。⓬公瑾　周瑜字公瑾。⓭伯符　孫策字伯符。

【校　記】①至於南海　原無此四字。據章鈺校，甲十一行本、乙十一行本、孔天胤本皆有此四字，張瑛《通鑑校勘記》同，今據補。②逼　據章鈺校，甲十一行本、乙十一行本皆作「偪」。按，二字同。

【語　譯】劉表派劉備侵擾北方，到達葉縣，曹操派夏侯惇、于禁等抵抗劉備。劉備忽然燒毀軍營撤走，夏侯惇等去追趕他。裨將軍鉅鹿人李典說：「賊人無故退卻，我懷疑定有埋伏。南邊的道路狹窄，草木深密，不可追擊。」夏侯惇等不聽，讓李典留守而自己率兵追趕劉備，果然陷入埋伏，軍隊慘敗。李典前往救援，劉備才退去。

曹操給孫權發去公文要孫權派兒子作為人質。孫權召集群僚會商，張昭、秦松等猶豫不決。孫權拉著周瑜到自己母親吳夫人面前商定這件事，周瑜說：「從前楚國初封，屬地方圓不到百里。後繼的子孫賢明能幹，拓展疆域，於是據有荊州、揚州，南邊到達南海，傳承基業延續封爵，前後九百多年。如今將軍繼承父兄的餘業，擁有六郡的民眾，兵精糧多，將士聽命，開山採銅，煮海水製鹽，境內富饒，民不思亂，有什麼被逼無奈的事迫使你想送人質？人質一旦送去，那就不得不與曹操首尾相隨；與曹操相首尾，那時曹操下令徵召將軍，你就不得不去。這樣一來，就要受人控制，最多不過得到一枚侯印，十幾個僕人，幾輛車，幾匹馬，怎能與南面稱孤同日而語呢！不如不送人質，慢慢觀察時局的變化。如果曹操能遵守道義來治理天下，將軍再侍奉他也不晚；如果他圖謀暴亂，他自己逃命都來不及，又怎能害人呢！」吳夫人說：「公瑾的話是對的，公瑾和伯符同年，只小一個月，我把他看成自己的兒子，你要把他作為兄長來侍奉。」於是就不送人質。

八年（癸未　西元二〇三年）

春，二月，曹操攻黎陽，與袁譚、袁尚戰於城下，譚、尚敗走，還鄴。夏，四月，操追至鄴，收其麥。諸將欲乘勝遂攻之，郭嘉曰：「袁紹愛此二子，莫適立❶也。今權力相侔❷，各有黨與❸，急之則相保❹，緩之則爭心生❺。不如南向荊州，以待其變，變成而後擊之，可一舉定也。」操曰：「善！」五月，操還許，留其將賈信屯黎陽。

譚謂尚曰：「我鎧甲不精，故前為曹操所敗。今操軍退，人懷歸志，及其未濟，出兵掩❻之，可令大潰，此策不可失也。」尚疑之，既不益兵，又不易甲。譚大怒，郭圖、辛評因謂譚曰：「使先公出將軍為兄後者，皆審配之謀也。」譚遂引兵攻尚，戰於門外[7]。譚敗，引兵還南皮[8]。

別駕[9]北海王脩[10]率吏民自青州往救譚。譚欲更還攻尚，脩曰：「兄弟者，左右手也。譬人將鬭而斷其右手，曰『我必勝』，其可乎？夫棄兄弟而不親，天下其誰親之！彼讒人離間骨肉，以求一朝之利，願塞耳勿聽也。若斬佞臣[11]數人，復相親睦，以御四方，可橫行於天下。」譚不從。譚將劉詢起兵漯陰[12]以叛譚，諸城皆應之。譚歎曰：「今舉州皆叛，豈孤之不德邪？」王脩曰：「東萊[13]太守管統，雖在海表，此人不反，必來。」後十餘日，統果棄其妻子來赴譚，妻子為賊所殺。譚更以統為樂安[14]太守。

秋，八月，操擊劉表，軍于西平[15]。

袁尚自將攻袁譚，大破之。譚奔平原[16]，嬰城[17]固守。尚圍之急，譚遣辛評弟毗[18]詣曹操請救。

劉表以書諫譚曰：「君子違難不適讎國[19]，交絕不出惡聲[20]，況忘先人[21]之讎，棄親戚之好，而為萬世之戒，遺同盟[22]之恥哉！若冀州[23]有不弟[24]之傲，仁君[25]當降志辱身，以濟事為務，事定之後，使天下平其曲直，不亦為高義邪！」又與尚書曰：「金、木、水、火，以剛柔相濟[26]，然後克[27]得其和，能為民用。今[1]青州[28]

天性峭急㉙，迷於曲直。仁君㉚度數㉛弘廣，綽然有餘，當以大包小，以優容劣，先除曹操以卒㉜先公之恨，事定之後，乃議曲直之計，不亦善乎！若迷而不反，則胡夷將有譏誚㉝之言，況我同盟，復能勠力㉞為君之役哉！此韓盧、東郭自困於前，而遺田父之獲㉟者也。」譚、尚皆不從。

辛毗至西平見曹操，致譚意。羣下㊱多以為劉表彊，宜先平之，譚、尚不足憂也。荀攸曰：「天下方有事，而劉表坐保江、漢之間，其無四方之志可知矣。袁氏據四州㊲之地，帶甲數十萬，紹以寬厚得眾心，使㊳二子和睦以守其成業，則天下之難未息也。今兄弟遘惡㊴，其勢不兩全。若有所并則力專，力專則難圖㊵也。及其亂而取之，天下定矣，此時㊶不可失也。」操從之。

後數日，操更欲先平荊州，使譚、尚自相斃。辛毗望操色㊷，知有變，以語郭嘉。嘉白操，操謂毗曰：「譚必可信，尚必可克不㊸？」毗對曰：「明公無問信與詐也，直㊹當論其勢耳。袁氏本兄弟相伐，非謂他人能間其間，乃謂天下可定於己㊺也。今一旦求救於明公，此可知也㊻。顯甫㊼見顯思㊽困而不能取，此力竭也。兵革敗於外㊾，謀臣誅於內㊿，兄弟讒鬩(51)，國分為二，連年戰伐，介冑(52)生蟣蝨(53)，加以旱蝗，饑饉並臻(54)；天災應於上，人事困於下，民無愚智，皆知土崩瓦解，此乃天亡尚之時也。今往攻鄴，尚不還救，即不能自守；還救，即譚踵其後。以明公之威，應困窮之敵[55]，擊疲敝之寇[56]，無異迅風之振秋葉矣。天以尚與明公，明公不取而伐荊州。荊州豐樂，國未有釁[57]。仲虺有言，『取亂侮亡』[58]。方今二袁不務遠略而內相圖，可謂亂矣。居者無食，行者無糧，可謂亡矣。朝不謀夕，民命靡[59]繼，而不綏[60]之，欲待他年，他年或登[61]，又自知亡而改脩厥[62]德，失所以用兵之要矣。今因其請救而撫之，利莫大焉。且四方之寇，莫大於河北，河北平，則六軍[63]盛而天下震矣。」操曰：「善！」乃許譚平[64]。

冬，十月，操至黎陽。尚聞操渡河，乃釋平原還鄴。尚將呂曠、高翔畔[65]歸曹操，譚復陰刻將軍印以假曠、翔。操知譚詐，乃為子整聘[2]譚女以安之，而引軍還。

孫權西伐黃祖，破其舟軍，惟城未克，而山寇[66]復動。權還，過豫章[67]，使征虜中郎將[68]呂範平鄱陽[69]、會稽[70]，盪寇中郎將[71]程普討樂安[72]，建昌都尉[73]太史慈領海昏[74]，以別部司馬黃蓋、韓當、周泰[75]、呂蒙等守劇縣令長[76]，討山越，悉平之。建安[77]、漢興[78]、南平[79]民作亂，聚眾各萬餘人。權使南部都尉[80]會稽賀齊[81]進討，皆平之，復立縣邑，料[82]出兵萬人。拜齊平東校尉。

【章旨】以上為第四段，寫袁氏兄弟相殘，曹操漁人得利。孫權鎮撫山越。

【注釋】❶莫適立 意謂沒有確立誰為接班人。❷侔 相等。❸各有黨與 指袁譚有辛評、郭圖等，袁尚有審配等。❹急之則相保 局勢危急時袁譚、袁尚就相互保護。❺緩之則爭心生 局勢緩和袁譚、袁尚之間就出現爭鬥之心。❻掩 掩襲；襲擊。❼門外 指鄴城門外。❽南皮 縣名，縣治在今河北南皮東北。❾別駕 官名，即別駕從事史，州牧刺史的主要佐吏，主領眾事。州牧刺史巡行各地時，別乘傳車從行，故名別駕。此別駕為袁譚之別駕。❿王脩 字叔治，北海營陵（今山東昌樂東南）人，初為北海相孔融之佐史、縣令，多次解救孔融之危。袁譚為青州刺史時，辟為治中從事史與別駕從事史。曹操破殺袁譚後，遂歸曹操，為司空掾、魏郡太守、奉常等。傳見《三國志》卷十一。⓫佞臣 奸邪而被寵幸之臣。⓬漯陰 縣名，縣治在今山東臨邑西。⓭東萊 郡名，治所黃縣，在今山東龍口東南。⓮樂安 郡名，治所臨濟，在今山東高青西南。⓯西平 縣名，縣治在今河南西平西。⓰平原 郡名，治所平原縣，在今山東平原縣西南。⓱嬰城 環城。⓲毗 辛毗，字佐治，潁川陽翟（今河南禹州）人，初隨兄辛評從袁紹，袁紹死後在袁譚部。後受袁譚命出使曹操，曹操因表薦為議郎，又為丞相長史。曹魏初為侍中，魏明帝時為衛尉。司馬懿與諸葛亮對壘渭濱，毗為大將軍軍師，使持節節度諸軍，雖司馬懿亦不能違犯。傳見《三國志》卷二十五。⓳君子違難不適讎國 此為《左傳》哀公八年載公山不狃之言。意思是說君子逃避危難也不到仇怨之國去。⓴交絕不出惡聲 此為《史記・樂毅列傳》載樂毅〈報遺燕惠王書〉中之言。意思是說君子即使交情斷絕，也不說對方的壞話。㉑先人 指袁紹。㉒同盟 劉表與袁紹同盟。㉓冀州 指袁尚。當時袁尚據有冀州。㉔不弟 沒有遵守做弟弟的道德。㉕仁君 對袁譚之尊稱。㉖金木水火以剛柔相濟 謂金、木、水、火相互依賴才能為人所用。如金屬斧頭能伐木，但斧頭之手柄卻須木製；水能滅火，但水要烹飪食物，又必須依賴於火。㉗克 能。㉘青州 指袁譚。當時袁譚據有青州。㉙峭急 嚴厲急躁。㉚仁君 對袁尚之尊稱。㉛度數 度量。㉜卒 結束；消除。㉝譏誚 議論諷刺。㉞勠力 并力。㉟韓盧東郭自困於前而遺田父之獲 戰國時淳于髡對齊威王說：有一隻快犬名叫韓子盧，又有一隻狡兔名叫東郭逡，韓子盧追逐東郭逡，環繞山三座，翻越山五重，兔拼命地跑在前，犬拼死地追於後，最後皆疲憊而死。田父見到，毫不費力地就得了犬和兔。事見《戰國策・齊策三》。㊱羣下 指曹操部下。㊲四州 冀、幽、青、并四州。㊳使 假如。㊴遘惡 結下仇怨。遘，通「構」。構成；造成。㊵力專則難圖 意謂袁譚、袁尚相爭，必有一方吞併另一方，則力專一，曹操就難以對付。㊶時 時機。㊷色 臉色；神態。㊸不 通「否」。㊹直 僅；只。㊺謂天下可定於己 意思是說，袁譚、袁尚最初相攻時，認為其他人不會插手其間，只要把青州、冀州合併一起，就能乘勢平定天下。㊻今一旦求救於明公二句　謂袁譚突然向曹操求救，這可以知道他已困憊無力。㊼顯甫　袁尚字顯甫。㊽顯思　袁譚字顯思。㊾兵革敗於外　指袁紹官渡之敗。㊿謀臣誅於內　指田豐、逢紀等被誅殺。(51)讒鬩　因讒言而內訌。(52)介冑　即甲冑，鎧甲與頭盔。(53)蟣蝨　蝨，寄生人體吸血的一種小昆蟲。蝨所生之卵為蟣。(54)臻　至；到達。(55)困窮之敵　指袁譚。(56)疲敝之寇　指袁尚。(57)釁　縫隙；裂痕。(58)仲虺有言二句　仲虺，人名，商湯初之左相，曾向湯解釋流放夏桀一事，《尚書》以之為〈仲虺之誥〉。「取亂侮亡」即〈仲虺之誥〉中語，今存偽古文《尚書》亦載。此言意思是說，混亂之國可以將它取下，有滅亡跡象之國可以欺負它。(59)靡　無。(60)綏　安撫。(61)登　穀物成熟叫登。此指豐收。(62)厥　其。(63)六軍　天子有六軍。(64)平　講和。(65)畔　通「叛」。背叛。(66)山寇　指山越，散居丹陽、豫章、廬陵等郡。(67)豫章　郡名，治所南昌，在今江西南昌。(68)征虜中郎將　官名，中郎將為東漢位次於將軍的統兵將領，征虜為其稱號。(69)鄱陽　縣名，縣治在今江西鄱陽東。(70)會稽　從地里看，「會稽」二字當為衍文。(71)盪寇中郎將　官名，孫權所置位次於將軍的統兵將領。(72)樂安　縣名，縣治在今江西德興東。(73)建昌都尉　官名，東漢於邊郡關塞之地設都尉，職如太守。建昌本為縣，屬豫章郡，縣治在今江西奉新西。孫策分豫章郡之建昌、海昏等六縣，以太史慈為都尉，治所在海昏縣，在今江西永修。(74)海昏　縣名，漢置。昏，原作「昬」，唐人避唐太宗諱改為昏。故治在今江西永修東。(75)周泰　字幼平，九江下蔡（今安徽鳳臺）人，初隨孫策，數有戰功，為別部司馬。孫權在宣城被山越包圍，賴泰而免難，後以泰為平虜將軍，又為奮威將軍，封陵陽侯。傳見《三國志》卷五十五。(76)劇縣令長　黃蓋為石城長，韓當為樂安長，周泰為宜春長，呂蒙為廣德長，因各縣皆當山越要衝，艱劇難治，故稱為劇縣。(77)建安　縣名，縣治在今福建建甌。(78)漢興　縣名，縣治在今福建浦城。(79)南平　縣名，縣治在今福建南平西南。(80)南部都尉　即會稽南部都尉，治所在建安。(81)賀齊　字公苗，會稽山陰（今浙江山陰）人，郡吏，孫策至會稽後，被舉為孝廉，為永寧長。後多次平定地方武裝勢力，為孫權所信重。加偏將軍，為新都郡太守。後又為安東將軍、後將軍、徐州牧等。傳見《三國志》卷六十。(82)料　挑選。

【校　記】1今　原無此字。據章鈺校，甲十一行本、乙十一行本、孔天胤本皆有此字，張敦仁《通鑑刊本識誤》同，今據補。2聘　據章鈺校，甲十一行本、乙十一行本皆作「娉」。按，二字通。

【語　譯】八年（癸未　西元二〇三年）

春，二月，曹操進攻黎陽，與袁譚、袁尚在黎陽城下交戰，袁譚、袁尚戰敗逃走，返回鄴城。夏，四月，曹操追至鄴城，收割了鄴城地區的小麥。眾將領想要乘勝進攻鄴城，郭嘉說：「袁紹愛這兩個兒子，不知立誰為接班人。如今兩人權力相當，各有黨羽，局勢危急時他們就會互相保護，情況緩和時就出現爭鬥之心。我軍不如南向攻荊州，以等待他們之間的變化，變化之後再攻打他們，可一舉平定。」曹操說：「很好！」五月，曹操返回許都，留下部將賈信屯駐黎陽。

袁譚對袁尚說：「我的部隊鎧甲不精，所以先前被曹操打敗。現在曹軍撤退，兵眾思歸心切，等他們還沒有渡過黃河時，出兵襲擊他們，可使敵軍大敗，這一策略不可錯失。」袁尚表示懷疑，既不給袁譚增兵，也不改換精良鎧甲。袁譚大怒，郭圖、辛評乘機對袁譚說：「促使你已故的父親把你過繼給伯父，全是審配的主謀。」袁譚於是率兵攻擊袁尚，在鄴城門外大戰，袁譚戰敗，率兵退回南皮縣。

青州別駕北海人王脩率領吏民從青州去救援袁譚，袁譚想回頭再去攻打袁尚，王脩說：「兄弟好比是左右手。好比一個人將要去打鬥卻砍斷自己的右手說『我一定能勝』，可以嗎？拋開兄弟而不親近，天下還有誰可親近！那些讒媚小人離間他人骨肉親情，以此來求得一時的利益，希望你堵住耳朵不要聽。如果殺掉幾個奸邪的臣屬，兄弟重新親睦，以此駕御四方，就可以橫行於天下。」袁譚不聽從。袁譚部將劉詢在漯陰起兵背叛袁譚，各城全都響應。袁譚歎息說：「現在全州的人都反叛了，難道是因為我沒有德行嗎？」王脩說：「東萊太守管統，雖遠在海邊，這個人不會反叛，一定前來。」十幾天後，管統果然拋棄妻子兒女來追隨袁譚，管統的妻兒被叛賊殺掉。袁譚改任管統為樂安太守。

秋，八月，曹操進攻劉表，駐軍西平縣。

袁尚親自率兵攻打袁譚，大敗袁譚。袁譚逃往平原縣，環城固守。袁尚加緊圍攻，袁譚派辛評的弟弟辛毗到曹操那裡請求救兵。

劉表寫信勸諫袁譚說：「君子避難也不到敵國去，交情斷絕也不出惡語，更何況是忘記先人的深仇，拋棄親戚的情好，去做萬世引以為戒、使同盟者都感到羞恥的事呢！如果袁尚傲慢不尊重兄長，仁厚的君子應當忍辱負重，以成就事業為要務，事成之後，讓天下人評定曲直，不也是高尚的道義嗎！」劉表又寫信給袁尚說：「金、木、水、火，以剛柔相濟，才能夠和諧，被人利用。如今袁譚天性嚴酷急躁，迷於是非曲直。仁厚的君子寬宏大量，容納他綽綽有餘，應當以大包小，以優容劣，先除掉曹操來消除你們先人的遺恨，事定之後，再來議論是非曲直，不也是高風亮德嗎！如果迷途而不知返，那麼胡人、夷人就將有嘲諷的言論，何況我們這些同盟者，還能全力為你效勞嗎！這正是良犬韓盧、狡兔東郭自相困逼，而被老農捕獲的原因。」袁譚、袁尚都不聽從。

辛毗到西平拜見曹操，向他轉達袁譚的心意。曹操部下大多認為劉表力量強盛，應該先平定他，袁譚、袁尚不值得擔心。荀攸說：「天下正值多事之時，而劉表坐保江、漢一帶，可知他沒有兼併天下的大志。袁氏佔領四州之地，擁有數十萬兵馬，袁紹因寬厚獲得眾人之心，假如他的兩個兒子和睦相處來保守已有的基業，那麼天下的災禍就難以平息了。如今他們兄弟結怨，勢不兩立。如果有一方被兼併，力量就會專一，力量專一就難對付了。趁他們內亂而攻取他們，天下就平定了，這樣的時機不可失去。」曹操接受了荀攸的建議。

幾天後，曹操改變主意想先平定荊州，讓袁譚、袁尚自相殘殺。辛毗觀察曹操的臉色，知道事情有變，就告訴了郭嘉。郭嘉稟報曹操，曹操對辛毗說：「袁譚一定可信、袁尚一定能被打敗嗎？」辛毗回答說：「明公不要管他是誠信還是欺詐，只當討論他們各自的情勢。袁氏本是兄弟相互攻伐，並不認為別人能乘機加以利用，只認為自己就可以平定天下。如今袁譚突然向明公您求救，可知他已勢竭途窮。袁尚看到袁譚陷入困境卻不能攻取，這表明他已勢衰力竭了。軍隊在外吃敗仗，謀臣在內被誅殺，兄弟內訌，地盤一分為二，連年攻戰征伐，將士們的甲冑裡長了蝨子，加上旱災蝗災，饑荒災害一併發生；上有天災報應，下有人禍困擾，百姓不論智愚，都明白袁氏要土崩瓦解了，這是上天要滅亡袁尚的時候啊。現在去攻打鄴城，袁尚若不回軍救援，鄴城就不能自守；袁尚若回軍救援，袁譚會尾追其後。憑藉明公的威武，對付窮困的敵人，打擊疲憊的賊寇，無異於疾風掃秋葉一樣。上天把袁尚交給明公您，明公您卻不接受而想去討伐荊州。荊州年豐民樂，國家沒有裂痕可乘。仲虺說過，『攻取亂國，欺侮行將滅亡之國』。現今二袁不考慮長遠的戰略而內部自相殘殺，可說是混亂了。居家的人沒有食物，行路的人沒有乾糧，可說是滅亡的徵兆了。朝不保夕，百姓生命難以延續，您不去安撫平定，想等待來年，來年或許豐收，加上袁氏兄弟自己認識到要被滅亡而改過修德，那就會喪失用兵的最佳時機。現在利用袁譚的求援而加以安撫，沒有比這更有利了。何況四方的敵寇，沒有比佔據黃河以北的袁氏更強大的了，平定了河北，那麼朝廷的軍隊就會更強大而使天下震動。」曹操說：「很好！」於是答應袁譚媾和請援的要求。

冬，十月，曹操到達黎陽。袁尚聽說曹操渡過黃河，就解除對平原的包圍返回鄴城。袁尚部將呂曠、高翔叛變歸降曹操，袁譚又暗中刻好將軍的官印送給呂曠、高翔。曹操知道袁譚的詭計，就為兒子曹整聘娶袁譚的女兒，以此安撫袁譚，然後率軍返回。

孫權向西討伐黃祖，打敗他的水軍，只有城池沒攻克，而這時山賊再次騷動。孫權回軍，經過豫章郡，派征虜中郎將呂範平定鄱陽、會稽，派盪寇中郎將程普討伐樂安，建昌都尉太史慈任海昏縣代理縣令，任命別部司馬黃蓋、韓當、周泰、呂蒙等兼任繁劇難治諸縣的縣令、縣長，討伐山越，全部平定。建安、漢興、南平三縣的百姓作亂，各聚眾一萬多人。孫權派南部都尉會稽人賀齊進軍征討，全都平定了，重建縣城，挑選出士兵一萬人。任命賀齊為平東校尉。

九年（甲申　西元二〇四年）

春，正月，曹操濟河，遏淇水入白溝❶，以通糧道。

二月，袁尚復攻袁譚於平原，留其將審配、蘇由守鄴。曹操進軍至洹水❷，蘇由欲為內應，謀泄，出奔操。操進至鄴，為土山、地道以攻之。尚武安❸長尹楷屯毛城④，以通上黨⑤糧道。夏，四月，操留曹洪攻鄴，自將擊楷，破之而還。

又擊尚將沮鵠於邯鄲⑥，拔之。

易陽⑦令韓範、涉⑧長梁岐皆舉縣降。徐晃言於操曰：「二袁未破，諸城未下者傾耳而聽，宜旌賞⑨二縣，以示諸城。」操從之，範、岐皆賜爵關內侯⑩。

黑山賊帥張燕遣使求助，操拜平北將軍⑪。

五月，操毀土山、地道，鑿塹⑫圍城，周回四十里。初令淺，示若可越。配望見，笑之，不出爭利。操一夜濬之，廣深二丈，引漳水⑬以灌之，城中餓死者過半。

秋，七月，尚將兵萬餘人還救鄴，未到，欲令審配知外動止，先使主簿⑭鉅鹿李孚⑮入城。孚斫問事杖⑯，繫著馬邊，自著平上幘⑰，將三騎，投暮⑱詣鄴下。自稱都督⑲，歷北圍，循⑳表㉑而東，步步呵責㉒守圍將士，隨輕重行其罰。遂歷操營前，至南圍，當章門㉓，復責怒守圍者，收縛之。因開其圍，馳到城下，呼城上人。城上人以繩引，孚得入。配等見孚，悲喜，鼓譟㉔稱萬歲。守圍者以狀聞，操笑曰：「此非徒㉕得入也，方且㉖復出。」孚知外圍益急，不可復冒，乃請配悉出城中老弱以省穀，夜，簡別㉗數千人，皆使持白幡㉘，從三門㉙並出降。

孚復將三騎作降人服，隨輩夜出，突圍得去。

尚兵既至，諸將皆以為：「此歸師，人自為戰，不如避之。」操曰：「尚從大道來，當避之。若循西山㉚來者，此成禽耳。」尚果循西山來，東至陽平亭，去鄴十七里，臨滏水㉛為營。夜，舉火以示城中，城中亦舉火相應。配出兵城北，欲與尚對決圍。操逆擊之，敗還，尚亦破走，依曲漳㉜為營，操遂圍之。未合，尚懼，遣使求降。操不聽，圍之益急。尚夜遁，保祁山㉝，操復進圍之。尚將馬延、張顗等臨陳㉞降，眾大潰，尚奔中山㉟。盡收其輜重，得尚印綬、節鉞㊱及衣物，以示城中，城中崩沮㊲。審配令士卒曰：「堅守死戰！操軍疲矣，幽州㊳方至，何憂無主！」操出行圍㊴，配伏弩射之，幾中。

配兄子榮為東門校尉，八月戊寅㊵，榮夜開門內㊶操兵。配拒戰城中，操兵生獲之。辛評家繫㊷鄴獄，辛毗馳往，欲解之，已悉為配所殺。操兵縛配詣帳下，毗逆以馬鞭擊其頭，罵之曰：「奴，汝今日真死矣！」配顧曰：「狗輩，正由汝曹破我冀州，恨不得殺汝也；且汝今日能殺生我邪㊸！」有頃，操引見，謂配曰：「曩日㊹孤之行圍，何弩之多也！」配曰：「猶恨其少！」操曰：「卿忠於袁氏，亦自不得不爾。」意欲活之。配意氣壯烈，終無橈辭㊺，而辛毗等號哭不已，遂斬之。冀州人張子謙先降，素與配不善，笑謂配曰：「正南㊻，卿竟何如我？」配厲聲曰：「汝為降虜，審配為忠臣，雖死，豈羨汝生邪！」臨行刑，叱持兵者㊼令北向，曰：「我君在北㊽也。」操乃臨祀紹墓，哭之流涕。慰勞紹妻，還其家人寶物，賜雜繒絮㊾，稟食之㊿。

初，袁紹與操共起兵，紹問操曰：「若事不輯[51]，則方面何所可據？」操曰：「足下[52]意以為何如？」紹曰：「吾南據河，北阻燕、代[53]，兼戎狄[54]之眾，南向以爭天下，庶[55]可以濟[56]乎！」操曰：「吾任天下之智力，以道御[57]之，無所不可。」

九月，詔以操領冀州牧，操讓還兗州。

【章　旨】以上為第五段，寫曹操大敗袁尚，攻克冀州。

【注　釋】❶遏淇水入白溝　白溝本為一小河，在今河南浚縣西，下接內黃以下的古清河。淇水，原為黃河支流，由今浚縣西南八十里宿胥對岸流入黃河。曹操進攻袁尚，為便於通糧運，遂於淇水入黃河之口，用大枋木作堰以斷流，使其東入白溝。此後，上起枋堰，下包括今河北舊威縣以南的清河，皆稱白溝。❷洹水　流經鄴縣西南。❸武安　縣名，縣治在今河北武安西南。❹毛城　地名，在今河北涉縣西。❺上黨　郡名，治所本在長子，在今山西長子西，董卓作亂，移至壺關，在今山西長治北。❻邯鄲　縣名，縣治在今河北邯鄲。❼易陽　縣名，縣治在今河北永年西。❽涉　縣名，縣治在今河北涉縣西北。❾旌賞　表彰獎賞。❿關內侯　漢代封爵之一種，次於列侯，只有俸祿而無封地。⓫平北將軍　官名，此時新置的雜號將軍。⓬塹　壕溝。⓭漳水　流經當時鄴縣之西，即今漳河。⓮主簿　官名，漢代中央及郡縣官署皆置此官，以典領文書，辦理事務。⓯李孚　字子憲，鉅鹿（治所在今河北寧晉西南）人，初從袁尚，為主簿。袁尚失敗後，又從袁譚為主簿。袁譚死後，投歸曹操，為解縣長、司隸校尉、陽平太守等。事見《三國志・魏書・賈逵傳》裴松之注引《魏略》。⑯問事杖　即問事所用的杖。問事，杖刑時負責行杖的卒役。⑰平上幘　漢末魏晉時武官所戴的頭巾，因幘上平坦，故名。⑱投暮　趁夜色。⑲都督　統兵的將領。⑳循　沿著。㉑表　圍城所立的標誌。㉒呵責　呵斥；怒責。㉓章門　鄴城有七門，正南門叫章門，又叫中陽門。㉔鼓譟　擊鼓呼叫。㉕徒　只。㉖方且　正將；正要。㉗簡別　辨別選擇。㉘白幡　白旗。㉙三門　指鄴城南面的三道門，即鳳陽門、中陽門、廣陽門。㉚西山　指鄴城以西今山西與河北交界處的太行山脈。也有人認為，西山指太行山脈中的鼓山。㉛滏水　即今滏陽河，經河北臨漳西。㉜曲漳　漳水轉彎處。㉝祁山　在當時鄴縣之南，約在今河南安陽西。《三國志・魏書・袁紹傳》「祁山」又作「濫口」。清代學者謝鍾英說：「按當時兵勢，祁山即濫口，一地兩名。」見《補三國疆域志補注》。㉞陳　通「陣」。㉟中山　王國名，治所盧奴，在今河北定州。㊱節鉞　符節、斧鉞。符節示信，斧鉞行刑。職位權力的象徵物。㊲崩沮　崩潰；瓦解。㊳幽州　指代袁熙。㊴行圍　巡視圍城陣地；巡行。㊵戊寅　八月初二日。㊶內　通「納」。㊷繫　拘禁。㊸汝今日能殺生我邪　你今日能殺我或使我生存嗎。言外之意，能殺我或使我生存的是曹操，而不是你辛毗。㊹曩日　往日。㊺橈辭　屈服的言辭。㊻正南　審配字正南。㊼持兵者　執兵器行刑者。㊽我君在北　指袁尚逃奔在北。㊾繒絮　繒，絲織品的總稱。絮，絲絮。㊿稟食之　用公糧供養他們。(51)輯　成功。(52)足下　古代對人的敬稱。(53)燕代　春秋二國名。其地相當於今河北北部和山西東北部一帶。(54)戎狄　古代稱西方的游牧部族為戎，北方的游牧部族為狄。這裡泛指烏桓、鮮卑、南匈奴等。(55)庶　或許。(56)濟　成功。(57)御　駕御。

【語　譯】九年（甲申　西元二〇四年）

春，正月，曹操渡過黃河，築堤壩遏引淇水流入白溝，用來溝通運糧的水道。

二月，袁尚再次在平原攻打袁譚，留下他的部將審配、蘇由守衛鄴城。曹操進軍到洹水，蘇由準備作為內應，預謀洩漏，出城投奔曹操。曹操進軍到鄴城，堆土山、挖地道來攻打鄴城。袁尚的武安縣長尹楷屯駐毛城，打通通向上黨的運糧道路。夏，四月，曹操留下曹洪攻擊鄴城，自己率兵攻打尹楷，打敗尹楷後回師。又在邯鄲攻打袁尚部將沮鵠，攻佔了邯鄲。

易陽縣令韓範、涉縣長梁岐都獻出縣城向曹操投降。徐晃向曹操說：「二袁尚未擊敗，那些沒有被攻下城池的官吏們都在側耳傾聽投誠者的情況，應當表揚獎賞易陽、涉縣這兩個縣的官吏，以此展示給其他縣城的人看。」曹操聽從了這個意見，韓範、梁岐都被賜爵關內侯。

黑山賊首領張燕派使者求助於曹操，曹操任命張燕為平北將軍。

五月，曹操摧毀土山、地道，挖壕溝圍城，壕溝周長四十里。開始時讓挖得很淺，看起來好像可以越過。審配看到，感到好笑，因而不出兵爭勝。曹軍在一夜之間將壕溝挖至深寬各兩丈，引來漳水灌滿，城中餓死的人超過了一半。

秋，七月，袁尚率兵一萬多人回救鄴城，尚未到達，他想讓審配瞭解城外的動靜，就先派主簿鉅鹿人李孚進城，李孚砍木為拷打士兵的刑杖，綁在馬旁，自己頭上戴著武官的頭巾，率領三名騎士，趁夜色來到鄴城城下。他自稱是都督，巡視北邊的圍城陣地，沿著圍城的標誌向東走，步步呵斥守圍的將士，根據他們所犯過失的輕重予以懲罰。於是路過曹操的軍營前，到達南邊的圍城陣地，正對鄴城章門，又怒斥守圍的將士，把他們捆綁起來。然後乘機衝開包圍圈，飛奔到城下，呼叫城上的士兵。城上的士兵用繩子把他們牽引上去，李孚等得以進城。審配等見到李孚，悲喜交加，擂鼓吶喊高呼萬歲。圍困鄴城的將士向曹操報告李孚進城的情況，曹操笑著說：「這些人不僅能夠進城，而且正要出來。」李孚也知道外面包圍得更加嚴急，不能再冒充曹軍，就請審配把全城的老弱病殘都放出去，以便節約糧食，夜裡，挑出幾千人，讓他們都手持白旗，從三個城門一起出去投降。李孚又率領原來的三名騎士，身上穿著和其他投降人一樣的衣服，隨從這些人中乘夜出城，突圍而去。

袁尚的部隊已到達鄴城，曹軍各位將領都認為：「這是回來救援的部隊，人自為戰，不如避開他們。」曹操說：「袁尚若從大路來，應當避開他。如果是沿著西山而來，這就要被我們俘獲了。」袁尚果然沿著西山前來，東進到陽平亭，距鄴城十七里，臨滏水紮營。夜裡，袁尚軍舉起火把，示意城中守軍，城中守軍也舉火把回應。審配從城北出兵，想和袁尚夾擊突圍。曹操迎擊審配，審配戰敗退回城中，袁尚也戰敗逃走，背依曲漳紮營，曹操於是包圍了袁尚。還沒有合圍，袁尚恐懼，派使者求降。曹操不許，更加緊圍攻。袁尚乘夜逃走，退保祁山，曹操又進軍包圍袁尚。袁尚部將馬延、張顗等臨陣投降，士兵大量潰散，袁尚逃奔中山。曹軍收繳了袁軍的所有輜重，獲得袁尚的印綬、符節、斧鉞以及衣物，用它向鄴城守軍展示，城中守軍鬥志瓦解。審配命令士兵說：「堅守死戰！曹軍已經疲憊，袁熙就要趕到，何必擔心沒有主公！」曹操巡視圍城的陣地，審配埋伏強弩射他，差點射中。

審配哥哥的兒子審榮任東門校尉，八月初二日戊寅，夜裡審榮打開城門放曹軍進城。審配在城中抵抗，曹軍活捉了審配。辛評的家屬被關在鄴城監獄，辛毗奔馳前往，想解救他們，但已被審配全部殺死。曹軍捆綁審配押到曹操的軍帳下，辛毗迎面用馬鞭抽打審配的腦袋，大罵審配：「奴才，你今天死定了！」審配回頭對他說：「狗東西，正是你們這幫傢伙毀了我的冀州，恨不得殺了你；再說你現在有權力決定我的生死嗎！」過了一會兒，曹操引見審配，對審配說：「前幾天我巡視圍城陣地時，怎麼有那麼多弓弩啊！」審配說：「我還遺憾太少了！」曹操說：「你忠於袁氏，自然也不得不這樣。」曹操想讓審配活下來。審配意氣壯烈，始終沒有一句屈服的話，而辛毗等人則號哭不止，曹操便殺死了審配。冀州人張子謙先歸降了曹操，他一向與審配不和，笑著對審配說：「審正南，你跟我比究竟怎麼樣？」審配厲聲道：「你是降賊，我審配是忠臣，即使死了，哪裡會羨慕你苟且偷生！」臨刑時，斥令持刀行刑的人讓他面向北邊，說：「我的君主在北面。」曹操親臨袁紹墓前祭祀，痛哭流涕。慰問袁紹的妻子，退還袁紹家裡的財寶，賞給彩色的綢緞絲棉，並供給官糧。

起初，袁紹和曹操共同起兵，袁紹問曹操說：「如果事業不成功，那麼什麼地方可以佔據呢？」曹操說：「您的意思如何？」袁紹說：「我南據黃河，北倚燕、代，兼有戎狄的兵眾，向南面爭奪天下，大概可以成功吧！」曹操說：「我任用天下的智慧和力量，用道義來駕御他們，佔據什麼地方都可以。」

九月，朝廷下詔任命曹操兼任冀州牧；曹操讓出兗州牧一職。

初，袁尚遣從事❶安平牽招❷至上黨❸督軍糧，未還，尚走中山。招說高幹以并州迎尚，并力觀變，幹不從。招乃東詣曹操，操復以為冀州從事，又辟崔琰❹為別駕。操謂琰曰：「昨按戶籍，可得三十萬眾，故為大州也。」琰對曰：「今九州幅裂，二袁兄弟親尋干戈❺，冀方蒸庶❻，暴骨原野，未聞王師存問風俗，救其塗炭❼，而校計甲兵，唯此為先，斯豈鄙州士女所望於明公哉！」操改容謝之。

許攸恃功驕嫚，嘗於眾坐呼操小字曰：「某甲❽，卿非我，不得冀州也！」操笑曰：「汝言是也。」然內不樂，後竟殺之。

冬，十月，有星孛于東井❾。

高幹以并州❿降，操復以幹為并州刺史。

曹操之圍鄴也，袁譚復背之，略取甘陵⓫、安平⓬、勃海⓭、河間⓮。攻袁尚於中山，尚敗，走故安⓯，從袁熙。譚悉收其眾，還屯龍湊⓰。操與譚書，責以負約，與之絕婚。女還，然後進討。十二月，操軍其門⓱，譚拔平原，走保南皮，臨清河⓲而屯。操入平原，略定諸縣。

曹操表公孫度為武威將軍⓳，封永寧鄉侯⓴。度曰：「我王遼東，何永寧也！」藏印綬於武庫㉑。是歲，度卒，子康㉒嗣位，以永寧鄉侯封其弟恭㉓。

操以牽招嘗為袁氏領烏桓，遣詣柳城㉔，撫慰烏桓。值峭王㉕嚴㉖五千騎欲助袁譚，又，公孫康遣使韓忠假峭王單于印綬。峭王大會群長㉗，忠亦在坐。峭王問招：「昔袁公言受天子之命，假㉘我為單于。今曹公復言當更白天子，假我真單于，遼東復持印綬來。如此，誰當為正？」招答曰：「昔袁公承制㉙，得有所拜假。中間違錯㉚天子命，曹公代之，言當白天子，更假真單于是也[1]。遼東下郡，何得擅稱拜假也！」忠曰：「我遼東在滄海之東，擁兵百餘萬，又有扶餘㉛、濊貊㉜之用。當今之勢，彊者為右㉝，曹操何得獨為是也！」招呵忠曰：「曹公允恭明哲㉞，翼戴㉟天子，伐叛柔服㊱，寧靜四海。汝君臣頑嚚㊲，今恃險遠，背違王命，欲擅拜假，侮弄神器㊳；方當屠戮，何敢慢易㊴咎毀㊵大人㊶！」便捉忠頭頓築㊷，拔刀欲斬之。峭王驚怖，徒跣㊸抱招，以救請忠，左右失色。招乃還坐，為峭王等說成敗之效，禍福所歸；皆下席跪伏，敬受敕教㊹，便辭遼東之使，罷所嚴騎。

【章　旨】以上為第六段，寫牽招奉使安輯烏桓，不辱朝命。

【注　釋】❶從事　官名，東漢州牧刺史的佐吏，有別駕從事史、治中從事史、兵曹從事史、部從事史等，均可簡稱從事。

❷牽招　字子經，安平觀津（今河北武邑東南）人，初從袁紹，為督軍從事，並統領烏桓騎兵。袁紹死後，又從袁尚。袁尚

敗後，乃投歸曹操。後從曹操征烏桓，為護烏桓校尉。曹魏初為雁門太守，在郡十三年，大興學校，開鑿水利，甚有政績。傳見《三國志》卷二十六。❸上黨　郡名，治所在今山西壺關。❹崔琰　字季珪，清河東武城（今山東武城西北）人。鄭玄之學生，通《論語》、《韓詩》。袁紹據河北，任騎都尉。後歸曹操，為別駕從事。魏國立，任尚書中尉。後進封魏王，以罪被殺。傳見《三國志》卷十二。❺尋干戈　使用干戈，即戰爭之意。❻蒸庶　眾庶；百姓。《詩經・烝民》鄭箋：「蒸，眾也。」蒸，同「烝」。❼塗炭　比喻困苦的境地，如在泥中火中。塗，泥。炭，火。❽某甲　史書避諱之詞。曹操一名吉利，小字阿瞞，許攸呼曹操小字，當為「阿瞞」。❾東井　星名，即井宿，為二十八宿之一，由雙子座八星組成。❿并州　州名，為漢武帝所置十三刺史部之一。轄地當今山西大部和內蒙古、河北的一部。東漢治晉陽，即今山西太原西南。轄境擴大，還包括今陝西北部及河套地區。⓫甘陵　王國名，治所甘陵縣，在今山東臨清東。⓬安平　王國名，治所信都，在今河北冀州。⓭勃海　郡名，治所南皮，在今河北南皮北。⓮河間　王國名，治所樂成，在今河北獻縣東南。⓯故安　縣名，縣治在今河北易縣東南。⓰龍湊　地名，在今山東平原縣南。⓱軍其門　駐軍於其門。其門，平原縣境內的地名，今地不詳。⓲清河　水名，流經南皮西。⓳武威將軍　官名，為東漢之雜號將軍。⓴鄉侯　漢代封爵之一種，位在縣侯下，亭侯上，食邑為鄉。㉑武庫　指遼東郡之武器庫。㉒康　公孫康。公孫度死後，康繼承其位。後袁尚等逃奔遼東，康斬其首送曹操，以功為左將軍，封襄平侯。傳見《三國志》卷八。㉓恭　公孫恭。公孫康死後，其子晃、淵皆小，眾立恭為遼東太守。曹丕為帝之後，以恭為車騎將軍，封平郭侯，後被公孫淵所脅奪。傳見《三國志》卷八。㉔柳城　舊縣名，西漢為縣，屬遼西郡，東漢省。舊縣治在今遼寧朝陽南。㉕峭王　遼東屬國烏桓首領蘇僕延自稱峭王。㉖嚴　即「裝」字，裝備。此避明帝劉莊諱改。㉗羣長　指烏桓各部落之長。㉘假　授。㉙承制　稟承皇帝的意旨。㉚違錯　違背。㉛扶餘　古族名，居於松花江流域一帶，其地肥沃，宜於耕種，故以農業為主。東漢時，與漢王朝關係密切。公孫度據遼東，曾將宗女嫁扶餘王，關係更為密切。㉜濊貊　古代少數民族名，其族依濊水而居，故稱濊貊。濊水在今遼寧鳳城以東。㉝右　上。㉞允恭明哲　誠信、謙恭、開明、睿智。㉟翼戴　輔助擁戴。㊱柔服　安撫服從者。㊲頑嚚　頑固不化。㊳神器　此指帝王的權力。㊴慢易　輕侮。㊵呰毀　仇視誹謗。㊶大人　指曹操。㊷頓築　指按頭碰地。㊸徒跣　光著腳。指事件突發，峭王來不及穿鞋。㊹敕教　告誡之言。

【校記】①是也　原無此二字。據章鈺校，甲十一行本、乙十一行本皆有此二字，今據補。

【語譯】起初，袁尚派從事安平人牽招到上黨郡督辦軍糧，還沒有回來，袁尚已逃到中山。牽招勸說高幹以并州之地迎接袁尚，合併力量等待時局的變化，高幹不聽從。牽招就東去前往曹操那裡，曹操又任命牽招為冀州從事，還徵辟崔琰為別駕。曹操對崔琰說：「昨天我查閱了戶籍，可以得到三十萬人，所以冀州是一個大州。」崔琰回答說：「如今九州分裂，二袁兄弟同室操戈，冀州百姓，暴骨原野，沒有聽說天子的軍隊存問民間疾苦，救民於水火之中，卻去計算丁壯數目，而且首先考慮這一問題，這哪裡是我冀州男女百姓對明公的期望啊！」曹操改變臉色向崔琰道歉。

許攸恃功傲慢自大，曾經在大庭廣眾之中直呼曹操的小名：「阿瞞，你不是靠我，得不到冀州！」曹操笑著說：「你說得對。」可是心裡不高興，後來終於殺了他。

冬，十月，有孛星出現在東井星區。

高幹率并州投降曹操，曹操又任命高幹為并州刺史。

曹操圍攻鄴城的時候，袁譚又叛離曹操，攻取甘陵、安平、勃海、河間。袁譚在中山攻擊袁尚，袁尚戰敗，逃到故安，追隨袁熙。袁譚收編了袁尚的全部兵眾，回軍屯守龍湊。曹操寫信給袁譚，責備他違約，與他斷絕婚姻關係。女兒回來後，進軍討伐。十二月，曹軍屯駐其門。袁譚攻下平原，退守南皮縣，在清河岸邊駐守。曹操攻入平原，平定周圍的各縣。

曹操上表推薦公孫度為武威將軍，封為永寧鄉侯。公孫度說：「我在遼東稱王，稀罕什麼永寧鄉侯！」把印綬藏在武器庫裡。這一年，公孫度死去，他的兒子公孫康繼位，就把永寧鄉侯封給他的弟弟公孫恭。

曹操鑑於牽招曾為袁氏管理過烏桓事務，就派他到柳城，安撫烏桓。正碰上烏桓峭王裝備了五千騎兵，準備幫助袁譚。同時，公孫康派使者韓忠頒給峭王單于印綬。峭王召集部落酋長大會，韓忠也在座。峭王問牽招：「以前袁紹說受天子之命，封我為單于。現在曹公又說還要上奏天子，封我為真單于，遼東又派使者送印綬來。這樣，哪一家的任命才是正當合法呢？」牽招回答說：「以前袁公稟承天子旨意，有權任官封爵。中間袁公違背了天子的旨意，曹公取而代之，因而曹公說要再次奏報天子，封你為真單于。遼東只不過是中國的下等郡，怎麼能擅自封拜呢！」韓忠說：「我們遼東在滄海之東，擁兵一百餘萬，又有扶餘、濊貊人為我所用。當今的形勢，強者為上，曹操怎麼能專擅此事呢！」牽招呵斥韓忠說：「曹公誠信、謙恭、開明、睿哲，輔佐天子，征伐叛逆，安撫順從的人，安定四海。你們君臣冥頑不化，如今倚仗地勢險要僻遠，違反朝廷之命，想擅自封拜，褻瀆國家權力，正該誅除格殺，怎敢侮辱詆毀曹大人！」就按住韓忠的頭往地上撞，抽刀要殺他。峭王驚恐，光著腳上前抱住牽招，護救韓忠，左右的人大驚失色。牽招這才回到座位上，向峭王等陳述成敗得失、禍福結局；於是滿座人都離開席位跪拜在地，敬受戒教，便拒絕了遼東的使者，整裝的騎兵停止出發。

丹陽大都督❶嬀覽、郡丞❷戴員殺太守孫翊。將軍孫河❸屯京城❹，馳赴宛陵❺，覽、員復殺之，遣人迎楊州刺史劉馥，令住歷陽❻，以丹陽❼應之。

覽入居軍府中，欲逼取翊妻徐氏。徐氏紿❽之曰：「乞須晦日❾設祭除服❿，然後聽命。」覽許之。徐氏潛使所親語翊親近舊將孫高、傅嬰等與共圖⓫覽，高、嬰涕泣許諾，密呼翊時侍養者⓬二十餘人與盟誓合謀。到晦日，設祭。徐氏哭泣盡哀，畢，乃除服，薰香沐浴，言笑懽悅。大小悽愴⓭，怪其如此。覽密覘⓮，無復疑意。徐氏呼高、嬰置戶內，使人召覽入。徐氏出戶拜覽，適⓯得一拜，徐大呼：「二君可起！」高、嬰俱出，共殺覽，餘人即就外殺員。徐氏乃還縗絰⓰，奉覽、員首以祭翊墓，舉軍震駭。孫權聞亂，從椒丘⓱還。至丹陽，悉族誅覽、員餘黨，擢⑱高、嬰為牙門⑲，其餘賞賜有差。

河子韶，年十七，收河餘眾屯京城。權引軍歸吳，夜至京城下營，試攻驚之。兵皆乘城⑳，傳檄備警，讙聲㉑動地，頗射外人。權使曉喻㉒，乃止。明日見韶，拜承烈校尉㉓，統河部曲㉔。

【章　旨】以上為第七段，寫孫權整頓江東內亂。

【注　釋】❶大都督　當為丹陽郡的統兵將領。❷郡丞　輔佐郡守之官。❸孫河　字伯海，吳郡（治今江蘇蘇州）人，本姓俞，孫策賜姓孫。歷事孫堅、孫策為將軍，為孫權領廬江太守，屯京城。至是為嬀覽、戴員所害。❹京城　縣名，即漢代的丹徒縣，孫權自吳（今蘇州）遷於此，改稱京城，又稱京口，在今江蘇鎮江市東南。❺宛陵　縣名，縣治在今安徽宣城。❻歷陽　侯國名，治所在今安徽和縣。❼丹陽　郡名，治所即宛陵。❽紿　欺騙。❾晦日　農曆每月的最後一日。❿除服　除去喪服。⓫圖　謂謀殺。⓬侍養者　謂侍候孫翊又受孫翊豐厚的給養者。⓭悽愴　悲哀傷痛。⓮密覘　祕密地察看。⓯適　僅；只。⓰縗絰　喪服。⓱椒丘　地名，在今江西新建北。⓲擢　提拔。⓳牙門　即牙門將，領兵的下級軍官。⓴乘城　登城。㉑讙聲　喧譁聲。㉒曉喻　告訴解釋。㉓承烈校尉　官名，校尉為東漢統兵的中級武官。㉔部曲　軍隊。

【語　譯】丹陽郡的大都督嬀覽、郡丞戴員殺了太守孫翊。將軍孫河駐守京城，聞訊後馳赴郡治宛陵，嬀覽、戴員又殺了孫河，派人迎請揚州刺史劉馥，讓劉馥留居歷陽，嬀覽、戴員則以丹陽與劉馥呼應。

嬀覽住進太守的軍府中，想強迫娶孫翊的妻子徐氏。徐氏騙他說：「請求等到月底最後一天，我祭奠丈夫脫去喪服後，然後聽從你。」嬀覽同意了。徐氏祕密派親信告知孫翊親近的舊將孫高、傅嬰等和她一起策劃除去嬀覽，孫高、傅嬰流著眼淚答應了，兩人祕密找來孫翊生前侍候他而供養的二十多人，一起盟誓合謀。到了月底最後一天，設禮祭祀。徐氏痛哭盡哀，祭奠結束，就脫去喪服，熏香沐浴，談笑歡快。府中大小莫不悲痛傷心，對徐氏的如此舉止感到驚訝。嬀覽也偷偷觀察，不再懷疑。徐氏呼喚孫高、傅嬰藏在門後，派人請嬀覽進來。徐氏出門拜見嬀覽，只拜了一拜，徐氏就大聲呼喊：「二位可以行動了！」孫高、傅嬰一齊奔出，合力殺死嬀覽，其餘的人立刻到外面殺死戴員。徐氏於是重新穿上喪服，把嬀覽、戴員的人頭呈送孫翊的墓前祭奠，全軍為之震駭。孫權得知變亂的消息，從椒丘回軍，到了丹陽，把嬀覽、戴員的餘黨全部滅族，提拔孫高、傅嬰為牙門將，其餘的按照不同的等級加以賞賜。

孫河的兒子孫韶，十七歲，搜聚孫河的餘部屯駐京城。孫權率軍返回吳郡，夜裡到京城的城下紮營，派軍試探性進攻，使孫韶驚懼。孫韶的士兵都登上城牆，傳達軍令，嚴加守備，喧譁聲動地，很多箭射向城外。孫權派人解釋，才停止放箭。第二天孫權召見孫韶，任命他為承烈校尉，統領孫河的部眾。

十年（乙酉　西元二〇五年）

春，正月，曹操攻南皮，袁譚出戰，士卒多死。操欲緩之，議郎❶曹純❷曰：「今縣師❸深入，難以持久；若進不能克，退必喪威。」乃自執桴❹鼓以率攻者，遂克之。譚出走，追斬之。

李孚自稱冀州主簿，求見操，曰：「今城中彊弱相陵❺，人心擾亂，以為宜令新降為內所識信者宣傳明教。」操即使孚往入城，告諭吏民，使各安故業，不得相侵，城中乃安。操於是斬郭圖等及其妻子。

袁譚使王脩運糧於樂安❻，聞譚急，將所領兵往赴之。至高密❼，聞譚死，下馬號哭，曰：「無君焉歸！」遂詣曹操，乞收葬譚尸。操許之，復使脩還樂安，督軍糧。譚所部諸城皆服，唯樂安太守管統不下。操命脩取統首。脩以統亡國忠臣，解其縛，使詣操，操悅而赦之，辟脩為司空掾❽。

郭嘉說操多辟青、冀、幽、并名士以為掾屬，使人心歸附，操從之。官渡之戰，袁紹使陳琳❾為檄書，數❿操罪惡，連及家世，極其醜詆⓫。及袁氏敗，琳歸操，操曰：「卿昔為本初移書，但可罪狀孤身，何乃上及父祖⓬邪！」琳謝罪，操釋之，使與陳留阮瑀⓭俱管記室⓮。

先是，漁陽王松據涿郡⓯，郡人劉放⓰說松以地歸操，操辟放參司空軍事。

袁熙為其將焦觸、張南所攻，與尚俱奔遼西烏桓。觸自號幽州刺史，驅率諸郡太守令長背袁向曹，陳兵數萬，殺白馬而盟，令曰：「敢違者斬！」眾莫敢仰視，各以次歃⓱。別駕代郡韓珩⓲曰：「吾受袁公父子厚恩，今其破亡，智不能救，勇不能死，於義闕矣。若乃北面曹氏⓳，所不能為也。」一坐為珩失色。觸曰：「夫舉大事，當立大義，事之濟否，不待一人。可卒⓴珩志，以厲㉑事君。」乃捨之。觸等遂降曹操，皆封為列侯㉒。

夏，四月，黑山賊帥張燕率其眾十餘萬降，封安國亭侯。

故安趙犢、霍奴等殺幽州刺史及涿郡太守，三郡㉓烏桓攻鮮于輔於獷平㉔。秋，八月，操討犢等，斬之，乃渡潞水㉕救獷平，烏桓走出塞。

【章旨】以上為第八段，寫曹操滅袁譚，河北悉平。

【注釋】❶議郎　官名，郎官之一種，屬光祿勳，但不入值宿衛，得參與朝政議論。❷曹純　字子和，曹仁之弟。從曹操攻南皮，其部下斬袁譚首，又從曹操北征三郡烏桓，其部下又獲蹋頓，以前後功封高陵亭侯。傳見《三國志》卷九。❸縣師　深入敵境而無後援之孤軍。縣，「懸」本字。❹桴　通「枹」。鼓槌。❺陵　通「淩」。侵侮。❻樂安　郡名，治所臨濟，在今山東高青西北。❼高密　縣名，縣治在今山東高密西南。❽司空掾　官名，司空的僚屬。❾陳琳　（？—西元二一七年）字孔璋，廣陵（今江蘇揚州）人，初為何進主簿，後歸曹操為司空軍謀祭酒。有文才，為建安七子之一。傳見《三國志》卷二十一。❿數　責備；數說。⓫醜詆　毀謗；誣衊。⓬上及父祖　《三國志・魏書・袁紹傳》注引《魏氏春秋》載陳琳為袁紹所作檄文，其中涉及曹操父祖之言有：「祖父騰，故中常侍，與左悺、徐璜並作妖孽，饕餮放橫，傷化虐民。父嵩，乞匄攜養，因贓假位，輿金輦璧，輸貨權門，竊盜鼎司，傾覆重器。操贅閹遺醜，本無令德。」《昭明文選》亦載此文，題作〈為袁紹檄豫州〉，文與《魏氏春秋》所載稍有差異。⓭阮瑀　（？—西元二一二年）字元瑜，陳留（治所在今河南開封東南）人，與陳琳並為曹操司空軍謀祭酒，管記室，軍國書檄多出於二人。有文才，為建安七子之一。傳附見《三國志・魏書・王粲傳》。⓮記室　官名，東漢置，諸王三公及大將軍府皆設有記室令史，掌章表書記文檄。⓯涿郡　郡名，治所在今河北涿州。⓰劉放　（？—西元二五〇年）字子棄，涿郡方城（今河北固安南）人，投歸曹操後，歷任主簿、記室、郃陽令等，又與孫資同為魏國祕書郎。魏文帝改祕書為中書，放與孫資即為中書監、令，同掌機要。魏明帝即位後，對二人更加寵任，同加散騎常侍，後又加侍中、光祿大夫，放封為方城侯，孫資為中都侯。後二人助司馬懿掌握魏政權有功，死後皆得佳諡。傳見《三國志》卷十四。⓱歃　吸飲；飲血盟誓。⓲韓珩　字子佩，代郡（治所在今山西陽高）人，事袁紹父子，任別駕。袁氏滅，不受曹操徵辟，卒於家。⓳北面曹氏　謂臣服於曹氏。⓴卒　完成；成全。㉑厲　「勵」本字。鼓勵。㉒列侯　漢代分爵為二十級，列侯位最高。列侯功大者食縣，為侯國，功小者食鄉亭。㉓三郡　指遼西、遼東、右北平三郡。㉔獷平　縣名，縣治在今北京市密雲東北。㉕潞水　即今河北白河。

【語　譯】十年（乙酉　西元二〇五年）

春，正月，曹操進攻南皮，袁譚出城迎戰，曹軍士兵死亡很多。曹操想暫緩進攻，議郎曹純說：「現在孤軍深入，難以持久；如果進攻不能取勝，撤退一定會喪失軍威。」曹操於是親自操起鼓槌擊鼓，以此作為進攻將士的表率，終於攻下南皮。袁譚出城逃走，被曹軍追上殺死。

李孚自稱冀州主簿，求見曹操，說：「如今城中強弱相侵，人心動亂，我認為應派剛歸降而又能讓城中人所認可信服的人去傳達您英明的指令。」曹操當即派李孚進城，曉諭官民，讓他們各安舊業，不許相互侵凌，城中才安定下來。曹操於是殺了郭圖等及其妻子兒女。

袁譚派王脩從樂安運送軍糧，王脩得知袁譚處境危急，率領所統領的部眾趕去救援。到達高密，得知袁譚已死，下馬痛哭，說：「沒了主君，我投奔哪裡呢！」於是去往曹操那裡，請求收葬袁譚的屍體。曹操允許了，又讓王脩返回樂安，督辦軍糧。袁譚所屬的各城全都降服，只有樂安太守管統不降。曹操命令王脩去取管統的首級。王脩認為管統是亡國的忠臣，就為他鬆綁，讓管統去見曹操，曹操很高興，赦免了他，舉薦王脩為司空掾。

郭嘉勸曹操多任用青、冀、幽、并四州的名士為屬官，使人心歸附，曹操聽從了。官渡之戰時，袁紹命陳琳寫征伐曹操的檄文，歷數曹操的罪惡，連及曹操的家世，極盡醜化誹謗之能事。等到袁紹失敗，陳琳歸降曹操，曹操說：「你先前為袁紹所作檄書，只應數落我的罪狀，怎麼能向上牽連到我的父親和祖父呢！」陳琳謝罪，曹操赦免了他，讓他和陳留人阮瑀一起管掌記室之職。

在此之前，漁陽人王松佔領了涿郡，郡人劉放勸說王松率地歸降曹操，曹操任命劉放為參司空軍事。

袁熙被他的部將焦觸、張南攻擊，和袁尚一起逃到遼西郡的烏桓部落。焦觸自稱幽州刺史，驅使各郡太守和各縣的縣令縣長叛離袁氏，歸附曹操，陳兵數萬人，殺白馬盟誓，命令道：「敢違抗的人斬首！」眾人沒有敢抬頭仰視的，各人按順序飲血盟誓。別駕代郡人韓珩說：「我蒙受袁公父子的厚恩，如今他們已經敗亡，我的智慧不能挽救，沒勇氣殉死，道義已經有虧。但是北面臣服曹氏，我是不能做的。」滿座的人為韓珩的言論驚恐失色。焦觸說：「凡是做大事，應當倡立道義，事情的成敗，不在乎一個人。可以成全韓珩的志向，以鼓勵侍奉君主的人。」於是放走了韓珩。焦觸等人投降曹操，都被封為列侯。

夏，四月，黑山賊首領張燕率領部眾十幾萬人投降，被封為安國亭侯。

故安人趙犢、霍奴等殺死幽州刺史和涿郡太守，三郡烏桓在獷平攻擊鮮于輔。秋，八月，曹操征討並殺死趙犢等人，於是渡過潞水救援獷平，烏桓部眾逃往塞外。

冬，十月，高幹聞操討烏桓，復以并州叛，執上黨太守，舉兵守壺關口❶，操遣其將樂進❷、李典擊之。河內張晟，眾萬餘人，寇崤、澠❸間，弘農張琰起兵以應之。

河東太守王邑被徵，郡掾❹衛固及中郎將❺范先等詣司隸校尉鍾繇，請留之，繇不許。固等外以請邑為名，而內實與高幹通謀。曹操謂荀彧曰：「關西諸將，外服內貳❻，張晟寇亂殽❼、澠，南通劉表，固等因之，將為深害。當今河東，天下之要地❽也，君為我舉賢才以鎮之。」彧曰：「西平❾太守京兆杜畿❿，勇足以當難，智足以應變。」操乃以畿為河東太守。鍾繇促王邑交符⓫。邑佩印綬，徑從河北⓬詣許自歸⓭。

衛固等使兵數千人絕陝津⑭，杜畿至，數月不得渡。操遣夏侯惇討固等，未至，畿曰：「河東有三萬戶，非皆欲為亂也。今兵迫之急，欲為善者無主，必懼而聽於固。固等勢專，必以死戰[1]。討之不勝，為難未已⑮；討之而勝，是殘一郡之民也。且固等未顯絕王命，外以請故君為名，必不害新君。吾單車直往，出其不意，固為人多計而無斷，必偽受吾，吾得居郡一月，以計縻⑯之，足矣。」遂詭道⑰從郖津⑱度。

范先欲殺畿以威眾，且觀畿去就，於門下斬殺主簿以下三十餘人，畿舉動自若。於是固曰：「殺之無損，徒有惡名，且制之在我。」遂奉之。畿謂固、先曰：「衛、范，河東之望也，吾仰成⑲而已。然君臣有定義，成敗同之，大事當共平議。」以固為都督⑳，行丞㉑事，領功曹；將校吏兵三千餘人，皆范先督之。固等喜，雖陽㉒事畿，不以為意。固欲大發兵㉓，畿患之，說固曰：「今大發兵，眾情必擾，不如徐以貲㉔募兵。」固以為然，從之，得兵甚少。畿又喻固等曰：「人情顧家，諸將掾史，可分遣休息，急緩㉕召之不難。」固等惡逆眾心，又從之。於是善人在外，陰為己援，惡人分散，各還其家。

會白騎㉖攻東垣㉗，高幹入濩澤㉘。畿知諸縣附己，乃出，單將數十騎，赴堅壁而守之。吏民多舉城㉙助畿者，比㉚數十日，得四千餘人。固等與高幹、張晟共攻畿，不下，略諸縣，無所得。曹操使議郎張既西徵關中諸將馬騰等，皆引兵會擊晟等，破之，斬固、琰等首，其餘黨與皆赦之。

於是杜畿治河東，務崇寬惠。民有辭訟，畿為陳義理，遣歸諦思㉛之，父老皆自相責怒，不敢訟。勸耕桑，課畜牧，百姓家家豐實。然後興學校，舉孝弟㉜，修戎事㉝，講武備，河東遂安。畿在河東十六年，常為天下最㉞。

【章　旨】以上為第九段，寫高幹據并州叛，曹操委派杜畿安集河東。

【注　釋】❶壺關口　即壺口關，在今山西長治東南壺口山下。此地山川相錯，地形如壺，故名。❷樂進　（？—西元二一八年）字文謙，陽平衛國（今山東舊觀城西）人，初從曹操為帳下吏，屢從征戰，後為折衝將軍、右將軍等。傳見《三國志》卷十七。❸崤澠　崤，指崤山，在今河南洛寧西北。澠，指澠池水，在今河南宜陽西。❹郡掾　官名，漢代郡守之下分曹治事，掾是郡府各曹主要負責人的通稱，如主記掾、錄事掾、倉曹掾、督郵掾、金曹掾、市掾等。❺中郎將　官名，東漢職位次於將軍的統兵將領。❻內貳　內懷二心。❼殽　同「崤」。❽天下之要地　河東郡治所安邑，在今山西夏縣西北。當時高幹據并州，馬騰、韓遂等據關中，往來交通皆由河東，故為天下之要地。❾西平　郡名，漢獻帝建安中，分金城郡置西平郡；又分臨羌縣置西都縣，為西平郡治所。西都縣治在今青海西寧。❿杜畿　字伯侯，京兆杜陵（今陝西長安東南）人，初為郡吏，荀彧推薦於曹操，曹操以之為司空司直、護羌校尉、西平太守、河東太守等。為政崇尚寬惠，獎勵耕牧，又重教化，興學校，在郡十六年，治績為全國之最。曹魏初為司隸校尉、尚書僕射。傳見《三國志》卷十六。⓫符　任郡守的符節。⓬河北　縣名，縣治在今山西芮城東北。⓭自歸　自行歸罪；自首。⓮陝津　渡口名，又名茅津，黃河渡口之一，在陝縣之北。陝縣治所在今河南陝縣。⓯未已　沒有了結。⓰縻　籠絡。⓱詭道　隱祕道路；小道。⓲郖津　渡口名，黃河渡口之一，在今河南靈寶西北。⑲仰成　仰仗成功。喻坐享其成。⑳都督　官名，此為領郡兵之官。㉑丞　即郡丞，為郡守府中地位最高的佐吏。杜畿以衛固為都督、郡丞、功曹，表面上是把郡的軍政大權交給了衛固。㉒陽　表面。㉓發兵　此指徵發、徵召兵眾。㉔貲　錢財。㉕急緩　偏義複詞，緊急之意。㉖白騎　黑山軍張白騎。㉗東垣　即垣縣，縣治在今山西垣曲西。㉘濩澤　侯國名，治所在今山西陽城西。㉙舉城　謂舉河東郡所屬之縣城。㉚比　及；到了。㉛諦思　仔細思考。㉜孝弟　孝順父母，敬愛兄長。漢代有孝弟力田的選舉科目，被選舉者得為郡縣中掌教化的鄉官。㉝戎事　軍事。㉞最　最高；最大。此指政績第一。

【校　記】①必以死戰　原無此四字。據章鈺校，甲十一行本、乙十一行本、孔天胤本皆有此四字，張敦仁《通鑑刊本識誤》同，今據補。

【語　譯】冬，十月，高幹得知曹操征討烏桓，又據守并州叛亂，逮捕了上黨郡太守，發兵把守壺關口，曹操派部將樂進、李典進攻高幹。河內人張晟有部眾一萬多人，侵擾崤山、澠池一帶，弘農人張琰起兵響應張晟。

河東郡太守王邑受到朝廷徵召，郡掾衛固和中郎將范先等去司隸校尉鍾繇那裡，請求留下王邑，鍾繇不答應。衛固等表面上以請留王邑為藉口，而暗中卻與高幹通謀。曹操對荀彧說：「關西的各位將領，外表服從卻內懷二心，張晟擄掠崤山、澠池一帶，南與劉表聯絡，衛固等趁機反叛，將會成為大害。當今的河東，是天下的衝要之地，請你為我推舉賢才來鎮守。」荀彧說：「西平太守京兆人杜畿，他的勇氣足以擔當危難，他的智慧足以應付事變。」曹操就任命杜畿為河東太守。鍾繇催促王邑交出郡守符節。王邑佩帶著印綬，直接從河北縣前往許都自首。

衛固等派兵數千人阻斷陝津渡口，杜畿到達，幾個月不能渡河。曹操派夏侯惇討伐衛固等，夏侯惇還沒到達，杜畿說：「河東有三萬戶民眾，不是都想叛亂。現今被叛兵逼得太緊，想從善的人沒有領頭的，必定會因恐懼而聽命於衛固，這樣衛固等人就因勢專斷，必定拚命死戰。如果討伐他不能取勝，災難就沒完沒了；如果討伐取勝，這就意味著殘害一郡的百姓。況且衛固等還沒有公開拒絕王命，表面上是以請留任原太守為名，必然不會殺害新太守。我單車直入，出其不意，衛固為人計謀多而無決斷力，一定假意接待我，我能在郡中住一個月，用計籠絡他，事情完全可以成功了。」於是杜畿走祕密通道從郖津渡過了黃河。

范先想殺掉杜畿來威鎮部眾，就先觀察杜畿的動向，在郡府門前殺死主簿以下三十多人，杜畿的行動自如，於是衛固說：「殺了杜畿對曹操無損，只能有了惡名聲，況且如何控制他全在於我。」於是奉杜畿為太守。杜畿對衛固、范先說：「衛家、范家是河東的望族，我只不過坐享其成罷了。然而君臣有確定的名分，成功或失敗都要共同承當，大事應共同商量。」杜畿任命衛固為都督，署理郡丞事務，兼任功曹；將校官兵三千多人，都由范先統領。衛固等人十分高興，雖然表面上侍奉杜畿，實際上不把他放在心上。衛固想大量徵兵，杜畿擔憂這件事，勸衛固說：「現在大量徵兵，必然民心騷動，不如慢慢地用錢來招募士兵。」衛固認為很對，同意了，但募到的士兵很少。杜畿又開導衛固等人說：「人情都戀家，各位將領和屬官，可以讓他們分別休息，有急事再召他們也不難。」衛固等人害怕違反眾人的意願，又同意了。於是善良的人大多留下在外任事，這些人暗中成為杜畿的援手，惡人被分散，各回自己的家。

恰巧黑山軍張白騎攻打東垣，高幹進入濩澤。杜畿知道河東各縣歸附自己，於是出城，隻身率領幾十名騎兵，奔赴堅固的壁壘據守。各地官民大都傾城出動援助杜畿，到了幾十天，得到四千多人。衛固等和高幹、張晟一起攻擊杜畿，不能攻克，擄掠各縣，一無所獲。曹操派議郎張既西去徵召關中眾將領馬騰等，全都率兵來會攻打張晟等，把張晟等打敗了，斬下衛固、張琰等人的首級，其餘的黨羽都被赦免。

於是杜畿治理河東，一心推行寬厚仁惠的政策。百姓有來打官司告狀的，杜畿為他們陳述道義事理，讓他們回家仔細思量，父老們都各自怒責自己，不敢去告狀。杜畿鼓勵農耕蠶桑，督促發展畜牧業，百姓家家富足殷實。然後興辦學校，舉薦孝弟，整飭軍務，講習武事，於是河東郡社會安定。杜畿在河東郡十六年，政績常常是天下之最。

祕書監❶、侍中❷荀悅❸作申鑒❹五篇，奏之。悅，爽之兄子也。時政在曹氏❺，天子恭己❻。悅志在獻替❼，而謀無所用，故作是書。其大略曰：「為政之術，先屏❽四患❾，乃崇❿五政⓫。偽⓬亂俗，私⓭壞法，放⓮越軌，奢⓯敗制，四者不除，則政末⓰由行矣，是謂四患。興農桑以養其生，審⓱好惡以正其俗，宣文教以章⓲其化，立武備以秉⓳其威，明賞罰以統其法，是謂五政。人不畏死，不可懼以罪⓴，人不樂生，不可勸㉑以善。故在上者，先豐民財以定其志㉒，是謂養生㉓。善惡要乎功罪，毀譽効於準驗，聽言責事，舉名察實，無或㉔詐偽以蕩㉕眾心。故俗無姦怪，民無淫風，是謂正俗。榮辱者，賞罰之精華也，故禮教榮辱以加君子，化其情也，桎梏㉖鞭撲㉗以加小人，化其形㉘也。若教化㉙之廢，推中人㉚而墜於小人之域，教化之行，引中人而納於君子之塗，是謂章化㉛。在上者必有武備以戒不虞㉜，安居則寄之內政㉝，有事則用之軍旅，是謂秉威㉞。賞罰，政之柄也。人主不妄㉟賞，非愛其財也，賞妄行，則善不勸矣。不妄罰，非矜㊱其人也，罰妄行，則惡不懲㊲矣。賞不勸，謂之止善，罰不懲，謂之縱惡。在上者能不止下為善，不縱下為惡，則國法立矣，是謂統法㊳。四患既蠲㊴，五政又立，行之以誠，守之以固，簡而不怠，疏而不失，垂拱㊵揖讓㊶，而海內㊷平矣。」

【章　旨】以上為第十段，摘載荀悅所作《申鑒》有關政體和時事的內容，委婉地表達自己的政治主張，用以譏刺曹操的專權。

【注　釋】❶祕書監　官名，漢桓帝時始置，掌圖書典籍。❷侍中　官名，職在侍從皇帝，應對顧問。❸荀悅　（西元一四八—二〇九年）字仲豫，潁川潁陰（今河南許昌）人，少好學，善解《春秋》。後應曹操徵召，為黃門侍郎、祕書監、侍中等。漢獻帝以《漢書》繁重難讀，命其改寫。悅依《左傳》體裁，改撰成《漢紀》三十卷，時人稱之為「辭約事詳」。又撰《申鑒》五篇，闡述他對政治社會的主張。傳見《後漢書》卷六十二。❹申鑒　書名，共五篇，荀悅所作的政論。五篇題目，一曰政體，二曰時事，三曰俗嫌，四曰雜言上，五曰雜言下。《通鑑》摘引的是〈政體篇〉和〈時事篇〉的內容。❺時政在曹氏　當時政權在曹操手中。❻恭己　《論語・衛靈公》：「無為而治者，其舜也與？夫何為哉？恭己正南面而已。」這段話的本意是說，舜用官得當，故可無為而治，自己所要做的，僅莊嚴端正地坐朝廷罷了。後世則以帝王不問政事或大權旁落於權臣為「恭己」。❼獻替　「獻可替否」之略語，即進獻可行者，除去不可行者。亦即諍言進諫之意。❽屏　除去；排除。❾四患　四大亂政的積弊。即下文所說的一偽亂俗，二私壞法，三放越軌，四奢敗制。❿崇　尊崇；提倡。⓫五政　實施五大新政。即下文所說的一興農桑、二審好惡、三宣文教、四立武備、五明賞罰。⓬偽　虛假。此指浮華的風俗習慣。⓭私　徇私；謀私。⓮放　放縱；不遵法度。⓯奢　奢靡；講排場。⓰末　無；沒有。⓱審　明辨。⓲章　明。⓳秉　握；執。⓴懼以罪　用罪罰來使人畏懼。㉑勸　勉勵。㉒定其志　穩定民心。㉓養生　養育生民。㉔或　通「惑」。迷惑。㉕蕩　動盪；搖動。㉖桎梏　刑具。腳鐐手銬。㉗撲　刑具。鞭棍。㉘化其形　使其行為規範。化，感化而形成行為的規範。形，形象；行為。㉙教化　用教育的方法使之成為風氣。㉚推中人　迫使中等的人。中人，中等的人，指可以為善，也可以為惡的人。㉛章化　彰明教化。章，通「彰」。㉜不虞　沒有預料到的事。㉝內政　國政；國內的政治。㉞秉威　牢牢把握權威。此指維護天子的威嚴。㉟妄　亂；隨便。㊱矜　憐憫；憐惜。㊲懲　懲戒。㊳統法　指法令一統。㊴蠲　除去。㊵垂拱　指天子垂衣拱手，意即無為而治。㊶揖讓　拱手作揖。舊時友人相見的禮儀。此謂天子謙讓無為。㊷海內　天下；全國。

【語　譯】祕書監、侍中荀悅撰寫了《申鑒》五篇，奏報天子。荀悅，是荀爽哥哥的兒子。當時朝廷大權掌握在曹操手中，天子只不過是南面端坐罷了。荀悅志在諍言進諫，但他的謀略無處施展，所以撰寫此書。該書的大要說：「治理政事的路數，首先是摒棄四患，然後提倡五政。虛偽擾亂風俗，營私毀壞法紀，放縱就會越軌，奢靡敗壞制度，這四種行為不清除，政事就無法推行，這就是四患。振興農桑以養育眾生，明辨好惡以端正民俗，宣揚文教以昭明教化，建立武備以秉持武威，分明賞罰以統一法令，這就是五政。人若不怕死，不可用罪罰來恐嚇他，人若不樂生，不可用向善來勉勵他。所以在上層的統治者，要先使百姓的財物豐富，以此安定民心，這就叫養眾生。善惡要用功罪來衡量，毀譽要用實效來檢驗。聽其言而責其行事，循名而察實，就不會惑於詐偽而動搖民心。因此世俗沒有奸詐怪異，民間沒有荒淫之風，這就是正俗。榮辱是賞罰的昇華，所以用禮教榮辱來約束君子，感化他的心靈，用枷鎖和鞭笞來懲罰小人，改變他的行為。如果教化被廢棄，就是把中等的人推向小人的境地；如果教化得到實行，引導中等的人走向君子之路，這就叫彰明教化。在上層的統治者一定要有武備，以預防意外，和平時用於內政，戰亂時用於軍事，這就叫秉持威武。賞罰是行政的關鍵。君主不濫賞，並不是吝惜錢財，施行濫賞，善行就得不到鼓勵。不亂罰，並不是憐憫惡人，如果亂罰，惡行就得不到懲罰。賞賜不能產生鼓勵作用，就是阻止行善，刑罰不能產生懲罰作用，就是縱容作惡。在上層的統治者能夠做到不阻止下面行善，不縱容下面作惡，那麼法制就確立了，這就叫統一法令。四患既被摒除，五政又得到確立，就要誠心推行，堅持固守，簡約但不懈怠，疏闊但不遺漏，君主只須垂衣拱手，謙讓無為，天下就達到太平之治了。」

【研　析】本卷研析三事。一是袁氏兄弟相殘；二是益州趙韙反叛劉璋；三是荀悅作《申鑒》。

袁氏兄弟相殘。袁紹生年，史無明載，但從他二十弱冠為濮陽長，隨後守喪六年，歸隱洛陽，舉為大將軍掾的事跡推斷，官渡之戰袁紹四十二三歲，略與曹操相當，依相關材料推定，約生於西元一五八年，官渡敗北，正步入不惑的盛壯之年。可是官渡戰後只兩年袁紹就吐血而死。這是因為官渡失敗，註定了袁紹政治上的徹底覆滅。袁紹雖死，而禍猶未已。袁譚、袁尚兄弟不睦，互相攻殺，給曹操分化瓦解、各個擊破提供了可乘之機。

袁紹有三個兒子，依次為譚、尚、熙，外甥高幹。紹留次子在身邊，卻把其他幾個放在外任，各據一州。

長子袁譚為青州刺史，三子袁熙為幽州刺史，外甥高幹為并州刺史。袁紹如此安排諸子，口頭上冠冕堂皇，讓諸子各據一州以觀其能，其實偏愛之情益顯。因為袁尚被留在身邊，所據之州，即冀州，明顯地是定為繼承人，廢嫡立庶，廢長立幼，亂了宗法制度，不可避免地要引起內亂。袁紹煞費苦心，把袁譚過繼給早已死去的兄長，這樣依次袁尚為嫡子，但這樣的掩耳盜鈴之計是毫無意義的。結果是造成軍中各有彼此，以譚、尚為首分裂為兩派。審配、逢紀矯紹遺命，奉袁尚為冀州牧，郭圖、辛評擁護袁譚以長爭位。兄弟火併，曹操坐收漁人之利。西元二〇五年，曹操破冀州，滅袁譚，北上幽州，袁尚、袁熙率殘部入烏桓。西元二〇六年又滅高幹。袁紹統治河北，極有聲望，因此幽、冀吏民追隨袁尚、袁熙者十餘萬戶，有可能成為二袁東山再起的憑藉。西元二〇七年北征烏桓，迫使遼東太守公孫康斬二袁。至此袁氏家族便徹底覆滅了。

宗法制度不是萬靈藥，但宗法制度是維繫家天下的理論基礎，誰破壞了它，誰就要遭到禍殃。袁紹自食惡果，而殷鑑不遠，荊州劉表又繼其後，才略不世出的曹操也險些重蹈覆轍。感情與理性的矛盾，是剪不斷，理還亂，英雄也難免。

趙韙反叛劉璋。劉焉入蜀，收容南郡、三輔逃入益州的數萬家難民，全部編為部曲，稱「東州兵團」，用以作為自己的統治基礎。東州集團的吏士也被大量起用。趙韙，東漢末官吏，曾為太倉令。趙韙追隨劉焉入蜀，為東州集團上層大吏。劉焉死後，趙韙擁戴劉璋，任征東中郎將。由於劉璋寬仁，缺少威嚴，縱容東州人暴虐益州土著，趙韙拍案而起，倒向益州土著，率領軍民反叛劉璋，蜀郡、廣漢、犍為等郡紛紛響應，很快隊伍壯大達數萬人。趙韙外連劉表，領兵進圍成都。由於東州人害怕益州人報復遭到屠殺，拼死力戰，趙韙戰敗，向東撤退。東州兵緊追趙韙，趙韙在江州（今重慶市）被追及，送了性命。這件事暴露了益州地區政權基礎不牢，益州土著的利益被外來人分享，而且外來人還佔了上風，矛盾不可調和。中央政權穩固尚可維持，一旦削弱，矛盾立現。後來劉備入蜀，又帶了一個荊州集團。諸葛亮〈前出師表〉，向後主所薦人才，一共七人，六人是荊州人士，只有張裔一人是益州土著。賢如諸葛亮，也未能大膽起用益州土著，這是形勢使然。西元二六三年鄧艾入蜀，光祿大夫巴西人譙周建言投降，鄧艾不戰而下成都。蜀漢政權，基礎不固，所以最先滅亡。由趙韙事件，可以觀之矣。

荀悅作《申鑒》。荀悅是東漢末著名史學家，他長於《春秋》，精熟編年史體。漢獻帝讀《漢書》，繁重難讀，命荀悅刪摘《漢書》，荀悅便依《左氏傳》體例，改寫為編年體《漢紀》三十卷，號稱名著，時人評為「辭約事詳」。荀悅是尊奉儒家傳統的，維護漢獻帝的權威，不滿曹操專橫跋扈，但他手無寸鐵，只能在輿論上做點文章，而且荀悅也沒有孔融那樣的膽量，不敢公然與曹操叫陣，連一點諷諭的銳氣也沒有，所以只能拐彎抹角以政論形式來表達自己的主張，說什麼去四患，立五政，對於一個傀儡皇帝，無異於痴人說夢；對於權臣曹操，更是對牛彈琴。荀悅的《申鑒》是不合時宜的空論，在當時沒有什麼影響，曹操也裝聾作啞，隨它去。

卷第六十五

漢紀五十七

起柔兆閹茂（丙戌　西元二〇六年），盡著雍困敦（戊子　西元二〇八年），凡三年。

【題解】本卷記事起西元二〇六年，迄西元二〇八年，凡三年。當漢獻帝建安十一年至建安十三年。三年間，神州大地又捲大波瀾，歷史發生重大轉折，三分天下的序幕伴隨赤壁大戰而拉開。北方曹操滅高幹，平定三郡烏丸，滅袁尚、袁熙，掃除了袁氏殘餘勢力，鞏固了北方的統治，沒有了後顧之憂，掉轉矛頭，大舉南下，志欲一鼓蕩平江南。曹操南下，第一步就是要奪取荊州。江東孫權，此時也已鞏固了對江東的統治，搶先於曹操在西元二〇八年春發動了爭荊州之戰，一舉殲滅了替荊州防守東大門江夏的黃祖，同時也報了殺父之仇。南依劉表的劉備，在西元二〇七年三顧茅廬，請得諸葛亮出山輔佐，諸葛亮獻隆中對策，規劃三分，第一步也是要奪取荊州。西元二〇八年的赤壁之戰，就是曹孫劉三家爭奪荊州之戰。結果，三分荊州，於是三分天下的序幕由此拉開。

孝獻皇帝庚

建安十一年（丙戌　西元二〇六年）

春，正月，有星孛[1]于北斗[2]。

曹操自將擊高幹，留其世子[3]丕[4]守鄴，使別駕從事[5]崔琰[6]傅[7]之。操圍壺關[8]，三月，壺關降。高幹自入匈奴求救，單于不受。幹獨與數騎亡，欲南奔荊州[9]。上洛[10]都尉[11]王琰捕斬之，并州悉平。

曹操使陳郡梁習[12]以別部司馬領并州刺史。時荒亂之餘，胡狄[13]雄張[14]，吏民亡叛入其部落，兵家[15]擁眾，各為寇害。習到官，誘喻招納，皆禮召其豪右，稍稍[16]薦舉，使詣幕府。豪右已盡，次發諸丁強以為義從[17]。又因大軍出征，令諸將分請以為勇力。吏兵已去之後，稍移其家，前後送鄴[18]，凡數萬口，其不從命者，興兵致討，斬首千數，降附者萬計。單于[19]恭順，名王[20]稽顙[21]，服事供職，同於編戶[22]。邊境肅清，百姓布野，勤勸農桑，令行禁止[23]。長老稱詠，以為自所聞識，刺史未有如習者。習乃貢達名士避地州界者河內常林[24]、楊俊[25]、王象[26]、荀緯[27]及太原王凌[28]之徒，操悉以為縣長，後皆顯名於世。

初，山陽仲長統[29]遊學至并州，過高幹，幹善遇之，訪以世事。統謂幹曰：「君有雄志而無雄材，好士而不能擇人，所以為君深戒也。」幹雅自多[30]，不悅統言，統遂去之。幹死，荀彧舉統為尚書郎[31]。著論曰昌言[32]，其言治亂，略曰：「豪傑之當天命者，未始有天下之分[33]者也。無天下之分，故戰爭者競[34]起焉。角[35]智者皆窮[36]，角力者皆負[37]，形不堪復伉[38]，勢不足復校[39]，乃始羈首係頸[40]，就我之銜紲[41]耳。及繼體[42]之時，豪傑之心既絕，士民之志已定，貴有常家，尊在一人。當此之時，雖下愚之才居之，猶能使恩同天地，威侔[43]鬼神，周、孔[44]數千，無所復角其聖，賁、育[45]百萬，無所復奮其勇矣。彼後嗣之愚主，見天下莫敢與之違，自謂若天地之不可亡也，乃奔其私嗜，騁其邪欲，君臣宣淫[46]，上下同惡，荒廢庶政[47]，棄忘人物。信任親愛者，盡佞諂容說[48]之人也；寵貴隆豐[49]者，盡后妃姬妾之家也。遂至熬天下之脂膏，斲[50]生民之骨髓，怨毒[51]無聊[52]，禍亂並起，中國擾攘[53]，四夷侵叛，土崩瓦解，一朝而去，昔之為我哺乳[54]之子孫者，今盡是我飲血之寇讎[55]也。至於運[56]徙勢去，猶不覺悟者，豈非富貴生不仁[57]，沈溺[58]致愚疾邪！存亡以之迭代[59]，治亂從此周復[60]，天道常然[61]之大數[62]也。」

秋，七月，武威[63]太守張猛[64]殺雍州[65]刺史邯鄲商，州兵討誅之。猛，奐之子也。

八月，曹操東討海賊管承，至淳于[66]，遣將樂進、李典擊破之，承走入海島。

○昌豨復叛，操遣于禁討斬之。

是歲，立故琅邪王容子熙[67]為琅邪王，齊、北海、阜陵、下邳、常山、甘陵、濟陰、平原八國[68]皆除。

烏桓乘天下亂，略有漢民十餘萬戶，袁紹皆立其酋豪[69]為單于，以家人子[70]為己女妻[71]焉。遼西[72]烏桓蹋頓[73]尤強，為紹所厚，故尚兄弟歸之，數入塞為寇，欲助尚復故地。曹操將擊之，鑿平虜渠[74]、泉州渠[75]以通運。

孫權擊山賊麻、保二屯[76]，平之。

【章　旨】以上為第一段，寫曹操滅高幹，鑿平虜渠、泉州渠為北征烏桓，掃蕩袁氏殘餘做準備。摘載仲長統《昌言》。

【注　釋】❶孛　即彗星。❷北斗　星名，由北方的天樞、天璇、天璣、天權、玉衡、開陽、搖光（或作瑤光）等七星組成，形如斗，故名北斗。即今大熊星座的七顆較亮的星。❸世子　帝王和諸侯的嫡子。❹丕　曹丕（西元一八七—二二六年），字子桓，曹操次子。曾為漢五官中郎將、副丞相。曹操死，襲位為魏王。不久代漢稱帝，建立魏朝，國都洛陽。史稱魏文帝，西元二二〇—二二六年在位。他愛好文學，曾著《典論‧論文》，對我國文學批評的發展有所貢獻。紀見《三國志》卷二。❺別駕從事　官名，州牧刺史的主要佐吏，主領眾事。州牧刺史巡行各地時，別乘傳車從行，故名別駕。❻崔琰　字季珪，東漢末清河東武城（今山東武城西北）人，曾為袁紹騎都尉。袁氏滅，曹操辟琰為冀州別駕從事，官至中尉。建安二十一年，因言獲罪，被曹操賜死。傳見《三國志》卷十二。❼傅　輔佐。❽壺關　即壺口關，在今山西長治東南壺口山下。此地山川相錯，地形如壺，故名。❾奔荊州　投靠荊州劉表。❿上洛　縣名，縣治在今陝西商縣。⓫都尉　官名，東漢於邊郡關塞之地設都尉，職如太守。上洛雖非邊郡，但西北有嶢關，為險塞之地，故置都尉。⓬梁習　（？—西元二三〇年）字子虞，陳郡柘縣（今河南柘城北）人，初為郡吏，曹操為司空時，辟召為漳長，又歷為乘氏、海西、下邳等縣令，皆有治名。曹操敗高幹後，習以別部司馬兼并州刺史。至州後，剛柔兼施，威恩並用，匈奴及大家豪右皆順從聽命。又設置屯田，獎勵農耕，為百姓所稱頌。在并州二十餘年，治績常為全國之最。魏明帝初為大司農。傳見《三國志》卷十五。⑬胡狄　此指在并州的匈奴人。⑭雄張　勢盛雄強之意。⑮兵家　指大家豪右擁兵自保者。⑯稍稍　漸漸。⑰義從　謂自願歸附從軍者。⑱鄴　縣名，縣治在今河北臨漳西南。曹操擊敗袁氏佔有冀州後，雖然漢獻帝所住的許縣仍為國都，但曹操卻長期住於鄴，從這裡控制朝廷及全國。⑲單于　匈奴君長之稱號。⑳名王　匈奴諸部之王。㉑稽顙　古時一種跪拜禮，拜時頭額觸地，於喪禮或請罪、投降時行之。此謂匈奴各部王皆投降歸順。㉒編戶　編入民籍之人戶。㉓令行禁止　謂命令，人們就執行；禁令，人們就停止。㉔常林　字伯槐，河內溫縣（今河南溫縣西南）人，被梁習薦舉後，曹操任用為南和長，又為博陵太守、幽州刺史，皆有治績。曹魏初為少府、大司農。魏明帝時為光祿勳、太常，封高陽鄉侯。傳見《三國志》卷二十三。㉕楊俊　字季才，河內獲嘉（今河南新鄉西南）人，曹操召任為曲梁長，後又為安陵令、南陽太守，皆有治績。又善識拔人才。魏國建立後，為中尉。後因對曹操稱讚曹植，為曹丕所恨。曹丕稱帝後，被迫自殺。傳見《三國志》卷二十三。㉖王象　字羲伯，河內（治所懷縣，在今河南武陟西南）人，少為僕隸，為人牧羊，遇楊俊而得贖。建安中為曹丕所禮遇。曹丕稱帝後，為散騎侍郎、常侍，封列侯。受詔撰《皇覽》，經數歲而成。因才學出眾，當時稱之為儒宗。事詳見《三國志・魏書・楊俊傳》與裴松之注引《魏略》。㉗荀緯　字公高，河內人，建安中為軍謀掾、魏太子庶子，後又為散騎常侍、越騎校尉。有文才，為時人所重。事見《三國志・魏書・王粲傳》與注引荀勗《文章敘錄》。㉘王淩　（？—西元二五一年）字彥雲，太原祁縣（今山西祁縣東南）人，初為發干長，又為中山太守，皆有治績。魏文帝初，為散騎常侍、兗州刺史，後歷任青、揚、豫等州刺史，皆得軍民之歡心。齊王芳正始初，為征東將軍、假節都督揚州諸軍事，封南鄉侯。後反對司馬懿執政，被迫自殺。傳見《三國志》卷二十八。㉙仲長統　（西元一八〇—二二〇年）字公理，山陽高平（今山東微山縣西北）人，好學博識，不願仕宦。後為尚書令荀彧薦舉，為尚書郎，參丞相軍事。對古今政治措施及當代時弊多所指責，因著《昌言》三十四篇。傳見《後漢書》卷四十九。㉚自多　自滿；自負。㉛尚書郎　官名，東漢之制，取孝廉之有才能者入尚書臺，初入臺稱守尚書郎中，滿一年稱尚書郎，三年稱尚書侍郎，主作文書起草。㉜昌言　書名。意謂當理之言。㉝分　名分。㉞競　爭。㉟角　較量。㊱窮困　困厄。㊲負　敗。㊳伉　抗衡。㊴校　較量。㊵羈首係頸　用繩索套在頭頸上，表示投降。㊶銜紲　管束；統治。銜，馬嚼子。紲，韁繩。㊷繼體　謂繼帝王之位。㊸侔　相等。㊹周孔　指周公、孔子。㊺賁育　指孟賁、夏育，古代著名的勇士。

㊻宣淫　公開淫蕩。㊼庶政　各種政事。指朝政。㊽容說　逢迎以取悅於上。說，通「悅」。㊾隆豐　極豐富。㊿斲　鑿取。51怨毒　怨恨。52無聊　無所依賴。53擾攘　混亂；紛亂。54哺乳　養育之意。55寇讎　仇敵。56運　運氣；氣數。57不仁　麻木失去知覺。指對治亂漠不關心。58沈溺　沉迷不悟之意。59迭代　更替。60周復　循環。61常然　恆久如此。62大數　猶今言規律。63武威　郡名，治所姑臧，在今甘肅武威。64張猛　字叔威，本敦煌淵泉（今甘肅安西縣東）人，父張奐於漢桓帝時為武威太守，治績卓著。後又為護匈奴中郎將，降服匈奴、烏桓。漢獻帝初，以河西四郡置雍州，任邯鄲商為刺史，張猛為武威太守。二人有矛盾，猛遂殺商。張猛事見《三國志・魏書・龐淯傳》與裴松之注引《典略》。65雍州　州名，漢獻帝興平元年分涼州河西四郡置雍州，治所長安，在今陝西西安。66淳于　縣名，縣治在今山東安丘東北。67熙　劉熙，漢光武帝第十一子，琅邪孝王劉京之後代。其父劉容死後，琅邪國絕。而劉容在世時，曾遣其弟劉邈至長安貢獻，當時曹操在東郡，劉邈對朝廷盛稱曹操之忠誠，故曹操感報劉容，復立其子熙為琅邪王。至建安二十一年，劉熙謀欲至江東，被曹操所殺，國亦除。事見《後漢書》卷四十二。68八國　皆漢宗室之後代。齊，漢光武帝兄武王劉縯之後。北海，劉縯少子靖王劉興之後。阜陵，漢光武帝子質王劉延之後。下邳，漢明帝子惠王劉衍之後。常山，漢明帝子頃王劉昞之後。甘陵，漢章帝子清河孝王劉慶之後。濟陰，本漢明帝子悼王劉長之國，劉長死於漢章帝時，無子國除。據《後漢書》，此「濟陰」當是「濟北」。濟北，章帝子惠王劉壽之後。平原，漢和帝子懷王劉勝始封，劉勝死後無子，又以河間王劉開之子繼之。69酋豪　部落首領。70家人子　奴僕之女。71妻　以女嫁人。72遼西　郡名，治所陽樂，在今遼寧義縣西。73蹋頓　遼西烏桓大人丘力居之從子。丘力居死後，子樓班年小，蹋頓就代立。後被曹操所殺。事見《三國志・魏書・烏丸傳》、《後漢書・烏桓傳》。74平虜渠　上起當時之呼沲河，下入泒水。呼沲河，即今河北之滹沱河。泒水，上游即今沙河，下游循大清河至天津入海。75泉州渠　因渠道南起泉州縣（今天津市武清東南）境，故名。渠水上承潞河，即今天津市區一帶的海河，下入鮑丘水，合口處在今寶坻境內。76麻保二屯　麻屯在今湖北嘉魚西。保屯與麻屯相近。

【語　譯】孝獻皇帝庚

建安十一年（丙戌　西元二〇六年）

春，正月，有孛星出現在北斗星區。

曹操親自率軍攻打高幹，留下他的世子曹丕守衛鄴城，派別駕從事崔琰輔佐曹丕。曹操包圍壺關，三月，壺關投降。高幹親自到匈奴請求援救，單于不接納他。高幹獨自和幾名騎兵逃走，想向南投奔荊州。上洛縣都尉王琰把他逮捕殺死了，并州全部平定。

曹操委派陳郡人梁習以別部司馬的身分兼任并州刺史。當時，兵荒馬亂之後，胡人、狄人勢盛雄強，官民逃亡反叛進入胡人狄人部落，各地豪強擁有部眾，各自為害一方。梁習到任後，用誘導、勸諭等手段加以招撫，對於地方豪強都以禮徵召，有少數人逐漸得到薦舉，讓他們到州府裡任職。這些豪強沒有了，就以次徵發強壯的青年當兵為義從。又乘大軍出征，命令諸將領分別請領這些義從作為勇士。等官兵離去之後，逐步遷移他們的家屬，前後送往鄴城的，共有幾萬人，那些不聽從命令的，派兵去討伐，被殺頭的數以千計，投降歸附的數以萬計。單于態度恭順，部落各王伏地叩拜，任事盡職，和在戶籍的百姓一樣。邊境安寧，百姓遍布田野，梁習鼓勵農桑，令行禁止。老人們稱頌，認為在自己的所見所聞中，刺史沒有一個像梁習這樣的。於是梁習把在并州境內避難的名士河內人常林、楊俊、王象、荀緯以及太原人王淩等一類人物，貢獻給朝廷，曹操全部任命為縣長，後來都揚名於世。

起初，山陽人仲長統遊學到并州，過訪高幹，高幹待他很好，向他詢問社會情狀。仲長統對高幹說：「你有雄心壯志但沒有雄才大略，喜歡士人但不能擇人而任，這是我認為你要深深引以為戒的。」高幹向來很自負，不喜歡仲長統的話，仲長統於是離去。高幹死後，荀彧推薦仲長統為尚書郎。仲長統撰有《昌言》一書，論治亂興衰，大意是說：「膺受天命的豪傑，並不一定是擁有天下名分的人。沒有擁有天下的名分，所以用戰爭的手段爭取的人競相起兵。智力較量者都窮盡了智力，力氣較量者都失敗了，到了形勢不能再抗衡，力量不可再較量時，才以繩繫頸，就範聽命。等到帝王即位，豪傑們已經絕望，民心已經安定，富貴之家常在，至尊只有一人。這個時候，即使是下愚的蠢才處在至尊的地位，也能使他的恩德和天地一樣，威力與鬼神等同，即便有數千個周公、孔子，也無法再較量他們的聖明，有百萬個孟賁、夏育，也無法再顯揚他們的勇力。那些後繼的愚蠢君主，看到天下沒有誰敢違抗他，自以為君位如天地一樣不會喪失，於是放縱嗜好，膨脹邪欲，君臣公開淫樂，上下一同作惡，荒廢朝政，廢棄人才。被信任親近的，都是些奸佞諂媚的人；榮寵、富貴、尊崇、豐裕的，盡是那些嬪妃之家，以至於熬盡天下膏脂，鑿取百姓骨髓，怨聲載道，民不聊生，災禍戰亂，一時俱起，中國紛擾，四夷侵擾，朝廷土崩瓦解，大廈一朝倒塌，從前那些被我養育的子孫，如今都是飲我血的仇敵。到了氣數已盡，大勢已去，還不能覺悟的人，難道不是由於富貴滋生麻木不仁，沉溺導致愚昧的結果嗎！朝代興亡因此而更替，治亂從此周而復始，這是天道運行總的規律。」

秋，七月，武威太守張猛殺死雍州刺史邯鄲商，雍州的官兵殺死張猛。張猛，是張奐的兒子。

八月，曹操東進討伐海盜管承，到達淳于縣，派部將樂進、李典打敗了管承，管承逃進海島。○昌豨又叛亂，曹操派于禁討伐並斬殺了他。

這一年，冊立前琅邪王劉容的兒子劉熙為琅邪王。廢除齊、北海、阜陵、下邳、常山、甘陵、濟陰、平原八國。

烏桓趁天下混亂，擄略漢民十多萬戶，袁紹把他們各部落的酋長都立為單于，把奴僕的姑娘冒充自己的女兒嫁給單于。遼西烏桓酋長蹋頓尤其強大，受到袁紹的厚待，所以袁尚兄弟去投奔蹋頓，他們多次進入塞內侵掠，想幫助袁尚收復舊地。曹操將要率兵攻打他們，開鑿平虜渠、泉州渠來溝通運道。

孫權攻擊山賊的麻、保兩屯，把兩屯平定了。

十二年（丁亥　西元二〇七年）

春，二月，曹操自淳于還鄴。丁酉❶，操奏封大功臣二十餘人，皆為列侯。

因表萬歲亭侯荀彧功狀，三月，增封彧千戶。又欲授以三公，彧使荀攸深自陳讓，至于十數，乃止。

曹操將擊烏桓，諸將皆曰：「袁尚亡虜耳，夷狄貪而無親，豈能為尚用。今深入征之，劉備必說劉表以襲許，萬一為變，事不可悔。」郭嘉曰：「公雖威震天下，胡❷恃其遠，必不設備，因其無備，卒然❸[1]擊之，可破滅也。且袁紹有恩於民夷❹，而尚兄弟生存。今四州之民，徒以威附，德施未加，舍❺而南征，尚因烏桓之資❻，招其死主之臣❼，胡人一動，民夷俱應，以生蹋頓之心，成覬覦❽之計，恐青、冀非己之有也。表坐談客❾耳，自知才不足以御備，重任之則恐不能制，輕任之則備不為用，雖虛國❿遠征，公無憂矣。」操從之。行至易⓫，郭嘉曰：「兵貴神速。今千里襲人，輜重⓬多，難以趨利⓭。且彼聞之，必為備。不如留輜重，輕兵兼道以出，掩其不意⓮。」

初，袁紹數遣使召田疇於無終⓯，又即授將軍印，使安輯⓰所統，疇皆拒之。及曹操定冀州，河間邢顒⓱謂疇曰：「黃巾起來，二十餘年，海內鼎沸，百姓流離。今聞曹公法令嚴。民厭⓲亂矣，亂極則平，請以身先。」遂裝⓳還鄉里。疇曰：「邢顒，天民之先覺⓴者也。」操以顒為冀州從事㉑。疇忿烏桓多殺其本郡冠蓋㉒，意欲討之而力未能。操遣使辟疇，疇戒其門下趣㉓治嚴㉔。門人㉕曰：「昔袁公慕君，禮命㉖五至㉗，君義不屈，今曹公使一來而君若恐弗及者，何也？」

疇笑曰：「此非君所識也。」遂隨使者到軍，拜為蓨㉘令，隨軍次㉙無終。

時方夏水雨㉚，而濱海洿下㉛，濘㉜滯不通，虜亦遮守㉝蹊要㉞，軍不得進。操患之，以問田疇，疇曰：「此道秋夏每常有水，淺不通車馬，深不載舟船，為難久矣。舊北平郡治在平岡㉟，道出盧龍㊱，達于柳城㊲。自建武㊳以來，陷壞斷絕，垂二百載，而尚有微逕可從。今虜將以大軍當由無終，不得進而退，懈弛無備。若嘿回軍，從盧龍口越白檀㊴之險，出空虛之地，路近而便，掩㊵其不備，蹋頓可不戰而禽也。」操曰：「善！」乃引軍還，而署㊶大木表㊷於水側路傍，曰：「方今夏暑，道路不通，且俟秋冬，乃復進軍。」虜候騎㊸見之，誠以為大軍去也。

操令疇將其眾為鄉導㊹，上徐無山㊺，塹㊻山堙㊼谷，五百餘里，經白檀，歷平岡，涉鮮卑庭㊽，東指柳城。未至二百里，虜乃知之。尚、熙與蹋頓及遼西單于樓班㊾、右北平單于能臣抵之㊿等將數萬騎逆(51)軍。八月，操登白狼山(52)，卒(53)與虜遇，眾甚盛。操車重(54)在後，被甲(55)者少，左右皆懼。操登高，望虜陣不整，乃縱兵擊之，使張遼為前[2]鋒。虜眾大崩，斬蹋頓及名王已下，胡、漢降者二十餘萬口。

遼東[56]單于速僕丸[57]與尚、熙奔遼東[58]太守公孫康，其眾尚有數千騎。或勸操遂擊之，操曰：「吾方使康斬送尚、熙首，不煩兵矣。」九月，操引兵自柳城還。公孫康欲取尚、熙以為功，乃先置精勇於廄[59]中，然後請尚、熙入，未及坐，康叱伏兵禽之，遂斬尚、熙，并速僕丸首送之。諸將或問操：「公還而康斬尚、熙，何也？」操曰：「彼素畏尚、熙，吾急之則并力，緩之則自相圖，其勢然也。」操梟尚首[60]，令三軍：「敢有哭之者斬！」牽招[61]獨設祭悲哭。操義之，舉為茂才[62]。

時天寒且旱，二百里無水，軍又乏食，殺馬數千匹以為糧，鑿地入三十餘丈方得水。既還，科問[63]前諫者。眾莫知其故，人人皆懼。操皆厚賞之，曰：「孤前行，乘危以徼倖，雖得之，天所佐也，顧[64]不可以為常。諸君之諫，萬安之計，是以相賞，後勿難言之。」

【章　旨】以上為第二段，寫曹操平定烏桓，滅袁尚、袁熙，徹底清除袁氏殘餘。

【注　釋】❶丁酉　二月初五日。❷胡　指烏桓。❸卒然　即猝然。❹民夷　指漢人與烏桓人。❺舍　放棄。❻資　資助。❼死主之臣　為主盡死之臣。❽覬覦　非分的希望。❾坐談客　謂坐而論道，空談無才的人。❿虛國　指國家軍隊全部出動，後方空虛。⓫易　縣名，縣治在今河北雄縣西北。⓬輜重　軍中之器械、糧草、材料等物資。⓭趨利　追逐勝利。⓮掩其不意　乘其不備而襲取。⓯無終　縣名，縣治在今天津市薊縣。⓰安輯　安撫。⓱邢顒　（？—西元一二三年）字子昂，河間鄚縣（今河北任丘北）人，初不受公府召辟，與田疇交遊，後應曹操之召，為冀州從事，又為司空掾。以德行著稱，為平原侯家丞、太子少傅、太傅等。魏文帝初，為侍中、尚書僕射、司隸校尉、太常等。傳見《三國志》卷十二。⑱厭　憎惡。⑲裝　整理行裝。⑳先覺　先知。指先知天命，投歸明主。㉑從事　官名，東漢州牧刺史的佐史，有別駕從事史、治中從事史、兵曹從事史、部從事史等，均可簡稱從事。㉒冠蓋　冠，禮帽。蓋，車蓋。官吏士人之服飾車乘，借指官吏士人。㉓趣　通「促」。趕快；急速。㉔治嚴　即治裝，整理行裝。東漢避明帝劉莊諱，改「裝」為「嚴」。㉕門人　門客；依附者。㉖禮命　以禮相聘，加以任命。㉗五至　五次到達。五，非實指，謂多次。㉘蓨　縣名，縣治在今河北景縣南。㉙次　駐紮。㉚水雨　發水下雨。㉛洿下　低下。㉜濘　泥濘。㉝遮守　扼守阻攔。㉞蹊要　道路要害處。㉟平岡　舊縣名，西漢時，為右北平郡治所，東漢取消。縣治在今遼寧喀喇沁左翼蒙古族自治縣境內。㊱盧龍　即盧龍塞。在今河北喜峰口一帶，土色黑，山形似龍，故名盧龍。古時有塞道，自今薊縣東北經遵化，循灤河（古名濡水）河谷出塞，折東趨大淩河流域，是河北平原通向東北塞外的一條交通要道。㊲柳城　舊縣名，西漢時屬遼西郡，東漢取消。縣治在今遼寧朝陽南。㊳建武　東漢光武帝年號（西元二五—五六年）。㊴白檀　舊縣名，西漢屬漁陽郡，東漢取消。縣治在今河北承德西南，古北口東北，灤河之濱。㊵掩　襲取。㊶署　題字。㊷表　標誌。㊸候騎　偵察兵。㊹鄉導　同「嚮導」。㊺徐無山　右北平郡徐無縣有徐無山，在今河北遵化東。㊻塹　挖掘。㊼堙　填塞。㊽鮮卑庭　鮮卑族君長的住所。㊾樓班　遼西烏桓大人丘力居之子。丘力居死後，樓班因年小，由從兄蹋頓代立。樓班年長後，由峭王等奉立為單于，蹋頓為王，後在遼東被公孫康所殺。事見《三國志・魏書・烏丸傳》、《後漢書・烏桓傳》。㊿能臣抵之　人名，據《三國志・魏書・烏丸傳》與《後漢書・烏桓傳》，右北平單于是烏延，不是能臣抵之。代郡烏丸有能臣抵，蓋即能臣抵之。(51)逆　抗拒。(52)白狼山　即今遼寧喀喇沁左翼蒙古族自治縣東三十里之白鹿山。(53)卒　同「猝」。突然。(54)車重　即輜重。(55)被甲　穿鎧甲的人。即戰士。被，穿著。(56)遼東　指遼東屬國，治所昌遼，在今遼寧義縣。(57)速僕丸　即蘇僕延，遼東屬國的烏桓大人，有眾千餘落，自稱峭王。袁紹假稱漢獻帝之命，以之為單于。後在遼東被公孫康所殺。事見《三國志・魏書・烏丸傳》、《後漢書・烏桓傳》。(58)遼東　遼東郡治所襄平，在今遼寧遼陽。(59)廄　馬棚。(60)梟尚首　懸袁尚之頭於木上以示眾。(61)牽招　原為袁紹、袁尚的從事史。(62)茂才　漢代舉薦士人科目之一。原稱秀才，即才學優秀者。東漢時避光武帝劉秀諱，改稱茂才。(63)科問　清理、追查。(64)顧　但。

【校　記】①然　原作「破」。據章鈺校，甲十一行本、乙十一行本、孔天胤本皆作「然」，張敦仁《通鑑刊本識誤》同，今據改。②前　據章鈺校，甲十一行本、乙十一行本皆作「先」。

【語　譯】十二年（丁亥　西元二〇七年）

春，二月，曹操從淳于縣返回鄴城。初五日丁酉，曹操上奏封賞建有大功的臣子二十多人，都封為列侯。並上表稱頌萬歲亭侯荀彧的功勞，三月，增封荀彧一千戶。又要授給荀彧三公之位，荀彧派荀攸去向曹操轉達自己推讓的深切心願，來往十多次，曹操才作罷。

曹操將要攻打烏桓，諸位將領都說：「袁尚只不過是個逃亡的敵人罷了，夷狄貪婪而無親情，怎能被袁尚利用。現在深入征討，劉備一定勸說劉表率兵襲擊許都，萬一發生變亂，事情就不可後悔。」郭嘉說：「明公雖然威震天下，胡人依仗他們地處偏遠，一定不設防，乘其不備，突然襲擊，可以打敗殲滅他們。況且袁紹對百姓和夷狄都有恩惠，而袁尚兄弟還活著。如今四州的民眾，只是迫於武力威懾而歸附，我們的恩德尚未施及他們，如果放過他們而南征，袁尚利用烏桓的勢力，招聚願為主子賣命的臣屬，胡人一出動，百姓夷狄一起響應，致使蹋頓萌發野心，妄生非分的想法，這樣，恐怕青州、冀州就不屬我們所有了。劉表只不過是一個坐而論道的清客，他自知才能不足以控制劉備，重用劉備擔心不能駕御，輕用劉備則劉備不為所用，即使傾國遠征，明公也不必擔心。」曹操聽從了郭嘉的意見。大軍行進到易縣，郭嘉說：「兵貴神速。現在千里奔襲打擊敵人，輜重太多，難以逐利。而且他們聽到消息，一定嚴加防備。不如留下輜重，部隊輕裝兼程前進，打他個出其不意。」

起初，袁紹多次派使者到無終徵召田疇，還就地授予田疇將軍印，讓他安撫所統部眾，田疇都拒絕了。等到曹操平定了冀州，河間人邢顒對田疇說：「黃巾軍起事以來，二十多年，天下動盪，百姓流離失所。現在聽說曹公法令很嚴。人民厭惡戰亂，亂到極點就要回歸太平，請允許我先行一步。」於是邢顒整裝回到鄉里。田疇說：「邢顒，是生民中的先知先覺者。」曹操任命邢顒為冀州從事。田疇忿恨烏桓殺死許多本郡的名士，想去討伐卻力量不夠。曹操派使者徵召田疇，田疇告誡他的弟子趕快整理行裝。弟子說：「從前袁公敬慕你，五次來禮聘，你都守義不屈，現在曹公的使者一來，你好像是恐怕趕不及的樣子，為什麼？」田疇笑著說：「這不是你所能理解的。」田疇於是隨使者到曹操軍中，曹操任命他為蓨縣令，隨軍駐紮無終縣。

此時正是夏天，發水下雨而沿海地勢低窪，道路泥濘不通，敵人又扼守交通要道，軍隊不得前進。曹操為此犯愁，就去問田疇，田疇說：「這條道路在秋夏兩季常有積水，水淺也不能通車馬，水深又不能行船，這個困難存在很久了。過去北平郡治所設在平岡，通過盧龍塞，就到達柳城。從光武帝建武以來，這條道路崩塌斷絕，將近二百年了，但還有小路可行。現在敵人認為我們大軍應該經由無終，無法行進就要撤退，因此懈怠沒有防備。如果我們悄悄回軍，從盧龍口越過白檀險阻，出現在沒有設防的空虛之地，路近而方便，攻其不備，蹋頓可不戰而被擒獲。」曹操說：「很好！」於是率軍回轉，而在水邊路旁樹起大木牌，上寫：「現正當夏季暑熱，道路不通，且待秋冬，再次進軍。」敵人的偵察騎兵見到木牌，果真以為大軍撤走了。

曹操命令田疇率領他的部眾為嚮導，登上徐無山，開山填谷，五百多里，經過白檀，通過平岡，穿過鮮卑族部落的王庭，向東直向柳城。距柳城不到二百里時，敵人才發覺。袁尚、袁熙和蹋頓以及遼西單于樓班、右北平單于能臣抵之等，率領數萬騎兵迎擊曹軍。八月，曹操登上白狼山，突然和敵軍遭遇，敵兵極多。曹操的輜重在大軍後面，穿鎧甲的士兵很少，左右的人都很害怕。曹操登上高處，望見敵人陣列不整，於是縱兵攻擊，派張遼為前鋒。敵軍潰敗，斬殺了蹋頓和名王以下的敵人，胡人、漢人投降的有二十多萬。

遼東單于速僕丸和袁尚、袁熙投奔遼東太守公孫康，他們的部下還有數千騎兵。有人勸曹操乘勝追擊，曹操說：「我正考慮讓公孫康殺掉袁尚和袁熙，並把他們的首級送來，無需出兵。」九月，曹操率軍從柳城回師。公孫康想擒取袁尚、袁熙來立功，於是事先在馬棚裡埋伏精兵勇士，然後請袁尚、袁熙進來，還未坐定，公孫康喝令伏兵捉拿了他們，於是殺死袁尚、袁熙和速僕丸，把他們的首級一併送給曹操。眾將領問曹操：「明公您回軍後，公孫康才殺袁尚、袁熙，為什麼呢？」曹操說：「公孫康一向畏懼袁尚、袁熙，我們進軍把他們逼急了，他們就會聯合，我們放鬆了，他們就會自相殘殺，形勢就是這樣。」曹操把袁尚的首級懸掛起來示眾，命令三軍：「敢有為他哭喪的，斬！」只有牽招設祭悲哭。曹操認為他講義氣，推薦為茂才。

這時天寒乾旱，方圓二百里無水，軍隊又缺乏食物，於是殺了幾千匹馬來作為食物，挖地三十多丈才見水。軍隊還朝以後，曹操查詢先前勸阻出兵人的姓名。眾人不知道其中的緣故，人人都很害怕。曹操對查出的人全都厚賞，說：「我先前出兵，是在危急時的僥倖冒險，雖然獲勝，是上天所佑，但不能作為常規，諸位的勸阻，是萬全之策，因此加以賞賜，以後不要害怕進言。」

冬，十月辛卯❶，有星孛于鶉尾❷。○乙巳❸，黃巾殺濟南王贇❹。

十一月，曹操至易水❺，烏桓單于代郡❻普富盧、上郡❼那樓皆來賀。

師還，論功行賞，以五百戶封田疇為亭侯❽。疇曰：「吾始為劉公❾報仇，率眾遁逃，志義不立，反以為利，非本志也。」固讓不受。操知其至心❿，許而不奪。

操之北伐也，劉備說劉表襲許，表不能用。及聞操還，表謂備曰：「不用君言，故為失此大會⓫。」備曰：「今天下分裂，日尋⓬干戈⓭，事會⓮之來，豈有終極乎？若能應之於後者，則此未足為恨也。」

是歲，孫權西擊黃祖，虜其人民而還。○權母吳氏疾篤⓯，引見張昭等，屬⓰以後事而卒。

初，琅邪諸葛亮⓱寓居襄陽隆中，每自比管仲⓲、樂毅⓳，時人莫之許⓴也，惟潁川徐庶與崔州平謂為信然㉑。州平，烈之子也。

劉備在荊州，訪士於襄陽司馬徽，徽曰：「儒生俗士，豈識時務，識時務者在乎俊傑。此間自有伏龍㉒、鳳雛㉓。」備問為誰，曰：「諸葛孔明、龐士元㉔也。」徐庶見備於新野㉕，備器㉖之。庶謂備曰：「諸葛孔明，臥龍也。將軍豈願見之乎？」備曰：「君與俱來。」庶曰：「此人可就見㉗，不可屈致㉘也，將軍宜枉駕㉙顧㉚之。」

備由是詣㉛亮，凡三往，乃見，因屏㉜人曰：「漢室傾頹，姦臣㉝竊命㉞。孤不度㉟德量力，欲信㊱大義㊲於天下，而智術淺短，遂用猖蹶㊳，至于今日。然志猶未已，君謂計將安出？」亮曰：「今曹操已擁百萬之眾，挾天子而令諸侯，此誠不可與爭鋒。孫權據有江東，已歷三世，國險而民附，賢能為之用，此可與為援而不可圖也。荊州北據漢、沔㊴，利盡南海㊵，東連吳、會㊶，西通巴、蜀㊷，此用武之國，而其主不能守，此殆天所以資將軍也。益州㊸險塞，沃野千里，天府㊹之土。劉璋闇弱㊺，張魯在北，民殷國富而不知存恤㊻，智能之士思得明君。將軍既帝室之胄㊼，信義著於四海，若跨有荊、益，保其巖阻，撫和戎、越㊽，結好孫權，內脩政治，外觀時變，則霸業可成，漢室可興矣。」備曰：「善！」

於是與亮情好日密。關羽、張飛不悅，備解之曰：「孤之有孔明，猶魚之有水也，願諸君勿復言。」羽、飛乃止。

司馬徽㊾清雅有知人之鑒，同縣龐德公㊿素有重名，徽兄事之。諸葛亮每至德公家，獨拜牀下，德公初(51)不令止。德公從子統，少時樸鈍(52)，未有識者，惟德公與徽重之。德公嘗謂孔明為臥龍，士元為鳳雛，德操(53)為水鑑，故德操與劉備語而稱之。

【章旨】以上為第三段，寫劉備三顧茅廬，諸葛亮發表隆中對，替劉備謀劃天下三分。

【注釋】❶辛卯　十月初三。❷鶉尾　星次名，南方有井、鬼、柳、星、張、翼、軫七宿，稱朱鳥七宿。首位之井、鬼二宿稱鶉首，中部之柳、星、張三宿稱鶉火，尾部之翼、軫二宿稱鶉尾。❸乙巳　十月十七日。❹濟南王贇　河間孝王劉開之第五代孫。漢靈帝時，立其父劉康為濟南王，以奉靈帝父孝仁皇劉長祀。劉康死，劉贇繼位。事見《後漢書》卷五十五。❺易水　發源於今河北易縣西，東流至定興西南，合於拒馬河。❻代郡　治所高柳，在今山西陽高西南。❼上郡　舊郡名，西漢時為郡，治所膚施，在今陝西榆林東南。東漢初尚置，漢安帝以後，由於羌族、南匈奴、烏桓等少數民族之進入，郡遂時遷時廢，至漢末全廢，後於建安十八年又一度復置。❽亭侯　漢制，列侯功大者食祿縣、邑，小者食祿鄉、亭。食祿於亭者稱亭侯。❾劉公　指劉虞。劉虞於初平中辟田疇為從事史，使往長安上職貢。田疇得章報返幽州時，劉虞已被公孫瓚所殺。田疇遂矢志為劉虞報仇。❿至心　至誠之心。⓫大會　大好機會。⓬尋　使用。⓭干戈　兵器的通稱。此指戰爭。⓮事會　事機。⓯疾篤　病重。⓰屬　託付。⓱諸葛亮　（西元一八一—二三四年）字孔明，琅邪郡陽都（今山東沂南縣南）人，建安初，隱居於南陽鄧縣之隆中（今湖北襄樊西），知識淵博，留心世事，被稱為臥龍。後接受劉備之請，成了劉備的主要謀士。隨即幫助劉備聯合孫權抗擊曹操，取得了赤壁之戰的勝利。佐劉備佔領荊、益二州，建立了蜀漢政權。劉備稱帝，諸葛亮為丞相。劉禪即位，封武鄉侯，領益州牧，總攬一切政事。多次北伐，終因積勞成疾，死於軍中。傳見《三國志》卷三十五。⑱管仲　春秋時人，助齊桓公富國強兵，成為春秋第一霸主。⑲樂毅　戰國時燕將，曾受燕昭王之命，率軍擊破齊國，先後攻下七十餘城，因功封為昌國君。⑳莫之許　即莫許之，謂沒有人同意諸葛亮的自比。許，同意；承認。㉑信然　確實如此。㉒伏龍　臥龍。龍為古代傳說中藏於深山、善於變化、能興雲致雨的神異動物。臥龍，指未出山之龍，用以比喻隱居或尚未露頭角的傑出人才。此指諸葛亮。㉓鳳雛　鳳為古代傳說中的瑞鳥。鳳雛，幼鳳，比喻傑出人才。此指龐統。㉔龐士元　（西元一七九─二一四年）名統，襄陽（治所在今湖北襄樊）人，博學多識，初與諸葛亮齊名，被稱為鳳雛。劉備得荊州後，以之為謀士，與諸葛亮同任軍師中郎將。後隨劉備入蜀，建議進兵成都，在攻雒城時中流矢而死。傳見《三國志》卷三十七。㉕新野　縣名，縣治在今河南新野。㉖器　器重。㉗就見　前往拜見。㉘屈致　屈其志節而招致。㉙枉駕　屈駕，謂親往拜訪。㉚顧　看望。㉛詣　去；到。㉜屏　退避。㉝姦臣　指曹操。㉞竊命　指盜用皇帝的權柄。㉟度　揣量。㊱信　通「伸」。伸張。㊲大義　指剷除奸臣，挽救漢室。㊳猖蹶　謂挫折、挫敗。㊴漢沔　漢水、沔水。漢水出陝西寧強嶓冢山後稱漾水，流經沔縣後稱沔水，再流經褒城合褒水後，始稱漢水。㊵南海　東漢之荊州跨有今兩廣一帶，接近南海。㊶吳會　吳郡與會稽郡，泛指江東地區。㊷巴蜀　巴郡與蜀郡。㊸益州　州名，劉焉統治末期徙治成都，在今四川成都。㊹天府　天然寶庫，指物產富饒。古人認為西蜀沃野千里，無水旱災害，物產富饒，不知饑饉，故為天府。㊺闇弱　愚昧懦弱。㊻存恤　慰問救濟。㊼胄　後裔。㊽戎越　指西部的氐羌諸族與南方的少數民族。㊾司馬徽　字德操，潁川（治今河南許昌）人，東漢末名士，號水鏡先生，善知人。推薦諸葛亮、龐統佐劉備。㊿龐德公　東漢末隱士。襄陽（今屬湖北）人，善知人，稱諸葛亮為臥龍，稱龐統為鳳雛。居襄陽峴山之南，拒劉表徵召。後隱於鹿門山。51初　一點也不。52樸鈍　質樸遲鈍。53德操　司馬徽字德操。

【語譯】冬，十月初三日辛卯，有孛星出現在鶉尾星區。○十七日乙巳，黃巾殺死濟南王劉贇。

十一月，曹操到達易水，烏桓代郡部落單于普富盧、上郡部落單于那樓都來恭賀。

曹操班師回來，論功行賞，用五百戶封田疇為亭侯。田疇說：「我起初是為劉虞報仇，帶領部眾逃走，我的忠義之志尚未實現，反以此獲利，這不是我的本意。」堅決推讓不受。曹操知道他出於至誠，就順從了，沒有強迫他改變志向。

在曹操北征之時，劉備勸說劉表襲擊許都，劉表沒有採用。等到得知曹操班師回還，劉表對劉備說：「沒有採納你的意見，所以失去了大好機會。」劉備說：「現在天下分裂，天天在打仗，機會的到來，哪有終極之時呢？如能抓住以後的機會，這次失去機會也就不足遺憾了。」

這一年，孫權向西攻擊黃祖，劫掠黃祖的民眾得勝而歸。○孫權母親吳氏病重，她召見了張昭等人，囑託完後事即去世了。

起初，琅邪人諸葛亮寄居在襄陽隆中，經常自比管仲、樂毅；當時沒有誰認同，只有潁川人徐庶和崔州平認為確實如此。崔州平，是崔烈的兒子。

劉備在荊州時，向襄陽人司馬徽訪求賢士，司馬徽說：「儒生俗士，哪裡識時務，識時務的人才是俊傑。本地就有臥龍、鳳雛。」劉備問是誰，司馬徽說：「諸葛孔明和龐士元啊。」徐庶到新野拜見劉備，劉備十分器重他。徐庶對劉備說：「諸葛孔明是臥龍，將軍願意見他嗎？」劉備說：「請你和他一起來。」徐庶說：「這個人只可以去拜訪他，而不能召他前來，將軍應當屈駕去看望他。」

劉備於是去拜訪諸葛亮，前後去了三次，才見到他，於是避開左右的人說：「漢室江山傾危，奸臣竊取權柄。我不度德量力，想為天下伸張大義，但智謀淺薄，因此遭受挫折，直到今天。但是我的志向沒有改變，先生有什麼計策？」諸葛亮說：「如今曹操已經擁有百萬大軍，挾天子以令諸侯，你確實不能與他相爭。孫權據有江東，已經歷三代，地勢險峻而民眾歸附，賢能之士被他任用，這只能和他互為援手而不能圖謀他。荊州北面依靠漢水、沔水，可利用之地直達南海，東面接連吳郡、會稽，西面通向巴郡、蜀郡，這是一塊用武之地，而它的主人不能守衛，這大概是上天以此地資助將軍。益州險要，沃野千里，是天府之地。劉璋昏庸懦弱，張魯在北面虎視眈眈，百姓殷實國家富裕卻不知道體恤，有智慧才能的人盼望得到開明的君主。將軍既然是皇室的後裔，信義傳聞四海，如果擁有荊州、益州，依靠它的險要，安撫融和戎族、越族，與孫權交好，對內修明政治，對外觀察時變，霸王之業就可以成功，漢室就可以復興了。」劉備說：「很好！」於是與諸葛亮友情日益親密。關羽、張飛很不高興，劉備向他們解釋說：「我得到了孔明，猶如魚兒有了水一樣，希望你們不要再說了。」關羽、張飛這才作罷。

司馬徽高潔文雅，有知人之明。同縣人龐德公一向有大名，司馬徽把他當兄長服侍。諸葛亮每次到龐德公家，都獨自在床下拜見，龐德公一點也不阻止。龐德公的姪子龐統，小時候質樸遲鈍，沒有人瞭解他，只有龐德公和司馬徽器重他。龐德公曾經說諸葛亮是臥龍，龐統是鳳雛，司馬徽是水鑑，因此司馬徽與劉備談話時，稱頌諸葛亮和龐統。

十三年（戊子　西元二〇八年）

春，正月，司徒趙溫辟曹操子丕。操表「溫辟臣子弟，選舉故不以實❶」，策免之。

曹操還鄴，作玄武池以肄❷舟師。

初，巴郡甘寧❸將僮客❹八百人歸劉表，表儒人，不習軍事，寧觀表事勢終必無成，恐一朝眾散，并受其禍，欲東入吳。黃祖在夏口❺，軍不得過，乃留，依祖三年，祖以凡人畜❻之。孫權擊祖，祖軍敗走，權校尉❼凌操將兵急追之。寧善射，將兵在後，射殺操，祖由是得免。軍罷，還營，待寧如初。祖都督蘇飛數薦寧，祖不用。寧欲去，恐不免，飛乃白祖，以寧為邾❽長。寧遂亡奔孫權，周瑜、呂蒙共薦達之。權禮異❾，同於舊臣。

甯獻策於權曰：「今漢祚⑩日微，曹操終為篡盜。南荊⑪之地，山川形便⑫，誠國之西勢⑬也。甯觀劉表，慮既不遠，兒子又劣，非能承業傳基者也。至尊⑭當早圖之，不可後操⑮。圖之之計，宜先取黃祖。祖今昏耄⑯已甚，財穀並乏，左右貪縱，吏士心怨，舟船戰具，頓廢⑰不脩，怠於耕農，軍無法伍。至尊今往，其破可必。一破祖軍，鼓行而西，據楚關⑱，大勢彌⑲廣，即可漸規⑳巴、蜀矣。」權深納之。張昭時在坐，難㉑曰：「今吳下業業㉒，若軍果行，恐必致亂。」甯謂昭曰：「國家以蕭何之任㉓付君，君居守而憂亂，奚㉔以希慕㉕古人乎！」權舉酒屬㉖甯曰：「興霸，今年行討，如此酒矣，決以付卿。卿但當勉建方略，令必克祖，則卿之功，何嫌張長史㉗之言乎！」

權遂西擊黃祖。祖橫兩蒙衝㉘挾守沔口㉙，以栟閭㉚大紲㉛繫石為矴㉜，上有千人，以弩交射，飛矢雨下，軍不得前。偏將軍㉝董襲㉞與別部司馬㉟凌統㊱俱為前部，各將敢死百人，人被兩鎧，乘大舸㊲，突入蒙衝裏。襲身以刀斷兩紲，蒙衝乃橫流，大兵遂進。祖令都督陳就以水軍逆戰。平北都尉呂蒙勒前鋒，親梟就首，於是將士乘勝，水陸並進，傅㊳其城，盡銳攻之，遂屠其城。祖挺身㊴走，追斬之，虜其男女數萬口。

權先作兩函，欲以盛祖及蘇飛首。權為諸將置酒，甘寧下席叩頭，血涕交流，為權言飛疇昔舊恩㊵，「寧不值㊶飛，固已捐骸㊷於溝壑，不得致命於麾下㊸。今飛罪當夷戮，特從將軍乞其首領。」權感其言，謂曰：「今為君置之，若走去何？」寧曰：「飛免分裂之禍，受更生之恩，逐之尚必不走，豈當圖亡㊹哉！若爾㊺，寧頭當代入函。」權乃赦之。○凌統怨寧殺其父操，常欲殺寧。權命統不得讎之，令寧將兵屯於他所。

【章　旨】以上為第四段，寫孫權搶先發動爭奪荊州之戰，一舉滅掉鎮守荊州東大門江夏的黃祖。

【注　釋】❶選舉故不以實　漢順帝時，曾有詔書禁止侍中、尚書、中臣（中朝臣）子弟不得為吏。趙溫辟曹丕為掾吏，致使曹操不滿，上表批評趙溫選舉竟然與實不符。❷肄　練習。❸甘寧　（？—西元二一五年）字興霸，巴郡臨江（今重慶市忠州）人，初依劉表，不被重用，遂至江東投身孫權，受到重視。曾從周瑜破曹操，攻曹仁，又從呂蒙拒關羽，以功為西陵太守、折衝將軍。後從孫權攻合肥，臨陣戰死。傳見《三國志》卷五十五。❹僮客　家奴。❺夏口　地名，即今湖北漢口，漢水入長江處。古時漢水自襄陽以下又稱夏水，故入江處稱夏口。❻畜　養。❼校尉　官名，東漢統兵的中級武官。❽鄳　縣名，在今湖北黃岡西北。❾禮異　禮遇特別優異。❿漢祚　漢朝政權；漢朝國運。⓫南荊　即荊州。從全國而論，荊州在南，故稱南荊。⓬形便　形勢便利。攻之不可得，守之不可奪，此謂形便。⓭西勢　謂荊州在江東之西，據上流之形勢。⓮至尊　對孫權的尊稱。⓯不可後操　謂謀取荊州不可後於曹操，不然，曹操必先奪取。⓰昏耄　昏亂。⓱頓廢　壞廢。⓲楚關　即扞關，春秋時楚肅王建以拒蜀之關，故又名楚關。在今湖北長陽土家族自治縣西。⓳彌　益；更加。⓴規　謀劃。㉑難　質問；責難。㉒業業　畏懼的樣子。㉓蕭何之任　蕭何於秦末助劉邦起義，楚漢戰爭中固守關中，負責輸送士卒糧餉。蕭何之任，即指留守之任。事見《史記》卷五十三、《漢書》卷三十九本傳。㉔奚　何。㉕希慕　仰慕。㉖屬　託付。㉗張長史即張昭。張昭時為孫權長史。長史為孫權僚佐之長，權極重。㉘蒙衝　古代的戰船。其製法是用生牛皮蒙船覆背，兩廂開掣棹孔，左右前後有弩窗矛穴，使敵人不能靠近，矢石不能傷。㉙沔口　地名，即今湖北漢口。因漢水上游稱沔水，故入江處亦稱沔口。㉚栟閭　即椶櫚，亦寫作「棕櫚」，木名，其皮可剝下做繩索。㉛紲　繩索。㉜矴　停船時用以固定船身位置的石墩。㉝偏將軍　官名，東漢的雜號將軍。㉞董襲　字元代，會稽餘姚（今屬浙江）人，孫吳大將，從孫權討黃祖，率敢死隊百人，擊殺黃祖。後從孫權至濡須擊曹軍，夜遇暴風，船覆而死。傳見《三國志》卷五十五。㉟別部司馬　官名，東漢時，大將軍領營五部，部有校尉一人，軍司馬一人，其別營領屬為別部司馬，領兵多少沒有一定。漢末，有些雜號將軍也置別部司馬以領兵。㊱凌統　字公績，吳郡餘杭（今浙江餘杭）人，父凌操，先後從孫策、孫權，勇於衝鋒陷陣，死於陣中。孫權因以統為別部司馬，仍領父兵。統亦勇猛善戰，從周瑜等破曹操，攻曹仁，先後為校尉、盪寇中郎將、偏將軍等。傳見《三國志》卷五十五。㊲舸　大船。㊳傅　迫近。㊴挺身　抽身；脫身。㊵舊恩　指蘇飛向黃祖薦甘寧，又設法使甘寧至江東。㊶值　遇上。㊷捐骸　謂身死。㊸麾下　對孫權的敬稱。㊹亡　逃亡。㊺若爾　假使如此。

【語　譯】十三年（戊子　西元二〇八年）

春，正月，司徒趙溫徵辟曹操的兒子曹丕。曹操上表說「趙溫徵辟臣的子弟，選舉竟然名不符實」，請皇帝下詔罷免了趙溫。

曹操回到鄴城，開挖玄武池訓練水軍。

起初，巴郡人甘寧率領家奴八百人歸附劉表，劉表是個文人，不熟習軍事，甘寧考察劉表的行事及客觀形勢，認為他將一事無成，擔心一旦部眾散離，自己也一起受害，想東入吳郡。黃祖駐軍夏口，甘寧的軍隊無法通過，便留了下來，依靠黃祖三年，黃祖把甘寧當做一般人對待。孫權進攻黃祖，黃祖軍敗逃走，孫權的校尉淩操率兵緊急追擊。甘寧擅長射箭，領兵斷後，射死淩操，黃祖才得以幸免。收軍回營，黃祖對待甘寧還和以前一樣。黃祖的都督蘇飛多次推薦甘寧，黃祖仍不任用。甘寧想離去，擔心不免於禍，於是蘇飛向黃祖報告，任命甘寧為邾縣長。甘寧便逃走投奔孫權，周瑜、呂蒙一起推薦他。孫權對甘寧特別優禮，跟舊臣們一樣。

甘寧向孫權獻策說：「現今漢室的國運日益衰微，曹操終將成為篡位的強盜。南方荊州地區，山川形勢便利，確實便於作為國家西邊的屏障。我看劉表，既沒有深謀遠慮，他兒子又庸劣，不是能夠承傳基業的人。您應當盡早除掉他，別落在曹操的後面。除掉他的計畫應先消滅黃祖。黃祖已年邁昏庸到了極點，財物糧食都缺乏，左右的人貪婪縱欲，官兵們心生怨恨，舟船戰具，殘破不修，荒廢農耕，軍無法紀。您現今前去，一定可以打敗他。一旦打敗黃祖的軍隊，就大張旗鼓地向西進軍，佔據楚關，勢力更加壯大，就可以逐步謀取巴蜀了。」孫權深表贊同。張昭當時在座，責難甘寧說：「如今吳郡人心惶惶，如果大軍真的出動，恐怕會招致禍亂。」甘寧對張昭說：「國家把蕭何那樣的重任交給你，你留守而憂心禍亂，這樣怎能仰慕古人呢！」孫權舉杯向甘寧敬酒說：「興霸，今年西行征討，就如同這杯酒，我決定把它交給你了。你只須全心謀劃方略，務必打敗黃祖，那就是你的功勞，何必顧忌張長史的話呢！」

孫權於是西進攻擊黃祖。黃祖用兩艘蒙衝戰艦橫斷沔口，用棕櫚大繩把戰艦繫在石墩上，船上有一千人，用弩交替射擊，箭如雨下，吳軍不能前進。偏將軍董襲和別部司馬凌統俱為前鋒，各自率領敢死隊一百人，每人穿雙重鎧甲，乘坐大船，衝入兩艘蒙衝戰艦之間，董襲親自用刀砍斷繫船的兩條繩子，蒙衝戰艦失控橫流，大軍便向前進軍。黃祖命令都督陳就率領水軍迎戰。平北都尉呂蒙督領前鋒，親手殺死陳就並梟首示眾，於是將士乘勝水陸並進，迫近黃祖的城池，吳軍出動全部精銳攻城，終於屠滅其城。黃祖脫身逃走，被追上殺死，俘獲男女數萬人。

孫權先做好兩個盒子，想用它盛黃祖和蘇飛的首級。孫權為諸位將領備好酒筵，甘寧離席向孫權磕頭，鮮血和淚水交流。甘寧向孫權訴說以前蘇飛對他的舊恩：「我甘寧若不遇上蘇飛，肯定早已拋屍溝壑，也不能在您手下效命了。如今蘇飛罪該滅族，我特向將軍請求他的首級。」孫權被甘寧的話感動了，對甘寧說：「現在為你放了他，如果他逃走怎麼辦？」甘寧說：「蘇飛免除了身首異處之禍，蒙受您再生的恩德，趕他尚且不肯走，哪會圖謀逃亡呢！如果發生這種事情，我甘願把我的人頭代他入盒。」於是孫權赦免了蘇飛。

○凌統怨恨甘寧射殺他的父親凌操，時常想殺掉甘寧。孫權命令凌統不得仇恨甘寧，派甘寧領兵駐守其他地方。

夏，六月，罷三公官，復置丞相、御史大夫❶。癸巳❷，以曹操為丞相。操以冀州別駕從事崔琰為丞相西曹掾❸，司空東曹掾陳留毛玠❹為丞相東曹掾，元城令河內司馬朗❺為主簿，弟懿❻為文學掾❼，冀州主簿盧毓❽為法曹議令史❾。毓，植之子也。

琰、玠並典選舉，其所舉用皆清正之士，雖於時有盛名而行不由本者，終莫得進。拔敦實❿，斥華偽⓫，進沖遜⓬，抑阿黨⓭。由是天下之士莫不以廉節自勵，雖貴寵之臣，輿服不敢過度；至乃長吏還者，垢面羸衣⓮，獨乘柴車；軍吏入府，朝服徒行。吏潔於上，俗移於下。操聞之，歎曰：「用人如此，使天下人自治，吾復何為哉！」

司馬懿少聰達⓯，多大略。崔琰謂其兄朗曰：「君弟聰亮⓰明允⓱，剛斷⓲英特⓳，非子所及也！」操聞而辟之，懿辭以風痹⓴。操怒，欲收之。懿懼，就職。

操使張遼屯長社㉑，臨發，軍中有謀反者。夜，驚亂起火，一軍盡擾。遼謂左右曰：「勿動！是不一營盡反，必有造變者㉒，欲以驚動人耳。」乃令軍中：

「其不反者安坐。」遼將親兵數十人中陳而立。有頃，皆定，即得首謀者，殺之。遼在長社，于禁屯潁陰㉓，樂進屯陽翟㉔，三將任氣㉕，多共㉖不協。操使司空主簿㉗趙儼㉘并參三軍㉙，每事訓諭，遂相親睦。

初，前將軍㉚馬騰與鎮西將軍㉛韓遂結為異姓兄弟，後以部曲㉜相侵，更為讎敵。朝廷使司隸校尉鍾繇、涼州刺史韋端和解之，徵騰入屯槐里㉝。曹操將征荊州，使張既說騰，令釋部曲還朝，騰許之。已而更猶豫，既恐其為變，乃移㉞諸縣促儲偫㉟，二千石郊迎。騰不得已，發東㊱。操表騰為衛尉㊲，以其子超㊳為偏將軍，統其眾，悉徙其家屬詣鄴。

秋，七月，曹操南擊劉表。

八月丁未㊴，以光祿勳山陽郗慮㊵為御史大夫。

壬子㊶，太中大夫㊷孔融棄市㊸。融恃其才望，數戲侮㊹曹操，發辭偏宕㊺，多致乖忤㊻。操以融名重天下，外相容忍而內甚嫌之。融又上書，「宜準古王畿之制，千里寰內不以封建諸侯㊼。」操疑融所論建漸廣，益憚之。融與郗慮有隙㊽，慮承操風旨㊾，構成其罪，令丞相軍謀祭酒㊿路粹(51)奏：「融昔在北海(52)，見王室不靜，而招合徒眾，欲規(53)不軌。及與孫權使語，謗訕(54)朝廷。又前與白衣(55)禰衡跌蕩[56]放言[57]，更相贊揚，衡謂融曰『仲尼[58]不死』，融答『顏回[59]復生』，大逆不道，宜極重誅。」操遂收融，并其妻子皆殺之。

初，京兆脂習[60]與融善，每戒融剛直太過，必罹[61]世患。及融死，許下莫敢收者。習往撫尸曰：「文舉[62]舍我死，吾何用生為！」操收習，欲殺之，既而赦之。

【章旨】以上為第五段，寫曹操罷三公官，復置丞相，辟舉人才，徵召關西馬騰入京，殺孔融，為大舉南下做準備。

【注釋】❶復置丞相御史大夫　西漢初，雖然丞相、御史大夫、太尉稱為三公，但丞相卻是輔助皇帝、綜理一切政務的長官，是中央政府的最高官吏。御史大夫雖為丞相之副，但其地位、祿秩卻不如丞相。故西漢初，實為丞相制。至漢哀帝時，改丞相為大司徒，御史大夫為大司空，太尉為大司馬，此為三公並列共掌大政的三公制。東漢時，又以司徒、司空、太尉為三公，雖然此時政歸尚書，但名義上仍以三公為最高執政者。現曹操罷除三公，復置丞相、御史大夫，是恢復西漢初的丞相制，而曹操又為丞相，遂總攬朝政大權。❷癸巳　六月初九。❸丞相西曹掾　官名，曹操為丞相後，下設東、西曹掾，主持選舉事務。西曹掾主管府吏署用，東曹掾主管二千石長吏遷除及軍吏。❹毛玠　字孝先，陳留平丘（今河南長垣西）人，初為曹操兗州治中從事史，即建議曹操「宜奉天子以令不臣」。曹操為司空與丞相後，玠為東曹掾，與崔琰並典選舉，所舉皆清正之士。魏國初建，為尚書僕射，仍典選舉。傳見《三國志》卷十二。❺司馬朗　（西元一七一—二一七年）字伯達，河內溫縣（今河南溫縣西南）人，初受曹操召辟，為司空掾，又為成皐令、當陽長、元城令，後又為兗州刺史，所在「政化大行，百姓稱之」。傳見《三國志》卷十五。❻懿　司馬懿（西元一七九—二五一年），字仲達，司馬朗之弟。曹操為丞相後，辟為文學掾，又為主簿。多謀略，善權變。後為太子中庶子，為曹丕所信重。曹魏初，為侍中、尚書右僕射。魏明帝時，為大將軍，多次率軍與諸葛亮對抗。魏明帝死時，與曹爽共受遺詔輔少帝曹芳。後殺曹爽，獨專朝政。其子司馬師、司馬昭相繼專權。至其孫司馬炎遂代魏稱帝，建立晉朝，追尊他為宣帝。傳見《晉書》卷一。⑦文學掾　亦稱文學，漢州郡職司教育的學官。東漢末王國、丞相府亦置此官。⑧盧毓　（？—西元二五七年）字子家，涿郡涿縣（今河北涿州）人，父植，有名於世。毓初為冀州主簿，後為丞相法曹議令史。曹魏初，為黃門侍郎，又為梁、譙、安平、廣平等郡太守，皆有惠政。魏明帝時，為吏部尚書，主選舉。高貴鄉公即位後，為司空，封容城侯。傳見《三國志》卷二十二。⑨法曹議令史　法曹主郵驛科程事，時公府諸曹皆置議令史。⑩敦實　敦厚樸實。⑪華偽　浮華虛偽。⑫沖遜　謙虛恭順。⑬阿黨　阿諛黨附。⑭羸衣　普通舊衣。⑮聰達　聰慧明達。⑯聰亮　猶言明慧。⑰明允　清明誠實。⑱剛斷　剛毅果斷。⑲英特　謂英偉出眾。⑳風痹　肢體疼痛或麻木的風溼病。㉑長社　縣名，治所在今河南長葛東。㉒造變者　帶頭鬧事的人。㉓潁陰　縣名，縣治在今河南許昌。㉔陽翟　縣名，縣治在今河南禹州。㉕任氣　意氣用事。㉖共　謂相互。㉗司空主簿　官名，漢代中央及郡縣官署皆置主簿，以典領文書，辦理事務。司空主簿即司空府的主簿。㉘趙儼　字伯然，潁川陽翟（今河南禹州）人，曹魏大臣。歷仕曹操、文帝、明帝、齊王芳，官至司空。傳見《三國志》卷二十三。㉙三軍　全軍。春秋時大國有上中下三軍，後世遂以三軍統稱全軍。㉚前將軍　官名，位次於上卿，與後將軍及左、右將軍掌京師兵衛和邊防屯警。㉛鎮西將軍　官名，東漢雜號將軍之一。㉜部曲　軍隊。㉝槐里　縣名，縣治在今陝西興平東南。㉞移　官文書之一種。㉟儲偫　存備，指存備供應馬騰的物品。㊱發東　謂出發向東入朝。㊲衛尉　官名，漢九卿之一，掌宮門警衛及宮中巡邏。㊳超　馬超（西元一七六—二二二年），字孟起，右扶風茂陵（今陝西興平東北）人，初隨父騰起兵涼州，曹操徵騰入朝後，超為偏將軍繼領父兵，並與韓遂和好。後與韓遂聯合打擊曹操，在潼關為操所敗，又還據涼州。後被楊阜所逐，因入漢中依張魯，繼又投歸劉備，為左將軍。蜀漢建立後，為驃騎將軍。傳見《三國志》卷三十六。㊴丁未　八月二十四日。㊵郗慮　字鴻豫，山陽高平（今山東微山縣西北）人，建安初為侍中，後為光祿勳、御史大夫。事見《三國志・魏書・武帝紀》與裴松之注引《續漢書》。㊶壬子　八月二十九日。㊷太中大夫　官名，屬光祿勳，掌議論。㊸棄市　古代在鬧市執行死刑，陳屍街頭示眾，稱為棄市。㊹戲侮　嘲弄侮辱。㊺偏宕　謂偏激放縱，超出常規。㊻乖忤　相抵觸。㊼千里寰內不以封建諸侯　《周禮・夏官・職方氏》說：「方千里曰王畿。」即是說，京城周圍方千里之地為國王的領地，不用以封建諸侯。孔融之言蓋本此。當時曹操的據點在鄴，如按孔融之說，曹操就不能以鄴為據點，故使曹操畏懼。㊽隙　間隙；矛盾。㊾風旨　謂從觀察而領會的旨意。㊿丞相軍謀祭酒　官名，曹操為丞相後新設置的職官，職責是參謀軍事。(51)路粹　字文蔚，陳留（治所在今河南開封）人，建安初為尚書郎，後為軍謀祭酒，與陳琳、阮瑀等掌管記室，後又為祕書令。善為文。事見《三國志・魏書・王粲傳》與裴松之注引《典略》。(52)融昔

在北海　指孔融建安初為北海相。53規　謀劃。54謗訕　毀謗。55白衣　指未做官之人。56跌蕩　謂行為放縱。57放言　放縱言談。58仲尼　孔子名丘，字仲尼。59顏回　即顏淵，名回，字子淵。孔子的學生，德行學業均優秀，深得孔子之讚許。60脂習　字元升，京兆（治所在今陝西西安西北）人，為太醫令，與孔融親善。曹魏初，以其年老，賜為中散大夫。事見《三國志・魏書・王脩傳》裴松之注引《魏略・純固傳》。61罹　遭受。62文舉　孔融字文舉。

【語　譯】夏，六月，撤銷三公之職，復設丞相、御史大夫。初九日癸巳，任命曹操為丞相。曹操任命冀州人別駕從事崔琰為丞相西曹掾，司空東曹掾陳留人毛玠為丞相東曹掾，元城縣令河內人司馬朗為主簿，司馬朗的弟弟司馬懿為文學掾，冀州主簿盧毓為法曹議令史。盧毓，是盧植的兒子。

崔琰、毛玠共同掌管選舉，他們所選拔任用的都是清廉正直的人士，那些在當時有很高的名聲而行為不遵守基本道德的人，始終得不到進用。選拔敦厚樸實的人，斥退浮華虛偽的人，進用謙虛恭順的人，貶抑結黨營私的人。因此天下之士無不以清廉的節操來勉勵自己，即使是顯貴受尊寵的大臣，車馬服飾也不敢超過制度的規定；甚至地方官員回鄉，蓬頭垢面，穿一身普通舊衣，獨自乘一輛柴車；武官文吏進入官府，穿著朝服徒步上班。上層當官的清廉自潔，下層的百姓移風易俗。曹操知道後，感慨地說：「這樣用人，使天下人人自治，還需要我做什麼呢！」

司馬懿少時聰慧明達，有雄才大略。崔琰對他的哥哥司馬朗說：「你的弟弟清明誠實，剛毅果決，不是你能趕得上的！」曹操聽說後，徵召司馬懿，司馬懿藉口風溼病而謝絕，曹操很生氣，要逮捕他。司馬懿害怕了，才去就職。

曹操派張遼駐守長社，臨出發時，軍中有人謀反。夜裡，軍營中驚亂起火，全軍騷亂。張遼對左右的人說：「不要亂動！這不是一營的人全都造反，一定有帶頭鬧事的人，想以此來驚動軍心罷了。」就向軍中下令：「不造反的安坐別動。」張遼率領親兵幾十人站在軍陣的中央。一會兒，全軍安定，立刻抓獲主謀者，把他殺死。

張遼在長社，于禁屯潁陰，樂進駐陽翟，三位將領都意氣用事，彼此不和。曹操派司空主簿趙儼同時參與三軍的事務，經常對他們進行訓示開導，於是三位將領親密和睦。

起初，前將軍馬騰與鎮西將軍韓遂結拜為異姓兄弟，後來因為部下相互侵犯，變成仇敵。朝廷派司隸校尉鍾繇、涼州刺史韋端從中和解。徵調馬騰進駐槐里。曹操將要征伐荊州，派張既勸說馬騰，讓他交出兵權回朝，馬騰同意了。不久又猶豫，張既擔心他發動變亂，就下文讓各縣加緊物資儲備，二千石的官員到郊外迎接。馬騰不得已，向東出發入朝。曹操上表薦舉馬騰為衛尉，任命他的兒子馬超為偏將軍，統領馬騰的部眾，把馬騰的家屬都遷到鄴城。

秋，七月，曹操南下攻擊劉表。

八月二十四日丁未，任命光祿勳山陽人郗慮為御史大夫。

八月二十九日壬子，太中大夫孔融被棄市。孔融依仗他的才華名望，屢次嘲弄侮辱曹操，出語偏激，多次頂撞曹操。曹操因為孔融名重天下，表面上雖然容忍，內心卻非常厭惡。孔融又上書，說「應按照古代的王畿制度，京城千里以內之地不可分封諸侯。」曹操擔心孔融議論的內容逐漸擴大，內心更加忌憚。孔融和郗慮有矛盾，郗慮秉承曹操旨意，捏造孔融的罪名，命令丞相軍謀祭酒路粹上奏說：「從前孔融在北海國，看到漢家天下不穩，就召聚徒眾想圖謀不軌。後來和孫權的使者談話時，誹謗朝廷。再者，先前和白丁禰衡一起，行為不羈，言語放蕩，互相吹捧，禰衡說孔融是『仲尼不死』，孔融說禰衡是『顏回復生』，大逆不道，應處以極刑。」曹操於是逮捕孔融，連同他的妻子兒女一起都殺了。

起初，京兆人脂習與孔融友好，時常告誡孔融剛直太過分，定會遭受災禍。到孔融死時，許都沒有人敢為他收屍。脂習前去撫摸著孔融的屍體說：「文舉你捨我死去，我還活著幹什麼！」曹操逮捕脂習，想殺了他，不久赦免了他。

初，劉表二子，琦、琮。表為琮娶其後妻蔡氏之姪，蔡氏遂愛琮而惡琦；表妻弟蔡瑁、外甥張允並得幸於表，日相與毀琦而譽❶琮。琦不自寧，與諸葛亮謀自安之術，亮不對。後乃共升高樓，因令去梯，謂亮曰：「今日上不至天，下不至地，言出子口，而入吾耳，可以言未？」亮曰：「君不見申生❷在內而危，重耳居外而安乎？」琦意感悟，陰規出計。會黃祖死，琦求代其任，表乃以琦為江夏❸太守。表病甚，琦歸省疾❹。瑁、允恐其見表而父子相感，更有託後之意，乃謂琦曰：「將軍命君撫臨江夏，其任至重。今釋眾擅來，必見譴怒❺。傷親之歡，重增其疾，非孝敬之道也。」遂遏❻于戶外，使不得見，琦流涕而去。表卒，瑁、允等遂以琮為嗣。琮以侯印授琦，琦怒，投之地，將因奔喪作難。會曹操軍至，琦奔江南。

章陵❼太守蒯越及東曹掾❽傅巽❾等勸劉琮降操，曰：「逆順有大體❿，強弱有定勢。以人臣而拒人主，逆道也；以新造之楚⓫而禦中國，必危也；以劉備而敵曹公，不當⓬也。三者皆短，將何以待敵？且將軍自料何如劉備？若備不足禦曹公，則雖全楚不能以自存也；若足禦曹公，則備不為將軍下也。」琮從之。九月，操至新野⓭，琮遂舉州降，以節⓮迎操。諸將皆疑其詐，婁圭⓯曰：「天下擾攘[1]，各貪王命以自重，今以節來，是必至誠。」操遂進兵。

時劉備屯樊⑯，琮不敢告備，備久之乃覺，遣所親問琮，琮令其[2]官屬宋忠詣備宣旨。時曹操已在宛⑰，備乃大驚駭，謂忠曰：「卿諸人作事如此，不早相語，今禍至方告我，不亦太劇⑱乎！」引刀向忠曰：「今斷卿頭，不足以解忿，亦恥丈夫臨別復殺卿輩！」遣忠去。乃呼部曲共議，或勸備攻琮，荊州可得。備曰：「劉荊州臨亡託我以孤遺⑲，背信自濟，吾所不為，死何面目以見劉荊州乎！」備將其眾去，過襄陽⑳，駐馬呼琮。琮懼，不能起。琮左右及荊州人多歸備。備過辭表墓，涕泣而去。比到當陽㉑，眾十餘萬人，輜重數千兩，日行十餘里。別遣關羽乘船數百艘，使會江陵㉒。或謂備曰：「宜速行保江陵，今雖擁大眾，被甲者少，若曹公兵至，何以拒之！」備曰：「夫濟大事必以人為本，今人歸吾，吾何忍棄去！」

習鑿齒論曰：「劉玄德㉓雖顛沛㉔險難而信義愈明，勢偪事危而言不失道。追景升㉕之顧㉖，則情感三軍，戀赴義之士㉗，則甘與同敗，終濟大業，不亦宜乎！」

劉琮將王威說琮曰：「曹操聞將軍既降，劉備已走，必懈弛無備，輕行單進。若給威奇兵數千，徼㉘之於險，操可獲也。獲操，即威震四海，非徒保守今日而已。」琮不納。

操以江陵有軍實㉙，恐劉備據之，乃釋輜重，輕軍到襄陽。聞備已過，操將精騎五千急追之，一日一夜行三百餘里，及於當陽之長坂㉚。備棄妻子，與諸葛亮、張飛、趙雲等數十騎走，操大獲其人眾輜重。

徐庶母為操所獲。庶辭備，指其心曰：「本欲與將軍共圖王霸之業者，以此方寸㉛之地也。今已失老母，方寸亂矣，無益於事，請從此別。」遂詣操。

張飛將二十騎拒後。飛據水斷橋，瞋目㉜橫矛曰：「身㉝是張益德㉞也，可來共決死！」操兵無敢近者。

或謂備：「趙雲已北走。」備以手戟擿㉟之，曰：「子龍不棄我走也。」頃之，雲身抱備子禪㊱，與關羽船會，得濟沔，遇劉琦眾萬餘人，與俱到夏口。

【章旨】以上為第六段，寫曹操兵不血刃得荊州，劉備南走江陵，被曹操追及，兵敗當陽縣長坂。

【注釋】❶譽　稱讚。❷申生　春秋時晉獻公的太子。晉獻公寵愛驪姬，而驪姬欲立己子，故譖毀申生，中生被迫自縊而死。申生弟重耳得知後，懼而出奔國外。在國外流亡了十九年後，回國立為國君，是為晉文公。事見《史記・晉世家》。❸江夏　郡名，原治所安陸，在今湖北安陸。劉表以黃祖為江夏太守，治所沙羨，在今武昌西南。黃祖死後，劉琦為江夏太守，治所夏口，即今漢口。❹省疾　探望病人。❺譴怒　責備而生怒。❻遏　阻止。❼章陵　郡名，章陵本為縣，縣治在今湖北棗陽東。當時始置為郡，設太守。❽東曹掾　即丞相東曹掾。❾傅巽　字公悌，初為尚書郎，又為丞相東曹掾，以勸劉琮有功，賜爵關內侯。事見《三國志・魏書・劉表傳》裴松之注引《傅子》。❿大體　大原則。⓫新造之楚　楚，指荊州，因荊州古為楚國地。劉表據荊州不久，故為新造。⓬當　抵敵。⓭新野　縣名，縣治在今河南新野。⓮節　符節。劉表為鎮南將軍、荊州牧時所受朝廷的符節。⑮妻圭　字子伯。投歸曹操後，常參與軍國大計之謀議。事見《三國志・魏書・崔琰傳》裴松之注引《魏略》、《吳書》。⑯樊　即樊城，在襄陽北，與襄陽隔漢水相對，在今湖北襄樊。⑰宛　縣名，縣治在今河南南陽。⑱劇甚；過分。⑲孤遺　父母去世後遺留下來的子女。此指劉琮。⑳襄陽　縣名，縣治在今湖北襄樊。㉑當陽　縣名，縣治在今湖北當陽東。㉒江陵　縣名，南郡治所，縣治在今湖北江陵。㉓劉玄德　劉備字玄德。㉔顛沛　傾覆；仆倒。㉕景升　劉表字景升。㉖顧　謂臨終之託付。㉗赴義之士　指追隨劉備的荊州人士。㉘徼　攔截。㉙軍實　糧草、器械等物資。㉚長坂地名，在今湖北當陽東北。㉛方寸　指心。古人認為思想的器官是心。㉜瞋目　猶言怒目。㉝身　我。㉞張益德　張飛字益德。㉟擿　通「擲」。投擲。㊱禪　劉禪（西元二〇七—二七一年），字公嗣，小字阿斗，劉備之子。劉備稱帝後，立為太子。劉備死後，繼位為帝，西元二二三—二六三年在位。初期由諸葛亮輔政，政治較好。諸葛亮死後，因信任宦官黃皓，朝政日趨腐敗。魏軍攻入蜀後，被迫出降。後被封為安樂公。傳見《三國志》卷三十三。

【校　記】①擩　原作「擾」。據章鈺校，甲十一行本、乙十一行本皆作「擩」，今據改。②其　原無此字。據章鈺校，甲十一行本、乙十一行本皆有此字，今據補。

【語　譯】當初，劉表有兩個兒子劉琦和劉琮。劉表為劉琮娶了後妻蔡氏的姪女，蔡氏於是喜歡劉琮而討厭劉琦；劉表的妻弟蔡瑁、外甥張允都得到劉表的寵幸，他們每天都更相誹謗劉琦而稱譽劉琮。劉琦心中不安，和諸葛亮謀劃保全自己的辦法，諸葛亮不回答。後來和諸葛亮一起登上高樓，令人撤去樓梯，對諸葛亮說：「現在上不著天，下不著地，話從你口中說出，進入我的耳朵，可以講了吧？」諸葛亮說：「你難道不知道申生在國內遭危難，重耳居國外得平安嗎？」劉琦心中領悟，暗中謀劃外出的辦法。正逢黃祖被殺，劉琦請求代替黃祖的職位，劉表就任命劉琦為江夏太守。劉表病重，劉琦回來探望病情。蔡瑁、張允擔心劉琦見到劉表會觸動父子之情，使劉表產生託付後事的心意，就對劉琦說：「將軍命你鎮撫江夏，這個責任十分重大。如今你離開部眾擅自前來，一定會遭到忿怒的譴責，傷害父子的歡愛，加重他的病情，這不是孝敬之道。」便把劉琦阻擋在門外，使他見不到劉表，劉琦流淚離去。劉表去世，蔡瑁、張允等就擁立劉琮繼位。劉琮把侯印授給劉琦，劉琦憤怒，把侯印扔到地上，準備趁奔喪的機會發難。正碰上曹操大軍到來，劉琦就逃奔江南。

章陵太守蒯越和東曹掾傅巽等勸劉琮歸降曹操，說：「叛逆與順從有個大原則，強大與弱小有一定的形勢。以臣子的地位對抗君主，就是大逆不道；拿剛剛佔領的荊州抵禦中原朝廷，必定危險；依賴劉備去對抗曹操，不是對手。這三方面都處於劣勢，將憑什麼來對付敵人？而且將軍自己估量，你與劉備相比如何呢？如果劉備都不足以抵禦曹公，那麼即使竭盡荊州的全力也不能自存；如果劉備足以抵抗曹公，那麼劉備就不會甘居將軍之下了。」劉琮聽從了。九月，曹操到新野，劉琮就獻出荊州歸降，手持州牧符節迎接曹操。曹軍將領都懷疑劉琮有詐，婁圭說：「天下紛亂，各自貪求朝廷任命以自重，現在持符節來迎，這一定是真心誠意。」於是曹操才進軍。

當時劉備駐守樊城，劉琮不敢告訴劉備，過了許久劉備才發覺，就派親信詢問劉琮，劉琮命令他的屬官宋忠到劉備那裡說明自己的意思。此時曹操已在宛城，劉備這才大為驚懼，對宋忠說：「你們這些人做事怎麼這樣，為何不早點告知，現在大禍臨頭了才告訴我，不也太過分了嗎！」劉備抽出刀來指向宋忠說：「現在即便砍斷你的頭，也不足以消我心頭之恨，大丈夫也恥於在離別時還殺死你們這些人！」便打發宋忠離去。於是劉備召集部屬共同商量，有人勸劉備攻打劉琮，可以得到荊州。劉備說：「劉表臨死時託孤於我，背信棄義，成就自己的事業，我不能幹這種事，真這樣我死後有什麼臉面去見劉表呢！」劉備率領他的部眾離開了樊城，路過襄陽時，停下馬來大聲呼喊劉琮。劉琮很害怕，不能起立。劉琮左右的人和荊州百姓大多追隨劉備。劉備路過劉表墳墓，向他告別，哭泣而去。等行進到當陽時，已有部眾十幾萬人，輜重幾千輛，每天只能行十餘里。於是另派關羽率領幾百艘船，讓他到江陵會合。有人對劉備說：「應迅速行進去守衛江陵，如今雖然擁有大量的部眾，但穿鎧甲的兵士少，如果曹公的部隊追來，我們怎麼抵抗！」劉備說：「凡是成大事，一定要以民為本，現在百姓隨從我，我怎忍心拋棄他們離去！」

習鑿齒評論說：「劉玄德雖然在顛沛流離、危險艱難之中，信義卻更加鮮明，形勢迫蹙、事情危急但言談不離道義。懷念劉景升的臨終託付，真情感動了三軍，愛戀追求大義的人士，這些人就心甘情願和他勝敗在一起，他最終成就了大業，不也是應當的嗎！」

劉琮部將王威勸劉琮說：「曹操得知將軍已經歸降，劉備已經逃走，必然鬆懈沒有防備，就單獨輕裝挺進。若撥給我數千奇兵，在地勢險要的地方截擊，就可以抓獲曹操。抓獲了曹操，就威震四海，不僅僅是保守現狀了。」劉琮不採納。

曹操鑑於江陵有軍用儲備，擔心劉備佔領它，於是留下輜重，軍隊輕裝到達襄陽。曹操聽說劉備已過了襄陽，就親率五千精銳騎兵急速追擊，一日一夜行軍三百多里，在當陽縣的長坂追上了劉備。劉備丟棄了妻子兒女，和諸葛亮、張飛、趙雲等幾十人騎馬逃走，曹操繳獲了大量的人馬輜重。

徐庶的母親被曹操抓獲。徐庶向劉備告辭，指著自己的心說：「本想和將軍共謀霸業，全憑這顆心。現在失去母親，我方寸已亂，留下來也無益於事，請允許我就此告別。」於是投奔曹操。

張飛率領二十名騎兵斷後。張飛據守岸邊，拆斷橋樑，瞪大眼睛橫著長矛大聲喊道：「我就是張益德，誰來跟我決一死戰！」曹操士兵沒有敢靠近他的。

有人對劉備說：「趙雲已經向北逃走。」劉備用手戟擲向那人，說：「趙子龍不會棄我而逃。」不一會兒，趙雲抱著劉備的兒子劉禪，與關羽的船隊相會，得以渡過沔水，遇上劉琦部隊一萬多人，和劉琦一起到達夏口。

曹操進軍江陵，以劉琮為青州刺史，封列侯，并蒯越等，侯者凡十五人。釋韓嵩之囚，待以交友之禮，使條品❶州人優劣，皆擢而用之。以嵩為大鴻臚❷，以蒯越為光祿勳❸，劉先為尚書❹，鄧羲為侍中❺。

荊州大將南陽文聘❻別屯在外，琮之降也，呼聘，欲與俱。聘曰：「聘不能全州，當待罪而已！」操濟漢，聘乃詣操。操曰：「來何遲邪？」聘曰：「先日不能輔弼劉荊州以奉國家，荊州雖沒，常願據守漢川❼，保全土境，生不負於孤弱❽，死無愧於地下❾。而計不在己，以至於此，實懷悲慚，無顏早見耳。」遂歔欷❿流涕。操為之愴然⓫，字謂之曰：「仲業，卿真忠臣也。」厚禮待之，使統本兵，為江夏⓬太守。

初，袁紹在冀州，遣使迎汝南⓭士大夫。西平和洽⓮以為：「冀州土平民強，英傑所利，四戰之地[1]，不如荊州土險民弱，易依倚也。」遂從劉表，表以上客待之。洽曰：「所以不從本初⓯，辟⓰爭地也。昏世之主，不可黷近⓱，久而不去，讒慝⓲將興。」遂南之武陵⓳。表辟南陽劉望之為從事，而其友二人皆以讒毀為表所誅，望之又以正諫不合，投傳⓴告歸。望之弟廙㉑謂望之曰：「趙殺鳴犢，仲尼回輪㉒。今兄既不能法㉓柳下惠㉔和光同塵㉕於內，則宜模㉖范蠡㉗遷化㉘於外，坐而自絕於時，殆不可也。」望之不從，尋復見害，廙奔揚州㉙。南陽韓暨㉚避袁術之命，徙居山都山㉛。劉表又辟之，遂遁居孱陵㉜，表深恨之。暨懼，應命，除宜城㉝長。河東裴潛㉞亦為表所禮重，潛私謂王暢之孫[2]粲㉟及河內司馬芝㊱曰：「劉牧非霸王之才，乃欲西伯㊲自處，其敗無日矣！」遂南適㊳長沙㊴。於是操以暨為丞相士曹屬㊵，潛參丞相軍事㊶，洽、廙、粲皆為掾屬㊷，芝為菅令㊸，從人望也。

【章旨】以上為第七段，寫曹操安撫荊州，優禮歸降將士和官吏，大行封賞，舉拔士人。

【注釋】❶條品　謂品評人物。❷大鴻臚　官名，漢九卿之一，掌賓禮。凡附屬的少數民族及諸王入朝、迎送、朝會、封授等皆掌管。❸光祿勳　官名，漢九卿之一，掌領宿衛侍從之官。❹尚書　官名，東漢分六曹尚書，助理皇帝處理政務，尚書令為其長官。❺侍中　官名，職在侍從皇帝，應對顧問。❻文聘　字仲業，南陽宛縣（今河南南陽）人，初為劉表大將，後歸曹操，為江夏太守。與樂進擊關羽有功，為討逆將軍。曹魏初，為後將軍，封新野侯。傳見《三國志》卷十八。❼漢川　漢水。❽孤弱　指劉琮。❾地下　指劉表。❿歔欷　哀歎抽泣聲。⓫愴然　悲傷。⓬江夏　郡名，文聘為太守的治所與以前不同，其治所在安陸，在今湖北安陸北。⓭汝南　郡名，治所平輿，在今河南平輿北。⓮和洽　字陽士，汝南西平（今河南西平西）人，初至荊州依劉表，曹操得荊州後，辟為丞相掾屬。後為侍中、郎中令。曹丕稱帝後，為光祿勳。魏明帝時為太常，封西陵鄉侯。傳見《三國志》卷二十三。⓯本初　袁紹字本初。⓰辟　通「避」。躲避。⓱黷近　謂接近而被玷汙。⓲讒慝　惡言惡意。⓳武陵　郡名，治所臨沅，在今湖南常德。⓴投傳　投，扔。傳，符信。扔棄符信，即謂棄官。㉑廙　劉廙（？—西元二二一年），字恭嗣，南陽安眾（今河南鎮平東南）人，兄劉望之被劉表殺害後，懼奔楊州，遂投曹操，為丞相掾屬，又為五官將文學。魏國建立後，為黃門侍郎。曾著書數十篇，皆傳於世。傳見《三國志》卷二十一。㉒趙殺鳴犢二句　仲尼，孔子。孔子將西至晉國見趙簡子，至黃河邊聽說晉國的竇鳴犢與舜華已被趙簡子所殺，孔子對河歎息，決定返回。子貢不明其因，便詢問孔子。孔子解釋說：「竇鳴犢與舜華是晉國之賢大夫，當趙簡子未執政時，須二人幫助其執政，而他執政後，即殺此二人。我曾聽說，剖胎殺幼畜，則麒麟不至郊；竭澤而漁，則蛟龍不調合陰陽；覆鳥巢毀其卵，則鳳凰不飛翔。鳥獸對不義之事尚知躲避，何況我呢！」遂返回。事見《史記・孔子世家》。㉓法　效法。㉔柳下惠　春秋時魯大夫展禽，因食邑柳下，死後諡惠，故稱柳下惠。據說他任士師（獄官）時，三次被罷黜而不離去。當他在任時，不得意自滿，被罷黜時，也不埋怨灰心，皆固守其道，不因榮辱而改變立場。參見《論語・微子》與《孟子・萬章下》。㉕和光同塵　將光榮和塵濁同樣看待。㉖模　仿效；效法。㉗范蠡　春秋末越國大夫，助越王句踐滅吳後，離越出遊，至齊國，稱鴟夷子皮。至陶（今山東定陶西北），稱陶朱公。參見《史記・貨殖列傳》。㉘遷化　遷徙變化。㉙揚州　州名，漢末治所在壽春，在今安徽壽縣。㉚韓暨　（？—西元二三八年）字公至，南陽堵陽（今河南方城東）人，初為劉表之宜城長，曹操平荊州後，辟為丞相士曹屬，後為監冶謁者，用水排（水力鼓風爐）代替馬排和人排，功效提高三倍。在職七年，器用充實。魏文帝時為太常，封南鄉亭侯。魏明帝時，官至司徒。傳見《三國志》卷二十四。㉛山都山　山都縣之山。山都縣治所在今湖北襄樊西北。㉜孱陵　縣名，縣治在今湖北公安南。㉝宜城　縣名，縣治在今湖北宜城南。㉞裴潛　（？—西元二四四年）字文行，河東聞喜（今山西聞喜）人，初避亂至荊州，曹操得荊州後，為參丞相軍事，又為倉曹屬。後任代郡太守、兗州刺史，皆有治績。曹魏初，為散騎常侍，又為魏郡、潁川典農中郎將，荊州刺史。魏明帝時，為尚書、大司農、尚書令，封清陽亭侯。傳見《三國志》卷二十三。㉟粲　王粲（西元一七七—二一七年），字仲宣，山陽高平（今山東微山縣西北）人，曾祖父龔、祖父暢皆為漢三公。粲於初平中避亂至荊州依劉表，而未得重用。曹操得荊州後，為丞相掾，後又為軍謀祭酒等。博學多識，無所不知，尤善於文學，詩、賦、文皆長，為建安七子之冠，所著詩、賦、論、議近六十篇。建安二十一年隨曹操征吳，次年春疾疫流行，於道中病卒。傳見《三國志》卷二十一。㊱司馬芝　字之華，河內溫縣（今河南溫縣西南）人，初避亂至荊州，後歸曹操，為菅長，以整治豪強著稱。又為甘陵、沛郡、陽平太守，皆有治績。曹魏初，為河南尹，抑強扶弱，私請不行。魏明帝時，為大司農。傳見《三國志》卷十二。㊲西伯　即周文王。殷商末，周文王為西伯，得到多數諸侯國的擁戴。㊳適　往。㊴長沙　郡名，治所臨湘，在今湖南長沙。㊵丞相士曹屬　官名，丞相府之屬官，為曹操所設置。㊶參丞相軍事　官名，曹操為丞相後，於丞相府設有參軍事一職，以參與軍事謀劃。㊷掾屬　官名，漢代公府有掾有屬，均為公府喉舌。㊸菅　縣名，縣治在今山東章丘西北。

【校　記】①四戰之地　原無此四字。據章鈺校，甲十一行本、乙十一行本皆有此四字，今據補。②孫　原作「子」。張敦仁《通鑑刊本識誤》作「孫」，今據改。按，《三國志》卷二十一〈王粲傳〉載，粲為暢之孫。

【語　譯】曹操進軍江陵，任命劉琮為青州刺史，封為列侯，連同蒯越等，共十五人被封為侯。把韓嵩從監獄裡放出來，曹操待以朋友之禮，讓他品評荊州人士的優劣，都加以提拔任用。以韓嵩為大鴻臚，蒯越為光祿勳，劉先為尚書，鄧義為侍中。

劉琮的大將南陽人文聘駐軍在外，劉琮投降的時候，召呼文聘，想和他一起歸降。文聘說：「我文聘不能保全荊州，應當等待處置！」曹操渡過漢水，文聘才去拜見曹操。曹操說：「你為什麼這麼晚才來？」文聘說：「以前我未能輔佐劉表侍奉朝廷，劉表雖然去世，我常常希望駐守漢川，保衛荊州疆土，活著不辜負孤弱的劉琮，死了也無愧於地下的劉表。但是決策權不在我，以至於此，心裡確實悲傷羞愧，沒有臉面早來拜見。」於是哀泣流淚。曹操也為之愴然，稱呼他的表字，說：「仲業，你真是個忠臣。」對他厚禮相待，讓他統領原來的部眾，任命他為江夏太守。

起初，袁紹在冀州時，派使者迎請汝南郡的士大夫。西平人和洽認為：「冀州地勢平坦，百姓強悍，利於英雄豪傑的角逐，是四面可以作戰的地方，不如荊州地勢險要，百姓柔弱，容易依靠。」於是追隨劉表，劉表待為上賓。和洽說：「我之所以不追隨袁紹，是為了避開兵家必爭之地。亂世昏君，不可親近，久留不去，讒言將起。」於是和洽南往武陵。劉表徵召南陽人劉望之為從事，而他的兩個朋友都因遭到讒言誹謗被劉表殺害，劉望之又因為直言正諫，與劉表不合，棄官回鄉。劉望之的弟弟劉廙對劉望之說：「趙簡子殺了竇鳴犢，孔子中途調轉車頭。如今兄長你既不能效法柳下惠在國內隨世浮沉，就應該學習范蠡遷徙亂世之外，你卻坐家自絕於時事，大概不行吧。」劉望之不聽，不久就被殺害，劉廙投奔揚州。南陽人韓暨逃避袁術的徵召，遷居到山都山。劉表又徵召他，於是逃居孱陵，劉表對他甚為痛恨。韓暨懼怕，接受了徵召，被任命為宜城縣長。河東人裴潛也得到劉表的禮遇敬重，裴潛私下對王暢的孫子王粲和河內人司馬芝說：「劉表不是霸王之才，卻想以周文王自居，他不久就會失敗！」於是南往長沙。此時，曹操任命韓暨為丞相士曹屬，裴潛參丞相軍事，和洽、劉廙、王粲都為掾屬，司馬芝為菅縣令，以此順應民心。

冬，十月癸未朔[1]，日有食之。

初，魯肅聞劉表卒，言於孫權曰：「荊州與國鄰接，江山險固，沃野萬里，士民殷富，若據而有之，此帝王之資也。今劉表新亡，二子[2]不協，軍中諸將，各有彼此[3]。劉備天下梟雄[4]，與操有隙[5]，寄寓於表，表惡[6]其能而不能用也。若備與彼協心，上下齊同，則宜撫安，與結盟好；如有離違[7]，宜別圖之，以濟大事。肅請得奉命弔[8]表二子，并慰勞其軍中用事者[9]，及說備使撫表眾，同心一意，共治[10]曹操，備必喜而從命。如其克諧[11]，天下可定也。今不速往，恐為操所先。」權即遣肅行。

到夏口，聞操已向荊州，晨夜兼道[12]。比[13]至南郡[14]，而琮已降，備南走。肅徑迎之，與備會於當陽長坂。肅宣權旨，論天下事勢，致殷勤[15]之意，且問備曰：「豫州[16]今欲何至？」備曰：「與蒼梧[17]太守吳巨有舊，欲往投之。」肅曰：「孫討虜[18]聰明仁惠，敬賢禮士，江表英豪咸歸附之，已據有六郡，兵精糧多，足以立事。今為君計，莫若遣腹心自結於東，以共濟世業[19]。而欲投吳巨，巨是凡人，偏在遠郡，行將為人所併，豈足託乎！」備甚悅。肅又謂諸葛亮曰：「我，子瑜[20]友也。」即共定交。子瑜者，亮兄瑾也，避亂江東，為孫權長史。備用肅計，進住[21]鄂縣[22]之樊口[23]。

曹操自江陵將順江東下。諸葛亮謂劉備曰：「事急矣，請奉命求救於孫將軍。」遂與魯肅俱詣孫權。亮見權於柴桑㉔，說權曰：「海內大亂，將軍起兵江東，劉豫州收眾漢南，與曹操共爭天下。今操芟夷㉕大難㉖，略已平矣，遂破荊州，威震四海。英雄無用武之地，故豫州遁逃至此。願將軍量力而處之，若能以吳、越之眾與中國抗衡，不如早與之絕；若不能，何不按兵束甲，北面而事之㉗。今將軍外託服從之名，而內懷猶豫之計，事急而不斷，禍至無日矣。」權曰：「苟如君言，劉豫州何不遂事之乎？」亮曰：「田橫㉘，齊之壯士耳，猶守義不辱，況劉豫州王室之冑㉙，英才蓋世，眾士慕仰，若水之歸海。若事之不濟㉚，此乃天也，安能復為之下乎！」權勃然㉛曰：「吾不能舉全吳之地，十萬之眾，受制於人。吾計決矣！非劉豫州莫可以當曹操者。然豫州新敗之後，安能抗此難乎？」亮曰：「豫州軍雖敗於長坂，今戰士還者及關羽水軍精甲萬人，劉琦合江夏戰士亦不下萬人。曹操之眾，遠來疲敝，聞追豫州，輕騎一日一夜行三百餘里，此所謂『強弩之末，勢不能穿魯縞㉜』者也。故兵法忌之，曰『必蹶上將軍㉝』。且北方之人，不習水戰；又荊州之民附操者，偪兵勢耳，非心服也。今將軍誠能命猛將統兵數萬，與豫州協規同力，破操軍必矣。操軍破，必北還，如此，則荊、吳㉞之勢強，鼎足之形成矣。成敗之機，在於今日！」權大悅，與其羣下謀之。

是時，曹操遺㉟權書曰：「近者奉辭伐罪㊱，旌麾㊲南指，劉琮束手㊳。今治水軍八十萬眾，方與將軍會獵㊴於吳。」權以示羣[1]下，莫不響震㊵失色。長史㊶張昭等曰：「曹公，豺虎也，挾天子以征四方，動以朝廷為辭，今日拒之，事更不順。且將軍大勢可以拒操者，長江也，今操得荊州，奄㊷有其地，劉表治水軍，蒙衝鬭艦㊸乃以千數，操悉浮以沿江，兼有步兵，水陸俱下，此為長江之險已與我共之矣，而勢力眾寡又不可論，愚謂大計不如迎之。」魯肅獨不言。權起更衣㊹，肅追於宇下㊺。權知其意，執肅手曰：「卿欲何言？」肅曰：「向㊻察眾人之議，專欲誤將軍，不足與圖大事。今肅可迎操耳，如將軍不可也。何以言之？今肅迎操，操當以肅還付鄉黨㊼，品㊽其名位，猶不失下曹從事㊾，乘犢車㊿，從吏卒(51)，交游士林(52)，累官(53)故不失州郡也。將軍迎操，欲安所歸(54)乎？願早定大計，莫用眾人之議也。」權歎息曰：「諸人持議，甚失孤望。今卿廓開(55)大計，正與孤同。」

【章旨】以上為第八段，寫魯肅與諸葛亮定計，以結盟說孫權，曹操東下逼使孫權下決心，推動了孫劉結盟。

【注釋】❶癸未朔　十月初一日。❷二子　指劉琦、劉琮。❸各有彼此　謂諸將中有的支持劉琦，有的擁護劉琮。❹梟雄　驍悍雄傑的人物。❺與操有隙　指劉備曾與董承等合謀誅曹操而未成。❻惡　嫉恨。❼離違　背離；離心離德。❽弔　慰問喪家。❾用事者　當權者。❿治　對付。⓫克諧　能協調好。⓬兼道　兼程。⓭比　及。⓮南郡　郡名，治所江陵，在今湖北江陵。⓯殷勤　親切的情意。⓰豫州　指代劉備。因劉備曾為豫州牧。⓱蒼梧　郡名，治所廣信，在今廣西梧州。⓲孫討虜　指孫權。孫權為討虜將軍。⓳世業　猶言大業、大事。⓴子瑜　諸葛瑾（西元一七四—二四一年），字子瑜，琅邪陽都（今山東沂南縣南）人，諸葛亮之兄。因避亂至江東，為孫權所禮遇，任孫權長史，後為綏南將軍，代呂蒙領南郡太守，又為左將軍，封宛陵侯。孫權稱帝後，為大將軍。傳見《三國志》卷五十二。㉑住　駐紮。㉒鄂縣　縣治在今湖北鄂州。㉓樊口在鄂州西，與黃岡隔江相對。㉔柴桑　縣名，縣治在今江西九江市西南。㉕芟夷　削除。㉖大難　指袁術、呂布、袁紹等勢力。㉗北面而事之　指投降曹操，向他稱臣。㉘田橫　戰國末齊國的宗室。楚漢相爭時，自立為齊王。漢滅楚後，田橫率領五百人逃入海島。漢高帝劉邦使人召他，說：「田橫來，大者王，小者乃侯耳。不來，且舉兵加誅焉。」田橫乃與其客二人共赴洛陽。將至，對其客說：「橫始與漢王俱南面稱孤，今漢王為天子，而橫乃為亡虜而北面事之，其恥固已甚矣。」遂自殺。事見《史記・田儋列傳》。㉙胄　後代。㉚濟　成功。㉛勃然　發怒變色。㉜強弩之末二句　古人常語。《史記・韓長孺列傳》：「彊弩極矢不能穿魯縞。」《漢書・韓安國傳》：「彊弩之末，力不能入魯縞。」魯縞，魯地所產的素絹，以輕薄著稱。㉝必蹶上將軍　《孫子・軍爭》：「五十里而爭利，則蹶上將軍。」蹶，挫敗。㉞荊吳　荊指劉備，吳指孫權。㉟遺　送。㊱奉辭伐罪　謂奉朝廷之命，討伐有罪之人。㊲旌麾　帥旗。㊳束手　謂投降。㊴會獵　會合打獵。戰爭的喻語。㊵響震　謂如聽巨響而震驚。㊶長史　官名，將軍屬官，總理將軍幕府事。㊷奄　通「掩」。覆蓋，此謂佔據。㊸鬬艦　古代戰船。其船上設有高三尺左右的擋牆，擋牆下開掣棹孔。船內五尺，又建棚，與擋牆齊。棚上又建擋牆，上無覆背，前後左右立牙旗、幡幟、金鼓。㊹更衣　上廁所。古代帝王換衣休息處備有廁所，賓主入廁，即託言更衣。㊺宇下　屋簷下。㊻向　先前。㊼鄉黨　鄉里；家鄉。㊽品　評定。東漢時選拔人才，多由鄉里評定其高下。㊾下曹從事　諸曹從事史中之最下者。㊿犢車　牛車。東漢末，皇帝及士大夫常乘牛車。(51)從吏卒　跟隨吏卒。(52)士林　文士階層。(53)累官　積功升官。(54)欲安所歸　想要得到什麼結局。歸，歸宿；結局。(55)廓開　闡述。

【校記】①羣　原作「臣」。據章鈺校，甲十一行本、乙十一行本、孔天胤本皆作「羣」，今據改。

【語譯】冬，十月初一日癸未，發生日蝕。

起初，魯肅得知劉表死了，向孫權進言說：「荊州和我們的國土相鄰接，山川險固，沃野萬里，官民富足，如果我們佔有它，這是成就帝王大業的資本。如今劉表剛死，兩個兒子不和睦，軍中各位將領，分別擁護劉琮或劉琦。劉備是天下的英雄，與曹操有怨仇，寄居在劉表那裡，劉表忌恨劉備的才幹，所以不重用他。如果劉備與劉氏兄弟同心協力，上下一致，就應當去安撫，與他們結成盟友；如果他們離心離德，應當另想辦法消滅他們，來成就大業。我請求奉命去向劉表的兩個兒子弔喪，並慰問他們軍中的主管將領，並說服劉備讓他安撫劉表的部眾，同心同意，共同對付曹操，劉備一定樂於從命。如果事情能協調好，天下可以平定了。現在不趕快去，恐怕被曹操搶先。」孫權立刻派魯肅出行。

魯肅到了夏口，聽說曹操已向荊州進兵，便晝夜兼程。等到達南郡，劉琮已經投降，劉備向南逃走。魯肅逕直迎向劉備，與劉備在當陽長坂相會。魯肅說明孫權的意圖，論述天下形勢，對劉備殷勤致意，並且問劉備：「豫州現在準備去哪裡？」劉備說：「我和蒼梧太守吳巨是老交情，打算去投靠他。」魯肅說：「孫討虜聰明仁惠，敬重賢才禮遇士人，江東的英雄豪傑都歸附他，現已據有六郡，兵精糧多，足以建立大業。眼下為您著想，不如派親信去與江東結交，一起成就大業。而您想投靠的吳巨，他只是一個普通人，地處偏遠的邊郡，即將被人吞併，哪裡足以託身呢！」劉備聽後很高興。魯肅又對諸葛亮說：「我是諸葛子瑜的朋友。」兩人於是定交。子瑜是諸葛亮的哥哥諸葛瑾，避亂江東，任孫權的長史。劉備採用魯肅的計議，駐軍鄂縣的樊口。

曹操從江陵將要順長江東下。諸葛亮對劉備說：「情況緊急，我請求奉您之命向孫將軍求救。」諸葛亮於是和魯肅一起到孫權那裡。諸葛亮在柴桑拜見孫權，勸孫權說：「天下大亂，將軍在江東起兵，劉豫州在漢南聚眾，與曹操共同爭奪天下。如今曹操在北方平定大難，大致已經平定，隨即又攻下荊州，威震四海。致使英雄無用武之地，故而劉豫州逃到這裡。希望將軍估計自己的力量作出選擇，如果吳、越的部眾能與中原抗衡，那就不如早點與曹操斷絕關係；如果不能，何不解除武裝，北面稱臣。現在將軍表面上假託服從朝廷之名，內心卻首鼠兩端，情況緊急而不決斷，大禍就不日而至了。」孫權說：「如果真像你說的那樣，劉豫州為什麼不向曹操稱臣呢？」諸葛亮說：「田橫，只不過是齊國的壯士罷了，尚且堅守節義不受屈辱，何況劉豫州是王室的後裔，且英才蓋世，眾士仰慕，如同流水歸向大海。如果事業不能成功，這是天意，怎麼能屈居曹操之下呢！」孫權勃然大怒說：「我不能拿全吳的土地，十萬兵眾，受制於他人。我的決心已經下定！除了劉豫州沒有能抵擋曹操的人。可是劉豫州剛剛失敗，哪有能力抵抗這場災難呢？」諸葛亮說：「劉豫州的軍隊雖然在長坂戰敗，但現在回歸的兵士加上關羽的水軍仍有精兵一萬人，劉琦聚集江夏的兵士也不下一萬人。曹操的部眾，遠道而來，已疲敝不堪，聽說為追擊劉豫州，輕騎兵一日一夜行軍三百多里，這正是所謂『強弩之末，穿不透魯地的素絹』。所以《兵法》忌諱，說『必定會讓上將軍遭挫敗』。而且北方人不習水戰；還有荊州的民眾之所以歸附曹操，是被武力所逼迫罷了，不是真心服從。現在將軍如能命猛將統兵數萬，與劉豫州同心協力，一定能打敗曹軍。曹軍被打敗，必定退回北方，如果這樣，荊、吳的勢力就強大起來，三足鼎立的形勢便形成了。成敗的關鍵，就在今天！」孫權非常高興，就和他的部屬謀議此事。

這時，曹操派人送信給孫權，說：「近來奉天子之命討伐叛逆，帥旗指向南面，劉琮束手投降。現在訓練水軍八十萬之眾，將和將軍在吳地會獵。」孫權把信拿給群臣看，個個如同驚雷轟頂，臉色大變。長史張昭等說：「曹公是豺狼虎豹，挾天子征討四方，動不動就說是朝廷的旨意，現在抵抗他，事情就更加名不正而行不順。況且將軍用來抵抗曹操最有利的地形就是長江，現在曹操得到荊州，佔領了這塊地方，劉表訓練的水軍，蒙衝戰艦就數以千計，曹操調動全部戰船順江東下，加上步兵，水陸並進，這樣，所謂長江天險，曹操已和我們共有了，而且兵力的眾寡又不能相提並論，我們以為最好的辦法是迎降曹操。」只有魯肅一言不發。孫權起身上廁所，魯肅追趕到屋簷下，孫權知道他的用意，就握著魯肅的手說：「你想說什麼？」魯肅說：「剛才我考察了一下眾人的言論，純粹是誤導將軍，這些人不足以共謀大事。現在我魯肅可以迎降曹操，像將軍這種身分的人就不行。為什麼這麼說呢？現在我魯肅迎降曹操，曹操會把我交還鄉里，評定我的名聲和地位，至少還可以當一個下曹從事，可以乘坐牛車，有吏卒跟隨，交結名流賢士，一步一步還能升至州郡的長官。將軍迎降曹操，想歸身何處呢？希望早點確定大計，切莫聽從眾人的議論。」孫權感歎地說：「那些人的議論，讓我太失望，現在你闡述的大計，正與我的想法相同。」

時周瑜受使至番陽❶，肅勸權召瑜還。瑜至，謂權曰：「操雖託名漢相，其實漢賊也。將軍以神武雄才，兼仗父兄之烈❷，割據江東，地方數千里，兵精足用，英雄樂業❸，當橫行天下，為漢家除殘去穢❹；況操自送死，而可迎之邪！請為將軍籌之，今北土未平，馬超、韓遂尚在關西❺，為操後患。而操舍鞍馬，仗❻舟楫❼，與吳、越爭衡；今又[1]盛寒，馬無藁草❽；驅中國❾士眾遠涉江湖之間，不習水土，必生疾病。此數者用兵之患❿也，而操皆冒行之。將軍禽操，宜在今日。瑜請得精兵數萬人，進住夏口，保為將軍破之。」權曰：「老賊欲廢漢自立久矣，徒忌⓫二袁⓬、呂布、劉表與孤耳。今數雄已滅，惟孤尚存。孤與老賊勢不兩立，君言當擊，甚與孤合，此天以君授孤也。」因拔刀斫⓭前奏案⓮，曰：「諸將吏敢復有言當迎操者，與此案同！」乃罷會。

是夜，瑜復見權，曰：「諸人徒見操書言水步八十萬而各恐懾⓯，不復料其虛實，便開⓰此議⓱，甚無謂⓲也。今以實校之，彼所將中國人不過十五六萬，且已久疲，所得表眾亦極⓳七八萬耳，尚懷狐疑⓴。夫以疲病之卒御狐疑之眾，眾數雖多，甚未足畏。瑜得精兵五萬，自足制之，願將軍勿慮。」權撫㉑其背曰：「公瑾，卿言至此，甚合孤心。子布㉒、元表㉓諸人，各顧妻子，挾持私慮，深失所望。獨卿與子敬㉔與孤同耳，此天以卿二人贊㉕孤也。五萬兵難卒合㉖，已選三萬人，船糧戰具俱辦。卿與子敬、程公㉗便在前發，孤當續發人眾，多載資糧，為卿後援。卿能辦之者誠決㉘，邂逅不如意㉙，便還就孤，孤當與孟德決㉚之。」遂以周瑜、程普為左右督㉛，將兵與備并力逆操，以魯肅為贊軍校尉㉜，助畫方略。

劉備在樊口，日㉝遣邏吏㉞於水次㉟候望權軍。吏望見瑜船，馳往白備，備遣人慰勞之。瑜曰：「有軍任，不可得㊱委署㊲，儻能屈威㊳，誠副其所望。」備乃乘單舸㊴往見瑜，問[2]曰：「今拒曹公，深為得計。戰卒有幾？」瑜曰：「三萬人。」備曰：「恨少。」瑜曰：「此自足用，豫州但觀瑜破之。」備欲呼魯肅等共會語，瑜曰：「受命不得妄委署，若欲見子敬，可別過之。」備深愧喜㊵。

進，與操遇於赤壁㊶。

【章　旨】以上為第九段，寫孫權大將周瑜主戰，分析曹軍虛實，堅定了孫權抗擊曹操的決心。雙方相遇於赤壁。

【注　釋】❶番陽　縣名，縣治在今江西鄱陽東。❷烈　功業。❸樂業　樂於建功立業。❹除殘去穢　謂誅除兇惡奸邪之人。即指誅除曹操。❺關西　地區名，指函谷關以西之地。❻仗　依憑。❼舟楫　船隻。❽藁草　餵馬的飼草。❾中國　指中原。

⑩患　此處指忌諱、大忌。⑪徒忌　只畏懼。⑫二袁　指袁紹、袁術。⑬斫　砍。⑭奏案　批閱奏章的几案。⑮恐慴　恐懼。⑯開　謂陳說、提出。⑰此議　指投降曹操之議。⑱無謂　沒有道理。⑲極　最多。⑳狐疑　猶豫不決。此指劉表的軍隊是被迫而降，並非真心擁護曹操，故有猶豫觀望之心，不會出力死戰。㉑撫　以手輕按。㉒子布　張昭字子布。㉓元表　《三國志·吳書·周瑜傳》裴松之注引《江表傳》作「文表」，當是。秦松字文表。㉔子敬　魯肅字子敬。㉕贊　輔佐；幫助。㉖卒合　很快結集。卒，通「猝」。很快。㉗程公　程普。當時江東諸將中程普年最長，人們皆稱之為程公。㉘能辦之者誠決　謂能抵抗住曹操，誠然是決戰之機。㉙邂逅不如意　如果碰上不如意的情況（即失敗）。㉚決　決戰。㉛督　統兵大將。㉜贊軍校尉　官名，孫權設置的參謀軍事之官。㉝日　謂每天。㉞邏吏　巡邏官吏。㉟水次　水邊。㊱不可得　不可能。㊲委署　委棄職守，猶言擅離職守。㊳屈威　謂委屈尊嚴前來相見。㊴單舸　單獨一艘船。㊵備深愧喜　指劉備為呼魯肅之不恰當而深感慚愧，又為周瑜之軍紀嚴明而甚喜悅。㊶赤壁　山名，在江漢流域一帶，可以稱為赤壁者有五處，但曾為古戰場之赤壁在何處，古今聚訟紛紜。大體說來有三種不同意見：一是根據《括地志》、《通典》、《元和郡縣志》等，認為赤壁在湖北蒲圻，與烏林隔江相對（又有說在嘉魚者，其實均指一地，因兩縣政區常有變化。赤壁屬嘉魚時，在縣城西南；屬蒲圻時，在縣城西北。二十世紀五十年代以來，赤壁即屬蒲圻縣）。二是根據《水經注》，認為赤壁即武昌西南的赤磯山。三是近來有力主黃州說者，他們根據蘇東坡所說的黃州赤壁，再證以其他記載，認為赤壁即黃州之赤鼻山。但結合當時戰況來看，赤壁在今湖北蒲圻西北之說較為可信。

【校　記】1今又　據章鈺校，甲十一行本、乙十一行本二字皆互乙。2問　原無此字。據章鈺校，甲十一行本、乙十一行本、孔天胤本皆有此字，今據補。

【語　譯】這時周瑜受派來到番陽，魯肅勸孫權召周瑜回來。周瑜回來後，對孫權說：「曹操雖然名義上是漢朝宰相，實際是漢室的竊國大盜。將軍憑著神武雄才，再依憑父兄的基業，割據江東，縱橫數千里，兵精足以夠用，英雄豪傑樂於建功立業，應當橫掃天下，為漢朝除殘去穢，況且曹操自來送死，怎麼可以迎降他呢！請讓我為將軍籌劃一下吧，現在北方境內還未平定，馬超、韓遂尚在關西，這是曹操的後患。而曹操拋開騎兵，依仗水軍，跟吳、越人一爭高下；眼下正是寒冬，戰馬沒有草料；驅趕中原的士兵遠赴南方的江湖之間，水土不服，一定會生病。這幾方面都是用兵的大忌，而曹操都冒險行事。將軍擒獲曹操，應該就在今天。我請求統領數萬精兵，進駐夏口，保證為將軍打敗曹軍。」孫權說：「老賊想廢漢自立已經很久了，只是顧忌袁氏兄弟、呂布、劉表和我罷了。如今那幾位英雄已被殲滅，只有我還在。我和老賊勢不兩立，你說應當迎擊，同我的心意完全相合，這是上天把你賜給我啊。」孫權乘勢拔出佩刀砍向面前的几案，大聲說：「各將官敢有再說應當迎降曹操的，跟這張几案一樣！」於是散會。

當天夜晚，周瑜又見孫權，說：「諸位只是看到曹操信中說擁有水軍步兵八十萬而自相恐嚇，不再去分辨它的虛實，就提出迎降曹操這一建議，實在是沒有道理。現在據實核對，曹操率領的中原士兵不過十五六萬，而且已經很疲困，所得到劉表的部眾最多也就七八萬人，而且還都心存疑慮。用疲憊的兵眾去控制疑慮的部眾，人數雖然眾多，也不值得害怕。我周瑜只要得到精兵五萬，就足夠制服敵人，請將軍不必憂慮。」孫權拍著周瑜的背說：「公瑾，你說到這裡，很合我的心意。張昭、秦松諸人，各自顧眷妻子兒女，懷有私心，讓人大失所望。只有你和魯肅與我同心，這是上天派你們二人來幫助我。五萬名兵士難以一時聚結，我已經挑選了三萬人，船隻、糧食、武器裝備都備齊了。你和魯肅、程普在前出發，我將繼續調發人馬，多運輜重糧草，作為你的後援。你能抵抗住曹操，誠然是決勝之機，如果出現不如意的情況，就回到我這裡，我將跟曹操決一雌雄。」於是孫權任命周瑜、程普為左右督，率兵與劉備合力迎擊曹操，任命魯肅為贊軍校尉，幫助制定戰略方案。

劉備駐屯樊口，每天派巡邏兵到江邊眺望，等候孫權的軍隊。巡邏兵看到了周瑜的船隊，飛馳回營報告劉備，劉備派人慰勞周瑜。周瑜說：「我軍務在身，不能離開，倘若劉豫州能屈駕光臨，誠然是我所希望的。」劉備於是乘一艘小船去見周瑜，問道：「如今抵抗曹公，是很正確的決策。你有多少戰士？」周瑜說：「三萬人。」劉備說：「可惜少了點。」周瑜說：「已足夠用了，劉豫州你就看我如何打敗曹軍吧。」劉備想叫來魯肅等共同商議，周瑜說：「他有軍務在身不能擅離職守，如果想見他，你可以另找時間去拜訪他。」劉備聽了這話深感慚愧又為之高興。

周瑜進軍，與曹操在赤壁相遇。

時操軍眾已有疾疫，初一交戰，操軍不利，引次❶江北。瑜等在南岸，瑜部將黃蓋曰：「今寇眾我寡，難與持久。操軍方連船艦，首尾相接，可燒而走❷也。」乃取蒙衝鬬艦十艘，載燥荻❸枯柴，灌油其中，裹以帷幕，上建旌旗，豫備走舸❹，繫於其尾。先以書遺❺操，詐云欲降。時東南風急，蓋以十艦最著前，中江舉帆，餘船以次俱進。操軍吏士皆出營立觀，指言蓋降。去北軍二里餘，同時發火。火烈風猛，船往如箭，燒盡北船，延及岸上營落❻。頃之❼，煙炎❽張天❾，人馬燒溺死者甚眾。瑜等率輕銳繼其後，雷❿鼓大震[1]，北軍大壞⓫。操引軍從華容道⓬步走，遇泥濘⓭，道不通，天又大風，悉使羸兵⓮負草填之，騎乃得過。羸兵為人馬所蹈藉⓯，陷泥中，死者甚眾。劉備、周瑜水陸並進，追操至南郡。時操軍兼以饑疫，死者太半。操乃留征南將軍⓰曹仁、橫野將軍⓱徐晃守江陵，折衝將軍⓲樂進守襄陽，引軍北還。

周瑜、程普將數萬眾，與曹仁隔江未戰。甘寧請先徑進取夷陵⓳。往，即得其城，因入守之。益州將襲肅舉軍降，周瑜表以肅兵益橫野中郎將⓴呂蒙。蒙盛稱「肅有膽用，且慕化遠來，於義宜益，不宜奪也。」權善其言，還肅兵。曹仁遣兵圍甘寧，寧困急，求救於周瑜。諸將以為兵少不足分，呂蒙謂周瑜、程普曰：

「留凌公績㉑於江陵，蒙與君行，解圍釋急，勢亦不久，蒙保公績能十日守也。」瑜從之，大破仁兵於夷陵，獲馬三百匹而還。於是將士形勢自倍，瑜乃渡江，屯北岸，與仁相拒。

十二月，孫權自將圍合肥㉒。使張昭攻九江之當塗㉓，不克。

劉備表劉琦為荊州刺史，引兵南徇㉔四郡，武陵太守金旋、長沙太守韓玄、桂陽㉕太守趙範、零陵㉖太守劉度皆降。廬江㉗營帥㉘雷緒率部曲數萬口歸備。備以諸葛亮為軍師中郎將㉙，使督零陵、桂陽、長沙三郡，調其賦稅以充軍實。以偏將軍趙雲領㉚桂陽太守。

益州牧劉璋㉛聞曹操克荊州，遣別駕張松㉜致敬於操。松為人短小㉝放蕩㉞，然識達㉟精果㊱。操時已定荊州，走㊲劉備，不復存錄㊳松。主簿楊脩㊴白操辟松，操不納。松以此怨，歸，勸劉璋絕操，與劉備相結，璋從之。

習鑿齒論曰：「昔齊桓一矜其功而叛者九國㊵，曹操暫自驕伐㊶而天下三分，皆勤之於數十年之內而棄之於俯仰之頃㊷，豈不惜乎！」

【章旨】以上為第十段，寫赤壁之戰，曹操戰敗北還，荊州三分，曹孫劉各佔其一，因此三分天下的序幕，由此拉開。

【注　釋】❶次　停駐。❷走　謂使曹軍逃走。❸荻　與蘆葦相似的一種草本植物。❹走舸　一種輕快戰船。船邊有擋牆，以防敵人兵器，還設有金鼓旗幟。船中划船者多，戰士少，往返極迅速。❺遺　贈與。❻營落　軍營。❼頃之　不久。❽炎通「焰」。火光。❾張天　滿天。張，布滿；彌漫。❿雷　通「擂」。敲擊。⓫壞　敗。⓬華容道　從此道可至華容縣。華容縣治所在今湖北監利。⓭泥濘　淤積的爛泥。⓮羸兵　疲弱之兵。⓯蹈藉　踐踏。⓰征南將軍　官名，漢代將軍名號之一。在漢代，征東、征西、征南、征北諸將軍與雜號將軍同，曹魏以後，則四者為上。⓱橫野將軍　官名，東漢之雜號將軍。⓲折衝將軍　官名，屬雜號將軍，始置於此時。⓳夷陵　縣名，縣治在今湖北宜昌東南。⓴橫野中郎將　官名，橫野本為將軍之號，因呂蒙的資歷尚淺，故低一等，為中郎將。㉑淩公績　淩統字公績。㉒合肥　縣名，縣治在今安徽合肥。曹操所置揚州刺史的治所即在合肥，而當時已移至壽春。㉓當塗　縣名，縣治在今安徽懷遠東南。㉔徇　奪取；攻佔。㉕桂陽　郡名，治所郴縣，在今湖南郴州。㉖零陵　郡名，治所泉陵，在今湖南零陵。㉗廬江　郡名，治所本在舒縣，在今安徽廬江縣西南。建安四年劉勳移治所於皖縣，在今安徽潛山縣。㉘營帥　當地武裝集團的首領。㉙軍師中郎將　官名，當時由於軍事的需要，曹操已設置軍師祭酒，現劉備又設置軍師中郎將。但軍師祭酒只參謀軍事，不掌兵權，而軍師中郎將卻握兵權。㉚領　兼任。㉛劉璋　（？—西元二一九年）字季玉，江夏竟陵（今湖北潛江縣西北）人，繼其父劉焉為益州牧。建安十六年迎劉備入蜀，使擊張魯。而劉備卻回軍成都，璋開城出降，被安置於南郡公安（今湖北公安西北）。建安二十四年孫權奪取荊州，又以他為益州牧，駐秭歸（今湖北秭歸），不久病卒。傳見《三國志》卷三十一。㉜張松　蜀郡（治今四川成都）人，益州別駕從事。說璋迎劉備入蜀擊張魯，又助備取成都，被其兄所害。㉝短小　矮小。㉞放蕩　恣意放任，沒有檢束。㉟識達　見識通達。㊱精果　精明果斷。㊲走　趕走。㊳存錄　關心錄用。㊴楊脩　（西元一七五—二一九年）字德祖，弘農華陰（今陝西華陰東）人，楊彪之子。好學多才，為曹操丞相主簿。自魏太子以下，並爭與交好，而脩特與曹植親善。後曹操忌其才，又以其為袁術之甥，恐為後患，便藉故殺了他。傳見《後漢書》卷五十四、《三國志·魏書·陳思王植傳》與裴松之注引《典略》。㊵齊桓一矜其功而叛者九國　西元前六五一年齊桓公大會諸侯於葵丘（今河南蘭考東），《公羊傳》僖公十一年說，齊桓公在盟會上矜誇其功，於是諸侯「叛者九國」。㊶驕伐　高傲自誇。㊷俯仰之頃　霎時之間。言其時間極短。

【校　記】1震　據章鈺校，甲十一行本、乙十一行本、孔天胤本皆作「進」。

【語　譯】當時曹操的兵眾已發生了疾病，剛一開戰，曹軍失利，退軍停駐江北。周瑜駐軍江南，周瑜的部將黃蓋說：「如今敵眾我寡，難以持久。曹軍正在把船艦連在一起，首尾相接，可用火攻打跑它。」於是調取蒙衝戰艦十艘，載著乾荻和枯柴，把油灌在裡面，外面裹上帷幕，插上旌旗，預備好快船，繫在戰艦船尾。黃蓋先寫信給曹操，謊稱想投降。這時東南風勁吹，黃蓋指揮十艘蒙衝艦行駛在最前面，到江心升起風帆，其餘的船依次前行。曹軍官兵都出營站立觀看，用手指著來船說是黃蓋來投降。距江北曹軍二里多路時，同時點火，火烈風猛，船行如箭，燒光了北面的敵船，大火一直延燒到岸上的軍營。頃刻之間，火光滿天，人馬被燒死淹死的很多，周瑜等率領輕裝精銳部隊緊跟其後，鼓聲震天，曹軍大敗。曹操率軍從華容道徒步逃走，遇上道路泥濘，道路不通，這時天上又颳起了大風，曹操命令疲弱兵卒背草墊路，騎兵才得以通過。疲弱兵卒被人馬踐踏，陷入泥潭中，很多人死去。劉備、周瑜水陸並進，追擊曹操直到南郡。這時曹軍又餓又病，死人過半。曹操就留下征南將軍曹仁、橫野將軍徐晃守衛江陵，折衝將軍樂進駐守襄陽，自己率軍回到北方。

周瑜、程普率領數萬部眾，與曹仁隔江對峙，還沒有開戰。甘寧請求先直接進軍夷陵。於是他率軍前往，立即攻下夷陵城，便進城防守。益州將領襲肅率軍來降，周瑜上表把襲肅的部眾增加給橫野中郎將呂蒙。呂蒙稱讚「襲肅有膽識，況且又是仰慕歸化遠道來降，按道義應增加他的部眾，不應剝奪他的部眾。」孫權認為呂蒙的話說得好，歸還襲肅的部眾。曹仁派軍包圍甘寧，甘寧被圍困，形勢危急，向周瑜求救。各將領認為兵員太少不夠分派增援，呂蒙對周瑜、程普說：「把淩統留在江陵，我與你們同去，解圍救急，這種情勢不須多長時間，我保證淩統能堅守十天。」周瑜聽從了呂蒙的建議，在夷陵大敗曹仁的軍隊，繳獲戰馬三百匹後回師。於是將士士氣倍增，周瑜便渡過長江，駐軍北岸，與曹仁對峙。

十二月，孫權親自率兵包圍了合肥。派張昭進攻九江的當塗，沒能攻下。

劉備上表推舉劉琦為荊州刺史，帶兵向南攻取四郡，武陵太守金旋、長沙太守韓玄、桂陽太守趙範、零陵太守劉度全都投降。廬江營帥雷緒率領部眾數萬人歸順劉備。劉備任命諸葛亮為軍師中郎將，讓他督領零陵、桂陽、長沙三郡，徵調三郡的賦稅用來充實軍備。委派偏將軍趙雲兼任桂陽太守。

益州牧劉璋聽說曹操攻下荊州，派別駕張松向曹操致意。張松身材矮小，行為放浪，但見識通達、精明果斷。曹操當時已平定荊州，趕走了劉備，不再關心對張松的錄用。主簿楊脩勸曹操徵用張松，曹操沒有採納。張松因此心生怨恨，回到成都，就勸劉璋與曹操斷絕關係，與劉備結成同盟，劉璋聽從了。

習鑿齒評論說：「從前齊桓公一時誇耀功勞而九國叛離，曹操頃刻驕傲自誇而天下三分，都是幾十年辛勤經營的大業而毀棄於旦夕之間，豈不可惜！」

曹操追念田疇功，恨前聽其讓，曰：「是成一人之志，而虧王法大制也。」乃復以前爵封疇❶。疇上疏陳誠，以死自誓。操不聽，欲引拜之，至于數四❷，終不受。有司❸劾疇❹：「狷介❺違道❻，苟立小節，宜免官加刑。」操下世子❼及大臣博議❽。世子丕以「疇同於子文辭祿❾，申胥逃賞❿，宜勿奪以優其節。」尚書荀彧、司隸校尉鍾繇亦以為可聽。操猶欲侯⓫之。疇素與夏侯惇善，操使惇自以其情喻之⓬。惇就疇宿而勸之。疇揣知其指⓭，不復發言。惇臨去，固邀疇，疇曰：「疇，負義逃竄之人⓮耳，蒙恩全活，為幸多矣，豈可賣盧龍之塞以易賞祿哉！縱⓯國私⓰疇，疇獨不愧於心乎！將軍雅⓱知疇者，猶復如此，若必不得已，請願效死⓲，刎首於前。」言未卒，涕泣橫流。惇具以答操，操喟然⓳，知不可屈，乃拜為議郎⓴。

操幼子倉舒卒，操傷惜之甚。司空掾邴原㉑女早亡，操欲求與倉舒合葬，原辭曰：「嫁殤㉒，非禮㉓也。原之所以自容於明公，公之所以待原者，以能守訓典㉔而不易也。若聽明公之命，則是凡庸也，明公焉以為哉！」操乃止。

孫權使威武中郎將㉕賀齊㉖討丹陽黟㉗、歙㉘賊。黟帥陳僕、祖山等二萬戶屯林歷山㉙，四面壁立，不可得攻，軍住經月。齊陰募輕捷士，於隱險處，夜以鐵戈拓山潛上，縣㉚布以援㉛下人。得上者百餘人，令分布四面，鳴鼓角㉜。賊大驚，守路者皆逆走，還依眾。大軍因是得上，大破之。權乃分其地為新都郡㉝，以齊為太守。

【章　旨】以上為第十一段，寫田疇辭封，邴原守義，孫權鎮撫山越。

【注　釋】❶前爵封疇　指建安十二年曹操欲封田疇為亭侯。❷數四　多次。❸有司　官吏。古代設官分職，事有專司，故稱有司。❹劾疇　彈劾、揭發田疇拒封的罪狀。❺狷介　此謂拘謹自守，不明大義。❻違道　謂違抗封爵是違逆君臣大道。❼世子　諸侯王之嫡子稱世子。此指曹丕。❽博議　由眾多朝臣廷議，廣泛徵求意見。❾子文辭祿　子文，春秋楚人。在楚成王時，子文曾三次為令尹（楚國最高行政長官），卻毫無積蓄，甚至連吃飯都有困難，早上吃了晚上就沒有。楚成王知道後，便每天早上派人給子文送去食物。但楚成王每次給子文的俸祿，子文總是辭而不受。有人就問子文：「人生求富，子逃之，何也?」子文回答說：「從政（當官）者以庇（庇護）人也。人多曠（窮乏）者，而我取富焉。是勤（勞苦）人以自封（封殖）也，死無日矣。我逃死，非逃富也。」事見《後漢書·何敞傳》李賢注引《國語》。❿申胥逃賞　申胥，即申包胥，春秋楚人。吳國伐楚，攻入郢都，楚昭王出奔，申包胥入秦求救。秦哀公不肯出兵，申包胥遂立於秦庭哭泣，七日七夜不絕聲。

秦哀公為之感動，出兵救楚。吳兵退後，楚昭王返還郢都，封賞有功者，申包胥說：「吾為君也，非為身也。」遂逃賞。事見《左傳》定公三、四、五年。⑪侯　用作動詞，封侯。⑫使惇自以其情喻之　謂使夏侯惇從自己友情的角度去勸諭田疇，不要透露是受曹操的差遣。⑬揣知其指　謂田疇揣測知道夏侯惇是受了曹操的差遣。⑭負義逃竄之人　田疇謂自己不能為劉虞報仇而逃入徐無山中。⑮縱　即使。⑯私　偏愛；照顧。⑰雅　一向。⑱效死　以死報效。⑲喟然　感歎貌。⑳議郎　官名，郎官之一種，屬光祿勳，但不入值宿衛，得參與朝政議論。㉑邴原　字根矩，北海朱虛（今山東臨朐東）人，曹操為司空，任原為東閣祭酒，歷官丞相徵事、五官將長史。傳見《三國志》卷十一。㉒殤　人未成年而死稱殤。㉓非禮　謂生時未為配偶，而死後合葬，於禮不合，故稱非禮。㉔訓典　先聖明王之禮制法則。㉕威武中郎將　官名，中郎將為位次將軍的統兵將領。威武為其稱號。㉖賀齊　字公苗，會稽山陰（今浙江紹興）人，孫吳大將，官至後將軍，假節領徐州牧。傳見《三國志》卷六十。㉗黟　縣名，縣治在今安徽黟縣東。㉘歙　縣名，縣治在今安徽歙縣。㉙林歷山　在今黟縣南。㉚縣　「懸」本字。㉛援　拉引。㉜鳴鼓角　擊戰鼓，吹號角。㉝新都郡　孫權從歙縣分出始新、新定、犂陽、休陽四縣，與原歙、黟二縣共六縣，合為新都郡。郡治所在始新縣，在今浙江淳安西。

【語　譯】曹操追念田疇的功勞，後悔以前聽從了田疇的推讓，說：「這是成全了一人的志向，而使國家的法令制度受到損傷。」於是又用以前的爵位冊封田疇。田疇上疏表達自己誠心，發誓寧死不受。曹操不同意，想引薦拜官，以至於往返多次，田疇始終不受。有關部門彈劾田疇說：「田疇拘謹自守，違逆大道，只顧個人小節，應免除官職，加以刑罰。」曹操把這事交付世子和大臣們廣泛討論。世子曹丕認為「田疇的行為，跟從前楚國的子文推辭俸祿，申包胥逃避賞賜一樣，應該不要改變他的志向，表彰他的節操。」尚書荀彧、司隸校尉鍾繇也認為可任其自便。曹操仍想給田疇封侯。田疇一向跟夏侯惇友善，曹操就派夏侯惇去以朋友的角度勸說田疇。夏侯惇到田疇的住處勸說田疇。田疇知道他的來意，不再說話。夏侯惇臨走時，堅請田疇受命，田疇說：「我田疇只是個負義逃難的人罷了，蒙恩保全了性命，已經是很幸運了，怎麼能靠出賣盧龍塞來交換封賞俸祿呢！縱使朝廷偏愛我田疇，難道我就不有愧於心嗎！將軍是一向瞭解我的，還要這樣來逼迫我，如果實在不得已，希望以死相報，在你面前自刎。」話沒說完，已經淚流滿面。夏侯惇把情況如實報告曹操，曹操喟然慨歎，知道田疇不會屈從，於是任命他為議郎。

曹操的小兒子曹倉舒死了，曹操非常痛心。司空掾邴原的女兒早逝，曹操想請求把她與倉舒合葬。邴原拒絕說：「冥婚合葬，不合禮制。我邴原之所以能為明公所容，明公之所以厚待我邴原，是因為我能遵守古訓聖典而不改變。如果聽從明公的命令，那麼就是凡夫俗子了，明公您為什麼這麼做呢！」曹操只好作罷。

孫權派威武中郎將賀齊征討丹陽郡黟縣、歙縣的賊寇。黟縣賊帥陳僕、祖山等率領兩萬戶駐屯林歷山，四周峭壁，無法進攻，軍隊屯駐了一個來月。賀齊暗地招募身手靈敏的壯士，在隱蔽險要的地方，夜裡用鐵戈開鑿岩縫祕密上山，然後懸下布條把下面的人拉上去。能夠上去的有一百多人，讓他們散布在四面，擂響戰鼓，吹起號角。賊寇大驚，把守路口的人都往回跑，依附賊眾。賀齊的大軍於是得以上山，大破賊寇。孫權於是把黟、歙兩縣分為六個縣，設立新都郡，任命賀齊做太守。

【研　析】本卷最值得研析的，有兩個大題目，一是隆中對策，再是赤壁之戰。

隆中對策。劉備在未得諸葛亮之前，他轉戰了二十多年，先後依附過公孫瓚、陶謙、曹操、袁紹、劉表，兩次得徐州，又兩次失掉徐州，沒有立錐之地，勢單力薄，寄人籬下，屯駐新野。西元二〇七年，劉備在徐庶與司馬徽的推薦下，「三顧茅廬」請出了諸葛亮，事業才有了轉機。可以說沒有諸葛亮，就沒有蜀漢。如此重要的人物出場，正是小說家的用武之地。《三國演義》重筆描寫，劉備、關羽、張飛一行，從年底直到來年陽春三月，歷時數月，「凡三往」，才見到了諸葛亮。第三次，劉備到了茅廬，進了草堂，又值諸葛亮正在睡眠，劉備不忍驚醒，又立等了數個時辰，氣得張飛要放火燒房子。諸葛亮其實是故意觀察，考驗劉備的誠心，就如同戰國時魏公子請侯嬴，侯嬴故意如市井怠慢魏公子一樣。諸葛亮擺夠了架子，才肯相見，劉備也禮敬之極。當時諸葛亮二十七歲，劉備已四十七歲，不僅整整大了二十歲，而且是一個飽經風霜，身為帝室之胄的大人物。劉備並不因諸葛亮年輕而怠慢，他思賢若渴，推心置腹，誠問當今時勢。諸葛亮也真個被感動了，幸遇明主，把滿肚子才學，和盤托出。這一君臣相知的場面，「三顧茅廬」的故事，成為中國歷史上明主求賢的經典故事流傳下來。小說家的懸擬與遙情想像，人們深信不疑。

諸葛亮的〈隆中對策〉分析大勢說：「曹操已擁兵百萬，『挾天子以令諸侯』，實在不可同他爭鋒。孫權佔據江東，已經歷了三代，地險民附，又有賢能之士為他效勞。因此，江東只可聯合，而不可去謀取。」那麼，劉備的出路在哪裡呢？「荊州四通八達，是一個用武的地方。但劉表卻沒有能力守住它，這大概是上天留給將軍的憑藉吧！還有益州，地勢險要，沃野千里，號稱天府之國，漢高祖就是憑藉這塊地方建立了帝業。但益州之主劉璋昏庸無能，加上北面張魯的威脅，不知道怎樣治理。那裡的智能之士，都希望得到一個賢明的君主。將軍如果你佔有了荊益，據險防守，西和諸戎，南撫夷越，外結孫權，內修政理，天下一旦有變，就可兩路出擊。荊州之師直搗宛洛，益州之眾北出關中。到那時，老百姓誰能不帶著好飯美酒歡迎你呢？如果真能這樣，那麼將軍的事業可以成功，衰頹的漢朝就可以復興了。」

一般認為，諸葛亮的〈隆中對策〉是預見了天下三分，這是不對的。如果是「預見」，那就是說天下三分是「必然」。縱觀中國歷代興亡交替，都是舊王朝衰落，天下大亂，群雄割據混鬥，能者得鹿，一統天下，誕生新王朝。東漢末群雄紛爭，經過三國鼎立而後統一，在中國歷史上只有一次，說明它是偶然。因此，三國鼎立是人為的規劃。諸葛亮的〈隆中對策〉是人為規劃三分。三國鼎立的形成有多種因素。首先是漢末人才三分，曹操沒有籠盡天下英雄，例如諸葛亮、龐統就不北上投曹操。人才三分是第一要素。其次，曹操、劉備、孫權，都是人傑，正是棋逢對手，誰也吃不掉誰。第三，地理三分，長江天險，劃分南北，荊州居長江中游，截分長江上下游，劉表、劉璋的經營給劉備保留了用武之地。諸葛亮正是看到了這樣的形勢發展，利用古代天時、地利、人和三要素做形勢分析，才得出了天下可以三分的藍圖。此時，江東恰好有個魯肅，也看到了這張藍圖，向孫權提出，於是有魯肅與諸葛亮的葛魯之謀，孫權又是一個識時務的俊傑，他的贊同才有了孫劉聯盟。赤壁之戰，曹操又犯了錯誤，不聽從程昱、賈詡等謀士的建言，冒進赤壁，推動了孫劉聯盟。諸多因素，在赤壁之戰中交錯，於是拉開了天下三分的序幕。

諸葛亮規劃三分的透徹分析，使劉備頓開茅塞，十分高興。劉備誠懇地請諸葛亮出山輔佐，諸葛亮慨然允諾。二十七歲的諸葛亮走上了政治征途。

諸葛亮一到劉備軍中，立即著手擴編軍隊。他建議劉備用清查游戶的辦法，迅速把幾千人的部隊擴大到幾萬人，成為以後轉戰各地建立蜀漢的基本力量。

赤壁之戰。此戰孫劉聯軍以少勝眾，以弱勝強，起關鍵作用的是兩個人。一是諸葛亮臨危受命，出使江東達成了孫劉聯盟，一是周瑜臨危受命，統兵出戰，打敗了曹操。兩者缺一不可。曹操奉辭伐罪，以順討逆，政治上佔了上風。周瑜可以打出「操雖託名漢相，其實漢賊」的旗號，則孫權抗擊曹操是清君側。但打出這個旗號，沒有劉備參加是名不正、言不順的。由於劉備受衣帶詔討賊，有了劉備，曹操就成了漢賊。此外，劉備在荊州駐屯六七年，很有人望，聯軍有了劉備，曹操所得荊州之兵，就成了狐疑之眾，大大喪失戰鬥力。這正如孫權所說：「非劉豫州莫可以當曹操者。」但孫劉素未有交道，而且孫權志在奪荊州，所以〈隆中對策〉提出劉備聯孫抗曹，只是一廂情願的事。恰恰是歷史變化，出人意外，由於曹操兵不血刃下荊州，志得意滿，盲目東下發動赤壁之戰。曹操給孫權送去了戰書。當時曹操聲威遠播，江東震動。孫權柴桑行營，一片主和聲。孫權在和與戰之間猶豫不決，眼看江東自身難保。在這危急時刻，諸葛亮受命出使江東，訂立同盟，共拒曹操，實際上是引江東之兵擊退曹操，為劉備奪荊州，這是多麼艱難的使命？若果孫權降曹，諸葛亮將被扣為人質，成為曹操的俘虜。諸葛亮冒難而行，並圓滿地完成了使命。孫權答應，打敗曹操，荊州歸劉，這顯示了諸葛亮不平凡的外交才幹。

諸葛亮在江東是如何說動孫權的呢？他針對孫權觀望不決的態度，分析形勢，智激孫權。諸葛亮說：「現在曹操已統一了北方，又攻破了荊州，提兵對著江東而來。孫將軍考慮一下自己的力量，如果能夠對抗曹操，就應馬上和他斷絕關係；如不能對敵，趁早投降。現在孫將軍外託服從之名，內心卻猶豫不決，緊急關頭做不出決斷，大禍就要來臨了。」孫權聽了很不高興，一下變了臉色，帶刺譏諷說：「照你說來，劉備為何不投降呢？」諸葛亮趁勢接著話茬說：「劉將軍是大漢王室的後代，英才蓋世，天下士人仰慕他就像江河歸大海一樣。如果事業不成，只是天意，劉將軍哪能跪拜在曹操腳下呢？」諸葛亮這一席話既是激使孫權振奮，同時又是警告孫權不能屈抑劉備。要聯合必須是平等的聯合，共抗曹操，就要承認劉備是荊州的主人。諸葛亮最後分析敵我友三方實力，指出共拒曹操勝利的前景。曹軍雖眾，遠來疲憊，已成強弩之末。劉備尚有精甲兩萬，又是荊州人望，是一支不可輕視的力量。諸葛亮說：「孫將軍如能派猛將統兵數萬，和劉將軍同心協力，一定能夠打敗曹操。曹操兵敗必然北逃，到那時，劉孫兩家勢力增強，鼎足的局面就形成了。成敗之機，在於今日。」孫權英睿明智，大敵當前，他認識到「除了劉備，再也沒有敢與曹操抗衡了」，不得不做出讓步，同意鼎足三分，發兵拒操。赤壁戰後，孫權履行了諾言，借荊州給劉備。曹操聽到這消息，大吃一驚，他正在寫字，不知不覺地把筆掉落在地上。

赤壁之戰，孫劉聯軍統帥是周瑜。當年周瑜三十四歲，風華正茂，建立赤壁大捷的奇功，春風得意可知。宋代大詩人蘇東坡〈赤壁懷古〉盛讚周瑜赤壁建功，說：「遙想公瑾當年，小喬初嫁了，雄姿英發。羽扇綸巾，談笑間、檣櫓灰飛煙滅。」羽扇綸巾，是何等的風流儒雅。戲劇舞臺上，常見搖羽扇的諸葛亮，其實這是蘇東坡讚周瑜的形象，藝術家移花接木，換在了諸葛亮身上。

曹操東下，給孫權下戰書，號稱八十萬眾。孫權帳下，以張昭為首的文臣認為曹操挾天子以命諸侯，不可抗拒，極力主張投降。結論是只有投降這一條路。張昭既是文臣之首，他的主張代表了多數人的心情。周瑜挺身而出，力排眾議，駁斥了這種投降的論調。他首先指出，「操雖託名漢相，其實漢賊也」。既然是漢賊，那麼為漢王朝討賊，自然是正義之師。這在政治上與精神上建立了支柱，在理論上名正言順，有了根據，以此號召天下，可以取得更廣泛的支持。從眼前來說，正是鼓舞士氣，同仇敵愾，為孫氏政權效死而戰的機會，是一個立場的大問題。接著他說：「將軍以神武雄才，兼仗父兄之烈，割據江東，地方數千里，兵精足用，英雄樂業，當橫行天下，為漢家除殘去穢；況操自送死，而可迎之邪！」周瑜這番話，正是針對孫權及群臣膽怯心理而發的。但這並未完全解除孫權的擔憂。接著他又指出操軍不利的四個方面：一、北土未安，操有後患；二、北方步卒，不習水戰；三、戰線太長，供應不濟；四、北兵不習水土，必生疾病。周瑜透過了曹軍強大的表面現象，洞悉了曹軍虛弱的本質，故而得出了正確的結論：「此數者用兵之患也，而操皆冒行之。」

將軍禽操，宜在今日。瑜請得精兵數萬人，進住夏口，保為將軍破之。」孫權聽了周瑜精闢的分析，解除了顧慮，信心倍增，精神大振，說：「孤與老賊勢不兩立。」猛地拔出佩刀向奏案斫去，大聲說：「諸將吏敢復有言當迎操者，與此案同！」孫權表明了自己的決心，並決定聯合劉備，共破曹操。

為了堅定孫權的拒曹決心，周瑜單獨面見孫權，進一步分析雙方的力量對比。周瑜說：「曹操下戰書，聲稱八十萬，完全是虛張聲勢，就把張子布等嚇住了。實際上，曹操只有十五六萬人，已經十分疲乏，所得七八萬荊州水軍，尚未心服。曹操用疲病之卒，驅趕著狐疑之眾來和東吳較量，是自來送死。主公給我五萬精兵，就足以對付曹操了。」周瑜這一席話使孫權徹底安下心來，他說：「五萬兵一時難以聚合，你先領三萬兵前去對敵，我領大軍繼後。」孫權於是任命周瑜為左督，程普為右督，領兵三萬，與曹軍在赤壁山（今湖北蒲圻西北）隔江對峙。

周瑜認為以少勝眾只可智取，不可力敵。他趁曹軍初到水上，還不習水戰，且又在進行中沒有準備應戰，突然向曹軍發起了進攻，打了一個勝仗。初戰勝利，大大鼓舞了江東士氣。曹操停止前進，把大軍收縮在江北，又下令把戰船用鐵鏈連接起來，在上邊加緊訓練士卒。周瑜又用黃蓋詐降計，火攻曹軍。曹軍此役損失慘重，只得退回北方。孫劉聯軍經過了一年的征戰，劉備得了江南四郡，孫權佔了江北的南郡、江夏郡，曹操保有襄陽郡，曹孫劉三分荊州，三國鼎立的局面初步形成。

◎新譯逸周書

牛鴻恩／注譯

《逸周書》是上自殷周之際、下至秦漢的一部子史叢編，它最有價值的部分，在於可以彌補《尚書》記載的缺漏，豐富西周的歷史。例如：〈世俘〉、〈克殷〉詳述了武王伐殷出兵的全過程及出兵月日、戰爭時地、紂自殺、武王斬紂等具體情狀；〈商誓〉是武王克殷後流傳下來唯一可信的對殷人的訓誥；〈皇門〉記述周公攝政後會見「大門宗子」，訓誥貴族群門，可與《尚書・周書》的周、召訓誥相印證。透過本書詳盡的校訂、注釋、語譯、研析，可以輕鬆帶領讀者看懂這部上古之書，明瞭西周史事。

◎新譯左傳讀本

郁賢皓、周福昌等／注譯　傅武光／校閱

《左傳》又稱《春秋左氏傳》，是寫於先秦時期的一部編年體史書，儒家的重要經典之一。它不僅是部偉大的史學著作，也是一部富有文學價值的散文傑作，更是研究先秦時期社會歷史發展和文化思想不可或缺的重要參考。本書在汲取前人的研究成果上，進行全面精確而詳盡的注釋和翻譯。文中每一「公」前皆有題解，總述該時期之主要局勢，每一「年」後都有說明，分析特定事件的歷史意義，書前並有完整導讀，是讀者研習《左傳》的最佳讀本。

◎新譯公羊傳

雪克／注譯　周鳳五／校閱

《公羊傳》是一部為解釋《春秋》大義而作的儒家重要典籍，它所強調的始元、大一統、尊王行法、撥亂反正等觀念，對戰國以來的思想文化，特別是西漢的政治社會產生深遠影響。本書原文採清阮元校勘《十三經注疏》中之《公羊傳疏》本，「說明」是每年傳義的分條概述，「注釋」主要就史事、制度、名物等詞語作簡要的注解，「語譯」則以直譯的方式為主，意譯為輔，幫助讀者掌握傳文的各層意涵。

◎新譯穀梁傳

顧寶田／注譯　葉國良／校閱

《穀梁傳》是《春秋穀梁傳》的簡稱，與《左傳》、《公羊傳》同為解說《春秋》的三傳之一。它以弘揚儒家的仁義禮法為宗旨，強調禮樂教化，力主仁德之治，論理平正，在《春秋》三傳中，其影響雖不如《左傳》、《公羊傳》之大，但唐代列為九經之一，宋代列為十三經之一，可見《穀梁傳》亦是儒家經典中頗具權威的一部，對中國古代思想文化有相當重要的影響。本書以十三經注疏本《春秋穀梁傳注疏》為底本，注譯、說明力求準確通俗，不旁徵博引、羅列眾說，極適合一般讀者研讀。